À Myriam

INTRODUCTION

Le sentiment de l'oubli est profondément suarésien. Toute sa vie, l'écrivain a eu l'impression de ne pas être reconnu à sa juste valeur. Il était déçu par ses contemporains qui cédaient trop rapidement, selon lui, à la mode et aux valeurs passagères ou, tout simplement, ne le comprenaient pas. Comme le rappelle à juste titre M. François Chapon[1], ce n'était pas totalement justifié. De grands mécènes l'ont toujours soutenu et la majeure partie de ses œuvres a été publiée de son vivant. Il a été salué par les plus grands écrivains de sa génération. André Suarès est né en 1868, la même année que Paul Claudel, deux ans après Romain Rolland, une année avant André Gide et trois ans avant Paul Valéry. Il pensait qu'on le reconnaîtrait plus tard, après sa mort. Pourtant, encore aujourd'hui, Suarès est méconnu. De nombreuses œuvres sont encore publiées, certains suarésiens fidèles travaillent à ce qu'il ne tombe pas dans l'oubli, mais il existe une réelle désaffection. Cela s'explique en partie. Son œuvre n'est pas facilement accessible. Le sujet privilégié de Suarès est l'art, l'écriture, l'écrivain lui-même. C'est un auteur difficile et prolifique. Mais, si le grand public n'a pas un accès facile à son œuvre, comment expliquer le manque de travaux universitaires à son sujet ? Le domaine de la recherche suit aussi ses modes, ou, plus simplement, connaît ses zones d'ombre. Les grandes thèses suarésiennes datent déjà de nombreuses années. Le travail d'Yves-Alain Favre[2], référence incontournable et outil indispensable pour toute recherche suarésienne, a été publié en 1978.

Comment, alors, reprendre la réflexion sur cet auteur ? La question du rapport à Richard Wagner pourrait paraître anecdotique. En réalité, elle ne l'est pas : la question wagnérienne est au cœur de la conception suarésienne de l'art.

---

1. M. François Chapon est directeur honoraire de la Bibliothèque littéraire Jacques Doucet et l'exécuteur testamentaire des héritiers d'André Suarès.

2. Yves-Alain Favre, *La Recherche de la grandeur dans l'œuvre de Suarès*, Paris, Klincksieck, 1978.

En effet, André Suarès est profondément marqué par l'œuvre de Richard Wagner dès sa jeunesse. Musicien dans l'âme, il lit les partitions et les livrets du compositeur mais aussi ses nombreux écrits théoriques sur l'art. Ses années passées à l'École normale supérieure (1886-1889) correspondent sensiblement à la parution de la *Revue wagnérienne* (1885-1888) qui se donnait pour but de faire connaître Wagner musicien mais aussi théoricien de l'art. Le wagnérisme est alors une question littéraire aussi bien que musicale et se trouve lié de près au mouvement symboliste. À travers l'œuvre de Wagner, on s'interroge sur la place de l'artiste dans la société, sur la nature de l'art. À l'instar de Wagner, on cherche à lier musique et littérature dans une œuvre totale. Dans ce contexte, le jeune André Suarès s'engage dans une profusion de projets restés pour la plupart inédits : poésie, romans, théâtre, textes théoriques. Cette période se termine avec la parution de *Wagner*, en 1899, le premier des portraits qu'il consacre aux grandes figures de l'Art et de l'Histoire.

Nous nous proposons de redécouvrir les écrits de jeunesse inédits d'André Suarès, marqués par la recherche de la fusion des arts et le polymorphisme, et d'éclairer par le wagnérisme cette période de formation, riche d'essais et de tentatives originales. Ce travail est issu d'une thèse de deux volumes soutenue en Sorbonne en juin 2006. Le premier était composé de l'étude proprement dite et le second présentait des textes et documents inédits. Le présent essai correspond au premier volume remanié de la thèse. Les textes inédits feront l'objet d'une publication ultérieure.

Mais avant d'exposer les principaux axes de notre travail de recherche, il est important de préciser quelques éléments biographiques et de présenter le contexte littéraire afin de fixer les limites temporelles de notre sujet. Nous ferons également quelques réflexions sur le lien entre le wagnérisme et la littérature, en particulier sur l'importance des livrets et des œuvres en prose de Richard Wagner.

La découverte

André Suarès découvre Richard Wagner très jeune. Il écrit à Marie Dormoy le 11 septembre 1922 : « j'avais dix ou onze ans au temps de *Parsifal* » et il déclare, dans son *Wagner*, avoir découvert *Lohengrin* et *Parsifal* « encore enfant[3] ». Il écrit encore à Paul Claudel le 17 mars 1891 : « Dès mes seize ans, il fallait choisir entre Tolstoï et Wagner. J'étais à Wagner comme au propre chant de ma naissance. » On trouve

---

3.   *Wagner*, Paris, *Revue d'art dramatique*, 1899, p. 6-7.

dans un de ses carnets inédits de 1897 : « Ce fut mon grand Maître d'énergie ; et ayant Léonard pour la Beauté, j'avais d'autant plus besoin de lui, car Wagner est aussi plein de foi qu'un Dieu[4] ».

Après ce moment de découverte qu'il ne détaille pas plus, Wagner apparaît rapidement comme un *éveilleur*. À dix-neuf ans, l'écrivain traduit *Tristan* et, à vingt-deux ans, il écrit à Romain Rolland :

> Le vrai, le seul Wagner, celui dont tant de vers songeurs et d'ineffables musiques m'ont plus fait verser de larmes d'amour et d'extase, que mille vies successives avec leurs escortes de deuils et de joies n'en pourraient contenir – ce Wagner-là, ce magicien-artiste est mon propre cœur, tout épris de l'art[5]...

Wagner lui apparaît comme un modèle. En 1896, il écrit au même Romain Rolland :

> Wagner est pour nous plus qu'un homme, plus qu'un art ; c'est un modèle de vie. Je le disais l'autre jour à Monod. Son œuvre nous frappe et nous saisit jusqu'au fond de l'âme : mais on y prend un bain d'énergie, et de beauté ineffables : le fleuve de la force divine vous trempe le cœur dans ses eaux pures[6].

Cette découverte précoce va se trouver nourrie par ses années d'études à Paris.

Les années parisiennes

André Suarès avait quinze ans à la mort du compositeur en 1883. Marseillais, il arrive à Paris cette année-là pour terminer ses années de lycée puis il est admis à l'École normale supérieure en 1886.

C'est une période très riche du wagnérisme. La guerre avec la Prusse avait créé un fort sentiment antiwagnérien. On ne pouvait être à la fois wagnérien et bon patriote. La mort du compositeur avait calmé les esprits et il s'était écoulé quelques années depuis la fin de la guerre. Les chefs d'orchestre Édouard Colonne et Charles Lamoureux font découvrir les grandes pages symphoniques de Wagner aux concerts parisiens du dimanche. Suarès y assiste avec ferveur avec son compagnon de turne : Romain Rolland. Ils y croisent Stéphane Mallarmé, Villiers de L'Isle-Adam et Paul

---

4.   Carnet n°24 cité par Jean Astier dans *La Passion musicale d'André Suarès*, Lucien Volle, 1975, p. 58.

5.   *Lettre à Romain Rolland*, 28 mars 1890.

6.   Lettre inédite à Romain Rolland n°541, citée par Yves-Alain Favre dans *La Recherche de la grandeur dans l'œuvre de Suarès, op. cit.*

Claudel. Suarès hésite alors entre l'écriture et la composition. Bon pianiste, il sait aussi lire les partitions d'orchestre et c'est ainsi qu'il connaît les œuvres de Wagner, encore peu représentées sur scène. À cette période riche pour la connaissance de la musique de Wagner, s'ajoute la parution d'une revue qui lui est entièrement consacrée : la *Revue wagnérienne*.

Mais pour mieux comprendre cette période et l'influence de cette revue sur la littérature, il faut revenir sur l'histoire du wagnérisme et préciser les liens de Richard Wagner avec les écrivains français.

Richard Wagner et les écrivains français

Il faut se souvenir que Wagner fut d'abord connu en France par ses écrits. Son premier séjour parisien lui a permis de participer à la *Gazette musicale*, du 1er avril 1840 au 1er mai 1842, en publiant une dizaine d'articles (*Caprices esthétiques*, *De l'Ouverture*, *Le Stabat de Pergolèse*, *Le Virtuose et l'Artiste*, *Une Visite à Beethoven*, *Un Musicien étranger à Paris*, *Une soirée heureuse*, *La musique allemande*, *Le Freischütz*, « *La Reine de Chypre* » *d'Halévy*). C'est l'article consacré à l'opéra de Weber qui attire l'attention sur le jeune musicien. George Sand y fait allusion dans la *Revue des Deux Mondes* du 15 juin 1841. Selon André Cœuroy[7], Sand « met en cause l'aptitude des français à comprendre le mysticisme populaire » et il voit dans cette référence la première trace de « wagnérisme » dans un écrit français. Jusqu'à 1850, comme il le fait remarquer très justement, c'est « paradoxalement Wagner écrivain qui est connu à Paris et non Wagner musicien ». Ensuite Gérard de Nerval replace le compositeur dans la lignée des romantiques allemands et reconnaît en lui la volonté de lier musique et littérature. Ami de Franz Liszt, il assiste à la création de *Lohengrin* à Weimar en 1850.

Charles Baudelaire se fait l'héritier de la théorie musicale des romantiques allemands dans son célèbre article sur le compositeur en s'inspirant largement d'Hoffman[8]. Le poète insiste particulièrement sur la fusion des arts et marque un jalon important dans l'histoire du wagnérisme en définissant le mouvement par la recherche de cette fusion. Dans *Richard Wa-*

---

7.   André Cœuroy, *Wagner et l'esprit romantique*, Paris, Gallimard, 1965.
8.   Baudelaire cite dans *Le Salon de 1846*, un passage des *Kreisleriana* d'Hoffmann :
      « ce n'est pas seulement en rêve et dans le léger délire qui précède le sommeil, c'est
      encore éveillé, lorsque j'entends de la musique, que je trouve une analogie et une
      réunion intime entre les couleurs, les sons, les parfums. Il me semble que toutes ces
      choses ont été engendrées par un même rayon de lumière et qu'elles doivent se ré-
      unir dans un merveilleux concert. » *Cf.* André Cœuroy, p. 203.

gner et Tannhäuser à Paris, paru en 1861 dans *la Revue européenne*, il écrit cette fameuse phrase :

> Ce qui serait vraiment surprenant, c'est que le son ne pût pas suggérer la couleur, que les couleurs ne pussent pas donner l'idée d'une mélodie, et que le son et la couleur fussent impropres à traduire des idées ; les choses s'étant toujours exprimées par une analogie réciproque, depuis le jour où Dieu a proféré le monde comme une complexe et indivisible totalité.

Il existe donc, dès le début de la connaissance de Wagner en France, un rapport privilégié entre le compositeur et la littérature et d'abord par ses écrits. Le wagnérisme, au-delà du caractère proprement musical, de l'impact émotionnel de la musique, est lié à une théorie esthétique héritée en grande partie du romantisme allemand. Wagner est celui qui réalise un grand rêve, un fantasme impossible à réaliser : celui de l'artiste complet. La création de la *Revue wagnérienne* poursuit un mouvement commencé depuis les premiers écrits de Wagner dans la *Gazette musicale*. Villiers de L'Isle-Adam résume très bien cette idée en écrivant dans *Augusta Holmès*[9] : « sauf quelques rares auditions aux Concerts Populaires, nous ne connaissions le puissant maître que littérairement, d'après les impressionnants articles de Charles Baudelaire. »

La *Revue wagnérienne*

À sa mort en 1883, la connaissance de Wagner est loin d'être complète comme le résume un peu abruptement André Cœuroy :

> Ils n'étaient qu'une poignée à comprendre la musique ; ils n'avaient nulle idée de ce qu'avaient recherché les romantiques allemands ; ils n'entendaient rien au texte original : presque aucun ne savait l'allemand […].

Édouard Dujardin, le fondateur de la revue, rappelle la dimension littéraire de l'impact du compositeur dans ses *Souvenirs sur la Revue wagnérienne* :

> Depuis 1870, Wagner était honni par l'homme de la rue ; mais les gens de plume ne le perdaient pas de vue. Au concert, on se battait sur le nom de l'auteur bien plus que sur sa musique. Ses théories musicales étaient interprétées de travers ; sous prétexte qu'il avait inventé la « mélodie

---

9. Villiers de l'Isle-Adam, *Chez les Passants*, Paris, L'Art Indépendant, 1890.

continue », on en cherchait partout et jusque dans le Chœur des fiançailles de *Lohengrin* ou la Marche des Pèlerins de *Tannhäuser*[10].

Le but avoué de la *Revue wagnérienne* est de faire connaître la pensée
de Wagner autant que sa musique. Plus loin, Édouard Dujardin précise
son projet :

> Pour parler sans nuances, nous voulûmes, Chamberlain et moi, répan-
> dre notre découverte. Wagner grand musicien ? La chose était trop
> évidente. Mais Wagner, grand poète, Wagner grand penseur, et surtout
> Wagner créateur d'une nouvelle forme d'art.

Il s'agit bien d'approfondir ce qu'on appelait « la doctrine wagnérienne », c'est-à-dire sa théorie de l'art. Wagner apparaissait alors autant
comme un théoricien de l'art et un penseur que comme un musicien. André Suarès et Romain Rolland sont des lecteurs attentifs des articles de
Teodor de Wyzewa qui annonce la création d'un art nouveau. Il ne s'agit
pas tant pour Wyzewa d'imiter Wagner que de réussir à réaliser en musique, en peinture ou en littérature, l'équivalent de ce qu'il avait créé dans
ses « drames lyriques ». L'artiste apparaît alors comme l'officiant d'une
nouvelle religion, celle de l'art.

Dans les colonnes de la nouvelle publication, Teodor de Wyzewa fait
la différence entre les « wagnériens » et les « wagnéristes » : les premiers
défendent l'œuvre de Wagner et cherchent à faire connaître ses drames
lyriques, les seconds cherchent à connaître et approfondir sa « doctrine »
et à créer la nouvelle forme d'art de l'avenir.

Le jeune Suarès est profondément marqué par ces questions essentielles qui agitent le monde littéraire et musical et mettent en cause la
place de l'artiste et la fonction même de l'art dans la société. André Suarès rêve d'un art unifié qui rassemble toutes les formes d'art en une seule
et principalement unisse musique et littérature. Il se donne pour but,
comme il l'écrit à Romain Rolland, d'être « Wagner plus que lui[11] », en
réalisant l'œuvre totale en littérature. Sa correspondance avec Romain
Rolland montre qu'il n'échappe pas à la wagnéromanie qui règne dans
ces années qui suivent la mort du compositeur : « Rien pour mon âme
n'est à comparer à Wagner. [...] Lui seul est l'Artiste complet[12] ».

10.   André Cœuroy, *Wagner et l'esprit romantique, op. cit.*, p. 249.
11.   Lettre du 28 mars 1890. *Cette Âme ardente*, Paris, Albin Michel, 1954, p. 217.
12.   *Ibid.*

Dans sa thèse, *Wagnérisme et création en France, 1883-1889*, Cécile Leblanc-Guicharrousse[13] résume bien le contenu de la revue :

> La *Revue wagnérienne* contient des articles qui semblent s'orienter vers quatre thèmes privilégiés [...]. Certains décryptent et analysent pour le public français les textes théoriques de Wagner : ceux de Dujardin et de Catulle Mendès, mais aussi du journaliste Louis de Fourcaud et surtout des spécialistes Houston Stewart Chamberlain et Teodor de Wyzewa. D'autres posent le problème de l'œuvre wagnériste, c'est-à-dire de l'œuvre écrite en appliquant les théories wagnériennes, et s'interrogent sur l'influence de Wagner en Europe. D'autres encore, proposent des résumés, paraphrases ou traductions des poèmes d'opéra par des auteurs aussi différents que Liszt et Huysmans par exemple, et vulgarisent la mythologie wagnérienne. Enfin, quelques articles, surtout de Dujardin et Chamberlain, réfléchissent aux problèmes de traduction des œuvres de Wagner, traduction littérale ou adaptée, et c'est même une querelle de traducteurs qui provoquera la fin de la revue.

Si les musiciens se sont interrogés sur la possibilité de composer après Wagner, le problème de la succession s'est aussi posé en littérature. La question est bien alors celle de savoir ce que la littérature peut créer après Wagner, si la fusion des arts peut se réaliser à l'intérieur même de la littérature. C'est l'enjeu exprimé dans la *Revue wagnérienne*, en partie repris par le mouvement symboliste. La participation de Stéphane Mallarmé et de Paul Verlaine à la *Revue wagnérienne* lie en effet fondamentalement le wagnérisme au symbolisme, Dujardin considérant que le second était l'aboutissement logique du premier.

Le symbolisme

Le symbolisme apparaît bien dans cette perspective aux lecteurs de la *Revue wagnérienne*. Dans ses *Souvenirs sur la Revue wagnérienne*[14], Édouard Dujardin présente ainsi le mouvement :

> Sa conception de l'art, sa philosophie, sa formule même étaient à l'origine du symbolisme. Il était impossible d'aller au fond du wagnérisme sans rencontrer le symbolisme, c'est-à-dire qu'il était impossi-

---

13. Cécile Leblanc-Guicharrousse, *Wagnérisme et création en France, 1883-1889*, Université de la Sorbonne nouvelle, Paris III, 2003, 620 p. / Rey, Pierre Louis, Directeur de Thèse. Publiée chez Honoré Champion en 2005.

14. *La Revue Musicale*, 1923. Cité par André Cœuroy dans *Wagner et l'esprit romantique, op. cit.*, p. 270.

ble d'exposer la conception wagnérienne sans y reconnaître la doctrine ou tout au moins l'un des éléments primordiaux de la nouvelle doctrine poétique.

Cette opinion est sans doute radicale et la relation de cause à effet inappropriée. Selon André Cœuroy, le wagnérisme « s'est borné à aider les symbolistes à prendre plus nettement conscience de leur musicalité[15] ». Ce n'est d'ailleurs pas, pour lui, une bonne chose :

> Alors la porte s'ouvre toute grande à des poncifs puisés aux livrets wagnériens : souvenir de reines légendaires, des vases ornés de gemme comme la coupe du Graal, des palefrois chevauchés par des héros, tout le personnel et tout le matériel de *Lohengrin*, de *Tristan*, et de *Parsifal*. Et tous les titres musicaux : *Symphonies* multiples, les *Gammes* de Stuart Merrill, les *Sonatines d'automne* de Mauclair, le *Cor fleuri* de Mikhaël, le *Clavier d'or* de Frédéric Bataille.

C'est l'époque où Adolphe Retté signait Harold Swan de Munt-Salvat et Léon Leclère était connu sous le nom de Tristan Klingsor… Pour André Suarès, Stéphane Mallarmé apparaît comme un précurseur même s'il le considère comme « le Bach » et non « le Wagner » de la future poésie. Suarès n'adhère pas plus au symbolisme qu'à n'importe quel autre mouvement malgré les appels pressants de Péladan. L'œuvre d'art totale est toujours à créer.

Suarès se pose la question de la création dans cette même perspective. Il cherche la forme que pourra prendre sa propre création et hésite entre la musique et la littérature. Il choisit de se mesurer à Wagner au risque de se décourager devant une figure si écrasante. Il écrit à Romain Rolland en août 1888 : « Après la *Gœtterdæmmerung*, je me redis l'éternel : à quoi bon ? Accompagné de l'éternel et non moins <u>mensonger</u>, <u>faux</u> et ridicule : que suis-je auprès d'un Wagner ? […] Oh ! Si je pouvais être lui, rien que lui, toujours lui. »

Quel est son regard sur les wagnériens et les wagnéristes ? La plupart du temps très critique. Les poèmes publiés dans la *Revue wagnérienne* ne lui conviennent pas. Il se montre très sévère vis-à-vis de ses contemporains. Il est impressionné par l'écriture de Mallarmé mais il est surtout très proche des écrits de Teodor de Wyzewa.

La question pour nous est de savoir comment André Suarès réagit aux tentatives présentées dans la *Revue wagnérienne*, à celles des écrivains symbolistes, aux essais de ses contemporains et quelles sont les voies qu'il se propose lui-même d'explorer.

---

15. *Ibid.*, p. 273.

Le wagnérisme

Les tentatives d'inventer une « littérature wagnérienne », ou du moins qui puisse répondre au défi wagnérien de l'art total, présentent des aspects très différents. Les textes publiés par Dujardin reprenaient des scènes ou des thèmes d'opéras, essayaient d'imiter le mouvement de la musique. Cela pose la question de définir ce qui est « wagnérien » en littérature.

LA MUSIQUE

On pense aujourd'hui principalement à la musique de Wagner. Elle a marqué profondément ses auditeurs par son intensité. On note toujours son caractère grandiose, hors proportions. La musique peut marquer un écrivain, l'impressionner, l'inspirer. La puissance de l'émotion ressentie peut devenir un élément fondateur de l'écriture elle-même comme expérience esthétique extrême. Le sujet même de l'écriture est le rapport à la musique, l'impression qu'elle a provoquée. L'écrivain cherche à retrouver les effets musicaux et à les rendre sensibles par les mots.

La musique entre alors en concurrence avec l'écriture. Peut-on retrouver dans l'écriture l'émotion ressentie à l'écoute d'un orchestre ? Peut-on imaginer un transfert des éléments purement musicaux au domaine littéraire, une *correspondance* des moyens expressifs ? Peut-on parler d'un « style musical » ? D'une « écriture wagnérienne » ? On peut dresser des listes d'équivalence des moyens expressifs, comparer la longueur de la phrase proustienne à la mélodie continue de Wagner par exemple. Mais on décrit alors les choses de l'extérieur. Julien Gracq parle très bien de la difficulté à préciser les frontières de l'influence d'une musique sur une littérature : « L'influence d'une musique sur une écriture », déclare t-il, « ne pourrait se déchiffrer qu'en ayant recours à un réseau inextricable de filtres et de tamis[16] […] ». À propos des *Images de la grandeur*, Marcel Dietschy reconnaît le caractère wagnérien de l'écriture de Suarès dans le renchérissement, l'accumulation des figures de style, de comparaisons, « l'abus d'hyperboles, de majuscules, de ronflements[17]… ». Dans le même état d'esprit, Suarès compare la musique de la *Götterdämmerung* à une nourriture trop riche. Il désigne souvent lui-même ce qu'il considère comme *wagnérien*. Il écrit à Romain Rolland à propos des *Pèlerins d'Emmaüs* : « c'est plutôt wagnérien ». Encore faut-il savoir en quoi :

---

16. Lettre personnelle de mai 1987.
17. Marcel Dietschy, *Le Cas André Suarès*, Neuchâtel, À la Baconnière, 1967, p. 271.

dans le style ? Le propos ? Le thème ? Qu'est-ce qui est wagnérien ?
Souvent, ce caractère présente ces différents aspects à la fois.

À cette dimension musicale, il faut encore ajouter la question du jugement, de la critique. André Suarès a écrit des textes de critique musicale tout au long de sa vie depuis la « tribune de Litte » dans *La République*[18] jusqu'aux grands articles de la *Revue Musicale*[19]. Sa correspondance, ses carnets et cahiers sont riches de textes non publiés sur la musique ou les drames lyriques du compositeur.

LES LIVRETS

Il faut encore ajouter une composante de poids : le compositeur écrit
aussi ses textes, ses « poèmes d'opéras ». Tout ce monde de situations et
de personnages mythologiques a marqué profondément son temps. Cet
univers est riche de deux sources d'inspiration. D'une part la veine germanique (*L'Anneau du Nibelung, Les Maîtres Chanteurs*…), d'autre part
la veine celtique (*Tristan, Parsifal, Lohengrin*). Est wagnérien ce qui
reprend les textes de Wagner, ses personnages, ses situations, ses thèmes.
Simple sujet emprunté directement, réflexions sur le texte ou réécriture
comme c'est le cas d'*Au Château d'Argol* que Julien Gracq présente
comme une « version démoniaque » de *Parsifal*. On a souvent discuté la
qualité littéraire des livrets de Wagner et les avis sont toujours partagés[20].
Quoi qu'il en soit, il ne faut pas en sous-estimer l'importance. Léon Daudet témoigne de leur influence dans un passage de *La Douleur*[21] :

> La mystique embrumée, incertaine, le goût de la genèse, les horizons
> ethniques, les sentiments excessifs et soudains, quasi miraculeux, qui
> caractérisent les drames de Wagner, parurent à la fatigue de la jeu-
> nesse française comme une promesse de délivrance. Nous étudiions
> ses personnages avec une ardeur intense, comme si Wotan eût en-
> fermé l'énigme du monde, comme si Hans Sachs eût été le révélateur
> de l'art libre, naturel et spontané. J'en souris aujourd'hui, c'est bête
> comme chou d'avouer cela, mais nous admirions surtout ses livrets.

L'une des questions importantes sera pour nous celle de savoir quels
sont les opéras qui ont marqué André Suarès, quelles sont les figures qu'il
a reprises, les thèmes qui l'ont inspiré. D'autre part nous verrons en quoi

---

18. 1897-1902.
19. Les grands articles sur Richard Wagner paraissent entre 1922 et 1932.
20. L'analyse de l'écriture de *Tristan et Isolde* par André Miquel est riche de ce point
de vue.
21. *Cf.* André Cœuroy, *Wagner et l'esprit romantique, op. cit.*, p. 274.

ces reprises sont aussi des lectures et des interprétations des œuvres de Wagner.

André Suarès s'intéresse principalement à *Tristan* et *Parsifal*. Il met rapidement en place une distance critique avec la veine germanique des opéras de Wagner pour lui préférer l'univers celtique. On relie souvent ces « préférences » aux deux guerres mondiales qui lui ont fait prendre conscience de l'utilisation des mythes par la sphère politique. En réalité, c'est un état de fait dès son *Wagner* de 1899 en dépit d'une véritable admiration pour le *Crépuscule des Dieux* qui s'exprime encore au début du siècle[22].

Dans la perspective sacrée de l'œuvre d'art, *Parsifal* est l'œuvre la plus importante. Suarès voit dans Parsifal une figure christique et l'on retrouve l'œuvre de Wagner dans ses projets de drames sur Jésus. L'écrivain est également sensible à un érotisme diffus construit autour des images du « chaste fol » et des filles fleurs et qui rattache l'œuvre aux figures orientalistes du temps. Dans un rapport très personnel à la mort et en particulier à celle de son père, Amfortas est au centre de son imaginaire. Le roi pêcheur est la figure à la fois intime et éternelle de l'homme devant la divinité dans un face-à-face angoissé et torturé. La figure de la femme dans ses premiers textes doit aussi beaucoup à Kundry et les recueils poétiques d'*Airs* ou les *Images de la grandeur* mêlent les références mythologiques wagnériennes à celle des autres panthéons.

Tristan est la figure tragique de l'amoureux par excellence. Il est « l'homme d'amour » des *Images de la grandeur* mais aussi le symbole de l'artiste. Les poèmes de *Lylian* doivent beaucoup à la musique de Wagner mais aussi à l'écriture du poème lui-même. *Tristan* est un lien important avec le romantisme allemand, l'univers nocturne de Novalis et la philosophie de Schopenhauer.

LA DOCTRINE *WAGNÉRIENNE*

Enfin le wagnérisme est aussi, et particulièrement dans les années qui nous intéressent, une conception esthétique de l'art et plus généralement, sinon une philosophie, un système de pensée. C'est le point le plus intéressant et le plus original du wagnérisme de Suarès. Dans cette perspective, on retient généralement en premier lieu la recherche de la fusion des

---

22. Il défend le *Crépuscule des Dieux* dans un texte qui paraît d'abord en 1908 sous forme d'article dans *La Grande Revue*. « C'est une affaire de génération » affirme-t-il, « pour nous, qui sommes nés au temps où cette œuvre allait naître ». Paul Claudel réagit dans cet esprit à la lecture de son article en lui écrivant le 21 décembre de la même année : « Vous avez dit sur le *Crépuscule des Dieux* tout ce que notre génération avait à en dire ».

arts, particulièrement de la musique et de la littérature, à l'instar des œuvres de Wagner. Cela est réducteur car Wagner ne s'est pas uniquement exprimé sur l'art. Il traite de nombreux autres sujets : politique, religion, science, histoire, dans ses textes en prose. Aujourd'hui très peu lue, cette somme considérable de treize volumes (dans la traduction française) avait, pour certains écrivains, en cette fin de siècle, une importance aussi grande que son œuvre musicale. Le wagnérisme est alors l'intérêt pour la pensée de Wagner, aussi bien en ce qui concerne l'art que les autres domaines dans lesquels il s'exprime.

Dans la préface de son *Berlioz*[23], Romain Rolland décrit le rôle que les œuvres en prose de Wagner ont eu sur sa relation au compositeur. Il les place avant même les œuvres dramatiques et musicales. Il rappelle que « c'est par ces œuvres que le roi de Bavière fut fasciné avant de connaître la musique de Wagner » et qu'il connut le même parcours : « je me souviens d'avoir subi moi-même la domination de la pensée wagnérienne, quand l'art wagnérien me restait encore à demi obscur ». Pour Rolland, ses textes théoriques sont « la clef de cette musique ». Grâce à eux, Wagner lui-même devient « le guide qui vous conduit par la main au travers de la forêt touffue de son œuvre barbare et raffinée ». La pensée de Wagner l'a d'abord « convaincu » avant même qu'il ne découvre ses œuvres poétiques et sa musique.

Cette dimension du wagnérisme est complexe à appréhender aujourd'hui car nous sommes principalement habitués à écouter les œuvres de Wagner, à les connaître par les enregistrements et les représentations même si, au fond, celles-ci ne sont pas si fréquentes[24]. D'autre part, la récupération politique de Wagner par le nazisme a rendu les lecteurs très méfiants envers les textes du compositeur. Les choses n'étaient pas perçues ainsi à la fin du dix-neuvième siècle. Au contraire, les écrits en prose de Wagner ont été un lien fort entre les écrivains français et le romantisme allemand. En particulier, Wagner fait découvrir la conception schopenhauerienne de la musique et nourrit les spéculations esthétiques. Dans quelle mesure André Suarès les a-t-il lus, connus, interprétés, assimilés, quelle lecture en a-t-il faite ? Jusqu'à quel point l'ont-ils inspiré ou influencé ? André Suarès lui-même répond en partie à cette question dans son *Wagner* en consacrant une partie entière à cette dimension du wagné-

---

23.　*Sur Berlioz*, Bruxelles, Éditions Complexe, 2003, p. 32. *Sur Berlioz* est un des textes du volume *Musiciens d'aujourd'hui*, édité en 1908.

24.　Pour ne prendre que ce seul exemple, *Tannhäuser* a été représenté à Paris en 1984 au Palais Garnier, en 2004 au Châtelet puis en 2007 à l'opéra Bastille ce qui ne fait que trois productions parisiennes depuis 1984.

risme. Sa connaissance profonde des œuvres en prose et de la pensée théorique du compositeur répond probablement à une autre question qui est celle de savoir ce que Suarès a apporté d'original au wagnérisme. Cette connaissance permet de comprendre de nombreux choix esthétiques de cette période et la mise en place d'une conception de l'art et de l'artiste qui ne changera pas dans la suite de son œuvre.

Objectifs et organisation de la recherche – Choix du corpus

Notre objectif est de présenter les projets inédits des années de formation d'André Suarès, de les replacer dans le contexte du wagnérisme pour en montrer les enjeux littéraires. Nous verrons comment le jeune écrivain cherche une réponse littéraire au défi wagnérien de l'œuvre totale dans le même temps qu'il définit sa position d'écrivain.

D'un point de vue esthétique, il s'agit de montrer comment ces premiers essais s'inscrivent dans un contexte littéraire et artistique très particulier et de les mettre en relation avec les autres tentatives du temps, en particulier avec le symbolisme. Quelle forme littéraire peut concurrencer l'œuvre wagnérienne ? La question se pose doublement pour André Suarès. D'un point de vue personnel, il hésite entre l'écriture et la composition. Il est aussi confronté à une interrogation générale en cette fin de siècle. Quelles réponses André Suarès trouve-t-il au défi qu'il se lance ? Parvient-il à atteindre son but ? Quels sont les écueils qui l'empêchèrent de mener pleinement cette recherche et de publier ses écrits de jeunesse ?

Du point de vue de l'histoire des idées, nous verrons combien la pensée de Wagner et ses écrits ont été marquants pour l'œuvre de Suarès tout entière, comment ils ont été avec la *Revue wagnérienne* un lien fort avec le romantisme allemand et la philosophie de Schopenhauer en particulier. Les prises de positions politiques, religieuses, esthétiques et morales de Suarès sont profondément liées à cette influence.

En ce qui concerne la connaissance des drames lyriques eux-mêmes, nous verrons quelles sont les figures wagnériennes qui l'ont inspiré, comment il met en perspective les œuvres wagnériennes en les réutilisant et quelle lecture il en fait.

Enfin, d'un point de vue critique, nous verrons quel est le regard de Suarès sur le wagnérisme lui-même, sur le symbolisme, sur l'engouement provoqué par le « voyage à Bayreuth ». La question se pose également à propos de Wagner lui-même, de l'homme, du créateur.

Plus généralement, il faut s'interroger sur la place de ces écrits de jeunesse dans l'œuvre future de Suarès. Souvent inaboutis et inachevés, ils préfigurent aussi les grandes œuvres de la maturité. Parfois même, ils en sont des ébauches. C'est le cas de *H.M./B.* qui annonce *Voici l'homme*.

Notre corpus est donc constitué des projets de jeunesse, poésies, drames, romans, essais théoriques depuis l'arrivée d'André Suarès à Paris en 1883 jusqu'à la parution de son *Wagner* en 1899. La plupart d'entre eux sont inédits. Ils appartiennent au Fonds Suarès de la Bibliothèque littéraire Jacques Doucet. Yves-Alain Favre avait décrit ces projets de jeunesse dans sa thèse *La Recherche de la grandeur dans l'œuvre de Suarès* (soutenue en 1975 et publiée chez Klincksieck en 1978) mais ces documents étaient alors en attente d'inventaire et de classement. Un nouveau travail de recensement s'est donc révélé nécessaire, ainsi que de lecture et de transcription avant d'en présenter un état. Nous explorons en outre ses très nombreux carnets et cahiers de jeunesse, source inépuisable de textes inédits. Nous utilisons également la correspondance inédite avec Romain Rolland qui fournit de nombreuses informations sur les datations en particulier.

Présentation du plan

Nous avons travaillé sur des manuscrits inédits. Aussi, notre plan s'organise-t-il autour des grands genres explorés par Suarès : poésie, théâtre, roman puis textes théoriques et métaphysiques. Ces quatre parties centrales sont encadrées par deux autres. La première partie s'intéresse au contexte wagnérien, artistique, littéraire et musical de cette fin de siècle. La dernière est entièrement consacrée à son *Wagner* publié en 1899. Nous terminons notre étude par un épilogue qui présente l'évolution du rapport de Suarès à Wagner après la parution du portrait du compositeur jusqu'aux derniers textes. Cela permet de mettre en perspective notre période d'étude dans le contexte plus vaste de l'ensemble de la création suarésienne et de dégager de nouvelles perspectives de travail.

Mais, avant de débuter l'étude des textes, nous prenons le temps de faire le point sur la recherche suarésienne. Nous présentons les grandes thèses, les biographies, les documents de référence qui ont servi pour notre recherche, et les derniers travaux parus. Ensuite, nous nous intéressons au Fonds Suarès de la Bibliothèque littéraire Jacques Doucet. Nous en retraçons l'histoire, précisons l'organisation et exposons les questions qui se posent au sujet des projets de jeunesse : situation, établissement et datation des textes, questions d'inventaire…

I. Le contexte wagnérien des années parisiennes

Dans un premier temps, nous faisons le point sur le contexte artistique, musical et littéraire du wagnérisme à Paris en cette fin de siècle. La forte amitié qui le lie à Romain Rolland avec qui il partage ses années d'École normale supérieure est un point important. Les deux jeunes gens approfondissent leur connaissance de Richard Wagner à travers les concerts et leurs lectures. Plusieurs questions se posent à propos d'André Suarès. D'une part, quelle était sa connaissance exacte des œuvres de Wagner ? Quelle était sa pratique de la musique (jeu pianistique, lecture des partitions) ? Quelle connaissance avait-il de l'allemand : a-t-il lu les œuvres en prose de Wagner en allemand ou les connaissait-il uniquement par les comptes rendus de la *Revue wagnérienne* ? D'autre part, quels sont les concerts auxquels André Suarès a assisté ? C'est aussi l'occasion de découvrir la dimension critique d'André Suarès puisqu'il participa dès 1897 à une tribune musicale dans le journal *La République*.

Dans un second temps, nous présentons la théorie wagnérienne. D'abord, telle qu'elle apparaît dans la *Revue wagnérienne* à travers les articles de Teodor de Wyzewa. Ce dernier annonce un art nouveau répondant au drame wagnérien. L'art total est-il réalisable en littérature et quels en seraient alors le fonctionnement, les contours, la nouvelle forme ? La scène permettait de mêler théâtre, musique et poésie mais comment envisager une réponse à l'art total dans la poésie ou le roman ? Comment intégrer la musique au cœur même de l'écriture, ou retrouver la musique des mots ? Ensuite, nous présentons la théorie wagnérienne de façon détaillée à travers les « écrits révolutionnaires » du compositeur, principalement, *L'Œuvre d'Art de l'Avenir* et *L'Art et la Révolution*.

Nous nous arrêtons sur un thème particulièrement important dans l'œuvre de Suarès et directement lié au wagnérisme : celui de l'androgyne. En effet, Wagner assimile la musique au caractère féminin et la poésie au masculin. La musique s'adresse à la sensibilité alors que la poésie s'adresse à l'intellect. Corrélativement, les deux mouvements de la pensée, l'analyse et la synthèse, sont assimilés eux aussi aux caractères masculin et féminin. L'œuvre totale doit réunir ces deux aspects de l'expression et ces deux modes de la connaissance. Cette idée, issue du romantisme allemand et fondamentale dans les écrits de Wagner, est un des aspects les plus profonds et originaux du wagnérisme suarésien. Elle traverse toute son œuvre dans son essence même.

On perçoit déjà deux éléments qui éclairent en profondeur ses écrits. Le wagnérisme, tel qu'il apparaît en cette fin de siècle, dépasse la simple question littéraire. Pour Wagner comme pour Suarès, il s'agit d'une philosophie, d'une quête de l'Être, d'une mystique de l'art mais aussi d'une théorie de la connaissance. D'autre part, cette conception métaphysique de l'art, cette façon de le placer au plus haut, le fait de prendre la figure de Wagner comme modèle, expliquent à la fois l'immense enthousiasme du jeune Suarès et le risque de déception, voire d'échec.

Ces aspects principaux étant posés, notre plan présente les projets de jeunesse selon leur genre.

II. Les projets poétiques

Dans sa recherche d'une œuvre totale et du lien entre la musique et la poésie, André Suarès explore deux voies très différentes et opposées.

La première est celle des « sonates » de *Psyché Martyre* ou des poèmes de *Lylian* ou *Peines d'amour*. Ces textes sont accompagnés d'indications musicales marginales dans lesquels la recherche de la musicalité va dans le sens d'une clarté, d'une simplicité de style. Suarès place ces « poèmes-partitions » sous le signe de Wagner et de Mallarmé. Il est alors proche de *Tristan* auquel on peut assimiler certains aspects d'écriture (vers courts, jeux de sonorités, allitérations…). La construction du texte est elle-même très libre. Le lecteur se trouve face à des *évocations* d'émotions, de sentiments. L'ensemble se déroule comme un thème musical à travers de multiples variations. Les *références* wagnériennes les plus évidentes sont celles qui renvoient à *Tannhäuser* et à *Parsifal* par le thème du jardin d'amour. Petit à petit, les indications musicales disparaissent, l'écriture s'épure et les syllabes sont utilisées comme des notes, Suarès se servant des mots d'une ou deux syllabes comme des noires et des blanches. C'est un aspect original et très inhabituel du wagnérisme.

À l'opposé de cette esthétique, d'autres recueils publiés comme *Airs* ou *Images de la grandeur* accumulent les figures de style. Les critiques taxent volontiers ces textes de « wagnériens » à cause de l'utilisation systématique de moyens expressifs. Ils sont plus proches de ceux publiés par la *Revue wagnérienne* qui imitent le caractère extrême des moyens de l'orchestre wagnérien comme ceux de Jean Richepin, Louis de Grammont ou Catulle Mendès.

Airs présente des textes hallucinés, des images de la damnation, morbides, épouvantables. Il serait facile de voir dans « La Galère » une reprise du *Vaisseau Fantôme*. La question de la rédemption et celle de la damnation, au cœur de tous les opéras de Wagner, est aussi au centre de la poésie de Suarès et est évoquée avec une rare violence. Ce recueil reflète l'angoisse profonde de l'écrivain, particulièrement après la mort de son père en 1892. Dans cette recherche de la rédemption, la musique tient une place particulière, elle est au cœur de la création, elle seule peut réconcilier l'âme torturée.

Le caractère hyperbolique des *Images de la grandeur* suffit le plus souvent à ce qu'on remarque un caractère « wagnérien ». Le thème même de la grandeur et la démesure de l'ensemble renvoient aux immenses fresques mythologiques du compositeur. Suarès convoque de nombreux héros de mythologies très différentes. Il surcharge ses phrases de figures de style pour les rendre toujours plus intenses, plus puissantes dans l'expression et leur impact émotionnel. D'autre part, l'influence de Schopenhauer est sensible par l'évocation de la douleur du monde, du renoncement, du salut par l'Art et la pitié, autant de thèmes repris par Wagner au philosophe.

Dans ces textes, l'image de la femme est proche du personnage de Kundry, à la fois sainte et prostituée, assimilée aux filles-fleurs et souvent idéalisée. Elle exprime le bonheur et la jouissance d'aimer en même temps que la profonde douleur liée à l'insatisfaction du désir. On retrouve alors l'image de la blessure d'Amfortas, symbole de la douleur fondamentale du monde et de l'existence humaine.

Cette esthétique n'est pas si éloignée du symbolisme et de la préciosité fin de siècle de la *Salomé* de Wilde ou encore du *Feu* de Gabriele D'Annunzio dans la recherche éperdue de l'intensité et l'inépuisable logorrhée[25].

III. Les projets dramatiques

La question de la forme dramatique se pose tout particulièrement à Suarès qui se confronte ici aux œuvres wagnériennes. Dans la lignée d'*Axël* et de *Parsifal*, il affirme sa volonté de créer un nouvel Évangile, de fonder un culte. Hésitant entre la poésie, la musique et le caractère proprement théâtral, ces projets posent la question épineuse de la représentation. Nous nous intéressons à deux grands types de textes. D'une part, les « féeries musicales » à travers le thème de l'île et d'autre part, les drames sur le Christ.

Les « féeries musicales » présentent un thème commun : celui de l'utopie artistique. Elles annoncent la fin d'un monde matérialiste dominé par l'argent, et l'arrivée d'un ordre nouveau gouverné par la beauté et l'art. Suarès est alors proche des écrits révolutionnaires que Wagner écri-

---

25. On songe aussi au *Voyage d'Urien* de Gide (paru avec les illustrations de Maurice Denis en 1893).

vit à Zurich alors qu'il fuyait la police après les journées de Dresde de 1849 : *L'Œuvre d'Art de l'Avenir* et *Opéra et Drame*. Il était l'ami de Bakounine et d'August Rœckel. André Suarès commence une série de projets sur le thème de l'Île dont *Thulé* et l'*Atlantide*. On trouvera ici de nombreux liens avec les textes de Wagner sur le rôle du théâtre dans la société de l'avenir. L'Art doit mener l'homme à la rédemption en le rétablissant dans son unité. Il ne s'agit pas moins que d'annoncer une nouvelle humanité rachetée du péché originel, un nouvel Adam. Suarès laisse la place dans certains de ses textes dramatiques à une réflexion sociale, politique, à une utopie artistique. Au-delà de la dimension esthétique, on aborde ici la question de la pensée religieuse de Suarès. Les textes sur Thulé ou l'Atlantide annoncent le salut, la recherche d'une île perdue, le retour à l'art véritable, à un Paradis perdu. À travers cette conception métaphysique de l'art, il exprime aussi sa propre douleur de vivre et son expérience douloureuse de la création.

L'autre veine est celle des drames sur le Christ. La référence absolue est *Parsifal*. Suarès est plus proche des textes en prose du Wagner de la maturité comme *Religion et Art* (1880), pendant théorique à *Parsifal*. L'art apparaît bien comme la nouvelle religion qui remplace le christianisme mourant. La compassion est la valeur suprême.

Les Pèlerins d'Emmaüs est un exemple abouti de cette période puisque Suarès parvient à publier son drame avec l'aide de Romain Rolland en 1889. Comme dans les poèmes de *Lylian* ou de *Psyché* il utilise des indications musicales. Lugné-Poe envisage un moment de représenter son drame mais le projet n'aboutit pas. Le caractère « wagnérien », souligné par Suarès lui-même est très clairement une référence à *Parsifal* et particulièrement au final du premier acte qui se termine par le dévoilement du Graal, la célébration du sang du Christ. Ce « tableau de piété » est-il véritablement destiné à la représentation ? On ne trouve pas de partition ou d'indication d'air sur lequel il faudrait reprendre un passage, ou encore de musique d'accompagnement. Les textes doivent-ils être véritablement chantés ou bien dits sur le mode du récitatif ? Comment comprendre cette indication : « une voix de haute-contre très pure, très douce, très grave » à propos de la voix du Christ ? Faut-il utiliser un chanteur ou un acteur dans les coulisses ? C'est toute l'ambiguïté de cette « action scénique ». Ne s'agit-il pas plutôt d'un « théâtre intérieur » destiné à la lecture ? Au contraire faut-il considérer ces textes comme des livrets d'opéra ?

Il subsiste à la Bibliothèque littéraire Jacques Doucet des extraits importants de deux autres grands projets inédits et inachevés : *Jésus* et *Lazare*. Le Christ y apparaît comme Parsifal. S'inspirant des écrits de Renan et de *L'Art et la Révolution* de Wagner, Suarès présente Jésus dans toute son humanité comme la figure absolue du don de soi, du sacrifice et de la pitié envers les êtres. L'écho le plus original et le plus personnel de ce wagnérisme est sans doute dans le trio très particulier réunissant un père mourant, un prince révolté qui cherche la rédemption, et un intercesseur. Ce trio était formé dans *Parsifal* par Titurel, Amfortas et Parsifal. On le retrouve dans l'œuvre de Suarès avec la double figure de Lazare (père et fils) et le Christ. Ce qui se joue ici est la rédemption, la révolte devant la mort mais aussi la création elle-même et surtout la souffrance du monde. La clef de la rédemption est dans la compassion et le sacrifice de soi.

Tous ces textes sur le Christ montrent assez que Suarès ne s'attache pas au dogme chrétien. Il s'intéresse surtout à la personne même de Jésus qui apparaît dans toute son humanité. Son rapport à la religion est très personnel. Il aime les dieux et les héros, et sa véritable religion est celle de l'Art.

IV. Textes narratifs et projets romanesques

Les projets de romans sont nombreux mais André Suarès n'est pas satisfait du résultat et il brûle de nombreux manuscrits, ce qui rend très difficile la compréhension des documents restants.

Il ne s'agit pas de romans dans le sens classique du terme. Suarès mêle dans *Primavera* des passages poétiques, des lettres, des éléments biographiques. On parlera simplement de textes narratifs à propos de *L'Homme de Beauté* dans lequel il intègre aussi des récits de songes, des méditations. Les recherches formelles sont tout aussi riches et variées mais le mélange des genres explique sans doute l'abandon de ces projets qui trouvent difficilement leur unité. La forme même du roman ne permet pas à Suarès autant de liberté que la poésie ou le théâtre. La poésie accepte les indications musicales, les variations de style, de formes. De même, le théâtre accepte la musique, peut intégrer des passages poétiques. Le roman a plus de difficultés à assimiler d'autres formes au risque d'égarer le lecteur ou de lui faire perdre le fil de l'intrigue.

Primavera est désigné par l'auteur comme « un court roman-poème » mais ce n'est pas non plus un roman en vers. Suarès brouille les pistes. Il existe des chapitres d'une facture classique auxquels il mêle, comme en contrepoint, des textes poétiques, des lettres, des considérations personnelles sur l'amour. Si le projet de *Primavera* n'a pas finalement abouti c'est en partie à cause d'une hésitation sur la forme et finalement une dissolution de celle-ci qui ne parvient pas à faire prendre corps au projet. Encore faudrait-il le retrouver en son entier pour en juger véritablement, ce qui n'est plus possible aujourd'hui. *Primavera* est un roman de l'amour. La mythologie du printemps évoquée par le titre nous rapproche

de *La Walkyrie*. Les thèmes de ses romans sont toujours assez proches de
l'univers wagnérien, il s'agit le plus souvent de la recherche d'un amour
pur, spirituel, transcendant et rédempteur.

Dans une tout autre veine, Suarès qualifie de « roman-poème » ou
« roman-confession », un projet très différent : *L'Homme de Beauté*. Il
s'agit de la peinture intérieure de l'artiste tel que Suarès le rêve, tel qu'il
aspire à le devenir. Ces textes éparpillés dans de nombreux carnets mêlent des réflexions sur l'art, la politique, des confessions plus personnelles, des passages poétiques, narratifs, parfois même des récits de songes.
Ces textes désignés par l'abréviation *H.M./B.* constituent en grande partie
la matière de *Voici l'homme*, terminé en 1904 et publié ensuite. Parmi les
textes les plus originaux et les plus surprenants nous présentons des récits
de songes. Il est difficile de savoir comment Suarès les aurait utilisés :
tels qu'ils se présentent dans les carnets ou réécrits comme des visions
prophétiques à la façon des poèmes d'*Images de la grandeur*. Ce sont des
textes fantasques, voire fantastiques, très personnels, dans lesquels les
personnages féminins apparaissent volontiers sous les traits de Kundry
pécheresse.

Dans le sens où ce dernier projet est annonciateur de *Voici l'homme*,
qu'il en est une ébauche, nous consacrons une partie à cette œuvre publiée dont la figure centrale est celle de Tristan. Il s'agit d'un texte *wagnérien* majeur par la reprise directe de cette figure héroïque. L'influence
de Nietzsche y est sensible principalement par la figure du surhomme.
Mais nous nous arrêterons surtout sur la philosophie de Schopenhauer.
Elle paraît plus importante encore par la présence tragique d'une volonté
aveugle qui conduit le monde, par l'idée de la compassion, de la connaissance par la communion mystique avec la nature, et surtout l'affirmation
de la dimension métaphysique de la musique.

V. Textes théoriques et projets métaphysiques

Les textes théoriques soulèvent la question de l'organisation générale
de l'œuvre d'André Suarès. Il concevait son œuvre comme un ensemble
complet dans lequel chaque texte aurait eu sa place. Il souhaitait aussi
traiter de toutes les grandes parties de la création et de la pensée. Ses
grands projets poétiques, dramatiques, romanesques, ses essais, devaient
prendre place dans un ensemble plus vaste encore qui les aurait tous englobés. Il avait envisagé d'écrire des études d'ordre mathématique, politique, philosophique. Nous présentons ici *Léonard* et surtout *P.F.*, textes
d'une grande importance pour comprendre la pensée de Suarès et sa
conception de l'art.

Léonard est un projet inabouti auquel nous aurions aimé nous consacrer plus avant, la figure de l'artiste étant très importante pour le jeune écrivain durant ces années de formation. Hélas, les manuscrits sont actuellement indisponibles. Notre travail ne s'appuie que sur des éléments parcellaires qui illustrent l'analyse de Favre. *Léonard* devait être un « Évangile musical », une « longue méditation de Léonard sur l'Art ». La beauté est au cœur de sa réflexion, elle est le moyen d'accéder au divin, défini non plus comme le Tout-Puissant, ou le Tout-Amour, mais comme le « Tout-Beau ».

P.F. est un traité d'esthétique qui ne se limite pas à la poésie mais présente une métaphysique de l'art. On retrouve les grands thèmes wagnériens d'*Opéra et Drame* ou de *L'Œuvre d'Art de l'Avenir* : le lien entre la musique et la poésie, les rapports de la science et de l'art, la recherche de l'homme complet, le caractère religieux de l'art. *P.F.* est à la fois un texte théorique, un programme, un but à atteindre, un credo et une profession de foi.

Suarès dénonce la vanité de la littérature et des *littérateurs* qui suivent (ou créent) la mode ainsi que les critiques, pour élever l'Art au plus haut : au rang d'une religion. L'Art pose la question du rapport de l'être à l'Être, la question de l'existence, donc de Dieu. L'Art est, par essence, métaphysique.

Le cœur de ce texte tel qu'il nous est parvenu est le rapport de l'Art à la science et, par-delà, la question de la connaissance. Suarès les oppose dans leur mouvement même. L'Art est synthétique, il perçoit le monde dans une participation directe, intuitive et le restitue dans un seul mouvement. Il le rend accessible par l'émotion. La science au contraire dissèque son objet d'étude pour le comprendre, le divise en ses différentes parties pour mieux l'analyser. L'Art est le seul moyen d'atteindre à l'Esprit, au cœur de l'Être et à son mystère par l'intuition. Pour Suarès, la véritable connaissance est celle du cœur et le véritable « savant » est l'artiste. Le poète est le seul vrai métaphysicien car il s'intéresse directement à l'Être, à la Vie. L'Art se place au sommet de la pyramide du savoir. Dans cette réflexion, Suarès fait référence à Schopenhauer et à Wagner, mettant au plus haut l'intuition comme mode de connaissance par la participation directe au monde qu'elle suppose.

Dans une telle perspective, Suarès retrouve la tentative wagnérienne de réinventer le drame grec, forme d'art total, religieux, politique, reliant un peuple et son Dieu. L'artiste est à la recherche d'un homme complet, au-delà des oppositions entre l'émotionnel et le rationnel, ayant redécouvert la force de réunification la plus importante : l'amour. Il imagine alors l'œuvre de l'avenir comme le drame grec retrouvé dans la poésie (c'est la grande différence avec Wagner) et le public de l'avenir comme un

« peuple de beauté ». Seul un tel art peut sauver l'humanité du monde de misère dans lequel il se trouve. Le poète en appelle à une rédemption par l'art et l'amour.

VI. *Wagner*

Cette période très riche de recherches formelles et d'interrogations profondes sur le sens de l'art et la place de l'artiste se termine par un ouvrage consacré entièrement au compositeur. Publié en 1899, c'est le premier grand portrait de Suarès. Ce texte a été classé rapidement parmi les nombreuses publications consacrées à la gloire du compositeur sans qu'on lui accorde une originalité particulière. On le considère trop rapidement comme un hommage de plus. Présenter Suarès comme un wagnérien idolâtre est pourtant surprenant à plus d'un titre.

D'abord parce que le sombre Suarès s'accorde mal avec le wagnérisme ambiant et l'adulation de Wagner. Toute la première partie de son ouvrage est consacrée à la critique de ce mouvement et au culte rendu au maître de Bayreuth. Suarès détruit consciencieusement l'idole pour retrouver l'homme et le créateur. Wagner est un modèle pour le jeune écrivain par sa volonté et son parcours d'artiste. Au-delà de sa réflexion sur la figure du compositeur, Suarès dévoile son propre but littéraire. En écrivant sur Wagner, il définit plus précisément sa propre place d'artiste.

D'autre part, ce texte est très important pour comprendre la place que les portraits prendront dans son œuvre. S'il fait ici un premier essai inégal, il définit les règles de ses prochains textes. Le *Beethoven* de Wagner auquel il fait souvent référence est, de ce point de vue, un modèle pour lui. Son *Wagner* est aussi l'occasion de s'interroger sur le rôle de la critique littéraire et artistique qu'il conçoit comme un genre d'introspection, d'exploration de la vie intérieure d'un grand homme. En ce sens, et au-delà de sa réflexion sur le compositeur, *Wagner* est un texte fondateur.

Enfin, la réflexion de Suarès sur les écrits en prose de Wagner (auxquels il consacre entièrement la troisième partie de son ouvrage) permet de mieux appréhender ses projets de jeunesse et les formes littéraires originales qu'il a explorées alors. C'est un document fondamental pour comprendre sa lecture des théories du compositeur.

Mais avant de commencer l'étude de ces différents éléments, il nous faut encore faire le point sur la recherche suarésienne.

LA RECHERCHE SUARÉSIENNE :
BILAN ET PERSPECTIVES

1. État de la recherche

LES THÈSES

Une recherche sur André Suarès dans le fichier central des thèses[1] du site de l'université de Paris X annonce sept travaux en cours. Deux ont été enregistrés il y a plus de vingt ans et ne sont probablement plus d'actualité. Il reste donc seulement cinq thèses. Celles de Sabine Tadjine, Michel Deboissieu et Catherine Leborgne ont été enregistrées il y a déjà une dizaine d'années ou plus. On remarquera que deux l'ont été depuis 2002 ce qui correspond à un léger regain d'intérêt (tout relatif cependant) pour l'œuvre de Suarès. L'une d'entre elles n'est d'ailleurs pas entièrement consacrée à Suarès mais concerne aussi Jarry et Segalen. Nous les citons en précisant l'année d'enregistrement, le choix des sujets étant révélateur de l'orientation de la recherche suarésienne :

– Patricia Triguel : *L'orient mythique d'André Suarès* (1982).
– Alessandro Guillaume : *André Suarès, un poète halluciné. Sur l'édition d'« Amour », 1917* (1983).
– Sabine Tadjine : *Portraits et autoportraits dans l'œuvre d'André Suarès* (1994).
– Michel Deboissieu : *Critique d'art et création littéraire chez André Suarès* (1995).
– Catherine Leborgne : *La poétique du voyage dans l'œuvre d'André Suarès : d'une écriture du voyage à une pensée existentialiste* (1998).
– Maria Angeles Vega Marquez : *La culture bretonne et celte dans les œuvres d'Alfred Jarry, Victor Segalen et André Suarès* (2002).
– Thomas Violet : *La mystique et le mysticisme dans l'œuvre d'André Suarès* (2005).

---

1. http://fct.u-paris10.fr/index.jsp.

Quant aux thèses soutenues, elles ne sont guère plus nombreuses. Le site de l'Agence Bibliographique de l'Enseignement Supérieur en signale huit (Yves-Alain Favre apparaissant deux fois dans le tableau de résultats) :

– Jean Astier : *La passion musicale d'un écrivain indépendant : André Suarès* (1978).
– Jytte Walker Ditlevsen : *Inspirations italiennes dans les œuvres de Chateaubriand, Stendhal, Barrès, Suarès* (1962).
– Jean-Jacques Durlin : *André Gide dans sa correspondance avec les écrivains de son temps : Paul Claudel, Henri Ghéon, Francis Jammes, Roger Martin du Gard, François Mauriac, André Suarès et Paul Valéry* (1977).
– Yves-Alain Favre : *Édition critique, commentée et annotée de « Spleen » d'André Suarès* (1975).
– Yves-Alain Favre : *La Recherche de la grandeur dans l'œuvre de Suarès* (1975).
– Bruno Helmke : *André Suarès als Denkerund Künstler* (1933).
– Georges Rambert : *André Suarès, lecteur de Pascal* (1973).
– Naoko Okamoto : *La critique musicale par trois écrivains – Romain Rolland, André Suarès, Jacques Rivière* (2007).

Trois ne sont pas entièrement consacrées à Suarès et l'une est en allemand. Ce sont des études thématiques ou des travaux construits autour de l'établissement de manuscrits ou de correspondances. On remarquera d'abord le nombre restreint de thèses et leur ancienneté. La plus récente date de 2007. La thèse d'Yves-Alain Favre, *La Recherche de la grandeur dans l'œuvre de Suarès*, dernier travail de grande envergure et véritable outil de recherche indispensable aux chercheurs, date aujourd'hui de plus de trente ans.

Ensuite, il faut préciser que certaines thèses, et non des moindres, n'apparaissent pas dans cette base de données. Il est vrai qu'il est difficile voire impossible de se procurer certaines d'entre elles aujourd'hui. On ne connaît leur existence que par d'autres publications qui les citent. Il faut donc compléter cette liste par plusieurs travaux de référence :

– Mario Maurin : *À la recherche d'André Suarès*, Yale, 1951 (indisponible)
– Thomas Doherty : *André Suarès et la Musique*, Middlebury Collège, 1959 (autrefois consultable à la Bibliothèque littéraire Jacques Doucet et actuellement au centre technique du livre).
– Jean-Marie Barnaud : *L'Esthétisme d'André Suarès*, Montpellier, 1968 (parfois citée mais jamais publiée et introuvable).

– Christian Liger : *Les Débuts d'André Suarès*, Montpellier, 1969 (jamais publiée mais consultable dans sa version dactylographiée à Montpellier).
– Frédéric Busi : *L'esthétique d'André Suarès*, Wetteren, cultura, 1969.

Plus récente, celle d'Élisabeth Rechniewski : *Suarès, Malraux, Sartre : antécédents littéraires de l'existentialisme* (Sydney 1996) n'apparaît pas non plus dans la liste mais elle a été publiée en 1996. En ajoutant ces derniers titres, on atteint une quinzaine de thèses.

Par contre, les ouvrages sur André Suarès sont plus nombreux. L'Agence Bibliographique de l'Enseignement Supérieur en présente environ 80 avec des actes de colloques, catalogues d'expositions, biographies, recueils de textes, auxquels il faut ajouter les préfaces, présentation de textes inédits, correspondances… Toutes ces analyses ont exploré les principales questions qui concernent la création du Condottiere.

Il faut signaler également que des amis de Suarès ou des suarésiens fervents ont beaucoup fait pour diffuser son œuvre, publier des articles même si ce n'est pas dans un cadre universitaire. Des revues régionales ont présenté des études, des témoignages, des inédits, des catalogues d'expositions… Ces nombreuses publications compensent le manque d'études d'ensemble ou systématiques et montrent que, finalement, André Suarès n'est pas totalement oublié. Au contraire, des publications paraissent régulièrement sur différents aspects de sa création.

Les parutions importantes ont correspondu à des dates bien particulières, ce qui explique aussi leurs orientations méthodologiques. Les années qui ont suivi la mort de l'écrivain ont été l'occasion de publications importantes et le point de départ de travaux biographiques qui ont abouti en particulier à la parution de la biographie de Marcel Dietschy vingt ans plus tard. D'autre part, la découverte des manuscrits qui sont arrivés à la Bibliothèque Doucet en plusieurs moments a donné lieu à chaque fois à de nombreuses publications d'inédits, à des travaux importants d'établissement des textes, de datation que nous aurons l'occasion de présenter plus loin en détail.

En ce qui concerne les publications les plus récentes, on trouvera un article de Jacques Lecarme dans la revue *Présence d'André Malraux* (n°3), en 2001[2] ; la publication des actes du colloque de Malagar[3] (1999) en 2001 toujours, et la sortie de deux volumes de textes chez Robert Laffont (collection Bouquins) sous la direction de Robert Parienté. Signalons

---

2. *Présence d'André Malraux*, n°3, Amitiés internationales André Malraux, 2001.
3. *Cahiers de Malagar*, 14, automne 2001, « Société internationale des études mauriaciennes », Centre François Mauriac de Malagar, 235 p.

encore qu'un colloque a eu lieu à Paris sur la Bibliothèque Doucet en 2003. La dernière parution est la très belle réédition de *Passion* illustrée par Georges Rouault avec un avant-propos de M. François Chapon aux éditions du Cerf en 2005.

Dans un premier temps nous reprendrons les éléments importants de la recherche suarésienne, les thèses et documents de référence puis nous prendrons le temps de présenter l'état de la recherche sur les manuscrits, les outils à la disposition des chercheurs, en détaillant l'état du Fonds Suarès de la Bibliothèque littéraire Jacques Doucet.

LES BIOGRAPHIES

La question biographique a été largement explorée. De nombreuses publications de contemporains de Suarès ont vu le jour dans les années qui ont suivi sa mort en 1948 et ont fourni de précieux témoignages à commencer par celui de Romain Rolland avec *Le Cloître de la rue d'Ulm* paru en 1952 et ses *Mémoires* en 1956. Camarade de l'École normale durant les mêmes années, Maurice Pottecher (dit « Potty ») l'ami très fidèle, écrivit plusieurs articles dont les plus connus sont « André Suarès » (dans le *Monde Français* en février 1949) et « André Suarès, mon ami » (dans *La Liberté de l'Est* du 15 septembre 1948). Il rédige également la préface aux choix de lettres entre Romain Rolland et André Suarès, ses deux très proches amis, sous le titre de *Cette Âme ardente* en 1954.

Il faut ajouter les écrits de Gabriel Bounoure dont Suarès disait qu'il connaissait ses œuvres mieux que lui-même. Il écrivit plusieurs articles dont « Dernière parole de Suarès » paru au Mercure de France en avril 1951 et aussi, bien sûr, Marie Dormoy dont *Souvenirs et portraits d'amis* en 1963.

La première véritable biographie de celui que l'auteur appelle lui-même le « grand vaincu des lettres » parut « à cent ans de sa naissance et à vingt ans de sa mort ». Écrite par Marcel Dietschy en 1967, elle présente un Suarès oublié, « dont on ne parle jamais », « qu'on ne lit plus ». Il s'agit pour son auteur d'opérer une *résurrection*. Suarès apparaît comme une figure intense dressée contre les fausses valeurs du temps. À la veille du centenaire de sa naissance, il « convient d'exhumer un homme exceptionnel[4] ». Avec *Le cas André Suarès*, se dresse une image de l'écrivain qui ne va pas tellement changer, celle d'un Condottiere ombrageux, orgueilleux et hautain, enfermé « dans une farouche solitude »,

---

4.   Marcel Dietschy, *Le cas André Suarès*, *op. cit.*, Avant propos, p. 11.

celle d'un grand génie scandaleusement oublié. Cette image a encore cours aujourd'hui et est toujours mise au premier plan. Elle n'est pas totalement fausse mais elle a figé Suarès dans une posture rigide et austère qui occulte d'autres aspects de l'écrivain.

Cet ouvrage de référence accorde une partie importante aux manuscrits alors inédits de Suarès. Marcel Dietschy avait participé au classement des *papiers* de Suarès chez Alice Kampmann, sa dernière épouse, avant leur transfert à la Bibliothèque Doucet. Une autre de ses qualités est de s'appuyer sur les écrits de ses proches amis auxquels il consacre une partie entière.

Ce travail très attendu et abouti avait été annoncé par d'autres études comme celle de Mario Maurin qui avait soutenu sa thèse en 1951 à l'université de Yale, et publié un article intitulé « Esquisse de Biographie » dans la revue *Preuves* d'Août-Septembre 1952.

D'autres travaux sur la biographie viendront compléter et parfois discuter les écrits de Marcel Dietschy. La thèse de Christian Liger, *Les Débuts d'André Suarès*, soutenue à Montpellier en 1969 soulève un certain nombre de questions concernant les dates et en particulier celles de ses voyages en Italie. Il fournit des renseignements d'ordre biographique très précis, parfois même très intimes et assez troublants en s'appuyant sur des lettres inédites ou des confessions de l'auteur dans ses carnets. Il est réellement dommageable que cette thèse n'ait pas été publiée et surtout que les travaux sur la biographie qui ont suivi ne l'aient pas tellement prise en compte. Certains documents pourraient inspirer des recherches à caractère psychanalytique et éclairer en particulier sa relation aux femmes. Cette thèse est très documentée et propose elle aussi de nombreux textes inédits. Christian Liger s'appuie en grande partie sur la correspondance inédite de Suarès avec son frère Jean et sa sœur Esther, proposant des textes de premier ordre. Liger redonne toute sa dimension à l'amitié fidèle et profonde qui a lié André Suarès à Maurice Pottecher. Il étudie aussi la période mal connue des huit années qui suivent son départ de la rue d'Ulm, et en particulier la retraite qu'il effectua chez les Bénédictins de la rue Vaneau. Il en existe un seul exemplaire, dactylographié, assez fragile, à la bibliothèque universitaire de Montpellier.

La dernière biographie en date est celle de Robert Parienté, *Suarès l'insurgé*. Parue d'abord en 1990 chez Laffont, une nouvelle édition date de 1999. M. Parienté, fervent suarésien décédé en 2006, a travaillé pendant de nombreuses années à faire connaître et reconnaître André Suarès. Il a été le seul, récemment, à fréquenter le fonds Suarès de la Bibliothèque Doucet. Ancien directeur général adjoint du journal *L'Équipe*, il a publié de nombreux livres sur le sport, Paris ou la peinture. Outre sa biographie, il a aussi publié *Bonjour Suarès* (Marseille, Autre Temps, 1997) et *André Suarès, le Condottiere* (textes recueillis avec Claudine Irlès, Arles, Actes Sud, 1998). Nous reparlerons plus loin de son travail à propos des récentes parutions de textes suarésiens qu'il a dirigées chez Robert Laffont (collection Bouquins, 2002).

LES DOCUMENTS DE RÉFÉRENCE

Entre le milieu des années soixante-dix et les années quatre-vingts plusieurs publications, véritables outils de référence, ont vu le jour et permis de faire le point sur certains aspects importants de la recherche suarésienne.

La Revue des Lettres modernes

Tout d'abord, *La Revue des Lettres modernes* a publié trois numéros consacrés entièrement à André Suarès sous la direction d'Yves-Alain Favre, parus successivement en 1973, 1976 et 1983. Ce travail a été complété en 1983 par un appendice critique de Peter Hoy qui fait le point sur la bibliographie entre 1968 et 1975 :

1 – *André Suarès et le symbolisme* (M. Pinguet, R. Georges, L. Cellier, F. Busi, W. Doherty, C. Liger, Y.-A. Favre), 1973.
2 – *Suarès et l'Allemagne* (T. Doherty, Y.-A. Favre, A. Freadman, J. Lecarme, C. Liger, M. Maurin, L. Richard, F. Chapon), 1973.
3 – *L'univers mythique d'André Suarès* (Y.-A. Favre, P. Brunel, J.-M. Barnaud, D. Girard, A. Freadman, C. Dépêche, C. Liger), Paris, Lettres modernes, 1976.

Ces trois numéros permettent de faire le point sur des questions fondamentales dans l'œuvre de Suarès et regroupent des noms d'éminents chercheurs, à commencer par Yves-Alain Favre. Le travail bibliographique a été publié à part, dans la collection *Les Carnets bibliographiques de la Revue des Lettres modernes*, « André Suarès, Œuvres critiques ».

À ce travail conséquent, il faut ajouter le « Colloque André Suarès » de 1977, publié par *Les Cahiers du 20e siècle*. Ce colloque a eu lieu le 5 mars 1977 et son titre était « André Suarès au cœur du XXe siècle ». Sous la direction d'Yves-Alain Favre toujours, il s'est concentré sur plusieurs aspects importants ainsi formulés : « engagement politique, problème religieux, surgissement de la modernité, création poétique ». Ont participé à ce colloque, J. Cassou, C. Liger, Y-A Favre, C. Mavet, M. Pinguet, C. Debon-Tournadre et M. Drouin.

Ces documents permettent d'aborder la recherche sur André Suarès de façon thématique et, à nouveau, de découvrir quelques inédits.

La thèse d'Yves-Alain Favre

Le nom d'Yves-Alain Favre a été cité plusieurs fois déjà. Il a soutenu sa thèse *La Recherche de la grandeur dans l'œuvre de Suarès* en 1975 et l'a publiée chez Klincksieck en 1978. C'est un ouvrage de référence pour toute recherche sur André Suarès et en particulier en ce qui concerne les manuscrits. Il fait en effet un inventaire complet des documents du fonds Suarès de la Bibliothèque littéraire Jacques Doucet, y compris ceux qui venaient d'arriver au moment de l'écriture de sa thèse et étaient encore en attente d'inventaire. On ne pourrait pas travailler aujourd'hui sur les manuscrits de jeunesse sans utiliser sa thèse. C'est dire l'importance de ce chercheur. Son axe de lecture consiste à retracer le parcours spirituel de l'écrivain vers la grandeur :

> On pourra nous reprocher de n'avoir pas conservé une assez grande distance vis-à-vis de l'auteur soumis à notre examen. Volontairement, nous n'avons pas voulu le considérer de l'extérieur ; sans abandonner l'objectivité nécessaire et l'esprit critique, nous avons cherché à revivre une expérience spirituelle et à reconstituer de l'intérieur l'itinéraire vers la grandeur, tel que Suarès nous l'a décrit dans ses diverses œuvres[5].

Il fait une étude chronologique de ses écrits en faisant appel à la biographie lorsque cela éclaire les grandes périodes de sa création. Sa thèse est construite en quatre parties correspondant aux grands tournants de sa vie et de son œuvre. Yves-Alain Favre donne l'image d'un génie qui aurait eu à l'esprit, tracée à l'avance, l'organisation de son travail. Chacune de ses œuvres ferait alors partie d'un ensemble plus vaste dans lequel elle prendrait sa juste place. Il est vrai que le jeune Suarès envisageait ainsi l'ensemble de sa création. Il projetait d'écrire un grand ensemble poétique, une partie romanesque, des œuvres théâtrales mais aussi des ensembles mathématiques, physiques, des réflexions sur la marine, la politique

---

5. *Cf.* Yves-Alain Favre, *La Recherche de la grandeur dans l'œuvre de Suarès, op. cit.*, Préface, p. 10.

et l'esthétique... Ce sont des projets qu'il formait dans ses années de formation et on retrouve, ici ou là, dans ses brouillons, des plans entiers confirmant qu'il envisageait l'organisation de son œuvre comme un grand ensemble et cherchait à l'appréhender dans son unité. Néanmoins, il est bien possible que cela soit resté du domaine du projet, voire du phantasme. Cela en dit probablement beaucoup plus sur la façon dont le jeune Suarès imagine, rêve son œuvre plutôt que cela en éclaire véritablement l'organisation. L'admiration sans faille d'Yves-Alain Favre pour Suarès est un point qu'on a pu lui reprocher. Son analyse procède d'une conception du « grand homme » à laquelle on peut ne pas souscrire. Quoi qu'il en soit, la question de l'organisation des textes de jeunesse de Suarès reste posée et est à prendre en compte lorsqu'on cherche à redonner sens à un texte ou un projet inabouti, lorsqu'on s'interroge sur sa place dans l'ensemble de sa création. Nous aurons l'occasion de voir comment cette conception de l'organisation de l'œuvre de Suarès explique certains choix de la part de Favre.

Cette thèse montre combien la recherche suarésienne est liée aux textes. Il en existe de nombreux édités mais encore plus d'inédits, qu'il s'agisse de correspondances, de projets de jeunesse ou bien de la somme inépuisable que représentent les carnets. Ainsi, il semble que la recherche suarésienne soit soumise à un interminable déchiffrement, classement, inventaire toujours renouvelé, et à l'exploration d'un fonds qui ne sera jamais épuisé tant il est vaste et complexe.

La diversité des documents

Il serait fastidieux de répertorier ici les articles de valeur publiés sur André Suarès, les interventions dans des colloques dont il n'est pas le sujet central. Ils sont nombreux et soulèvent les principales questions. La recherche suarésienne de ce point de vue est composée d'éléments disparates, éparpillés, mais elle est d'une grande richesse.

Les colloques, qu'ils soient directement consacrés au Condottiere (comme le plus récent, celui de Malagar) ou non, apportent des éléments importants. Nous en avons cité déjà. On pourrait donner aussi l'exemple du colloque organisé à Orléans sur *Les écrivains et l'affaire Dreyfus* en 1981.

Les catalogues d'exposition présentent des recueils de textes comme celui de l'exposition organisée pour les cinquante ans de la mort de Suarès en 1998 à Marseille. Les textes ont été réunis par M. Parienté et Claudine Irlès[6].

Les publications ou recherches régionales sont aussi importantes. Par exemple, on trouve des éléments riches sur la vie de Suarès aux Baux de Provence dans *Présence d'André Suarès aux Baux* (Rodez, Subervie, 1963). Son rapport à la Bretagne est exploré dans l'ouvrage de Bernard Duchatelet, *André Suarès et la Bretagne* (Brest, centre de recherches bretonnes et celtiques, 1991-1992).

Quelques rares ouvrages font le tour d'une question comme celui de Gabrielle Savet (*Suarès critique,* 1959) mais la plupart du temps, les éléments de réflexion sont dispersés. Il reste aussi de larges pans qui n'ont pas été étudiés et pourraient faire l'objet d'études approfondies. Si Jacques Lecarme a publié un article sur Suarès et Rembrandt, (Marseille, 1989), il manque une grande étude sur les relations de Suarès à la peinture. De même, il existe peu d'études stylistiques[7] et l'on attend une réflexion sur le thème du voyage pour ne donner que ces éléments.

André Suarès et Richard Wagner

Sur les rapports de Suarès à la musique, et plus particulièrement à Wagner, il existe quelques documents.

En premier lieu, la thèse de Thomas Doherty, *André Suarès et la Musique.* Elle date de 1959 et contient de précieux renseignements. Thomas Doherty s'attarde en particulier sur la bibliothèque de Suarès de la rue de la Cerisaie, aussi bien sur les livres consacrés à la musique, aux compositeurs, qu'aux partitions qu'il possédait. Il donne des détails sur l'exemplaire annoté du *Beethoven* de Wagner que possédait Suarès. On sait par l'inventaire qu'il a réalisé de ses livres, que Suarès possédait la totalité des numéros de la *Revue wagnérienne.* Hélas sa thèse n'a pas été publiée et il n'en existe qu'une copie dactylographiée à la Bibliothèque Doucet.

Quelques pages sont consacrées à Wagner dans l'ouvrage que Jean Astier a publié après sa thèse : *La Passion musicale d'André Suarès,* Lucien Volle, 1975.

Sur le wagnérisme, Gabriel Bounoure a publié un petit article « Remarques sur le wagnérisme et le spinozisme de Suarès », et Mario

---

6. *André Suarès, le Condottiere, ouvrage collectif,* textes réunis par Claudine Irlès et Robert Parienté, Actes Sud, 1998.

7. Un article d'Y.-A. Favre dans la *Revue des Lettres modernes* n°346-350, 1973, « André Suarès et le symbolisme », ouvrait des perspectives intéressantes. *Cf.* « Musique du mot chez Suarès : Lais et Sônes », p. 183-205.

Maurin a consacré une étude au *Wagner* de Suarès dans le numéro de la *Revue des Lettres modernes* (*André Suarès-2*) intitulé « André Suarès et l'Allemagne ».

Les récents travaux de Timothée Picard ont renouvelé les recherches sur le wagnérisme en littérature. Sa thèse[8], aussi bien que les publications qui ont suivi sa soutenance s'intéressent à André Suarès. Citons en particulier : *Wagner, une question européenne* et *L'art total : grandeur et misère d'une utopie (autour de Wagner)* parus en 2006 aux Presses Universitaires de Rennes (Æsthetica). La publication prochaine d'une encyclopédie de Wagner et du wagnérisme sous sa direction, aux éditions Actes-Sud, apportera sans nul doute des éclairages nouveaux sur cette question. Nous y avons participé et, en particulier, rédigé l'article consacré au wagnérisme de Suarès.

LES TRAVAUX RÉCENTS

La réédition de *Passion* illustrée par Georges Rouault, avec un avant-propos de M. François Chapon aux éditions du Cerf en 2005, rend justice au travail des deux artistes par la qualité de reproduction des eaux-fortes originales en couleurs et bois dessinés par Georges Rouault.

La parution de deux volumes consacrés à Suarès dans la collection Bouquins de Robert Laffont en 2002 est due à Robert Parienté. Le tome I couvre la période de 1897 à 1923, le second de 1923 à 1948. Ils proposent quelques textes inédits (*Sur Napoléon, Alphonse Daudet, Venezia, Le Paraclet…*) venant le plus souvent de collections personnelles et de nombreux textes qui ne sont plus édités comme des extraits de *Voici l'homme*.

Malgré les remerciements d'usage aux membres du comité des exécuteurs testamentaires d'André Suarès et particulièrement à François Chapon, ce dernier regrette les choix opérés par la collection Bouquins et se désolidarise de cette publication dans un entretien donné à la revue *Histoires Littéraires* de Janvier-Février-Mars 2003, n°13[9].

M. Chapon soulève plusieurs problèmes très importants dans le travail sur Suarès. La question du choix des textes d'abord. Tous les textes d'André Suarès n'offrent pas un intérêt pour le grand public et les publier tels quels ne sert pas forcément l'auteur. Ensuite, la publication d'œuvres

---

8.　*La littérature européenne face au défi wagnérien*, (Université Marc Bloch-Strasbourg II), thèse de littérature comparée sous la direction de Pascal Dethurens.
9.　*Histoires Littéraires*, janvier-février-mars 2003, volume IV, n°13, p. 54.

en extraits pose la délicate question du choix[10]. Enfin, la publication d'inédits demande d'infinies précautions. Les textes ont été disséminés pendant la guerre, il est impossible le plus souvent de reconstituer de façon fiable ceux qui nous sont parvenus. D'autre part, l'écriture même de Suarès est très difficile à déchiffrer.

Somme toute, toute publication demande un travail approfondi et un appareil critique important. Il est évident que, de ce point de vue, le manque de recherches universitaires sur André Suarès est une véritable lacune.

2. Les manuscrits de la Bibliothèque littéraire Jacques Doucet

LA BIBLIOTHÈQUE JACQUES DOUCET. HISTORIQUE DU FONDS SUARÈS

André Suarès encourage Jacques Doucet à réaliser un projet envisagé dès 1914 (mais immédiatement retardé à cause de la guerre) : bâtir une « librairie à la Montaigne », une bibliothèque littéraire. Les grandes lignes en sont établies dès juin 1916. La correspondance publiée par François Chapon sous le titre *Le Condottiere et le Magicien* (Julliard, 1994) ainsi que *Mystères et Splendeurs de Jacques Doucet* (Lattès, 1984) permettent de retracer l'histoire de ce lieu d'exception.

Aujourd'hui, les manuscrits d'André Suarès sont pour l'essentiel déposés à la Bibliothèque littéraire Jacques Doucet[11]. Elle détient les éditions originales, la plupart du temps dédicacées, parues jusqu'à la mort de son fondateur en 1929 ainsi que des manuscrits importants comme *Amour, Les Bourdons sont en fleur, Chronique de Caerdal* (1912-1914), *Le livre de l'Émeraude, Péguy...* et des commentaires sur certains aspects de la collection Doucet comme la lettre que Baudelaire adressa à Wagner (André Suarès est à l'origine de l'achat de ce document précieux pour l'histoire du wagnérisme en France).

En 1958, Mme Doucet fit un don d'argent à la bibliothèque. Une partie fut employée à l'achat de ce qui restait des archives Suarès. Une grande partie avait été dispersée pendant la guerre mais il restait des documents de valeur qui furent cédés par Mme Alice Suarès. Il s'agit principalement des correspondances et surtout de deux cent sept carnets. On y trouve des lettres, des notes personnelles, des textes, des projets, parfois même des pans entiers d'œuvres inédites. Ils ont accompagné Suarès tout

---

10. On regrettera par exemple que cette édition ne présente que des extraits de *Voici l'homme*. Les choix restent, par principe, discutables. Selon quels critères peut-on conserver des textes plutôt que d'autres ?

11. Certains appartiennent à des collections personnelles comme celles de M. Noël ou M. Parienté.

au long de sa vie. Avec les carnets, une série de cinquante-cinq cahiers sont tout aussi précieux car ils furent écrits pendant la période qui nous intéresse soit avant 1900. Puis, il y eut de nouveaux achats de correspondances et d'inédits. Plus tard encore, Alice Suarès légua le reste de ses archives de la rue de la Cerisaie à l'université. À sa mort, de nouveaux documents arrivèrent. Les exécuteurs testamentaires (dont Mme Roumanet) les confièrent à la Bibliothèque Doucet et douze carnets supplémentaires vinrent compléter la première collection. Hélas, Mme Suarès étant très malade, ces papiers sont arrivés dans un désordre « presque impossible à dominer » pour reprendre les mots même de M. Chapon[12].

Pour se rendre compte de la quantité incroyable de documents laissés par André Suarès, de la difficulté à les classer, à les dater, à les comprendre même quelle était leur nature ou tout simplement à les déchiffrer, il faut relire un passage du *Cas Suarès* de Marcel Dietschy. Alice Suarès lui avait permis de consulter les documents de la rue de la Cerisaie, dernière adresse d'André Suarès à Paris. C'était donc avant qu'ils soient transférés à la Bibliothèque Doucet mais les problèmes étaient les mêmes :

> Nous avons eu le privilège, entre 1954 et 1961, de compulser librement les papiers de Suarès, avec la permission de Mme André Suarès-Kampmann, intolérablement seule et d'un grand courage, sur l'océan de manuscrits et d'imprimés entassés au numéro 11 de la rue de la cerisaie, à Paris, et qui a opéré le premier déchiffrement et le classement sommaire des pièces essentielles. Comme ceux qui se sont avant nous trouvés devant ce formidable magma issu de la pensée de Suarès, et malgré la meilleure volonté et l'admiration la plus entière pour ce maître, nous n'avons pu même esquisser le classement général que nous nous étions imprudemment assigné : devant l'ampleur du travail, le découragement est venu, favorisé par le manque d'aide, de place et de moyens, par le déchiffrement souvent laborieux d'innombrables textes et la nécessité de les dactylographier aussitôt, sans pouvoir même les dater avec précision ni les classer de façon satisfaisante ni marquer pour tous le même intérêt, étant donné la variété inimaginable, le chevauchement des sujets traités et la brièveté de certaines notes écrites au jour le jour et devant, semblait-il, former un tout avec d'autres dont nous n'étions pas assurés que nous les retrouverions ni même qu'elles existassent, enfin, par l'impossibilité de déterminer d'emblée si les textes examinés n'étaient pas des notes préparatoires de livres ou d'articles publiés[13].

---

12.   François Chapon, « La collection Suarès de la bibliothèque Doucet », *La Revue des Lettres modernes*, 1976, André Suarès 2, *Suarès et l'Allemagne*.

13.   Marcel Dietschy, *Le Cas André Suarès*, Neuchâtel, *op. cit.*, p. 12.

Il faut bien comprendre le cheminement de ces documents et la complexité du travail entrepris ensuite par M. Chapon à la Bibliothèque Doucet, de rangement, de classement et de cotation… Cela explique d'autre part que les différents travaux consacrés à Suarès, selon les arrivées de nouveaux documents à la Bibliothèque Doucet, quels que soient le thème ou l'orientation générale du travail, consacrent une partie importante aux documents qui venaient d'arriver à Doucet et aussi aux documents « à classer » ou « en attente d'inventaire ».

Les travaux sur les manuscrits sont donc constamment à mettre à jour. Marcel Dietschy et Yves-Alain Favre décrivent un fonds en attente d'inventaire consulté rue de la Cerisaie ou à la Bibliothèque littéraire Jacques Doucet au moment de leur arrivée. Aujourd'hui ces documents ont été classés, mis à part ceux qui posaient un véritable problème de déchiffrement ou d'identification. Pour le chercheur, un nouvel inventaire est donc nécessaire pour comprendre comment ce fond a évolué, comment il a été organisé.

D'abord, il faut retrouver les nouvelles références des textes décrits par Dietschy et Favre, en dresser la liste, vérifier s'ils n'ont pas été publiés depuis, étudier ceux qui sont toujours inédits, éventuellement en établir une transcription. Ensuite, il faut inventorier les documents auxquels ils font référence et qu'on ne retrouve pas. Enfin, il serait nécessaire de savoir quels sont les documents toujours en attente d'inventaire et chercher des éléments qui pourraient aider à leur identification.

Les documents toujours en attente posent le plus souvent les mêmes problèmes que ceux décrits par Marcel Dietschy : impossibilité d'en identifier certains, de les rattacher à un projet plus vaste, de déterminer leur nature (notes, projets, brouillons, rédaction complète ou partielle…) ou tout simplement de les déchiffrer.

Il faut préciser que, le plus souvent, leur intérêt se limite à une étude universitaire très particulière comme la nôtre. Ceci étant, il existe également des documents essentiels à la compréhension de l'élaboration de certains projets et particulièrement à ceux de la première époque. Pour ne donner qu'un seul exemple, dans cette somme de papiers impossibles à classer et en attente d'inventaire, il existe une simple feuille sur laquelle André Suarès a noté les titres de ses projets, les dates auxquelles il a commencé à les rédiger, et surtout les abréviations qu'il utilise pour les désigner. Il faut signaler en effet que Suarès emploie de nombreuses abréviations ou signes pour désigner ses projets qui se trouvent totalement incompréhensibles sans ce précieux document. Ce papier a été heureusement reproduit par Yves-Alain Favre dans sa thèse. Cette liste est encore à compléter car elle est n'est pas exhaustive.

Ces quelques remarques d'ordre général montrent combien l'établissement des textes est toujours au cœur de la recherche suarésienne et le sera probablement toujours.

Nous reviendrons plus en détail sur les manuscrits du Fonds Suarès mais il faut d'abord rappeler quelques éléments importants sur son organisation et revenir sur quelques termes spécifiques utilisés dans les thèses.

« FONDS DOUCET » ET « BIBLIOTHÈQUE DOUCET »

Dans les remerciements au début de sa thèse, Yves-Alain Favre écrit ceci :

> En outre nous avons eu l'insigne privilège de pouvoir consulter les papiers de Suarès, récemment confiés à la Bibliothèque Doucet et qui se trouvent encore en attente d'inventaire et inaccessibles au public. Nous avons rangé tous ces papiers sous la rubrique « Fonds Doucet », les distinguant ainsi des précédents qui se trouvent répertoriés et que nous avons désignés par l'indication « Bibliothèque Doucet ».

Il est d'usage de trouver ces deux termes dans les thèses consacrées à André Suarès. La *Bibliothèque Doucet* désigne les manuscrits connus, cotés, rangés et consultables par le public. Le terme de *Fonds Doucet* désigne les manuscrits en attente d'inventaire. On trouve également parfois le terme de *Fonds Roumanet* pour désigner « l'ensemble des papiers que Suarès laissa à sa mort et que Mme Roumanet a confiés à la bibliothèque où ils se trouvent désormais en attente d'inventaire[14] ». Encore faudrait-il ajouter « en attente d'inventaire à la date d'écriture de la thèse » c'est-à-dire en 1978 en ce qui concerne Yves-Alain Favre.

Il se pose donc un problème de références. Ainsi, lorsqu'un chercheur parle d'un inédit appartenant au Fonds Doucet, il faut vérifier si ce texte est toujours inédit et s'il n'a pas rejoint « la Bibliothèque Doucet », c'est-à-dire s'il n'est pas passé de « document en attente d'inventaire » à « document inventorié, coté, rangé ». Si cette évolution est facile à repérer pour les manuscrits importants et déjà bien constitués, c'est souvent problématique pour les manuscrits de jeunesse, nous le verrons plus loin par des exemples concrets.

Ces termes sont très ambigus. On peut confondre le *Fonds Doucet* et la *Bibliothèque Doucet* avec le Fonds Suarès de la Bibliothèque littéraire

---

14. *André Suarès*, « André Suarès et le symbolisme », *La Revue des Lettres modernes*, n°346-350-1973.

Jacques Doucet. Nous sommes obligés de les reprendre parfois, mais nous préférerons préciser la situation d'un document en donnant sa cote ou en précisant s'il est toujours en attente de classement.

La difficulté apparaît principalement lorsqu'on trouve dans une thèse la référence d'un inédit « en attente d'inventaire » mais qu'on ne trouve pas trace de ce document dans le catalogue de la bibliothèque. Dans ce cas, plusieurs cas de figure peuvent se présenter : il peut être toujours en attente d'inventaire, avoir été inventorié sous un autre nom que celui donné dans la thèse consultée, ou avoir été rangé sans qu'il apparaisse au catalogue ou au fichier de la bibliothèque.

Il est donc nécessaire, à partir des références données dans des thèses déjà anciennes, de réaliser un inventaire des documents sur lesquels on veut travailler pour savoir ce que sont devenus les documents, comment ils ont été classés et, d'autre part, quels sont les documents encore aujourd'hui en attente. Encore une fois, la thèse d'Yves-Alain Favre est un outil indispensable.

LE TRAVAIL D'INVENTAIRE

La question se pose particulièrement pour notre thèse puisque nous travaillons sur des projets de jeunesse, bien souvent inaboutis. Nous soulevons ici quelques questions voire écueils qui se posent au chercheur. Pour être plus clair, nous prendrons à chaque fois un exemple particulier.

La question du nom – (P.F.)

Il peut arriver qu'un document soit mentionné sous un certain nom dans les divers travaux alors qu'il était encore en attente d'inventaire, et qu'il apparaisse ensuite sous un nom différent à la Bibliothèque Doucet. C'est le cas d'un ouvrage théorique sur l'art que Suarès désigne par une abréviation : *P.F.* Il est difficile de savoir quel était le nom prévu par Suarès. Quelques références se trouvent dans sa correspondance avec Romain Rolland mais toujours sous le titre de *P.F.*

Yves-Alain Favre s'interroge sur le sens de ce titre : « Faut-il entendre *Préface*[15] ? ». Cette interprétation n'est pas étonnante de la part de Favre. Nous l'avons déjà dit, il considère que Suarès avait un plan d'ensemble

---

15. Yves-Alain Favre, *La Recherche de la grandeur dans l'œuvre de Suarès, op. cit.*, p. 65-66.

de son œuvre dès les premières années, que chacune de ses œuvres se rattachait à un ensemble plus vaste. Ce *P.F.* serait alors la préface d'une partie de son œuvre sur l'art. C'est une possibilité qu'il évoque mais, dans sa thèse, il se limite à cette abréviation ce qui est prudent.

La question est donc de savoir si ce document est toujours en attente d'inventaire (Yves-Alain Favre le mentionne comme faisant partie du Fonds Doucet) ou bien s'il a été inventorié depuis. Il n'apparaît pas dans le fichier de la Bibliothèque Doucet. Grâce aux précieuses indications de M. Chapon et l'aide des conservateurs de la bibliothèque, nous l'avons retrouvé sous le nom de *Poésie Française*. C'est une autre interprétation du titre qu'ont choisie les conservateurs de la Bibliothèque littéraire Jacques Doucet. Mais il est nécessaire pour les chercheurs de savoir que ce texte désigné par *P.F.* dans les thèses qui le mentionnent est devenu *Poésie Française* dans le fond Suarès.

La question est d'autant plus importante que Suarès utilisait constamment les abréviations, voire même des symboles ou dessins pour désigner ses œuvres. Par exemple, on trouve dans les carnets ou cahiers, des dizaines de feuillets portant les abréviations suivantes : ΦρΣ, ΑΛΚ, ΘΣΘ, TriomΦ Ψ, Ψxn. Elles désignent successivement, *Phérostrate, Alcibiade, Thersite, Triomphe de Psyché* et *Chanson de Psyché*. Ce sont tous des projets de jeunesse. Il faudrait, pour avoir une idée de ce qu'il reste de ces textes, faire un relevé des papiers divers en attente d'inventaire présentant ces abréviations et commencer une compilation. C'est le cas pour deux autres projets dont les titres sont sujet à discussion et dont nous présentons de larges extraits : *H.M.B.* et *H.M./B.* soit *Hors de moi les Barbares* et *L'Homme de Beauté*. Ces documents n'apparaissent pas dans le fichier car il n'existe que des pages éparpillées dans les cahiers ou les carnets.

Il existe d'autres cas plus délicats encore. Par exemple lorsque Suarès lui-même n'avait pas encore décidé d'un titre.

Les documents sans titre (Le drame du Taurus)

Certains projets n'avaient pas encore de titre mais forment un ensemble suffisamment homogène pour être mentionnés. C'est le cas d'un document très important pour notre sujet cité par Yves-Alain Favre dans sa thèse. Il s'agit d'une reprise de *Parsifal*, un document de huit pages. Favre le désigne sous le titre de *Drame du Taurus* car il se passe dans le Taurus mais en réalité, Suarès ne lui avait pas encore donné de titre. Appartient-il toujours au Fonds Doucet ? Dans le cas contraire, sous quel nom a-t-il été classé ? La question est toujours posée, nous n'avons pas retrouvé ce texte.

Les noms des ensembles poétiques (Psyché Martyre)

Pour l'ensemble des poèmes regroupés sous le nom de *Psyché Martyre* le problème est encore différent. Cet ensemble poétique est composé de trois « sonates » : *L'Innocente passionnée, Douleur de Psyché, Éros le repenti.* Ces documents n'appartiennent plus au Fonds Doucet. Yves-Alain Favre décrit deux documents : d'une part la première sonate, et d'autre part, quelques pages de la première sonate et le texte des deux autres. On trouve dans la Bibliothèque Doucet des documents mais qui se présentent de façon différente. Le [Ms. Ms. 43006] porte le titre de *Douleur de Psyché* c'est-à-dire celui de la seconde sonate. On peut donc s'attendre à ce qu'il contienne seulement la seconde sonate. En réalité il présente quelques feuillets de la première sonate et l'intégralité des deux autres. Le [Ms. Ms. 43971] présente *Éros le repenti.* Ainsi, contrairement à ce que pouvaient laisser penser les titres des manuscrits dans un premier temps, la quasi totalité des manuscrits de *Psyché Martyre* est bien disponible à la Bibliothèque Doucet mais sous le nom de la seconde sonate.

La même chose se produit pour les poèmes de *Lylian* ou *Peines d'Amour.* Les thèses qui font allusion à ce texte le décrivent comme un grand ensemble poétique. Yves-Alain Favre dit n'avoir retrouvé que le prélude qui porte le nom de *Les Jardins d'Amour.* Il ajoute qu'il existe aussi une « liasse » de 34 poèmes et une autre de 62 poèmes sans plus d'indication. Le fichier et le catalogue ne proposent pas d'entrée à *Lylian* ou à *Peines d'Amour.* Il faut chercher *Les Jardins d'Amour* [Ms. Ms. 43973], document qui correspond bien au premier ensemble décrit par Yves-Alain Favre. Nous avons retrouvé un autre ensemble qui porte le nom de *La Mort d'Amour* [Ms. Ms. 43015] qui ne comporte que 27 pages. Il manque donc encore un document si l'on en croit la description de Favre. Peut-être existe-t-il, peut-être n'est-il plus dans les documents en attente d'inventaire, mais dans ce cas sous quel nom a-t-il été inventorié ? Comment chercher ? Il faudrait inventorier tous les documents en attente.

Ces remarques de titres étant faites, il faut prendre le temps de donner quelques indications utiles au chercheur quant au classement des manuscrits de la Bibliothèque Doucet.

Catalogue, fichier et livre d'inventaire

Il existe deux sources pour trouver les manuscrits : un fichier constitué après 1970 et un catalogue des documents arrivés avant 1970.

On peut ajouter le livre d'inventaire mais celui-ci n'est pas accessible au public. C'est un document interne dans lequel sont inscrits tous les documents arrivant à la bibliothèque. On y trouve le nom, la date d'entrée, un court descriptif matériel (nombre de pages…) du document et sa cote. Un document qui, pour diverses raisons (impossibilité de l'identifier, de le déchiffrer, de savoir à quel projet il appartient, difficulté de déterminer de façon certaine son titre…) n'apparaîtrait pas dans le catalogue, serait pourtant mentionné dans le livre d'inventaire. En cas de questions particulières, les conservateurs de la bibliothèque font les recherches nécessaires avec beaucoup de dévouement et de patience. Pour retrouver la trace de documents présentés par Favre comme faisant partie du Fonds Doucet, il peut donc se révéler nécessaire de le consulter.

En effet, certains documents n'apparaissent ni dans le fichier, ni dans le catalogue. Si Favre les a vus dans le Fonds Doucet, deux cas se présentent. Soit ils sont toujours dans les documents en attente d'inventaire, soit ils ont rejoint la Bibliothèque Doucet sans qu'une fiche ait été remplie pour le signaler aux lecteurs. Dans ce cas, un chercheur ne pourrait pas le retrouver à moins de consulter le livre d'inventaire, c'est le cas des documents suivants : Les cahiers de jeunesse de Suarès, *Île d'Amour*, *Jésus*, *Lazare*, *La Mort d'Amour*.

Il faut donc être vigilant. Prenons l'exemple de *Lazare*. Yves-Alain Favre le mentionne comme appartenant au Fonds Doucet, donc en attente d'inventaire, et on serait tenté de penser qu'il y appartient toujours puisqu'on ne le trouve pas dans les catalogues. Mais, avant de se lancer dans le tri des boîtes de manuscrits en attente d'inventaire, il vaut mieux demander aux conservateurs qu'une recherche soit effectuée dans le livre d'inventaire au risque de ne jamais le retrouver alors qu'il a bien été classé, coté, rangé.

Rappelons bien sûr que cette question ne se pose que pour les manuscrits de jeunesse sur lesquels il y a eu très peu de recherches et qui ont posé un véritable problème de classement pour la Bibliothèque Doucet.

Le livre d'inventaire

Le livre d'inventaire est donc un dernier recours qu'il ne faut pas négliger. Il faut encore signaler deux choses à son sujet.

D'abord, il arrive qu'il fasse mention de documents sans précision de contenu en raison de leur nature difficilement identifiable. Le titre indiqué est « feuillets divers » ou « documents divers ». Ce sont souvent des documents secondaires, des projets inaboutis, des notes, des papiers parfois impossibles à déchiffrer. On peut espérer qu'ils renferment des projets sans nom, comme le fameux *Drame du Taurus*...

Ces documents se présentent le plus souvent sous forme d'enveloppes contenant des papiers mélangés. Un inventaire de ces enveloppes serait intéressant à faire. On y trouve parfois des feuillets appartenant à des projets de jeunesse auxquels Favre fait allusion comme appartenant au Fonds Doucet tels un poème, une page de *Jésus* ou de *Psyché*[16] qui pourraient compléter notre inventaire toujours en cours. On y a trouvé par hasard des pages de *Lala,* un projet de roman et une référence à *Andréa*, un projet théâtral.

Ensuite, il peut arriver que le livre d'inventaire ne donne pas du tout de description du document. Par exemple, certaines cotes sont attribuées sans que le nom du document apparaisse. C'est le cas pour des documents importants comme *Jésus*. Sa cote est indiquée dans le livre d'inventaire mais pas son titre[17].

Cela montre que le travail sur le Fonds Suarès est toujours en cours et ne sera jamais totalement terminé tant les documents sont nombreux, complexes à identifier et à déchiffrer. Ces éléments témoignent des interrogations, des réflexions qui ont été celles des conservateurs de la bibliothèque devant un fonds incroyablement foisonnant et impossible à maîtriser sans engager de longues et complexes recherches, d'autant plus fastidieuses qu'elles concernent des manuscrits d'un intérêt qui se limite à des recherches très ciblées.

D'une façon générale, on indiquera toutes les références qu'on aura pu trouver.

---

16. [Ms. Ms. 1436] : 30 feuillets de notes sur la tragédie. On trouve en particulier des listes de tragédies grecques lues par Suarès. Les documents [Ms. Ms. 1437] à [Ms. Ms. 1441], présentent des manuscrits de *Sur la Vie*. Les [Ms. Ms. 1442] et [Ms. Ms. 1444] recueillent quelques notes pour un roman, *Lalla*. On trouvera dans le [Ms. Ms. 1435] des passages de *Jésus*.

17. Les cotes suivantes apparaissent dans le livre d'inventaire sans indication de titre : [Ms. Ms. 43.026], [Ms. Ms. 43.027], [Ms. Ms. 43.028], [Ms. Ms. 43.029], [Ms. Ms. 43.030], [Ms. Ms. 43.038], [Ms. Ms. 43.039]. Après quelques recherches nous avons trouvé le [Ms. Ms. 43.030] dans les manuscrits en attente d'inventaire. C'est un dossier qui porte le nom de *Marine* et contient une chemise sur la vie en torpilleur. On y trouve également une lettre à Claudel. Le [Ms. Ms. 43.039] correspond au dossier *Jésus* et le [Ms. Ms. 43.026] correspond au dossier *Péguy*.

La reconstitution des manuscrits

Enfin, et c'est la caractéristique la plus originale du travail sur les écrits de jeunesse de Suarès, il faut, la plupart du temps, reconstituer les manuscrits. Les manuscrits de jeunesse tels qu'ils apparaissent sont le plus souvent incomplets. Les dossiers les plus importants sont cotés et numérotés. Ensuite, il faut les compléter avec les autres passages qui sont disséminés dans les carnets, les cahiers, et éventuellement le Fonds Doucet.

Par exemple, le projet intitulé *L'Île* est constitué en grande partie du manuscrit qui porte le nom d'*Île d'Amour*[18] de la Bibliothèque Doucet mais il faut le compléter avec des extraits des cahiers n°38 et n°20. Chacun des projets de jeunesse est à reconstituer ainsi en sachant qu'il sera impossible de les restituer dans leur intégralité.

D'autres sont composés d'éléments dispersés dans les carnets ou les cahiers comme *H.M.B.* dont on trouve des passages dans les carnets n°21, 24, 93, 102 et dans le cahier n°3. Il faudrait ajouter des passages que l'on peut retrouver dans les liasses diverses ou les documents en attente. Il faut donc, en plus du travail d'inventaire, reconstituer les documents.

Le répertoire des carnets

Il existe 219 carnets à la Bibliothèque Doucet ce qui représente 20.182 pages. Ce sont de simples carnets du Bon Marché, parfois des « blocs Rhodia » qui comportent même souvent, entre les pages, des feuilles libres, des enveloppes, des morceaux de papiers, des coupures de journaux, des bandes de papier découpées en longueur et griffonnées. André Suarès y consignait des notes, des pages entières de textes, de poèmes, des plans de projets, des lettres, des impressions. Le carnet était un outil de travail aussi bien qu'un compagnon. Les textes sont souvent travaillés. Il arrivait qu'il recopie dans ses carnets des brouillons écrits antérieurement. C'est un témoin très important du travail de Suarès, de la vie intérieure de l'écrivain. C'est aussi une réserve inépuisable de textes entre 1894 et 1948, année de sa mort. Ces carnets ont été numérotés par ordre d'arrivée à la bibliothèque et non selon un ordre chronologique. Il est parfois très difficile d'en dater certains avec exactitude.

Cécile Jasinski, collaboratrice de M. Chapon a réalisé un travail très important sur ces carnets. Sans son travail, il serait impossible de se repérer dans cet ensemble dense de textes de toutes natures. Elle les a datés et, pour chacun d'entre eux, a établi un classement par thème. Elle présente

---

18.　　Série [Ms. Ms. 42.023].

d'abord le numéro du carnet, la cote, puis des éléments de datation, ensuite la vedette matière et les incipit des textes ainsi que le nombre de pages du carnet.

La question de la datation des carnets est double. Il faut d'abord dater le carnet lui-même. Il arrive souvent que Suarès fournisse des indications précises. Si le carnet est un agenda, on en connaît l'année. Sa texture même, le type de crayon utilisé, l'écriture de Suarès peuvent être des indicateurs. Mais il lui arrive très souvent de glisser à l'intérieur du carnet des feuillets de dates différentes (des pages anciennes qu'il retrouve ou sur lesquelles il souhaite travailler à nouveau ou qu'il recopie). Ainsi on trouve dans l'agenda de 1930 un texte recopié de 1907 ou, autre exemple, les textes du carnet n°1 s'échelonnent entre 1901 et 1931.

Pour ces textes, encore une fois, les travaux de Favre sont très utiles car il les a étudiés en détail et justifie toujours les propositions de datation qu'il donne. À nous de les vérifier en les comparant avec les datations de Cécile Jasinski, d'utiliser d'autres sources comme les correspondances pour trouver de nouveaux éléments.

Les cahiers

Le travail sur les cahiers de Suarès est plus simple. Ils sont au nombre de cinquante-cinq, non paginés et portent les cotes suivantes : [Ms. 1372] à [Ms. 1425] (Cahier n°1 à Cahier n°54) et 1470 (cahier n°55). Ce sont des cahiers de jeunesse datant de ses années parisiennes d'étudiant. Les textes sont très mélangés et d'intérêt divers mais tous de la même époque. Le fonctionnement est le même que pour les carnets. Les textes sont mélangés, parfois aboutis, parfois en cours de rédaction.

Enfin, il faut faire une remarque sur l'écriture de Suarès. Elle varie énormément. Il aime l'écriture onciale et l'utilise souvent. Les pages sont alors d'une grande beauté, parfois même écrites sur de beaux papiers à la plume. D'autres fois, au contraire, il griffonne avec un crayon de bois sur des petits morceaux découpés en longues et étroites bandelettes de papier journal jauni. Il est alors indispensable d'utiliser une bonne loupe. On pourrait penser que les conditions matérielles expliquent ces variations. André Suarès a connu des périodes de réelle pauvreté. Il se plaint parfois à Romain Rolland de ne pas avoir de quoi écrire. Mais ces changements se retrouvent tout au long de sa vie. Le plus incroyable se rencontre dans sa correspondance avec Romain Rolland. Certaines lettres sont totalement illisibles.

Il lui arrive de commencer sa lettre dans le sens habituel de la page puis de tourner la feuille pour la prendre dans le sens de la longueur. Il continue alors à écrire par-dessus le début de son texte, le tout d'une écriture très nerveuse, semblable aux courbes saccadées d'un sismographe affolé. Romain Rolland lui-même ne devait pas réussir à déchiffrer ce qu'écrivait son ami.

Les Correspondances

Enfin, il reste une source inépuisable de documents : les innombrables lettres échangées avec de très nombreux correspondants. Ces documents sont de véritables outils de travail quand il s'agit de dater un texte ou un projet et un témoignage inestimable sur l'écrivain et ses contemporains. Certaines correspondances ont fait l'objet d'un travail de publication. Citons simplement quelques noms : Claudel, Gide, Rolland, Rouault, Copeau, Paulhan… Il reste, là encore, de larges pans de sa correspondance qui ne sont pas publiés et n'ont pas fait l'objet d'études approfondies.

La correspondance avec Romain Rolland est un véritable monument. Yves-Alain Favre mentionne 870 lettres dans sa thèse. La Bibliothèque nationale n'annonce pas de nombre défini. Un choix de lettres a été publié dans *Cette Âme ardente* mais il est loin d'avoir épuisé l'incroyable somme d'échanges qui a eu lieu entre les deux hommes. Ce serait un travail colossal que de prendre le temps de tout déchiffrer d'abord, de les retranscrire ensuite. Elles ont été utilisées et sont souvent citées mais les chercheurs, le plus souvent, ont travaillé sur des transcriptions dactylographiées établies par les soins de Mme Rolland plutôt que sur les originaux. Pour des raisons qui nous sont inconnues, les manuscrits n'étaient alors pas communiqués. Yves-Alain Favre le signale au début de sa thèse : « Des lettres à Rolland, nous n'avons vu que les dactylographies établies par les soins de Mme R. Rolland. Aussi, nos références ne comportent-elles que le numéro de la lettre et la date, lorsqu'elle y figure ». C'est un élément important à connaître si l'on veut retrouver les lettres à la Bibliothèque nationale car les références données dans les publications sous forme de numéros correspondent aux numéros des textes dactylographiés et non aux références des lettres originales. Là encore la question de la datation se pose. Le plus souvent, André Suarès ne date pas ses lettres. Il n'indique que le jour et parfois l'heure. Au moins, précise-t-il s'il s'agit du matin ou de l'après-midi. La plupart du temps, heureusement, l'enveloppe a été conservée et attachée à la lettre par un trombone. Mais elles ne sont pas classées dans l'ordre, et parfois l'enveloppe manque. De plus, leur rangement dans de simples chemises rend leur manipulation malaisée.

Aujourd'hui, l'intégralité des lettres est disponible à la Bibliothèque nationale. C'est l'occasion de corriger les transcriptions qui étaient approximatives dans certaines thèses et d'en découvrir de nombreuses autres. Un autre aspect est le plus souvent totalement occulté, ce sont les lettres de Romain Rolland à André Suarès qui n'ont pas été publiées et qui ne sont jamais citées. Elles ne sont peut-être pas aussi nombreuses que celles d'André Suarès. Pour des raisons qui resteraient à préciser et vérifier, il semble qu'elles n'aient pas toutes été conservées mais elles sont tout de même assez nombreuses à ce que nous avons pu en voir au Fonds Rolland de la Bibliothèque nationale. Un travail d'inventaire serait à faire ici aussi.

Elles sont passionnantes à plus d'un titre. D'abord elles permettent de dater les textes de Suarès car il tient son ami au courant de l'évolution de ses projets. Ensuite, elles permettent de mieux comprendre le lien qui unissait les deux hommes. Elles révèlent leurs préoccupations de jeunes écrivains, leurs doutes, leurs aspirations, leurs déceptions parfois. Enfin, elles donnent de précieux renseignements sur la vie culturelle de la fin du siècle.

Les lettres échangées avec son frère sont aussi très importantes mais, hélas, elles font partie d'une collection privée. On peut en lire quelques extraits dans la thèse de Christian Liger. Elles seraient aussi un outil de travail très important pour une raison toute simple. André Suarès écrivait quotidiennement à Romain Rolland et parfois même deux fois par jour, mais seulement pendant les vacances scolaires puisqu'ils vivaient ensemble à Paris pendant les années de l'École normale. Ainsi, il manque de nombreuses informations sur les concerts auxquels ils ont assisté, puisqu'ils pouvaient en parler ensemble. Ils ne sont pas mentionnés dans leurs lettres et c'est parfois un véritable manque. Il faudrait ajouter les lettres à sa sœur Esther et à son oncle Jules. Elles donneraient des précisions sur certains aspects biographiques obscurs de la vie de Suarès. Nous n'avons pas cherché à les consulter. Nous nous sommes limité au Fonds Suarès de la Bibliothèque littéraire Jacques Doucet et à la correspondance avec Romain Rolland, deux sources déjà très vastes. Les citations dont nous nous servons sont extraites de la thèse de Christian Liger.

D'autres lettres appartiennent à des collections privées, citons simplement les correspondances avec Édouard Latil, Félix Cohen[19], Édouard

---

19. Ces lettres sont détenues par Bernard Lefort, petit-fils de Felix Cohen. Elles couvrent la période de 1883 à 1896 et seraient très riches pour la connaissance de cette période.

Petit, Maurice Pottecher[20], Pierre de Massot, Jean de Beuken, Stefan Zweig, la Comtesse Murat, Paul Dukas, Francis Jammes, Louis Jou[21]…

Certaines ont été publiées dans *L'Art et la Vie* mais très peu au regard de l'incroyable richesse de tous ces documents en attente d'être redécouverts. D'autres échanges sont consultables à la Bibliothèque littéraire Jacques Doucet comme celui avec Édouard Dujardin par exemple.

Il reste donc encore de nombreux manuscrits sur lesquels travailler, la correspondance est loin d'avoir été épuisée. La question de ce fonds est toujours la même. Que faire de tant de documents ? Quelle lecture en proposer ? Il reste encore un travail important d'inventaire, de datation, de reconstitution avant d'en tirer un intérêt particulier. Ces textes demandent un questionnement important sur leur nature et ne peuvent être édités sans un appareil critique important. Cela pose de façon accrue la question de la collaboration des chercheurs et des conservateurs de la bibliothèque. Saluons une fois encore la politique d'ouverture et d'échanges entreprise par la nouvelle directrice de la Bibliothèque littéraire Jacques Doucet, Mme Sabine Coron.

---

20.   Une partie de ces documents a été acquise par M. Parienté.
21.   Lettres possédées par Jacques Cherpin.

Première partie

LE CONTEXTE WAGNÉRIEN DES ANNÉES PARISIENNES

Chapitre 1

LE CONTEXTE WAGNÉRIEN

A. Romain Rolland et André Suarès. Les années d'études

LA RENCONTRE – LA RUE D'ULM

Élèves du lycée Louis-le-Grand, Romain Rolland et André Suarès ont été reçus au concours de l'École normale supérieure en 1886. Rolland était dixième et André Suarès, troisième sur vingt-quatre. Romain Rolland avait vingt ans, André Suarès n'en avait que dix-huit. Malgré sa jeunesse, il jouissait déjà d'une certaine renommée et cela pour deux raisons.

D'abord, il avait obtenu en juillet 1885 le prix d'honneur du Discours Français au concours général. Mais surtout, Anatole France avait salué, l'année suivante, la qualité de sa copie (*Éloge d'Homère par Ronsard*, à *l'Académie du Palais*), dans un article du *Temps* extrêmement élogieux[1].

D'autre part, les conditions mêmes de son entrée rue d'Ulm lui ont valu des jalousies. Par dérogation, il avait été autorisé à présenter à la fois la seconde partie du baccalauréat et le concours d'entrée à l'École normale supérieure. Il n'a donc pas suivi les deux années préparatoires au concours. Il avait deux ans d'avance sur la plupart des autres élèves et, malgré ces conditions particulières, avait été reçu brillamment. « En deux ans », résume Christian Liger, « Félix Suarès a donc obtenu les deux baccalauréats, quatre citations au Concours Général, dont les plus enviées, la sollicitude et l'appui tacite des autorités universitaires, une place à l'École normale supérieure, et enfin l'éloge du plus célèbre des écrivains français[2]. »

---

1. Cette copie est conservée à la Bibliothèque Jacques Doucet. « À la vérité, cette composition est unique dans les annales du concours. Aucune n'est empreinte d'un parfum aussi rare ; aucune ne témoigne d'une aussi généreuse adolescence » écrit C. Liger dans sa thèse, *Les Débuts d'André Suarès*, thèse de 3e Cycle, dactyl. Montpellier, 1969, p. 169.

2. *Ibid.*

Cette petite gloire lui vaut bien sûr des jalousies et des inimitiés. Son caractère surprend. Méridional, on le juge emphatique et orgueilleux. De plus, et c'est un point important à ce moment-là, il est juif. Romain Rolland le découvre donc à son entrée à l'École normale. Plusieurs de ces textes nous permettent de revivre en détail toute cette période : *Le Cloître de la rue d'Ulm*[3], *Cette Âme ardente*[4] et ses *Mémoires*[5]. L'auteur de *Jean-Christophe* le décrit ainsi :

> Il est jeune, marseillais, artiste dans l'âme : il apporte à tout ce qu'il dit et fait une fougue, une violence incroyable ; son style est très brillant, ce qui blesse les jalousies des stylistes [...] l'emphase est très souvent son expression naturelle ; aussi paraît-il déclamer, et on l'accuse de poser[6] [...].

> [...]

> Il affichait pour ses ennemis une brutalité de mépris écrasant ; il était maladroit dans la discussion, point maître de soi et de son verbe ; le bouillonnement du sang et l'éloquence, chez lui, tuaient l'esprit[7].

Son physique aussi surprend ainsi que sa mise. Il porte de longs cheveux, une large cape dans laquelle il s'enveloppe et de fines bottines (des chaussures de femme selon certains[8], d'allure féminine en tout cas). Tout cela fait de lui l'un des élèves les plus moqués de cette promotion et particulièrement lors des grandes cérémonies du *canularium*[9]. Ces cheveux surtout frappent les esprits et concentrent toutes les critiques :

> Sa crinière, d'un noir de jais, qui lui tombait jusqu'aux épaules, était aussi un étendard de défi, qu'il secouait au nez de l'ennemi, dans l'arène. Mais il était un mauvais toréador. Et c'était bien lui qui recevait au corps, fumant de fureur, les banderilles[10]...

---

3.   Paris, Albin Michel, 1951.
4.   Paris, Albin Michel, 1954 (choix de lettres d'André Suarès) avec une importante préface de Maurice Pottecher.
5.   Albin Michel, 1956.
6.   Romain Rolland, *Le Cloître de la rue d'Ulm*, Paris, Albin Michel, 1952, p. 29.
7.   Romain Rolland, *Souvenirs de jeunesse*, Lausanne, La guilde du livre, mars 1947, p. 31.
8.   Suarès conservera longtemps cette silhouette. M. Chapon qui était très jeune lorsqu'il le rencontra se souvient de l'intensité de son regard et de ses bottines de femme. C'est également ainsi que son ami Louis Jou le caricature.
9.   Grandes réunions d'étudiants durant lesquelles divers canulars ou blagues de plus ou moins bon goût étaient mises au point aux dépens de l'un d'eux.
10. Romain Rolland, *Mémoires*, Paris, Albin Michel, 1956, p. 40.

Il n'est pas mieux perçu par ses professeurs. Rolland rapporte que Perrot « l'accuse de manquer de simplicité, de se torturer pour étonner… : " Pourquoi n'écrivez-vous pas comme tout le monde ? … c'est comme ces cheveux plus longs que les autres, que vous portez " (Toujours ces malheureux cheveux !)[11] ». D'ailleurs ils le gênent pour les exercices militaires et il est obligé de les rouler en chignon pour les faire entrer sous son képi.

Il semble tout d'abord qu'il n'y ait rien de commun entre les deux jeunes gens. Leurs caractères sont même tout à fait opposés :

> Il était tout le Midi, exubérant et sensuel, et j'étais tout le Nord, mystique et concentré […]. Nous portions en musique ces façons de sentir. Pour lui, c'était une volupté. Pour moi, un anéantissement passionné.

Peut-être, au fond, trouvent-ils une certaine complémentarité dans leur relation. Leurs passions artistiques communes, et d'abord leur amour de la musique vont les réunir :

> Ce qui nous a rapprochés, dès la première semaine, ça a été notre passion pour la musique, notre haine de l'université, notre amour de Shakespeare et de Spinoza[12].

Les élèves travaillaient par groupes de quatre ou cinq dans des salles séparées : « les turnes ». Personne ne veut de Suarès qui se trouve rapidement isolé. Finalement, il rejoint Rolland, Dumas, et Dalmeyda qui, pour citer Romain Rolland, recueillent le *Heimatlos*[13] :

> Secrètement je me réjouissais du nouvel hôte. Il s'installa à côté de moi ; nos pupitres se touchaient. En deux ans, nous fûmes amis ; et, cinquante ans, nous le sommes restés…

Romain Rolland rapporte également « la hideuse marée de l'antisémitisme » qui se manifeste contre Suarès, alimentée encore « par les rancunes particulières que suscitait sa personnalité ». Certains montèrent de véritables cabales pour le faire chasser. Il dut son salut à quelques camarades qui œuvrèrent activement à déjouer les actions de ses ennemis qui colportaient des ragots ou utilisaient des lettres anonymes. Plusieurs véritables mises en scène et complots furent mis en œuvre et heureusement déjoués par Romain Rolland. Selon ses propres dires, André Suarès n'en était pas toujours conscient.

---

11. Romain Rolland, *Le Cloître de la rue d'Ulm, op. cit.*, p. 121.
12. *Ibid.*
13. Le « sans-patrie ».

Cet engagement envers Suarès et les efforts de Romain Rolland pour le défendre manifestent la très forte amitié qui les unit. Soutenir son camarade face aux autres étudiants dans un contexte de fort antisémitisme vaut à Rolland de nombreux ennemis. Il écrit dans ses *Mémoires* : « Mon amitié avec Suarès finit par m'isoler, volontairement, des autres. […] Être ami de Suarès, c'était s'enfermer dans une place assiégée[14]. »

Leur correspondance témoigne de cette profonde amitié. Ils ne s'écrivaient que dans les moments de séparation, c'est-à-dire pendant les vacances scolaires, le plus souvent quotidiennement et parfois même deux fois par jour. André Suarès est alors près de son père à Marseille.

UNE AMITIÉ FERVENTE ET PASSIONNÉE

Ils partagent alors toutes leurs pensées, leurs désirs, leurs préoccupations d'adolescents, leurs espoirs de jeunes écrivains. Rien de ce qui touche l'un n'est étranger à l'autre. Leur correspondance est un témoignage passionnant d'un point de vue littéraire mais les lettres qu'ils échangent sont surtout extrêmement personnelles, très intimes et souvent bouleversantes. C'est ce qui en fait leur beauté et leur véritable valeur. Elles sont le lieu d'un partage sans concession ni fausse pudeur qui donne souvent au lecteur l'impression de s'immiscer dans leur intimité. C'est un échange de jeunes gens idéalistes par le ton fiévreux, exalté qui pousse l'amitié en ses limites extrêmes. Le 28 septembre 1888, André Suarès répond à Romain Rolland, inquiet de la force de ses sentiments à son égard :

> Je t'adore, te dis-je, ne doute pas, je t'en supplie : fais de moi ta chose, mais crois en moi ; je serai ta chose aimante, toujours t'aimant – toujours, je n'ai jamais cessé. […] Je t'aime avec mon cœur insatiable, martyriseur de soi-même, je t'aime infiniment. D'autres, je les aime pour aimer, pour eux ; Toi, tu es l'aimé, sans rémission : aimé pour toi, aimé pour moi. Tu es l'unique : celui de mon choix, l'âme de mon âme. Oh ! Mon frère, comment douterais-je de ton amour ? Et surtout comment cesserais-je jamais de t'aimer[15] ?…

Suarès, très critiqué, s'ouvre à son ami. De lui seul il accepte les remarques qui le font tant souffrir lorsqu'elles viennent des autres. La lettre du 5 octobre 1889 est étonnante. Il exprime sa confiance en Rolland. Il sait qu'il peut tout accepter de lui, même de cruelles remises en question, car elles se font dans la plus grande bienveillance et un véritable amour.

---

14. Romain Rolland, *Mémoires, op. cit.*, p. 42.
15. Lettre inédite. Fonds Rolland de la Bibliothèque nationale.

Les termes qu'il emploie sont ceux de la guerre et métaphoriquement d'un assaut amoureux :

> Je t'aime tant de bien m'aimer ; tu ne peux m'ébranler ; je n'ai rien à craindre, ni trouble, ni incertitude ; je ne t'empêche pas, oh bien cher, de m'attaquer ; au contraire, tes sièges m'aiment, tes canons, tes obus m'aiment – et je t'aime infiniment pour tes assauts, comme autrefois je t'aimais pour tes portes ouvertes[16].

Rolland met tout en œuvre pour tirer Suarès du désespoir et de l'isolement. Il s'inflige en particulier de longues périodes de jeûne et de solitude. Seules la patience et la douceur de Rolland peuvent avoir une influence sur cet esprit inflexible et chagrin. Dans une lettre d'octobre 1888, Suarès reconnaît lui-même que Rolland est le seul à pouvoir l'influencer. Il fait allusion à un épisode important de leur passage rue d'Ulm. Suarès s'était enfin résolu à se faire couper les cheveux mais il avait honte et ne voulait plus se rendre au réfectoire pour rejoindre ses camarades. Rolland avait alors menacé de ne plus lui adresser la parole de huit jours :

> Toi, tu m'as surpris quelques fois : avoue-le : tu n'essaies jamais, cher bien chéri, d'influer sur mon âme ; mais tu as bien voulu souvent, tu veux encore, (puisque tu m'aimes) exercer quelque action salutaire sur ma conduite morbide, sur ma malsaine vie dans le monde extérieur. Tu t'y prends par l'amour ; je vois tes deux yeux bien tendres sur moi, et, je sens ma main serrée dans la tienne : [...] je me sens près d'obéir à ton impulsion (en vue de mon bien extérieur. Dans ces moments-là, il me semble être à la veille de sortir (si tu me grondes de trop rester enfermé), de manger (si tu me grondes de ne pas manger) de prendre la plume...
>
> [...]
>
> Tu te souviens bien, n'est-ce pas de l'école ? Le jour où tu me menaçais de ne pas me parler de 8 jours, si je n'allais pas au réfectoire ? Il a bien fallu t'aimer pour y aller, – et j'étais désolé d'avoir obéi.

Ces éléments biographiques, parfois d'apparence anecdotiques montrent, en réalité, l'extrême désarroi qui est celui de Suarès, isolé à Paris, loin de Marseille et de sa famille. Romain Rolland en est conscient, qui s'inquiète profondément des jeûnes extrêmes de son ami. Cette relation très forte aide Suarès à vivre et le sauve d'un réel désespoir :

---

16. Lettre inédite. Fonds Rolland de la Bibliothèque nationale.

> Tu doutes toujours un peu de mon amour : je n'ai jamais pu t'expliquer que ma dernière attache au sable du vivre était mon indestructible amour ; tu as peur de ma mort lente, et je me suicide dis-tu.

Ce ton très fervent n'est pas le seul fait de Suarès. Les lettres de Rolland, beaucoup moins connues et pas publiées, sont de la même veine. Celle du 13 octobre 1892 est très belle. Elle fait référence à un sonnet de Leonardo sans mentionner son titre :

> Merci, cher frère. À nous deux, – deux en un, – le monde entier dort dans notre sein. Quelle joie de vivre ensemble, et de faire vivre, – dans la nuit qui nous entoure, de faire lever la divine lumière.
>
> Quelques mots pourtant. Je ne me flatte pas que tu les trouves juste toujours ; mais je te les dois.
>
> Dans la musique parfois, des effets qui m'échappent, par l'impossibilité de noter avec une précision rigoureuse, – et dans la pensée : quelque obscurité parfois mais rarement. – Ami, nous sommes bien plus près, qu'au temps du sonnet de Leonardo.

> Cher petit ami, pardon,
>   Je t'embrasse infiniment
> Ton Romain qui t'aime amoureusement.

Ainsi que Suarès, Romain Rolland s'épanche comme dans cette autre lettre du 20 octobre 1892 :

> Cher ami, – oui, c'est une joie inexprimable de s'aimer comme nous nous aimons, et d'être ce que nous sommes, en nous aimant ainsi. Ainsi, nous avons le plaisir entier de la création, et l'amour que nous rayonnons dans notre œuvre, nous revient reflété par notre œuvre dans l'âme de notre ami. – Mon Suarès, je ne puis penser à tes *Pèlerins* sans des larmes de tendresse.
>
> Laisse m'en libre, mon chéri. J'en ferai ce que je pourrai. Rien d'indigne de toi comme tu penses[17].

Dans *Le Cloître de la rue d'Ulm* comme dans ses *Mémoires,* Rolland consacre de nombreuses pages à son ami. Il soulève lui-même et sans détour la question de la nature de leur relation. Dans ses *Mémoires*, il fait une mise au point comme pour clore cette question et lever toute ambiguïté. Peut-être pour se défendre à l'avance et se sentir plus libre dans l'expression de ses sentiments, ou bien pour répondre à des critiques dont il ne mentionnerait alors pas l'origine :

---

17. Lettre inédite. Fonds Rolland de la Bibliothèque nationale.

Les amitiés ne manquent point, dans ce monastère de l'humanisme, où l'on était cloîtré pour trois ans. Il en était (un très petit nombre), qui s'attiraient un renom un peu insultant. Les prés classiques sont toujours fleuris de Corydon. Ils ne jouissaient pas d'une grande faveur, auprès des jeunes scholards du Quartier latin. Leur disgrâce (elle paraissait telle) était saluée d'un sourire jovial de mépris. Et ce mépris, juste ou non, nous l'avions, Suarès et moi, pour ces disciples de Platon. Notre amitié se fut jugée flétrie, si elle eût prêté à ces soupçons. Jamais aucun ne l'effleura. Elle s'imposa. Il n'eût pas fait bon de plaisanter deux « Jean Christophe » ombrageux comme nous étions. (Dans notre amitié point de Otto !)[18].

Juste avant ce passage, Rolland utilise l'expression de « fraternité passionnée ». Cette amitié est dangereuse pour lui car elle l'isole de ses camarades, elle l'est aussi pour Suarès qui se fait ascète au contact du *tolstoïsme* de Rolland inquiet des excès de son ami :

Pendant quelques années, l'homme qui aurait voulu dévorer la vie toute crue et saignante, ne mangea plus du tout. Après avoir voulu tout prendre, il voulait tout renoncer. Il y portait la même fureur. […] Plus tard, il a su harmoniser par son génie les deux démons incrustés aux deux pôles de son être : la flamme de la vie, le fer rouge de la mort. Mais toute son existence a été brûlée jusqu'aux moelles par les deux langues de feu.

Il conclut ce passage sur Suarès et leur amitié de façon très lyrique et lui rend hommage :

Elle a duré un demi-siècle. […] Notre amitié a traversé d'âpres orages et des déserts de silence. – Mais je n'ai jamais perdu le souvenir pieux des fraternelles années, le culte de la jeune Amitié, – l'Immortelle, qui reste la compagne muette du vieux bonhomme aux cheveux blancs. Nous avons pu, tous les deux déchoir d'elle. Mais elle n'a jamais déchu. Et, si, entre nous, elle sommeille, je veille (et toi aussi, mon ami ?) sur son sommeil : car nous savons qu'elle est un des dons les plus précieux que, d'une main rare, nous a faits la vie. Et c'est son souffle qui, toute ma vie a fait chanter le religieux *Lied* à l'Amitié[19].

---

18. Romain Rolland, *Mémoires, op. cit.*, p. 40. Otto était le premier ami de Jean-Christophe comme le mentionne Rolland lui-même dans une note à propos de ce prénom.

19. *Ibid.*, p. 44.

LA MUSIQUE ET L'ÉCOLE NORMALE SUPÉRIEURE

En février 1887, Suarès réfléchit à l'aménagement de leur turne. Il écrit à Rolland pour qu'il se procure du tissu. Il imagine « une décoration négative », avec des « tissus foncés, le piano dans l'endroit le plus nu ». Il veut absolument un buste de Wagner mais pas n'importe lequel, celui d'Egusquiza : « J'achèterai (je veux l'avoir) le buste d'Egusquiza », « Nous le mettrons sur le rond du poêle… » Deux éléments symbolisent l'univers de ces deux étudiants : le piano et le buste de Wagner (même si la place que Suarès lui attribue fait sourire). Egusquiza est un sculpteur et peintre « wagnériste » qui avait connu Wagner. Le buste qu'il avait réalisé du compositeur était présenté dans la *Revue wagnérienne* de ce mois de février 1887. Une reproduction en plâtre était en vente au bureau de la revue qui faisait partie des lectures habituelles. Ils se partageaient la location d'un piano comme Romain Rolland l'explique dans ses *Mémoires* :

> Nous avions loué un piano, placé dans une des salles d'études ; et nous y passions le temps des récréations. Quelquefois, des camarades venaient nous entendre. […] Notre réputation de musicomanes était venue à l'oreille indulgente ou ironique de la direction et des professeurs[20].

Maurice Pottecher dans la préface de *Cette Âme ardente* confirme cette passion commune :

> À l'École normale, c'est la musique, autant que la poésie, qui avait tenu Suarès et Rolland étroitement liés. Souvent ces deux amis s'enfermaient dans une salle, devant un piano qu'ils avaient réussi à y introduire. Et ils s'enivraient de musique…

L'École normale était, aux dires des deux jeunes gens, hermétique à la musique. C'est eux qui ont réussi à l'imposer par leur piano. Plus tard, lorsque Romain Rolland commence à enseigner, il se souvient de cette période : « Ce qu'on blâmait alors, on le loue aujourd'hui – et mon piano lui-même (notre petit Pleyel, est-ce que tu te souviens ?)[21] ». Il leur arrive de donner de petits concerts comme celui du 26 juin 1888 où ils jouent l'andante et le menuet de la *symphonie en mi* de Mozart. Ensuite, Suarès joue seul quelques pages de Schumann et Rolland un andante de Beethoven[22]. Ils se plongent des heures durant dans les partitions et les travaillent. Au retour des concerts, Romain Rolland étudiait les partitions des œuvres qu'il avait entendues et en faisait l'analyse.

---

20. *Ibid.*, p. 148.
21. 1895, collection de M. Noël. *Cf. L'Art et la Vie,* Rougerie, 1984, p. 17.
22. Romain Rolland, *Le Cloître de la rue d'Ulm, op. cit.*, p. 242.

Wagner et les wagnériens étaient dans l'ensemble mal considérés. Romain Rolland rapporte une anecdote savoureuse qui le montre bien. Il reproduit les propos de l'un de ses professeurs, M. Goumyade :

> *Lohengrin* va être joué maintenant... Y a des musiciens, ici ? ... Vous irez voir ça Cury ?... (Cury secoue dédaigneusement la tête) Non ? ... Ca ne vous manque pas ? Ni à moi non plus. Y a des gens qui en pleureraient toutes les larmes de leur corps de ce que nous n'avions pas *Lohengrin* ; i n'en dormaient pas. Y a des wagnériens ici ? (Il regarde de notre côté). Suarès ? Vous devez être ça. (Suarès fait oui en boudant). Vous faites de la musique... ça vous achève..., oui, j'connais pas Wagner[23]...

La seconde année leur permet de découvrir Gabriel Monod. Rolland le décrit ainsi dans ses *Mémoires* :

> Son autorité professorale revêtait une âme romantique ; son mariage d'amour, en dépit de l'opposition des parents avec la fille du révolutionnaire russe Alexandre Herzen, et l'ardent enthousiasme avec lequel il embrassa la cause de Wagner, dont il fut l'ami et le champion aux années de combat, témoignait du feu qui brûla toujours sous la glace, mais sans que la glace ne l'atteignît jamais.

Gabriel Monod est un grand wagnérien qui marque profondément les deux étudiants. Reçu premier à l'agrégation d'histoire il n'avait pas pris un poste immédiatement en raison de sa santé fragile mais avait voyagé en Allemagne, en Italie et en Angleterre. Il rencontra alors celle qui allait devenir sa femme, Olga Herzen, la fille du célèbre révolutionnaire. Celle-ci avait été élevée par Malwida Von Meysenburg, amie de Liszt et de Wagner. Monod avait publié en 1884, un volume de souvenirs sur Wagner[24] et il présenta Rolland à la comtesse de Meysenburg. Gabriel Monod est un des rares à défendre Suarès. Il loue chez lui « une sincérité sympathique, sous une apparente prétention ». Romain Rolland ajoute qu'il s'agit là d'une « réponse très utile aux critiques des autres professeurs[25] ». Il est évident que le rôle de Gabriel Monod a été prépondérant dans leur connaissance de Wagner. Le 14 février 1888, Romain Rolland raconte à André Suarès une visite qu'il fait au professeur à Versailles :

> Il parle de Wagner qu'il a connu intimement. Il assistait aux 24 représentations de 1876 à Bayreuth.

---

23.   *Ibid.*, p. 142.
24.   *Ibid.*, p. 184.
25.   *Ibid.*, p. 218.

[…]

Plus que les œuvres mêmes de Wagner, Monod admire la révolution artistique accomplie par Wagner. Ce qu'il y avait d'incomparable chez lui, c'est la volonté, – une volonté napoléonienne –. En revanche, un respect outré pour ses théories, qui le rendait implacable, même pour ses œuvres. Sa femme eut beaucoup de peine à l'empêcher de détruire le chœur de la *Goetterdaemmerung*.

L'intérêt des deux jeunes gens pour la théorie wagnérienne, l'accent mis sur la volonté du compositeur (en particulier dans le *Wagner* de Suarès) viennent de la lecture de Monod et des échanges que Rolland a pu avoir avec lui.

LE CERCLE GERMANOPHILE – BAYREUTH

Suarès se trouve, grâce à Rolland, en relation avec un cercle de wagnériens de premier ordre : Gabriel Monod, Claudine Funck-Brentano[26], Malwida Von Meysenburg… On trouve dans la correspondance d'André et sa sœur Esther des références « aux enthousiasmes allemands ». Elle lui demande dans une lettre du 1er août 1897 :

Et Bayreuth ? Et madame Wagner a-t-elle daigné de ne pas t'oublier ? Réponds, je t'en prie à toutes mes questions.

À la fin de l'année 1897, Suarès avait terminé son *Wagner* et écrit à Cosima dans l'espoir qu'elle l'inviterait à entendre *Parsifal* mais il n'avait pas reçu de réponse. Il écrit plus tard dans les *Chroniques de Caerdal* :

La vieille Cosima Wagner avait à deux reprises refusé de m'inviter à *Parsifal* sans répondre même à mes lettres ; elles accompagnaient un petit livre que, tout jeune, j'avais consacré à Wagner. Il m'avait grandement coûté de les écrire ; mais ma passion de *Parsifal* l'avait emporté sur mon complet dénuement[27].

Il semble que Suarès ne soit jamais allé à Bayreuth. Selon Thomas Doherty, déçu par l'attitude de Cosima, il aurait fait un voyage d'une dizaine de jours à Munich et Bayreuth, « voyage de la musique et du jeûne, de l'ivresse et de la colère ». C'était le second et le dernier voyage de Suarès en Allemagne. De Bayreuth, il mentionne la ville sans rien dire de la musique qu'il y aurait entendue. On ne trouve pas plus de détails dans sa

---

26.   La petite nièce de Bettina Brentano.
27.   *Chroniques de Caerdal*, NRF, n°313, 10/1939.

correspondance avec Romain Rolland ni dans les articles écrits plus tard sur Wagner. Thomas Doherty se demande s'il aurait pu entreprendre ce voyage sans jamais y être arrivé. Dans la *Chronique de Caerdal*, parue en octobre 1939, Suarès dit sa méfiance des allemands, raconte que des gamins lui ont lancé des pierres à Rothenburg. La réponse se trouve peut-être dans un Carnet inédit de 1901 dans lequel il écrit :

> On entend Wagner sans le voir, avec délices. On ne pourrait pas le voir, sans l'entendre… Ainsi donc, je me résignerai à ne pas voir Bayreuth, ni ce que j'ai tant désiré de voir depuis 15 ans. Puis, *Parsifal* ne sera jamais si beau sur la scène qu'il l'est en moi. Il est divin, et c'est ainsi que je me le chante.

D'après Maurice Pottecher et Marie Dormoy, Suarès n'y serait jamais allé. Sa veuve est du même avis, précise Thomas Doherty. Romain Rolland, de son côté, fera tout son possible pour présenter à Suarès les personnalités qu'il côtoie comme Malwida Von Meysenburg à Marseille en 1891.

Par souci de précision, ajoutons que tous ne partagent pas cette opinion. Jean Astier affirme que Suarès s'est rendu à Bayreuth avec Gabriel Cognacq qui prit Suarès sous sa protection dès 1924, sans donner plus de détails. On trouve dans le carnet n°55 bis un petit texte que Cécile Jasinski date de 1922. Nous le reproduisons dans son intégralité ici. Il décrit une visite à Wahnfried, la maison de Wagner à Bayreuth. On remarquera qu'il s'agit d'un rêve :

Rêve

> – Une large allée tout ombragée conduit à la maison.
> Tout de suite, le gardien survient et montre le chemin de la tombe.
> J'ai donc couru au tombeau et je l'ai baisé longuement.
> Des gens arrivent. Je me cache dans le petit bois.
> Quand ils sont partis, je reviens à celui qui dort.
> De nouveau, je baise la grande pierre qui le couvre et le cache mais cette fois le baiser est sur ma tête.
> Ô pierre froide, pourtant ma bouche est toute chaude. J'ai le goût de la marguerite sur les lèvres.
> – Et je pleure. J'ai beaucoup pleuré.
> J'ai pleuré sur lui, sur toi, sur vous, sur l'amour, sur toute la joie, sur toute la peine, celles-là, sur les larmes de la vie et l'ivresse du monde.
> – Il faisait calme et doux près de cette tombe. Le vent faisait doucement chanter les arbres. Le vent musicien.
> – Dans sa maison, la grande salle de musique. J'ai mis les mains sur le grand Steinway offert au père de *Parsifal* par l'Amérique.

Puis, la vaste bibliothèque, où il travaillait toujours. Maintenant, elle regarde le tombeau.
Là j'ai encore joué sur le plus petit piano dont il se servait à l'ordinaire.

Cette chambre est pleine de souvenirs, un mélange bizarre de mauvais portraits et de choses touchantes.
Une douce voix [...][28] a prononcé mon nom.
– Depuis que j'ai quitté Wahnfried, j'ai vu le Théâtre.
– sur la colline j'ai cueilli des fleurs.
Au tombeau, j'ai ravi une branche de lierre qui montait sur la grande pierre juste à l'endroit où doit être sa tête, où furent ses yeux.
– J'ai rendu visite encore à Liszt qui dort tranquille sous les arbres[29].

Ce texte plein d'émotion et de sensibilité décrit le recueillement sur la tombe de Wagner et celle de Liszt. Il n'est pas question du festival, des représentations, des chanteurs. Il témoigne de la sincère et profonde dévotion que Suarès porte à Wagner et conforte l'idée qu'il ne s'est jamais rendu autrement qu'en songe sur le sommet de la *colline sacrée*.

B. André Suarès et la musique

> *« La musique est tout pour moi, depuis l'éveil de ma conscience jusqu'à l'heure de mon sommeil[30]. »*

LA FORMATION MUSICALE

André Suarès déclare lui-même dans *Sur la vie*[31] : « Je suis né dans la musique. Avant de lire les lettres, j'ai lu les notes ». On sait par Marcel Dietschy qu'il a étudié la musique avec David-Jules Cohen, cousin germain d'Aimée Suarès, professeur au conservatoire de Paris dès 1870. Au collège, un maître de musique lui donne des cours trois fois par semaine[32]. Une note inédite intitulée « La musique et moi », retrouvée et citée par Jean Astier donne quelques indications supplémentaires. Suarès y raconte comment il a étudié le piano dès l'âge de quatre ans, encouragé par son père qui en jouait lui-même. Il aurait reçu à huit ans l'essentiel des œuvres de Mozart et Beethoven. À onze ans, il hésite entre le lycée et le conservatoire mais David-Jules Cohen le dissuade de s'engager dans

---

28. Mot indéchiffrable.
29. Texte complet.
30. Lettre inédite à Romain Rolland du 24 octobre 1888.
31. *Sur la vie*, t. III, 1912, « Musset », p. 16.
32. Marcel Dietschy, *Le cas André Suarès, op. cit.*, p. 39.

une carrière musicale trop peu rentable selon lui. Il mentionne également son professeur de piano, Amici, qui lui donne des cours à partir de sa onzième année :

> Il était mou et m'obéissait. Tyrannique et terriblement personnel comme j'étais, il m'eût fallu un maître de fer. À partir de onze ans, je n'ai plus fait aucun progrès dans le mécanisme[33].

Il renonce donc à la carrière de virtuose qu'il avait un moment envisagée. Pendant sa scolarité parisienne, de quinze à vingt ans, il continue à profiter des conseils de David-Jules Cohen qu'il retrouve régulièrement dans sa propriété d'Herblay. Suarès y rencontra Gounod. David-Jules Cohen était un musicien brillant. Il avait été le Maître de chapelle de l'impératrice Eugénie, puis, après la chute de l'Empire, avait été nommé chef de chœurs de l'opéra de Paris. Il est également le fondateur de l'opéra de Monte-Carlo.

À vingt ans, Suarès prit tout de même des cours d'harmonie, pensant à la composition.

LE JEU PIANISTIQUE

Marie Dormoy, directrice de la Bibliothèque Jacques Doucet lui reconnaissait un jeu pianistique qui dépassait en passion le jeu de nombre de virtuoses de l'époque[34]. Nous avons précédemment évoqué le concert de juin 1888 rue d'Ulm. En 1912, Félix Voulot avait organisé un concert durant lequel Suarès jouait une transcription du Quatuor en ut dièse mineur de Beethoven. Maurice Pottecher compare le jeu des deux amis dans son article du *Monde Français*[35] :

> Faut-il signaler ici combien son jeu passionné, haletant qui ne respectait pas toujours la mesure, différait du jeu si clair, si épuré de Romain Rolland, son grand ami.

Il rapporte également une anecdote à propos de Suarès lorsqu'il l'avait rejoint à Meudon entre 1900 et 1906. Suarès préférait rester devant le piano plutôt que de rejoindre ses amis à table :

---

33. Jean Astier, *La Passion musicale d'André Suarès*, Lucien Volle, 1975, p. 20.
34. *Souvenirs et portraits d'amis*, Paris, 1963.
35. Article cité par Liger, dans sa thèse, p. 246. *Le Monde Français*, Février 1949. Christian Liger, *Les Débuts d'André Suarès*, thèse de 3e Cycle, dactyl., Montpellier, 1969.

> — Non merci ! Je suis suffisamment nourri. Je dors mieux quand j'ai peu mangé ; et je dors d'habitude si mal ! Je vais m'asseoir à côté dans le salon ; je laisserai la porte ouverte et je vous ferai de la musique. La musique vaut pour moi tous les festins et elle enrichira le vôtre.

Pottecher commente cette réponse de Suarès en donnant des détails sur ce qu'il jouait :

> Il s'installait en effet devant le grand Érard, qui était disait-il, son meilleur ami ; et pendant une heure, qui souvent se prolongeait bien avant dans la soirée, il jouait de ses doigts nerveux, avec une fougue qui franchissait tous les obstacles et un sentiment passionné […]. La *Tétralogie* wagnérienne toute entière y passa, et *Parsifal*, et les *Maîtres Chanteurs*, et toutes les sonates, et toutes les symphonies – réduites – de Beethoven, et une partie de l'immense répertoire de Bach. Il s'en tenait à ces trois grands maîtres qui lui faisaient dédaigner tous les autres[36].

On se rend compte en lisant leur correspondance combien le piano est toujours au cœur de leurs préoccupations. À chaque voyage ou déménagement, la question du piano à déplacer ou à louer est au centre de leurs échanges. Jean Astier résume très bien cette idée :

> Pour Romain Rolland à Rome en 1891, comme pour Suarès à Florence en 1902 ou à Benodet en 1900, ou à Meudon, ou à Toulon, le piano est l'élément important du logis […].
> Suarès ne peut se passer d'un piano comme Rolland du reste. Il écrit dans *La Musique et moi*, note inédite : « De toutes les privations, il n'en est pas une que j'ai pu soutenir moins patiemment que le manque d'un piano. Il m'a toujours été impossible de m'en passer plus d'un mois. Même la mer, même les fleurs me privent moins[37] »

André Suarès se plaint souvent de la mauvaise qualité de son instrument comme dans cette lettre de 1886 ou 87 :

> Mon piano est devenu si chaudron que j'envoie chercher un accordeur par toute la ville ; je ne retrouve plus ma *Walküre*, et l'on a prêté la tempête[38].

Tous les commentateurs insistent sur ces trois noms : Bach, Beethoven, Wagner. Mais il jouait aussi Chopin, Mozart, Liszt ou Schumann. Il étudie les partitions et les joue. Le 28 septembre 1888 il écrit à Romain Rolland :

---

36. Christian Liger, *Les Débuts d'André Suarès*, thèse de 3e cycle, Montpellier, 1968, p. 313. L'extrait reproduit ici est cité par Liger.
37. Jean Astier, *La Passion musicale d'André Suarès, op. cit.*, p. 22.
38. Il s'agit sans doute de la sonate pour piano n°17 en ré mineur op. 31 n°2 de Beethoven, à moins que ce soit une façon de désigner le prélude de *La Walkyrie*.

Depuis un mois et demi, même Wagner, je n'en joue que trois ou quatre fois par semaine. Je suis tout à Beethoven. Beethoven est l'artiste le plus profond, infini d'émotions. J'étudie ses quatuors derniers avec tressaillements : jamais l'être intime n'a été traduit dans ses moindres replis d'une intensité pareille. Oh ! Le grand Beethoven, les symphonies sont bien faibles – depuis que j'ai compris ces romans inoubliables (chaque sonate et chaque quatuor).

LA COMPOSITION. MUSIQUE OU LITTÉRATURE ?

Sa correspondance inédite avec Romain Rolland montre qu'il s'essaie aussi à la composition. En août 1888, il travaille à l'écriture d'un prélude : « Mon fameux prélude a 35 pages d'orchestre. Je te le ferai voir… pas entendre. Veux-tu ? Dis non (c'est un conseil d'ami)[39]. » Il n'en est pas satisfait et souffre de la comparaison avec Wagner. Il finit par en brûler une partie :

Tu voulais savoir où j'en étais de mes projets : tu le vois […] j'ai continué pendant deux jours mon prélude d'orchestre ; puis, j'ai joué du Wagner : j'ai rougi de honte et j'ai brûlé feuille par feuille (il y en avait 17) ce petit document de naïveté et de vanité.

Il en parle longuement à son ami sans qu'on sache si Rolland le lira ou non :

Je t'ai promis de te dédier n'importe quoi : mon prélude est risible : je ne te l'enverrai que si tu le réclames. Mais, mon petit chéri, ne le réclame pas – vu… pour ce que ça vaut…

En septembre, sa correspondance montre qu'il en a repris la composition mais on n'en trouve pas trace à la Bibliothèque littéraire Jacques Doucet. Maurice Martin du Gard pensait que Suarès aurait pu choisir la musique s'il n'avait pas connu Wagner si jeune :

Suarès, à quatorze ans, voulait être musicien et jouait et composait. Si Debussy avait été déjà célèbre, il est probable que le jeune homme, alors à la merci de Wagner, eût compris que l'on pouvait tenter quelque chose de très différent et qu'il eût choisit la musique, non les lettres[40].

La fréquentation de Wagner le décourage. Toujours en août 1888, il écrit :

39.   Lettre inédite à Romain Rolland, Bibliothèque nationale, Août 1888.
40.   Cité par Marcel Dietschy, *Le cas André Suarès, op. cit.*, p. 45. Maurice Martin du Gard, *Harmonies critiques*, Paris, Éditions du Sagittaire, 1936.

> Après la *Gœtterdæmmerung*, je me redis l'éternel : à quoi bon ? Accompagné de l'éternel et non moins mensonger, faux et ridicule : que suis-je auprès d'un Wagner ? [...] Oh ! Si je pouvais être lui, rien que lui, toujours lui.

Il souligne lui-même les mots « mensonger » et « faux » : il a pleinement conscience que ce sentiment l'empêche de créer mais il n'arrive pas à s'en libérer. Toute leur correspondance met à jour cet attachement à la musique. Il lui arrive de penser qu'il s'est trompé en choisissant la littérature :

> Ah, mon cher, comme tu as raison : tout le mal vient de l'erreur qui nous a poussés l'un et l'autre à l'École, dans la littérature. Nous étions créés pour la Musique, – la musique nous aurait été douce et secourable. Combien de fois, dans les jours continuels aujourd'hui où je me sens incapable d'exprimer mon être, ai-je pris un morceau du bienheureux papier à portées, pour y passer toute une journée, toute une semaine même à jeter de petites notes noires, sans signification (par malheur)[41].

Dans sa recherche d'une expression complète de son être, seule la musique lui semble à même de réaliser la forme d'art absolue. Toute autre forme artistique lui paraît limitée et incomplète. Après Wagner, il cherche à devenir cet artiste complet qu'il voit en lui et à réaliser une œuvre d'art totale :

> La musique était bien la forme d'art de mon âme. Elle est encore celle de mon élection, de mon amour. Tout est mesquin et incomplet à côté de l'orchestre. Là les timbres, les harmonies, les sons combinés à l'infini donnent de la vie intime une représentation puissante : les mots font piteuse figure auprès. Et les mots peuvent s'unir en plus à la musique [...]. L'Artiste, le vrai Artiste Complet, je ne le conçois ni en peinture, ni en sculpture, – en musique. Et puis, la musique est tout pour moi depuis l'éveil de ma conscience d'enfant – et sera tout pour moi, jusqu'à l'heure de mon sommeil[42].

Il cherche une unité qu'il n'arrive pas à trouver dans la littérature. C'est ce qu'il explique à Rolland dans une lettre sur Berlioz dans lequel justement il ne trouve qu'incohérence :

> Je demande l'Un ; depuis que je sens et que je raisonne, l'Un, Dieu, est le but incessant de ma prière et de ma quête. Je n'y peux rien changer. Ou un homme, à défaut de Dieu mais pas les fragments d'un homme.

Il ajoute :

41.　Lettre du 24 oct. 1888.
42.　*Ibid.*

> La musique exprime précisément ce que rien n'exprime, sinon elle : la totalité de notre vie, âme et chair unis, – la misère des autres arts me semble justement de séparer ces éléments inséparables, de l'Unité Divine – En tout cas, l'âme (ou ce qui s'appelle aussi faussement pensée, etc…) ne peut être réduite en musique[43].

LE TOURNANT DE 1891-1892 – LA RÉVÉLATION DE LA POÉSIE

Il faut attendre 1891 pour que se produise une véritable transformation. La poésie lui apparaît comme la « musique nouvelle ». Il travaille alors à des textes poétiques inédits que nous présenterons plus loin, *Les Récitatifs*. Il s'explique à Romain Rolland :

> Le grave désaccord de ton jugement d'avec mon intention c'est de prendre toujours la musique-poésie pour une « simple musique ». Cependant, je ne cesse pas de prévenir que si musique il y a, musique nouvelle c'est : au cas contraire ne serait-ce pas trop vain, avec le faible pouvoir des mots d'oser tenter une rivalité à la bienheureuse merveille des sons et des timbres de l'échelle instrumentale ?
>
> […]
>
> Tout l'effort de la musique nouvelle veut profiter de l'élément musical des mots et des réunions de mots, des syllabes et rythmes de syllabes, pour <u>ajouter</u> à <u>l'idée</u> que donne nue, à l'état sec d'axiome, de proposition logique, la langue littéraire, – y ajouter <u>l'émotion</u>, – messagère du plus haut plaisir artistique, et qui paraît spécial « aux musiques ».

Cette forme poétique est encore à créer. Il cherche alors « un art qui serait à la limite de tous les arts ». Ce tournant des années 1891-1892 est aussi marqué par la mort de son père, qui sera un drame terrible pour lui.

Il est étonnant de voir que la question se pose de façon parallèle entre les deux jeunes écrivains. L'été 1892, Romain Rolland traverse lui aussi une crise et veut devenir musicien. Ce nouveau projet fait réagir Suarès de façon surprenante. Il dissuade son ami de ce nouveau choix. Wagner est encore au cœur de leur échange. Suarès devine chez son ami la volonté d'écrire à son tour des « drames lyriques » :

> Quelle idée singulière ! Quel projet ! C'est à fin d'écrire des drames lyriques n'est-ce pas ?
>
> […]

---

43.   Lettre inédite du 4 janvier 1889.

je rirais moins de te voir commencer la peinture.

Il continue en lui expliquant que leur âme est musicale, pas leur corps. L'un comme l'autre, ils placent la musique au cœur de leur art mais ils ne sont pas faits pour être musiciens :

> La musique fait le fond de notre âme, elle n'en est pas le simple et docile langage. Cherchons en ce qui nous appartient la forme naturelle à notre vie de notre harmonie immortelle.

Suarès poursuit en montrant que la musique peut se trouver au cœur d'autres formes artistiques :

> C'était un musicien triomphal que Rubens ; c'en est un tout différent, subtil et dédaigneux que Whistler, c'en est un plein de parfums exquis que Renoir. Je préfère la musique de Renoir à celle de Massenet que j'ai en horreur et en mépris. Je préfère la musique de Delacroix à celle de Berlioz dont je n'ai pas lu trois lignes en équilibre […].

L'année 1892 est un tournant important pour Suarès de ce point de vue. Il a décidé d'écrire et de rechercher dans la poésie ce qu'il aime tant dans la musique. Cela donnera naissance à différents projets que nous présenterons en détail plus loin.

LA LECTURE DES PARTITIONS

Cette nécessité de vivre avec et par la musique le conduit à lire de nombreuses partitions. C'est un point important dans sa connaissance des œuvres de Wagner. Suarès échange souvent des partitions avec Romain Rolland et les joue au piano. Dans une lettre de 1890, il souhaite faire découvrir Debussy à Romain Rolland à travers les *Ariettes oubliées*[44]. Plus tard on voit qu'ils continuent à jouer ces œuvres ensemble. Le premier mai 1904 il lui demande de venir avec tout ce qu'il a de leur « rossignol parisien[45] ». Debussy envoya à Suarès la partition de *Pelléas* après que l'écrivain eut assisté à sa création en 1902[46]. Dans « La musique et moi[47] », Suarès affirme avoir lu 700 ou 800 partitions en deux ans[48]. Il est difficile de vérifier ce chiffre mais on sait par les témoignages de ses amis qu'il a lu une grande quantité de partitions,

---

44. *Cette Âme ardente*, op. cit., p. 206-207.
45. Marcel Dietschy, *Le Cas André Suarès*, op. cit., p. 247.
46. Christian Liger, *Les Débuts d'André Suarès*, op. cit., p. 382.
47. Inédit cité par Jean Astier, *La Passion musicale d'André Suarès*, op. cit., p. 23.
48. *Ibid.*, p. 23.

et particulièrement les œuvres majeures des trois musiciens toujours cités, Bach, Beethoven et Wagner. Ce qui semble certain, c'est qu'il connaissait les œuvres principalement par les lectures des partitions même si, par ailleurs, il a également assisté à de nombreux concerts à Paris et à Marseille. Il écrit encore à Rolland, le 6 février 1890, à propos de Bach : « Tu lis, maintenant, les cantates ? »

Il lisait également les partitions d'orchestre. Ainsi, en août 1888 il étudie les partitions de Liszt pour piano et pour orchestre et considère les dernières comme plus novatrices.

Il n'a donc pas de difficulté pour aborder les partitions d'opéra qu'il lit dans leur version pour orchestre ou dans des réductions pour piano. Il envoie à Édouard Latil le 19 mai 1907 tout un commentaire à propos de la *Salomé* de Richard Strauss et termine ainsi : « Je ne veux pas juger *Salomé*, il faudrait l'entendre…[49] ». Son commentaire était donc entièrement basé sur la lecture de la partition et non sur l'écoute de l'œuvre. Marcel Dietschy mentionne encore la partition chant et piano de *Boris Godounov* dans la bibliothèque de Suarès et il fait bien la distinction, quand il le peut, comme ici à propos de Saint-Saëns : « après avoir *entendu* le concerto en fa et *lu* sa symphonie avec orgue[50]. » Lorsqu'il assiste au premier acte de *Tristan,* avec Rolland, ils suivent le concert sur la partition[51]. Il se plonge des heures durant dans les œuvres de Wagner :

> Quand je suis aussi mort, et aussi désespéré de mon vivre (que maintenant) pour m'arracher à moi, il me faut du Wagner ou du Tolstoï, du Plus enfin. Je me plonge dans la *Götterdämmerung* – qui est bien décidément l'œuvre capitale du Maître avec son revers divin, *Parsifal.* Mort humaine, sacrifice divin, – Wagner, Bach et Beethoven, je ne sors pas de là : je m'y plonge des dix heures consécutives[52]. […]

Il chante même les différentes parties des chanteurs. Claudel déclare avoir été ému en l'entendant chanter Amfortas et Robert Mallet trouvait sa voix assez étendue[53]. Une lettre inédite d'août 1888 nous le fait imaginer, presque en transe, derrière son piano, avec les grandes figures wagnériennes :

---

49. Marcel Dietschy, *Le Cas André Suarès, op. cit.,* p. 248.
50. *Ibid.,* p. 249.
51. Romain Rolland, *Le Cloître de la rue d'Ulm, op. cit.,* p. 53.
52. Lettre du 13 oct. 1888, *Cette Âme ardente, op. cit.,* p. 143.
53. Jean Astier, *La Passion musicale d'André Suarès, op. cit.,* p. 39. Une lettre du 2 octobre 1888 citée dans *Cette Âme ardente* le montre chantant la Passion de Bach : « En revanche, chez moi, j'ai chanté le Geduld de la Passion de Bach : non, c'est trop tendre, trop souffrant et trop beau : il y a de quoi perdre la tête. Ce Geduld, chanté avec son âme, vous remplit d'attendrissement […]. »

Siegfried – le Rhin, les Ondines, Ysolde, Brunhilde – remplacent, chassent absolument Suarès. [...] Je chante, (je fais toutes les parties), je m'épuise, – arrivé aux pages les plus larges, les plus compréhensives, – la mort de Siegfried, la tristesse de Tristan, la mort d'Isolde, – tout en étant eux, en étant presque Dieu, j'éprouve de plus en plus le besoin de la plénitude.

Une lettre inédite très intéressante d'août 1888 montre qu'André Suarès analysait les partitions de Wagner en détail et réfléchissait à leur interprétation. Il réagit à un courrier de Romain Rolland qui rapporte une rencontre avec un de ses amis, un marquis, dont il ne précise pas le nom. Cet ami recherche la tradition dans l'interprétation musicale pour être au plus près des intentions du compositeur, dans la recherche d'une vérité musicale. André Suarès réagit à cette notion de tradition en prenant l'exemple de *Parsifal* et en précisant sa conception de l'interprétation. Il insiste surtout sur l'engagement de l'interprète et sa capacité à s'identifier à la musique :

Je m'imaginais bonnement qu'il fallait étudier une œuvre d'art de tout son être, y entrer tout entier, s'oublier entièrement en elle et puis l'exécuter telle que je la sentais à ce moment unique où j'ai cessé d'être moi et je suis devenu elle.

Il fait ensuite une lecture des chœurs d'enfants de la fin du premier acte. Nous en reproduisons ici un long passage :

Dans la scène religieuse de *Parsifal*, au premier acte, je me disais : voici le chant des enfants : « Wein und Brod », un exposé mystique d'un dogme de la Rédemption. Il est divin en deux pages ; dans la première page ce sont les soprani ; dans la seconde les Alti ; dans les deux, des Enfants, c'est-à-dire des innocents, des purs ; mais parmi eux les Soprani, plus jeunes, la voix plus élevée, dans la plus haute coupole, sont les purs parmi les purs ; ils chantent le Mystère, comme s'ils le comprenaient : et, de fait, dans leur ineffable transparence d'âme, ils savent le monde. [...]
Les Alti, au contraire, ont la voix cristalline, plus grave : ils sont purs, certes, mais ils sont plus âgés ; ils ont passé sept ans, et, comme dit l'Église, leurs petits péchés sont pour eux, ils en sont responsables devant la pureté éternelle ; ils ne s'appellent plus *bébé* comme les autres, ils ont un nom, et ils ne communiquent avec Dieu que par l'intermédiaire de leurs patrons ; ils ont l'âme intacte mais ils ont déjà un corps : les tout petits n'en ont pas ; s'ils ne sont pas souillés, ils sont plus près de la souillure ; s'ils ne savent pas l'ordure, ils la devinent, ils la connaissent de nom, – et quelques autres mêmes, les plus impurs d'entre les purs, font travailler leur petite cervelle pour se la représenter – Voilà ce que je dis pour les deux pages de *Parsifal* : l'exécution

m'en semble toute simple après ça. La première fois au chant des plus purs, je <u>dois</u> jouer (je le sens) avec une passion continue et sans éclat : ils chantent le Mystère avec l'onction passionnée et calme de la Vérité expliquée ; – la 2ᵉ fois je ne mets de passion qu'à certains endroits, ceux où un mot indique le contrecoup humain du mystère, l'arrière pensée mortelle...

[...]

Je ne crois pas avoir fait là (et bien des fois ailleurs, toutes les partitions de Wagner) œuvre de personnalité : il me semble avoir étudié les sentiments intimes des Êtres créés par Wagner, y être entré, et les exprimer tout naturellement – le texte écrit m'encourage : dans l'exemple que je te propose, chère âme, au chant des soprani, il n'y a que des motifs abstraits désignant le mystère divin. « Wein und Brod den letzten Mah – les ». Dans le chant des moins purs, les mots ont un double sens terrestre « Blut und Leib der heil'gen Ga-be », c'est un chant personnel direct à Jésus ; « Grabe », c'est le résultat de la Cène, ce qui nous intéresse, nous pauvres... c'est certain, ça, je ne pense pas l'avoir inventé. – Enfin, si je me trompe, j'en serais désolé. Alors quoi ? Nous ne comprenons pas une seule création, nous ne la sentons pas au vrai, nous l'écorchons ? C'est désolant. Comment avoir toutes les traditions ? Je n'ai pas de marquis, moi, pour me faire sentir de sorte certaine Beethoven, Bach, Berlioz et les autres. Encore une fois, c'est désolant.

Dans son *Wagner*, il fait quelques remarques sur l'écriture même du compositeur. Il écrit à propos de l'unité des œuvres :

L'unité est si forte, que dans les grandes œuvres de Wagner une tonalité domine positivement : dans *Les Maîtres Chanteurs*, les tons d'ut majeur et de mi mineur, avec leurs relations simples ; dans *Tristan*, les tons de fa ; dans *Parsifal*, ceux de la bémol majeur et de si bémol mineur. De même, l'accord de quinte est particulièrement fréquent dans *Les Maîtres* ; celui de septième diminuée dans *Tristan* ; et dans *Parsifal*, l'accord de quarte et de sixte. On ferait aisément des observations analogues sur l'emploi des instruments, et sur la fréquence des dessins persistants, qui varient d'un drame à l'autre, mais en quelque sorte dans le même plan, et embrassent avec un art incroyable les mélodies particulières[54].

Les lettres de l'été 1888 montrent combien il connaissait non seulement les grandes œuvres wagnériennes mais aussi d'autres moins célèbres comme la Marche composée pour l'empereur Guillaume :

---

54. *Wagner, Revue d'art dramatique*, 1899, p. 195.

Je t'apporterai la Kaisermarch de Wagner : c'est inouï de joie, de puissance, de plénitude. Dieu, Dieu a écrit cette marche[55].

Il est assez merveilleux de voir combien les artistes français et particulièrement les écrivains, savaient lire la musique. Judith Gautier, qui devint la marraine de Siegfried Wagner, découvrit par exemple *Le Vaisseau Fantôme* par la lecture de la partition[56].

SA CONNAISSANCE DE L'ALLEMAND

Parallèlement à cette question, se pose également celle de savoir si Suarès lisait ou non l'allemand. Il a étudié cette langue à partir de la classe de 8e à Marseille. Ses résultats d'abord brillants, furent moins bons au collège et au lycée mais tout à fait respectables. Il obtient le premier prix en 8e, le second en 7e, le second accessit en 4e (1881/1882) et le premier accessit en 3e (1882/1883)[57]. En seconde, il obtient encore le premier accessit, en classe de rhétorique, le premier accessit de version (1885).

Pour Christian Liger, sa connaissance de l'allemand est une des causes de sa connaissance précoce de Wagner. Lorsqu'il parle du compositeur avec Romain Rolland, il cite des passages de livrets en allemand comme dans la lettre d'août 1888 sur *Parsifal*, ou cette autre d'octobre 1892 dans laquelle il fait références à *Tristan*. En général, il donne les références des grands moments des œuvres de Wagner en allemand, ce qui est d'ailleurs l'habitude assez généralisée des amateurs de musique et particulièrement d'opéra.

Il cite également dans son *Wagner* les références précises d'œuvres en prose dans l'édition allemande. Il indique les références suivantes :

Textes significatifs : *Gesam. Schrift.*,	III :	75, 78, 79 à 82 ; 96, 100 à 120
	IV :	10 à 30 ; 45 à 50 ; 78, 80 à 89 ; 100
	IV :	140, 142, 143, 185, 190, 322, 325
	IV :	388 (capital)
	VII :	120 à 127 ; 128, 130, 149, 150
	IX :	105 à 107 ; 306

Il faut préciser que les pages indiquées sont celles de l'édition allemande. Il utilise également les termes wagnériens habituels en allemand comme

---

55. Lettre à Romain Rolland de septembre 1888.
56. *Cf.* Judith Gautier, *Visite à Richard Wagner*, Bègles, Le Castor Astral, 1992, p. 9.
57. Christian Liger, *Les Débuts d'André Suarès*, *op. cit.*, p. 93.

« *Musik drama* ». Dans un texte inédit, *P.F.*, il cite des passages en allemand de *Le Monde comme volonté et représentation* de Schopenhauer ce qui laisse supposer qu'il avait lu ce texte dans sa langue originale. Pour en être certain, il faudrait avoir la liste complète des livres de sa bibliothèque. Il est difficile de savoir précisément jusqu'où allait sa connaissance de l'allemand. Dans une lettre inédite à Romain Rolland il regrette de ne pas mieux le connaître car il s'interroge sur l'étymologie du mot *kunst*. Elle suffit à Suarès pour traduire le livret de *Tristan* à dix-neuf ans mais il est difficile de savoir si elle lui permettait de lire dans le texte les œuvres en prose de Wagner ou s'il les connaissait par les traductions ou les articles de la *Revue wagnérienne*. Les références très précises laissent cependant supposer qu'il les avait consultées dans le texte original. Dans un article de la *Revue Musicale* de septembre 1929, il nuance le jugement de Wagner sur la musique française et italienne. Il précise que le compositeur louait la *Norma*, qu'il aimait Auber et Halévy avant 1850, avant l'écriture de *Tannhäuser*, qu'ensuite il changera d'avis mais bien plus tard. Wagner fait surtout référence à ces compositeurs dans ses premiers textes en prose. Une autre question se pose bien sûr : celle des dates. Sa connaissance de Wagner s'est aussi approfondie au fil des années.

C. Les concerts parisiens

> « *Étant donné également que l'intelligent patriotisme empêchait un théâtre français de représenter un opéra de Wagner, il n'y avait pour les curieux qui ignorent les arcanes de la musique et ne peuvent ou ne veulent se rendre à Bayreuth, qu'à rester chez soi, et c'est le raisonnable parti qu'il avait su prendre.* »
>
> Joris-Karl Huysmans, *À Rebours* (1884)

Cette petite remarque extraite d'*À Rebours* est révélatrice de l'atmosphère musicale et des conditions dans lesquelles on pouvait (ou plutôt ne pouvait pas) entendre Wagner à Paris durant les années parisiennes du jeune Suarès. Il n'a pas découvert le compositeur à Paris. Il le connaissait depuis longtemps déjà. Il affirme à Marie Dormoy avoir découvert *Parsifal* alors qu'il n'avait que dix ou onze ans :

> J'avais dix ans ou onze au temps de *Parsifal*, et tu n'avais pas encore ouvert tes yeux, tes petites sources bleues, à la lumière. Petit garçon,

j'ai connu *Parsifal* que vingt musiciens ne connaissaient pas encore à Paris[58].

Suarès avait dix ans en 1878. Christian Liger fait remarquer que son père était un lecteur régulier de la *Revue européenne* dans laquelle Baudelaire avait fait paraître ses articles sur Wagner en mars et avril 1861. Pour mémoire, le premier concert de Wagner aux Italiens date de février 1860 et la première de *Tannhäuser* du 31 mars 1861. Rien ne montre cependant qu'il en ait entendu parler par son père. Il est possible qu'il l'ait connu par David-Jules Cohen qui lui aurait joué des extraits au piano. Mais il ne donne pas de détails sur cette première *rencontre*. On sait d'autre part qu'il allait aux concerts à Marseille. Dans une lettre à Romain Rolland du 26 août 1887 il fait mention de ces concerts marseillais : « une société de concerts populaires donnait tous les huit jours une audition du même ordre que celles de l'ancien Pasdeloup ; elle est morte de faim ». Il précise « il y a six ans », il avait donc alors treize ans.

Lorsqu'il arrive en 1883 à Paris, André est accompagné de son frère David, de deux ans son cadet. Ils retrouvent leurs oncles et cousins Cohen de la famille maternelle qui les soutiennent en les accueillant et en leur apportant une aide financière. Félix était « rentier, ex-auditeur au conseil d'état » et le cousin David-Jules était professeur au conservatoire de Paris. Les documents n'apparaissent vraiment que lorsque Suarès est à l'École normale mais on découvre par de petits détails (courrier, notes, cahiers personnels) qu'il était un habitué des théâtres parisiens. Il est possible que son oncle Cohen ou son cousin Jules l'accompagnaient dans ses sorties. On sait en particulier qu'il était tombé éperdument amoureux de Sarah Bernhardt. Il lui écrit des poèmes et l'attend des heures sur le pas de sa porte :

> Combien, autrefois, à quinze ans, à quatorze, à seize, je me suis cru affamé de passions, de mouvements, de grandeurs… […] Quand j'avais fini de tout oublier en la musique, je me voyais à la tête d'un orchestre, commandant à la sublimité de quelque beethovénienne symphonie ; j'écrivais des vers que j'entendais (oh ! si bien !) sur une scène grandiose, dans la bouche de cette Sarah Bernhardt, à la porte basse de qui, rue Saint Georges, le soir, où nul ne pouvait plus me voir, j'effeuillais tout mon billon d'enfant en pâles violettes de Parme. — Oh ! Que bien souvent, à la même heure nocturne, j'ai baisé le perron

---

58. Lettre à Marie Dormoy du 11-9-1922.

de pierre, dans l'espérance défaillante qu'elle poserait le pied sur l'une de ces caresses[59]…

S'il participe ardemment à la vie théâtrale parisienne, on ne trouve que peu de détails sur des concerts ou des représentations d'opéras lors de son arrivée à Paris. Il exprime cependant sa passion pour Sarah Bernhardt en des termes wagnériens comme dans cette note inédite destinée à la tragédienne retrouvée dans un de ses cahiers d'écolier :

> Mon Dieu, mon Isolde
> que j'ai souffert pour vous, Toujours je m'en
> allais comme un pèlerin passer devant votre maison[60]…

On connaît mieux les concerts auxquels il a assisté durant ses années d'École normale, toujours par la correspondance avec Romain Rolland et *Le Cloître de la rue d'Ulm*. L'un des avantages d'être à l'École normale était d'obtenir des places au parterre sans payer, des entrées à prix réduits dans les théâtres, les expositions, les concerts, ainsi que des places aux réceptions de l'Académie française.

De plus, les années passées à l'École normale correspondent aux années de publication de la *Revue wagnérienne* (1885-1888). Elle était distribuée à la fin des concerts du dimanche par les plus fervents, et donc facile à se procurer. Elle donnait la liste des concerts et représentations. La *Revue wagnérienne* annonçant et critiquant les concerts wagnériens donnés dans toute l'Europe, il est facile d'avoir une idée de ce que Suarès pouvait entendre à Paris.

LES CONCERTS DU DIMANCHE

Dans ses *Mémoires,* Romain Rolland raconte qu'ils assistaient régulièrement aux concerts Lamoureux et Colonne :

> Nous complétions, Suarès et moi, nos connaissances, encore novices, de Beethoven et de J. S. Bach. Nous allions, le dimanche, aux concerts Colonne et Lamoureux nous enivrer de Wagner. Nous y rencontrions parfois Claudel, qui faisait alors partie des jeunes apôtres de Mallarmé et de Villiers. Je rompais une lance contre Saint-Saëns, qui

---

59. *Cette Âme ardente*, Cahiers Romain Rolland n°5, *op. cit.*, p. 192. Lettre du 29 novembre 1889.
60. Cité par Christian Liger.

menait une campagne sournoise pour empêcher les représentations de *Lohengrin*, à Paris[61].

Colonne et Lamoureux donnaient des concerts tous les dimanches et faisaient découvrir les œuvres de Wagner. Romain Rolland y assiste (ainsi qu'aux concerts Pasdeloup) et prend des places à deux ou trois francs. Avec Suarès, ils croisent Mallarmé, Villiers et se battent avec Claudel pour défendre la *Chevauchée des Walkyries* :

> Mallarmé et Villiers assistaient aux mêmes concerts Lamoureux, où, pour la première fois, Paris recevait la révélation confuse des deux premiers actes de *Tristan*. Je combattais, avec Claudel, chez Colonne, pour la *Chevauchée des Walkyries*. Et nous nous retrouvions, Claudel, Suarès et moi, à l'office sacré de Beethoven : *la Messe en Ré*. La crinière blanche du vieux Liszt nous apparaissait à Saint-Eustache, dans une apothéose. Et j'allais sonner à la porte de César Franck[62].

Les deux jeunes gens découvrent aussi Franck[63], Mozart, Schumann, Bach, Beethoven et des solistes prestigieux comme Joachim ou Rubinstein… La connaissance de Wagner chez Romain Rolland arrive plus tard que pour son ami, elle date de 1884 suivant ses propres dires[64] et se fait par les concerts :

> Je trépignais chez Colonne, au Châtelet, avec Claudel, mon camarade de classe à Louis le Grand ; nous défendions par les pieds et les poings la *Chevauchée de la Walküre,* et la scène religieuse de *Parsifal,* contre les huées et les sifflets[65]. Et si le premier acte de *Tristan*, exécuté pour la première fois, à Paris, le 2 mars 1884, me remuait encore confusément, l'année suivante, la lumière était faite, je lisais clairement dans le second acte de *Tristan*[66].

L'enthousiasme exprimé par Rolland et son engagement pour défendre l'œuvre de Wagner donne une idée de l'ambiance qui régnait dans ces concerts et il ne semble pas qu'il exagère. Alfred Mortier décrit ainsi l'attitude des jeunes auditeurs dans le *Mercure de France* en 1895 :

> Chez Lamoureux, j'ai vu des dilettantes, principalement de très jeunes gens, et des jeunes filles sans doute hystériques, pousser des gémissements, secouer leur corps d'une manière désordonnée et attester par

---

61. Romain Rolland, *Mémoires, op. cit.*, p. 148.
62. *Ibid.*, p. 150.
63. Ils ont entendu sa *messe solennelle* à Saint Eustache le 12 Mars 1888.
64. « 1884 marque le plein de ma conquête par Beethoven et par Wagner ».
65. Il s'agit du concert du 10 février 1884 avec Édouard Colonne au Châtelet.
66. Romain Rolland, *Mémoires, op. cit.*, p. 27. (8 mars 1885).

leur pâleur et leur affaissement ultérieur, un état voisin de la syncope en entendant la *Walkyrie* ou le finale du *Crépuscule des Dieux*[67].

Il est difficile d'établir une liste définitive de ce qu'ils ont entendu. On pourrait s'étonner de cette absence d'écrits mais les deux garçons se côtoient tous les jours et ne correspondent que lorsqu'ils ne se voient pas, c'est-à-dire pendant les vacances. On ne trouve donc pas trace de tous les concerts auxquels ils ont assisté. En réalité, si les concerts sont réguliers (tous les dimanches) le programme est toujours sensiblement le même durant ces trois années de *Revue wagnérienne*.

L'ouverture de *Tannhäuser* est l'œuvre la plus souvent jouée. Elle est un monde en soi et, depuis Baudelaire, une pièce maîtresse dans l'histoire du wagnérisme français. On y ajoute le chœur des pèlerins et ce qu'on appelle « la marche » (c'est-à-dire le chœur des invités du second acte), la « romance à l'étoile » et le récit du troisième acte.

De *Lohengrin*, on joue le prélude du premier acte, celui du troisième et la marche nuptiale.

De *Tristan* on peut entendre le premier et le second acte en français[68], les préludes des premier et troisième actes[69].

De la *Tétralogie*, peu de choses. La scène I de *L'Or du Rhin*, (en transcription pour petit orchestre) ; le premier acte de *La Walkyrie* en français[70], la *chevauchée* « avec solistes », les *Adieux* de Wotan, le *Chant d'Amour* de Siegmund, la *Marche funèbre* du *Crépuscule des Dieux*. Une composition symphonique qui porte le nom de *Murmures de la forêt* reprenait les thèmes principaux de cet opéra[71].

Des *Maîtres Chanteurs,* on retrouve les mêmes fragments symphoniques (ouverture, *Marche des apprentis* chez Lamoureux), la *Méditation* de Sachs.

---

67. Alfred Mortier, *Une nouvelle définition de l'œuvre d'art*, Mercure de France, avril 1895.

68. 1887 à l'Eden Théâtre.

69. En mars 1884, Lamoureux avait dirigé le Ier acte de *Tristan* avec Van Dick et en mai 1885 le IIe acte.

70. Lamoureux dirige le premier acte avec Van Dick en 1884 à l'Eden théâtre.

71. « Nous avons eu, à l'Eden Théâtre, le premier acte, éternellement tronqué de la *Walkyrie*, l'ouverture de *Rienzi*, le premier acte de *Tristan*, mais avec une Isolde insuffisante et toujours de bien extravagantes paroles. Quant à la fantaisie A PIACERE sur le deuxième acte de *Siegfried*, intitulé *Murmures de la forêt*, cette exhibition est une honte ; le carnage va jusqu'à la réorchestration de plusieurs passages de la partition ; mais pourquoi ne pas construire un agréable poème symphonique sur les motifs maritimes du premier acte de *Tristan*, avec un titre comme " Les voix de la mer ", ou " Le chant des vagues ", ou " Les bruissements du golfe de Bristol " ? », *Revue wagnérienne*, avril 1887.

À cela, il faut ajouter les ouvertures du *Vaisseau Fantôme*, de *Faust*, de *Rienzi* (à laquelle on peut ajouter la *Prière* de Rienzi).

La question de *Parsifal* est plus complexe encore puisque Wagner avait interdit qu'on le jouât hors de Bayreuth durant les trente années qui suivraient sa mort. On entendait donc le prélude et ce qu'on appelait les *Floramyes*, c'est-à-dire l'ensemble des filles-fleurs et *L'Enchantement du vendredi saint* ainsi que quelques ensembles de chœurs[72].

Cette programmation était la même depuis déjà quelques années et il faudra attendre encore un peu pour entendre des représentations intégrales. Pour information, voici quelques dates de création :

– *Lohengrin*, 1887
– *La Walkyrie*, 1893
– *Le Vaisseau Fantôme*, 1897
– *Les Maîtres Chanteurs*, 1897
– *Tristan*, 1899
– *Siegfried*, 1902
– *Crépuscule des Dieux*, 1902[73]

À partir de 1908, Messager devient directeur de l'Opéra et donne une place plus importante aux œuvres de Wagner mais il faut attendre 1914 pour voir représenter *Parsifal* à Paris. Ces quelques éléments montrent bien que Suarès connaissait Wagner beaucoup plus par les écrits et les partitions que par les concerts ou représentations.

Romain Rolland, dans *Le Cloître de la rue d'Ulm* ou ses *Mémoires*, donne quelques indications sur des concerts auxquels ils ont assisté.

Le 20 mars 1887, André Suarès est aux concerts Lamoureux pour le premier acte de *Tristan*[74]. On y jouait également une symphonie de Vincent d'Indy. Romain Rolland précise qu'ils suivent le concert sur la partition.

Rolland assiste à d'autres concerts cette année-là sans qu'on ait la certitude que son ami l'accompagnait : *Parsifal* au Concert Colonne (13.02.1887), *Siegfried* et *Murmures de la forêt* aux Concerts Lamoureux (27.02.1887), la scène des filles-fleurs de *Parsifal* aux Concerts Colonne (03.04.1887).

---

72. À l'automne 1882, les trois associations symphoniques donnent ensemble à leur premier concert, le prélude de *Parsifal* ; le 4 février 1884, celui de *Tristan* ; le 11 février 1883 Pasdeloup joue *Le charme du vendredi saint*.
73. *Richard Wagner et la France*, M. Kahane et N. Wild, catalogue de l'exposition, Herscher, 1984.
74. *Le Cloître de la rue d'Ulm, op. cit.*, p. 53.

Ils assistent ensemble aux concerts donnés par Mme Materna[75], créatrice à Bayreuth de Brünnhilde et de Kundry. C'est un événement considérable. Il s'agit toujours des Concerts Lamoureux. Le premier concert du 10 mars 1889 proposait l'air d'Élisabeth du second acte de *Tannhäuser*, le grand air de Rezia *d'Oberon* de Weber, et la mort d'Isolde. La semaine suivante, le 17 mars, elle chantait la scène finale de la *Gœtterdæmmerung* (première audition à Paris), un air du troisième acte de *Rienzi* et la prière d'Élisabeth de *Tannhäuser* ainsi que la *Festermarsch*, pièce de circonstance composée pour l'indépendance des États-Unis. Ils suivent à nouveau la partition et remarquent l'extrême fidélité de la chanteuse[76]. Il est probable que Claudel les accompagnait[77].

On apprend par hasard, dans une lettre de Rolland à Suarès (datée du 28 février 1896) qu'ils continuent à assister aux concerts wagnériens. Romain Rolland avec son épouse, Suarès avec son frère Jean. Romain Rolland y fait allusion :

> J'aurais voulu que nous fussions ensemble avec ton frère, au concert de dimanche prochain ; mais je crains que nos places ne soient un peu éloignées. On joue le troisième acte entier de la *Gœtterdæmmerung*.

Il est difficile d'interpréter cette remarque, très courte. Elle laisse penser que l'un comme l'autre suivent les événements wagnériens marquants de près et de façon régulière. D'ailleurs André Suarès va régulièrement aux concerts Lamoureux même si Wagner n'est pas au programme. Il écrit à son frère en 1898 :

> J'allais en corvée chez Lamoureux, où l'on n'avait au programme que des œuvres ressassées et l'insupportable rapsodie de Berlioz, cette *symphonie fantastique* qui est un vrai délire... Félix Weingartner : c'est le plus admirable chef[78].

On trouve d'autres références qui prouvent sa connaissance de la vie musicale et des concerts comme cette petite note trouvée dans une série

---

75. La présence de Suarès est clairement mentionnée pour le second concert dans *Le Cloître de la rue d'Ulm*, p. 287.
76. *Ibid.*, p. 286.
77. *Cf. Richard Wagner, rêverie d'un poète français,* Belles Lettres, 1970. p. 12.
78. Marcel Dietschy, *op. cit.*, p. 245, « à son frère ».

de lettres inédites et datées de 1889 sur la compositrice Augusta Holmès[79], la cantatrice Martini et le pianiste Louis Diémer :

> Holmès
> Début, elle copie le *Tannhäuser*. À entendre parler du mysticisme
> de *Tannhäuser*. Elle le copie dans la couleur et les timbres mais pas du
> tout dans l'âme.
>
> La Martini est une criarde d'opéra quelconque.
>
> Diémer.
> Impeccable. Presque trop à la fin – nuances très délicates – jeu
> austère et ferme. Parfaite égalité. Son défaut capital est dans une mau-
> vaise tendance à l'accord arpégé, détestable chez Haendel.

Dans une lettre du 7 avril 1887, il fait une allusion au concert d'une célèbre chanteuse wagnérienne par cette simple remarque : « Iras-tu voir
souffler Mme Krauss[80] ? »

LES REPRÉSENTATIONS DE WAGNER

Encore ne s'agit-il là que d'extraits d'opéras. La question de représentations intégrales est bien plus délicate.

Selon Christian Liger, il a assisté à la création parisienne des *Maîtres
Chanteurs*, le 10 novembre 1897, dans une traduction d'Alfred Ernst,
avec Lucienne Bréval, mais il ne donne hélas pas de références qui permettent de vérifier son affirmation. Voilà ce qu'il écrit :

> Le 10 novembre, une grande joie musicale : la première audition à Pa-
> ris des *Maîtres Chanteurs* de Richard Wagner. Tout Paris est là, et
> surtout le clan wagnérien dont font partie presque toutes les relations
> de Suarès. Les journaux d'il y a dix ans fustigeaient le maître de
> Bayreuth ; à présent, on le porte aux nues : Wagner est à la mode.
> Chacun l'aime, chacun prétend l'avoir aimé le premier, en secret. Le
> poète misérable qui, il y a quinze ans déchiffrait *Parsifal* sur son piano
> marseillais contemple cet enthousiasme, le méprise, en souffre[81] […].

Une lettre à Jean citée par Christian Liger prouve qu'il a assisté à un
Rheingold en 1901 : « répétition générale de *Rheingold*. J'avais aux yeux

---

79. Augusta Mary Anne Holmès (1847-1903). Virtuose, compositrice, elle était célèbre
     également par sa beauté. On lui a prêté un moment un projet de mariage avec Wagner.
     Elle devient la compagne de Catulle Mendès après sa séparation avec Judith Gautier.
80. Lettre inédite à Romain Rolland, Bibliothèque nationale.
81. Christian Liger, *Les Débuts d'André Suarès*, t. II, *op. cit.*, p. 158.

des larmes de joie et de noble volupté. Wagner est vraiment divin[82]. » Il s'agissait d'une version de concert par les Concerts Lamoureux. Selon une autre lettre, il aurait encore assisté à une représentation de *Siegfried* en mars 1900 mais il faudrait retrouver ce document car la création de *Siegfried* à Paris date de 1902, la création de cet opéra en France en 1900 étant celle de Rouen[83].

La question de *Lohengrin* se pose de façon cruciale lors de l'annonce de représentations à L'Eden théâtre en 1887. Romain Rolland avait réussi à se procurer des places par son oncle mais les représentations sont annulées. C'est l'un des plus grands scandales de l'histoire du théâtre et de l'opéra :

> Grande déception. – Mon oncle Edmond […], m'avait pris un billet pour la troisième représentation de *Lohengrin*, à l'Eden Théâtre (un fauteuil d'orchestre, de 25 francs). J'avais obtenu la permission de sortie, pour le samedi soir. Et voici que, le jour de la seconde, Lamoureux renonce définitivement à donner des représentations de Wagner en France. Il est écœuré des criailleries de la presse (*La Revanche, La France, Le Matin*), et des insultes qui lui sont adressées. (Étudiants et voyous ont hurlé et lancé des pierres, mardi, mercredi, et jeudi soir. J'enrage. J'ai le mépris de ces brutes, qui prétendent m'interdire, au nom de la patrie, d'aimer ce qui est beau et saint, – et que leur patriotisme n'empêche pas d'absorber la bière et la choucroute allemandes.)[84]

Peu de temps après, Romain Rolland fait le « voyage à Bayreuth », ou plutôt, le *pèlerinage* avec Malwida von Meysenburg. Il assiste à *Parsifal, Tristan, Tannhäuser* que l'on donnait pour la première fois à Bayreuth. Grâce à Malwida, il est présenté aux Wagner qui l'accueillent chaleureusement. Il échange librement avec les enfants Wagner, rapporte une conversation avec Siegfried et surtout avec Cosima qu'il présente comme « un homme supérieur » dans ses *Souvenirs de jeunesse*[85]. Suarès découvre Bayreuth à distance grâce aux lettres de son ami mais aussi avec l'amertume qu'on devine. Il faut se reporter aux lettres inédites de cette époque conservées à la Bibliothèque nationale dans le Fonds Romain Rolland pour en prendre la mesure.

---

82. Lettre à Jean, le 20 janvier 1901 citée par C. Liger.
83. La thèse de C. Liger n'a pas été publiée et on trouve plusieurs fautes de frappes. Il faut donc procéder à des vérifications ce qui ne remet pas en cause les affirmations de M. Liger qui est toujours très méticuleux dans ses recherches et précis dans ses affirmations. Il faudrait alors corriger 1900 en 1902.
84. *Le Cloître de la rue d'Ulm, op. cit.*, p. 119.
85. Romain Rolland, *Mémoires, op. cit.*, p. 124-126.

André Suarès a assisté à la *Tétralogie* dans son intégralité beaucoup plus tard, au théâtre des Champs-Élysées sous la direction de Franz Von Hoesslin, avec des artistes de Bayreuth, en Juin 1929 comme l'atteste une lettre à Jacques Doucet publiée par François Chapon. À propos de ces représentations en allemand (ce qui est exceptionnel car l'habitude était de jouer les œuvres en français) Suarès rêve d'un théâtre international dans lequel les œuvres seraient interprétées dans leur version originale et il cite Wagner :

> On y entendrait tous les chefs-d'œuvres, chacun monté dans sa langue et joué, chanté, interprété par les artistes du pays : *Boris Godounov* en russe par des Russes ; *Tristan*, par les Allemands ; *Orfeo* de Monteverdi par des Italiens, et ainsi de suite. Voilà qui serait digne de Paris et qui en ferait la capitale de l'art musical comme de tous les autres. Il faut penser en maître et en vainqueur, pour ne pas démériter de la victoire. Et d'abord, il faut être au-dessus des rancunes sottes et petites jalousies. Wagner en jugeait de la sorte : « J'ai toujours eu l'idée, écrit-il, d'un théâtre international où seraient données dans leur langue les grandes œuvres lyriques : et toujours à Paris. Seule la France et Paris, en particulier, sont capables de réunir en une seule gerbe toutes les moissons de la musique ». Où est le Mécène qui saura s'emparer de ce rôle et en saisir la gloire[86] ?

On trouvera des détails sur ces représentations dans un article de Gustave Samazeuilh paru dans la *Revue Musicale* de juillet 1929 (n°8) à laquelle André Suarès a souvent collaboré. Lauritz Melchior chantait Siegmund et Siegfried, Mme Larsen-Todsen, Brünnhilde et Margaret Klose, Waltraute. *La Walkyrie* avait été représentée trois ans plus tôt avec Lotte Lehmann.

On sait également par une lettre à Alfred Kampmann[87], qu'il a assisté à plusieurs représentations de *Tristan*. Il vient alors d'assister à la version qu'en a donné Karl Elmendorff à l'Opéra Comique le 19 décembre 1935 et déclare qu'il s'agit là de la meilleure représentation à laquelle il ait assisté, ce qui laisse supposer qu'il en avait vu plusieurs auparavant : « En dépit d'un Tristan sans voix, sans timbre, en bois, bon tragédien d'ailleurs, c'est la meilleure représentation du chef-d'œuvre que j'aie jamais vue en France. »

---

86. La citation de Wagner était dans le programme des concerts. *Cf. André Suarès – Jacques Doucet, Le Condottiere et le Magicien,* Correspondance choisie, établie et préfacée par François Chapon, Juillard, 1994, p. 496. Il avait entendu à la même époque une représentation de Rossini en italien sous la direction de Tullio Serafin.

87. Le second frère d'Alice, la seconde épouse d'André Suarès. Il devient en 1908 chef du cabinet de Théodore Steeg, ministre de l'instruction publique. Suarès le surnomme « le Vizir » ou Metternich.

Il faut ajouter que le carnet n°196[88] présente quelques notes presque totalement illisibles, à propos d'une représentation de *Parsifal* à l'opéra de Paris. Elles sont écrites sur quatre pages auxquelles sont joints deux billets pour la soirée du 31 mars 1925, deuxième loge de face n°34, côté droit, en soirée.

LA TRIBUNE DE LITTE

À partir de 1897 jusqu'en 1902, Suarès écrit dans *La République* une critique musicale sous le pseudonyme de « Litte » avec son ami Pottecher[89]. Ce dernier avait commencé cette rubrique musicale en 1895 mais, accaparé par son projet de théâtre populaire dans les Vosges, il demande à Suarès de l'aider. Entre 1897 et 1902, la tribune de Litte est écrite par les deux hommes. Comme le fait remarquer justement Christian Liger, cette tribune lui permet d'accéder aux principaux concerts et au monde musical parisien alors que ses moyens financiers ne le lui auraient pas permis[90]. Selon lui, Suarès rapportait de très nombreuses notes, à tel point qu'il devait en sacrifier la majeure partie au moment de rédiger l'article. Nous ne les avons pas retrouvées à la Bibliothèque littéraire Jacques Doucet pas plus que les articles. Yves-Alain Favre n'en parle pas, elles sont mentionnées par Thomas Doherty sans qu'il précise où sont les manuscrits. Selon Liger, toujours, Suarès aurait écrit la majeure partie des articles signés de cette rubrique de *La République*[91]. Cette occupation qui libère Pottecher et représente pour Suarès une petite source de revenus pourrait apparaître comme un plaisir, mais l'ombrageux Suarès n'aime pas tellement ce rôle qu'il perçoit comme une obligation. Il écrit à Jean en Avril 1900 :

> Ce métier est exécrable parce que de cent musiques on n'en entend pas le quart d'une bonne. Le critique musical est, selon moi, le plus éprouvé de tous ; car, outre le reste, la sensibilité est toujours en jeu[92].

Cette activité lui permet tout de même d'assister à des concerts exceptionnels voire historiques. Il entend l'orchestre philharmonique de Berlin dirigé

---

88. Document inédit de la Bibliothèque littéraire Jacques Doucet. Il s'agit d'une page d'agenda du vendredi 27 mars 1925.
89. 5.01.97 / 11.05.97 / 21.02.99 / 11.12.00 / 5.03.01 / 26.03.01 / 3.12.01 / 17.12.01 / 24.12.01 / 2.05.02 (indications de T. Doherty).
90. *Cf.* Christian Liger, *Les Débuts d'André Suarès, op. cit.*, p. 124.
91. *Ibid.*
92. *Ibid.*

par Arthur Nikisch le 10 mai 1897 dans l'ouverture de *Leonore 3* ainsi que la symphonie « Héroïque ». Il écrit à Romain Rolland le 12 mai :

> Au passage fugué du final j'ai cru que j'allais sauter sur la scène et faire quelque action extraordinaire : laquelle je ne sais pas. Mais le Dieu, à coup sûr était en moi. Quelle joie extraordinaire.

Il voit aussi Richard Strauss diriger *Ainsi parlait Zarathoustra* le 22 janvier 1899. Mais il n'aime pas la foule, les mondanités, la circulation dans Paris, les omnibus... « Plus j'entends de musique », écrit-il à son frère, « plus j'aime celle que je me fais[93]. » Les lettres à son frère ou à sa sœur donnent une idée de la fréquence des concerts auxquels il assiste. Il écrit à Jean le 27 janvier 1900 :

> Cette semaine-ci sera bien prise : 3 concerts, 3 premières : *Louise* à l'Opéra Comique[94], – je ne sais plus quoi à la Renaissance, et *Lancelot* à l'Opéra[95].

Ainsi, il semble bien que Suarès ait suivi de près la vie musicale et théâtrale parisienne. On trouve des éléments de façon indirecte. Il serait très intéressant de retrouver les tribunes de Litte et de travailler sur ses critiques musicales car, plus tard, il a écrit dans la *Revue Musicale* de nombreux textes sur la musique et les compositeurs.

---

93.   Lettre à Jean inédite du 27 janvier 1900, citée par C. Liger, *op. cit.*, p. 232.
94.   Il s'agit de la première de l'ouvrage, le 5 février 1900.
95.   Lettre à Jean, inédite, citée par C. Liger, *op. cit.*, p. 232.

Chapitre 2

LA THÉORIE WAGNÉRIENNE

A. La *Revue wagnérienne*

La *Revue wagnérienne* n'est pas un temple où l'on rentre sur la pointe des pieds, en silence. Elle se constitue, de 1885 à 1888, comme un robuste instrument de prosélytisme intelligent. Wagner y est pesé à froid, analysé, sondé, expliqué par autre chose que des thuriféraires. Compte tenu de son obéissance, la Revue est un solide instrument de travail. Nulle part, – et surtout en Allemagne, si l'on excepte Stewart Chamberlain, – le Maître, qui repose maintenant à Wahnfried, n'aura suscité pareille équipe, ni si homogène et éclairée, pour poursuivre après lui le bon combat[1].

Il est vrai que la *Revue wagnérienne* est une revue « sérieuse ». Son fondateur, Édouard Dujardin, est un wagnérien convaincu. En 1882, il envoie des poèmes à Wagner qui lui répond et lui fait part de ses réserves quant aux représentations parisiennes de *Lohengrin*. Dujardin avait découvert ses drames lyriques à Londres lorsqu'il avait une vingtaine d'années. Ne comprenant pas l'allemand, il avait surtout été saisi par la musique. Ensuite, après la mort de Wagner, en 1883, il avait assisté à la *Tétralogie* munichoise. C'est là qu'il rencontre Houston Stewart Chamberlain et qu'ils décident de créer la *Revue wagnérienne*. Leur idée est de faire connaître la pensée de Wagner et ses conceptions esthétiques. Dès le premier moment, la revue s'adresse au monde littéraire plus qu'au monde musical. En 1885 il est difficile de défendre Wagner car il est perçu comme le type même du prussien qu'il convient de rejeter lorsqu'on est un bon patriote. Wagner est directement lié à des questions politiques. Jouer Wagner est donc problématique : les représentations font toujours l'objet de cabales et de polémiques qui n'ont rien à voir avec la musique.

---

1. Marcel Beaufils, *Wagner et le wagnérisme*, seconde édition, 1980, p. 350.

Dujardin obtient des financements auprès de quelques amis wagnériens fortunés et organise un fameux dîner « wagnérien » auquel prennent part Catulle Mendès, Champfleury, Jules de Brayer, le chef d'orchestre Lamoureux, le traducteur Victor Wilder. Un spécimen est rédigé avec Schuré, Bourges, Villiers de L'Isle-Adam et Mallarmé. Dujardin comptait sur quelques jeunes musiciens (Chabrier, Chausson, Dukas, d'Indy), des journalistes (Willy, Bauer, Fourcaud), des peintres (Fantin Latour, Renoir, Jacques-Émile Blanche), et les habitués des mardis de Mallarmé, René Ghil, Stuart Merrill, Charles Morice, Wyzewa, Juillard, et d'autres encore comme Verlaine, Laforgue, Moreas, Maeterlinck, Henry de Régnier…

Dujardin avait rencontré Mallarmé et Huysmans au concert spirituel du vendredi saint, chez Lamoureux. Selon Dujardin, « la soirée fut décisive pour Mallarmé qui reconnut dans la musique, et surtout dans la musique wagnérienne, une des voix du mystère qui chantait dans sa grande âme ». Depuis lors, il ne cessa pas de fréquenter les concerts du dimanche. Les souvenirs de sa fille sont éclairants :

> C'est vers 1885 que toute la magie de cette musique s'ouvrit pour père. Jeune, il la dédaignait. On disait alors : la musique est dans les vers. Il ne voulut jamais que j'apprenne le piano – le bois sonore comme disait Banville – Vous savez les choses définitives qu'a écrites père sur la musique. Chaque dimanche d'hiver, il laissait – pour cela seul – un après-midi de travail afin d'aller au concert Lamoureux – « Je vais aux vêpres, nous disait-il en partant[2] » …

La participation de Huysmans est d'un autre ordre. La description qu'en fait Dujardin est savoureuse :

> Il ne comprit à proprement parler rien ; il s'amusa de la forme des tubas, qui vinrent s'adjoindre à l'orchestre pour la marche du *Crépuscule des Dieux* et qui lui évoquèrent des intestins travaillés par je ne sais quelle maladie et il se contenta de développer dans le style qui lui était propre l'analyse de *Tannhäuser* insérée dans le programme que l'ouvreuse lui avait remis.

Dans ses *Souvenirs sur la Revue wagnérienne*[3], Dujardin précise le but de la revue :

> Depuis 1870, Wagner était honni par l'homme de la rue ; mais les gens de plume ne le perdaient pas de vue. Au concert on se battait sur le nom de l'auteur bien plus que sur sa musique. Ses théories musicales étaient

2.   NRF, juin 1926 : *Sur Mallarmé*, cité par André Cœuroy, *Wagner et l'esprit romantique*, Paris, Gallimard, « Idées », 1965, p. 276.
3.   *Revue Musicale*, numéro spécial d'octobre 1923. *Cf.* André Cœuroy, *op. cit.*, p. 249.

interprétées de travers ; sous prétexte qu'il avait inventé la « mélodie continue », on en cherchait partout et jusque dans le Chœur des fiançailles de *Lohengrin* ou la Marche des Pèlerins de *Tannhäuser*.

Il conclut ainsi :

> Pour parler sans nuances, nous voulûmes, Chamberlain et moi, répandre notre découverte. Wagner grand musicien ? La chose était trop évidente. Mais Wagner, grand poète, Wagner grand penseur, et surtout Wagner créateur d'une nouvelle forme d'art.

Le sujet même de la revue est la révolution artistique annoncée par Wagner. Fondamentalement, elle traite d'esthétique, elle s'interroge sur le rôle de l'art, la place de l'artiste. Ce n'est pas une revue purement musicale mais plutôt littéraire, philosophique, esthétique. Si les opéras de Wagner sont étudiés, présentés, résumés, traduits, ce sont ses idées qui sont au cœur de la revue bien plus encore que ses œuvres. Dans le même article, Dujardin s'interroge :

> Après les différentes querelles, la question est « voulons-nous un nouvel art ? Ou n'en voulons-nous pas ? » Richard Wagner ne nous a pas laissé un certain nombre d'œuvres théâtrales ; il nous a légué autre chose : une conception nouvelle de l'art. C'est toute une théorie de la nature même de l'art, théorie intuitive par son origine, philosophique par sa méthode, et qui aboutit à la démonstration de la suprême importance que devrait avoir l'art dans la vie de l'homme et dans la vie de la société.

Dans cette recherche d'un art nouveau, Wagner est une figure de proue :

> Il est donc de toute évidence que le premier devoir de tous ceux qui veulent ce qu'a voulu Wagner et qui ont seuls le droit de se nommer wagnériens, c'est de répandre la connaissance des écrits de Wagner, de sa vie, de ses idées…

La revue parut entre février 1885 et juillet 1888 et connut deux périodes. Dans un premier temps, il s'agissait d'« initier le public aux grandes conceptions de Wagner. À partir de 1887, elle insiste sur les jeunes créateurs, qui directement ou indirectement relèvent de la rénovation wagnérienne[4]. »

La publication de la revue prit fin en raison de luttes internes. Lamoureux reprochait à la revue son style décadent, Dujardin critiquait le manque d'engagement du chef d'orchestre et la pauvreté de ses programmations. Il ne lui pardonne pas d'avoir supprimé les représentations de *Lo-*

---

4. *Revue wagnérienne*, « À nos lecteurs », janvier 1887. Signé la direction.

hengrin alors que le gouvernement lui-même ne voulait pas prendre la décision de l'interdire tant il était vrai que le scandale était dans la rue et non pas dans le théâtre lui-même. La guerre est déclarée dans les colonnes mêmes de la revue entre les deux hommes et des alliances se créent : Lamoureux se lie avec Wilder, le traducteur. La revue forme tout de même un ensemble conséquent de textes (un millier de pages dans sa réimpression chez Slatkine en 1968).

LES ARTICLES DE LA REVUE

Dans sa thèse, *Wagnérisme et création en France, 1883-1889,* Cécile Leblanc-Guicharrousse écrit :

> La *Revue wagnérienne* contient des articles qui semblent s'orienter vers quatre thèmes privilégiés [...]. Certains décryptent et analysent pour le public français les textes théoriques de Wagner : ceux de Dujardin et de Catulle Mendès, mais aussi du journaliste Louis de Fourcaud et surtout des spécialistes Houston-Stewart Chamberlain et Teodor de Wyzewa. D'autres posent le problème de l'œuvre wagnériste, c'est-à-dire de l'œuvre écrite en appliquant les théories wagnériennes, et s'interrogent sur l'influence de Wagner en Europe. D'autres encore, proposent des résumés, paraphrases ou traductions des poèmes d'opéra par des auteurs aussi différents que Liszt et Huysmans par exemple, et vulgarisent la mythologie wagnérienne. Enfin, quelques articles, surtout de Dujardin et Chamberlain, réfléchissent aux problèmes de traduction des œuvres de Wagner, traduction littérale ou adaptée, et c'est même une querelle de traducteurs qui provoquera la fin de la revue[5].

La « culture » et l'actualité wagnériennes

On trouvait dans cette revue de nombreux renseignements sur la vie wagnérienne. La liste des concerts (en Europe et particulièrement à Paris), le sommaire de la revue de Bayreuth (Bayreuther Blaetter), des articles sur les œuvres wagnériennes. D'autre part, des comptes-rendus de conférences dans toute l'Europe permettaient de divulguer les idées de Wagner et les interprétations qu'on pouvait en faire en Europe. Une revue de presse avec des résumés et analyses des articles parus dans la presse française et étrangère élargissait, là encore, la réflexion sur la réception de Wagner dans le monde. Enfin, la revue propose une initiation aux

---

5. Cécile Leblanc-Guicharrousse, *Wagnérisme et création en France, 1883-1889, op. cit.,* p. 29.

philosophes allemands qui ont influencé l'œuvre de Wagner, en particulier Schopenhauer, sa théorie de la volonté et l'importance qu'il donne à la musique. La réflexion sur l'art total est au cœur des articles et la diffusion d'autres textes comme ceux de Diderot sur le même sujet.

De nombreux articles retracent l'histoire du compositeur et celle du festival de Bayreuth. Elle cite des passages de la correspondance de Wagner (juin 1886), et donne les références complètes des passages des *Œuvres en prose* et de la correspondance de Wagner sur la construction de Bayreuth et ses idées sur le théâtre (juillet 1886).

La connaissance des œuvres dramatiques *de Wagner*

La revue présente les opéras de Wagner. On y trouve des analyses musicales en particulier sur les différents leitmotive, des présentations des œuvres dramatiques. Citons par exemple ces articles importants :

– *Le Vaisseau Fantôme*, Catulle Mendès, Février 1886
– *Le Vaisseau Fantôme*, Wladimir Iznoskow, février 1886
– *Tannhäuser*, Franz Liszt, mai 1886
– Notes sur la *Goetterdaemmerung* par H. Chamberlain
– *Tristan et Iseult*, Fourcaud, juillet 1886
– *Tristan et Iseult* à Munich en 1865, novembre 1886
– *Origines mythiques de la Tétralogie*, A. Ernst, novembre 1886
– *Notes sur Tristan*, H. Chamberlain, février 1887
– *Souvenirs sur Lohengrin*, Nerval, 1849
– *Parsifal*, série d'articles de Charles et Pierre Bonnier, mars 1887, juin 1887
– *Lohengrin*, séries d'articles en 1887 pour préparer la représentation à l'Eden théâtre.

LES ŒUVRES EN PROSE *DE RICHARD WAGNER*

De nombreux articles de la *Revue wagnérienne* diffusent largement ce que les *wagnéristes* aimaient à appeler la *doctrine* wagnérienne. On peut penser raisonnablement que la *Revue wagnérienne* a réussi à atteindre ce premier but qu'elle s'était fixé de diffuser dans ses grands axes la pensée de Wagner. Nous n'avons relevé ici que les principaux articles :

Catulle Mendès	– *Notes sur la théorie et l'œuvre wagnérienne et les trois sortes de musique*	14 mars 1885

	— *Le jeune prix de Rome et le vieux wagnériste*	8 juin 1885
Dujardin	— *Les œuvres théoriques de Richard Wagner*	8 avril 1885 Trois parties : L'œuvre d'art idéale, le théâtre, le public
	— *Considérations sur l'art wagnérien*	15 août 1887 Important article de 35 pages
Émile Hennequin	— *L'esthétique de Wagner et la doctrine spencérienne*	8 novembre 1885
Teodor de Wyzewa	— *Beethoven* de Wagner	Trois articles du 8 mai 1885 au 8 juillet 1885
	— *La peinture wagnérienne*[6]	8 juillet 1885
	— *Le Pessimisme de Richard Wagner*	8 juillet 1885 (la volonté de Schopenhauer est transformée en « bien suprême » chez Wagner dans *Religion et Art*)
	— *Notes sur la littérature wagnérienne*	8 juin 1886
	— *Notes sur la peinture wagnérienne et le salon de 1886*	8 Mai 1886
	— *Notes sur la musique wagnérienne et les œuvres musicales françaises en 1885-1886*	8 juillet 1886 8 septembre 1886
	— *La religion de Richard Wagner et la religion du comte Léon Tolstoï*	8 oct. 1885
	— *Œuvres posthumes de Richard Wagner*	Résumé de la pensée de Wagner à propos de la publication en Allemagne de textes encore inédits

---

6. Dans cet article il définit ainsi le wagnérisme : « L'œuvre de Wagner, sous l'incomparable valeur d'une Révélation philosophique, a encore, pour nous, le sens, clair et précieux, d'une doctrine esthétique. Elle signifie l'alliance naturelle, nécessaire, des trois formes de l'Art, plastique, littéraire, musicale, dans la communion d'une même fin, unique : créer la vie, inciter les âmes à créer la vie. »

Hans de Wolzogen	*– Le Public Idéal, leçon faite à la Société muni- choise wagnérienne, le 12 février 1885*	8 avril 1885 Résumé de la confé- rence

Dans les textes marquants parus dans la revue, il faut citer celui de Mallarmé en 1885, *Richard Wagner, rêverie d'un poète français* (repris plus tard dans les *Divagations*) qui fit scandale autant par son caractère hermétique que par son contenu.

Les articles de Teodor de Wyzewa

Les trois articles de Teodor de Wyzewa ont été particulièrement im- portants car l'auteur tente de définir ce que peuvent être des formes d'art wagnériennes. Teodor de Wyzewa est une des figures littéraires que le jeune Suarès admirait le plus. En 1891 il écrit à Romain Rolland : « Je ne connais personne qui m'ait paru plus intelligent d'esprit que lui » et en janvier 1892 il défend Wyzewa auprès de son ami qui l'avait rencontré. Suarès lui demande de le décrire physiquement et veut connaître les dé- tails de leur entrevue. En octobre 1892, il s'inquiète de la parution des *Pèlerins* de Wyzewa au moment où il termine son propre projet sur le même sujet :

> J'allais te montrer mes *Pèlerins* ; tu m'annonces l'apparition de ceux de Wyzewa.
>
> [...]
>
> Ils vivent si c'est possible. Et la pièce, faite des péripéties de leur dou- leur, se termine par une symphonie. Dis-moi que Wyzewa n'a rien composé de semblable.

On sait par la lettre du 19 avril 1891 qu'il avait lu l'article de Wyzewa sur la peinture wagnérienne et qu'il avait pris des notes critiques :

> J'ai donc reçu des journaux, des revues [...]. Je pense à mes notes de critique : j'en ai sur la *peinture mélodique* qui sont de l'exposition inter- nationale de 1887 et les exhibitions indépendantes du même an[7] [...].

Wyzewa avait fait paraître plusieurs articles dans la *Revue wagnérienne* sur la peinture wagnérienne (8 juin 1885-8 mai 1886), la musique wagnérienne (8 juillet-8 septembre 1886) et sur la littérature wagnérienne (8 juin 1886).

---

7. *Cette Âme ardente, op. cit.*, p. 288. Lettre n°66 du 19 avril 1891.

Dans l'article de 1886 sur la peinture wagnérienne, il commence par rappeler l'intérêt du véritable wagnérisme qui est dans la fusion de tous les arts :

> Je croirais longtemps que le wagnérisme véritable n'est pas seulement à admirer les œuvres musicales de Richard Wagner ; que ses œuvres nous doivent émouvoir surtout comme les exemples d'une théorie artistique ; et que cette théorie – sans cesse éclairée par le maître en ses livres – appelle la fusion de toutes les formes de l'art dans une intention commune. [...] Ainsi les wagnéristes ne se bornent pas à la musique – à la musique hélas ! morte après Wagner – leurs curiosités : ils espèrent et recherchent les progrès de l'art wagnérien dans les œuvres des littérateurs, des poètes, des peintres.

Wyzewa met en évidence la différence entre les wagnériens et les wagnéristes. Ces derniers tendent bien à créer une nouvelle forme artistique en appliquant la théorie artistique wagnérienne. Le but de l'art selon Wagner, continue-t-il, est la création de la vie, « la vie totale de l'univers, c'est-à-dire de l'âme où se joue le drame varié que nous appelons l'univers ». Mais, « la peinture, la littérature, la musique, suggèrent seulement un mode de la vie. Or la vie est l'union intime de ces trois modes. » Ainsi, selon lui, chacun des artiste se rend compte des limites de la forme de son art et cherche à l'étendre :

> Les littérateurs, par exemple, aperçurent que les mots, en outre de leur signification notionnelle précise, avaient revêtu, pour l'oreille, des sonorités spéciales, et que les syllabes étaient devenues des notes musicales, et aussi les rythmes de la phrase. Alors ils tentèrent un genre nouveau, la poésie. Ils usèrent les mots non plus pour leur valeur notionnelle, mais comme des syllabes sonores, évoquant dans l'âme l'émotion, par le moyen d'alliances harmoniques.

Il fait ensuite la différence entre la peinture « sensationnelle et descriptive, recréant la vision exacte des objets » et la peinture « émotionnelle et musicale », prenant les objets « comme les signes d'émotions, les mariant de façon à produire en nous, par leur libre jeu, une impression totale comparable à celle d'une symphonie[8]. »

Au fond, Wyzewa se place dans la lignée de l'article de Baudelaire de 1861, *Richard Wagner et Tannhäuser à Paris* que nous avons précédemment cité en introduction[9] et qui reste une référence absolue pour tous les

---

8.   *Cf.* à ce propos le catalogue de l'exposition de 1983, *Wagner et la France*, Herscher, Martine Kahane, Nicole Wild.

9.   *Cf.* Introduction, « Richard Wagner et les écrivains français ».

wagnéristes avec le sonnet des *Correspondances*. Baudelaire lui-même s'était intéressé aux textes théoriques de Wagner et a fait beaucoup pour leur connaissance. À défaut d'avoir pu lire *L'Art et la Révolution* ou *L'Œuvre d'Art de l'Avenir*, il avait lu *Opéra et Drame* dans une traduction anglaise comme il le précise lui-même dans son article. Cette recherche des « analogies réciproques » entre les arts ne peut que séduire Suarès qui recherchait partout l'unité.

L'INFLUENCE DE LA REVUE WAGNÉRIENNE
SUR LA LITTÉRATURE – LE SYMBOLISME

> *« Au milieu de cette phrase vigoureuse, le parmesan*
> *jetait par moments un filet mince de flûte*
> *champêtre ; tandis que les bries y mettaient*
> *des douceurs fades de tambourins humides.*
> *Il y eut une reprise suffocante du livarot.*
> *Et cette symphonie se tint un moment*
> *sur une note aiguë du géromé anisé,*
> *prolongé en point d'orgue... »*

> Zola, *Le ventre de Paris*

Dans la description des odeurs fromagères du *Ventre de Paris*, Zola se moque d'un travers largement encouragé par la *Revue wagnérienne* : la mode est à la « littérature musicale ». René Ghil invente en 1891 « l'instrumentation verbale », les titres musicaux se multiplient : *Symphonies, Gammes* de Stuart Merrill, *Sonatines d'Automne* de Camille Mauclair, *Berceuse en Nord-Ouest mineur* de Tristan Corbière. Les pseudonymes wagnériens fleurissent. Adolphe Retté signe Harold Swann de Munt-Salvat et Léon Leclère n'hésite pas à se faire appeler Tristan Klingsor.

Le numéro de la *Revue wagnérienne* de janvier 1886 avait fait scandale avec la parution de huit sonnets en hommage à Richard Wagner de Ghil, Merrill, Morice, Viguier, Wyzewa, Dujardin, Verlaine (*Parsifal*) et Mallarmé (*Hommage*). En janvier 1887, une seconde série de textes avait été publiée de la même façon. Dujardin écrit une paraphrase du final de *La Walkyrie*, Teodor de Wyzewa essaie de traduire *Siegfried Idylle* en vers. La publication de ces textes correspondait à la volonté de Dujardin d'encourager les jeunes créateurs qui relevaient de ce qu'il appelait : la *rénovation* wagnérienne. Mais ces textes, comme le souligne André Cœuroy de façon très péremptoire, sont souvent « médiocres », « de peu d'intérêt » et totalement illisibles aujourd'hui. La *Revue wagnérienne* se termine sur un constat d'échec, et le sentiment que l'œuvre d'art de l'avenir est encore à inventer. Les auteurs « wagnériens » sont dans une impasse. On n'a retenu de ces publications que les deux seuls textes de Mallarmé et de Verlaine.

Le symbolisme et la Revue wagnérienne

En cette période parisienne, le symbolisme est marquant pour André Suarès avec la recherche exprimée de lier poésie et musique. C'est ainsi que Valéry résume ce mouvement :

> Ce qui fut baptisé : *le symbolisme* se résume très simplement dans l'intention commune à plusieurs familles de poètes (d'ailleurs enne-mies entre elles) de *reprendre à la musique leur bien*[10].

Cette dernière expression correspond à la définition de Mallarmé :

> Un art d'achever la transposition au livre de la symphonie ou uniment de reprendre notre bien.

Tous sont confrontés d'une façon ou d'une autre à cet enjeu de la littéra-ture. Yves-Alain Favre, dans *Musique du mot chez Suarès* : *Lais et Sô-nes*[11], résume ainsi l'influence de ces réflexions sur André Suarès :

> Gorgés de musique et notamment des puissantes et prestigieuses har-monies de Wagner, les jeunes poètes rêvèrent d'obtenir par le charme des sonorités du langage les mêmes effets que la musique produisait sur leur sensibilité. Suarès, entre autres, poursuivit le dessein de Mal-larmé, que Valéry nous présente en ces termes : « le problème de toute la vie de Mallarmé, l'objet de sa méditation perpétuelle, de ses recher-ches les plus subtiles était de rendre à la Poésie le même empire que la grande musique moderne lui avait enlevé[12]. »

Plus important donc que les essais poétiques qui parurent dans la re-vue et qui apparaissent aujourd'hui comme des curiosités et d'un intérêt littéraire anecdotique, il faut préciser que Dujardin considère que le sym-bolisme est issu directement du wagnérisme et qu'il développe cette idée largement. Il écrit dans ses *Souvenirs sur la Revue wagnérienne*[13] :

---

10. Paul Valéry, *Œuvres*, Paris, Gallimard, « Bibliothèque de la Pléiade », t. I, 1957, p. 1272.
11. « André Suarès et le symbolisme », *La Revue des Lettres modernes*, 1973, p. 183-200.
12. Nous reviendrons sur l'importance de Mallarmé pour le jeune Suarès dans la partie sur les projets poétiques.
13. 1923. *Cf.* Cœuroy, *op. cit.*, p. 269.

> Sa conception de l'art, sa philosophie, sa formule même étaient à l'origine du symbolisme. Il était impossible d'aller au fond du wagnérisme sans rencontrer le symbolisme, c'est-à-dire qu'il était impossible d'exposer la conception wagnérienne sans y reconnaître la doctrine ou tout au moins l'un des éléments primordiaux de la nouvelle doctrine poétique.

Cette idée est partagée par Lionel de la Laurencie qui écrit en 1905 dans *Le Goût musical en France* :

> La musique devient l'instrument le plus propre à explorer le mystère. Wagnérisme et symbolisme constituent l'expression de ce besoin. L'un ne pouvait s'étendre plus sans que l'autre eût pris position et leur cheminement parallèle s'impose à l'attention de tout historien des idées dans les dernières années du XIXe siècle[14].

À ce propos, Jean-Michel Nectoux dans *Mallarmé, peinture, musique, poésie*, écrit :

> Plus que la musique de Wagner, ce sont ses idées que les symbolistes admiraient, dans la mesure où elles confortaient leurs conceptions propres et semblaient formuler idéalement leurs idées : Wagner devint ainsi, par une série de dérives plus ou moins conscientes, le modèle sur lequel s'appuyer[15].

Cet aspect de la revue et son implication dans les questions littéraires du temps sont au cœur de la réflexion et de la formation du jeune Suarès. On ne saurait comprendre ses choix esthétiques sans les replacer dans ce contexte littéraire très particulier. Dujardin conclut lui-même sur la fin de la revue et son impact :

> Ainsi finit la *Revue wagnérienne*. Il ne m'appartient pas d'apprécier son œuvre. Deux faits pourtant semblent incontestables. Après beaucoup de tâtonnements et d'erreurs, elle a réussi, non pas à exposer méthodiquement en quoi consistait l'instauration wagnérienne, mais à jeter des lumières en tous sens ; à un moment où la plupart des wagnériens se satisfaisaient à en admirer la forme musicale, où les plus avancés n'y voyaient qu'une réforme de l'opéra, elle a montré quelle profonde nouveauté apportait cette conception schopenhauerienne de la musique, cette conception hellénistique de l'art.
>
> [...]

---

14. A. Cœuroy, *op. cit.*, p. 271.
15. Jean-Michel Nectoux, *Mallarmé, peinture, musique, poésie*, Biro, 1998, p. 177.

> Du point de vue purement français, son œuvre a été, dans le grand mouvement poétique de 1886, là encore, de jeter des lumières ; elle a été le trait d'union entre Schopenhauer et le symbolisme, elle a aidé les symbolistes de 1886 à prendre conscience de la profonde nécessité musicale qui s'imposait à eux.

La recherche de la musicalité, du lien entre les arts, la connaissance de la philosophie de Schopenhauer, la conception hellénique de l'art sont autant d'éléments que nous retrouverons plus loin dans les premiers essais littéraires de Suarès. D'autre part, il ne faut pas isoler la *Revue wagnérienne*. Dans son article « Symbolisme » de l'*Encyclopædia Universalis*, Pierre Citti rappelle combien cette époque fut d'une grande richesse pour la littérature d'avant-garde et que l'importance des revues était considérable. Il évoque en particulier « les textes toujours capitaux que Mallarmé publie dans la *Revue wagnérienne* ou la *Revue Indépendante*, recueillis pour beaucoup dans *Divagations* (1897) » :

> Il n'est pas le seul, et on théorise ferme, dans la *Revue wagnérienne* notamment. Soulignons l'importance que revêtent alors les réflexions sur le vers libre, sur les genres littéraires, ces controverses entretenues avec Anatole France, Brunetière et tant d'autres, qui culminent avec l'enquête menée par Jules Huret en 1891 sur *L'évolution littéraire*. Ajoutons à ces textes, et avec *Le Manifeste du symbolisme*, Charles Morice, *La littérature de tout à l'heure* (1888), le texte de Brunetière publié dans la *Revue des deux Mondes* en 1888 (« Symbolistes et Décadents »), et à partir de 1890, la collection du Mercure de France.

Romain Rolland et André Suarès étaient friands de ces revues. Ils se les échangeaient et s'en envoyaient régulièrement lorsqu'ils étaient séparés. Leur correspondance inédite en témoigne largement.

Autres références : Flaubert et Renan

Pour autant Suarès ne s'est jamais réclamé du symbolisme et a même souvent critiqué ce mouvement. Comme l'écrit Christian Liger, dans son article « Un symbolisme ambigu », « les grandes valeurs symbolistes sont incluses à un système plus large et non exclusif[16] » et Suarès est aussi très marqué par d'autres figures du temps. Nous ne citerons que Flaubert et Renan qui dominent ses années d'études. Flaubert est mort depuis cinq ans lorsque Suarès arrive à l'École normale mais sa figure domine encore

---

16. « André Suarès et le symbolisme », *La Revue des Lettres modernes*, 1973, p. 128-182.

la vie littéraire. Yves-Alain Favre présente volontiers le jeune Suarès comme un Frédéric Moreau tendant au nihilisme et dont les aspirations ne peuvent jamais être comblées. Le culte de l'art et de la beauté marque toute cette génération et c'est ce qui caractérise le plus Suarès. Il écrit à Romain Rolland :

> Il faut être artiste ou n'être pas. J'ai la conviction de mon néant. [...].
> Je viens de relire *Salammbô*. Je suis comme un extatique d'Assise devant Jésus. [...]. Je suis dans mon infini d'adoration et de joie désespérée et fou de la beauté[17].

Renan est l'autre figure majeure. À la fois savant et artiste, il est un modèle pour Suarès qui voit en lui un esprit complet[18]. En 1885, la majeure partie de son œuvre est publiée, *Les Origines du Christianisme, Souvenirs d'enfance et de jeunesse*, et plusieurs drames philosophiques. Claudel écrit cette phrase définitive à propos de cette période : « Renan régnait[19]. » Pour comprendre la portée de Renan dans cette période où le wagnérisme est si important, il suffit de relire ce passage de la préface de ses *Drames philosophiques* :

> La philosophie moderne aura sa dernière expression dans un drame, ou plutôt un opéra, car la musique et les illusions de la scène lyrique serviraient admirablement à continuer la pensée au moment où la parole ne suffit plus à l'exprimer. On arrive ainsi à concevoir dans une humanité aristocratique où les gens intelligents formeraient le public, un théâtre philosophique qui serait un des plus puissants véhicules de l'idée et l'agent le plus efficace de la haute culture.

De fait, Renan, dans ses *Drames philosophiques,* donne vie à ses idées en les incarnant dans des personnages symboliques comme dans *Le Prêtre de Niémi* où il évoque l'antinomie entre l'esprit qui cherche à épurer les croyances et la masse attachée à ses traditions[20]. Cette idée de la complémentarité des arts et des moyens d'expression est au cœur de la pensée wagnérienne et de sa création ainsi que la volonté de créer un théâtre philosophique. Les deux hommes se rejoignent ici dans l'esprit de Suarès qui, tel Léonard, se rêve artiste absolu, créateur complet.

L'importance de ces deux auteurs montre que ces années de formation se nourrissent d'influences diverses, et comment le jeune écrivain en retire des éléments essentiels à sa création sans jamais se limiter à un

---

17. Lettre inédite du 13 septembre 1887.
18. Il incarne aussi pour lui la synthèse entre l'esprit positiviste et la sensibilité.
19. Paul Claudel, *Œuvres en prose*, Paris, Gallimard, « Bibliothèque de la Pléiade », 1965, p. 1009.
20. *Cf.* l'article « Renan » de Jean Gaulmier dans l'*Encyclopædia Universalis*, 2000.

courant particulier de la littérature. C'est ainsi qu'il est wagnérien, musi-
calement bien sûr, mais il est aussi plongé dans les grands mouvements
de pensée et de réflexion qu'il découvre durant ses études parisiennes et
son wagnérisme est aussi littéraire que musical.

L'IMPORTANCE DES LIVRETS ET DES TEXTES EN PROSE

> « *La soirée fut close par quelques passages
> du* Lohengrin, *de Wagner, nouvellement édité
> en France et auquel Saint-Saëns nous initia :
> car, sauf quelques rares auditions aux Concerts
> Populaires, nous ne connaissions le puissant maître
> que littérairement, d'après les impressionnants
> articles de Charles Baudelaire*[21]. »

Villiers de L'Isle-Adam, *Augusta Holmès*[22]

Si la pensée de Wagner a influencé la littérature, il faut aussi préciser
que la connaissance même de Wagner s'est faite d'abord par la littérature et
non par la musique. Villiers de L'Isle-Adam le rappelle dans cette citation
de *Chez les Passants* et insiste sur l'importance des articles de Baudelaire
pour la connaissance du compositeur. Dans *Augusta Holmès*, dont est extrait ce passage, paru en 1890, il explique comment il fait le voyage jusqu'à
Munich pour écouter la musique de Wagner. Encore n'entendra-t-il que le
seul *Rheingold* sur l'ensemble de la *Tétralogie*. Dans la *Revue wagnérienne*, en novembre 1886, Edmond Evenepoel, faisant un compte-rendu de
la connaissance de Wagner en Belgique, écrit dans le même esprit :

> Nous avons connu le nom de Richard Wagner par des morceaux litté-
> raires longtemps avant d'avoir pu apprécier le musicien dans ses créa-
> tions lyriques.

Sa musique était rarement jouée, pas toujours avec grand bonheur et,
particulièrement en France, les questions politiques intervenaient beaucoup plus dans le choix d'interpréter une œuvre que les seules questions
esthétiques. Ceux qui lisaient les partitions avaient une idée de sa musique, les autres connaissaient surtout les livrets accessibles en traduction.

Léon Daudet témoigne de l'importance des livrets dans *La Douleur* :

---

21.   F. Clerget, Villiers « (Villiers de L'Isle-Adam) était un bon pianiste, un bon chan-
      teur qui jouait *Tannhäuser* et chantait *Lohengrin*. »
22.   Villiers de L'Isle-Adam, *Chez les Passants*, Paris, L'Art Indépendant, 1890.

La mystique embrumée, incertaine, le goût de la genèse, les horizons ethniques, les sentiments excessifs et soudains, quasi miraculeux, qui caractérisent les drames de Wagner, parurent à la fatigue de la jeunesse française comme une promesse de délivrance. Nous étudiions ses personnages avec une ardeur intense, comme si Wotan eût enfermé l'énigme du monde, comme si Hans Sachs eût été le révélateur de l'art libre, naturel et spontané. J'en souris aujourd'hui, c'est bête comme chou d'avouer cela, mais nous admirions surtout ses livrets[23].

D'autre part les *Œuvres en prose* de Wagner étaient aussi importantes dans la constitution du wagnérisme que les livrets de ses drames lyriques.

Il faut citer ici Romain Rolland qui va encore plus loin dans l'importance donnée aux textes. Il explique dans la préface de son *Berlioz* combien les textes théoriques de Wagner ont été importants pour sa compréhension de la musique. Plus étonnant, il leur donne la première place. Pour lui, les ouvrages théoriques sont la clef de l'œuvre de Wagner. Ils permettent de la comprendre en profondeur et de l'aimer véritablement. La pensée wagnérienne est aussi puissante que sa musique, les textes en prose en donnent la réelle dimension :

Mettez en regard de Berlioz Wagner, remué par des passions terribles, mais toujours maître de lui, gardant sa puissante raison à travers les orages de son cœur et du monde, à travers les tourments de l'amour et les révolutions politiques, profitant pour son art de toutes les expériences et des égarements mêmes de sa vie, commençant par écrire la théorie de son œuvre, avant d'accomplir l'œuvre, et ne s'y lançant que lorsqu'il est sûr de ses pas, et qu'il voit clair devant lui. Et pensez à tout ce que la gloire de Wagner a dû à l'impérieux prestige de cette raison, exprimant sa volonté dans ses œuvres théoriques. C'est par ces œuvres que le roi de Bavière fut fasciné avant de connaître la musique de Wagner. Elles ont été pour bien d'autres, la clef de cette musique. Je me souviens d'avoir subi moi-même la domination de la pensée wagnérienne, quand l'art wagnérien me restait encore à demi obscur. Et lorsqu'il m'arrivait de ne pas bien comprendre une œuvre, ma confiance n'en était pas ébranlée. J'étais sûr qu'un génie dont la pensée souveraine m'avait convaincu ne pouvait se tromper, et que si sa musique m'échappait, c'était moi qui avais tort. Wagner a été véritablement son meilleur ami à lui-même, son plus solide champion, le guide qui vous conduit par la main au travers de la forêt touffue de son œuvre barbare et raffinée[24].

---

23. Cité par André Cœuroy, *op. cit.*, p. 274.
24. Romain Rolland, *Sur Berlioz*, Bruxelles, Éditions Complexe, 2003.

Plusieurs éléments sont fondamentaux à retenir dans ce texte. D'abord Wagner est un théoricien. Il a mis en forme sa pensée avant d'écrire sa musique qui est une application de sa théorie[25]. La connaissance de Wagner va tout à fait dans le sens opposé de ce que nous connaissons aujourd'hui. Louis II fut d'abord fasciné par sa volonté qui s'exprime dans ses œuvres en prose avant même de connaître sa musique et, de la même façon, Romain Rolland dit avoir d'abord connu la théorie wagnérienne et ensuite seulement découvert l'art wagnérien. Enfin, la pensée de Wagner est la clef de son art.

Ces idées paraissent tout à fait originales aujourd'hui. Elles sont révélatrices du caractère très particulier du rapport à Wagner dans les années qui suivent sa mort et qui voient la parution de la *Revue wagnérienne*. Il s'agit d'un wagnérisme qu'on pourrait qualifier d'intellectuel, qui se nourrit avant tout d'une réflexion sur l'art. Il en existe un autre plutôt émotionnel qui se déclenche par l'audition de la musique et l'émotion qu'elle suscite.

L'opposition entre les deux aspects n'est pas à prendre au pied de la lettre : Romain Rolland n'aurait pas été intéressé par Wagner s'il n'avait pas aussi ressenti une certaine émotion en écoutant sa musique. Mais cette émotion est toujours en deçà de son intérêt pour la pensée de Wagner et le caractère littéraire de l'ensemble de son œuvre. Après une écoute de *La Walkyrie,* il écrit :

> Chose curieuse, le plus grand plaisir que je ressens à ces représentations est intellectuel (je ne pense pas pour cela que Wagner m'en voudrait). Je suis pénétré directement, sans y réfléchir, par la grandeur de pensée du sujet : sa portée universelle, la puissance des caractères, l'invention dramatique, en un mot, toute la partie littéraire et philosophique. Pour la musique, je la trouve très belle ; mais elle n'a rien d'inattendu pour moi ; j'en connais à peu près chaque note et je n'ai à aucun moment ressenti une impression violente qui m'arrache à moi-même[26].

Ces remarques redonnent une importance très forte à la théorie wagnérienne pour cette jeune génération. Elles rendent justice au but que Dujardin s'était fixé avec sa revue. Celle-ci impose définitivement l'image

---

25. Ce n'est pas le lieu de discuter cette idée. Wagner lui-même l'a contestée. L'important est que Romain Rolland ait cette image du compositeur et lui donne une telle importance. Nous verrons dans la partie consacrée à son *Wagner* que Suarès n'était pas d'accord avec Rolland. Pour Suarès, la théorie telle que la présente Wagner lui sert à mieux comprendre sa création et à l'expliquer aux autres. Aucune œuvre ne peut naître d'une théorie. Elle est l'émanation d'une vie intérieure, d'une nécessité personnelle, la théorie ne peut venir que dans un second temps. Suarès s'appliquera à contredire Romain Rolland et démontrer sa conception des choses.

26. À propos du voyage à Bayreuth de Romain Rolland du 8 au 13 Août 1896, *cf.* André Cœuroy, *Wagner et l'esprit romantique, op. cit.*, p. 318, (citation de son journal).

d'un Wagner penseur, théoricien de l'art et de la musique. Il n'est plus seulement dans la musique mais surtout dans les textes, livrets et théories artistiques. Maxime Leroy l'écrit dans *Les premiers amis de Wagner*[27] :

> Wagner, presque divinisé, est devenu un thème plus littéraire que musical, plus philosophique que littéraire. Sous l'action de ces nouveaux admirateurs, la musique a disparu presque complètement sous la glose sociale ou le commentaire philosophique[28].

André Suarès se situe dans la même perspective que son ami Romain Rolland lorsqu'il écrit dans son *Wagner* :

> J'aimais l'homme avant la doctrine, et j'admirais sa doctrine avant de céder à l'admiration de ses œuvres. Ainsi, sans le savoir, je fus pour lui ce qu'il avait été pour lui-même, et le contraire de ceux qui l'idolâtrent maintenant et qui ne diffèrent en rien, par l'âme, de ceux qui longtemps le désespérèrent[29].

Il est temps à présent de préciser cette pensée wagnérienne de l'art qui va tant influencer toute une génération et orienter tout un pan de la création suarésienne.

B. La théorie wagnérienne de l'art

Richard Wagner a rédigé une somme importante d'écrits théoriques sur l'art qui parurent tout au long de sa vie. Ses œuvres en prose ont été regroupées et publiées sous le titre de *Gesammelte Schriften* entre 1871 et 1888 pour la première édition, puis une seconde parut entre 1887 et 1888 avec une pagination différente. Cette dernière comportait dix volumes. Une édition française parut entre 1907 et 1925 chez Delagrave en 13 volumes. Certains opuscules furent traduits avant cette édition complète. Ajoutons que Wagner avait résumé sa pensée dans un texte paru en français dès 1860 : *Lettre sur la musique*[30].

La *Revue wagnérienne* a largement présenté ses écrits et de nombreuses publications ont été publiées sur lui. On sait par la thèse de Thomas Doherty que Suarès possédait une collection importante de livres sur la musique dont la moitié était consacrée au compositeur. Il avait en parti-

---

27. Maxime Leroy, *Les premiers amis de Wagner*, Albin Michel, 1925.
28. *Ibid.*, p. 87.
29. *Wagner*, Paris, *Revue d'art dramatique*, 1899, p. 6.
30. *Quatre poèmes d'opéras* traduits en langue française, précédés d'une lettre sur la musique, par Richard Wagner. – *Le Vaisseau Fantôme*, – *Tannhäuser*, – *Lohengrin*, *Tristan et Iseult*. Paris, A. Bourdilliat et Cie, 1861. In-3°.

culier un exemplaire du *Beethoven* de Wagner. Il connaissait aussi sa correspondance. En 1890, il parle à Romain Rolland des lettres de Wagner à Uhlig. Il possédait également le *Wagner* d'Adolphe Jullien qui date de 1886, orné de lithographies de Fantin-Latour. La troisième partie de son *Wagner* de 1899 est consacrée à la théorie wagnérienne. Il cite les principales œuvres en prose de Wagner, *L'Art et la Révolution*, *L'Œuvre d'Art de l'Avenir*, *Opéra et Drame*, *Une communication à mes amis*, *Lettre à Villot sur la musique*, *Beethoven*, *Religion et Art* . Les références qu'il donne sont en allemand. Il cite également l'autobiographie de Wagner (*Ma Vie*) dans ses *Carnets*. D'autre part, les livrets ont été très rapidement traduits. André Suarès avait donc une très bonne connaissance des textes en prose.

Afin de mieux comprendre la place des théories wagnériennes sur l'art dans les projets de jeunesse que nous présenterons plus loin, il est important de nous arrêter un moment sur les grandes lignes de cette pensée.

LES ÉCRITS « RÉVOLUTIONNAIRES »

Richard Wagner écrivit une série de textes dans un temps très court (un an et demi) alors qu'il était en exil après son implication dans les événements révolutionnaires de Dresde en 1849. On lui reprochait alors ses amitiés avec Bakounine et Rœckel. Recherché par la police, il s'était réfugié à Zurich. Il s'agit principalement de deux grands ensembles : *L'Œuvre d'Art de l'Avenir* et *Opéra et Drame* . Il faut y ajouter deux autres textes : *L'Art et la Révolution* et *Une communication à mes amis*. Ces textes présentent les idées principales de Wagner sur l'art. Ils sont d'une grande unité et peuvent servir de base à une présentation synthétique de sa pensée[31].

Pour les comprendre pleinement, il faudrait d'abord les replacer dans leur contexte artistique (Wagner a en projet un « drame » qui est à l'origine de la *Tétralogie* : *La mort de Siegfried*), personnel (ce sont les écrits d'un artiste exilé qui fait le point sur son rapport à la société) et politique (il exprime clairement ses opinions sur les mouvements révolutionnaires européens). De nombreux enjeux sont au cœur de ces textes. D'autre part, l'exercice qui consiste à vouloir résumer la pensée d'un auteur, d'un artiste, est plus que périlleux. On peut cependant repérer les

---

31. Jean-Jacques Nattiez les rapproche et les étudie ensemble « comme un tout dans lequel s'insèrent des écrits plus courts mais non moins importants, *Art et Climat*, et surtout *Le Judaïsme dans la musique* . » Cf. *Wagner androgyne* , Christian Bourgeois, 1990, p. 34 *sq.*

éléments principaux de sa réflexion et de son esthétique retenus par les wagnériens du temps.

Dans tous ces textes, Wagner réagit contre les conventions du temps : artistiques bien sûr, mais pas uniquement, sociales et religieuses aussi. Il décrit une civilisation corrompue, gouvernée par les intérêts économiques et la futilité de la mode, une société sclérosée par les traditions et les habitudes. Il y oppose la nature, l'instinct, la création et la liberté. C'est la réaction d'un artiste qui cherche à se libérer des contraintes esthétiques, d'un révolutionnaire qui espère en l'émergence d'un grand mouvement social. Mais sa pensée s'élargit et dépasse ce cadre historique et personnel dans lequel il se trouve. Plus largement, il développe sa conception du monde nourrie par ses lectures de philosophes comme Feuerbach. Il oppose deux notions : une « nécessité naturelle » (Unwillkür) et l'« arbitraire », le conventionnel (Willkürlich). L'univers se développe selon un « besoin » (Bedürnfnisz), raison d'être de tout changement, de toute action. Le monde n'a pas été créé par la volonté d'un Dieu mais il est le résultat de cette « nécessité d'être ». Il se réalise selon ce besoin, il tend vers son accomplissement. L'homme suit ce mouvement comme la création entière mais sa différence vient de ce qu'il en est conscient. L'homme prend conscience de lui-même, de la nature, de l'univers, et, par lui, la nature devient « consciente d'elle-même ». Il n'y a rien au-dessus de l'homme. Les religions, de la même façon que les mythes, présentent une image de l'homme idéalisée. Dieu, c'est l'image idéalisée de l'homme qui a atteint la conscience suprême. Wagner, dans ces « écrits de Zurich », glorifie la nature, la vie, l'amour. Il annonce une révolution universelle (très éloignée au fond des événements de Dresde de 1849) qui préfigure une nouvelle ère pour l'humanité, libre, heureuse. Il est proche alors du paganisme antique (tel qu'il est perçu dans la perspective romantique) qui présente une image de l'homme « beau, fort et libre » en harmonie avec la nature et qui a trouvé un équilibre miraculeux entre la nature et la civilisation.

À l'opposé de cette conception, la religion chrétienne a créé un clivage entre l'homme et la nature. Elle présente la terre comme le royaume du mal et la mort comme l'annonce d'une vie nouvelle et heureuse. Wagner est très virulent dans ses propos contre la religion chrétienne. Pour lui, l'homme tend à réaliser son humanité sur la terre dans le sens le plus haut du terme, il est mû par la « nécessité » (Not). Contre une vision manichéenne des forces qui gouvernent le monde, il refuse d'opposer les deux instincts, l'altruisme et l'égoïsme comparés généralement au bien et au mal. L'homme doit trouver sa place, se réaliser selon ce qu'il est au plus profond de lui-même. Il tend à la fois à réaliser sa propre nature et à trouver sa place parmi les autres. Il est alors à la fois égoïste (par la réalisation de soi) et altruiste (par la place qu'il trouve parmi les autres). Pour Wagner, il n'y a pas de réalisation de soi sans l'amour des autres. On ne trouve pas sa place dans la société sans réaliser une complémentarité qui dépasse la notion d'égoïsme. Le péché (ou le mal) est ailleurs, il est dans « l'absence d'amour » (Lieblosigkeit).

La véritable révolution est donc la réaction de la « nécessité » contre l'« arbitraire » de la société. Elle annonce un monde meilleur dans lequel l'homme agirait selon sa « nécessité naturelle », librement, vivrait par amour, en harmonie avec soi-même et les autres, dans une nature libérée des valeurs fallacieuses et aliénantes du monde moderne. Alors seulement, l'homme serait capable de créer véritablement, et de reconnaître l'Art véritable.

Le véritable Art naîtrait donc d'une humanité qui aurait su se libérer. On le voit, la définition de l'Art chez Wagner obéit à un certain nombre de présupposés philosophiques, religieux, politiques très importants et très largement développés par le compositeur lui-même.

Dans ces textes donc, ces éléments de principe étant énoncés, Wagner développe sa pensée sur l'art de façon historique. Pour simplifier, elle peut se résumer à trois moments principaux que nous présentons rapidement avant de les reprendre plus en détail.

Ce moment que Wagner appelle de ses vœux, auquel l'humanité aspire et que la *Révolution véritable* annonce, a déjà existé. C'est le temps d'Eschyle, de Sophocle, de la Tragédie grecque. L'homme vivait en harmonie avec la nature, les arts étaient unis dans une forme supérieure : la Tragédie. Danse, chant, musique, poésie étaient liés, de même que la religion, la politique étaient unies. C'est aussi le temps du mythe, d'une pensée qui saisit les choses dans leur globalité. Il désigne cette forme d'art réunissant tous les arts et dont la dernière manifestation est la Tragédie antique par le terme *Drame*. C'est un élément de vocabulaire très important qu'il faut garder à l'esprit au risque de mal comprendre les textes de Wagner. Le drame pour Wagner, désigne cette forme synthétique de l'art. L'art, lui-même, n'étant véritablement que lorsqu'il mêle toutes les formes que nous connaissons aujourd'hui. C'est un point particulièrement important car Suarès utilise le terme de drame dans le même sens.

Vient ensuite le temps de la désagrégation avec la chute de l'État athénien. L'Art, dans sa plénitude, va se séparer en plusieurs formes indépendantes : musique, poésie, danse, sculpture, peinture… Après le temps de l'amour, arrive celui de l'égoïsme. Il correspond à l'avènement de la pensée rationnelle qui perçoit la réalité dans ses parties, non plus dans un mouvement de synthèse mais au contraire d'analyse. Cette décadence est due à l'arrivée des Romains puis du Christianisme.

Le retour à l'unité perdue, dont la civilisation grecque est la dernière manifestation, est l'espoir le plus profond de Wagner. Cette unité se retrouve ponctuellement dans les œuvres des grands génies qui ont retrouvé personnellement, intérieurement, cet état de grâce. C'est le cas de Beethoven ou de Shakespeare. Ce retour pourra se faire grâce à la Révolution[32]. L'aspect politique n'est que l'expression extérieure d'un grand mouvement intérieur, d'un besoin exprimé collectivement. La véritable révolution est intérieure et artistique. La révolution sociale n'en est que l'expression extérieure. L'œuvre d'art envisagée par Wagner est à considérer dans cette perspective. Elle est une tentative de retrouver cette unité. Il annonce la reconquête de cette unité perdue.

Il faut préciser que cette pensée sera reprise dans d'autres textes ultérieurement et qu'elle évoluera. Ce résumé rapide permet de présenter les grandes lignes et articulations de sa pensée mais son caractère ramassé en donne aussi une image incomplète et un peu schématique. Notre perspective est d'éclaircir certains aspects des textes du jeune Suarès, pas d'entrer dans la complexité de la pensée de Wagner et son évolution. Il faut aussi penser que Suarès lui-même ne devait en connaître que ces grands mouvements.

LE TEMPS DE L'UNITÉ

Wagner présente l'histoire comme un immense mouvement qui mène de l'union à la désunion, de l'unité au morcellement. La notion de progrès[33] est à l'opposé de sa pensée. Au contraire l'évolution technique va de pair avec une décadence de l'humanité, intérieure, créatrice. Ainsi, les temps préhistoriques sont pour lui des moments d'une extrême richesse. Il écrit dans *Une communication à mes amis*[34] :

---

32. Ces textes sont à lire dans le contexte historique de la révolution de Dresde.
33. Pour autant, il ne le rejette pas complètement et attend de lui une libération matérielle de l'homme. La machine pourra travailler à la place de l'homme et le laisser plus libre de créer en le débarrassant des tâches matérielles.
34. Richard Wagner, *Une communication à mes amis*, Paris, Mercure de France, 1976, p. 44.

Ces époques dites préhistoriques sont en vérité celles où sont nés le langage, le mythe et l'art, on ne connaissait pas alors ce que nous appelons le génie : personne n'était un génie parce que tout le monde l'était. C'est seulement dans des temps comme les nôtres que nous croyons devoir parler de génie pour désigner une force artistique qui se dérobe à l'emprise de l'État et du dogme dominant et se refuse à contribuer paresseusement à l'entretien de ruines des vieilles formes artistiques, préférant ouvrir de nouvelles directions qu'elle anime en puisant dans son propre fonds.

Mais le temps de l'unité auquel il se réfère, c'est celui des Grecs car l'évolution de l'art commence chez eux :

Notre art moderne n'est qu'une maille dans la chaîne de l'évolution artistique de toute l'Europe, et cette évolution commence chez les Grecs[35].

Loin d'être un divertissement comme dans le monde moderne, le drame grec présente au peuple les grands mythes, nés eux-mêmes de l'imagination populaire. Il est aussi une œuvre religieuse :

Un jour de tragédie était une fête divine, car le dieu s'y exprimait clairement, et distinctement ; le poète était son grand Prêtre qui s'incorporait réellement à son œuvre, conduisait le cortège des danseurs, grossissait la voix en un chœur et en paroles sonores, proclamait les sentences du savoir divin[36].

De plus, le théâtre était gratuit et permettait le lien social. En ce sens il est « communiste[37] » c'est-à-dire qu'il permet une union du peuple assemblé :

Ce peuple, affluant de l'assemblée de l'État, du tribunal, de la campagne, des vaisseaux, des camps, des contrées les plus lointaines, venait remplir, au nombre de trente mille, un amphithéâtre, pour voir représenter la plus profonde de toutes les tragédies, le *Prométhée* ; pour se ressaisir devant l'œuvre d'art la plus puissante, pour comprendre sa propre activité, pour se fondre dans l'unité la plus intime avec son essence, son sentiment de solidarité, son dieu, et redevenir ainsi, dans le calme le plus noble et le plus profond, ce qu'il avait été peu d'heures

---

35. Richard Wagner, *L'Art et la Révolution*, trad. J. G. Prod'Homme, Delagrave, 1928, p. 10.
36. *Ibid.*, p. 12.
37. Après le terme de « Drame », celui de « communisme » est aussi très important. Le communisme chez Wagner n'est pas à comprendre dans le sens politique habituel. Il s'agit du dépassement de l'égoïsme vers l'altruisme. Ainsi, dans cet extrait, Wagner oppose l'individualisme à l'union, la solidarité.

auparavant dans l'agitation la plus infatigable et l'individualisme le plus marqué[38].

Enfin, la tragédie grecque est l'œuvre artistique suprême en ce qu'elle réunit en elle les trois arts : musique, poésie et danse. Cette fusion des arts correspond à l'accord entre les hommes, elle en est la manifestation artistique. Comme eux, ils sont liés par l'amour et sont l'expression de l'Art dans son intégrité. Wagner détaille cette relation dans un passage célèbre de *L'Œuvre d'Art de l'Avenir*[39] :

> *Danse, Musique,* et *Poésie,* voilà les trois sœurs éternelles, que nous allons voir danser la ronde, lorsque les conditions d'apparitions se furent présentées. Par leur nature, elles ne peuvent être séparées sans détruire le cercle de l'Art. [...]
> Si nous considérons cette ronde charmante des muses les plus vraies, les plus nobles de l'homme artiste, nous les voyons d'abord toutes les trois, se tenant tendrement enlacées, leurs bras s'enroulant autour de leur cou ; puis, tantôt l'une, tantôt l'autre, seule, comme pour montrer aux autres la beauté de son corps en pleine liberté, se détachant de cet embrassement, ne touche plus les mains des autres que du bout des doigts ; tantôt celle-ci charme sa vue du couple de ses deux sœurs enlacées, qui s'incline devant elle ; tantôt les deux [autres], ravies du charme de la troisième, la saluent et lui rendent hommage – pour s'unir enfin toutes, enlacées, serrées, sein contre sein, membre à membre, dans un ardent baiser d'amour, en une seule forme de vie voluptueuse[40] !

Ainsi, le drame grec s'adresse à l'homme tout entier. Le texte poétique à son intelligence, la musique à son émotion, la danse au corps. Wagner développe cette idée dans la seconde partie de *L'Œuvre d'Art de l'Avenir* : « L'homme artiste et l'art qui en dérive immédiatement » : la vue est le domaine du geste, du mime ; le regard de l'acteur se donne à celui du spectateur et peut exprimer « l'homme intérieur » ; l'ouïe capte le son, « l'expression immédiate du sentiment tel qu'il réside physiquement dans le cœur ». Le langage est l'« organe du sentiment particulier qui comprend et qui cherche à se faire comprendre, [l'organe] de l'intelligence ». Là où le domaine expressif de l'un s'arrête, commence le domaine de l'autre. Les arts ont des domaines particuliers d'expression. En les mêlant, l'œuvre atteint l'expression la plus complète :

---

38. Richard Wagner, *L'Art et la Révolution, op. cit.*, p. 13.
39. Richard Wagner, *L'Œuvre d'Art de l'Avenir,* trad. J. G. Prod'Homme, Delagrave, 1928, p. 98.
40. *Ibid.*

> Danse, musique et poésie séparément, sont bornées chacune à elle-même alors que l'art devient illimité lorsqu'elles sont unies : en se heurtant à ses limites, chacune d'elles se sent esclave si [...] elle ne tend pas la main à l'autre genre d'art correspondant, avec un amour absolument reconnaissant.

De la même façon que les arts sont liés, les facultés de l'homme sont réunies en lui et se complètent :

> Chacune des facultés de l'homme est limitée ; mais ses facultés réunies, d'accord entre elles, s'entraident, – en d'autres termes, ses facultés *s'aimant* mutuellement constituent la faculté universellement humaine illimitée, qui se suffit à elle-même. Ainsi, toute faculté *artistique* de l'homme a ses bornes naturelles parce que l'homme n'a pas [seulement] *un sens,* mais *des sens* en général ; or, chaque faculté ne dérive que d'un certain sens ; dans les limites de ce sens, cette faculté a par conséquent aussi ses limites. Les limites des sens spéciaux sont aussi leurs points de contact entre eux, les points où ils se confondent, se comprennent ; de même, se touchent, se comprennent, les facultés dérivées *d'elles* [...].

Cette forme d'art est l'expression d'un individu s'exprimant librement aussi bien par la danse (l'expression du corps, la vue), la musique (expression des sentiments) que le langage (avec une dimension plus abstraite et intellectuelle) :

> L'homme doit se trouver entier et parfait ; et c'est l'homme intelligent – non pas isolé, – mais uni à l'homme de sentiment et à l'homme physique par l'amour le plus grand, le plus intense[41].

On comprend alors la définition de l'œuvre d'art de l'avenir pour Wagner : l'art est l'expression d'un homme libéré des contraintes et des conventions du monde moderne, il ne peut se concevoir que dans la liberté :

> [Il est] la liberté la plus haute et il n'y a que la liberté la plus haute qui puisse d'elle-même le manifester, il n'y a aucune autorité, aucun pouvoir, en un mot aucune fin extra-artistique qui puisse le créer[42].

Il manifeste la participation joyeuse au monde et l'harmonie avec la nature :

> L'Art est la plus haute activité de l'homme, bien développé physiquement, en harmonie avec soi-même et avec la nature ; l'homme doit éprouver à l'endroit du monde physique la joie la plus haute, s'il veut

---

41. *Ibid.*
42. Richard Wagner, *L'Art et la Révolution, op. cit.*, p. 13.

en tirer l'instrument artistique ; car il ne peut tirer que du monde physique la volonté de faire œuvre d'art.

Il est aussi le lien entre l'artiste et la société : « L'Art est la joie pour soi, pour la vie, pour la collectivité[43]. »

Il exprime l'union de la société. En ce sens, l'Art grec n'est pas un art révolutionnaire mais conservateur : il ne remet pas en cause l'ordre social, contrairement à l'art annoncé par Wagner qui doit être révolutionnaire puisqu'il doit renverser l'ordre établi.

Cette période d'harmonie ne dure pas et Wagner nous en décrit la chute.

L'UNITÉ PERDUE

Cette période de « communisme » se termine en même temps que l'état athénien. Alors, l'Art va se disperser en ses différentes composantes :

> En même temps que la dissolution de l'État athénien, se produisit la décadence de la Tragédie. De même que l'âme collective se dispersa en mille directions égoïstes, les différents éléments artistiques qui la constituaient morcelèrent la grande œuvre d'art commune de la Tragédie[44]. [...] Avec la décadence ultérieure de la tragédie, l'Art perdit de plus en plus son caractère d'expression de la conscience publique : le drame se résolut en ses parties intégrantes : rhétorique, sculpture, peinture, musique, etc... abandonnèrent la ronde où elles avaient dansé à l'unisson, pour suivre désormais chacune son chemin et continuer à se perfectionner par soi-même, mais isolément, égoïstement.

Cela s'explique par deux éléments principalement.

Le premier est le mouvement naturel de l'histoire de l'humanité. L'homme, dans un premier temps, participe de la nature, est en communion avec elle. C'est le moment où il crée les mythes et le langage. Les Grecs étaient encore assez près de cet instant là. Puis, l'homme observe la nature comme un objet extérieur à lui. La réflexion et l'analyse remplacent alors l'intuition. La mythologie est remplacée par l'histoire, la religion par la théologie, la poésie par la science.

Le second est l'influence néfaste du Christianisme. Wagner rend les Romains puis le Christianisme responsables de ce nouvel ordre des choses. Les premiers remplacent la belle fête artistique des Grecs par les jeux

---

43. *Ibid.*, p. 17.
44. *Ibid.*, p. 15.

du cirque[45]. Le Christianisme impose le dégoût de la vie. Wagner le critique avec une très grande violence :

> [Le Christianisme] justifie une existence terne, inutile, lamentable de l'homme sur la terre, pour le merveilleux amour d'un Dieu qui n'a nullement créé l'homme – ainsi que les beaux Grecs le croyaient par erreur – pour [passer] sur la terre une existence joyeuse, consciente de soi, mais l'a jeté ici-bas dans un cachot répugnant[46].

Ainsi, l'amour fait-t-il place à l'égoïsme, la Tragédie à la Comédie, l'Art se disperse en différentes formes qui ne s'adressent plus qu'à un seul aspect de l'individu. Les formes que nous connaissons aujourd'hui sont les membres dispersés du grand corps de l'Art complet. La religion n'est plus celle d'Apollon mais de Mercure, on adore « le Dieu de l'industrie » et du « 5% ». La véritable nature de l'Art est alors « l'industrie, son but moral la conquête de l'argent, son prétexte esthétique, la distraction des ennuyés[47]. » L'art devient un métier[48], la nature est remplacée par la mode[49].

Le véritable drame n'existe plus, il s'est divisé en deux genres principaux : le drame théâtral et l'opéra. Pour Wagner, l'opéra n'est pas le retour ou la survivance du Drame, c'est l'image la plus affligeante du désordre dans lequel se trouve l'Art aujourd'hui. C'est un mélange sans intérêt et stérile.

LE RETOUR À L'UNITÉ

Après avoir présenté sa vision historique de l'Art (il retrace en détail l'histoire de chaque forme artistique dans *L'Œuvre d'Art de l'Avenir* et *Opéra et Drame*) il s'interroge sur la façon de retrouver l'Art dans son unité originelle, et sur la forme de cet Art qui correspondrait au Drame de l'antiquité.

Il faudrait plusieurs éléments pour retrouver l'Art véritable. D'abord créer les conditions sociales de la naissance de cette nouvelle forme d'art grâce à la révolution, car l'œuvre de l'avenir ne peut être la création d'un homme isolé, mais celle d'un peuple :

> Nous voulons nous libérer du joug déshonorant de servage du machinisme universel dont l'âme est blême comme l'argent, et nous élever à

---

45. *Ibid.*, p. 16.
46. *Ibid.*, p. 17.
47. Richard Wagner, *L'Œuvre d'Art de l'Avenir, op. cit.*, p. 25.
48. Richard Wagner, *L'Art et la Révolution, op. cit.*, p. 33.
49. Richard Wagner, *L'Œuvre d'Art de l'Avenir, op. cit.*, p. 81.

la libre humanité artistique dont l'âme universelle et rayonnante prendra son essor[50].

Ensuite, il faut rétablir les droits de la nature et le lien entre la culture et la nature :

La nature, et rien que la nature, peut réussir, en effet, à démêler la grande destinée du monde. [...] La nature, la nature humaine dictera cette loi aux deux sœurs, Culture et Civilisation : « Dans la mesure où je serai contenue en vous, vous vivrez et vous prospérerez ; mais dans la mesure où je ne serai pas en vous, vous périrez et vous dessécherez[51] ».

Pour retrouver cet équilibre, il faut retrouver la nature et se débarrasser de l'artifice de la culture :

Le Grec, sorti du sein de la nature, est arrivé à l'art après s'être libéré de l'influence immédiate de la nature ; *nous* autres, écartés avec violence de la nature, issus d'une civilisation religieuse et juridique, nous ne parvenons à l'art que si nous tournons délibérément le dos à cette civilisation et si nous nous jetons avec conscience dans les bras de la nature[52].

Enfin, le dernier élément est l'amour, moyen de la Rédemption :

Le médiateur entre la force et la liberté, le rédempteur sans lequel la force reste rudesse, et la liberté reste libre arbitre, est donc – *L'Amour* – ; non point cependant cet amour révélé, qui nous a été annoncé, enseigné et commandé d'en haut, – ce pourquoi il ne s'est jamais réalisé, – comme l'amour chrétien –, mais *l'Amour,* qui tient sa *force* de la nature humaine véritable et immaculée ; [l'amour] qui, par son origine, n'est que l'extériorisation la plus active de la vie de cette nature, [l'amour] qui s'exprime dans une joie absolue de la vie sensuelle agissante et qui, de l'amour sexuel de la race, de l'amour de l'enfant, du frère, de l'ami, s'élève jusqu'à l'*amour universel de l'humanité.*

Cet amour est donc aussi le fondement de tout art véritable, car c'est par lui que naît la fleur de la *Beauté*[53].

Alors, l'Art véritable pourra renaître. Il n'avait jusqu'à présent existé qu'à de rares exceptions, de façon isolée chez quelques grands poètes tragiques :

L'art proprement dit, véritable, n'a été ressuscité ni par la Renaissance, ni depuis ; car l'œuvre d'art accomplie, la grande, unique ex-

---

50. Richard Wagner, *L'Art et la Révolution, op. cit.*, p. 43.
51. *Ibid.*, p. 44.
52. Richard Wagner, *Art et Climat,* trad. J. G. Prod'Homme, Delagrave, 1928, p. 266.
53. *Ibid.*, p. 270.

pression d'une communauté libre et belle, le drame, la *Tragédie*, – quelque grands que soient les poètes tragiques qui ont produit çà et là, – n'est pas encore *ressuscitée,* précisément parce qu'elle ne doit pas être recréée, mais bien être *créée* à nouveau.

Seule la grande *révolution de l'humanité,* dont le début ruina jadis la tragédie grecque peut encore nous donner cette œuvre d'art[54].

Ainsi, il ne s'agit pas de faire renaître la tragédie grecque (« Non, nous ne voulons pas redevenir Grecs ; car, ce que les Grecs ne savaient pas, et ce pourquoi ils devaient périr [nous] le savons, *nous*[55]. ») La tragédie était un art national. Le drame à venir sera un art humain universel. Il prendra forme de lui-même quand les conditions de sa naissance seront en place.

La fusion des arts

La fusion des arts n'est en quelque sorte que la manifestation la plus extérieure de la pensée wagnérienne, la conclusion de toute une conception de l'histoire de l'humanité plus ou moins connue selon les artistes qui se réclament de lui. Elle est ce qu'on retient généralement d'une utopie artistique complexe, exposée en détail dans les textes en prose. Le texte de référence de ce point de vue est un passage de la *Lettre sur la musique* de 1860 dans laquelle le compositeur résumait ses idées esthétiques pour le public français. Il énonçait cette idée « sur laquelle allait se précipiter la génération symboliste tout entière », pour reprendre l'expression de Jean-Michel Nectoux[56] :

> Je crus ne pouvoir m'empêcher de reconnaître que les divers arts, isolés, séparés, cultivés à part, ne pouvaient, à quelque hauteur que de grands génies eussent porté en définitive leur puissance d'expression, essayer pourtant de remplacer d'une façon quelconque cet art d'une portée sans limites, qui résultait précisément de leur réunion. [...] Je cherchais ainsi à me représenter l'œuvre d'art qui doit embrasser tous les arts particuliers et les faire coopérer à la réalisation supérieure de son objet[57].

C'est la fameuse idée de l'œuvre d'art totale (*Gesamtkunstwerk*) :

> Il me semble voir clairement que chaque art demande, dès qu'il est aux limites de sa puissance, à donner la main à l'art voisin ; et, en vue

---

54. Richard Wagner, *L'Art et la Révolution, op. cit.*, p. 41.
55. *Ibid.*, p. 42.
56. Jean-Michel Nectoux, *Mallarmé, peinture, musique, poésie, op. cit.*, p. 179.
57. Richard Wagner, *Quatre poèmes d'opéra précédés d'une lettre sur la musique*, 3e édition, Paris, Mercure de France, 1941, p. 38-39.

de mon idéal, je trouvai un vif intérêt à suivre cette tendance dans chaque art particulier : il me parut que je pouvais la démontrer de la manière la plus frappante dans les rapports de la poésie à la musique, en présence surtout de l'importance extraordinaire qu'a prise la musique moderne.

[...]

La poésie [...] reconnaîtra que sa secrète et profonde aspiration est de se résoudre finalement dans la musique, dès qu'elle apercevra dans la musique un besoin qu'à son tour la poésie ne peut seule satisfaire[58].

C. Androgynie et poésie

> *« La perfection culturelle ou artistique elle-même ne*
> *pourra être atteinte que lorsqu'on aura supprimé la*
> *division qui sépare le masculin du féminin ».*
>
> Richard Wagner, *Le Livre brun*[59]

Une des caractéristiques très particulière du wagnérisme de Suarès est la reprise du discours wagnérien sur la poésie et la musique.

Il y aurait beaucoup à étudier de ce point de vue. Nous nous attacherons ici simplement à un trait marquant : l'attribution à la poésie et à la musique respectivement des caractères masculin et féminin.

ANDROGYNIE ET ART COMPLET DANS LES TEXTES DE WAGNER

Très tôt, Wagner attribue à la poésie un caractère masculin et à la musique un caractère féminin. Cette question sera au cœur de tous ses écrits et il lui arrivera, selon les périodes, de revenir sur son discours et d'inverser leurs attributs respectifs. Nous nous limiterons ici à ses positions exprimées dans les écrits de Zurich, partant du principe que le jeune Suarès, même s'il avait une bonne connaissance des pensées de Wagner, n'en faisait pas forcément une analyse complète et chronologique d'une part, et que, d'autre part, il en avait retenu surtout les problématiques générales et les grands positionnements.

---

58. *Ibid.*, p. 38-39 et 60.
59. Jean-Jacques Nattiez, *Wagner androgyne, op. cit.*, p. 7.

Penser la musique et la littérature dans leurs caractères masculins et féminins n'est pas une idée wagnérienne. Le compositeur se place dans la lignée directe d'idées déjà exprimées par les romantiques allemands. Jean-Jacques Nattiez montre dans son ouvrage *Wagner androgyne* que la figure de l'androgyne est présente dans la théorie musicale du temps. En 1845, A.B. Marx écrit que le second thème d'une sonate est « d'une nature plus tendre, flexible plutôt qu'emphatiquement construit – d'une certaine façon, c'est le féminin par opposition au caractère masculin de ce qui précède[60]. »

Wagner étend cette idée à l'équilibre entre la poésie et la musique et en fait un des fondements de sa théorie artistique. Cet aspect très particulier de l'univers wagnérien est repris très largement par Suarès et est une marque à la fois de son wagnérisme et de l'influence du romantisme allemand dans son œuvre.

Très rapidement, résumons la théorie wagnérienne et voyons quelques exemples.

Les métaphores sexuelles et amoureuses

Wagner emploie couramment des métaphores sexuelles et amoureuses dans ses *Œuvres en prose* pour décrire le lien qui existe entre la musique et la poésie dans ses œuvres. Pour simplifier son propos la musique est une femme que la poésie vient féconder. Exprimé de façon différente, la musique est féminine et le langage poétique est masculin[61].

Ainsi peut-on lire dans *Une communication à mes amis*[62] que le poète « féconde la musique » qui enfante à son tour la mélodie.

De même, il écrit à propos du vers allitéré qu'il « tire sa forme de la force créatrice la plus intérieure à la langue et déverse ce qu'il a reçu d'elle dans l'élément féminin de la musique qui enfantera la mélodie rythmiquement parfaite ».

Il se sert de cette métaphore de façon très concrète dans *Opéra et Drame*[63], à propos de la neuvième symphonie de Beethoven. Il décrit l'« accouchement » de la mélodie :

---

60. *Die Lehre von der musikalischen Komposition*, t. III, 1845, p. 282, cité par Jean Jacques Nattiez *in Wagner androgyne*, *op. cit.*, p. 148.

61. Sa pensée a évolué au cours des années et l'équilibre masculin-féminin a changé. Il serait trop compliqué de rentrer dans les détails. Jean Jacques Nattiez étudie en détail l'évolution de sa pensée. Il faut s'y reporter.

62. Ce texte est un des premiers connus en France.

> Dans ses œuvres les plus importantes, il [Beethoven] ne donne jamais la mélodie comme une chose toute faite à l'avance, mais il la fait *accoucher* par ses propres organes, en quelque sorte sous nos yeux ; il nous initie à cet acte de génération en nous l'exposant suivant sa nécessité organique.

On pourrait penser qu'il se sert d'une image pour rendre compte des rapports étroits, organiques, qui doivent se tisser dans ses œuvres entre les deux éléments, poésie et musique. En réalité, l'enjeu est beaucoup plus important que celui d'une simple métaphore. On en prend pleinement conscience au travers d'une lettre qu'il adresse à Teodor Uhlig le 12 décembre 1850, dans laquelle il expose le plan général de son futur texte *Opéra et Drame*.

On voit alors que la trame de son ouvrage se construit autour de ce rapport amoureux et de cette image qui lie création et procréation :

> I – Exposition de la nature de l'opéra jusqu'à notre époque, avec ce qui en résulte, la musique est un organe reproducteur [...] conséquemment un organe féminin.
>
> II – Exposition de la nature du drame, depuis Shakespeare jusqu'à nos jours ; résultat : le sens poétique est un organe procréateur et l'intention poétique la semence fertilisante qui croît seulement dans l'ardeur de l'amour et qui est le stimulant de la fructification de l'organe féminin qui doit, à son tour, engendrer la semence reçue dans l'amour.
>
> [...]
>
> III – Exposition de l'acte d'engendrement de l'intention poétique grâce au parfait langage des sons[64].

Les rapports de la poésie et de la musique sont au cœur même de la conception esthétique de Wagner et il choisit toujours le même langage pour en parler. Pour Wagner, l'œuvre d'art la plus belle est celle qui exprime symboliquement cette relation d'amour entre le masculin et le féminin. L'art le plus puissant exprime l'essence même du monde régi par ces deux forces. Jean-Jacques Nattiez[65] remarque qu'on retrouve chez lui « un schéma caractéristique des ésotérismes de la tradition juive, chrétienne ou musulmane ». C'est dire rapidement l'engouement du roman-

63. Richard Wagner, *Opéra et Drame*, t. I, trad. J. G. Prod'Homme, Delagrave, 1928, p. 185.
64. Jean-Jacques Nattiez, *Wagner androgyne*, *op. cit.*, p. 60.
65. *Ibid.*, p. 146.

tisme pour les philosophies orientales et présocratiques, c'est aussi, dans la pensée wagnérienne, une marque du temps. Nous n'irons pas plus loin dans la recherche de l'origine de cette idée[66]. L'intérêt pour nous est de relever sa place prépondérante dans le système wagnérien et d'étudier ce qu'elle devient dans la pensée de Suarès.

Dans la perspective qui est la nôtre, il faut faire une place particulière à la façon dont Wagner parle de Beethoven. Rappelons qu'il a écrit un ouvrage qui porte ce nom et que Suarès en avait un exemplaire annoté.

En février 1851, dans un texte à propos du 4e mouvement de la symphonie héroïque, Wagner écrit :

> Autour de ce thème, que nous pouvons considérer comme l'expression de la ferme individualité mâle, s'enroulent et s'enlacent, depuis le début du mouvement, toutes les impressions les plus douces et les plus tendres ; elles se développent jusqu'à la manifestation de l'élément purement féminin qui se révèle enfin par rapport au thème mâle principal – parcourant avec énergie tout le morceau – avec une importance de plus en plus exaltée et variée, comme la puissance souveraine de l'amour […].

Il décrit également le lien entre le texte de Schiller et la musique de Beethoven dans la neuvième symphonie avec des termes amoureux :

> La chose la plus décisive que nous montre le maître dans ses œuvres principales, et qu'il porte enfin à notre connaissance, c'est la nécessité éprouvée par lui, *en tant que musicien*, de se jeter dans les bras du poète pour accomplir l'acte de *génération* de la mélodie véritable et rédemptrice.

La phrase de conclusion de ce passage surprend et marque une avancée dans sa pensée. Il ouvre dans ce texte sur Beethoven une nouvelle dimension à ces métaphores :

> Pour devenir *homme*, Beethoven dut devenir un être humain *complet*, c'est-à-dire subordonné aux conditions générales sexuelles *du mâle et de la femelle*[67].

L'artiste absolu tel qu'il apparaît ici dans la figure de Beethoven réalise une création androgyne et devient lui-même androgyne par sa création.

---

66. Jean-Jacques Nattiez consacre un chapitre dans son ouvrage à cette question : « les sources de l'androgynie wagnérienne », p. 146-155.
67. Cette phrase est inélégante dans sa traduction, il faudrait revenir au texte allemand, mais le sens est là.

Il y aurait beaucoup à dire sur la figure de l'androgyne chez Wagner. Elle est très importante dans ses livrets. Des études ont été menées sur ce thème et principalement à propos de ses personnages. Cette figure, nous l'avons rapidement évoqué, est présente au cœur même de sa conception de la création. Peu de temps avant d'écrire ces textes de la période révolutionnaire, il avait découvert durant l'été 1848 *Le Banquet* de Platon en même temps que les poèmes de l'*Edda*. Cette problématique restera au cœur de sa pensée jusqu'au dernier jour puisque son dernier écrit, incomplet, porte le titre : *Du féminin dans l'homme*.

Ces quelques éléments permettent de comprendre de nombreux textes de Suarès et nous retrouvons, là encore, au cœur même de sa poétique, des éléments qui le rattachent en profondeur à la conception wagnérienne de l'Art.

L'ANDROGYNIE DANS LA POÉTIQUE DE SUARÈS

Chez Suarès aussi, la recherche de la fusion entre poésie et musique renvoie à la réunion des deux moitiés séparées de l'androgyne. Le texte suivant est extrait du carnet n°205 (Cécile Jasinski propose l'année 1918). La réunion dans une même œuvre des deux formes d'art réalise l'unité perdue :

> Poésie.
>> La poésie est une musique intellectuelle.
>> La musique est une poésie plus sensible.
>> La poésie cherche la chair sonore. La musique cherche la parole qui pense.
>> Ce sont deux moments du même amour, ou ces deux moitiés de l'être parfait que chante Aristophane au Banquet de Platon.
>> La musique est la femme ; et la poésie, l'homme, celui qui crée. Notre temps a fini par comprendre la nature de la vraie poésie, puisqu'il l'a séparée de tout ce qui la corrompt et la divise.
>> La plus fâcheuse des erreurs, aujourd'hui et désormais, est de ne pas redonner à la poésie la langue la plus simple et la plus précise, la plus pure à la fois et la plus neuve, la plus essentielle enfin.

On retrouve deux idées importantes ici. La première, clairement évoquée est celle que nous développions plus haut. La musique est femme et la poésie est homme. Les deux réunis sont les « deux moitiés de l'être parfait que chante Aristophane au Banquet de Platon ». La seconde est la suivante : la musique s'adresse à la sensibilité alors que la poésie s'adresse à l'intellect, chaque forme d'expression correspondant à un aspect particulier de l'être humain. Chacune cherche à fusionner avec l'autre : « La poésie cherche la chair sonore. La musique cherche la parole qui pense ». Cette image de la musique, « chair sonore » est la définition même de la musique chez Wagner qui écrit : « elle est le *cœur* de l'homme ; le sang qui y commence sa circulation, donne sa couleur chaude, vivante, à l'enveloppe de la chair[68]... ».

Il arrive à Suarès d'utiliser ces images en parlant de la musique. Voici ce qu'il écrit dans le carnet n°14, daté probablement de 1899, à propos d'un concert d'Enesco qui jouait le concerto pour violon de Beethoven à Paris :

> Enesco. Il joue le concerto de Beethoven, op. 61, pour le violon. C'est un jeune homme, de 22 ou 23 ans, Roumain de nation. Il a eu le prix de violon au Conservatoire, où il fit des études de Composition. Il l'avait bien mérité. [...] Le violon est presque toujours femme dans Beethoven.

Plus important encore, l'amour est toujours au cœur de la création. Comme chez Wagner, l'amour est la force de rédemption. Le Cahier n°24 propose cet en-tête à un projet de tragédie antique en trois actes *Orphée et Eurydice* :

> Sans amour pas de vie
> sans amour pas de génie
> l'amour fait la musique
> et la musique sauve l'amour
> en tête.

Le carnet n°205 précédemment cité reprend cette idée que l'amour est au cœur de la création. La poésie y est présentée comme un acte d'amour, une communion avec la vie. Le poème n'a pas la mission d'instruire, d'exprimer des idées, ou des notions, il est communion avec une force d'amour :

> Le poème est avant tout un acte et une création de la personne. Quelque général qu'il soit, quelque idée qu'il enferme, à quelque découverte éternelle qu'il prétende, le poème est né du désir et de la passion même. Il porte l'émotion qui l'a fait naître. Il n'est pas une notion, et il n'a pas mission d'instruire. Il est un acte d'amour. Et quoi qu'il arrive, il est donc l'œuvre d'un amant, et non pas la solution d'un problème. Amant, c'est-à-dire un esprit en amour avec la vie[69].

68.   Richard Wagner, *L'Œuvre d'Art de l'Avenir*, *op. cit.*, p. 118.
69.   Carnet n°205, p. 52, cité par Yves-Alain Favre, *Poétique*, Rougerie, 1980.

La création chez Suarès est liée à la question de l'Être. Elle ne saurait être un métier, un jeu sur les formes. Pour que naisse une nouvelle forme d'art, il faut d'abord qu'un être nouveau apparaisse. C'est ce qui le rapproche le plus de Wagner. C'est pourquoi la question de la création littéraire, artistique, est toujours liée à cette interrogation sur l'Être comme cette remarque relevée dans le carnet n°93 qui doit dater de l'année 1897 :

> Je suis. – et je suis l'œuvre d'art, avant de la faire. En moi, l'Homme et l'artiste sont un. Dieu sait si l'artiste, parfois, ne sembla point précéder l'homme. Et Dieu sait à quel amour de l'art cette apparence répond. Et pourtant, au prix de l'art même, je ne voudrais pas que l'artiste suppléât l'Homme, si le divorce se faisait. Homme je suis d'abord, et je veux être tout Homme. Voire Femme s'il le faut. Je suis artiste, parce que par le fait de l'Homme, l'œuvre d'art est en moi. Je vis ; et l'œuvre suit. Mes images sortent de mes entrailles. De là ma différence à ces autres. Qu'ai-je à faire d'eux ? Ils se disent artistes : mais les noms sont des signes, et celui-ci ne signifie rien de commun de moi à eux. Ils sont artistes par métier. Et c'est pourquoi on en dit : « que ne font-ils autre chose ? »

Cette petite remarque « Homme je suis d'abord, et je veux être tout Homme. Voire Femme s'il le faut », au-delà du caractère surprenant de la formule, renvoie à la dimension plus personnelle de l'androgynie chez Suarès.

L'ANDROGYNIE, UNE QUESTION PERSONNELLE

Nous avons parlé précédemment de la relation très proche qu'il entretenait avec Rolland et les précautions de ce dernier qui se défendait contre toute ambiguïté. Lorsqu'on évoque la silhouette de Suarès, on insiste sur son regard intense, ses longs cheveux et ses fines bottines. Dans ses lettres à Romain Rolland, il s'ouvre en toute confiance à son ami et s'interroge sur sa personnalité et sa sensibilité féminine :

> Les femmes, je les adore à ce point que je suis véritablement elles, imprégné d'elles du haut en bas et, je n'ai point de secret à te cacher, vivant et n'espérant qu'en elles. Je me sens à tel point leurs goûts, leurs désirs que souvent – je te livre toute mon âme – je trouve le mot de ma douleur énigmatique, sans fin et mystérieuse, dans cette pensée que je murmure tout bas, que c'est une faute de la nature que je sois né mâle et que j'étais fait pour être femme. Tiens, j'en jurerais. Car enfin pourquoi tous ces amours de parures d'étoffes, de longs cheveux, qui me possèdent, qui m'exposent au ridicule, et que je ne peux pas plus chasser de moi-même qu'un bras ou une jambe. Toi qui parles et dé-

couvres de l'égoïsme même dans ton amitié – gros méchant qui ca-
lomnie une des plus belles âmes qui soit et qui est la sienne – voilà
une belle occasion d'examiner un cas bien curieux et bien rare : com-
prends-tu pourquoi j'adore les femmes, c'est par amour de moi. Que
t'en semble mon tout aimé[70] ?

L'image même de l'androgyne revient dans sa réflexion sur la nature de
leur amitié :

> Un matin, t'en souviens-tu ? [...] un matin nous avons confessé
> (en étais-tu d'accord tout à fait ? ou l'ai-je cru) que si nous avions eu
> nos âmes, l'une femme de l'autre, des deux l'harmonie eût été com-
> plète ; ... Depuis, je suis (oh ! que ces douces choses sont encore déli-
> cates) je suis un peu à mon gré, celle des deux âmes alors à mon désir
> plaisante : mais quand je pense à toi, mon ami, je suis par choix celle
> qui se cache, ne se montre qu'à un seul, aime mieux sembler ne pas
> vivre qu'exister pour tous[71].

La relation de Suarès aux femmes pourrait faire l'objet d'une étude à part
entière. Pour la période qui nous intéresse, il est indispensable de lire ses
lettres de jeunesse. À vingt et un ans, Suarès rêve d'une femme idéale,
une « princesse », une âme sœur. Il écrit en février 1889 :

> J'aspire moi aussi à l'amour absolu. J'y aspire depuis cinq ans, depuis
> cinq ans, oui vraiment. La famille ne me suffit plus depuis extrême-
> ment longtemps : elle satisfait une imperceptible partie de mon être.
> L'Art complet n'est pas fait pour moi, et je ne veux pas de l'Art mé-
> diocre. Un amour absolu, l'espérance de cet amour est le seul qui me
> reste, capable de me remplir. Un Amour absolu, où j'aie la révélation
> constante de Dieu, et la conscience de mon moi en Son moi... [...]
> J'attends ma Princesse. [...] Elle vit dans mon âme depuis tant de
> jours, que, souvent, j'oublie si mon amour de la beauté est né d'elle,
> ou elle de cet amour, – et je la confonds souvent avec mon désir
> d'éternité.
> Mon cher petit moi-même [...] (toi qui sais beaucoup de moi ! Chut !
> du moins – Ah ! ... Si d'autres pouvaient se douter de ce que je t'ai
> dit...) je suis un peu ennuyé : je voudrais t'envoyer quelque petit sou-
> venir, et que trouver ici ?

Cette question est importante et Suarès se livre en toute confiance à son
ami Romain Rolland. Dans ses premières lettres, en 1887 (il n'a que dix-
neuf ans) il lui parle de son rapport aux femmes qu'il idéalise, idolâtre,
mais ne peut pas désirer.

---

70. *Cette Âme ardente*, op. cit., p. 46. Lettre à Romain Rolland du 17/04/1887.
71. *Ibid.*, p. 174. Lettre à Romain Rolland du 18/9/1889.

On trouve dans les projets de jeunesse, des personnages androgynes comme Lylian des *Jardins d'Amour,* ou encore dans *Alcibiade.* Nous y reviendrons lorsque nous présenterons ces textes inédits. Il existe également quelques projets qui parlent directement de ce sujet comme *L'hermopsyché* ou la *psychaphrodite*[72]. Suarès note en dessous de ces titres :

> Le vrai Androgyne c'est Hermoψγché, c'est aussi la Psychaψχrodite – L'âme de l'homme dans le corps de la femme.

Dans son projet *Hypérion*[73], Suarès exprime la condition du poète parmi les hommes.

Il souffre de sa solitude mais il sait qu'elle est le prix de la création. Il cherche à triompher dans le plus grand dénuement et finit par réunir en lui les natures masculine et féminine. Il joint la grâce à la force, la grandeur de l'esprit à la finesse de l'intuition[74]. Yves-Alain Favre conclut ainsi :

> Hypérion, en qui il rêve la fusion des sexes devient le prince de l'Idéal. Tout s'est écroulé, métaphysique, religion, foi dans le progrès, il ne reste que la poésie et la musique. Le poète, Hypérion, est alors l'homme complet : affranchi de toute servitude, renonçant à tout, il parvient à posséder une force infinie et à la perfection de l'héroïsme[75].

D'autre part, la question de l'homosexualité a été soulevée directement par Suarès dans un projet d'œuvre théâtrale dont il ne reste que quelques notes dans des liasses éparses[76] et qui porte ce nom de « *Andreia,* esquisse d'un drame mythologique lesbien ». *Andreia* raconte l'histoire d'une prêtresse de Vénus.

SCIENCE ET POÉSIE : ANALYSE ET SYNTHÈSE

La question de la pensée rationnelle et de l'intuition est très importante dans les textes de Wagner. La véritable connaissance ne peut se faire, selon lui, que dans l'amour, dans une intuition qui saisit la vie dans sa globalité, et non par l'esprit rationnel qui divise la vie en ses éléments

---

72. Il est possible qu'on en trouve quelques pages dans les documents en attente de classement mais il ne s'agit que de projets.
73. Carnet 32 et dossier dans les documents en attente de classement.
74. Au-delà du caractère poétique, Suarès reprend aussi des lieux communs sur la différence entre les sexes.
75. Yves-Alain Favre, *La Recherche de la grandeur dans l'œuvre de Suarès*, Paris, Klincksieck, 1978, p. 62.
76. Elles sont dans les documents en attente de classement.

constitutifs et finalement la tue. La véritable connaissance est celle de la poésie, non celle de la science :

> Le poète parle à la nature et elle lui répond. Dans cet entretien ne comprend-il pas mieux la nature que celui qui la regarde au microscope ? Que comprend celui-ci à la nature, sinon ce qu'il n'a pas besoin de comprendre ? L'autre, au contraire, perçoit d'elle ce dont il a besoin au moment de la plus grande exaltation de son être et il embrasse ainsi la nature sur une étendue infiniment plus grande et de telle façon que l'intelligence la plus vaste serait incapable de la représenter[77] ?

La science au contraire utilise ce qu'il appelle le « scalpel dualiste » qui dissèque la vie et la tue en même temps qu'il essaie de la connaître. On retrouve cette même idée dans les carnets. Suarès oppose la poésie à la science. La science connaît la fleur par l'analyse mais elle la détruit. Seule la poésie est capable de connaître la fleur vivante, de l'appréhender de façon synthétique :

> L'art et la poésie font tout le contraire (que la science) : ils proposent à la raison le sens même du mystère qui l'a produite, et la fleur vivante de l'esprit qu'elle oublie. La raison connaît l'idée qui est la plante morte : elle la connaît comme une chimie botanique qui serait parfaite, à qui rien de la fleur n'échapperait, en tous ses éléments. Mais cette analyse parfaite de l'objet n'est pas l'objet même : la fleur vivante, forme et couleur, variété infinie, parfum changeant, mobilité perpétuelle, variations d'équilibres incessants en fonction des temps et de toutes les autres variables, la fleur est séparée de sa description par tout un monde : celui de la qualité, celui de la vie. La fleur est une synthèse, et la vie en elle a le don de changer en soi, de persévérer en changement, de se reproduire.
> La poésie est donc le contraire du rationnel. Tout ce qui n'est pas prose est vers ? Non. Tout ce qui est purement rationnel est prose[78].

Le carnet n°193[79] place l'amour au cœur de la création poétique, l'amour sensuel mais aussi mystique et universel (c'est dans ce sens qu'il faut entendre *l'ordre de la charité*). La poésie permet d'accéder à la véritable connaissance, par l'amour de l'objet qu'elle chante. Seule la poésie atteint au cœur même de la vie, y participe pleinement :

> Poésie et science.
> Tout poème est un Art d'aimer

---

77. *Opéra et Drame*, t. II, *op. cit.*, p. 53.
78. Carnet n°7, 1926, Yves-Alain Favre, *Poétique, op. cit.*, p. 67
79. Carnet n°193, *ibid.*

> La poésie est l'art de penser amoureusement, et de chanter cette pensée. Penser amoureusement, j'entends penser dans l'ordre de la charité. Ni prouver, ni savoir, ni décrire même : connaître l'objet comme il est dit de l'homme qu'il connaît la femme : il l'épouse dans l'amour, et la féconde.
> Ou laisse chanter en toi l'objet : car il s'aime. Ou aime-le assez pour le chanter. Pour parler de la vie, je dis l'objet et je prends le terme le plus général ou même le plus vague : au cœur du poète, tout objet est vivant.

La poésie permet de retrouver la vie dans sa plénitude, par l'appréhension fusionnelle des choses et en échappant à l'intellect :

> La poésie est la musique des idées.
> Les sons font naître les émotions que les idées rationnelles contiennent avant toute raison, et qui ressuscitent vivantes, alors, de leur mort intellectuelle. Car tout ce qui est de l'intellect, comme tel, est mort et du tout fait. L'intelligence est l'herbier de la vie : par son incantation, le poète ressuscite la forêt. Les idées en passion, et se faisant vivantes par l'émotion sonore, harmonie ou mélodie, cette musique est la poésie[80].

L'œuvre totale doit aussi réunir la pensée et l'émotion, et il semble que, petit à petit, la poésie prenne la place de la musique dans l'esprit de Suarès, en tout cas dans ce qui est de l'ordre de sa propre création. La musique, qui était au départ la seule qui pouvait rendre compte de la vie dans sa plénitude, va faire place à la poésie.

---

80. Carnet n°179, 1938, *ibid.*, p. 66.

Deuxième partie

LES PROJETS POÉTIQUES

Dans les écrits poétiques de la fin du dix-neuvième siècle, Suarès explore deux voies très différentes dans sa volonté de lier musique et poésie.

La première est celle des sonates de *Psyché Martyre* ou des poèmes de *Lylian,* restés inédits. La forme de ces textes est très originale : ils sont accompagnés d'indications musicales dans la marge. La recherche de la musicalité va dans le sens de la clarté et de la simplicité. Cette veine trouve sa réalisation dans la publication de *Lais et Sônes* recueil de poèmes composés pour l'essentiel avant 1905 mais publié seulement en 1909. Petit à petit, les indications marginales se font plus rares, l'écriture est de plus en plus sobre et les syllabes elles-mêmes sont utilisées comme des notes. Suarès choisit volontiers des mots d'une ou deux syllabes qu'il agence comme des noires ou des blanches. C'est un aspect inhabituel du wagnérisme qui le mène à une simplification de l'écriture, une épuration du style.

La seconde veine présente une esthétique totalement opposée. Elle est bien représentée par deux recueils publiés : *Airs* et *Images de la grandeur* dans lesquels Suarès, au contraire, accumule les figures de style et de rhétorique. Ces textes ont été qualifiés de « wagnériens » en raison justement de l'utilisation exagérée de moyens expressifs. Ils ressemblent plus à ceux qu'on pouvait lire dans la *Revue wagnérienne* et qui cherchaient à imiter les effets extrêmes de l'orchestre wagnériens comme ceux de Jean Richepin, Louis de Grammont ou Catulle Mendès par exemple.

Nous présentons d'abord les textes inédits de cette période : les sonates de *Psyché Martyre* et les poèmes de *Lylian.* Nous les avons en grande partie retrouvés à la Bibliothèque littéraire Jacques Doucet. Ensuite, nous nous intéresserons aux textes publiés : *Airs* et *Images de la grandeur.*

Chapitre 1

LES PREMIERS RECUEILS POÉTIQUES :
LES RÉCITATIFS ET LES « SONATES » DE *PSYCHÉ MARTYRE*

A. Sous le signe de Wagner et de Mallarmé : *Les Récitatifs*

Lorsque Suarès arrive à Paris en 1883, Mallarmé n'a pas encore une immense notoriété mais il commence à être reconnu. Il a publié *L'Après-midi d'un Faune* en 1876 et, depuis 1880, il reçoit ses amis et disciples rue de Rome. Les professeurs de la rue d'Ulm ne le considèrent pas avec sérieux et le critiquent[1]. André Suarès ne le découvre pas immédiatement. Mallarmé n'est pas mentionné dans la « liste des préférences » qu'il avait dressée en 1886 et qui présentait les noms les plus importants pour lui en ces années d'étude. On le trouve cité pour la première fois dans une lettre à Romain Rolland du 7 septembre 1888 et il faut attendre 1889 pour que Suarès le présente comme « l'unique poète[2] ».

Dans la lettre à Romain Rolland du 7 septembre 1888 Suarès s'interroge sur sa propre création. Le contexte est donc très important :

> L'ART, mon ART, que peut-il être, après tant de siècles, d'artistes et d'œuvres ? [...] S'il s'exprime avec des mots et non avec des sons, il faudra que ses mots prennent (à côté de leur valeur comme signes de pensée) une valeur plastique et une valeur émotionnelle [...]. Il faudrait avoir la langue la plus réaliste, et la plus résolument décadente, et garder par-dessus une unité merveilleuse, du style autrement dit : il ne faut pas que la *réelle* façon de Tolstoï (il n'y a pas de plus belle

---

1. Rolland rapporte cette « goumyade », c'est-à-dire ce jugement de leur professeur de latin : « Dans cette *Revue wagnérienne*, il y avait un sonnet [...] de Mallarmé [...]. Il était impossible de n'y rien comprendre : c'était des mots, et puis des mots. Mais voilà, y a toujours des imbéciles, ils le savent bien, qui vont se creuser la tête ». *Le Cloître de la rue d'Ulm*, Paris, Albin Michel, 1952, p. 141.
2. *Cette Âme ardente*, Paris, Albin Michel, 1954, p. 179.

louange : réelle) de rapporter les conversations, les manières de penser et d'être de la société, semble un morceau rapporté à côté de la langue toute de mots d'un Mallarmé, d'un Flaubert, de Villiers de l'Isle-Adam, et de la langue toute de sentiments de Wagner ou de Verlaine : non, l'ART doit avoir un style où toutes ces complexités s'ordonnent et s'harmonisent[3].

Cette lettre est très importante pour la réflexion de Suarès et la façon dont il envisage sa création durant ces années de formation. On remarquera d'abord qu'il hésite toujours entre la musique et la littérature : « mon art [...] *s'il* s'exprime avec des mots et non avec des sons... ».

Il insiste sur l'équilibre entre la recherche esthétique (la langue toute de mots) et la valeur émotionnelle de l'écriture (la langue toute de sentiment). D'un côté, Mallarmé, Villiers et Flaubert, de l'autre Wagner et Verlaine. Le rapprochement entre les écrivains peut surprendre. Ce n'est pas la seule référence qui unit Verlaine à Wagner. Autre élément remarquable : Wagner apparaît ici dans une liste d'écrivains et Suarès parle de « sa langue » et non de sa musique. Ce terme peut être pris dans un sens très général d'« expression », de « style » mais Suarès fait aussi allusion aux textes de Wagner, en particulier aux jeux sur les sonorités, au lien entre les mots et la musique dans ses œuvres poétiques et musicales. Il insiste sur l'*harmonie* entre différents éléments, principalement ici la *plastique*, l'*esthétique* d'une part, et d'autre part, l'*émotion*. On comprend également que Mallarmé ne réalise pas pour lui l'œuvre totale et qu'elle est encore à inventer.

Le 15 octobre 1889, Suarès écrit à nouveau à Romain Rolland pour défendre Mallarmé que son ami n'appréciait pas[4] :

> Tu le connais mal ; tu lui reproches de faire de la musique avec des mots par exemple, au lieu d'idées ; certes, en son cœur, rien n'aurait jamais battu pour une si médiocre entreprise : il vaudra toujours infiniment mieux à faire, avec la plus humble flûte à un trou solitaire, de la musique qu'avec maintes syllabes. [...] Il a discerné, – Wagner le fit splendidement – l'intense pouvoir évocateur des émotions, de la musique ; et, à l'exemple des divins maîtres Rubens, frère Angélique, qui tâchèrent à l'émotion par la symphonie des couleurs, ou du Vinci par l'harmonie impeccable des lignes, – mon poète veut hausser à l'émotion (directe et seule langue de la psyché créatrice des mondes) l'incohérent usage des idées et des mots, qui, jusque lui, sous le nom

---

3. *Cf.* Léon Cellier dans « Suarès et Mallarmé », *André Suarès et le symbolisme*, *La Revue des Lettres modernes*, n°346-350, 1973, p. 63.
4. « J'avoue que je suis rebelle à cet art de Mallarmé. [...] La conception de Wagner a bien autrement d'ampleur et est bien moins factice », *in Le Cloître de la rue d'Ulm*, *op. cit.*, p. 281.

> si noble de poésie, n'ont servi qu'à dire sans suite et sans force des sentiments vagues, des palettes tronquées, des rythmes arbitraires : des innombrables vers, nul n'atteint à l'émotion par dessein volontaire ; de-ci, de-là, parmi des milliers de fausses couleurs […] au hasard, quelques images au gré de musiques inconscientes nous ont seules procuré un début d'émotion[5].

Plusieurs idées sont à souligner ici. D'abord, la position de Suarès sur la relation entre musique et poésie. On fera toujours de la meilleure musique avec une flûte à un seul trou qu'avec des mots, écrit-il. L'important est *le pouvoir évocateur* des mots comme de la musique. Suarès annonce une nouvelle poésie qui recherche émotion et évocation. Nous ne sommes pas très loin de l'*Art poétique* de Verlaine. C'est en ce sens qu'elle est musicale. Mallarmé se trouve ici cité aux côtés de Wagner.

Suarès poursuit son propos dans la même lettre en admirant chez le poète sa façon de conserver des formes anciennes et de rechercher en elles des couleurs, des sonorités nouvelles. C'est la création de formes nouvelles d'expression dans des cadres classiques :

> Il a conservé quelques anciens cadres, le sonnet, l'hexamètre continu : mais il y fait entrer des rythmes, des sons, des couleurs, convenables vêtements à une idée qui leur est convenable, pour de ces médités instruments aller au fond de l'âme éveiller le doux chant de l'émotion, que renseigne l'idée.

Il poursuit le parallèle avec la musique en comparant Mallarmé à Bach et en annonçant la venue d'un nouveau poète, qui, tel Beethoven, mènerait la création à son niveau expressif le plus haut :

> […] à lui, le Bach, qui fraya le divin chemin avec la sagesse prudente des antiques errants, doit succéder l'émancipateur de toutes vieilles attaches, le Beethoven attendu d'une émotion totale… ainsi, un art neuf, musical si tu veux, émotionnel surtout de son vrai nom…

Mallarmé s'avance sur une voie nouvelle mais ne réalise pas la poésie à venir. Le « Beethoven ou le Wagner de la poésie » est Suarès lui-même qui se voit succéder au « Bach de la poésie », Mallarmé.

La question de l'impact des écrits de Mallarmé sur Suarès est très délicate car, s'il défend le poète auprès de Rolland, s'il le présente comme une référence, il ne cite jamais ses textes et ne fait aucune allusion à ses articles parus dans la *Revue wagnérienne,* ou dans la *Revue Indépen-*

---

5.   Léon Cellier, « Suarès et Mallarmé », *André Suarès et le symbolisme, op. cit.*, p. 66-67.

dante. Rien sur la *Rêverie d'un poète français*, pas de réaction à la parution de son *Hommage* dans la correspondance avec son ami. On aurait aimé connaître ses réactions et sa lecture du poème. Les deux jeunes gens ont probablement eu tout le loisir d'échanger durant les moments partagés rue d'Ulm et n'ont pas eu besoin de fixer par écrit leur jugement. L'article de Léon Cellier, « Suarès et Mallarmé[6] », est très riche mais ne nous éclaire pas sur les lectures de Suarès de ces années d'École normale. Il cite plus précisément ses lectures après 1915.

Suarès est en réalité beaucoup plus inquiet des textes de Wyzewa que de ceux de Mallarmé dont il apparaît, au fond, beaucoup moins proche. Suarès fait allusion à la lecture que Wyzewa fait de Mallarmé dans une lettre à Romain Rolland du 14 janvier 1892[7]. Là encore, il ne s'attarde pas sur Mallarmé mais sur Wyzewa. Il insiste sur la proximité qu'il ressent avec le commentateur et le présente comme un double de lui-même :

> De tous les artistes qu'il juge, de tous les avis métaphysiques dont il
> est coutumier, je ne voudrais pas exprimer d'autres convictions [...].
> Et voici sur Mallarmé tout ce que j'en jugeais moi-même... Serait-ce
> un type aîné de mon évolution ?

Suarès est préoccupé par les publications de Wyzewa. Il craint même qu'il ne le devance dans ses propres projets. C'est le cas lorsqu'il travaille aux *Pèlerins d'Emmaüs*. Il est très angoissé car Wyzewa prévoit d'écrire lui aussi une pièce sur ce thème.

On peut cependant imaginer qu'il a été marqué par deux aspects importants de la lecture wagnérienne de Mallarmé. D'abord la conception religieuse de l'art :

> De la *Rêverie d'un Poète Français* à *L'Hommage*, et de *L'Hommage*
> aux *Notes théâtrales* de 1893, la question wagnérienne est donc d'abord,
> pour Mallarmé, une question religieuse, l'art n'ayant de sens que dans la
> mesure où il est capable de proposer à un public contemporain une re-
> présentation, en forme de célébration, de son destin ; et c'est bien parce
> que l'homme est au centre du débat sur l'art et la religion qu'au-delà
> d'une simple querelle de genres, la mythologie représente pour le poète
> l'enjeu essentiel de sa rivalité imaginaire avec le musicien, et le critère
> décisif de la modernité[8].

6.   *Ibid.*, p. 61-84.
7.   *Cette Âme ardente, op. cit.*, p. 205 : « je me suis offert une étrenne : des notes sur
     Mallarmé par Teodor de Wyzewa. »
8.   Bertrand Marchal, *La Religion de Mallarmé*, Paris, José Corti, 1988, p. 207.

Ensuite, la volonté mallarméenne de relever le défi de l'art total par la seule littérature et d'élever le Livre à la valeur d'une Bible nouvelle. L'article du 10 juin 1893 du *National Observer* exprime de façon synthétique cette idée :

> Tout, la polyphonie magnifique instrumentale, le vivant geste ou les voix de personnages et de Dieux, au surplus un excès apporté à la décoration matérielle, nous le considérâmes, dans ce récent et tardif triomphe du génie ici, avec la *Walkyrie* ; éblouis par une telle cohésion des splendeurs en un art qui aujourd'hui devient la poésie : or va-t-il se faire que le traditionnel écrivain de vers, celui qui s'en tient aux artifices humbles et sacrés de la parole, tente, selon sa ressource unique subtilement élue, de rivaliser ! Le bon livre versifié convie à une idéale représentation[9].

Ces questions posées par Mallarmé devaient faire écho à l'ambition suarésienne de devenir le Beethoven ou le Wagner de la littérature. Il faut enfin préciser que cet engouement pour le poète ne dura pas très longtemps puisque son jugement est devenu beaucoup plus critique dans un projet au titre mystérieux (auquel nous consacrons plus loin une partie) *P.F.* et qui est daté des années 1890-1895[10]. On peut lire en particulier ce jugement définitif qui ne peut s'expliquer que par une certaine rancœur ou l'expression d'un mouvement d'humeur. Il faut insister sur le fait que *P.F.* n'a pas été publié :

> Mallarmé est un homme à qui on a dit qu'il avait du génie, parce qu'il sait beaucoup, dit-on, et qu'il cause fort bien. On lui a persuadé qu'il avait du génie et il l'a cru parce qu'il avait une tendance à le croire. Mais il n'en a aucun[11].

Il faut attendre l'article écrit en 1923 pour le vingt-cinquième anniversaire de la mort de Mallarmé (publié dans *Présences*) pour trouver une lecture plus subtile et plus juste ainsi que des références précises à des vers particuliers du poète et une page sur « la musique verbale ». Mais, l'analyse que Suarès en fait dépasse largement la période que nous étudions et ne donne pas de renseignements sur ses lectures des années de la *Revue wagnérienne*.

Quoi qu'il en soit, cette volonté de créer une œuvre totale par la poésie amène une production très fournie et le plus souvent inaboutie.

---

9. Cité par Bertrand Marchal, *ibid.*, p. 207.
10. Léon Cellier, « Suarès et Mallarmé », *André Suarès et le symbolisme, op. cit.*, p. 75.
11. Ce passage est cité intégralement par Léon Cellier, *ibid.*

Sa première tentative semble bien être celle d'un recueil intitulé *Les Récitatifs*. Il ne reste presque rien de ce projet. Là encore, on le connaît grâce aux lettres de Romain Rolland. Il lui écrit le 11 octobre 1889 :

> Je voulais, depuis la musique abolie en Beethoven et Wagner, être l'un ou l'autre de la poésie enfin créée, dont Stéphane Mallarmé me paraît être le Bach : et j'aurais, en une œuvre entreprise, *Les Récitatifs*, tâché à créer la poésie et l'émotion définitives, comme le Mage divin en ses quatuors[12].

Le 23 février 1891, il revient sur ce même projet et insiste sur son aspect musical :

> C'est des vers du temps où j'appartenais à Mallarmé – vieux donc de trois ans ou deux et demi ; un seul mérite leur est, si un : la recherche d'une mélodie[13].

Il ne parviendra pas à publier ces *Récitatifs* et on ne trouve que quelques pages éparses dans sa correspondance. En réalité, le premier recueil poétique qui subsiste de cette période et qui peut nous donner une idée de sa recherche d'une écriture purement musicale, d'une poésie et d'une émotion « définitive », est *Psyché Martyre*.

B. Les « sonates » de *Psyché Martyre*

LES TEXTES

Psyché Martyre est composée de trois « sonates » : *L'Innocente passionnée, Douleur de Psyché, Éros le repenti*. Selon Yves-Alain Favre[14], l'ensemble fut commencé en 1890 et terminé en 1892.

Les trois sonates telles qu'elles nous sont parvenues, sont regroupées à la Bibliothèque littéraire Jacques Doucet. Il existe un dossier [Ms. Ms. 43.006] portant le titre de *Douleur de Psyché*[15]. Son titre est trompeur car il contient non seulement une version recopiée de *Douleur de Psyché* mais aussi *Éros le repenti* et quelques pages de *L'Innocente passionnée*[16].

12.   Lettre citée par Léon Cellier, *ibid.*, p. 67.
13.   *Ibid.*
14.   Sur la question des dates, voir « Lais et Sônes », *La Revue des Lettres modernes*, n°346-350, 1973, p. 183-200.
15.   Dans *La Recherche de la grandeur dans l'œuvre de Suarès*, Yves-Alain Favre mentionne ces sonates comme faisant partie du Fonds Doucet mais elles ont été classées depuis.
16.   Il est possible qu'elles aient été recopiées par Claude Funck Brentano.

Elles portent la date de 1892-1894 pour les deux premières et de 1891 pour la troisième. Nous avons donc les deux dernières sonates dans leur intégralité mais pas la première. Il faudrait explorer les textes en attente d'inventaire dans l'espoir de trouver de nouveaux textes qui compléteraient cet ensemble.

On trouve également un autre manuscrit, de la main de Suarès cette fois, *Éros le repenti,* portant la référence [Ms. Ms. 43971]. Yves-Alain Favre mentionne un extrait de la seconde sonate dans le carnet n°151 et un autre fragment dans le cahier n°2. Le « Lied de la Langueur » du cahier n°5 fait aussi partie de cet ensemble. Nous n'avons retrouvé qu'un seul texte dans le carnet n°151 mais il s'agit d'un extrait d'*Éros perdu,* un autre projet sur le même thème. Favre a-t-il confondu les deux projets ou le texte auquel il fait référence a-t-il disparu ?

La consultation des manuscrits laisse à penser que ces textes étaient très liés aux *Récitatifs,* qu'il s'agit d'une même veine créatrice. Quelques notes sur une épaisse chemise brune mêlent des textes des deux projets[17]. Dans une dédicace pour *Psyché Martyre,* de septembre 1892, Suarès exprime sa déception de ne pas parvenir à faire publier *Les Récitatifs* (sans mentionner *Psyché Martyre* alors qu'il s'agit de la préface de cette œuvre !). Il rend responsables les éditeurs et le goût du public. Voici quelques phrases relevées au fil du texte qui montrent l'importance qu'avait cette œuvre pour lui et son dépit sinon sa rancœur :

> J'ai composé un livre de poésie sous le tire de RÉCITATIFS. J'ai cherché quatre ans à le faire paraître. Je n'ai pu y arriver. Voilà, j'espère un beau mérite.

> Il y a plus de riches éditeurs à Paris, que de potiers à Athènes, au temps de Périklès : mais ceux-ci écoutaient les vers au moins les jours de fêtes…

> Je ne pensais pas pouvoir en vivre mais je ne comptais pas qu'ils dussent me coûter la vie.

> Je n'aime pas le public, et tout mon cœur dédaigne l'opinion des gens.

---

17.   A) ~~Psyché Martyre – 3 sonates~~
                 A) L'innocente passionnée
         B) L'heure mortelle – Poème – (Airs – 1894)
         C) Les récitatifs – L'innocence passionnée (sept. 1892)
                 ~~(copie de Betty)~~

> Je n'appartiens à aucun cercle, ils chercheraient vainement où je prodige mon éloge pour en recevoir l'échange. Bien plus, il m'arrive de n'avoir aucun goût pour moi-même.

> Ainsi, personne n'a voulu imprimer les RÉCITATIFS. C'est à cette immense injustice, ne l'a-t-on pas deviné, que tout ce discours tend.

Septembre 1892

On peut aisément dater ces textes, les deux recueils ayant été écrits sensiblement à la même période[18].

LA REPRISE DU MYTHE

Le mythe d'Éros et Psyché est cher à Suarès. Il existe le plan d'un *Éros perdu* dans le carnet n°151 et la trace d'un *Triomphe de Psyché* dans une lettre à Romain Rolland du 25 juin 1892. Selon Yves-Alain Favre, les textes *Passion-Graduale* du carnet n°21[19], font partie de *Psyché Martyre* et le texte *L'Heure mortelle* (portant la date du 24-VII-1894) est à rapprocher de cette thématique. Suarès retrouvera ce sujet plus tard dans la très originale *Chanson de Psyché,* commencée en 1907 et qui devait être publiée en 1914[20]. Suarès propose lui-même une interprétation du mythe dans une lettre à Romain Rolland de la fin de l'année 1892[21] :

> Après tout, qu'est-ce que ce retour blessé d'Éros à Psyché ? C'est la retraite de l'amour et de la passion du monde dans l'asyle de l'âme : c'est moi, c'est mon amour de la vie transpercé qui rentre hélas, las d'épreuves, dans le secret de ma pensée. Et vraiment, ce n'est pas une bluette, mais un grand drame.

Trois voix s'expriment dans ces sonates. Psyché elle-même, le Chœur et une autre instance qu'on pourrait désigner par le terme de narrateur faute de mieux qui décrit, regarde, présente, désigne… Cette instance, au-delà du chœur lui-même, commente les scènes et apparaît dans l'introduction.

La première sonate montre le départ d'Éros. Malgré l'amour que lui porte Psyché, Éros doit s'éloigner, attiré par le monde et ses passions, fus-

---

18. Dans la liste de ses projets de jeunesse tels qu'on peut les trouver dans les documents du Fonds Doucet, *Récitatifs* est l'*opus 2* (1888-91) et *Psyché Martyre* est l'*opus 3* (1890).

19. Yves-Alain Favre, *La Recherche de la grandeur dans l'œuvre de Suarès, op. cit.*, p. 88 et 125.

20. [Ms. Ms. 42.960], 75 ff, Bibliothèque littéraire Jacques Doucet.

21. Lettre inédite à Romain Rolland n°330.

sent-elles illusoires. Cette première partie présente un fort caractère symbolique. C'est le combat de l'Âme et de l'Amour, des passions illusoires dont il faut se libérer. Ainsi le passage suivant se propose-t-il comme une clef de lecture qui tend à donner à l'ensemble sa portée universelle :

mf   Ô transes, Ô passions, chante le paysage,
                    qu'est-il de vos tourments ?
                    que sont toutes vos rages ?
           Et jamais parmi vous personne qui consente
lent   à s'affranchir de soi, alors que tout lui crie :

pp   Rien ne finit,
                 rien n'a sans doute commencé,
                    ni rien ne finira.
              le monde est l'infini débat
               et le colloque inachevé
p   de l'Amour et de Psyché.

La seconde sonate montre Psyché abandonnée en proie à son malheur. C'est une immense déploration. Pour elle, l'univers entier a perdu son sens. Le chœur ne parvient pas à la consoler. Elle en appelle à la mort :

               Je veux mourir d'aimer
            plutôt que vivre et n'aimer pas.

La dernière sonate correspond au retour d'Éros dans une atmosphère d'extrême jubilation.

C. Le poème-partition

Le caractère musical est affirmé d'emblée par l'utilisation des termes de s*onates* ou d'*Opus* au même titre qu'une œuvre musicale. Suarès participe là d'un mouvement plus général. Il n'est ni le premier ni le seul à le faire mais il utilise ces termes de façon très originale et personnelle. Il est loin, comme à son habitude, de participer à une mode. Voici comment il définit la *sonate* :

> Je déteste les petits morceaux sans lien à ce qui précède ou suit ; chaque volume de vers doit (malgré les apparences) être un poème : celui d'une certaine émotion. Je crois juste, si le poème est court, de l'appeler une sonate[22].

---

22.   Lettre inédite à Romain Rolland n°331, oct. 1892.

Chaque sonate forme en effet un *poème* tel qu'il l'a défini plus haut c'est-à-dire un « volume de vers », (quarante-quatre feuillets pour la seconde sonate de *Psyché Martyre*), construit autour d'un seul sentiment : successivement, la passion amoureuse de Psyché, sa douleur, puis le repentir d'Éros. L'ensemble constitue une centaine de pages. La seconde sonate, *Douleur de Psyché,* est une immense variation sur le thème de la douleur, une lamentation qui s'étend sur l'ensemble tout entier. Sans vouloir ajouter aux comparaisons de Suarès, on pense aux préludes wagnériens de *Parsifal* ou de *Tristan*. Le prélude de *Tristan* est une vaste variation sur l'amour de Tristan et d'Isolde : il évoque la naissance de l'amour, l'influence du philtre, la passion, la dimension tragique, la mort annoncée… La « référence » musicale pourrait aussi être le poème symphonique pas si éloigné des larges préludes wagnériens.

Dans *Douleur de Psyché,* ce flux d'émotion est pris en charge par les trois instances citées précédemment (Psyché, Le chœur, et le narrateur). Psyché déplore son abandon (f° 12), exprime sa douleur, elle se plaint, médite, se lamente, s'adresse au monde, se souvient, raconte (f° 21), s'adresse à Éros qui l'a abandonnée (f° 17), en appelle à la mort (f° 11/16), questionne (f° 38)… Le chœur réagit à ses paroles, lui répond (f° 17 et 38), la console (f° 9-10), conclut et tire une morale (f° 43). L'ensemble est d'une très grande richesse et d'une grande variété expressive. Suarès utilise volontiers des vers courts (parfois de deux ou trois syllabes seulement) mais aussi des alexandrins, trouvant dans cette gamme très variée de mètres, une plus grande liberté dans l'évocation des sentiments des entités qui s'expriment.

LES INDICATIONS MUSICALES

Pensant sa poésie en termes musicaux, il écrit dans sa lettre à Romain Rolland du 23 février 1891 :

> Là, la liberté absolue, rythme, tonalités, mesures, modulations – et l'absolue tyrannie de l'expression musicale, pour le but suprême : l'émotion.

De fait, l'élément le plus original de ces textes est l'utilisation d'indications musicales qui en font de véritables *poèmes-partitions*. L'auteur ajoute dans la marge indications de tempo ou de rythme (*lent, Andante, adagio, un poco meno presto*), d'expression (*all.*), d'intensité (*mf, f, ff cresc.*) comme s'il s'agissait d'une véritable partition musicale. On pourrait penser qu'ils sont ajoutés de façon extérieure, marquant ainsi une étape extrême dans cette volonté un peu systématique et parfois superficielle du temps de lier musique et poésie. Une lecture plus attentive révèle au contraire qu'ils ont souvent une véritable valeur expressive. Par exemple, le court passage qui suit est construit sur une double opposition. D'abord, les deux premiers vers portent l'indication *larghetto* et les six suivants *staccato*. L'angoisse grandissante de Psyché se manifeste par ce changement de rythme d'abord large puis saccadé. Ensuite, il existe une opposition entre les indications *piano* et *mezzo-forte*. Les vers dans lesquels Psyché évoque son amant perdu sont marqués *piano* (« Ses lèvres sont inertes ; Je ne vois plus les siens ») et ceux dans lesquels elle exprime sa douleur sont marqués *mezzo-forte* (« Ô tremblement de mes lèvres ; Ô brûlure de mes yeux »). Cette opposition correspond aux reprises des noms *lèvres* et *yeux* par les pronoms et elle est renforcée par l'utilisation de l'exclamation *Ô* ainsi que par l'alternance d'un vers consacré à Psyché et d'un autre à Éros.

Ainsi, les indications musicales sont vraiment intégrées au texte et ont une véritable valeur expressive :

Larghetto	mf		je vis, et tu n'es plus
		pp	Mais c'est à peine si je suis plus
			que tu n'es
Stacc°	mf		Ô tremblement de mes lèvres
		p	ses lèvres sont inertes
		mf	Ô brûlure de mes yeux
		p	je ne vois plus les siens
		pp	toute ma vie a perdu son sourire
			et ses doubles cieux

(*Douleur de Psyché*, f° 33)

Suarès utilisera aussi ce procédé dans d'autres textes comme *Lylian*. C'est la marque de fabrique des textes poétiques de ces années de jeunesse. On peut s'interroger sur leur utilisation. Sont-elles des indications pour dire le texte à haute voix ? Suarès pensait-il ajouter une musique à ses textes ?

Certains passages d'*Éros le repenti*[23] présentent des indications d'instruments et même de tessiture comme sur la première page : « une voix de haute-contre, un hautbois ». Plus loin, (f° 12) dans un passage très exalté, il ajoute aux indications « presto » et « FF. », cette autre remarque plus étonnante : « rythmé par les cuivres ». Plus loin encore[24], il est question de trombones. Suarès avait-il prévu de mettre en musique ces pages ? On ne trouve pas d'indications dans ce sens dans les manuscrits, pas plus

---

23. [Ms. Ms. 42.971].
24. f° 25.

que dans les lettres à Romain Rolland consultées[25]. Par contre, il existe une page dans laquelle il interdit formellement aux musiciens d'ajouter de la musique aux textes ce qui laisse supposer qu'une éventuelle partition n'existait pas :

> On supplie les musiciens de ne pas faire à ces vers-ci le terrible honneur de les mettre en musique. On le leur interdit, au besoin : mais seulement, si la prière ne suffit pas à réfréner la générosité de leur génie : on s'en défend, on veut faire respecter sa défense. S'il était passé outre, on poursuivra par tous les moyens sa propre vengeance. Il y a, tout compte fait, beaucoup trop de grands musiciens : surtout on l'entend bien, depuis la mort de Wagner, – et même celle de BEETHOVEN.
> Puis, enfin, tous ces grands musiciens ont d'assez grands poètes en leurs grands librettistes. Tous n'ont pas l'esprit de l'abbé Da Ponte : mais l'abbé est délicieux[26].

Il est sans doute plus judicieux de voir dans ces indications, une sorte de *musique intérieure*, un jeu de *correspondances*, un véritable accompagnement à l'expression déjà contenue dans les vers sans envisager à proprement parler l'écriture d'une partition musicale qui s'ajouterait à une lecture, voire à une mise en scène ou une forme de lecture accompagnée de musique. On trouve dans les notes manuscrites et inédites de Suarès des partitions ébauchées qu'il souhaitait intégrer à certains projets de pièces théâtrales mais nous n'avons rien trouvé qui irait dans ce sens pour les textes poétiques.

LES ÉLÉMENTS WAGNÉRIENS

Dans ces sonates, les éléments wagnériens sont très importants et clairement revendiqués par Suarès lui-même dans sa correspondance. Nous avons abordé plus haut la similitude de construction des sonates avec les préludes wagnériens et celui de *Tristan* particulièrement. D'autre part, la recherche de la fusion des arts si chère au wagnérisme est menée ici assez loin. À ce propos, il faut citer ici un petit texte inédit du cahier n°20[27] qui éclaire la position de Suarès. Il ne souhaite pas mêler plusieurs formes artistiques sur une scène comme le faisait Wagner mais tirer d'une seule forme d'art ce qu'elle a de commun avec les autres. En voici un extrait :

---

25. Il reste encore de nombreuses lettres inédites.
26. [Ms. Ms. 42.971].
27. [Ms. 1391].

> Mettre dans l'art de la poésie les autres arts, non pas à la façon or-
> dinaire qui accumule sur la scène les œuvres des différents arts qui par
> là se mêlent les uns aux autres, mais par un moyen bien plus sûr et
> bien plus propre à la beauté qui est de tirer du fond d'un seul art s'il
> est assez riche tout ce qu'il a de commun avec les autres arts, et tout
> ce qu'il a de moyens assez différents des siens propres pour suppléer
> les œuvres des autres.

Dans l'ensemble, de nombreux éléments renvoient à l'univers de *Tristan*. L'image des amants divins, les retrouvailles aussi bien que le malheur
de la séparation ont des accents wagnériens : le lyrisme exacerbé, les sentiments menés à leur paroxysme. Les personnages sont humains dans la
force de leurs émotions mais ce sont aussi des archétypes. Dans les deux
textes, la fusion des amants revêt une dimension universelle et cosmique[28].
Autant d'éléments qui rapprochent les deux œuvres. La seconde sonate
particulièrement fait songer au troisième acte de *Tristan* dans l'expression
du malheur, de l'amour perdu, de la solitude et l'affirmation de l'amour
comme valeur absolue. La proximité de l'amour et de la mort est au cœur
de ces sonates. Il faut souligner les éléments communs des deux univers
même si le propos en est éloigné (ce n'est pas ici la question des deux
amants face au monde mais les rapports de l'âme et de l'amour). Mais le
plus original est le style lui-même. Dans *Tristan*, Wagner utilise des vers
très courts, parfois composés d'un seul mot. Il joue avec les sonorités, les
répétitions, autant d'éléments que l'on retrouve dans ces textes de *Psyché*.

LES AMANTS DIVINS

Les deux mythes sont très différents mais ils présentent des similitudes
et il n'est pas étonnant qu'un wagnérien comme Suarès songe à *Tristan*
lorsqu'il écrit son propre grand poème de l'Amour, même si le sujet est
emprunté à la mythologie gréco-latine. On trouve à la fois l'expression
d'un amour sublime au point d'en appeler à l'univers entier et l'expression
d'une grande douleur, celle d'une séparation inévitable. Le sublime amour
et l'insondable désespoir sont mêlés. Dans l'opéra, le second acte se construit autour d'une immense scène amoureuse, et le troisième est tout empli
du désespoir de Tristan qui le conduira à la mort. Ce sont sûrement les
deux caractéristiques principales des deux textes et leur point de rencontre.
Psyché affirme la puissance de son amour et se trouve seule face à la cruauté du monde qui lui impose la séparation d'avec l'être aimé :

28.　f° 23 : « Qu'en nous l'âme du monde se fit alors surprendre ».

f.	Pars, cruel
pp.	va .. où ta félicité t'appelle.
f.	Pars, .. et laisse-moi à mon martyre, ..
pp.	car aimer c'est souffrir, – et chérir sa souffrance.
f.	Pars, .. emporte avec toi-même mon espérance.

Ne laisse rien de toi, ni de moi : – ce fut Nous.
       Le désir de la mort est encore plus doux
       Que l'espoir de rentrer dans ce qu'on a perdu[29].

L'autre grand point commun est l'aspiration à la mort face à l'impossibilité de vivre avec l'être aimé. L'amour est la valeur absolue comme dans cet extrait de *Douleur de Psyché* :

All° mod° . – f   — Non, non, c'est à jamais que j'aime[30].
                Non, l'Amour est mon Roi, l'Amour est
       mon royaume.
                puisque j'ai voulu vivre
                je veux mourir d'aimer
                plutôt que vivre et n'aimer pas.

Plus loin, elle prend l'univers à témoin. Comme dans *Tristan,* l'amour et la séparation sont les éléments inéluctables d'une loi universelle. Psyché se heurte à un monde cruel et sanguinaire qui se nourrit de la douleur des êtres, comme dans ce passage où sa douleur nourrit « un monde triomphant que rien n'arrête » :

III
Psyché

Récit. –	
Méditation..	
Adagio	
ff.	.. Que je t'aime, Ô mon amour, que je t'aime !

Tu me sembles lui en porter la belle nouvelle,
                Ô monde triomphant que rien n'arrête
                et où tout doit ou haïr ou aimer.
       Ha, gloire de ne jamais oublier,
                à quel prix je t'achète,
                à quel prix, et par quel sanglant prestige
                dois-je te conserver
       que de moi-même incessamment, je te nourrisse ?
       Hélas, je me vois seule et je dois l'être.
       Je n'étais plus que lui : sans lui que suis-je ?
       Je ne sens plus en moi que le reste d'un reste.
       Et je ne serais rien si je ne souffrais pas.

---

29.   [Ms. Ms. 43.006[11]].
30.   [Ms. Ms. 43.006[16]] et [Ms. Ms. 43.006[17]].

Quelques images retiennent particulièrement l'attention. Celle du philtre par exemple. Suarès l'utilise à propos d'un baiser échangé dans la troisième sonate. Dans un contexte très différent de l'œuvre de Wagner, le philtre n'est pas à l'origine de l'amour mais un signe de réconciliation, de retrouvailles. La page est d'une grande beauté et d'une grande intensité[31]. Le caractère royal de Psyché telle qu'elle apparaît ici la rapproche plus encore de « la fille d'Érin », Isolde, comme le terme d'*Hydromel* renvoie également à un univers celtique proche de *Tristan*. Comme dans *Tristan*, le philtre est aussi bien lié à la mort qu'à la vie et à l'amour :

Viens, voici le breuvage d'amour,
et de l'Innocente Tendresse,
le parfait Hydromel qui donne
la mort à la mort, et la vie à la vie,
celui
par qui l'on meurt où l'on n'est point,
pour revivre où l'on aime,
Viens, viens le boire au verre
des fiançailles éternelles,
viens le boire à la coupe
de mes loyales lèvres.

Lui.
Ô délicieuse, sur ta bouche,
sur tes lèvres, dis-tu Ô Reine ?

Elle.
Sur la bouche, sur la Tienne,
Ô mon esclave-Roi,
Sur les lèvres, Ô toi.
Donne, donne tes lèvres,
j'y veux mettre des sceaux,
et des signes de ciel,
et des mots d'éternelle
félicité,
qui vont faire lever
d'innombrables soleils,
des feux et des planètes, au pur verso
de tes maux rachetés.

Lui.

Hélas, hélas,

Presto. FF
Rythmé par les cuivres

---

31.   [Ms. Ms. 42.971[12]] (recto).

> Ô mot
> Ô souffle
> de la parfaite
> félicité.

Ce texte est très exalté. Nous ne sommes pas uniquement dans le monde de *Tristan*. Le retour de l'amant fait songer au final de *Siegfried* dans lequel les deux amants en appellent aux dieux, au cosmos, au soleil. L'Aube nouvelle qu'ils saluent est aussi un appel à la mort. Dans ce final de la troisième sonate, on remarquera l'embrasement général, y compris des indications musicales de la marge qui s'emballent : « Presto, ff., Rythmé par les cuivres, puis, Vite et fort » (f° 18).

On peut mettre en regard deux textes. L'un est l'éveil de Brünnhilde au final de *Siegfried*. Elle salue l'Aube, en appelle aux dieux. Elle s'éveille après un long sommeil durant lequel elle attendait Siegfried. Siegfried à son tour salue le monde en même temps que Brünnhilde. L'autre est un extrait de la dernière sonate :

Salut, aube du jour, qui met fin pour nous à tous les jours, Salut, pudeur divine, divin silence de l'infini qui recommence, après l'horrible attente de cette lente nuit, Salut, lever du renouveau céleste des Amis, Ô reprise de l'infini qui s'élance, et lève l'ancre, dans la rade voilée, au départ matinal des amants qui s'adorent[32].	Rire, c'est là Ce qu'éveille ta joie ! Brünnhilde vit, Brünnhilde rit ! Gloire au jour Qui, sur notre front, Rayonne ! Gloire à l'œil ardent du soleil ! Gloire à l'aube Qui sort de la nuit ! Gloire au monde Où Brünnhilde vit ! Debout ! Vivante ! Son rire m'accueille ! Claire étoile, Brünnhilde luit ! Elle est à moi, À tout jamais, Mon bien suprême Seule, et toute ! Flamme d'amour ! Joie de la mort[33] !

---

32.   [Ms. Ms. 42.971²⁵].
33.   Trad. Alfred Ernst, *Livrets d'Opéra*, Robert Laffont, « Bouquins », 1991.

On remarquera également la dimension rédemptrice de l'amour qui s'exprime chez Suarès avec des formules toutes *parsifaliennes* comme celle-ci qui rappelle la fameuse *Rédemption au Rédempteur* qui termine l'opéra :

> Toujours l'amour aimé est le Sauveur sauvé.

Mais pour mieux comprendre la relation avec *Tristan* il nous faut nous arrêter un moment sur l'écriture même du poème de Wagner.

LE STYLE DE TRISTAN

On remarquera dans ces textes de Suarès la légèreté des vers, et on sera peut-être surpris d'une référence musicale à Wagner. Pourtant, Wagner n'est pas tout entier dans les pages extrêmes et hors normes de la chevauchée des Walkyries ou du *Crépuscule des Dieux*. Il faut plutôt chercher les références musicales du côté de *Parsifal* ou de *Tristan*, s'intéresser au Wagner annonciateur de Debussy, celui de la grandeur, certes, mais aussi de la transparence de l'orchestre. Certains interprètes comme Herbert von Karajan ou, dans une esthétique très différente, Pierre Boulez, ont su mettre en valeur cet aspect de sa musique.

D'autre part, si l'on s'intéresse en général beaucoup à sa dramaturgie, on oublie trop souvent l'aspect poétique de son écriture. Sa qualité littéraire est diversement jugée. On remarque généralement l'importance qu'il accorde aux allitérations plutôt qu'aux formes classiques et aux rimes[34]. On insiste moins souvent sur sa préférence, en tout cas dans *Tristan* et certains passages de la *Tétralogie*, pour les vers courts voire les simples mots. Voilà ce qu'André Miquel (auteur d'une très belle et très élégante traduction) écrit de *Tristan*[35] :

> Inégal, peut-être, mais toujours signé d'une double intention : de forme, pour accorder ses accents à la musique, de contenu, pour accorder l'expression à tous les mouvements du cœur. La première de ces intentions intéresserait, au moins autant que nous, le musicologue : à lui, en tout cas de déchiffrer les rapports que la partition peut entre-

---

34. C'est le cas dans ce court passage du premier acte :
    « Mir erkoren,
    Mir verloren,
    Hehr und heil,
    Todgeweihtes Haupt !
    Todgeweihtes Herz ».
35. Richard Wagner, *Tristan et Isolde*, traduction d'André Miquel, Paris, Gallimard, « Folio Théâtre », 1996.

tenir avec le système des rimes ou assonances, la scansion des vers, généralement brefs, dont la mesure, la disposition portent déjà, ici où là, les formes d'une musique en train de naître.

André Miquel enrichit sa traduction de nombreuses notes et de commentaires sur les difficultés de traduction. Il signale particulièrement l'invention de mots, la liberté dans les constructions de phrases et, en général, l'utilisation de « mots brefs, ramassés », typiques de la langue allemande, et dont précise-t-il « le français a peine, bien souvent, à conserver la quantité syllabique ». À propos de la mort d'Isolde il écrit :

> Ce superbe morceau d'anthologie musicale est aussi le lieu d'une recherche textuelle constante. Notamment à partir du moment où le délire d'Isolde passe à une exaltation supérieure et qui ne se démentira plus (vers 104 et suivants).

Il relève plusieurs caractéristiques de ce long monologue d'Isolde et insiste sur la brièveté des vers qui sont aussi « remarquablement égaux » : le plus souvent de trois syllabes avec parfois une syllabe finale non accentuée. Les autres ont quatre ou cinq syllabes (7 vers sur 54), et on trouve deux hexasyllabes (vers 140 et 141) et deux vers ultra brefs (144-145 : ertrinken / versinken). Il utilise un seul mot dans les dernier vers :

Ertrinken,	chavirer…
versinken –	s'abîmer…
unbewusst –	n'être plus rien à soi…
höchste Lust !	joie souveraine… joie !

Outre ces vers très courts, Wagner a souvent recours aux diverses formes de répétitions comme dans l'extrait qui suit : répétition des constructions syntaxiques (soll ich…), de mêmes sonorités, de mêmes formes (l'infinitif en fin de vers) ce qui contribue à une intensification de l'émotion et du sentiment en accord avec la musique qui avance par vagues en reprenant un même thème :

soll ich atmen,	Me faut-il respirer ?
soll ich lauschen ?	Me faut-il écouter ?
Soll ich schlürfen,	Me faut-il savourer,
Untertauchen ?	me noyer, m'engloutir ?

On ne peut comparer deux types de poésie, qui obéissent dans leurs langues à des lois très différentes. Cependant, il faut noter quelque chose de très important. Lorsqu'on s'intéresse au *wagnérisme* d'un texte, on relève le plus souvent le caractère *émotionnel*, la charge voire la surcharge émotive, les figures d'exagération, de renchérissement, tout ce qui est de l'ordre du superlatif, rarement la sobriété de l'écriture. Or, il existe un style propre à *Tristan* que Suarès connaissait bien et auquel il faut se reporter. Il semble que cet aspect de l'écriture de Wagner ait beaucoup plus intéressé Suarès que n'importe quel autre écrivain. L'immense émotion et l'intense lyrisme qui se dégage de cette œuvre vont de pair avec une recherche stylistique qui est souvent de l'ordre du minimalisme. C'est un élément très important du wagnérisme suarésien tel qu'il apparaît dans ses premiers textes poétiques.

Il faut noter aussi que cette écriture wagnérienne est particulièrement liée à *Tristan*. Pour illustrer rapidement ce propos il suffit de relire quelques vers de *Lohengrin* comme le début du *Récit du Graal* du troisième acte par exemple, qui présente une écriture très classique, très régulière, avec des rimes croisées, une écriture beaucoup plus rigide et conventionnelle dans la forme (en dehors du fait qu'il serait hasardeux de comparer l'univers extatique de la mort d'Isolde à celui d'un récit comme c'est le cas ici) :

> In fernem Land, unnahbar Schritten,
> liegt eine Burg, die Monsalvat genannt :
> ein lichter Tempfel stehet dort inmitten,
> so kostbar, als auf Erden nichts bekannt

Pour plus de clarté nous citons plus loin un extrait de la mort d'Isolde en allemand accompagné de la traduction d'André Miquel.

De ce point de vue particulier, le « lied de la langueur[36] » est révélateur de l'écriture poétique de Suarès de la fin du dix-neuvième siècle. Il utilise des vers très courts en général de trois ou quatre syllabes pas plus (ici de trois). Les mots qui les composent n'ont qu'une seule syllabe ou deux. Suarès y ajoute des indications musicales de rythme et d'intonation. On trouve même dans ses carnets des remarques dans lesquelles il dit vouloir utiliser les mots comme des notes. Pour simplifier le propos, il rêve d'une écriture dans laquelle les monosyllabes correspondraient à des noires et les mots de deux syllabes correspondraient aux blanches. Il fait référence également à la poésie antique qu'il voudrait retrouver dans son alternance de syllabes longues ou brèves. De plus, et c'est une autre caractéristique des écrits de cette époque, il joue avec les répétitions de mots ou de sonorités pour créer un rythme particulier. Enfin, comme dans le texte précédent, des indications rythmiques indiquent ici que la lecture doit aller accelerando et que la voix doit se faire de plus en plus forte :

---

36. Cahier n°5 – [Ms. 1376].

Sempre pp.	je languis dans le jour je languis dans la nuit
	je languis dans l'amour je languis dans l'envie
	je languis dans ma fleur je languis dans les pleurs
cress°	je languis dans la fièvre J'ai le cœur sur les lèvres
mF plus vite	La langueur a flétri le doux nid des baisers, sur mes lèvres

Enfin, un dernier élément de l'écriture de *Psyché* renvoie à *Tristan* : le jeu des pronoms et adjectifs pour exprimer la fusion des amants. Les passages les plus révélateurs sont au second acte, dans le grand duo d'amour :

Tristan Je t'ai de nouveau ?	
Isolde T'embrasser, est-ce vrai ?	
Tristan Puis-je m'en croire ?	
Isolde Est-ce vraiment toi que je touche ?	
Tristan Est-ce vraiment toi, là que je vois ? …	
Isolde Mais notre amour	Doch uns're Liebe,

n'a t-il pas nom Tristan et Isolde ?	heisst sie nicht Tristan
Ce tendre petit mot, *et,*	und – Isolde ?
ce qu'il lie,	Dies süsse Wörtlein : und,
le lien d'amour,	was es bindet,
si Tristan mourrait,	der Liebe Bund,
la mort ne le détruirait pas ?	wenn Tristan stürb',
…	zerstört' es nicht der tod ?
À moi, pour toi,	
un pour la fin des temps !	
Acte II, scène 2[37]	

Dans les sonates de Suarès, on retrouve le même procédé pour exprimer la fusion des deux amants, utilisé de façon très subtil et très expressif :

mf		**je** vis, et *tu* n'es plus
	pp	Mais c'est à peine si **je** suis plus que *tu* n'es
Stacc°	*mf*	Ô tremblement de **mes** lèvres
	p	<u>ses</u> lèvres sont inertes
	mf	Ô brûlure de **mes** yeux
	p	**je** ne vois plus les <u>siens</u>
	pp	toute **ma** vie a perdu <u>son</u> sourire
		et <u>ses</u> doubles cieux

LA CHANSON DE PSYCHÉ

Pour conclure, il faut préciser que ce thème est très important pour Suarès qui l'a repris plusieurs fois. Ainsi, il faut mentionner un projet très original, postérieur aux sonates : *Chanson de Psyché*[38]. Il a commencé la rédaction de ce projet resté inédit en 1907 si l'on en croit la lettre inédite à Romain Rolland du 31 juillet 1921 :

> J'ai eu l'idée de ce poème en 1907 ; une partie en fut écrite, l'été suivant […]. *Chanson de Psyché* en resta là plus de quatre ou cinq ans. Vers la fin de 1914, j'en parlai à Péguy. […] Nous étions à peu près d'accord pour publier *Chanson de Psyché* avant la fin de 1914. Mais

---

37. Traduction d'André Miquel, *op. cit.*
38. On peut se servir de la correspondance avec Jacques Doucet pour dater l'écriture de ces textes. Suarès écrit le 10 mai 1922 : « J'ai repris la *Chanson de Psyché*, et je l'achève : c'est une œuvre unique en son genre, qu'elle plaise. Elle ne ressemble à aucune autre. Il y a bien des années que j'y travaille ; je l'ai refaite trois fois. Je n'en ai jamais écrit une ligne que dans la plus pure et la plus sereine émotion. »

l'Août fut la guerre, et la fin des *Cahiers*. Voici donc *Chanson de Psyché* en retard d'un quart de siècle sur l'horaire[39].

La composition musicale est ici très différente. Sur chaque page de droite, on trouve un poème en vers accompagné sur la page de gauche d'un texte en prose, désigné comme « basse continue » et venant commenter le poème. Le poème VIII met en parallèle l'histoire de Psyché et celle de Tristan à travers la figure du roi Marke. Voici ces deux textes qui font partie d'un ensemble inédit de la Bibliothèque Doucet portant le titre de *Chanson de Psyché*[40] :

VIII

Marke

Je cache ma blessure,
Je voile mon tourment ;
En moi l'ami s'assure
Pour torturer l'amant.

Je ne suis qu'une plaie
Que traverse une lance ;
Et je n'ai sur la chair
Que le sel du silence.

Le feu noir de ce sel
Jusqu'à l'âme me brûle ;
Je n'ai plus d'autre ciel
Qu'un rouge crépuscule.

Je dévore mon mal,
Étant celui qui aime ;
Et mon amour fatal
Se préfère à moi-même.

Las, ma vie en suspens
À rien plus ne s'attache
Qu'à ce nœud de serpents[41]

* Roi Marke

D'où, triste cœur sanglant,
Il faut que tu t'arraches.

39.   *Cf.* Yves-Alain Favre, *op. cit.*, p. 324.
40.   [Ms. Ms. 42.960] Ms. autogr. – S.L.n.d. – 75 ff, formats divers, + couv. avec titre m.s.
41.   [Ms. Ms. 42.96045] (recto).

Basse –] Amour, pour donner l'idée de ce qu'il peut être, conte la fable de Tristan à Psyché mais il ne lui dit pas que le roi Marke est un vieillard. Il le montre à Psyché aussi jeune que Tristan son ami. La fatalité de la passion s'ensuit bien plus cruelle.

Et Marke n'est pas moins amant que Tristan peut-être mais de plus, il est l'ami. Et il se tait. Il ne donne pas les mains à la trahison qui le déchire ; mais il la connaît ; il sait que s'il paraît dans cette chambre de feu, rien ne pourra plus contenir l'incendie ; et qu'ils en seront délivrés tous ensemble.

C'est pourquoi il souffre en silence. Le dévouement ne viendra pas de lui qui est la mort désespérée. Il aime trop son ami, tout en le haïssant. Il aime trop sa femme tout en le déplorant. Elle surtout ! Elle innocente malgré tout : car l'amour de l'amante est une ivresse fatale : la folle femme ne trompe pas son mari : elle s'est trompée en se laissant aimer. Marke et Tristan sont également des amants. Mais Tristan ne connaît que lui-même et Marke porte la conscience des trois passions, dans sa grande âme.

Voyez, Psyché ce que la conscience peut faire de l'amour.

Ce texte en deux parties qui se répondent mêle les deux mythes de Tristan et de Psyché auxquels il faut encore ajouter une référence à *Parsifal*. Dans le poème, le roi Marke est assimilé à Amfortas blessé : « Je ne suis qu'une plaie / Que traverse une lance ». Suarès marque ainsi la nature de son amour. Le Graal dévoilé apporte à la fois la régénération et l'extrême douleur à Amfortas, le roi pêcheur. De la même façon, l'amour est le cœur de l'existence du roi Marke en même temps qu'il est la cause de sa plus intime douleur : « Las, ma vie en suspens / À rien de plus ne s'attache / Qu'à ce nœud de serpents. » Ainsi est la double nature de l'Amour. C'est ce que développe le commentaire contenu dans la « Basse continue ». Suarès imagine qu'Amour, pour expliquer plus sûrement sa véritable nature à Psyché, lui raconte l'histoire de Tristan et du Roi Marke : « Amour, pour donner l'idée de ce qu'il peut être, conte la fable de Tristan à Psyché ». La figure la plus importante est celle du roi Marke car le monarque possède la conscience complète de la nature de l'amour qui existe entre chacun des personnages : l'amitié qu'il éprouve pour Tristan, son amour pour Isolde et la passion des deux amants. Ainsi, il est une figure plus forte que celle de Tristan qui « ne connaît que lui-même ». Au contraire, Marke porte « la conscience des trois passions, dans sa grande âme ». Suarès aime l'imaginer jeune. Non comme un mari et un roi âgé, mais aussi jeune que Tristan et amant comme lui. Sa grandeur n'en est que plus admirable.

Dans cette figure de Marke, se trouve révélée sa vraie nature. C'est la conclusion d'Amour pour Psyché : « Voyez Psyché ce que la conscience peut faire de l'amour ».

On voit bien ici deux éléments importants. D'abord, André Suarès est profondément marqué par le symbolisme, la poésie de Mallarmé et les tentatives du temps pour lier musique et littérature. Et pourtant, il conserve une profonde originalité. Ses sonates de *Psyché Martyre* sont très différentes des textes produits par les wagnéristes de la *Revue wagnérienne* par exemple. Ce qu'il retient de Wagner contraste avec l'image qu'on en a habituellement. Sa grande connaissance du livret de *Tristan* en particulier lui permet d'explorer des voies originales. Pour mieux percevoir l'influence de l'écriture wagnérienne du livret de *Tristan*, et pour mieux illustrer nos précédentes remarques, nous reproduisons ici le texte de la mort d'Isolde ainsi que la belle traduction par André Miquel.

LA MORT D'ISOLDE

(Derniers vers)
Trad. André Miquel.

Höre ich nur	Suis-je seule à entendre
diese Weise,	cette chanson
die so wunder –	prodigue, tout bas,
voll und leise,	de tant de merveilles,
Wonne klagend,	cette plainte de joie
alles sagend,	qui sait si bien tout dire,
mild verdöhnend	douce paix reconquise
aus ihm tönend,	dont les échos jaillissent
in mich dringet,	hors de lui, m'investissent,
auf sich schwinget,	s'arrachent d'ici-bas,
hold erhallend,	en suave musique
um mich klinget ?	qui vibre autour de moi ?
Heller schallend,	Ces bruits toujours plus clairs,
mich umwallend	dont le flot m'enveloppe,
sind es Wellen,	sont-ils houle qui portent
sanfter Lüfte ?	les caresses de l'air ?
Sind es Wogen	Ou bien encor les vagues
wonniger Düfte ?	d'ensorcelants effluves ?
Wie sie schwellen,	Elles s'enflent et s'enflent,
mich umrauschen,	autour de moi murmurent !
soll ich atmen,	Me faut-il respirer ?
soll ich lauschen ?	Me faut-il écouter ?
Soll ich Schlürfen ?	Me faut-il savourer,
Untertauchen ?	me noyer, m'engloutir ?
Süss in Düften	En brises embaumées
mich verhauchen ?	doucement me détruire ?
In dem wogenden Schwall,	Dans la plénitude du flot,
in dem tönenden Schwall,	dans le bruissement des échos,
in des Welt-Atems	dans le souffle absolu
wehendem All –	où s'exhale le monde,
ertrinken,	chavirer…
versinken –	s'abîmer…
unbewusst –	n'être plus rien à soi…
höchste Lust !	joie souveraine… Joie !

Chapitre 2

LYLIAN OU LES *PEINES D'AMOUR*

A. Composition du manuscrit

Lylian ou *Peines d'Amour* est un recueil de textes poétiques postérieur de peu à *Psyché* et dont on peut dater la fin de la rédaction entre 1893 et 1894. Suarès écrit à Romain Rolland le samedi saint 1894 :

> On édite en ce moment un livre de moi [...]. Le livre se nomme *Peines d'Amour*. C'est une suite de poésies, liées de très près entre elles ; et, à elles toutes un poème[1].

Yves-Alain Favre affirme dans sa thèse qu'il existe dans le fonds Doucet le prélude (*Les Jardins d'Amour*, 40 poèmes, 58 folios), une liasse de 34 poèmes et une autre de 62. Nous avons retrouvé *Les Jardins d'Amour*[2] et *La Mort d'Amour*[3] mais cela ne fait pas le compte. Ajoutons que le premier est un ensemble complet et lisible alors que le second est constitué de petits feuillets non classés, pas toujours lisibles et souvent inachevés. Peut-être découvrira-t-on d'autres documents plus avancés. L'ensemble disponible actuellement est assez conséquent pour en envisager une présentation. *Peines d'Amour* n'a jamais été publié. Marcel Dietschy rapporte que Suarès avait envisagé de le faire à compte d'auteur mais Maurice Pottecher le dissuada de publier un poème qui devait constituer un ensemble de quelque six cents pages et de se faire mille francs de dettes !

Lylian est dans la veine des sonates de *Psyché*. Le thème en est l'amour et le combat du cœur et de l'âme. Les textes sont autant d'étapes sur le chemin intérieur de Lylian. Il aspire à un amour inaccessible et idéal. Les textes sont le reflet de ses sentiments, de ses réflexions qui le mènent de l'espoir au désespoir, puis vers l'aspiration à la mort.

---

1.   Lettre citée par Yves-Alain Favre, *op. cit.*, p. 37.
2.   Ms. autogr. – S.L.n.d. – 280 X 220, 64 ff. [Ms. Ms. 42.973].
3.   Ms. autogr. – S.L.n.d. 27 ff. Série [Ms. Ms. 43.015].

Dans le prélude, Lylian se prosterne devant les portes du jardin d'amour tel un pèlerin :

> Lylian s'offre tout entier à l'Amour
> et à la Mort : il se prosterne avec
> Humilité dans le don de soi-même ;
> pareil à qui s'agenouille sur le seuil
> du temple atteint après bien des routes.

L'ensemble est très symboliste, Lylian apparaît comme un personnage androgyne, asexué, évanescent, qui s'offre à l'amour dans un demi-évanouissement. Dans le poème XXVI, il est comparé à une jeune fille :

> Telle une chaste jeune fille, songeant à son ami, sans savoir ce qu'elle craint, et le souhaitant à son insu peut-être, le cœur traversé soudain par un souci plus aigu qu'une flèche, – s'assied pleine de trouble sur l'herbe de la colline : au-dessus de son front s'élèvent des lauriers, pâle et verte de leur ombre, elle laisse ses yeux errer au loin ; ses beaux cheveux tombent sans force sur son cou de cygne ; elle tient sa tête brûlante et lourde dans sa main : et elle ne se dit rien, sinon qu'elle aime, et qu'elle sent la douleur venir à elle.

Lylian s'adresse à la reine de ces jardins qui apparaît elle-même comme une fleur (poème IV). La femme est très idéalisée :

> Ô   toi, qui es la femme,
> et ma terre d'amour :
>   je t'aime sans retour :
> on n'a jamais qu'une âme.
>
> [...]
>
> Qui   aime cette fleur
> immortelle, une femme,
> boit le suc de son âme
> dans la coupe du cœur.

Mais Lylian est anéanti par l'amour. Les jardins sont éloignés des simples plaisirs de la terre et leur cime est trop loin « au-dessus de la plaine. Et sa grande ombre même assombrit les Humbles plaisirs d'en bas ». Ce premier moment (jusqu'à la section VI) est la victoire du cœur. Lylian raille alors la *pénitence* : « la discipline et le jeûne ne vainquent que ceux qui naquirent vaincus. » Le texte VI, méditation du cœur, exprime l'inutilité de la lutte sur un rythme annoncé *lento ma non troppo* :

> À quoi sert de lutter ?
> La pénitence
> Taille la volupté
> pour sa croissance.

> Tous tes vices, mon cœur,
> n'en sont rien que la vie :
> Si l'on s'en rend vainqueur,
> elle est anéantie.

Ensuite, à partir du VII, commence la lutte entre le cœur et l'âme ainsi présentée :

> L'âme altière, vierge qui a horreur de tout ce qui la trouble, qui veut être sereine et libre, qui s'arme contre toute faiblesse, commence contre le cœur cette rude guerre qui doit finir par la mort de l'un ou de l'autre.

Lylian est au centre de ce combat qui ne peut promettre que la souffrance : « Ô Lylian, tu es né pour souffrir, victime ou de l'Idéal ou de la passion des créatures » souligne le commentaire. Ce texte s'oppose au précédent, il est l'expression de l'Âme (passage marqué *andante vivo*) :

> Regarde au fond de toi,
> mon cœur : vois ta misère.
> Vois quel vide est la loi
> du ciel et de la terre :
> regarde au fond de tout
> pour tout prendre en dégoût.

L'Âme rappelle à Lylian le néant de l'être :

> Le ciel n'est rien,
> et Tu veux être.
> Ô Homme ! Ô chien
> qui fait le maître.

La leçon est la souffrance infinie de l'univers et de toute créature :

> Vois le néant.
> Vois le silence
> de l'infini.

> Il n'est qu'un bruit
> dans l'univers :
> et c'est le chant
> de sa souffrance.

Les deux chants du cœur et de l'âme s'opposent dans les deux dernières
strophes du poème VII :

> Le Cœur crie dans un transport de peine :

> «   laisse-moi fuir :
>   je souffre trop ;
>   je pends au crocs
>   de la vie.

>   Je veux mourir,
>   je veux l'oubli,
>   et le repos. »

> L'Âme reprend avec une fermeté cruelle :

> «   C'est là ce rêve :
>   Tant qu'il dure, souffrir,
>   souffrir sans trêve
>   pour qu'il s'achève. »

Lylian est toujours attiré par le jardin d'amour mais les portes lui restent
fermées. Il est à la fois plein d'espoir et de doutes. Les poèmes qui suivent expriment la langueur de Lylian, son attente devant les portes,
son espoir, sa mélancolie, le désespoir enfin. La nuit se fait protectrice (XIV),
le crépuscule consolateur, dans une atmosphère proche du romantisme
allemand de Novalis et de l'univers de *Tristan* :

> Ô crépuscule,
> ondoie de larmes
> l'âme qui brûle
> dans les alarmes
> de l'Amour.

> Bonnes ténèbres,
> faites des langes
> d'enfant blessé
> au cœur que mange
> la douleur.

> [...]

La nuit de *Tristan* est tout aussi protectrice. Les deux amants l'appellent ensemble au second acte[4] :

> Oh ! sombre et viens à moi,
> nuit de l'amour !
> Fais-moi oublier
> que je vis ;
> enlève-moi
> en ton sein,
> délie-moi
> de ce monde !

La pensée du jeune homme vole au-dessus de la clôture cruelle et il aperçoit quelques-unes « des délicieuses perfections de sa Reine » et d'abord, son rire « pareil à la bande naïve des anges joyeux, qui s'élance hors du nid » (XV). Ce poème XV revêt à la fois un caractère sacré et amoureux. Lylian offre son sang à sa Reine dans un geste christique. La Reine est invitée à le boire :

> <u>Allegro</u>
>
> Je laisse aux vains
>   les choses vaines.
>   Voici mon cœur,
>   lave tes mains,
>   du sang qui t'aime.
>
> Si tu as faim,
>   Ô chère Reine,
>   Prends-moi mon cœur,
>   et bois le vin
>   du sang qui t'aime.
>
> Rire divin
>   qui broie mon cœur,
>   ris, Ô ma reine !
>   mêle ton grain
>   au sang qui t'aime.
>
> Je laisse aux vains
>   les choses vaines.

La peine d'amour de Lylian lui est plus chère que tout. L'amour le fait vivre autant qu'il le fait souffrir. Il est un « mal sacré » (XVIII) dans le-

---

4.   *Tristan et Isolde*, texte présenté, traduit et annoté par André Miquel, *op. cit.*, acte II, scène 2.

quel il se complaît même en l'absence de sa reine. Ce poème est plein de sensualité et Lylian tout abandon :

Andantino vivo

> La caresse
> des sens
> si vive et douce
> me pénètre

Plus loin, le sang est celui de la jeunesse et du printemps :

> C'est l'ivresse
> du sang,
> et qui le pousse
> à jaillir innocemment
> comme un fruit en sa gousse..

Le thème du sang est ici très important. Il est tour à tour le sang de la jeunesse et de la nature, celui qui « jaillit innocemment », le sang de la vie et du désir et le sang du Graal, celui qu'on offre en sacrifice (« bois le sang du vin qui t'aime »).

Enfin, des passants le trouvent au matin, à demi évanoui près du parc où il passe sa vie et attend sa Reine depuis qu'il est enfant (XXXIV). Il en appelle à la mort. Le dernier texte est un dernier appel à sa reine. Il y exprime sa seule raison d'être et la cause de son désespoir (XL) :

Andante Mosso

> Amour, bonheur suprême,
> et suprême martyre !

> Le mot divin « Je t'aime »
> coule en vain dans mes veines ;
> en vain je suis la lyre
> où le divin « je t'aime »
> vibre et chante sans fin,
> ce mot du cœur, son pain,
> Tu ne sais pas le dire,
> Ô rose souveraine,
> reine de mon martyre..

> Amour, bonheur suprême
> et suprême martyre.

La Mort d'Amour montre un *Lylian* agité, en proie à la fièvre et au délire. Des indications dans la marge donnent le ton : « frissons, Abîme ». Le premier poème retrouvé porte ce même titre d'*Abîme*. Son thème en est l'angoisse liée au désir. L'âme est « mise en croix », « l'animalité en fait sa chaude proie », Lylian « sen[t] battre [son] cœur d'extase sous les serres ». Les images se font marines. Lylian « suit le flux de la mer et des étoiles ». Il est sur « une galère » et « contemple les vagues » dit le commentaire sans qu'on en sache davantage car il manque des textes. Plus loin, il semble que ce soit une métaphore plus qu'une indication de lieu : une remarque dans la marge parle du « vent du passé [qui] enfle les voiles d'un souffle irrésistible – et la nef de la vie court… ». La vie ne peut se concevoir que par l'amour mais l'amour est la source de la souffrance. Il ne semble pas y avoir de rédemption pour Lylian dans ce recueil de textes.

Comme dans les sonates de *Psyché*, Suarès utilise des indications musicales dans la marge. Toutefois, il ne donne plus qu'une seule indication de tempo par poème. Le procédé se fait donc plus discret. Le texte lui-même est plus sobre dans ses effets mais tout aussi lyrique.

B. Les références wagnériennes

TANNHÄUSER *ET* PARSIFAL

Les références wagnériennes sont nombreuses quoiqu'assez mêlées et diffuses. La construction du texte est très libre, il n'y a pas à proprement parler « d'histoire ». Il s'agit plutôt d'*évocations*. L'ensemble se déroule comme un thème musical à travers de multiples variations : les sentiments de Lylian s'expriment, se développent, puis se fondent dans un nouveau thème. Celui du jardin d'amour renvoie directement à *Tannhäuser* et *Parsifal*. Dans *Tannhäuser*, le héros est au royaume de Vénus (Venusberg) et s'adonne à tous les plaisirs. Puis il pense au monde des hommes qu'il a abandonné et à l'amour pur qu'il éprouvait autrefois pour Élisabeth. L'opposition de l'âme et du cœur dans le texte de Suarès fait écho à celle qui existe chez Wagner entre les deux formes d'amour. Dans *Lylian* le jardin d'amour est le lieu de tous les délices :

Larghetto

Je vous porte
à genoux
le grand lys
de mon âme,

Ô vous, portes
de délices,

> de supplices
> et de flamme !
>
> Devant vous
>   je l'incline,
>   dépouillé
>
>   de feuillage
>   et mouillé
>   par les larmes...

Comme Tannhäuser, Lylian prend conscience que la puissance de son désir l'a isolé du monde :

> Lylian réfléchit à cette grande possession d'Amour, qui ne laisse plus rien à l'Amant de sa vie ni de sa personne même. Il ne voit que son Amour ; il n'entend que lui ; il ne veut que selon le vouloir de cet Amour. Ainsi sa vie est à la fois multipliée et anéantie : elle est hors de lui-même, et pareille à un asyle béni au Haut d'une montagne sublime : là est la joie ; là est le bonheur ; là est la paix du rêve. Mais, hélas, que la cime est loin au-dessus de la plaine ! Et sa grande ombre même assombrit tous les Humbles plaisirs d'en bas.

La situation de Lylian n'est pas éloignée de celle de Tannhäuser à la différence qu'il veut entrer dans le jardin d'amour. Tout le texte exprime ce désir absolu et l'impossibilité de le réaliser ainsi que le combat qui a lieu dans son esprit.

Le jardin d'amour fait aussi référence à *Parsifal*. Le second acte du drame wagnérien se déroule dans le jardin enchanté de Klingsor et Parsifal est entouré des *filles-fleurs,* créatures invoquées par le magicien maléfique pour séduire le « chaste fol ». La « reine » de ce jardin est Kundry qui apparaît étendue sur un lit de fleurs. Parsifal est alors confronté à la puissance de sa séduction et l'illusion de son charme qui s'oppose au sentiment de pitié qu'il ressent pour Amfortas, le roi pêcheur. Parsifal est la proie de deux sentiments opposés. Le désir et la pitié. Le désir le soumet aux volontés de Kundry. La pitié[5] lui permet d'accéder à la connaissance par la conscience de la douleur fondamentale du monde. Lylian est écartelé entre son âme qui recherche la sérénité et son cœur qui le rend esclave de ses sentiments : « l'âme altière, vierge qui a horreur de tout ce qui la trouble, qui veut être sereine, et libre, qui s'arme contre toute fai-

---

5.   Il faut entendre ce terme de *pitié* dans son sens le plus noble et sa dimension philosophique : la pitié est la conscience de la souffrance du monde, connaissance suprême de la nature de l'univers en même temps que participation à cette souffrance universelle.

blesse, commence contre le cœur cette rude guerre qui doit finir par la mort de l'un ou de l'autre ; ô Lylian, tu es né pour souffrir, victime ou de l'Idéal ou de la passion des créatures[6] ». Suarès ne reprend pas directement des éléments des textes de Wagner. Cependant, l'opposition de l'âme et du cœur, la connaissance par la pitié de la douleur du monde, le thème du jardin d'amour renvoient à un même imaginaire.

L'IMAGE DE LA LANCE

Le rapprochement avec *Parsifal* se fait de façon plus directe dans *La Mort d'Amour*. Lylian vit un supplice, il ne parvient pas à mourir mais il recherche la mort. Il ne peut vivre sans amour mais son amour est source d'une terrible souffrance. Lylian est assimilé à Amfortas, blessé par la lance, image absolue de l'être souffrant :

Lyl = II/ XV à XX

Lylian
voit que la vie d'amour
n'admet aucun partage.
Ou aimer et vivre, ou
mourir. – Le reste
est si vain qu'il
vient un temps
où on perd le
sens même de
l'habitude.

———

Lento Assai

Je ne sais que penser,
ni même si je pense :
d'une seule souffrance
tout mon être est percé.

Je ne vois que la lance
dont j'ai été blessé ;
et comme un insensé
sur le fer je m'élance.

———

6.   *Les Jardins d'Amour*, VII, folio 16.

> Si je fus offensé
>   j'en adore l'offense,
>   et vis pour l'encenser.

> Mais je sens ma démence,
>   et qu'amour m'a lancé
>   aux bords désespérés

> De cette mer immense
>   où le cœur lacéré
>   *aux flots de la souffrance.

---

* flotte dans la souffrance

Cette image de la lance est ici *absolue* dans le sens où aucune lance n'existe dans cette histoire (« Je ne vois que la lance / dont j'ai été blessé »). Loin de condamner la source de sa souffrance, il la recherche au contraire car elle est la nature même de son être :

> comme un insensé
> sur le fer je m'élance.

> [...]

> Si j'en fus offensé,
>   j'en adore l'offense
>   et vis pour l'encenser.

Cet amour est à la fois le sens de sa vie et la cause de sa plus grande souffrance.

> Mais je sens ma démence
>   et qu'amour m'a lancé
>   aux bords désespérés
> De cette mer immense
>   où le cœur lacéré
>   aux flots de la souffrance.

Comme dans Wagner, la lance est à la fois instrument de damnation et moyen de rédemption sans qu'on trouve chez Suarès les références christiques auxquelles elle est habituellement liée. Les textes retrouvés pour le moment ne permettent pas de savoir s'il existe une rédemption pour ce « roi pêcheur » qu'est ici Lylian. Ce poème est en quelque sorte une *clef* de lecture dans une perspective wagnérienne en assimilant Lylian à Amfortas.

TRISTAN

Enfin, la dernière référence est celle de *Tristan*. Wagner présente ainsi le cœur de son sujet après que Tristan et Isolde ont bu le philtre d'amour :

> La langueur, le désir ardent, l'ivresse et les tourments de l'amour n'eurent alors plus de fin : monde, puissance, gloire, splendeur, honneur, esprit chevaleresque, fidélité, amitié moururent, tel un rêve illusoire ; seule une chose survivait : le désir, le désir inextinguible, qui s'engendre éternellement de lui-même – les langueurs et désirs ; seule délivrance – la mort, périr, ne plus se réveiller[7].

Le programme des deux œuvres est proche, les poèmes de Lylian décrivent les tourments de l'amour, les douleurs de l'absence, la folie du désir et l'aspiration à la mort. Le titre même de la dernière partie *Mort d'Amour*, renvoie à l'univers wagnérien et à la mort extatique d'Isolde. D'autre part, l'univers de la *Mort d'Amour* comme celui de l'œuvre wagnérienne est un univers marin. Le premier acte de *Tristan* se passe sur le bateau qui conduit Isolde vers le roi Marke son futur époux ; au troisième acte, Tristan attend Isolde en guettant l'approche de son bateau. La mer, dans *Tristan*, c'est à la fois l'immensité du désir humain et l'expression du plus grand mysticisme. On se doit de citer l'expression de Romain Rolland pour désigner l'émotion mystique face à l'univers infini : « le sentiment océanique ». Dans *Tristan*, la mer, c'est aussi le flot ininterrompu de la musique. La douleur de Lylian, son appel à la mort, l'expression de son désir inassouvi, tout cela mêlé aux images de la mer ainsi que les indications musicales, renvoient plus sûrement à *Tristan* que ne le feraient la reprise de noms ou d'autres éléments anecdotiques.

Dans les textes X à XV, Lylian apparaît sur une galère et contemple les vagues qui « se dressent devant la proue », « riantes et gracieuses ». L'immensité marine se joint à celle du ciel nocturne : « il suit le flux de la mer des étoiles, et il se souvient ». Les textes X à XV sont sous-titrés *Mer d'amour*. Pour autant, on ne trouvera pas trace de références à un voyage précis, il s'agit plutôt d'un univers symbolique.

Dans le texte qui suit, Lylian est la proie de la fièvre et du délire. Tous ces éléments nous rappellent le troisième acte de *Tristan*. Mourant et en proie au délire, le héros guette en vain la voile qui annoncerait l'arrivée d'Isolde. Lylian, au fort de sa fièvre, lassé de souffrir, éprouve le désir de se laisser glisser vers le néant, en abandonnant toute lutte. Ce repos qu'il

---

7. Cité par Carl Dahlhaus, *Les Drames musicaux de Richard Wagner*, Mardaga, 1971.

veut goûter le mène à la mort. Et l'on voit dans ce texte, la nuance piano se transforme en pianissimo, puis en triple piano. Ce lent diminuendo est ponctué par deux moments mezzo forte puis forte :

p	Dans mon cœur plus de bruit,
	la torpeur de la nuit :
mf	j'étouffe ! je me meurs !
pp	c'est le rêve de l'eau
	c'est le rêve de l'onde…
F	– À l'aide !
pp	– … c'est le songe
	qui s'éteint dans mon cœur.
	De la vie et du monde,
	c'est l'oubli
ppp	– je me meurs

La mort présentée comme un évanouissement dans une torpeur, comme un enfoncement dans l'eau est aussi une image du romantisme allemand repris par Wagner dans *Tristan*. C'est le symbole de la mort retenu par Bill Viola, artiste contemporain et vidéaste dans son *Becoming Light*[8] représentant un couple nu, enlacé, qui doucement s'enfonce dans les profondeurs marines. À la fin de ce petit film de huit minutes, on n'aperçoit plus qu'à peine la silhouette du couple qui fait alors songer à une petite nébuleuse dans un ciel nocturne. Le rêve de l'onde, de l'eau, est un autre écho aux vers de la mort d'Isolde, au *Liebestod* que nous avons précédemment cité. Ici, les indications musicales sont intimement liées au mouvement du texte. L'écriture est d'une grande légèreté et d'une grande souplesse en même temps que les vers de six syllabes sont très réguliers.

Ce court passage de *Lylian* présente un autre rapport à la mort. Il est composé de vers de quatre syllabes regroupés en quatrains, en rimes croisées. Le jeu des sonorités rythme les vers aussi fortement que les rimes. Ainsi, dans le premier quatrain, les sons [ou] et les sons [ai] se répondent en cassant les échos attendus des rimes en fin de vers. La reprise du mot « bord » joue le même rôle. Les sons consonantiques [n] et [m] sont présents dans les trois strophes. Ils ne créent pas de coupures dans le développement rythmique du texte (comme le feraient les dentales [t] ou [d] par exemple) mais au contraire une continuité, une fluidité :

---

8.   Cette œuvre a été présentée lors de l'exposition *Richard Wagner, visions d'artistes* à la cité de la musique en octobre 2007. Bill Viola a mis en images *Tristan et Isolde* à Los-Angeles puis à l'opéra Bastille. Le titre de cette vision de l'œuvre en était le *Tristan Project.*

Je *ne* suis t<u>ou</u>t
Que ce que j'**ai***me* ;
Et je v**ai**s <u>où</u>
L'am<u>ou</u>r *me* *m*ène.
                    C'est à la *m*<u>ort</u>,
                    *n*asse profonde
                    Qui va d'un b<u>ord</u>
                    Au b<u>ord</u> du *m*onde.
C'est à la *m*<u>ort</u>
l'*imm*ense tra*m*e,
d'où *n*ul ne sort :
Va donc, *mon* âme.
                    Vivre est a*m*er.

Suarès écrit à Romain Rolland que l'essentiel est de se laisser aller au sentiment. La forme « ne doit être que rythme – avec juste assez de *rimes* pour laisser percer une émotion sensible seulement à ceux-là qui en sont dignes[9]. » On voit bien ici que le rythme est le plus important et combien l'expression « juste assez de rimes » trouve une bonne illustration.

> *Le poème doit être lu, et senti comme on fait d'une*
> *sonate ou un quatuor pour la chambre[10].*

Après ces deux tentatives dont il reste de beaux ensembles inédits, André Suarès commence d'autres projets dont *Poèmes de la Brume,* partie d'un plus vaste projet portant le titre général d'*Élégies,* et un recueil, *Épigrammes.* On les trouve dans les carnets n°58, 97 et 98 datés de 1898, 1899. On perçoit alors l'évolution de son écriture. Comme le fait remarquer Yves-Alain Favre en comparant les poèmes de *Psyché* et ceux de *Lylian* :

> Le prélude *Les Jardins d'Amour* ne comporte plus qu'une indication de tempo par poème ; les notations d'intensité ont disparu. Au lecteur de les découvrir lui-même. En outre, le recueil n'est plus d'un seul tenant, mais se compose d'une suite de courts poèmes qui s'enchaînent l'un l'autre.

Dans *Poèmes de la Brume,* Suarès poursuit ce mouvement de simplification : il écrit des successions de courts poèmes indépendants et abandonne les indications musicales marginales. Pour autant la musique est toujours au cœur de sa recherche :

> Les diverses pièces sont les temps d'une même musique, écrit-il, – ou, si l'on aime mieux les mouvements divers d'une même passion ou

---

9.   Lettre inédite à Romain Rolland n°429, s.d. (1894).
10.   Carnet n°97, p. 73.

d'un même sentiment – on ne saurait pénétrer en rien ces poèmes, si l'on n'en peut entendre l'unité, – et si l'on n'est pas sensible à l'ordre musical[11].

Il donne également des conseils de lecture. *En Goëlo* doit être lu très lentement, en passant du *pianissimo* au mezzo-forte et la voix doit s'arrêter aux points de suspension. Cette recherche particulière dans l'écriture atteint son but selon Yves-Alain Favre dans son recueil *Lais et Sônes,* publié en 1909[12] qui réunit trente-trois poèmes indépendants les uns des autres, rescapés d'un vaste ensemble qui aurait dû être constitué de cent poèmes en trois volumes[13]. Suarès y mène à l'extrême sa recherche commencée dans les recueils de *Psyché* et de *Lylian,* d'une musicalité épurée, en employant des mots d'une ou deux syllabes utilisées comme des notes. L'exemple le plus frappant est ce poème du carnet n°51 :

> Sur la mer,
> Sur les pins,
> C'est la pluie.
> Tout est gris
> Sous la pluie,
> Tout est fin.

D'autres sont plus proches de l'atmosphère marine et nocturne de *Lylian* ou de *Tristan* :

> La douceur de la mer
> Soupire dans la nuit
> Comme un sanglot du cœur,
> Comme le cri
> Dans l'ardeur de l'amour.

Parti de vastes ensembles, d'indications musicales, Suarès en arrive à une écriture épurée, à une musicalité plus intériorisée. Il présentait ce projet à Betty comme « une poésie impalpable, une impondérable matière, pas un atome d'éloquence[14] ». Célestin Fiaggio (élève de Vincent d'Indy) a mis quelques lais en musique. On retrouvera cette veine poétique dans

---

11. Cité par Yves-Alain Favre dans « Lais et Sônes », *La Revue des Lettres modernes*, n°346-350, 1973, p. 183-200.

12. *Lais et Sônes*, Paris, Bibliothèque de l'occident, 1909, 72 p. *Cf.* L'article d'Yves-Alain Favre, « Lais et Sônes », *La Revue des Lettres modernes* (n°346-350, 1973, p. 183-200).

13. *Cf.* le carnet n°52. Il contient des informations sur ce vaste projet ainsi que d'autres textes poétiques inédits qui auraient dû être réunis dans les volumes suivants.

14. Lettre à Betty de 1903 cité par Marcel Dietschy dans *Le Cas André Suarès, op. cit.*, p. 279.

d'autres textes comme les *Antiennes du Paraclet*, textes achevés dans les dernières années de sa vie.

Nous avons souligné le contraste de ces textes avec ceux de la *Revue wagnérienne*, souvent plus pompeux et démonstratifs. Pourtant, d'autres écrivains ont utilisé ce type d'écriture poétique dans un contexte wagnérien et semblent avoir retenu la leçon de *Tristan*. C'est le cas de Catulle Mendès, auteur du livret d'*Isoline*, conte de fées en dix tableaux, qui devait être mis en musique par Emmanuel Chabrier dans le cadre de leur collaboration wagnérienne[15]. En voici quelques vers :

> Un peu
> de bleu,
> fait l'ombre
> De cils
> Subtils
> Plus sombre
> De deuil
> Sous l'œil
> La cendre
> Et rend
> Mourant
> L'œil tendre[16] !

Cette voie n'est pas la seule que Suarès ait explorée. Il en est une autre, absolument opposée, représentée par les recueils d'*Airs* ou des *Images de la grandeur* et qui présente un tout autre aspect de l'influence wagnérienne.

---

15. Le projet fut finalement proposé à Messager en 1888.
16. *Isoline*, Librairie Charpentier et Fasquelle, 1919, 88 p.

Chapitre 3

AIRS ET *IMAGES DE LA GRANDEUR*

A. *Airs*

Airs est un recueil de 97 poèmes répartis en cinq livres, composés entre 1895 et 1897 et publiés en 1901. Suarès le considère comme un essai de jeunesse. Une dédicace à Jacques Doucet exprime un certain recul critique[1] :

> Un très vieux livre
> de jeune homme,
> si non d'enfant :
> Je vous le donne,
> mon cher magicien,
> puisque vous le voulez.
>
> Suarès.

Romain Rolland retient de cet ensemble le « sentiment de la solitude et de la mort, et un puissant orgueil que la souffrance a armé[2]. » Les thèmes principaux en sont l'amour tout puissant source de douleur, et la mort dans toute son horreur. La poésie et la musique sont les seuls échappatoires à l'horreur du monde comme le montre cette citation qui clôt le recueil :

> MUSIQUE ! Poésie ! il n'est rien de si fort
> Au ciel ni sur la terre, où le Chant ne l'emporte,

---

1. Cote [H IV 9].
2. Lettre à Louis Gillet, 14 juin 1901, citée par Marcel Dietschy, *Le Cas André Suarès*, *op. cit.*, p. 271.

Ni le feu ni le mal, ni la mer, ni la mort..
La poésie est la plus forte.

Dicton du Tregor[3]

Airs présente des textes hallucinés, des images de la damnation, morbides, épouvantables. Il serait facile de voir dans l'un des derniers textes (le poème 69), intitulé « La Galère », une image du *Vaisseau Fantôme*. Il est probable que cette référence soit contenue dans ce texte mais d'autres pourraient aussi bien être évoquées comme celle de la « nef des fous » ou d'autres encore, picturales. La question de la rédemption et celle de la damnation, au cœur de tous les opéras de Wagner, est évoquée dans ces textes avec une rare violence. On trouve ici une des images des damnés les plus fortes, les plus extravagantes aussi. Le vaisseau apparaît véritablement comme un vaisseau fantôme. Le décor lui-même est fantomatique et ensanglanté :

Le calme plat – la mer étale –
Un soleil furieux la flagelle de sang
Et roule en rougissant
L'onde immobile et pâme.

Le vaisseau apparaît de manière dramatique et grandiloquente :

Sur les flots verts, qu'un reste d'or
Et de pourpre vinée enfièvre de lumière,
Une sombre galère
Croise au large du port.

Rouge de la poupe à la proue,
Et lançant tout le deuil de ses voiles dehors,
Elle est pleine de morts
Attachés à la roue.

Les marins sont autant de figures de l'horreur :

Sur cette nef, tous les hommes sont morts ou fous.
Et courbés sur les bancs, grimaçants, les infâmes
Sont liés à leurs rames,
La paume et les cinq doigts troués de six longs clous.

Sous leurs crânes pelés, ou dans leurs crânes vides,

---

3.   Le terme de Trégorrois évoque celui de Trigger (Cornouailles britannique), spécifiant ainsi l'origine géographique du peuplement résultant de l'invasion bretonne du haut Moyen Âge. […] La dénomination actuelle désigne le pays entre la Manche et la montagne d'Arrée, entre la rivière de Morlaix et Paimpol (*Encyclopædia Universalis*).

Tous ces infortunés, pleins de vers et de poux,
Ont des yeux de hiboux
Qui fument dans l'orbite, en lumignons livides.

Suarès évoque l'horreur dans ses moindres détails :

Et comme un soir d'hiver, on voit entre deux rives,
Des corps crevés flotter sur l'eau, les bras pendants
À travers les hublots saignants de leurs gencives
On voit pendre les dents..

On ne sait pas où il peut s'arrêter dans l'abomination et il semble qu'il n'y ait pas de fin dans le renchérissement :

Dans le fond de la cale ils se mangent entre eux ;
Tous ces fous effrayants assaisonnent de bave
Le mets qu'ils se font d'eux ; et c'est elle qui lave
Les miettes de cadavre à leurs mentons lépreux.

De la quille aux gaillards, dans une nuit profonde,
Pourrissant côte à côte, ils rêvent dans le noir
À la mer qui clapote, à la lumière blonde,
Mais sans jamais les voir.

Ce poème est découpé en trois parties suivies chacune d'un commentaire, appel à vivre dans un monde fait de mort et de souffrance, la création semblant la seule rédemption possible :

La joie innée de vivre
sur l'océan des morts
flotte au ciel comme un pavillon.

De son tressaillement le cœur puissant s'enivre
au-delà de lui-même,
infini par-dessus les infinis,
au-delà des étoiles
et des nuits
par millions,
ô rêve,

Et Créateur, sublime amour, de ce qu'il aime –
au-delà
de la vie.

Le poème « La Beauté » reprend cette idée. Le poète s'y exprime à la première personne et se définit ainsi : « Je suis le fou de beauté ». Il doit exprimer la beauté du monde et éloigner l'horreur :

> Là, toute la laideur cesse et s'épure au mirage
> D'un grand penser pareil à l'azur reflété.

Ces poèmes font éclater avec violence un appel éperdu vers la beauté :

> Ô mon âme, au baiser des délices de l'art
> Conçois dans la beauté l'être parfait du monde.

Dans cette recherche de la rédemption, la musique tient une place particulière, elle est encore au cœur de la création, elle seule semble pouvoir réconcilier l'âme torturée. La musique c'est « l'âme avec le corps », « le désir sans remords » :

> Toujours de la musique,
>   de la musique encore.

> C'est l'effet et la cause
> qu'en ses bagues d'accords
> cette idéale assemble, ..
> c'est l'âme avec le corps
> dont la passion tremble,
> le désir sans remords[4]..

Ce recueil reflète l'angoisse profonde de Suarès, particulièrement après la mort de son père en 1892. Certains passages, plus sereins, expriment l'amour et la sensualité à travers l'image des fleurs, reprenant ce thème récurrent chez lui des filles-fleurs. Ainsi ces poèmes « L'appel des fleurs » et « Ton corps est une fleur », tout de sensualité et d'évocation. Il décrit ici une jeune amoureuse :

L'APPEL DES FLEURS

> Du soupir des fleurs je suis ivre,
> la rose de la nuit d'été
> semble en mon sein mourir et vivre.

> Sous les doigts de la volupté
> mon corps chancelle et se dérobe,
> ma douce chair brûle ma robe.

> Ma fièvre attend que le repos
> berce aux bras de l'obscur silence
> les hommes, la terre et les eaux ;

---

4.   « De la musique sur toute chose », Livre III, « Amour » in *Airs*, Paris, Mercure de France, 1900, p. 94.

De la robe des fleurs vêtue,
lorsque dormiront toutes choses
sur l'herbe je veux courir nue,

Et coucher nue au lit des roses[5].

B. *Images de la grandeur*[6]

COMPOSITION DE L'ENSEMBLE

Si l'on en croit André Suarès lui-même dans sa préface il aurait commencé la rédaction d'*Images de la grandeur* en août 1898 et terminé le 30 août 1899[7]. En réalité, ces poèmes sont bien antérieurs. Il écrit dans le carnet n°214[8] :

> *Images de la grandeur* est le cinquième poème que j'ai publié et le troisième que j'ai écrit. Je pense aux seuls que je n'ai pas brûlés. Il date d'une époque si enivrante et si douloureuse de ma vie que j'ai dès lors pressenti que toute la suite y était sans doute inscrite. En ce temps là, j'ai été aussi près du suicide que du cloître, aussi voisin du crime que du plein sacrifice. J'étais cependant aimé d'une jeune fille[9], que ses parents éloignaient avec horreur et de qui j'étais d'ailleurs séparé de plus de 200 lieues.

Ces indications renvoient aux années 1892, 1893. Yves-Alain Favre présente ainsi ce recueil :

> Dans la solitude de la ville, il contemple avec passion les hautes figures de la légende et de l'histoire, les grandes cités disparues et la ville moderne, Rhodes, Ys, Rome... Il y cherche la grandeur vraie, comment l'atteindre et comment la conserver.

Suarès évoque les grandes figures gréco-latines, chrétiennes, celtiques et choisit des images héroïques et emblématiques : Hélène, Hypérion, Sirius... Tous sont confrontés à la vanité de l'existence et se précipitent vers leur anéantissement. La grandeur est accompagnée par la mélancolie

---

5.   *Airs*, p. 121.
6.   *Images de la grandeur*, Jouaust-Cerf, 1901, 266 p.
7.   « Ces visions ont peuplé les rêves de la solitude et de l'ennui passionné, au cours de deux étés mortels, passés dans l'enfer de la ville et le désert des hommes. août 1898 – 30 août 1899. », *ibid.*, p. 267.
8.   *Ibid.*, p. 79. *Cf.* aussi le cahier n°9 qui contient plusieurs états de ce livre et le cahier n°4 (thèse d'*Yves-Alain Favre*, p. 122-126).
9.   Il s'agit probablement de Caroline Funck-Brentano rencontrée en 1894.

liée à la conscience de la vanité de la puissance. C'est le thème principal de la première partie.

La seconde partie est consacrée à la toute puissance de Jupiter mise en danger dans le dernier poème par Prométhée. Suarès y ajoute des textes sur la douleur dont un « Jésus sur la Croix » annonçant le thème de la rédemption par la souffrance et la pitié. La douleur est le cœur de la vie. Le poète solitaire contemple l'inanité du monde, conscient que la véritable grandeur est ailleurs : dans la participation à la douleur du monde et le renoncement.

La troisième partie, « Titan », montre à la fois la vanité de la victoire de Zeus et celle de la révolte des Titans. Tout se termine dans la mort, seule véritable victoire. Plus loin, Psyché, Adonis, Prométhée et Jupiter sont réunis dans la contemplation de la toute puissante Mort qui naît de la pensée même du Dieu. La recherche de la grandeur aboutit toujours à la conscience de la mort.

Les critiques relèvent souvent le caractère « wagnérien » de ce vaste ensemble et toujours dans un sens négatif. Marcel Dietschy juge ainsi l'œuvre :

> Ce dense poème de 266 pages [...] et dont il précise avec emphase, in fine, que les « visions ont peuplé les rêves de la solitude et de l'ennui passionné, au cours de deux étés mortels, passés dans l'enfer de la ville et le désert des hommes », est l'image même du Suarès de 1895 : on le voit rétrospectivement tel qu'il était dans sa juvénile passion d'adolescent attardé, encore entaché de romantisme, d'Université, d'insupportable rhétorique, et wagnérien à en perdre haleine (abus d'hyperboles, de majuscules, de ronflements)[10].

Yves-Alain Favre, habituellement grand défenseur de Suarès le juge durement : le poème « s'étend et s'allonge avec complaisance, il foisonne d'images luxuriantes ; mais Suarès n'y évite pas toujours la mauvaise rhétorique[11]. » Selon Marcel Dietschy, les *Images* ont fait beaucoup de mal à Suarès en cristallisant ce qu'il appelle « le complexe suarésien », « attitude altière et d'apparence dédaigneuse qui lui sera désormais reprochée. »

UN STYLE « WAGNÉRIEN » ?

S'il faut parler ici d'un style « wagnérien », c'est dans l'aspect le plus extérieur et démonstratif. Le caractère hyperbolique de l'ensemble suffit le plus souvent à ce qu'on le remarque et le jugement se limite à cette caracté-

---

10.   Marcel Dietschy, *Le Cas André Suarès, op. cit.*, p. 271.
11.   André Suarès, *Antiennes du Paraclet*, Mortemart, Rougerie, 1976, p. 17.

ristique. Bien sûr, le thème même de la grandeur et l'ampleur de l'œuvre renvoient aux immenses fresques mythologiques du compositeur. Suarès surcharge ses phrases de figures pour les rendre toujours plus intenses et plus puissantes. À propos de Wagner, Julien Gracq écrit dans *Lettrines* :

> La musique de Wagner est une technique instinctive du spasme, la reprise monotone, fiévreuse, intolérable, juste au défaut de l'âme, d'une passe acharnée (la mort d'Isolde, l'interlude de *Parsifal*, celui de *l'Or du Rhin*). Nulle n'entraîne un aussi terrible gaspillage nerveux[12]…

Dans le même registre, Suarès définit ainsi le « style wagnérien » dans *Portraits et préférences* :

> Le style et la langue de Wagner, c'est la masse la plus cohérente qui fut jamais. Elle l'est même à l'excès. Si solide qu'elle en paraît compacte, souvent, et d'une prise accablante. On voudrait un peu d'air. Mais Wagner ne laisse pas respirer l'auditeur qu'il a pris dans la marée de son orchestre. Un acte de *Tristan* ou des *Maîtres* est conçu comme une fugue à quinze voix et vingt sujets, si elle était possible. Tout se tient, et une force inexorable ayant lancé le premier son, même toute la symphonie jusqu'au bout, en lui faisant décrire toute la courbe proposée[13].

Tous ces éléments correspondent assez bien aux *Images de la grandeur* et les termes de « compact », « d'accablant » ou de « fiévreux » rendent compte de l'impact sur le lecteur. Par jeu, on pourrait reprendre au compte de Suarès une partie de ce paragraphe en échangeant les noms des deux artistes et la transformer ainsi : « On voudrait un peu d'air, Suarès ne laisse pas respirer le lecteur ». On songe au cri d'Isolde au premier acte de *Tristan et Isolde* : « Luft ! Luft ! ».

On remarquera d'abord les figures de l'intensité. Les images s'accumulent et s'enchaînent avec leur cortège d'adjectifs, d'appositions, pour charger le texte d'émotion comme dans cette description du soir dans « La Paralienne[14] » :

> Voici venir le soir, au manteau rouge.
> Il arrive traîné sur le char aux roues rouges pleines de l'ombre,
> Drapé de pourpre, pâle, de cendres et d'or, il marche sur la
> Mer, comme une ardente pensée s'avance sur l'eau d'un regard trouble.

---

12. Julien Gracq, *Lettrines*, Paris, José Corti, 1986, p. 204. (Première édition, 1967).
13. « Poétique » in *Portraits et préférences*, Paris, Gallimard, 1991, p. 345.
14. *Images de la grandeur*, *op. cit.*, p. 211.

Aux comparaisons qui se succèdent, Suarès ajoute encore des séries de relatives comme dans ce passage de « Nuit Polaire[15] » :

> Le monde est un linceul sur mon âme,
> Comme un marais de brouillard suspendu qui colle aux os,
> Comme un suaire humide, qui mord la chair par chaque pore,
> qui la roidit, qui vitrifie l'haleine sur la bouche ouverte pour la respiration..

Les répétitions sont courantes, de mêmes mots ou de mêmes constructions :

> Ni ici, ni là, ni ailleurs,
> Ni ciel, ni mer, ni terre,
> Point d'aube, point de soir, point de jour...

Restrictions et comparatifs sont souvent utilisés : « Ni les volcans, ni les brûlantes laves ne recèlent plus de feux que les fleuves puissans de ton cœur, qui frémit de vouloir et qui veut[16] », « Ô éclairs plus tristes même que la nuit[17]. » Les descriptions sont toujours enrichies à outrance de comparaisons : « les promontoires ne sont plus que des femmes en prières, confondues à genoux dans l'encens, et qui baissent la tête » ; dans « La Paralienne[18] », les phares du pôle sont des « langues de feu errantes sous le front d'un rêve sombre[19] ».

Dans « Le Soir sur la Ville », André Suarès décrit d'abord les rues puis des personnages rencontrés toujours plus effrayants dans leur misère (le boucher, la pauvresse, la petite fille). Il n'hésite pas à utiliser des images violentes (« Sur la terrasse du château, dont le sang du couchant éclabousse les vitres, les taillant en topaze et en rubis[20] ») mais, surtout, il atteint cette *usure nerveuse* dont parle Julien Gracq en renchérissant jusqu'à dégoûter et horrifier son lecteur :

> Mon âme se liquéfie sur la bouche puante, et dans le lit brûlant de l'agonie.
> Et je flotte sur cette langue à la salive cuisante.

Les images se font visions hallucinées dans « Lumière des Canons » où le poète s'adresse aux amants inconscients :

---

15. *Ibid.*, p. 255.
16. « Sirius », *ibid.*, p. 13.
17. *Ibid.*, p. 236.
18. *Ibid.*, p. 210.
19. « Nuit Polaire », *ibid.*, p. 256.
20. *Ibid.*, p. 211.

Amans qui soupirez, abeilles du désir collées au calice, la Mort va glisser sa langue de terre sur vos soupirs de plaisir.

L'HORREUR DE LA MORT

La mort est présente tout au long des *Images*. « Je suis un sépulcre pensant, préparé pour la mort[21] » écrit le poète définissant l'univers comme « la danse des morts dans la tête d'un fou[22]. »

Dans « ΨY XEION », un homme est guidé par un inconnu vers une tombe. Ils descellent la pierre : « une odeur nauséabonde montait en fumée de la boue fétide : c'était un océan de pourriture, à l'ombre épaisse, une lie de vermine, où grouillaient silencieusement des serpents, des vers et des fauves à demi étouffés[23]. » Au fond du tombeau, l'homme aperçoit alors sa propre image.

Les hommes sont les proies de la mort comme des passions qui les mènent à leur perte : « Les chauves-souris de la débauche errent en quête de pâture[24] », « les araignées de la luxure tissent leurs toiles près des charniers[25]. » Suarès décrit un monde fantastique dans lequel les hommes sont guettés par des fantômes : « les coupoles et les clochers surgissent de l'ombre grise, pareils à des spectres puissants, géants pleins de patience qui examinent des fourmis[26] », « les arbres, au-dessus des maisons, pendent comme des têtes suppliciées, aux noires chevelures ; les branches font des gestes roidis par l'épouvante ».

L'écrivain se complaît dans cette mise en scène de l'horreur. Ses images sont très visuelles au point qu'on détournerait volontiers les yeux des tableaux qu'il nous impose. Dans « Triomphe du Charnier », il décrit des cadavres :

> De la sueur, de l'agonie, de la graisse fondue, du poil flambé, de la peau rôtie.. Soudain, entre les murailles de chair et l'épaisseur du sol gluant, nu, un homme sort, tremblant, et il glisse de biais comme le gros vers blanc, en août, dans un beau morceau de bœuf rouge, frétille aux parois de la fente que vient d'y faire le coutelas.
>> La vaste puanteur porte au ciel l'haleine des cadavres.

[...]

21. *Ibid.*, p. 53.
22. *Ibid.*, p. 45.
23. *Ibid.*, p. 107.
24. « Le Soir sur la Ville », *ibid.*, p. 57.
25. *Ibid.*, p. 123.
26. *Ibid.*, p. 57.

Ils sont cent mille couchés par monceaux, gerbes versées par l'orage, qui grimacent et rougissent aux rayons du soleil couchant.

Les cervelles jaillies semblent de la mie de pain humide, vomie avec le lait sur la glace. Fendu comme la glotte, un thorax bâille.

Les cordes des entrailles font des filets poisseux où la vermine est prise.

[...]

Et là, des troncs, sans cuisses ni tête, dégouttent aux deux bouts d'un sang noir, comme un cylindre bouché, un tuyau farci de chair[27].

Suarès laisse peu de répit au lecteur et la lecture devient éprouvante. L'amour n'est pas salvateur et les amants eux-mêmes sont des cadavres en sursis. Ainsi, l'épouvantable texte d'« Adonis » se termine par cette étrange déclaration :

Nous pourrirons ensemble, Ö ma bien-aimée, et de tant d'âme, de tant d'amour, rien ne nous restera plus que les vases risibles, sans parfum, deux crânes, pareils à tous les crânes, troués sous le front, grimaçant dans les ténèbres et sans lèvres, – sans lèvres, Ô mon amante.. à peine quelques os.

Et nos bras crispés retiendront la cage vide, où nos cœurs ont tant battu, l'un sur l'autre placés[28].

AUTRES INFLUENCES

Wagnériennes, ces *Images* le sont peut-être dans leur disproportion, dans certains aspects hyperboliques du style, mais il s'agit alors, comme nous le disions plus haut, du caractère le plus extérieur des œuvres de Wagner, de ce qu'elles ont de plus formidable et démesuré. Mais d'autres caractères sont tout aussi importants que le wagnérisme ici. La morbidité et le dolorisme ne sont pas wagnériens. Il faudrait plutôt en chercher les références dans le baroque espagnol cher à Suarès. Il n'est pas étonnant de trouver dans « Le musicien des Sphères » l'image d'une mer qui « roule et *gongore* sur les bords[29]. » L'accumulation des images est une des caractéristiques du symbolisme et de la préciosité de la *Salomé* d'Oscar Wilde parue en 1894 : « Je ne désire plus boire l'eau des sources vierges, plus froide que la neige, plus pure que l'acier, parfumée comme

---

27. *Ibid.*, p. 203.
28. *Ibid.*, p. 229.
29. *Ibid.*, p. 226. Le verbe « gongore » renvoie directement au maniérisme espagnol de Luis de Góngora.

l'herbe[30].. ». On songe encore au *Feu* de D'Annunzio dans la recherche éperdue de l'intensité et l'inépuisable logorrhée (1899). Les descriptions d'« Adonis » ou des « Terrasses d'Ys » ne sont pas non plus si éloignées du *Voyage d'Urien* de Gide (paru avec des illustrations de Maurice Denis en 1893).

Dans cet ensemble désespéré, l'influence de Schopenhauer est sensible. Cela renvoie à une autre dimension de l'œuvre wagnérienne qui se manifeste tout particulièrement dans le personnage de Wotan. Le dieu, conscient de l'approche du crépuscule des Dieux, en appelle à sa propre fin dans le grand monologue du second acte de *La Walkyrie*. La grandeur de Wotan est alors dans le renoncement au pouvoir face à l'héroïsme inconscient et puéril de Siegfried. Il existe bien des similitudes entre la lutte de Prométhée et de Jupiter et ce thème du « crépuscule des Dieux ». Prométhée annonce la fin de Dieux et les maudit : « Ô Jupiter, Ô Dieux maudits, prenez sur moi la parallaxe de votre chute. L'ombre qui m'entoure et ne m'effraie pas[31] », « Vous périrez, Zeus, la mort est sur toi ». L'appel de Zeus à la mort et au néant rappelle la position de Wotan : « Que la Mort et la Nuit, gouffre envieux de toutes choses, l'heure venue, m'ensevelisse[32]. » Dans cet autre passage, Zeus endort sa fille Athéna, sa pensée, comme Wotan fait ses adieux à Brünnhilde au dernier acte de *La Walkyrie* :

> Dors Athéna, ma Pensée, et tous les Dieux en toi.
> Je vous voue au sommeil, et moi-même au désert.

L'influence de Schopenhauer[33] est un des éléments les plus importants du wagnérisme de Suarès et plus intéressant que l'utilisation extravagante de figures de rhétorique. Suarès connaissait le philosophe dès 1887 comme le montre la correspondance avec Romain Rolland. La douleur du monde, le renoncement, le salut par l'Art et la pitié sont autant de thèmes que nous développerons plus loin.

---

30. Ou encore dans « La Primavera » : « Ta bouche est un calice fin comme le col de l'œillet, et le sourire de la mer perle en ondes étranges au bord de tes yeux pers. », *ibid.*, p. 32.
31. *Ibid.*, p. 157.
32. *Ibid.*, p. 174. *Cf.* aussi les mots de Wotan : « Croule à jamais / Règne éclatant / Gloire divine / Honte des Dieux ! / Effondre – toi, / mon œuvre puissant ! / Vain fut mon effort, / Unique est mon vœu, / La chute ! / La chute » (*La Walkyrie*, acte II, scène 2, trad. Alfred Ernst).
33. *Cf.* « Schopenhauer, maître secret de Suarès » in *Suarès et l'Allemagne, La Revue des Lettres modernes*, Paris, 1976. p. 69-75.

La mythologie et les héros

Dans les *Images de la grandeur*, André Suarès convoque de nombreux héros de mythologies très différentes. Titans, sphinx et hydre se mêlent à d'autres créatures et les références s'unissent volontiers. Les montagnes prennent des allures de « guerrières casquées de fer, montent la garde, l'épée nue au soleil étincelant[34] », « les corbeaux lourds volent en croassant sur [l]es anciens massacres, et au loin retentit le galop hennissant de[s] [...] chevaux sauvages ». Ces images pourraient être tirées de la *Tétralogie* et ne sont pas sans rappeler la chevauchée des Walkyries mais nous ne sommes pas dans un univers germanique : il s'agit de la description de Rome. Elles pourraient appartenir à plusieurs mythologies, Wagner n'ayant pas le monopole des vierges guerrières. Cette autre image de « Titan » pourrait aussi renvoyer aux Walkyries : « j'arrive comme la pensée du courroux / Quand elle s'élance, casquée et la lance au poing, – / Du cœur qui brûle, / Droite et flambeau », ainsi que ces chevaux dans « Le triomphe du Charnier[35] » :

> Et les chevaux, clairons qui hennissent la victoire à la mort, hurlant le cri strident, les babines relevées sur leurs dents jaunes et plates, les oreilles dressées de terreur, les sabots pris dans leurs entrailles, et la belle crinière, comme une femme au bal, mêlée de rubis, nouée à des rubans de sang, – sont abattus sur leurs boulets brisés, agenouillés dans leurs blessures, clamant la tête droite..

Suarès mêle ouvertement dans un même texte différents panthéons. Jupiter, s'adressant aux Dieux et aux hommes, affirmant sa domination, se tourne dans le même temps vers Erda[36] : « Terre aveugle, nourrice morne, impassible et muette, ma mère. » Cette *mère primordiale* apparaît sous une autre forme dans « Titan ». Elle est « la terre sourde, la souveraine Aveugle, qui voit tout au fond de ses entrailles, et qui est juste, ne prenant conseil que de soi ». C'est ainsi qu'Erda apparaît dans *Siegfried*, à l'acte III, devant le dieu Wotan. Plus surprenant sans doute est l'image d'un anneau d'or au doigt de Prométhée[37]... De la même façon, l'entrée de Jupiter à l'Olympe a quelque chose de la présentation du Walhalla aux

---

34. *Images de la grandeur*, *op. cit.*, p. 24.
35. *Ibid.*, p. 202.
36. Erda est la déesse wagnérienne de la sagesse et de la terre. Elle représente la sagesse, le savoir. Dans les textes anciens elle apparaît sous le nom vieux-norois « Jord ». Tacite, dans *Germania*, la désigne sous le nom de Nerthus, « la Terre-Mère ».
37. *Images de la grandeur*, *op. cit.*, p. 206.

Dieux dans *L'Or du Rhin*[38]. Wagner avait comparé Siegfried à Hercule dans ses *Œuvres en Prose*. Suarès unit les deux héros dans un texte qui montre Marsyas devant sa ville en ruines et le corps de l'Hydre. On devine alors la figure de Siegfried dans la description d'Hercule, par le cor qui retentit et par son glaive :

> Le cor retentissait au loin ; et le son éclatant disait le chant de la victoire. Le cor sonnait, comme le glaive brille ; et, vers l'occident, lac rêveur suspendu sur la large forêt, le ciel d'or se teignait de pourpre magnifique.

Dans un tel univers, rien d'étonnant à ce que l'hydre apparaisse comme un « dragon en miettes[39] ».

L'œil et le sang

D'autres thèmes sont plus originaux. Celui de l'œil est très présent dans la *Tétralogie*. Dans les poèmes wagnériens, ce sont d'abord les yeux du « dormeur », des profondeurs du Rhin, cet « œil d'or qui tantôt veille et tantôt sommeille » puis l'œil sacrifié en offrande par Wotan. C'est aussi le regard de Freia ou l'œil du dragon dans *Siegfried*. Cette image de l'œil omniprésent place les Dieux eux-mêmes sous le regard d'une puissance qui les observe et les dépasse malgré leur divinité. Il existe une force supérieure aux olympiens ou aux dieux wagnériens. Dans les *Images* de Suarès, le thème de l'œil et du regard est aussi très important. C'est l'œil d'un prédateur, celui de la mort qui attend le passant, celui d'un assassin qui guette, l'œil d'une divinité sauvage qui épie les hommes comme des proies. Dans ces textes, « les ténèbres ont une prunelle[40]. » Dans un contexte mythologique c'est le soleil (« Roule, soleil à l'occident, œil arraché de la lumière[41]… »), l'œil de Jupiter dominant tous les autres Dieux, (« l'espace pur, c'est mes yeux, l'espace aux ondes claires ») ou celui de Prométhée :

> Aîné céleste au sourcil de nuages, œil de feu, allumeur des âmes, prunelle qui as fait pâlir le soleil de jalousie ;
> Prométhée,
> Que veux-tu, dis, de ton frère[42] ?

---

38. *Ibid.*, p. 125.
39. « Le Jugement de l'Herne », *ibid.*, p. 149.
40. *Ibid.*, p. 14.
41. *Ibid.*, p. 133.
42. *Ibid.*, p. 154.

Dans « La Coupe », il s'agit de l'œil de Thanatos[43] :

> Hélène : « qui me réveille ? »
>
> … Ô toi qui es si beau, mais qui m'emplis l'âme de crainte, à cause de tes yeux et d'un regard plus fixe que celui des tombeaux, —
> Qui donc es-tu, Ô Dieu qui me moules le sein entre tes doigts irrésistibles, —
> Toi qui me sembles si jeune et dont le regard est si lointain ?
> Et pourquoi, sous ton pouce, tiens-tu ma gorge qui palpite ?
> — Je suis le Sculpteur ailé, qui sculpte avec la faulx :
> Et sur toi je modèle, Ô Hélène, une coupe d'ivoire pour le fol Éros toujours ivre :
> Je suis Thanatos. Et je viens.

On le trouve également dans d'autres contextes plus quotidiens mais tout aussi menaçants comme la description d'un train :

> Dardant leur œil rouge qui flambe, ou leur œil blanc, prunelle qui sort du ventre, disque du cyclope asservi, s'avancent les bêtes monstrueuses qui courent sans pattes sur les rails, venant rapides, en ligne droite, tombereaux de bruit[44].

L'œil qui « ne se trompe point et qui ne vise même pas », c'est celui de la mort dans « Arc de Triomphe[45] ». Ce sentiment de la mort omniprésente apparaît comme l'origine même de l'inspiration du poète :

> I. Les ténèbres ont une prunelle, où s'ouvre une insondable perspective de tristesse.
> Ainsi roule sur elle-même la sphère de l'éternelle nuit. C'est là que je vais, parfois, avant le temps. J'y suis descendu comme l'enfant curieux qui tombe dans une cave après avoir vu toute la maison ; et s'il se heurte la tête aux marches de pierre froide, et s'il reste le crâne béant, couché sur la dernière, il garde dans cette ombre les yeux levés, comme pour voir ; et comme pour parler, sa bouche est ouverte.
> Dans cette éternelle nuit, où je fus souvent, je me fais à l'obscure clarté, à mesure que j'y séjourne ; et je sonde les espaces inconnus…

Le paragraphe III est une sorte de confession de Suarès qui a souffert de la mort de sa mère lorsqu'il était enfant, et de celle plus récente de son père :

---

43. _Ibid._, p. 11-12.
44. _Ibid._, p. 56.
45. _Ibid._, p. 135. « La mort, héraut des Dieux, sonne de la trompette grave sous les frises. [...] Et l'œil qui ne se trompe point, et qui ne vise même pas, dur vainqueur, te la tire ».

Tous ceux que j'aime, ô Sacrificateur masqué, tu les as pris. Sous le fil tranchant de ton arme, tu as fauché leur cœur qui palpitait vers moi ; et tu as moissonné comme une ivraie leurs douces âmes, – le temple où je suis né et où j'ai dormi, le sein tiède de ma mère, – et les bras pleins d'amour qu'ouvrait mon père et qu'il refermait sur moi, alors qu'il mettait ses lèvres sur mon front et me défendait de tes coups.

Car, comme tu les as frappés, ô sanglant, tu me menaces par derrière ; et, comme ta présence même, je sens, dans l'ombre, ton bras et ton couteau levés[46].

Un autre thème, assez proche, serait intéressant à étudier plus avant, par son caractère religieux et primitif : celui du sang. Le sang du désir (« les lèvres et leurs roses de sang » des amants des « Terrasses d'Ys »), celui impur du péché (le lait du troupeau des brebis des péchés est « épais comme du sang[47] ») ou celui rédempteur du Christ (« La rosée tiède du sang coule de ses doigts, et les gouttes tombent sur ses flancs, avant de rougir la terre[48] »). Nous sommes là encore proches d'un univers wagnérien dans lequel le sang est omniprésent, sang du Graal, sang du dragon, sang de Siegfried aussi bien que celui de Tristan.

L'Image de la femme

Si l'on excepte les images de déesses, la femme apparaît le plus souvent comme une prostituée ou comme une sainte, une femme idéalisée. On devine Kundry dans cette image de femme trop aimée qui cherche à échapper au désir dans « Plainte de la Reine[49] » : « Je suis lasse, seigneur, du désir que j'excite ». Cette reine détient son pouvoir de sa beauté et du désir qu'elle provoque : « Je règne et j'ai perdu toute liberté ». Car elle ne règne qu'en s'asservissant elle-même au désir : « Chaque regard, sur moi, se pose comme une main qui saisit/Et qui cueille ». Comme Kundry au jardin de Klingsor, elle est assimilée à une fleur : « Je me sens fanée comme une fleur/dans un jardin d'été ». Elle exprime le bonheur et la jouissance d'aimer en même temps que la profonde douleur liée à l'essence même de son être. On retrouve alors l'image de la blessure, celle d'Amfortas mais qui est portée aussi par Kundry :

---

46. *Ibid.*, « Le Sacrificateur », p. 14-15.
47. *Ibid.*, p. 20.
48. *Ibid.*, p. 166.
49. *Ibid.*, p. 18.

> La Reine :
> Délivrez-moi. Je voudrais marcher librement, sans les voiles brûlants
> dont vous me tenez enveloppés. Ha,
> La douleur de vivre est profonde autant qu'exquise.
> C'est la blessure qui retient le blessé ; et qui séduit le cœur
> Qu'elle déchire.

La souffrance de la femme est inhérente à sa nature. Elle est tout désir et
ne peut se sauver qu'en y renonçant. Nous sommes là dans une veine
aussi bien wagnérienne que Baudelairienne.

TRISTAN

Mais dans les *Images de la grandeur* comme dans tous les textes de
cette époque, la référence principale est celle de *Tristan*. « Précipice
d'amour » évoque le même monde nocturne et crépusculaire qui mène les
amants vers la mort. Le cœur de la nuit les protège mais on perçoit déjà,
dans leurs baisers, l'approche de la mort :

> I.   La fenêtre est ouverte sur la nuit, qu'à l'infini prolongent les
> étoiles, gouttes de clarté dans l'océan sans limites de l'ombre.
>   La mer, lentement, roule et meurt sur les roches, ouatées de va-
> peurs, souffles ardents encore de l'expirant été. Et, des arbres qui fris-
> sonnent, les feuilles tombent, dans la forêt.
>   Amans, qui vous dévorez dans la nuit, d'une bouche si avide, et
> qui vous déchirez dans la lutte sacrée, quel parfum de mort délicieuse
> s'exhale de vos étreintes froissées. Et la sueur de vos os a le sel de
> l'agonie sur vos lèvres brûlées.

« L'homme d'amour » est un avatar de Tristan. C'est un héros désespéré,
douloureux, conscient de la présence de la mort qui le guette. L'amour
sublime est, par nature, voué à être offert en sacrifice à la cruauté du
monde :

> II.   Au plus fort du combat, éperdu de tristesse, héros désespéré,
> l'homme d'amour entend retentir dans son âme le chant funèbre de la
> nuit. Et la femme d'amour, qui ne l'écoute point, s'y laisse bercer, et y
> sourit, heureuse.
>   Mais lui, tremble d'une douleur sans repos et sans espace. Mur-
> mures de la mer, infinis de la nuit, cette douleur est comme vous : elle
> ne peut se quitter, et se renouvelle en tout ce qui l'épuise.
>   Il se penche sur l'amante, sur la femme d'amour, sur son cher
> supplice. Il se précipite, comme une ancre de fer dans les flots, au
> fond de ces yeux qui brillent, énigme fiévreuse, étrange feu que

mouille le désir, et où la haine veille tendrement sur sa proie précieuse.

L'homme d'amour appelle la mort en même temps que l'amour :

> Amour, amour, je contemple la mort au miroir de tes délices, – et je cherche tes yeux, comme l'alouette la surface étincelante, dont le mirage l'attire.
> Ô mort, que ta présence est belle et terrible dans la vie que je donne. Amour, roi de l'épouvante, ton flambeau est la nuit folle, et tu es couronné de ténèbres toujours mourantes, comme de roses vives.

Comme dans le grand duo de *Tristan* au second acte, les amants trouvent refuge au sein de la nature et se fondent en elle :

> « Suspends ton souffle, monde, que j'en finisse aussi avec tes misérables rêves. Ma volupté prend à soi tous tes crimes.
> « Tout ce poids sur mon cœur, Ô amour, mieux qu'un univers ne glisse sur l'écliptique, et du moins sans retour, m'entraîne sur le lit de la mort.
> « Ô mort, chambre d'amour, ouverte sur la nuit.. Que les étoiles enfin se fixent.
> « Retiens ton haleine, ô nature.. »

Malgré la promesse de la mort, ce passage est une parenthèse apaisée dans la tourmente des autres textes du recueil. Comme dans *Tristan,* elle est annoncée par une voile noire :

> I. Le soleil descendait au tombeau de la mer verte.
> Plus tranquille que la prunelle de l'air dans la buée du soir, la gorge laiteuse de la mer, à l'horizon, laissait fleurir sa pointe mauve, pareille à la blessure des lèvres trop baisées.
> Elle ne palpitait plus. Et le soleil, déjà vaincu, versait son sang plus pâle dans la légère brume. [...]
>
> III. Couchant, dieu qui meurt tout en sang, –
> Le flot rouge qui coule de ton agonie, tombe sur la mer, en pluie de violettes ..
> Et, par la prairie du deuil, acanthes au champ des eaux, les boucles de la chevelure d'or se déroulent au milieu des pampres, comme une offrande qui brille. [...]
>
> IV. Dans la mer mordorée, comme la trace du blessé dans le sable, tout le sang disparut.
> Le ciel et l'océan rêvèrent.
> Et voici que vers le port s'avança, pareille à l'ombre même, une grande et svelte goélette, aux voiles toutes noires. Elle glissait d'un vol souple, sur l'eau dormante, laissant un sillage de soie. Et le

flot s'ouvrait doucement devant elle, avec le même pli résigné et la
même douceur que l'on voit aux lèvres, quand la caresse de l'adieu les
tourmente..

V.   Ô voile noire, voile noire, –
            Sur la mer déjà embaumée de l'haleine du Nord, et plus belle
à cause de sa tristesse, –
            Je t'ai nommée la séduction mélancolique de la mort.

[...]

Cet univers tristanien est encore renforcé par le thème de l'Irlande.
Chez Wagner, Isolde est « fille d'Érin » (acte I, scène 1). Tristan l'em-
mène en Cornouailles où elle doit épouser le roi Marke. Dans la partie II
des *Images*, (« Hypérion ») Sundrim est le « beau prince d'Érin et de Cornouailles ». Il veut quitter l'humide Cornouailles, se considérant comme
un barbare et brûlant du désir d'être : « il s'en fut vers le Levant, la mer
Égée[50] » ... Plus loin encore, les « Terrasses d'Ys » décrivent un monde
idyllique et, dans « Lord Spleen en Cornouailles » ou dans « La Paralienne », on retrouve la voile noire, le vent du large, l'Océan sombre, la
forêt muette, l'orgue dans les salles vastes comme des cathédrales, le
choral de l'océan, la solitude sans bornes et l'ennui dans un décor de
roman gothique.

Enfin, on ne saurait parler des images wagnériennes, sans évoquer le
thème de la musique, toujours présente. Elle apparaît souvent dans les
descriptions comme dans ce texte « Ivre de Spleen[51] » :

          un silence affreux, qui semble fait de l'accord cuivré de tous les
          tumultes

          [...]

          la chaleur torride, l'air brûlant, l'espace éclatant ne font qu'un cri
          qui vibre

          [...]

          la trompette du soleil qui se brise en vibrant

La musique est le moyen du salut. Seule joie véritable, elle est toujours
liée à l'amour. Dans les « Terrasses d'Ys[52] », « les larmes sont la musique
qui chante : amour ! Amour ! dans les ténèbres. De terrasse en terrasse,

---

50. *Ibid.*, p. 37.
51. *Ibid.*, p. 52.
52. *Ibid.*, p. 62.

jusques aux vagues, sonnent toutes les cloches d'Ys, et leur timbre chante : " parce qu'ils aiment, ils pleurent. " »

Julien Gracq dans *Lettrines* conclut sur Wagner en écrivant : « il reste que trois mesures de lui sont encore ce qui s'élève parmi les sons de plus malaisément confondable – avec la rumeur de la mer, perçue dans l'extrême lointain[53]. » Plus que les différents procédés de style, le thème de l'immensité de la nature est au cœur des *Images*. Le lecteur est confronté à un texte effrayant de la même façon que les personnages sont confrontés à la rumeur de la ville ou à l'immensité terrifiante de l'océan. Un rêveur dans la ville est saisi par le sentiment de l'immensité et aussitôt l'image de la mer apparaît : « à son oreille il en entend, ironique murmure, le flot qui meurt, – la brise du large vide, et les vagues chuchotantes qui semblent ôter leurs chaînes aux rocs[54]. » L'image de l'océan est invoquée pour décrire les sentiments, la mélancolie, l'angoisse : « les vagues, les vagues sans écumes et sans souffle de la mélancolie », « Je sens l'odeur de l'abîme, le souffle d'un océan sans borne à une profondeur infinie ».

Avec ces *Images de la grandeur*, Suarès offre un texte aux proportions démesurées. Comme devant la musique de Wagner et les vastes dimensions de son œuvre, le lecteur se trouve submergé et écrasé. Avec les sonates de *Psyché Martyre* et des *Peines d'Amour*, *Airs* et *Images de la grandeur* sont les deux pôles opposés des recherches poétiques suarésiennes de la fin du dix-neuvième siècle.

---

53. Julien Gracq, *Lettrines*, *op. cit.*, p. 206.
54. *Images de la grandeur*, *op. cit.*, p. 43.

Troisième partie

LES PROJETS DRAMATIQUES

Chapitre 1

UN THÉÂTRE SOUS LE SIGNE DE VILLIERS DE L'ISLE-ADAM ET DE RICHARD WAGNER

A. L'influence d'*Axel* –
La critique du symbolisme – La volonté de fonder un culte

Alors qu'ils sont encore dans le « cloître de la rue d'Ulm », André Suarès et Romain Rolland envisagent de créer ensemble une *féerie mystique* en trois parties dont chacune serait une pièce, une sorte de trilogie ainsi composée : « La Montagne », « La Mer », « La Cathédrale[1] ». Dans la première partie, le héros se montre « égoïste et passionné » puis il renonce à l'ambition dans les dernières scènes de « La Montagne ». Dans la dernière partie de « La Mer », il renonce à la passion amoureuse et, enfin, parvient à la « possession mystique du divin ». Romain Rolland devait se charger de « La Montagne », Suarès de « La Mer », et ils envisageaient de rédiger « La Cathédrale » ensemble. Romain Rolland regrette qu'ils n'aient pas un ami commun qui aurait pu composer la musique.

Wagner rêvait d'une telle association d'artistes. L'idéal wagnérien n'était pas dans l'artiste complet capable d'écrire aussi bien le texte que la musique comme il le faisait lui-même. Un tel artiste n'était qu'une étape nécessaire sur le chemin de la révolution artistique. Après l'instauration d'un nouvel ordre social, l'œuvre d'art devait naître d'une communauté humaine nouvelle, libre et légitime.

« La naissance de toute œuvre d'art dramatique sera [...] l'œuvre d'une nouvelle association d'artistes » écrit-il dans *L'Œuvre d'Art de l'Avenir*[2], « la *libre association artistique* est la cause et la condition de

---

1. Lettre inédite du 6 décembre 1888 de Romain Rolland à André Suarès citée par Christian Liger. *Cf* : « Un symbolisme ambigu » in *André Suarès et le symbolisme*, *La Revue des Lettres modernes*, 1973, p. 133.
2. Richard Wagner, *L'Œuvre d'Art de l'Avenir*, trad. J. G. Prod'Homme, Delagrave, 1928, p. 232-254.

l'œuvre d'art », écrit-il encore[3]. Dans le même texte, il se livre à une mise au point sur « le créateur de l'œuvre de l'avenir » et insiste sur le caractère collectif de la création telle qu'il l'imagine :

> Mettons-nous bien d'accord, en premier lieu, sur *celui* que nous devons considérer comme le créateur de l'œuvre de l'avenir, afin de juger d'après ce créateur quelles conditions vitales pourront le faire naître, lui et son œuvre d'art.
> *Qui* donc sera *l'artiste de l'avenir ?*
> Sans aucun doute, le poète.
> Mais, *qui* sera le poète ?
> Incontestablement *l'acteur.*
> *Qui,* d'autre part, sera l'acteur ?
> Nécessairement, l'*association de tous les artistes.* –
>
> [...]
>
> L'œuvre d'art de l'avenir est une œuvre collective, et ne peut naître que d'un désir collectif[4].

Nul doute que l'amitié très forte qui liait les deux jeunes écrivains les engageait à tenter d'écrire ensemble cette œuvre de l'avenir. Ce projet de *féerie mystique* se place tout à fait dans la perspective wagnérienne.

D'autre part, on voit dans ce premier projet, dans la construction même du projet théâtral, l'influence de Villiers et particulièrement d'*Axël*. Christian Liger commente ainsi ce projet :

> On ne saurait suivre de plus près la ligne dramatique de Wagner et de Villiers. Plan symbolique ; recherche d'une mystique dont on remarque l'aspect vague de la notion de divin qu'elle recèle ; musique inséparable du drame : trois des points théoriques fondamentaux de la lyrique wagnérienne ; trois éléments aussi que l'on retrouve dans le livre chéri par Suarès : *Axël*[5].

Le 30 mars 1890, Suarès écrit à Romain Rolland à propos de l'œuvre de Villiers :

> De tous les livres, *Axël* est le seul qui m'ait apparu pure image, total chant de ma conscience – si bien que je ne saurais concevoir un autre Évangile, un second *Parsifal* miens, plus à mon image. [...] De telles œuvres sont les œuvres des dieux ; et d'eux seuls.

---

3.   *Ibid.*, p. 239.
4.   *Ibid.*, p. 232.
5.   Christian Liger, *Les Débuts d'André Suarès, op. cit.*, p. 134.

Il me semble qu'elles doivent se nommer des titres vénérables de « testaments » et de « saintes écritures ».

Elles sont léguées.

Je reconnais un dessein de fonder un culte, – et non un stupide hasard – dans le saint à-propos de ces révélations [...].

Axël, totales musiques des azurs profonds du Très-sûr-Innéfable... Non, je ne voudrais pas, par des mots, ternir le pudique cristal de cette émotion pour toujours, en mon cœur, présente : *Axël*[6] !

On trouve dans ces quelques lignes sur *Axël*, l'essentiel des projets dramatiques du jeune Suarès : dans la lignée d'*Axël* et *Parsifal*, le projet est d'écrire un nouvel évangile, de fonder un culte. Le style de la lettre (cette expression de « Très-sûr-Innéfable » !) autant que le projet lui-même sont très influencés par le symbolisme. Pour autant, Suarès ne se réclame pas de ce mouvement. Il en rejette les représentants qu'il critique avec virulence. À ses yeux, Péladan est « un prétentieux imbécile ». Christian Liger cite une lettre inédite de la collection de M. Cherpin, écrite par Suarès aux alentours de 1893 en réponse à une invitation de Péladan. Suarès (qui, il faut le préciser, comme souvent, n'a pas envoyé la lettre), décline ainsi l'invitation :

Vous avez la bonté, monsieur l'Astrologue, de m'ouvrir votre Pléiade, et de m'y donner une place. Mais je n'ai point de goût pour des astres visibles à l'œil nu, et où l'on mène tant de bruit. En fait d'étoile, j'en sais une de la dernière grandeur : les plus forts télescopes ne la voient pas encore ; et le plus beau est qu'elle se cache. Il faut désespérer de me voir dans votre brillant système.

Selon Christian Liger, Suarès refuse « le système clos qu'est devenu le mouvement ; ce jeu de camaraderies, de revues, d'admiration mutuelle, de critiques complaisantes pour tous ceux qui sont du parti... ». S'il existe bien des éléments « symbolistes » dans la création suarésienne, il ne s'agit aucunement d'une influence ou d'une « imitation esthétique », encore moins de l'adhésion à une école : « Si symbolisme il y a, c'est comme drame intérieur plus que comme tic d'école ou ambiance du temps. » C'est un aspect fondamental de ces textes de jeunesse. Suarès s'y livre tout entier. Ils sont pleins de son désespoir face à la ruine de sa famille et surtout la mort de son père. On y retrouve ses tourments ainsi que sa réflexion sur la vie, ses aspirations.

---

6. *Cette Âme ardente, op. cit.*, p. 219.

L'AMOUR ET LA VOLUPTÉ AU THÉÂTRE

D'autre part, André Suarès n'a pas un rapport facile avec le monde du théâtre. Son article *Sur l'amour et la volupté au théâtre*, publié en mars 1901 dans la *Revue d'art dramatique* laisse imaginer quelles inimitiés il a pu s'attirer[7]. Il caricature à gros traits les différents personnages qui peuplent l'univers du théâtre. Le public d'abord :

> Il n'y a point quatre hommes, dans ce tas de gens, qui n'aient l'haleine fétide : et l'on ne démêle pas si ce sont leurs propos qui corrompent l'atmosphère, ou si c'est leur estomac malsain qui corrompt leurs lèvres […] mais c'est leur âme qui pue davantage. Il faudra faire un traité de la puanteur d'âme des gens de lettres.

Les journalistes ensuite « qui ne sont pas les moins vils, (mais) sont les plus impertinents », puis les critiques, « les grands ânes chargés de reliques », « ignorants consommés en toutes sciences. » La description des femmes est éprouvante : « pauvres filles qui paient de leur corps la gloire d'une heure au théâtre », ou « vipères légitimes. » L'hypocrisie règne dans ce monde dans lequel « l'Art est en proie à la cohue » :

> Tous ces gens-là se tutoient beaucoup. Ils se donnent les noms « d'amis », de « cher », de « maître » ; ils s'appellent : « mon petit… mes enfants… ». C'est du « maître » surtout qu'ils ne se lassent pas, tant ils sont faits pour la chaîne.

Dans la troisième partie, « Vues morales », Suarès défend la présence des héros au théâtre : « l'héroïsme est toujours, plus ou moins, l'âme du drame ». Héros en idées ou en actions, héros dans le crime même, eux seuls sont purs. Le parcours d'un héros montre le sens d'une vie : « leur arc magnifique est le pont jeté du pilier de la naissance au pilier de la mort ». Le poète tragique, face au monde factice du théâtre est seul dans la vérité :

> L'auteur tragique sera désormais une exception, une sorte de solitaire, possédé d'un amer démon, qui viendra jeter un regard plein de colère et de dédain sur un siècle, qui fait de son mieux pour l'étouffer.

On sent l'amertume de l'écrivain qui ne se reconnaît pas dans le théâtre de son temps. S'il veut créer, il doit faire abstraction du public actuel, en espérer un autre, à venir, plus à même de reconnaître son génie :

---

7.   Yves-Alain Favre mentionne cet article, p. 44 de sa thèse. Il parle d'un cahier de jeunesse de 47 pages intitulé *Sur l'amour et la volupté au théâtre*. Il s'agit pour lui d'un document inédit, il ne semble pas connaître l'existence d'une publication sous forme d'article. Ce cahier faisait partie selon Favre du Fonds Doucet. Nous ne l'avons pas retrouvé.

Qui pense au public est forcé de le servir. L'on connaît le poète assez fort pour faire violence au public, à ce qu'il n'en tient aucun compte. [...] Le vrai poète sait fort bien qu'il ne crée que pour quelques-uns, qui ne sont peut-être pas nés encore, et qui doivent naître un jour ou l'autre. Et à défaut même de ceux-là, pour ceux qui auraient pu être, – et qui n'ont pas été, et qui ne seront pas.

Il termine ce paragraphe par une conclusion très *wagnérienne* sur le « public idéal. » Le « public idéal » était une notion reprise et expliquée largement dans la *Revue wagnérienne*. Il s'agit du public de l'avenir, celui qui existera après la révolution, composé d'hommes et de femmes libérés du pouvoir matérialiste de l'argent. Ils forment une société nouvelle et sont prêts à communier dans l'œuvre de l'avenir :

Celui-là donc changera seul le public, qui ne se propose qu'un public idéal, et qui méprise souverainement le bas souverain, dont il faudrait servir la bassesse, s'il se souciait d'en recueillir l'applaudissement. L'air pur et libre, – tel est le public idéal. Et que dans l'air pur s'élève une œuvre libre[8].

Nous sommes très proches de la pensée de Wagner telle qu'il l'exprime dans *L'Art et la Révolution* :

Nous voulons nous délivrer du dégradant joug d'esclavage universel d'êtres mécanisés à l'âme pâle comme l'argent et nous élever à la libre humanité artistique dont l'âme rayonnera sur le monde ; de journaliers de l'industrie accablés de travail, nous voulons devenir tous des hommes beaux, forts, auxquels le monde appartienne, comme une source éternellement inépuisable des plus hautes jouissances artistiques[9].

Le texte de Suarès, mélange d'essai et de pamphlet, se termine sur une idée qui le rapproche encore une fois de Wagner : celle du rapport entre la révolution et le génie. Le génie n'est pas révolutionnaire par ses prises de positions politiques mais au contraire parce qu'il se libère d'elle et espère en un temps idéal. Il annonce une humanité plus haute qui, de fait, suppose un nouvel ordre social :

J'admire qu'on compte sur quoi que ce soit, s'il s'agit de la société et de l'homme. Une grande âme est une maladie insolente de la matière, et qui paraît folle. La matière, encore qu'aveugle, ne laisse pas d'être vindicative : elle tient à ses habitudes, qui s'appellent aussi des lois. [...] Si un grand homme pouvait remplir sa destinée, il détruirait tout

---

8.　*Ibid.*, p. 298.
9.　Cité dans la revue *Obliques*, numéro spécial, 1979.

l'ordre humain, pour le refaire. L'essence du bien est dans la destruction. Mais sans doute il n'appartient qu'à un tout petit nombre.

Nous aurons l'occasion de revenir sur cette question de l'aspect révolutionnaire de l'art à propos de textes comme *P.F.* ou *La société idéale*. Suarès ne fait pas de concession au temps pas plus qu'à la forme théâtrale. Au contraire, il a conscience de présenter des textes qui ne s'adressent pas au public du temps. Il s'attache plutôt à des thèmes universels qui permettent de s'en libérer. Mais, à chercher un public idéal, il prend aussi le risque de ne pas en trouver un qui le soutienne. Cette position explique sans doute que ses projets soient restés pour la plupart inachevés ou inédits.

B. Les projets de jeunesse

C'est dans cet état d'esprit qu'il entreprend ses projets dramatiques, plus nombreux encore que ses textes poétiques. Cahiers et carnets de jeunesse en sont remplis. Ses sources d'inspiration sont variées : l'Italie de la Renaissance (*Leo* ou *Pentheo et Dedia* inspiré de l'histoire de Paolo et Francesca) ; les légendes et les héros grecs (*La mort de Pâris, Œdipe chassé, Hélène, Thersite, Érostrate, Alcibiade* …) ; le monde moderne (*La Déesse, Méduse, Les Pharisiens…*) ; les empereurs romains (*Caligula…*) ; l'histoire (*Napoléon, Cromwell…*) ; l'avenir (l'action des *Vaincus* se passe en 1950 ou 1980) ; le Christ (*Jésus, Lazare, Les Pèlerins d'Emmaüs*). Entre tous, il tient particulièrement à *Yvéril*, l'histoire d'un jeune prince du nord dégoûté du pouvoir et de ses fastes. Son père lui demande de renoncer au trône. Il sera tué dans un guet-apens. On pourrait reconstituer en grande partie ce drame mais il faudrait rechercher les différentes scènes éparpillées dans les cahiers ou carnets.

Un autre projet montre assez quels sont les grands hommes auxquels il est attaché. *La Légende Idéale* est destinée aux enfants et retrace la vie de douze grandes figures : Beethoven, Wagner, Saint François d'Assise, Goethe, Tolstoï, Socrate, Raphaël, Shakespeare, Spinoza, Sophocle, Renan et Jeanne d'Arc. Dans un appendice, il prévoyait d'ajouter des paragraphes sur Wagner, Beethoven, Vinci, Pascal, Descartes, Rembrandt et Kant.

C. La question de la forme – Perspectives d'étude

Dans la perspective qui est la nôtre, nous retiendrons seulement quelques aspects et nous nous intéresserons principalement aux textes inédits.

Nous nous attacherons d'abord à la forme particulière de ces documents puis aux références wagnériennes et enfin à la conception suarésienne de l'œuvre dramatique.

La forme de ces essais dramatiques est très particulière. Comme pour ses textes poétiques, André Suarès recherche un art total, mêlant théâtre, poésie, musique ce qui leur donne un aspect très original. Dans les *Pèlerins d'Emmaüs*, il lie le théâtre à la poésie et utilise, comme dans ses projets poétiques *Lylian* ou *Psyché*, des indications musicales marginales. Ailleurs, il recherche de nouvelles appellations comme le faisait Wagner (rappelons que *Parsifal* n'est pas désigné comme un « opéra » mais comme un « drame scénique sacré »).

En 1893, il réfléchit au nom qu'il pourrait donner à un nouveau projet[10] :

> Titre : Musique ! ou le concert de l'amour
> ou   Ô Musique !
> ou   Douce musique !

Les désignations classiques ne le satisfaisant pas, il s'interroge sur la nature même de son projet :

> Spectacle de joie poétique   (commencé le 17 nov. 1893)
> ou
> Fête de joie poétique
>
> La première des Fêtes de la   À la gloire de la musique !
> douceur et de la joie
> Tout ce que je puis faire dans le   À l'amour de l'amour !
> chemin du rire.

Il s'agit bien pour Suarès d'arriver à rendre compte de l'état créateur, de son enthousiasme fervent. C'est aussi un aspect très wagnérien : la ferveur religieuse ne se conçoit pas en dehors de l'Art, comme la création ne se sépare pas de l'amour. Et seule l'union des arts peut permettre l'expression de cette émotion à la fois humaine, religieuse et artistique. Il écrit à propos de *Jésus* :

> J'ai voulu verser toute la musique dans la poésie. Et j'ai voulu que le sol de la poésie bût cette rosée brûlante de passion, de sentiment, de

---

10. [Ms. 1393] – Notes du cahier n°22.

mouvement du cœur, pour la rendre toute vive et plus durable à l'âme dans une fleur d'émotion éternelle[11].

En octobre 1888 il écrit à Romain Rolland : « J'avais rêvé d'un drame tout nouveau », et il lui présente « la forme convenable » mêlant vers et prose dans une recherche toute wagnérienne de la musicalité à défaut de la musique elle-même :

> Pas d'actes, des scènes seulement (ou s'il fallait à toute force partager ces scènes, les répartir en 3 actes, jamais 5. 1er acte pour la position des caractères, avant leur modification ; 2e acte : les caractères en développement ; 3e acte résolution des caractères.) De plus, comme langue, la prose et les vers alternés : vers quand des caractères d'amour s'expriment, prose dans toutes les circonstances vulgaires. Les vers devaient remplacer pour moi (wagnérien) la musique impossible[12].

Au-delà de la recherche formelle, les références à l'univers wagnérien foisonnent. Dans une petite note pour *Alcibiade*, Suarès compare le compagnon du héros à Kurwenal, le serviteur de Tristan. Autre trait presque caricatural du wagnérisme de la fin du siècle, il désigne ses œuvres par des mots germaniques :

Hypsélie

Alcibiades – Heldentag
Alexandre – Heldennacht   ou Heldenlicht
                                          Heldentag
Csr – HeldentHum
Les lions – Heldendämmerung[13]
Yveril – Heldennacht

Qu'il décrive une « grande âme », l'évolution spirituelle d'un personnage, que son sujet ait un rapport ou non avec la religion, le théâtre de Suarès est par essence religieux. Il a écrit un drame qui reprend directement *Parsifal* : *Le drame du Taurus*. Yves-Alain Favre le décrit dans sa thèse mais nous ne l'avons pas retrouvé. Quelques notes éparses montrent qu'il s'intéressait de près au « cycle de Bretagne ». Mais il retient surtout la lecture qu'en a faite Wagner. Si, dans *Les héros*, il souhaite retenir les noms français des personnages, c'est bien de Parsifal qu'il est question et non de Perceval. La manière dont il le décrit dans les notes suivantes (« il a la cuirasse, et le casque noir, la visière levée »), correspond à la façon

---

11. [Ms. Ms. 1391] à propos de *Jésus*.
12. Inédit. Fonds Romain Rolland, Bibliothèque nationale de France.
13. Ce terme de *Heldendämmerung* rappelle bien sûr la *Götterdämmerung* de Wagner et les autres appellations sont construites sur ce modèle.

dont le *chaste fol* se présente au début de l'acte III du *Bühnenweihfest-spiel* (« Parsifal s'avance en armure noire, la visière basse, la lance abaissée, la tête penchée… »). De plus, s'il souhaite mettre en scène les personnages habituels de la quête du Graal, c'est Parsifal qu'il met en scène et non Perceval (« Parsifal, non Perceval ! ») :

> Héros / III A
> Sc. De la fin.
> Parsifal pèlerin entre.
> Il porte le manteau des hospitaliers. Il a la cuirasse, et le casque noir, la visière levée.
> Les nommer tous. Chercher dans le cycle de Bretagne. Mais Parsifal non Perceval !

Suarès a surtout ébauché plusieurs drames sur le Christ dont il reste de larges passages. Les principaux inédits sont *Jésus* et *Lazare*. Nous rapprocherons plus loin ces deux essais des *Pèlerins d'Emmaüs*, première œuvre publiée de Suarès.

Enfin, cet aspect religieux au sens le plus large du terme, sacré pourrait-on dire, est aussi lié à un aspect social. Comme dans le projet wagnérien, le théâtre annonce une société nouvelle dans laquelle il occupe une place centrale. On trouvera à ce propos de nombreux liens avec les œuvres en Prose de Wagner et le rôle du Théâtre dans la société de l'avenir. On retrouve l'idée d'un art rédempteur dans des textes théoriques comme *P.F.* ou *L'État Idéal*. Certains de ses projets laissent place à une réflexion sociale, politique, à une utopie au cœur de laquelle se place l'Art.

Chapitre 2

LES FÉERIES MUSICALES – LE THÈME DE L'ÎLE

Suarès envisage d'écrire des pièces à mi-chemin entre la poésie et le théâtre, qu'il désigne sous le terme de *comédies* ou de *féeries musicales*. Les documents qu'il nous a laissés sont très incomplets et il paraît impossible aujourd'hui d'en reconstituer une dans son intégralité. Il reste néanmoins plusieurs traces intéressantes de quelques-uns de ces nombreux projets. On les connaît grâce à deux types de documents. La correspondance avec Romain Rolland toujours, et un autre document très précieux reproduit par Yves-Alain Favre dans sa thèse en annexe : une chronologie établie par Suarès lui-même de ses projets. Encore faut-il considérer les dates indiquées avec beaucoup de circonspection car elles annoncent selon les textes le commencement de la rédaction, sa fin, ou tout simplement la date à laquelle Suarès a eu l'idée du projet. Cette liste permet tout de même de posséder quelques informations que l'on peut recouper avec celles contenues dans la correspondance des deux amis.

Il est possible de présenter ces titres en deux ensembles : *Musique* et *Les Étoiles* d'une part, *L'Île, L'Île d'Amour* et *Thulé* d'autre part.

Il reste très peu de textes du premier ensemble. Le second est beaucoup plus riche mais les textes sont éparpillés. On trouve des passages de *L'Île* dans le cahier n°38 et un dossier complet sous le nom de *L'Île d'Amour*. Yves-Alain Favre considère qu'il s'agit du même projet[1] mais est-ce bien certain ? D'autre part, certains textes portent le titre de *Thulé*. Un projet portant ce nom figure bien dans la chronologie des œuvres de jeunesse dressée par Suarès. Yves-Alain Favre regroupe tous ces documents comme faisant partie d'un seul projet : *L'Île*. C'est un parti pris qui peut se discuter. S'il est évident que tous ces projets ont en commun le thème de l'île, il est difficile de savoir s'ils appartiennent à un ou plu-

---

1. *La Recherche de la grandeur dans l'œuvre de Suarès, op. cit.*, p. 48.

sieurs projets ou encore s'ils correspondent aux différentes étapes d'un même projet.

Par souci de clarté et pour ne pas faire de choix, nous présentons les documents tels qu'ils nous apparaissent dans le petit groupe qu'ils forment, isolés, dans un cahier ou une chemise dans laquelle ils ont été regroupés, sous le titre qui apparaît lorsqu'on les consulte et en indiquant leur cote. Il semble hasardeux de vouloir reconstituer un ensemble plus vaste. Que faire par exemple d'un texte qui fait mention de Thulé sachant que l'action de *L'Île* se passe à Thulé, que le prologue des *Étoiles* aussi, et que Suarès avait un projet qui portait le nom de *Thulé*[2]. Rien ne peut prouver qu'il appartient plutôt à tel ou tel projet.

Musique, *Les Étoiles*, *L'Île* (et *L'Île d'amour*) ainsi que *L'Atlantide*[3] ont tous été rédigés pendant la même période, entre 1893 et 1896. La question du genre se pose comme pour toutes ces pièces dans lesquelles Suarès recherche à mêler musique et littérature. Suarès propose de désigner *Musique* comme un « spectacle de fête poétique » ou une « fête de joie poétique ». Le titre même du premier projet est un programme à lui seul : *Musique* ou *Le Concert de l'Amour*.

Nous sommes toujours dans la même perspective wagnérienne. Suarès utilise les indications musicales, le mélange des genres poétique et dramatique. Les références principales restent *Parsifal* et *Tristan*.

A. *Musique* et la jubilation

Musique est pour lui une source de joie et les notes du cahier n°23 montrent son enthousiasme :

> *Musique* spectacle de fête poétique
> commencé le 17 nov. 1893
>
> TITRE Musique ! ou Ô musique ! ou douce musique ! spectacle ou fête poétique ou fête de joie poétique.
> À la gloire de la musique ! ! à l'amour de l'amour !

---

2. *Cf.* Yves-Alain Favre, *op. cit.*, p. 43 et 447.
3. Ce titre *d'Atlantide* peut être discuté. Il s'agit peut-être d'une partie d'un ensemble plus vaste car on ne retrouve pas dans la correspondance avec Romain Rolland la mention d'une telle œuvre pas plus que dans la liste établie par Suarès. Cependant, un plan détaillé apparaît sous ce titre dans le cahier n°20. C'est pourquoi il nous semble important de le mentionner sous ce titre particulier plutôt que de le mêler à un autre projet.

> La première des fêtes de la douceur et de la joie. Tout ce que je puis
> faire dans le chemin du rire.

Ce bonheur d'écrire, cet enthousiasme, contrastent avec les textes sur le
Christ ou les projets poétiques. Suarès partage sa joie avec son ami de
toujours :

> Quand je l'aurai finie, si elle te plaît, te sera dédiée la seule œuvre
> heureuse que j'aie jamais faite. C'est une comédie d'amours tendres,
> en trois actes ; et son titre est musique. J'y mets celle de mes rêves, et
> j'y ai fui mes jours. [...] Qu'on me tue si tout n'y est pas d'une pureté
> idéale[4].

L'amour en est le sujet central, « la femme s'y trouve peinte comme celle
qui révèle à l'homme son âme : la beauté et la tendresse, privilèges de la
femme sont ainsi transférés sur l'âme[5]. » Suarès célèbre l'amour et la
musique. L'Acte I est un adieu à « la délicieuse vie antique » ; l'acte II
est la « traversée du Moyen-Âge et du monde du cœur » ; l'acte III est
« l'union des deux mondes, l'ère nouvelle qui est aussi un retour à la vie
antique ». Ce thème de la réunion du monde antique et de la pensée chrétienne se retrouve aussi dans d'autres projets[6].

LES PERSONNAGES

Les héros sont androgynes. On voit dans le cahier n°20, « deux jeunes
hommes pareils à des femmes pour la beauté ». Le cahier n°23 propose
quelques noms sans autre indication. Ce sont de « beaux jeunes héros » :

> Thésée, Ariane
> Dolce Giovanna
> Tristio Benta
> Louys Hyélis / Tous deux enfants Guillery Catarine

Suarès joue avec les noms des couples d'amoureux en les mêlant :

> Personnages aux noms Dolce Gioconda ; Tristio et Beata, Claudio et
> Hyelis. Dans leur amour, les noms se mêlent Gioconda Dolce pour
> elle et Dolce Gioconda pour lui. Leurs caractères aussi, lui plus tendre
> et elle plus gaie, plus enfantine, ensuite, lui moins mélancolique, et
> elle plus attendrie.

---

4.   Lettre inédite à Romain Rolland n°439, s.d., 1895 ou 1896.
5.   Yves-Alain Favre, *op. cit.*, p. 42-43.
6.   *Cf.* le carnet n°49 et Yves-Alain Favre, *ibid.*, p. 43.

Hors Antero et les trois vieillards, aucune des femmes n'a plus de 20 ans, ni aucun des héros plus de trente.

Tous sont vierges. Leurs prunelles sont fraîches, leurs regards purs, et l'eau de leur jeune âme dans les yeux est toute claire.

LA FORME : ENTRE POÉSIE ET THÉÂTRE

Il recherche alors une métrique s'inspirant de l'antique[7]. On trouve quelques notes présentant des éléments de scansion. La pièce devait être écrite entièrement en vers. « Peu de vers non rimés » précise-t-il, excepté pour le « rôle du haineux ».

Musiq– (Poet. et métrique)
= Toute la pièce en vers.
= peu de vers non rimés = alors très rythmés =
très allitérés = très vocaux.
= de préférence à l'acte I/I^A des vers alexandrins très larges et très grands. 14 ; à la II^A p. vers lyriques (gds)
= Acte II des trimètres –∪∪/–∪∪/–∪∪
des grands trimètres –∪∪/–∪∪/–∪∪/–∪∪ –
des vers métriques de 10 syllabes très sonores
= pour les rôles des enfants de petits vers (caresses : 6 syllabes ou 8 ; (ou 4 – 4) = vivacité, gaîté – 7 syllabes. /
= pour le rôle du haineux, peu de rimes
= Acte III toutes sortes de vers lyriques.

L'ensemble renvoie plus à la poésie qu'au théâtre et les passages sur la musique font écho à la description de ses personnages très purs et idéalisés :

Musique « À la musique »

Fleurs, fleurs, de la musique,
corolles de l'extase,
Ô Calice d'amour,
Ô parfums, Ô purs vases
de l'harmonie
Vous versez les uniques
dons de l'unique jour,
et vos accords
sont les baumes d'aurore
Que vos cœurs sur la tige
jettent à la vie…

---

7. [Ms. 1391], Cahier n°20.

B. *L'Île*[8] et *L'Île d'Amour*

Ce projet pose de nombreuses questions. Il existe bien un projet intitulé *L'Île*. Suarès le mentionne dans sa liste de projets[9]. Yves-Alain Favre signale un dossier du Fonds Doucet portant le titre d'*Île d'Amour*[10]. Selon lui, il s'agit de la même œuvre. Il paraîtrait étonnant en effet que Suarès ait songé à deux œuvres différentes portant des titres aussi proches. Il pourrait aussi s'agir de deux états d'un même projet.

Mais Yves-Alain Favre renvoie ensuite au cahier n°38 [Ms. 1409]. Or, les pages correspondantes portent le titre de « rêve de fête poétique Thulé ». Et *Thulé* apparaît dans la chronologie établie par Suarès. Il s'agirait donc d'un autre projet, au titre différent même si la thématique est proche. Il faudrait alors ajouter à ce cahier n°38, les pages du cahier n°5 qui portent elles aussi les références : « Thulé, III ».

Enfin, un dernier document peut compléter cet ensemble de textes, une page du cahier n°20 qui présente le plan d'une symphonie de triomphe, *L'Atlantide*. Ce dernier document, selon Favre, serait un projet à part de *L'Île*.

Pour résumer, selon Yves-Alain Favre, le dossier *L'Île d'amour*, ainsi que les pages *Thulé* des cahiers n°5 et n°38 feraient partie de ce projet intitulé *L'Île*. Il considère le dernier texte du cahier n°20 comme un projet à mettre en relation avec *L'Île* mais n'en faisant pas partie. S'il apparaît clairement une parenté thématique entre les textes, il nous semble hasardeux de les rassembler. Aussi, nous prendrons le parti de les considérer dans les petits ensembles qu'ils forment sans essayer de les lier.

Le dossier *L'Île d'amour* présente une certaine cohérence en lui-même. Les textes sont plus poétiques que véritablement dramatiques. Ce sont des monologues, des chants, écrits à la première personne, sorte de vaste méditation d'un esprit créateur exprimant son immense solitude. Ils présentent une unité thématique et stylistique qui permet de les considérer comme un ensemble très riche.

Le cahier n°5 nous présente un plan de drame particulièrement intéressant. Comme souvent dans cette période, Suarès annonce un ensemble de pièces sur le même thème. Il est question d'un *Jardin des Hespérides* (une « messe » ou « une symphonie » qui présenterait la « conquête mortelle ou salvatrice des fruits divins de l'amour »), des *Ilotes* et de *l'Atlan-*

---

8.   *L'Île d'Amour* [Ms. Ms. 42.023], Cahier n°20 [Ms. 1391], Cahier n°5 [Ms. 1376], Cahier n°38 [Ms. 1409].

9.   Documents du Fonds Doucet reproduit dans la thèse d'Yves-Alain Favre, p. 31.

10.   Ce dossier porte aujourd'hui la cote [Ms. Ms. 42.023].

tide (« symphonie de triomphe »). Dans cette *Atlantide*, Suarès se propose d'unir le monde antique et le monde moderne. Un plan en trois parties montre toute une évolution à travers un voyage, d'un monde malade vers une île salvatrice, sorte de paradis retrouvé.

Plus loin, le même cahier présente une vingtaine de petites feuilles in-titulées *Thulé* (noté *θulé*). Elles portent toutes la mention III.II suivies d'un autre chiffre. Ces textes appartiennent donc probablement à un troi-sième acte. Ils sont en désordre dans le cahier mais la numérotation per-met de les remettre dans l'ordre, ce que nous faisons ici. D'autre part, dans le cahier n°38, on trouve un plan de *Thulé* et un résumé de l'histoire. Yves-Alain Favre présente ce résumé comme étant celui de *L'Île*. Nous les étudierons successivement.

L'IMAGE DU SOLITAIRE / LA QUESTION DE L'IDÉAL

L'Île d'Amour[11] est un ensemble très incomplet qui ne rend pas compte de la dimension théâtrale du projet et ressemble assez aux sonates de *Lylian* et de *Psyché*. Dans une série de textes poétiques, un narrateur se livre et exprime son désarroi. Il a contemplé le monde, et perdu tout espoir de trouver une part d'éternité :

> J'ai tout vu, j'ai su
> et j'ai pleuré.
> Tout m'a leurré,
> Tout m'a déçu.
>
> Mon âme fume
> sur un feu noir.
> Tout mon espoir
> Est dans la brume.
> L'astre du soir
> Plus ne s'allume[12] ..
>
> Mon jour est mûr.
> Le souci plane.
> L'air n'est plus pur.
> La fleur d'azur
> Du ciel se fane, –
> Hélas, mon âme ..

---

11.   [Ms. Ms. 43.023].
12.   Variante proposée par Suarès : « Déjà s'allume. »

> J'ai vu, j'ai su,
> Et mon cœur pleure :
> Qu'ai-je conçu
> Qui me demeure ?
> J'ai tout perdu.

Sa recherche de la grandeur le condamne à la solitude et le sépare des autres hommes :

> S'élever et me taire ;
> C'est le Sort de mon cœur
> Car je suis solitaire[13].

Seul l'Idéal donne un sens à sa vie en même temps qu'il lui cause la plus grande souffrance. Suarès emploie alors l'image d'un Graal empli du sang du narrateur. Cette image est intéressante car elle n'apparaît pas dans un contexte religieux chrétien. Le rêve, Dieu, l'azur, sont liés. La religion de Suarès est liée à l'Art avant tout et l'Idéal ne s'atteint que par la création artistique. Le contenu du Graal, la liqueur source de vie, la seule qui désaltère, est ce rêve, cette création. Elle ne peut se conquérir que par le parcours personnel qui mène à la création. Le sang du Graal n'est plus celui du Christ, il est celui de l'artiste lui-même qui se sacrifie pour son idéal artistique :

> Il n'est qu'une liqueur
> À la soif qui m'altère :
> Bois ton rêve et ton Dieu, bois l'azur, bois sans peur,
>
> Bois ton sang dans le verre
> de l'Idéal, Et de toi-même sois Vainqueur
> Si la coupe est amère,
> Mon cœur.

Le texte suivant montre le solitaire face aux cimes qu'il « a tant convoitées ». Il est comparé à un marcheur qui parvient au sommet de la montagne. Il doit accepter une vie faite « d'angoisses » et de « déchirements » pour parvenir au bout de sa « passion austère ». Et lorsqu'il peut enfin « boire à l'eau Vierge des glaciers », elle est si solide et si pure que sa bouche en est toute blessée. La contemplation même de la « lumière divine » et « du soleil de la solitude » l'aveuglent et le blessent. Il n'existe pas de répit pour celui qui s'est « juré quelque superbe fidélité[14] ». Suarès

---

13. f. 4.
14. f. 6.

se livre dans ce « chant du solitaire ». Mais cette quête apparaît aussi comme une malédiction :

> Où te fuir, vie intérieure ? Où
> Ne pas te trouver ? Hélas, bien plus où ne
> te pas chercher ? Ô centre de la vie, lutte
> toujours nouvelle..

Le solitaire est un Prométhée dévoré par son propre besoin de création :

> Prométhéen, c'est ta propre violence qui t'a cloué sur le roc des nei-
> ges ; c'est ta propre force qui t'y retient ; et Vouloir inlassable est ce
> vautour inquiet qui fouille éternellement dans ton sein[15].

Il est perpétuellement en quête et souffre de cette quête qui le fait vi-vre : « Boire fait souffrir ; et l'on souffre de la soif ». La seule rédemption est dans la mort ou dans un moment pur parmi tous, le premier baiser : « Le seul instant exquis est celui où les lèvres touchent le premier baiser, et le rire frais de la source. »

Ce thème du « vouloir » nous renvoie au monde de *Parsifal* et de Schopenhauer, au Graal qu'on hésite à dévoiler, qui donne à la fois la vie éternelle et l'éternelle souffrance. Suarès livre ici son programme litté-raire qui se présente comme une véritable ascèse.

Un dialogue avec Dieu exprime toute la douleur de vivre : « je suis plein de vie, Seigneur. Et mes peines se renouvellent avec les sai-sons… ». Le poète, devant la souffrance et la mort, cherche le salut, la vie immortelle. Seuls l'amour et la création peuvent lui apporter le salut et lui faire dépasser sa souffrance. Plus encore, seul l'artiste, seule l'œuvre d'art peuvent exprimer le divin (« je suis tout ce que tu es. Tu n'as de solide et de vrai que moi ») :

> Certes (continue-t-il dans son dialogue avec Dieu) vivre n'est presque
> que souffrir – et la mort est au bout. Mais pourquoi ne pas chercher en
> moi une vie immortelle ? Je suis la grandeur de ton âme, et la force de
> ton cœur. Je suis l'amour. Que t'en coûte-t-il de tout quitter Hors moi-
> même ? Je suis tout ce que tu es. Tu n'as de solide et de vrai que moi.

Amour et Art sont liés dans ce dialogue. L'amour est la conscience de la douleur du monde et la puissance de la création :

> Ô amour, je viens. Il ne peut faire que je ne t'aime. Au sein des sup-
> plices, je t'aime, comme au milieu des prés charmants de la joie et du

---

15. *Ibid.*

ciel. Mais cependant, je souffre. Car ce n'est plus de moi seul, mais de toutes choses, – que tu as mises, Amour, en moi.

Les textes qui nous sont parvenus de *L'Île d'Amour* ne permettent pas de rendre compte d'un caractère dramatique sinon théâtral ou scénique de ce projet. Ils peuvent simplement en déterminer les enjeux. Le thème principal est l'artiste lui-même. Il crie à son Dieu la douleur de sa quête d'Idéal, la nécessité vitale d'exprimer cet appel vers l'amour et la vie éternelle. Suarès affirme la dimension sacrée de l'art, la place de l'artiste, d'abord pèlerin puis prêtre.

Derrière cette conception métaphysique de l'art, et de façon plus personnelle et intime, il exprime aussi sa propre douleur de vivre et son expérience douloureuse de la création.

C. *Thulé – L'Atlantide*, le paradis perdu puis retrouvé

THULÉ, *CAHIER N°5, ACTE III*

On trouve dans le cahier n°5[16], une vingtaine de petites feuilles portant l'indication *Thulé,* et la mention III.II, suivie d'un autre chiffre laissant penser qu'elles appartiendraient à un troisième acte. Yves-Alain Favre ne mentionne pas ce cahier. Il faut l'ajouter à ses références d'autant qu'il s'agit là de textes importants pour le thème de l'île. Il serait hasardeux d'en dire beaucoup plus mais on retrouve la même problématique. Dans un monde d'éternelle souffrance, l'Art est le salut, le seul moyen de la Rédemption, il est beauté et amour, moyen de retrouver l'innocence perdue, et c'est le thème de cet ensemble sur l'Île, Thulé, l'Atlantide, le paradis perdu.

Le lied de la « solitude de l'âme » exprime la souffrance du poète contemplant le monde qui est en proie à la douleur, à la méchanceté des hommes, à leurs crimes et à l'oppression. L'âme est alors saisie de dégoût et se sent au monde « comme en la tombe » :

Moderato	J'ai vu le monde :
Mf	Le noir mépris
	Alors m'a pris
	Comme une tombe.
	J'ai vu les forts,
	J'ai vu leurs crimes,

16. [Ms. 1376].

Comme ils oppriment
Qui ne les mord ;

J'ai vu l'orgueil
et sa vermine,
et ses abîmes
de doux cercueils.

[...]

Le noir dégoût
S'est fait mon maître
J'ai fui de tout
Pour n'y plus être.

Mais je suis né ;
Je suis au monde,
Et je m'y sais
pp.   Comme en la tombe.

Ces lignes ressemblent assez au premier texte d'*Île d'Amour*, (« J'ai tout vu, j'ai su / j'ai pleuré. / Tout m'a leurré, / Tout m'a déçu ») ce qui peut laisser penser que Suarès aurait pu mêler les différents textes pour réaliser une seule œuvre. Cette idée est encore développée dans le « lied du coupable qui erre sur la mer et ne doit jamais retrouver le port de l'innocence ». La question est celle du péché (« Crime et douleur même péché / Faute et douleur / Un seul péché »). Il existe un « crime », une faute à racheter dans le seul fait d'exister : « Toute faute se paie, Au Mal, c'est la douleur / Qui répond de la dette ». L'existence même du mal et de la douleur entraînent un besoin de rédemption. La douleur d'exister vient de cette conscience : « et le fond des tristesses / N'est pas dans les élancements de la détresse / Elle est dans le dégoût que le cœur a du cœur ».

Ce « coupable qui erre sur les mers » est l'Être humain qui a perdu l'innocence : « ce qui a cessé d'être pur jamais ne cesse / de mourir en soi-même et des morts de sa mort. » On songe ici au Hollandais Volant, errant sur les mers en quête de rédemption.

Le lied III. / II/ I⁽⁴⁾ est un véritable hymne à l'Art. Il est le salut, la rédemption, le rachat. L'Art permet de renaître à la beauté et à l'innocence. Cette conception est proche de celle de Wagner, et il n'est pas étonnant de retrouver ici l'image de filles-fleurs qui n'apparaissent pas comme des tentatrices mais comme un symbole de pureté et d'innocence. Ce texte est aussi une confession. Après la mort de son père, en proie à la douleur et à la tentation du suicide, l'Art a été la seule consolation (« Ce qui fut élan / Farouche au néant / et à la fin / de la peine / devient une marche / vers l'infini / et le divin »). L'Art permet la transformation de la douleur et du

malheur en beauté (« Ce qui fut pleurs et cris / En toi est mélodie »). Il
ouvre la voie à une nouvelle vie. Grâce à lui, « l'être renaît, pur, beau /
Innocent » :

Lied – III. / II/ I [(4)] / esquisse

> Art est salut
> Art est Renaissance
> Art est rachat
> C'est la vie de Dieu
> et sa profonde paix – à la place de
> la vie du monde et des combats
>
> Ô art – tu es beau comme
> l'âme innocente – et comme
> les yeux aimants !
>
> Ce qui fut pleurs et cris
> En toi est mélodie –
> La solitude des nuits
> Tu la peuples d'étoiles
> Et les grincements de dents
> Assis au bord du lit
> La tête entre les mains
> Deviennent Harmonie
> Pure joie, chants secrets
>
> Alors joie et douleur
> sont les filles fleurs
> les filles sœurs
> des mêmes chants paisibles
> Et de la céleste prairie
>
> Ce qui fut élan
> Farouche au néant
> et à la fin
> de la peine
> devient une marche
> vers l'infini
> et le divin
>
> L'Art sauve. L'Art <u>aime</u>
> Amour est vie !
> des nuits de la douleur
> des vies de la peine
> L'Art mène
> À la nouvelle vie
> où l'âme se retrouve

> où le cœur se rachète
> Et où l'être renaît pur, beau,
>   Innocent[17].

La véritable mort, l'état de douleur et de péché est l'absence d'amour. On lit plus loin un dialogue symbolique. Le feuillet III.II. (I) met en scène des jeunes femmes présentées comme des muses et des jeunes hommes « aux cuirasses noires » (les « soucis du cœur »). Les muses engagent un dialogue avec un personnage dont il est difficile de préciser l'identité, désigné simplement par cette lettre, W :

> — Laquelle ?
> — de la solitude d'amour
>   c'est la vraie mort
> — d'où venez-vous ?
> — de la profonde peine : c'est
>   l'amour perdu

Elles l'invitent à chanter d'abord sa douleur puis, plus tard sa joie :

> J'ai aimé. J'aime. Je suis
> toute amour. Va la beauté pure
> rend la pureté. Pureté est le repos.
> Chante.

De ce projet, on ne possède guère plus que ces quelques textes qui renseignent plus sur la vision de l'art de Suarès que sur le déroulement du drame lui-même. Le carnet n°38 propose des passages rédigés de *Thulé* sans qu'il soit possible de dire s'ils devaient s'insérer aux derniers que nous venons de voir. Ils sont très particuliers et, avant de les étudier, il semble intéressant de faire un détour pour regarder un autre projet, consacré à une autre île, *L'Atlantide*.

L'ATLANTIDE – *CAHIER N°20*

Du projet de l'*Atlantide,* il ne reste qu'un plan et quelques notes dans le cahier n°20. C'est peu de chose mais cela permet enfin d'envisager le déroulement du drame et d'imaginer comment ces scènes pouvaient s'intégrer dans un ensemble plus vaste. Il semble qu'il s'agisse d'un projet différent de *L'Île*.

---

17.   Texte complet.

Le plan fournit quelques éléments. C'est une « symphonie de triomphe » qui réalise l'« union du monde antique et du monde moderne ». Le drame raconte l'histoire d'une chute, l'errance, la quête et le retour à un ordre perdu à travers la découverte de l'Atlantide. Au départ « la nature et l'Âme de l'homme sont l'harmonie ». Suarès prévoit une première partie « lyrique », un « scherzo des sphères célestes et des systèmes », « une symphonie du bonheur ». Il précise : « il faut émouvoir et non prouver ». Puis les hommes ont perdu cette harmonie avec la nature et l'univers. Suarès décrit alors un monde en pleine confusion fait de « découragements », de maladies (il cite la peste). C'est la seconde partie, « dramatique ». Les hommes d'équipage recherchent l'Atlantide. Ils sont en proie « aux mauvais instincts », c'est « l'heure de la mort ». Certains se suicident. On entend « les chants de regrets du haut des hunes ». C'est, écrit-il, le « mal du monde sans Amour ».

Dans cette quête, une femme sur le bateau apparaît comme « la Vierge, la fille du roi d'Orient » sans que les notes qui nous sont parvenues permettent d'en savoir plus. Elle contemple le ciel, « l'espérance enthousiaste lui tombe des étoiles ». Enfin, l'aube arrive et « la merveilleuse Atlantide apparaît », présentée comme « la terre sublime », la « terre retrouvée ». L'Atlantide est assimilée par ce qualificatif au paradis retrouvé, on assiste au retour au jardin d'Eden, elle annonce la fin de l'errance et du désespoir. La troisième partie, « lyrique et symphonique » voit l'arrivée d'un prince « admirable », « printanier et superbe ». Le drame se termine par « leur rencontre et leur amour », « l'embrasement de tout, dans la joie et la fraternité de bonheur ».

Dans cette vision utopique, certains aspects font écho aux textes en prose de Wagner. D'abord l'idée de l'harmonie, nature de l'homme. Wagner écrit dans *L'Art et la Révolution* :

> L'Art est la plus haute activité de l'homme […] en harmonie avec soi-même et avec la nature.

La civilisation « a renié l'homme » en l'éloignant de la nature et de sa nature, en l'utilisant à des buts matérialistes et mercantiles. Selon Wagner, l'équilibre a été rompu entre la nature et la culture, la civilisation. Il fait parler la nature qui s'adresse à ses deux sœurs, culture et civilisation dans *L'Art et la Révolution* :

> Dans la mesure où je serai contenue en vous, vous vivrez et vous prospérerez ; mais dans la mesure où je ne serai pas en vous, vous périrez et vous dessécherez[18].

Dans l'*Atlantide* le malheur des hommes vient du « manque d'amour », idée déjà énoncée dans les précédents projets. Wagner exprime cette idée fondamentale dans une lettre à Liszt bien connue de Suarès qui possédait leur correspondance. Après avoir contemplé le monde, le musicien en vient à la conclusion que le seul mal qui existe sur terre est « l'absence d'amour » (lieblosigkeit).

Enfin, dans ce plan, les hommes retrouvent leur force (le mot est souligné de deux traits) en découvrant l'Atlantide. Dans les textes de Wagner, les hommes retrouvent leur force vitale en se libérant du joug de la société, en même temps qu'ils retrouvent leur puissance d'amour et de création :

> Les hommes pourront parvenir par la liberté réelle à une égale force, par la force au véritable amour, par le véritable amour à la beauté : mais la beauté active, c'est l'Art[19].

Voici ce document dans son intégralité :

Cahier n°20 [Ms. 1391]

– Le jardin des Hespérides (messe ou symphonie) [conquête mortelle ou salvatrice des fruits divins de l'amour]
– Les Ilotes
– L'Atlantide [symphonie de triomphe – Vision du monde antique et du monde moderne.]
- union du monde antique et du monde moderne
- la nature et l'âme de l'homme sont l'harmonie
- l'individu et l'univers
- la grandeur de la pensée et l'amour[20]

Ire partie = Lyrique	La nature et l'Âme de l'Homme sont l'Harmonie –	Amour = cœur = (? …)
2e – = Dramatique (L'Atlantide retrouvée)	L'Individu et l'Univers = La guerre la pensée et l'Amour =	2e partie.
3e – Lyrique et symphonique.	Chant religieux de l'infini = Scherzo des sphères célestes et des systèmes – Symphonie – du bonheur –	(décor : L'océan – [Et le soleil couchant et les étoiles =] Les galères qui désespèrent d'arriver à la découverte.

---

18. Richard Wagner *L'Art et la Révolution*, trad. J. G. Prod'homme, Paris, Delagrave, 1928, p. 44.
19. *Ibid.*, p. 48.
20. Les quatre points sont complétés des éléments d'Yves-Alain Favre, p. 43.

Tous les sens profonds très cachés = on ne doit voir que les êtres – Et il faut émouvoir, non prouver.
Le désert de la mer est assez émouvant de lui-même.
La joie de la découverte assez belle.
La joie des amants assez féconde.

La raison ne suffit pas }

– La Vierge, fille du Roi d'Orient qui est …
– La veillée à bord.
Dans le désert de la mer : Tristesse

Mal du monde sans amour}
découragement – maladies – peste – confusions mauvais instincts des équipages – l'heure de la mort – Suicides – chants de regrets du Haut des hunes = pensées errantes.
= puis ils dorment.
= Alors la divine vierge, seule, contemple, et reprend espoir : L'espérance enthousiaste lui tombe des étoiles = sa prière pour les hommes.
= L'aube arrive. Et la terre sublime, la terre retrouvée, la merveilleuse Atlantide apparaît.
= Et voilà que le Prince admirable arrive, printanier et superbe.=
= Et leur rencontre – et leur amour
= Et l'embrasement de tout, dans la joie et la fraternité de bonheur –
= et leur force surprenante. Tout ce qui n'était pas encore viril est soudain virilisé. =

Ire partie = Nature – Raison suprême – = Chans religieux.

[petit croquis du roi de l'Atlantide]

(Texte complet)

THULÉ – *CAHIER N°38*

Enfin, le dernier ensemble sur ce thème est tout à fait particulier. Nous revenons au projet de *Thulé* sans qu'il soit possible de préciser comment il était rattaché aux textes précédents. Suarès veut exprimer selon ses propres dires « le désir languide de la mort libératrice ». Le cahier n°38 en donne la trame générale. L'ensemble devait être constitué de trois actes en vers. La scène se passe à Thulé, île heureuse où règne la science. Les Thuléens sont très mélancoliques et consacrent leur vie à l'amour. Un parti d'hommes, des voyageurs, vit à part de cette société. Leurs ancêtres étaient lépreux. Ils sont envieux mais vivent heureux. Les seigneurs du Palais ne les méprisent pas mais les laissent à l'écart. Il existe aussi une séparation entre le monde d'en haut, où les hommes vivent immortels et ceux d'en bas qui meurent soudainement[21]. Dans ce cadre général, l'action semble s'organiser autour du personnage du roi, malheureux après la mort de sa femme, mort surprenante puisqu'on ne meurt pas à Thulé, précise le texte.

Le cahier n°38 présente une scène complète de l'acte III. Dans ce passage, le roi, soutenu par sa fille Lilia, reçoit les seigneurs de la cour venus le soutenir pendant son deuil. Lilia craint que son père ne veuille quitter la vie à son tour :

> Ô mon père, nous priveriez-vous de vous, nous qui sommes déjà privés d'elle ? — Ô père, voyez comme on vous aime…

Cette scène, ainsi que les suivantes, se construisent autour d'une coupe. Celle-ci apparaît à la fois comme le Graal empli d'un sang régénérateur et comme un philtre d'amour qui a permis la révélation des sentiments des deux souverains alliant en une seule image la coupe de *Parsifal* et celle de *Tristan*. En effet, dans cette première scène, le roi saisit une coupe de cristal « pleine de vin de rose » qu'il élève. Auparavant, il avait ordonné à tous de se ranger d'une « voix lente et religieuse ». Cette coupe apparaît alors comme celle de Tristan à la fois porteuse du philtre d'amour et source de mort :

> C'est là où elle a bu, où mes lèvres pour la première fois ont rencontré ses lèvres, et où s'est échangé le serment de fiançailles éternelles. Et puisqu'elle n'est plus, qu'elle y a bu le dernier trait de cette eau froide de la mort, j'y veux boire une dernière fois. Et puis je jetterai aux

---

21.   Cette organisation géographique nous renvoie à la construction générale de *L'Or du Rhin* en particulier mais de la *Tétralogie* en général dans laquelle le monde des dieux s'oppose à un monde souterrain, celui des Nibelungen.

flots, aux chastes flots de l'océan secret cette coupe d'amour déjà de sa moitié la plus belle brisée.

Il boit dans la coupe, « fait la libation à la reine et à l'Amour, dieu de l'île, puis il jette la coupe ». Le roi de Thulé n'est pas tellement éloigné du roi pécheur de *Parsifal*. Il est face à cette coupe comme Amfortas face au Graal. Amfortas ne peut vivre sans le vase sacré qui lui apporte la vie éternelle. Il ne peut le dévoiler sans ouvrir la blessure profonde qu'il porte en son flanc. De la même façon, le roi de Thulé doit la vie éternelle à cette coupe, qui est aussi la coupe de l'amour. Mais il ne peut continuer à vivre sans son amour. Célébrer cette coupe lui apporte donc à la fois la vie éternelle et une insondable douleur. Comme Amfortas il la refuse puis la jette aux flots. Après un chœur des flots, intermède musical, Lilia exprime son inquiétude :

> Oh, sans son roi, que sera Thulé ? La race honteuse qui erre sur les mers, s'emparera de vos palais.

Le roi évoque alors le nom d'un autre personnage, « Heven », l'ami de Lilia. Tous deux seront les nouveaux souverains de Thulé. Le roi explique à sa fille qu'il a jeté sa vie aux flots en même temps que la coupe : « c'est ma vie que j'ai jetée avec elle. Rien ne peut la reprendre ». La coupe apparaît alors comme le Graal, non plus emplie de vin de rose mais de sang : « le plus beau sang, la plus douce liqueur avait débordé de cette coupe ». Conserver la coupe ou la jeter aux flots, c'est accepter la vie éternelle ou la refuser. C'est ce que comprend Lilia : « Ainsi, vous pourriez vivre si cette coupe vous avait été gardée ? Et vous vivriez si cette coupe vous avait été rendue ? » Ce à quoi le roi répond : « Je vivais pour souffrir et c'est pourquoi je l'ai jetée. Qui peut vivre avec le corps de ce qu'il aime quand l'âme n'y est plus ? ».

Après un second Chœur, celui des vagues, le roi est tenté par la coupe qui surgit des flots, flottant sur les vagues :

> Ô c'est la coupe, et son bel ovale, et sa lumière de cristal, que je vois flotter sur les vagues. Les mousses l'ont embrassée et les algues. « Te revois-je si tôt ? Ô je ne cours pas te prendre. Ô vie, tu veux en vain me tenter. Je ne veux plus de toi ». « Les algues se rompent ; plus fortes sont les vagues, tu vas être entraînée. » Ô mes lèvres s'agitent vers toi ; mes yeux s'élancent, pour te presser encore. « Je t'ai tenue. Je ne veux plus te posséder ». J'aspire à la félicité du repos – à l'oubli des mémoires de la perte.

Il est difficile de savoir si les textes que nous avons présentés précédemment, indiqués III.II devaient s'intégrer à cet ensemble plus rédigé et d'une autre facture. Constituaient-ils des sortes d'interludes, se mêlaient-ils au texte dramatique ou devaient-ils constituer le corps même de scènes entières ? Il faudrait trouver d'autres indications, d'autres textes pour tenter de répondre à ces questions.

Ces textes sont très incomplets mais très intéressants. On y retrouve la recherche de la rédemption par l'amour et par l'art, la recherche d'un monde meilleur dans lequel l'artiste aurait la place la plus importante. Ils sont l'expression d'une âme désespérée qui cherche le salut dans la beauté et l'amour. Dans cette perspective, l'image de la coupe est centrale, et il est très intéressant de voir comment Suarès lie dans une même image la coupe de *Tristan* et le Graal de *Parsifal*.

Les textes qui suivent, consacrés au Christ, présentent de larges passages rédigés plus faciles à appréhender dans un contexte plus large.

Chapitre 3

LES DRAMES SUR LE CHRIST

A. Les projets

Suarès envisage très tôt de consacrer une œuvre à Jésus. La correspondance avec Romain Rolland montre l'attachement profond, très personnel, intime même qu'il porte au Christ en dehors de toute considération religieuse ou dogmatique. L'amour du Christ est un soutien à l'angoisse personnelle dont il est l'objet et se trouve au cœur des raisons qui l'engagent à consacrer sa vie à l'écriture. Il écrit à Romain Rolland le 7 avril 1887 (il a dix-neuf ans) :

> Plus j'y pense, mon ami, plus le crucifié me touche […]. Jésus, c'est l'adorable bonté qui pénètre jusqu'au fond du cancer de mon âme et qui meurt, le fou divin, pour l'en extirper. […]. Ils peuvent bien le vénérer dans les Églises, ils ne l'adoreront point autant que je le fais moi-même[1].

Les expressions qu'il emploie permettent déjà d'entrevoir la façon dont il le considère. Il est le « crucifié », « l'adorable bonté », « le fou divin », le moyen de soulager la douleur profonde qui le ronge, de guérir « le cancer de [son] âme ». Il place sa propre adoration et donc son rapport personnel au Christ au-delà même des Églises. L'image qu'il se fait du Christ se constitue à travers le filtre de l'art, littéraire, pictural, musical et Wagner est souvent cité dans les textes qui parlent de Jésus comme dans cette lettre de 1888 :

> J'aime Jésus avec passion. Je ne sais si c'est le vrai Jésus ; celui que j'aime c'est le fils de la Vierge de Fra Beato, le Pur de Wagner, le Jésus dont l'Évangile donne les traits dans un lointain bien vague. […]

---

1. *Cette Âme ardente*, lettre n°3, p. 30-31. Cité par Yves-Alain Favre, *op. cit.*, p. 139.

> Mon Jésus est vraiment celui qui a une voix très douce. Il pleure sur sa croix et ne triomphe pas[2].

Le « pur de Wagner » est bien sûr Parsifal, le *chaste fol*[3], l'innocent. Il est également probable que Suarès renvoie aux nombreux passages des *Œuvres en prose* que Wagner consacre au « pauvre fils de charpentier[4]. » Wagner avait lui aussi en projet de consacrer une œuvre scénique et musicale au Christ mais ce projet n'a jamais été mené à terme. La *Revue wagnérienne* s'en était fait l'écho[5]. Cette présence prégnante du Christ, ce rapport à *Parsifal* montrent combien Suarès envisage à la fois l'art et la religion. Les termes de la lettre à Romain Rolland du 7 avril 1887 prennent des accents très wagnériens :

> Dévotion à Jésus, Wagner, à Shakespeare, voilà les articles de la foi.

Ces quelques mots font penser par leur caractère direct et un peu naïf à la profession de foi du jeune Wagner qui écrivait dans *Un Musicien Allemand à Paris* :

> Je crois en Dieu, en Mozart, en Beethoven, ainsi qu'en leur disciples et apôtres[6]…

Les projets d'André Suarès sur le Christ sont très nombreux et font partie de ses premiers grands projets littéraires. Il écrit à Romain Rolland en octobre 1892[7] : « J'ai préparé une Cène. Jésus n'y parle que pour prononcer les mots laissés aux siècles par les Évangiles » et, en 1899, il insiste sur l'importance de ses projets : « Sans parler des deux grandes œuvres où je me suis occupé depuis plus de dix ans, *Yvéril* et les scènes diverses dont Jésus est le centre[8]. » Cette lettre permet de dater ces textes sur une longue période qui s'étend de 1889 à 1899.

1889 est une date importante car Suarès termine le seul texte sur le Christ qui sera publié : *Les Pèlerins d'Emmaüs*[9]. Ce texte est donc à placer en premier dans la longue liste de ses projets sur ce sujet. Elle correspond aussi à son échec à l'agrégation d'histoire, échec plus ou moins volontaire

---

2.   *Ibid.*, p. 84-85, lettre n°14, 30 mars 1888.
3.   « Durch Mitleid wissend, der reine Tor » chante la voix en haut de la coupole à la fin de l'acte I.
4.   Wagner utilise cette périphrase dans *L'Œuvre d'Art de l'Avenir*.
5.   *Cf. Les Opéras imaginaires de Richard Wagner*, traductions et analyses de Philippe Godefroid, Séguier, Archimbaud, 1989.
6.   *Œuvres en prose*, t. I, Paris, Delagrave, 1910.
7.   Lettre inédite à Romain Rolland n°325, octobre 1892.
8.   Lettre inédite à Romain Rolland n°582, 2 Août 1899. Cahier 49.
9.   La première édition date de 1893 mais, selon Yves-Alain Favre, il existe un manuscrit terminé daté de 1889.

qui marque dans le même mouvement son engagement dans la littérature. *Les Pèlerins d'Emmaüs* est la première œuvre publiée de Suarès.

Les autres textes, restés inachevés, sont difficiles à dater mais il semble que les derniers aient été écrits durant les premières années du vingtième siècle. On retrouve la volonté de Suarès de mêler poésie, musique et drame. Les principaux titres tels qu'ils apparaissent dans ses premières notes sont les suivants :

– Cinq cantates sur Jésus :

> I, Lazare au tombeau
> II, Palmes
> III, Oliviers
> IV, Cène
> V, Crucifixion

– Cinq cantates sur la Vierge

– La Croix

Ce qui subsiste de ces projets est très variable. D'autre part, l'évolution des titres et des projets est assez complexe. Durant ces dix années, Suarès les a changés, remaniés. Les textes qui nous sont parvenus ne sont pas toujours datés. Le travail très précis et complet d'Yves-Alain Favre permet de retrouver les divers états de ces projets. Dès 1893, *Lazare* formait une tragédie à part entière. Depuis ses travaux, les documents conservés à la Bibliothèque littéraire Jacques Doucet ont été en grande partie classés et regroupés.

Les documents les plus importants sont les suivants, tels qu'ils apparaissent aujourd'hui, suivis de leurs références mises à jour : *Lazare* [Ms. Ms. 42.996] ; *Jésus* [Ms. Ms. 43.939] ; le carnet n°152 (agenda de 1895) qui présente un plan de scène, « la Vierge et Jean au pied de la croix » ; le cahier n°20 qui propose un plan directement en rapport avec *Parsifal*. Il faut ajouter à cette liste quelques textes éparpillés dans plusieurs carnets ou cahiers.

On ne peut travailler aujourd'hui que sur des scènes, des chapitres, des esquisses ou des plans car il est pratiquement impossible de reconstituer une œuvre complète. Cependant, certains ensembles sont en eux-mêmes suffisamment riches pour être étudiés.

Suarès insiste sur la source wagnérienne dans sa correspondance avec Romain Rolland. Mais à quoi fait-il allusion exactement ? Wagner a laissé de nombreux textes sur sa conception de la religion. Il est difficile de savoir exactement ce que Suarès pouvait en connaître et il est impossible de résumer en quelques lignes la pensée de Wagner sur la religion et le Christ. Nous limiterons notre propos à ce que pouvait en dire la *Revue wagnérienne*. Teodor de Wyzewa a écrit un article intitulé : « La religion de Richard Wagner et la religion du comte Léon Tolstoï » dans le numéro du 8 octobre 1885. Il cite le « traité religieux *Religion et Art* » qu'il met en relation avec *Parsifal*. Pour lui ce texte énonce le propos théorique de la pensée wagnérienne quand *Parsifal* en est l'expression artistique. *Religion et Art* avait été publié en allemand en 1880, précise-t-il, et traduit en français dans la *Revue littéraire et artistique* des Ier et 15 novembre 1881. Dans le texte de Wagner, précise Wyzewa, « le Christianisme y est montré pareil aux religions hindoues, tenant une égale part de la vérité », et Wagner confie à l'Art « la tâche suprême de la rédemption[10]. » Voilà comment il résume sa pensée :

> D'après Wagner, l'Univers, que nous croyons formé d'êtres multiples, est, dans la réalité, simple et un. Mais son unité est bonne, sainte, non funeste, comme pour Schopenhauer ; le but de notre vie est, précisément, réaliser cette Unité bienheureuse ; la réaliser, – la reconstruire plutôt : car le Mal […] [est] un état anormal que nous pouvons finir.

Selon Wyzewa, Wagner n'est pas tant un disciple de Schopenhauer que du Christ. Il cite directement le compositeur : « parmi les plus pauvres et les plus méprisés, apparut le Sauveur, qui enseigne le chemin de la guérison non plus par des doctrines mais par des exemples[11]. » Cette « religion » de Wagner laisse à-côté les théologies et est opposée « à tous les enseignements de l'Église Chrétienne ». Il poursuit ses citations : « Et cette religion qui doit nous sauver, la devons-nous rétablir avec ses rites et ses symboles, aurions-nous besoin de toute l'ornementation allégorique avec laquelle, jusque aujourd'hui, toutes les religions ont été défigurées ? Ayons donc devant nous la Vie, dans sa réalité. »

Wyzewa s'interroge face à ces lignes de Wagner :

> « Ayons donc devant nous la vie dans sa réalité : et ce sera toute la religion, et nous rachèterons le bonheur naturel », dit Wagner, où donc est ce bonheur ? Quelle est la réalité de la vie ? À renoncer à l'égoïste

---

10.   Remarquons au passage le recul de Wyzewa face aux pensées religieuses de Tolstoï et de Wagner. En particulier, l'idée de la pitié, de la conscience de la douleur des êtres, conduit Wagner à prôner le végétarisme, la tempérance. Wyzewa s'en amuse et reçoit ses idées avec méfiance. Elles sont intéressantes dans leur fond mais elles ne peuvent être acceptées telles qu'elles sont énoncées que dans la culture qui est la leur. Elles doivent être adaptées à un esprit latin qui ne peut les accepter directement.

11.   *Revue wagnérienne*, (1885-1888), Genève, Slatkine Reprints, 1968, p. 243.

opposition des vivants, à nous faire la partie vivante de l'Unique Vie. Tolstoï et Wagner donnent à ce problème la solution[12].

La morale de Wagner est dans « le renoncement aux passions mondaines » : « constatons l'unité de tous les êtres vivants, et comment notre perception sensible nous égare, nous représentant cette unité comme une pluralité insaisissable et comme une variété multiple ». Wyzewa résume ces lignes de Wagner ainsi (avec une légère pointe d'ironie, tout cela paraît si simple ainsi exprimé !) : « Jouissons la prodigieuse joie du Compatir qui nous fond dans l'éternel Un, nous donne, éternelle la béatitude. » Il insiste sur cette idée de compassion :

> La forme du renoncement, l'Unique, est, dit Wagner, la compassion ; chaque homme doit se faire Tous, élargir son âme à vivre toutes les âmes.

Wagner ne prône pas un renoncement ascétique mais plutôt l'abandon des valeurs illusoires du monde. Le Christ apparaît comme un modèle, une figure absolue du don de soi, du sacrifice et de la pitié envers les êtres. Ce renoncement, précise Wyzewa, doit apporter un nouvel ordre social. C'est l'aspect révolutionnaire de la pensée de Wagner. Le rôle de l'art est central, c'est l'Art qui doit apporter le salut, qui chassera « des âmes le funeste aveuglement ». « L'Art que promet Wagner doit enseigner la vérité, n'a de valeur que celui d'un précepte » conclut Wyzewa.

Pour compléter cet article, on peut ajouter que Wagner a toujours critiqué le dogme religieux et condamné le pouvoir de l'Église dans ses textes en prose. Il lui reproche en particulier d'avoir culpabilisé les hommes pour les contraindre à suivre une morale qui sert la société et son pouvoir : « l'enfer est resté le principal moyen de contrainte que possédât l'Église sur les âmes qui s'écartaient de plus en plus du " royaume des cieux " », écrit-il dans *Religion et Art*[13], « il n'y a rien d'horriblement hideux, ni d'odieusement atroce dont l'Église n'ait fait usage avec un raffinement écœurant, pour offrir à l'imagination effrayée une idée du lieu de la damnation éternelle ».

Il prend l'exemple des fresques de Michel-Ange qui représentent en d'immenses tableaux « ce Dieu accomplissant son œuvre terrible éloignant et repoussant du royaume des bien-heureux tout ce qui appartient à ce monde, mourant de mort perpétuelle ». Dans ces fresques, Wagner retient l'image de la Mère, « jetant son regard de compassion éplorée sur ceux qui ne peuvent pas participer à la rédemption ». C'est dans cette

---

12. *Ibid.*, p. 246.
13. Richard Wagner, *Religion et Art, Œuvres en prose*, t. XIII, *op. cit.*, p. 39.

compassion que Wagner voit l'essence de la *religion* : « c'est là la source, le fleuve débordant de la divinité[14] ».

Dans *À quoi sert cette Connaissance*, opuscule ajouté à *Religion et Art*, Wagner affirme que la « souffrance du monde est en son manque d'amour ». L'amour le plus haut est la compassion, c'est-à-dire la conscience de la douleur du monde et la participation à cette douleur. C'est la voie vers la rédemption :

> L'amour né de la compassion et dans la compassion, se prouvant jusqu'à la complète destruction de la volonté propre, voilà l'amour chrétien rédempteur, dans lequel la foi et l'espérance sont incluses d'elles-mêmes[15].

Il faut ajouter ce qu'il dit de la musique, moyen de percevoir directement l'Idéal, le divin. Quand le concept énonce les idées, la musique les fait exister et percevoir directement :

> Elle est forme pure d'un contenu divin totalement dégagé du concept, et ainsi elle peut être à nos yeux cette apparition rédemptrice du dogme divin qui naît de la vanité du monde phénoménal. Même l'image la plus idéale du peintre demeure, relativement au dogme, tributaire du concept. Elle dit : voilà ce que cela signifie. La musique, elle, nous dit : voilà ce que c'est, parce qu'elle élimine toute distinction entre le concept et la sensation, grâce à la forme sonore qui se détourne du monde des phénomènes, mais qui en revanche s'empare de notre esprit comme le ferait la grâce, et ne peut se comparer avec rien de réel.

Chez Wagner, le Christ est libéré de tout dogme et l'Art, particulièrement la musique, est le moyen direct de parvenir au divin. C'est une idée centrale pour Suarès et l'un des points de discorde avec Paul Claudel pour qui l'Art ne peut jamais rester que dans le domaine de l'imaginaire et ne peut faire sentir la véritable présence du divin. Il n'en donne qu'une image, une impression illusoire et donc, finalement, trompeuse.

Si *Religion et Art* est l'expression de la pensée de Wagner, *Parsifal* en est donc l'expression artistique. La question est délicate car s'il s'agit bien d'une œuvre mystique empreinte de références chrétiennes, Parsifal n'est pas le Christ. De nombreux rapports ont été établis entre eux. Certaines mises en scène au tournant du siècle en particulier présentaient *Parsifal* sous les traits du Christ à la fin de l'acte III. Mais il ne s'agit pas directement d'une œuvre sur le Christ, son sujet en est plutôt la Rédemption.

---

14.   *Ibid.*, p. 40.
15.   *Ibid.*, p. 99.

Parsifal est un « chaste fol », un *innocent*. Par son évolution humaine, spirituelle, il devient le Rédempteur mais il ne l'est pas au début de l'œuvre. Il doit le devenir. Cela suppose que la vie du Christ est un modèle, qu'il montre un chemin que les hommes peuvent suivre jusqu'à la rédemption et peut-être même jusqu'à s'assimiler à lui. Cela pose la question de la nature du Christ. Dans une telle vision, le Christ est un homme qui accède à la divinité et non un dieu incarné parmi les hommes.

Nous ne ferons que soulever cette question ici qui dépasse de loin notre sujet. Il nous suffira de préciser que Suarès insiste sur la nature humaine du Christ et sur sa souffrance. De ce point de vue, si la principale référence artistique de Suarès est *Parsifal,* l'autre référence, historique celle-là, est à trouver dans *La Vie de Jésus* de Renan, parue en 1863. Il nous suffira de citer ici l'expression de Jean Hoffmann : avec le livre de Renan, « Jésus est subitement apparu comme un homme parmi les hommes[16]. » Un court passage de *Lazare* montre que cette question est au cœur, à la fois de la question religieuse de Suarès, et de la construction dramatique de ses pièces. Dans l'acte III, Jésus déclare :

> Je suis venu à la joie du soleil
> Et je suis né dans la douleur à la douleur.
> Je vis. Et je ne suis rien qu'un homme.

Ces quelques éléments posés devraient nous permettre de mieux appréhender les textes de Suarès. Avant de présenter les grands textes de jeunesse, *Les Pèlerins d'Emmaüs, Jésus* puis *Lazare*, il nous semble très éclairant de nous attacher à un petit plan qui présente un projet sur le Christ sans mentionner de nom particulier. Nous terminerons cette introduction avec lui. Il appartient au cahier n°20 et éclaire l'esprit des autres projets en partie rédigés.

Ce projet est très proche de *Parsifal* et des textes de Wagner sur la religion. Suarès détaille son drame en douze points. Les trois premiers décrivent le monde tel qu'il est, celui de la souffrance et du péché. Le monde est en proie à l'illusion, conséquence du désir de vivre. Le désir entretient l'illusion et la souffrance. Ces points ne sont pas détaillés et doivent correspondre à des scènes qu'il devait écrire plus tard. Nous sommes ici dans une perspective schopenhauerienne chère à Wagner et encore présente dans ces années 1885-90, au moins dans les articles de la *Revue wagnérienne* :

> 1) Le monde est plongé dans les ténèbres de l'illusion.

---

16. Jean Hoffmann, *Les Vies de Jésus et le Jésus de l'histoire*, Paris, Messageries évangéliques, 1947, p. 22.

2) C'est la suite et la cause du désir de vivre.
3) Celui qui désire entretient le monde et l'illusion.

Dans *Parsifal*, le héros doit vaincre le monde de l'illusion représenté par le royaume de Klingsor au second acte. En refusant le baiser de Kundry et en échappant à la séduction des filles-fleurs, Parsifal fait s'évanouir cet univers illusoire. Pour Édouard Sans, dans son *Richard Wagner et la pensée Schopenhauerienne*[17], cette conscience de l'illusion du monde est le fondement même de la religion dans la pensée de Wagner. Il écrit à propos d'un autre texte de Wagner, *L'État et la Religion* :

> Le fond même de la religion, c'est cette négation du monde, c'est-à-dire le fait de reconnaître l'univers comme un état éphémère et illusoire fondé sur un mirage, ainsi que la rédemption souhaitée pour en sortir, préparée par le renoncement et la foi.

Les trois premiers points du plan de Suarès sont très proches de cette pensée. Les quatre points suivants parlent du Sauveur. Son supplice est chaque jour reconduit dans un monde qui vit toujours dans l'illusion. Le cinquième point reprend directement la dernière phrase de *Parsifal*, sorte de clef de l'œuvre qui a fait couler beaucoup d'encre : « Erlösung dem Erlöser » (rédemption au rédempteur). Suarès la reprend presque exactement : « il faut porter la rédemption au rédempteur » écrit-il. Il la met au cœur de son drame et la présente comme un programme, une mission par la tournure « il faut » exprimant à la fois la nécessité de briser le cercle infernal du désir et de la souffrance ainsi qu'une urgence à le faire :

> 4) Pendant ce temps, le Sauveur souffre : chaque jour on le sert en sacrifice. – pour le sort du monde – et le monde ne veut pas être sauvé.
> 5) Il faut porter la rédemption au rédempteur.
> 6) Que chacun le fasse pour soi, puisqu'un n'a pas pu le faire pour tous.
> 7) Ô détresse de Dieu ! Qui te comprendra ! Qui te guérira ! — Ô esclavage de dieu, qui te rachètera !

Cette phrase, « rédemption au rédempteur » est entendue à la fin de l'œuvre. Parsifal a sauvé le royaume du Graal en rapportant la sainte lance jadis volée par Klingsor qui s'en était servi pour blesser le roi pêcheur Amfortas. Elle a été interprétée de plusieurs façons. On peut comprendre qu'il est devenu le rédempteur en même temps qu'il s'est sauvé

---

17.   Édouard Sans, *Richard Wagner et la pensée schopenhauerienne,* Paris, Klincksieck, 1964, p. 119.

lui-même[18]. Dans l'imagerie wagnérienne, *Parsifal* prend souvent les traits du Christ, comme dans les gravures de Franz Stassen par exemple ou dans certaines mises en scène de Bayreuth du début du siècle passé[19]. Henri Lichtenberger[20] en donne une autre interprétation : en rapportant la lance au royaume du Graal, Parsifal ramène une relique qui avait été volée. Le Christ est rétabli symboliquement en son intégrité au cœur d'Amfortas et des chevaliers du Graal. Il retrouve alors sa force. Parsifal apporte la *rédemption au rédempteur* c'est-à-dire au Christ.

Dans cette page, Suarès donne sa propre lecture de cette phrase : il faut cesser de crucifier chaque jour le Christ, il faut le libérer. Il a besoin d'être sauvé à son tour. Il faut cesser de renouveler chaque jour le sacrifice du Sauveur. Cette interprétation renforce l'image d'un Christ douloureux. Cela signifie que Parsifal sauve le Christ de ses douleurs en même temps qu'il se sauve lui-même. C'est ce que laisse supposer le sixième point : « Que chacun le fasse pour soi, puisqu'un seul n'a pas pu le faire pour tous. » C'est ainsi qu'Édouard Sans interprète cette dernière phrase de *Parsifal* : « Parsifal montre que la régénération de l'homme est une lutte de tous les instants : chaque homme peut devenir rédempteur, se sauvant ainsi lui-même, dès lors qu'il accomplit la Loi d'amour[21]. »

Dans cette perspective, le salut est constamment à reconquérir et non obtenu une fois pour toutes.

Les points 7 et 8 présentent une grande violence dans les termes :

7 — Ô détresse de Dieu ! Qui te comprendra ! Qui te guérira ! — Ô, esclavage de Dieu, qui te rachètera !
8 — Autant de désirs, autant de blessures : c'est les portes du monde. Là coule le sang de Dieu.

Les exclamations, les répétitions (« autant », « autant »), les formules de mise en valeur (« là coule... ») donnent à ces deux points le ton d'une plainte désespérée. L'utilisation du terme de « Dieu » à la place de « Jésus » ou de « Christ » rend les expressions « le sang de Dieu », « détresse de Dieu », « esclavage de Dieu » très violentes. Suarès insiste sur l'incarnation. Jésus n'est pas tant « Dieu fait homme » qu'« homme fait Dieu »

---

18. C'est l'interprétation qu'en propose Jean de Solliers dans le numéro de *l'Avant-Scène Opéra* consacré à *Parsifal*.

19. *Cf.* André Tubeuf, *Bayreuth et Wagner, cent ans d'images, 1876-1976*, Genève, Jean-Claude Lattès, 1981.

20. Dans *Richard Wagner, poète et penseur*, Paris, PUF, 1931.

21. *Cf.* Édouard Sans, « La leçon de Parsifal » dans l'*Avant-Scène Opéra* et sa thèse sur Wagner et Schopenhauer.

par la puissance de l'amour. Suarès donne l'image d'un monde sanglant, barbare, dans son essence même. L'image des portes du monde d'où coule le sang de Dieu est d'une rare violence. Le sang tel qu'il apparaît chez Suarès a la même double valeur qu'il a chez Wagner. Il est le sang qui sauve, celui du Christ, le symbole même de la rédemption. Il est aussi le sang qui coule, celui de l'incarnation, le symbole de la blessure essentielle et de la souffrance éternelle. Le monde est le lieu d'un sacrifice sanglant sans cesse recommencé, d'un holocauste ignoble qu'il faut faire cesser. Cette conception d'un monde pris dans une spirale de désir et de mort a quelque chose de païen, d'extrêmement violent. Cet univers doit être sauvé. Les hommes bien sûr, mais aussi, et c'est une idée peu ordinaire, le Christ et Dieu lui-même.

Les derniers points de ce plan parlent de « l'innocent ». On pense ici au « reine tor » wagnérien, au pur, à l'innocent attendu par Amfortas et les chevaliers du Graal, annoncé par une voix céleste. Il ouvre les yeux sur le monde et voit la mort, « de tout », « de soi », « de Dieu ». Il est alors tout pitié devant la douleur du monde : « il a pitié du monde et de tous les êtres », « il a pitié de Dieu ». Il y a bien sûr quelque chose d'absolu dans cette dernière formule, la pitié s'appliquant généralement aux créatures et non au créateur. L'évolution est la même que dans *Parsifal*. Par l'acceptation de cette souffrance, il renouvelle le sacrifice du Christ et s'assimile à lui. La dernière phrase de Suarès est aussi énigmatique dans sa construction fermée sur elle-même que le « rédemption au rédempteur » de Wagner : « pour sauver Dieu, il refait en soi le divin sacrifice = il rachète dieu de la rançon de sang que dieu paya. » Dieu est le père mais un père souffrant, coupable d'avoir payé une « rançon de sang » c'est-à-dire d'avoir immolé son propre fils. Lui-même est en proie à la souffrance et en appelle à la rédemption.

> 9) L'innocent, qui ouvre les yeux au monde. Que voit-il ? 1 – La mort de tout   2 – La mort de soi   3 – La mort de Dieu.
> 10) L'innocent, Ô qu'il est alors tout pitié ! 1 – Il a pitié du monde et de tous les êtres   2 – Il a pitié de Dieu.
> 11) Alors, si pur il est invincible, il est sans crainte, dès qu'il consent à être tout souffrance, il s'immole. Il combat pour le monde et pour Dieu.
> 12) Mais, bien plus, pour sauver Dieu, il refait en soi le divin sacrifice = il rachète dieu de la rançon de sang que Dieu paya.

Au fond, ce petit plan reprend les éléments fondamentaux de la pensée de Wagner dans *Parsifal*. Nous sommes aussi dans une logique de la douleur toute empreinte des lectures de Schopenhauer. Pour finir d'assurer cette relation au testament wagnérien, il faut regarder les quelques lignes écrites au dos de la même page. D'abord cette phrase qui définit la connaissance comme la conscience de la souffrance fondamentale du monde :

> Savoir c'est entendre la plainte de Dieu, dont les lamentations retentissent dans notre âme.

Et, un peu plus loin, quelques lignes reprennent directement en la citant la fameuse phrase de *Parsifal* : « Durch Mitleid wissend, der reine Tor » qui clôt l'acte I (souvent traduit par : « pitié rend sage le chaste fol »). Parsifal atteint au savoir suprême par la pitié qu'il ressent pour Amfortas. Suarès écrit juste après dans le même esprit, comme en commentaire :

> On atteint au savoir par la pitié. On connaît la vie par le renoncement et on en remplit le but par le sacrifice.

Ces deux lignes résument totalement la leçon de *Parsifal* telle que Suarès l'a comprise et assimilée.

Plus loin, un autre paragraphe présente quelques types de personnages juste ébauchés. Une femme d'abord apparaît comme une tentatrice comme l'est Kundry dans *Parsifal*. La femme est « le pouvoir tentateur du désir même » écrit Suarès. Ensuite un ascète. Il a quitté le désir de vivre mais sans la « passion de sauver le Sauveur ». Il peut s'agir ici d'un renvoi à Gurnemanz, chevalier du Graal qui a consacré sa vie à attendre le Sauveur sans pouvoir le devenir lui-même. Viennent ensuite « les vierges – le riant salut de soi-même » image des filles-fleurs. Dans cette petite liste, on trouve aussi un « tyran roi blessé à mort d'amour mort double de désir », reflet d'Amfortas. Enfin, « celui qui a renié l'amour ». Il y en a plusieurs chez Wagner. On pense à Albérich dans *L'Or du Rhin* en raison de la formulation même[22] mais Klingsor aussi a renié l'amour dans *Parsifal* en se mutilant volontairement. Chez Wagner, il ne s'agit pas de renoncer à l'amour comme dans la pensée de Schopenhauer (ce que souligne Wyzewa dans son article) mais de renoncer à l'amour fallacieux, illusoire et de trouver le véritable amour. D'ailleurs il faut se souvenir que Parsifal a eu un fils, Lohengrin, ce que souligne aussi Wyzewa. Dans d'autres petites notes éparses qui se présentent plutôt comme des brouillons, on retrouve le nom de Madeleine accolé à celui de Kundry et un petit dessin du Graal[23].

---

22. Albérich maudit l'amour dans la première scène de *L'Or du Rhin*.
23. *Cf.* également les lettres de 1887 sur Parsifal et Madeleine : « sentir que la jouissance de Madeleine pécheresse n'est rien auprès de la béatitude de Madeleine repentante ».

B. *Les Pèlerins d'Emmaüs*, 1889

LE SUJET

Le livre présente plusieurs scènes (six ou huit selon le découpage) ou *moments* qui s'enchaînent sans coupure en actes. Deux pèlerins s'arrêtent dans une auberge sur la route d'Emmaüs pour la soirée. Désespérés par la mort du Christ, ils sont épuisés par leur voyage. Ils s'interrogent : pourquoi le Christ a-t-il été obligé de souffrir ainsi et pourquoi les a-t-il abandonnés ? L'un est amer mais son compagnon (le plus jeune des deux pèlerins) refuse le doute qui s'empare de son aîné. Dans l'auberge, un personnage silencieux les écoute. Les pèlerins l'invitent à rester en leur compagnie pour la nuit. L'aubergiste répugne à accepter des vagabonds mais la servante leur propose en secret de rester lorsque son maître se retire pour dormir. Elle les réveillera au petit matin avant le lever de son patron. C'est elle qui reconnaîtra Jésus dans l'étranger silencieux. À la fin de la pièce, le Christ rompt le pain et présente le vin. Les deux pèlerins reprendront ensuite la route, habités par une foi nouvelle et ardente.

La construction de l'ensemble est simple. Suarès exprime d'abord la douleur et la désespérance des deux pèlerins puis la force spirituelle de l'amour qui leur donne l'énergie de reprendre la route pour annoncer la bonne nouvelle.

Ce thème était dans l'air du temps. Teodor de Wyzewa a écrit lui aussi un texte sur ce sujet, « Les disciples d'Emmaüs ou Les étapes d'une conversion », extrait des *Contes chrétiens*. Ce texte paraît la même année que celui de Suarès, en 1893[24]. Suarès s'en inquiète en octobre 1892 dans une lettre à Romain Rolland :

> J'allais te montrer mes *Pèlerins*, tu m'annonces l'apparition de ceux de Wyzewa. Ils vivent si c'est possible. Et la pièce, faite des péripéties de leur douleur, se termine par une symphonie. Dis-moi que Wyzewa n'a rien composé de semblable[25].

Rolland lui-même avait un projet sur le Christ. Il écrit à Suarès le 29 juin 1892 :

> J'aime beaucoup tes *Pèlerins d'Emmaüs*. C'est simple et profondément touchant. T'ai-je dit que j'avais aussi, (dans l'avenir) un sujet quasi évangélique : c'est Jean attendant la venue du Christ…

---

24.   « Les disciples d'Emmaüs ou les étapes d'une conversion », *Contes chrétiens*, Paris, Librairie académique Didier Perrin et Cie, 1893.

25.   Lettre inédite, octobre 92.

LA FORME

Suarès a sans doute été rassuré en lisant les *Pèlerins* de Wyzewa. Ce dernier n'a « rien fait de semblable » à son texte, comme il le craignait. La forme est très originale par plusieurs aspects. Suarès, à nouveau, mêle les genres. De façon classique, les personnages parlent, échangent ; le texte présente des dialogues, des monologues en prose. Les nombreuses indications de mise en scène et d'éclairages sont très précises, annonçant une possible représentation. Pourtant, petit à petit, le texte se fait plus poétique. Suarès abandonne la prose pour les vers. Et, comme dans les autres textes poétiques de cette époque, il emploie des indications musicales sur le modèle des sonates de *Psyché Martyre*. Ce caractère musical va tenir dans la « pièce » une place grandissante, prenant le pas sur l'aspect proprement théâtral de l'ensemble. Suarès utilise dans la lettre à Romain Rolland précédemment citée le terme de « symphonie » pour qualifier la fin de son texte. Le caractère musical domine de fait la fin de l'ensemble. Sur la forme générale de son texte, voilà ce qu'écrit Suarès lui-même à Romain Rolland :

> Quelques mots pour t'instruire des *Pèlerins d'Emmaüs*. C'est malaisé à définir ; c'est une sorte de drame. Mais il finit en musique – en ode, si tu aimes mieux. Ce qui m'a séduit profondément, c'est l'état d'âme des deux pèlerins. Je me suis dit : « Quelle situation inexprimable, de tristesse ! Voilà deux fidèles, qui viennent de voir supplicier leur Dieu. Comment ne douteraient-ils pas ? un Dieu mourir ! et d'une mort ignoble ! D'autre part ils l'ont vu, ils ont cru en Lui : ils espèrent donc. Ils ne peuvent être si tôt ses athées. » Voilà ce que j'ai montré. Ils passent par toutes ces nuances de deux sentiments extrêmes, la douleur du doute – et l'espoir de la foi. Ils ont avec eux ce passant inconnu à qui ils ne parlent pas et qui ne leur parle pas. Lui, jamais ne dit rien. Mais quand eux, à l'apogée de l'amour, L'aiment assez, soudain ils Le reconnaissent. Dès lors, le drame est fini : ils adorent, et chantent. C'est, si tu veux, un tableau de piété, où il y a deux portraits[26].

Il termine par cette remarque :

> Bien entendu, chez moi, il n'y a pas l'ombre de doctrine chrétienne ou charitable : ce n'est que de l'Art […]. C'est plutôt wagnérien.

« Une sorte de drame » donc, selon ses propres termes. D'abord, par la situation première : la confrontation de la douleur des pèlerins à la présence radieuse du Christ, la rencontre des deux mondes humain et divin.

---

26. Lettre inédite à Romain Rolland n°310, 26 juin 1892, citée par Yves-Alain Favre, *op. cit.*, p. 26.

Ensuite par l'évolution des personnages qui vont du doute et de la désespérance à l'amour. Ce mouvement intérieur des personnages, la situation
elle-même, l'évolution de la situation présentent un aspect dramatique.

« Un tableau de piété » ensuite, par l'aspect statique de l'ensemble. Les
scènes se succèdent montrant des *moments* attendus comme le repas des
pèlerins, la célébration de l'Eucharistie qui sont autant de tableaux, de situations figées. Par souci de classement, on est enclin à ranger ces *Pèlerins*
dans les projets « théâtraux » ou « scéniques » de Suarès. L'auteur donne
effectivement des indications de mise en scène. Il précise les lieux (« Auberge de la route et du voyage à Emmaüs en Judée »), les costumes (« Le
Christ robe droite, couleur blanche aux reflets de pâle héliotrope. Les pèlerins sont habillés de noir, à l'ordinaire des hommes de nos jours »). Suarès
donne à imaginer très précisément une mise en scène et détaille même les
éclairages. Voici ce qu'il écrit pour le début de la scène :

> Au début de la scène, la lumière du couchant éclaire par la porte ou-
> verte les deux pèlerins ; et la Sainte Personne, qui prend bientôt place
> au milieu de la table, reste obscure dans l'ombre. Mais, peu à peu, les
> derniers rayons tombent à l'occident ; ils ont quitté les pèlerins ; et
> quand ensuite les deux hommes s'assoient aux côtés de l'Hôte divin,
> les feux du soleil suprême pénètrent alors par la fenêtre, et envelop-
> pent le Christ, dont la pâleur, la chevelure et les blancs vêtements sont
> baignés d'une douce splendeur.

Pendant que les pèlerins expriment leur douleur et que le Christ est près
d'eux sans qu'ils l'aient reconnu, « une lumière naissante vient de derrière eux, qui les entoure, d'un trait brillant dans l'ombre[27]. » Lorsqu'il
rompt le pain, c'est encore dans une lumière très précisément décrite : « Il
resplendit d'un éclat céleste. Mais la lueur qui émane de sa personne est
très douce, et ne semble encore que le reflet d'une Invisible Flamme. » À
la fin du texte, lorsqu'il disparaît, la scène est plongée dans l'obscurité,
les morceaux de pain « sont environnés d'auréoles, et c'est la lumière
unique qui éclaire mystérieusement la scène jusqu'à la fin ».

D'autre part, les personnages ont un statut très particulier. Dans une
note préliminaire, Suarès distingue les *personnages* (les pèlerins, l'aubergiste et la servante) et les *personnes* (le Christ et les deux voix eucharisti-
ques du pain et du vin). En effet, ces derniers parlent, possèdent une voix,
alors que le Christ ne s'exprime pas. Suarès fait entendre *la voix du Christ*
mais ne le fait pas parler directement : « Il entrouvre ses lèvres sacrées
mais ce n'est point Sa voix divine qui se laisse entendre », écrit-il à Ro-

---

27.   *Les Pèlerins d'Emmaüs*, Paris, Léon Vannier, 1893, p. 31.

main Rolland, « c'en est l'écho grave, paisible et souverain. » Il explique à son ami les raisons de ce choix :

> Reconnais-là la raison du silence du Christ. Je n'ai presque pas songé à l'effet de la fin : car ce n'est pas même le Christ qui parle, mais sa Voix. Et, dans mon intention, c'est une simple image : cette voix ne s'élève que dans le cœur des *Pèlerins* : c'est leur propre âme qui leur devient distincte à *elle-même*. Si les esprits étaient plus nobles, il n'y aurait pas même besoin de nommer le Christ. C'est la personne de l'Amour – et l'Amour est en nous.
>
> [...]
>
> Je ne veux pas prêter des paroles à Jésus. [...] J'adore faire parler un dieu de la Grèce : il ne s'agit que d'être, pour son compte, le plus intelligent possible, et d'une pensée divine. Mais, pour le Christ, qui est notre dieu quand nous l'aimons, il descend trop d'un ciel inintelligible[28].

Voilà comment il s'exprime après que les pèlerins l'ont reconnu :

> Il entrouvre ses lèvres sacrées, mais ce n'est point Sa voix divine qui se laisse entendre : c'en est un écho grave, paisible et souverain.
>
> La voix du Christ
>
> Aimez et vous verrez
> Aimez et vous aurez.
> Ayez-moi, voyez-moi, puis donc que vous M'aimez.

La lecture du texte de Suarès provoque des échanges entre les deux jeunes gens. Cette idée surprend Romain Rolland qui la discute. Selon lui, ne pas faire parler le Christ c'est refuser la résurrection. Le Christ ressuscité est un Christ vivant, réellement présent alors que Suarès évoque plutôt l'amour que les pèlerins ressentent pour le Christ et la présence de cet amour. Pour toutes ces raisons, le drame de Suarès n'est pas à proprement parler chrétien. À nouveau, la référence évoquée par Romain Rolland est *Parsifal* :

> C'est très grandiose et hautement idéaliste ; seulement, je disais qu'à mon sens, cela n'est pas chrétien ; car, enfin, le Christ est ressuscité. Il est ressuscité en chair et en sang ; et le divin cadavre de Rembrandt même vient certainement de parler avec ses disciples, dans ce langage de familiarité tendre, et voilée de sombre ironie, qui nous le rend si cher à nous, ses infidèles. – Et ton Christ n'est pas non plus humain.

---

28. Lettre inédite à Romain Rolland du 14 octobre 1892. Fonds Romain Rolland de la Bibliothèque nationale de France.

> Car il ne revit pas dans l'âme de ses disciples, sous les apparences réalistes de sa vie, et ses particularités individuelles. – Mais il est sûrement divin, (« le divin ») à la façon de Parsifal, et puisque cela est beau, je suis un nigaud de le discuter.

Rolland s'intéresse aux indications musicales et leur reconnaît une réelle valeur expressive dans une lettre inédite du 17 octobre 1892 :

> Sûrement, la notation des nuances apporte des ressources nouvelles à la poésie. En beaucoup de choses, dans ton poème, tu fais œuvre de novateur, et il y a projet pour d'autres à marcher dans ton chemin.

Il faut ajouter à la voix du Christ celle du pain et celle du vin. On retrouve ici le caractère symbolique et musical de l'ensemble car Suarès donne aux *personnes* des types de voix. Celle du Christ est « une voix de haute-contre très pure, très douce, très grave », le pain est « une voix d'alto » ; « le vin, une voix de soprano ». Il existe une autre voix « qu'on entend invisible […] telle la voix de la conscience nomme vaguement les choses qui l'agitent et qu'à peine elle comprend », ténoriste. Il faut ajouter les indications musicales dans la marge : indications d'intensité (F. mF. pianissimo, demi-fort), de rythme (vif, gai), d'expression (Gai, ardent et doux).

Les pèlerins eux-mêmes s'expriment souvent de la même voix ou prennent en charge le même discours à tour de rôle comme dans ce passage :

m.F   Ô la blessure…
        Ô le flanc percé
        Ô les mains
        Ô les pieds…
        Ô les Trous
        des clous,
        et sur les lèvres
        la brûlure
        du vinaigre[29],…

La forme est très libre. Suarès utilise parfois des rimes ; plus souvent, il joue avec les sonorités, les rythmes, comme dans ce « chant du vin », cherchant à créer une atmosphère surnaturelle et mystique très originale :

Gai ardent et doux   Oh !
                      Rubis d'amour, fleur vivace du ciel
                      tendresse ardente, tendresse
                        qui ruisselle
                        où Il brille et me verse

---

29.   p. 37.

pour la soif éternelle
qu'en moi Sa Grâce apaise
regard mourant que j'assouvis,
vois, vois
toi qui me cherches, vois
je souris du reflet de Son divin souris

Oh !

très vite

Je chante, le paradis qui dans ses plaies
s'ouvrit
je chante, la myrrhe d'amour et la pluie de
son sang
et l'aurore nouvelle,
que la lance a percé aux ténèbres d'ennui,
et le baume aux blessés dans ce qui blesse,
et la soif et la caresse immortelle
aux seaux sanglants du puits :
buvez en moi, buvez ce jour
tel qu'Il l'a répandu
de la Source promise,
du sein promis
par la bonne nouvelle,
de la source d'amour, de la Source de Vie.

Le chant c'est l'amour.

Les dernières paroles résument bien l'esprit de l'ensemble, la musique, le chant étant pour Suarès l'expression suprême de l'amour.

LA QUESTION DE LA REPRÉSENTATION

La question de la forme reste problématique. Ce « tableau de piété » est-il véritablement destiné à la représentation ? On pourrait mettre en scène les *Pèlerins* sous la forme d'une succession de tableaux enrichis d'effets de lumière mais certains points restent obscurs. La musique n'est pas précisée. On ne trouve pas de partition ou d'indication d'air sur lequel il faudrait reprendre un passage ou encore de musique d'accompagnement[30]. Les textes doivent-ils être chantés ou bien dits sur le mode du récitatif ? Comment faire entendre la voix du Christ ? Comment com-

---

30. Pour d'autres projets, Suarès envisageait d'utiliser une musique de Frescobaldi par exemple.

prendre cette indication : « une voix de haute-contre très pure, très douce, très grave » ? Faut-il utiliser un chanteur ou bien encore un acteur dans les coulisses ? C'est toute l'ambiguïté de cette *action scénique*. On s'interroge sur la possibilité réelle de représenter ce drame. Suarès semble rechercher l'essence du drame, de la musique sans avoir nécessairement l'intention de le faire représenter ou de jouer une musique particulière. Tout vise à créer une émotion, un sentiment, et l'évocation d'un type de voix ou de musique pourrait suffire en elle-même au lecteur. Au fond, de la même manière que les *voix* sont l'expression du monde intérieur des *personnes*, que la voix de la conscience exprime l'intériorité des pèlerins, Suarès s'adresse au monde intérieur du lecteur. Il tend à faire naître en lui la musique sans avoir, peut-être, la moindre intention de lui en faire entendre une en particulier.

Suarès avait une position surprenante vis-à-vis de son autre modèle, *Axël*. Il était opposé à sa représentation au théâtre de la rive gauche en 1894. Alors, qu'en était-il vraiment de son propre théâtre ? Une occasion s'est présentée en 1893 : Lugné-Poe, qui venait de fonder le théâtre de l'Œuvre, avait l'intention de représenter les *Pèlerins*[31]. Suarès avait accueilli la proposition avec enthousiasme et voulait se charger lui-même de la mise en scène. Lugné-Poe connaissait ce texte par Romain Rolland qui avait lui-même financé l'édition. Rolland servit d'intermédiaire entre les deux hommes qui ne se connaissaient pas. Une lettre de Lugné-Poe à Romain Rolland montre qu'il s'interrogeait sur la musique qui pourrait accompagner le texte en janvier 1894 : « Je jouerai à mon spectacle *Les Pèlerins*. – Je voudrais bien adresse de Suarez et un ou deux exemplaires de la pièce car il me faut de la musique. » Suarès envisageait de faire représenter deux de ses pièces dans la même soirée, *La Déesse,* un « drame moderne » et, en seconde partie, *Les Pèlerins*. La lettre suivante à Romain Rolland montre assez qu'il tenait particulièrement à son ouvrage :

> Que Poe prenne *La Déesse* : il la joûra comme il voudra. Je n'irai pas brûler mon sang à voir des acteurs mettre leur peau où je suis. Mais les « pèl. » seront montés par moi. Et gare aux faux de paris, aux mines d'histrions, et aux sucres de vice des cabotines. Je réglerai tous les gestes, et la voix, ou… qu'ils aillent au diable.

Le projet a tourné court. *Le Figaro* du 17 février 1894 annonçait que l'Œuvre donnerait « aux premiers jours de mars […] le spectacle féerique, semi-clownesque [réunissant] les noms de Suarès, Villé-Griffin, Henri de

31. Sur cette question, *cf.* Jacques Robichez, « Ou tout moi, ou pas moi… à propos d'un projet de représentation des *Pèlerins d'Emmaüs* », *André Suarès et le symbolisme, La Revue des Lettres modernes*, 1973, p. 95-103.

Régnier, P. Veler, et Tristan Bernard[32]. Suarès n'eut connaissance que plus tard de cette annonce irrévérencieuse (à nouveau par Romain Rolland) et du projet de Lugné-Poe de mêler des pièces de différents auteurs dans une même soirée. Il refusa alors catégoriquement qu'on jouât *Les Pèlerins* : « M. Lugné ne jouera *Les Pèlerins* que le jour où il me donnera la scène toute entière, et où je l'emplirai. Je ne veux pas m'y trouver avec d'autres, que je méprise et ne cesserai de mépriser », écrit-il à Romain Rolland le 24 février 1894[33]. Suarès calma sa colère contre Lugné-Poe après l'avoir rencontré pendant un dîner chez Pottecher en janvier 1898[34]. En 1925, Lugné-Poe espérait encore monter cette pièce que Suarès lui avait refusée en 1894 mais l'auteur ne changea jamais d'avis.

Le caractère religieux de son texte était bien réel et s'arrangeait mal de l'univers mondain du théâtre. Pour prendre la mesure du sérieux avec lequel Suarès considérait ses *Pèlerins* il faut relire l'avertissement : « Il n'est point utile que les cœurs sans amour prennent ici l'occasion de rire, apparemment avec beaucoup de raison, de la Piété d'une sainte station de la tendresse à la mélancolie. »

UN TEXTE WAGNÉRIEN ?

« Mal aisé à définir » donc et « plutôt wagnérien », écrivait-il à Romain Rolland pour définir sa pièce. Le caractère « wagnérien » souligné par Suarès lui-même est très clairement une référence à *Parsifal*. Le premier acte se termine par le dévoilement du Graal, la célébration du sang du Christ qu'il contient puis la consécration du pain et du vin. Cette cérémonie religieuse redonne force et courage aux chevaliers du Graal et la vie à Titurel, ancien roi de Montsalvat. Cette scène est d'une telle religiosité qu'il était coutume autrefois de ne pas applaudir à la fin du premier acte. Les tenants de la tradition tiennent encore à cette absence de manifestations de la part du public. La lumière est également très importante dans la mise en scène et les indications de Wagner sont très précises. Comme dans le texte de Suarès, on retrouve des « voix » dont la place dans le drame est centrale. Voix surnaturelle venant du sommet de la coupole, voix de jeunes gens et de pages, à mi-hauteur dans la coupole :

TITUREL
Paraisse le Graal !
[...]

---

32. *Ibid.*

33. *Ibid.*

34. *Cf.* J. Robichez, *Revue d'Histoire du Théâtre*, 1956, I.

> VOIX (en haut de la coupole)
> Prenez mon corps,
> Prenez mon sang,
> Que mon amour vous donne !

> (Pendant qu'Amfortas s'incline devant le calice et s'abîme dans sa prière muette, une ombre croissante se répand dans la salle).

> PAGES (en haut de la coupole)
> Prenez mon sang,
> Prenez mon corps,
> En souvenir de moi !

> (Une éblouissante clarté, toujours croissante descend sur la coupe de cristal qui s'empourpre. La lumière baigne doucement tout le reste. Amfortas, transfiguré élève le Graal, le présente lentement à droite et à gauche et consacre le pain et le vin. Tout le monde est à genoux).

> TITUREL
> Oh ! joie ineffable,
> Sur nous luit la grâce du Seigneur !

> (Amfortas dépose le Graal, qui pâlit à mesure que l'ombre se dissipe : les pages replacent le calice dans la châsse, qu'ils recouvrent de son voile. La clarté du jour se rétablit. Les quatre pages, après avoir fermé la châsse, prennent sur l'autel les deux cruches de vin et les deux corbeilles de pain, consacrées par Amfortas, distribuent le pain aux chevaliers et remplissent leur gobelet de vin. Les chevaliers s'assoient devant les tables). [...]

Les derniers mots reviennent à deux voix qu'on entend dans la coupole :

> UNE VOIX (en haut de la coupole)
> Pitié rend sage
> « Le chaste Fol »

> VOIX (en hauteur de la coupole)
> Joie à qui sait croire.

Ces *voix* dans la coupole avaient marqué les esprits. Verlaine lui-même dans un sonnet consacré à *Parsifal*, paru dans la *Revue wagnérienne* en 1886, avait attiré l'attention sur elles avec un hiatus qui avait choqué les lecteurs. Le sonnet se terminait en effet par ce vers : « Et, Ô ces voix d'enfants chantant dans la coupole ! ». Ce « Et, Ô » était devenu une sorte de cri de ralliement entre wagnériens qui s'en amusaient, ou de moquerie au contraire de la part des antiwagnériens.

Il faut penser qu'au moment où il écrit *Les Pèlerins d'Emmaüs* (en 1889), Suarès a vingt et un ans. *Parsifal* n'a été créé que six ans auparavant. La *Revue wagnérienne* a récemment cessé d'être publiée puisqu'elle parut entre 1885 et 1888. La première œuvre publiée de Suarès est toute emplie de cette atmosphère wagnérienne.

C. *Jésus*

CARACTÈRE INCOMPLET DE L'ENSEMBLE, L'ASPECT MUSICAL

Il existe plusieurs projets sur le Christ et il est difficile de reconstituer les éléments qui nous sont parvenus. La correspondance avec Romain Rolland permet de les dater. Nous avons cité une lettre d'octobre 1892 dans laquelle Suarès annonce à Rolland qu'il a préparé « une cène », dans laquelle il fait parler Jésus en reprenant les Évangiles. On sait également par la lettre du 2 août 1899 précédemment citée qu'il travaillait toujours à *Jésus*. D'autre part, il existe un autre texte sur le Christ daté de 1903. Il est difficile de dire aujourd'hui si *Jésus* est un projet en lui-même ou un vaste ensemble constitué de plusieurs projets reprenant les différentes étapes de sa vie. *Cène* aurait alors pu faire partie de cet ensemble.

Yves-Alain Favre reproduit un plan général extrait du cahier n°20 présentant *Jésus* comme un vaste ensemble composé de plusieurs œuvres dont *Lazare*, *Palmes*, *Cène* (centre de l'ensemble), *Les Pèlerins d'Emmaüs*[35]... L'ensemble est composé de neuf parties (*Le Crépuscule de la Vallée*, *Lazare*, *Combats*, *Palmes*, *Cène*, *La Passion*, *Jérusalem*, *Le Calvaire*, *Les Pèlerins d'Emmaüs* et *La Croix*) le tout prévu en cinq soirs. Suarès a-t-il conservé cette construction d'ensemble ou a-t-il ensuite envisagé chacune des parties comme une œuvre à part ? Il est impossible de le dire au vu des documents que nous avons retrouvés.

Le principal document de la Bibliothèque littéraire Jacques Doucet est un dossier portant la cote [Ms. Ms. 43.039] intitulé *Jésus*. Il contient de nombreux feuillets le plus souvent très difficiles à déchiffrer et de dates diverses. Il est encore une fois impossible de reconstituer un ensemble complet. Il faudrait encore ajouter tous les textes portant la référence « Jés. » dans les cahiers et carnets pour avoir une vision plus claire. Nous ne retiendrons ici que quelques extraits de ce dossier.

---

35. Yves-Alain Favre, *op. cit.*, p. 140.

On trouve tout d'abord un plan en douze parties très différent de celui que nous avons présenté auparavant, extrait du cahier n°20. Celui-ci suit le déroulement des *Évangiles*. Si l'on en croit les travaux d'Yves-Alain Favre, il s'agirait du plan de *Cène*. Il est fidèle aux Évangiles. Selon Yves-Alain Favre, « chaque scène, prévoit-il, sera séparée de la suivante par des motets et des répons qu'il choisira dans les œuvres de Palestrina et Vittoria notamment[36]. » De plus, des indications montrent que Suarès prévoyait des orgues derrière la scène, un orchestre et des chœurs sans qu'on ait plus de détails sur l'utilisation de ces éléments musicaux. Plusieurs éléments sont à remarquer.

À propos de la forme d'abord. Suarès prévoit des couleurs pour chaque scène ou épisode ce qui est nouveau et assez original. De plus, comme dans les *Pèlerins d'Emmaüs*, il ne fait pas parler le Christ mais fait entendre « le chant de son sourire ». Ce chant doit consoler les apôtres et leur faire prendre conscience de son sacrifice consenti :

> Il fallait qu'il en fût un comme lui. Plaignez-le. N'est lui la terrible victime. Ô poids du crime humain ! Voyez pour le rachat même, il faut encore un crime ..

À ce chant, répond celui du cœur des disciples : « très court ; sorte de canon de passions. » Ces chants se font entendre « du haut de la salle » en « pp » et du fond, ensuite, en « ppp ». Il précise plus loin que tout doit être entendu « comme du dehors. » Nous retrouvons ici la configuration spatiale que nous avions relevée précédemment et comparée à celle de *Parsifal* à la fin des premier et troisième actes[37]. Suarès avait justement prévu une « scène du Graal » dont il ne reste que quelques notes et un petit croquis :

– Chants du Grâl
– Sacre du Grâl
– Chants de douleur des Anges de douleur et du passé.
  Quand Jésus Sauveur donne la coupe aux apôtres et qu'ils y trempent leurs lèvres.

Il faut aussi faire une remarque sur les personnages. On retrouve le Christ et les apôtres auxquels Suarès ajoute quelques enfants. Madeleine est là elle aussi et Suarès avait envisagé une scène dans laquelle elle exprime sa difficulté d'être. Elle est incapable de faire le bien et cependant elle reconnaît le Christ et l'aime. On pense au personnage de Kundry qui cherche à échapper à la chair en se dévouant aux serviteurs du Graal. Dans le

---

36. *Ibid.*
37. *Cf. Les Pèlerins d'Emmaüs, op. cit.*

texte wagnérien, elle répète plusieurs fois ce mot : « servir[38] ». Suarès lui fait tenir le même langage que chez Wagner. Il est dommage que nous n'ayons pas de document plus précis sur le personnage de Madeleine. Peut-être en retrouverons-nous. Yves-Alain Favre cite un petit extrait qui appartenait au Fonds Doucet, et qui appartiendrait peut-être à *Palmes* :

> Elle a été le Péché-Vivant. Elle est la passion de n'être plus le péché-vivant. Et de revivre dans la pureté vivante – Tout le drame de cette femme est dans la passion d'une pureté impossible. Et dans l'anéantissement complet de soi, de cette chair[39].

Enfin, il faut faire une dernière remarque sur une petite note de Suarès et qui en dit beaucoup sur la façon dont il envisage le théâtre : « On doit sentir que c'est Émotion et non Action ». Son théâtre est fait d'images, de tableaux, son texte est poétique et musical.

« *VOIX DE LA ROBE DU SEIGNEUR* »

Le texte le plus intéressant qui nous soit parvenu de cet ensemble est intitulé « Voix de la Robe du Sauveur qui passe en murmurant à la terre ». Suarès fait parler la robe du Christ. Il s'agit d'un projet scénique sinon théâtral, mais le texte est poétique et comprend des indications musicales dans la marge. L'ensemble est noté « andantino ». La Robe s'adresse aux hommes : « Ô bien aimés, — Ô malheureux, — enfin, Ô hommes ! » (l. 1). La robe marque à la fois la présence du Christ et son absence : elle est l'évocation du corps mystique du Christ. Son corps physique n'est pas mis en scène mais il est néanmoins évoqué avec chaleur et d'abord par la voix, présence à la fois chaude, sensuelle et immatérielle :

> Je murmure ces paroles
> De lait et ces appels de miel
>
> [...]
>
> Ils brûlent, ces doux mots
> Ils tombent, ces parfums,
> de mes lèvres de laine.

Les paroles du Christ sont « comme un printemps sur le désert des âmes ». Son corps se devine à travers les paroles de la robe : « j'ai des bras si chauds d'amour » fait-elle entendre. La robe est faite de lin et de

---

38. « Dienen ».
39. *Jésus*, II A / I.

laine et par là très proche de la nature. On trouve ici le parallèle habituel entre le désert ou l'hiver de la vie sans Dieu, et le printemps et la splendeur de la nature avec lui :

> Fleurs qui consolent,
> D'où viennent-elles,
> Et leur odeur,
> Si ce n'est de ce cœur
> Céleste qui s'épand
> Comme un printemps
> Sur le désert des âmes […]

La Robe est protectrice, ses paroles sont maternelles :

> Mes plis sont vos berceaux,
> Hommes vêtus de maux,
> Hommes errants et nus,
> Sans voile et sans asile.
> Venez naître au salut.

Ses paroles rassurantes engagent les hommes à « mourir aux orages du monde » et à revivre à la chaleur divine. Elle en appelle à la transformation spirituelle des hommes, et annonce la résurrection de Jésus :

> Souriez-moi : je vous ferai sourire
> Que craignez-vous ? Cette robe de laine
> Est faite de rayons. Qu'il est doux d'y mourir
> Aux orages du monde,
> Et d'y revivre à la chaleur,
> Liqueur de la miséricorde,
> dont dieu déborde,
> Et vous inonde.

L'ensemble se termine par deux strophes (ou couplets) marquées dans la marge par l'indication « *très* tendrement », d'une grande douceur et d'une grande sensualité :

> Je suis la robe blanche
> Où sont blancs les péchés
> Qui la viennent Toucher
> d'un esprit sur les flancs,
> d'une âme Tout couchée
> dans son dégoût de soi, et son envie de Dieu
> Et qui s'épure en épelant,
> pleine d'Humilité,
> l'oubli du monde et le ravissement des cieux.

Je suis la robe blanche,
Je suis tremblante
Et je flotte aux soupirs,
Comme les Tendres branches
Aux bises du matin,
Et comme aux souvenirs
de ce qu'il a perdu, le cœur atteint
Et frémissant, de la souffrance.

LE PROLOGUE DE 1903

Il existe un autre texte énigmatique et passionnant prévu pour un prologue à une pièce en deux actes et portant toujours le nom de *Jésus*. La
question se pose à nouveau de savoir s'il s'agit du prologue au vaste ensemble que nous venons d'évoquer, ou à une pièce de dimensions plus
légères, envisagée plus tard. On trouve cette référence notée dans la
marge de la main de Suarès :

Jésus – I ᴬ/ I-I{ prolog.
et 2 actes
Pour la Iʳᵉ partie.

Ce texte est daté de 1903. Étonnamment, il est actuellement rangé
dans la chemise *Lazare* [Ms. Ms. 42.996] mais son titre est très clair et
suffit à le rattacher à *Jésus*. Yves-Alain Favre le présente d'ailleurs avec
les documents sur ce projet[40] mais il était alors en attente d'inventaire.
Les abréviations ou sigles utilisés par Suarès pour désigner ses œuvres
vont en ce sens. Il emploie « ΛAZ » pour désigner *Lazare* alors que pour
ce texte particulier il utilise *Jésus*, ou *Jés.*, terme habituel que l'on retrouve dans la marge des textes présentés précédemment. Il n'y a donc ici
pas de doute sur sa nature ou sa date.

Ce document se présente sous la forme de feuilles jaunies, très abî-
mées (les bords des feuilles se désagrègent ce qui empêche la lecture des
dernières lettres des mots qui s'y trouvent) le tout recopié probablement
par Betty et portant les cotes [Ms. Ms. 42.996⁶³] et [Ms. Ms. 42.996⁶⁴].

Le projet est très spectaculaire. Il s'agit d'un prologue à la façon de la
tétralogie wagnérienne, qui met en place l'ensemble de la grande fresque
scénique qui va suivre. Il raconte la chute des hommes et un grand mouvement vers la rédemption. Son caractère spectaculaire contraste avec
l'aspect peu démonstratif, plutôt intérieur et poétique auquel nous nous

---

40. « Inédit de 6 folios, Fonds Doucet » selon Yves-Alain Favre.

étions habitués. Ce prologue se passe « dans le ciel ». Les personnages sont « Adam, Ève, Caïn, etc.... ». Dieu le père reste invisible comme les deux autres « personnes » de la Trinité. Ils apparaissent « vaguement dans un nuage ». On n'entend que leurs voix et Suarès précise que « l'Esprit est une voix de femme ». La mise en scène prévoit des miroirs qui font percevoir les personnages plus grands qu'ils ne le sont en réalité ce qui fait songer aux effets d'optique du théâtre de Bayreuth : « Tous, par le jeu de glaces devront paraître deux fois plus grands dans le prologue que dans le drame ».

Les acteurs qui tiennent le rôle d'Adam et d'Ève devront aussi jouer Jésus et Marie. Ce choix présente Jésus comme le nouvel Adam et Marie comme la nouvelle Ève. De la même façon, l'acteur jouant le rôle de Caïn sera plus tard Judas. Quant au démon, il apparaît sous les traits d'Asraël et « doit être le plus beau possible ».

Adam et Ève déplorent leur faute et « d'avoir donné naissance au genre humain ». Ève prie le seigneur et garde la foi car elle sait que la vie est malgré tout sauvée. Le fils parle à Adam et rêve de paix et de bonheur.

Cette situation posée, suit un dialogue entre le père et le fils à propos du péché : « Si la création a connu le péché c'est que le créateur l'a voulu » et pourtant le monde est une « œuvre d'amour ». Ainsi le monde doit-il être sauvé par l'amour. Le mal, c'est « le monde trompé, le monde errant, se prenant lui-même pour sa fin ». C'est cela le péché. Le fils étant l'amour du père, il accepte de se sacrifier. Le père accepte la naissance « du fils sur la terre », avec douleur : « ainsi, le fils sera homme et le second Adam ».

Le père livre son fils au démon qui aura le droit de le tenter. Asrël interroge : aura-t-il toute liberté d'agir ? Oui répond le Père mais il ne pourra pas utiliser l'ironie qui n'aurait aucun effet sur le Fils. L'ironie désespère l'amour mais ne peut rien contre lui.

L'ensemble se termine par les prières d'Ève. Elle se confond avec Adam en « un cantique de joie et de remerciements ».

Il ne reste rien d'autre apparemment de ce projet que ces feuillets jaunis.

Ce prologue montre les dimensions que devaient prendre ce projet. Suarès envisageait bien un vaste ensemble de pièces sur le Christ et le prologue met en place ici la problématique de l'ensemble. Seul *Les Pèlerins d'Emmaüs* aura été terminé. Le projet n'aura pas été réalisé, sans doute en partie à cause des dimensions que Suarès lui avait données au départ.

D. *Lazare*

LES PROJETS

Il subsiste également de nombreux textes d'un important projet intitulé *Lazare*[41]. Ils sont datés de différentes périodes et il faudrait faire un important travail pour les classer et reconstituer une part conséquente, sinon l'intégralité, de ce texte. Suarès mentionne *Lazare* dans une lettre à Romain Rolland du 4 juillet 1901 :

> Tu auras sûrement *Lazare* dès que j'aurai eu, moi, cinq semaines de retraite sans mouvement et sans bruit. Une telle œuvre vieille déjà de 7 ans, et où j'ai toujours pensé depuis, ajoutant ceci, effaçant cela, me tient trop à cœur[42].

Cet échange permet de dater les premiers états de *Lazare* à 1894. Une note du carnet n°20, daté de 1901 lui aussi, laisse penser que la tragédie fut achevée :

> Il faudra publier en MCMI :
> Lazare, Tragédie.

Pourtant, il continue à y travailler. On lit dans le même carnet :

> Je reprends le *Lazare*, cette œuvre de ma Douleur, et la plus douloureuse qu'il y ait dans l'Art, sans doute. Je veux qu'elle soit prête pour le 11 novembre. Je l'ai finie il y a 7 ans. Mais, j'y ai toujours travaillé depuis. Cette fois, il faut l'achever. Que cette copie soit la définitive, le passage du plâtre au marbre. Et que ce monument de mon Amour pour toi, mon Père Bien-Aimé, soit digne de nos cœurs[43].

Cette note montre que Suarès reprend constamment ses projets. Cela explique qu'on trouve souvent différentes versions d'un même texte, d'une même scène. Cela complique le travail de reconstitution de pièces importantes comme *Lazare*. D'autre part, ce projet est très important pour lui. S'il tient une place particulière dans sa création, Suarès considère plus généralement qu'il a aussi une place particulière dans l'Art. Enfin, il lie la douleur de ce passage de la vie du Christ avec sa propre douleur de fils face à la mort de son père. Nous y reviendrons lorsque nous présenterons les personnages de cette pièce. Au-delà de l'épisode religieux,

---

41. Principalement un dossier *Lazare*, [Ms. Ms. 42.996] ; les cahiers n°32 et 49 ; les carnets n°39 et 92 (1897), 111 et 159.

42. Lettre inédite citée par Yves-Alain Favre, *op. cit.*, p. 404.

43. Carnet n°20, p. 14.

l'amour du père et du fils est au cœur de l'histoire. L'enjeu est artistique, religieux mais aussi très personnel.

Il détaille tous ces éléments dans un projet de préface[44] :

> C'est ici une de mes premières œuvres. J'en ai eu l'idée en 92. Je l'ai écrite en 94. J'étais sur le point de la faire imprimer à Londres, chez Kagan Paul, quand je me ravisai. La lisant, là-bas, un jour de fog, je n'y trouvai presque rien pour me plaire, et trop m'y déplut. Le ton de la foi, qui n'est pas du tout celui de l'art, l'équivoque de l'onction et presque du culte, tout me pesait et tournait, en secret, à ma propre confusion.
>
> Quinze ans plus tard, j'ai refait le drame sur un plan que j'avais fixé une fois pour toutes, en novembre 1895. J'étais si malade alors de mon deuil, si consterné de chagrin, que je tentais en vain de m'y mettre. La version de 1909 est restée celle de 1923, dans ses grandes lignes, telles que Vollard l'a connue : les planches de Rouault devaient l'illustrer et R. n'en n'a rien su. Vollard avait acheté les planches ; il en faisait ce qu'il voulait. […] Nous devions Vollard et moi en faire les éditions monumentales de *Lazare* et de *Job*, ces textes antiphonaires comme on n'en eut jamais plus vu.
>
> Ce que ces deux drames peuvent être pour le lecteur ou l'auditeur, dans le livre et sur la scène, je n'en ai pas la moindre idée. Mais j'ose croire que ces deux tragédies vont assez loin dans l'histoire de la misère humaine. Le troisième acte de *Lazare* porte la condition de l'homme à la limite où il lui faut créer un monde, pour passer outre à la désolation et au crime fatal de celui-ci[45].

Ce document précise les dates des différents projets. Suarès signale un état presque définitif dès 1895. Les versions de 1909, de 1923 restent fidèles au premier projet. Il indique également l'évolution du texte qui s'éloigne d'un caractère trop religieux pour se focaliser sur les aspects plus émotionnels, personnels. Il insiste comme dans le texte précédent sur sa propre douleur lors de la mort de son père. Enfin, il utilise un terme qui reviendra à plusieurs reprises à propos de *Lazare* : antiphonaire. Il place ainsi son drame dans une tradition de textes religieux et musicaux. La référence n'est pas uniquement littéraire et il avoue ne pas avoir une idée claire d'une éventuelle représentation de ce projet. Enfin, le cœur de la création est à puiser dans le désespoir. Au bout de la misère humaine, il ne reste à l'homme qu'une issue pour échapper à l'horreur du monde :

---

44. Il existe deux textes pour une préface. Le second est extrait du carnet n°92, nous le citons plus loin.
45. Inédit, fonds Doucet, texte cité par Yves-Alain Favre, *op. cit.*, p. 405. Extrait de la préface de *Lazare*.

« créer un monde ». Au-delà de l'aspect religieux, le sujet de *Lazare* est le cœur de la création artistique, seul moyen de « passer outre à la désolation » et la misère humaine.

Lazare ne parut jamais et pourtant, à la fin de sa vie, c'est un projet dont il parle toujours et auquel il travaille encore. Dans le carnet 159[46], il écrit :

> Énorme travail que je dois faire ou entreprendre, pour ces deux monuments, pareils à des antiphonaires […]. Il ne s'agit plus de légendes assez brèves, comme on y avait pensé voilà 17 ans ; ni des poèmes touchant la guerre et ses misère. Non. J'ai, dans l'esprit, toute la misère humaine et toutes les guerres. C'est pourquoi je me suis remis à deux œuvres très anciennes, que j'avais presque oubliées depuis plus de 30 ans : *Job et Lazare*.

Yves-Alain Favre signale dans le Fonds Doucet un plan rédigé en trois parties que nous n'avons pas retrouvé. Le premier acte montre l'attente de la famille de Lazare, l'arrivée de Jésus et de Joseph d'Arimathie. Le second présente le tombeau de Lazare. Il se réveille lentement. Les démons le visitent. Job vient le rencontrer. Jésus le fait sortir en l'appelant par son nom. Dans le troisième et dernier acte, Lazare sort du tombeau.

LES PERSONNAGES – LES DEUX « LAZARE »

La grande originalité de cette pièce réside dans la présence de « deux Lazare ». D'une part le père (le mort qui ressuscite) et d'autre part son fils. Le titre de la tragédie[47] renvoie surtout au fils qui est au centre de la pièce. Lazare est une figure rebelle. Il s'oppose à la religion, aux dogmes, aux rites, à l'organisation du temple qu'il décrit comme :

> Un abattoir immense où font fortune dans le mensonge et dans le sang,
> Un tas de bouchers sacrés, qui se croient plus près du ciel,
> Par privilège, parce qu'ils montent avec la foule
> Et qu'ils trafiquent du péché[48].

Lazare est solitaire et refuse de se soumettre à aucune loi :

---

46. p. 101.
47. La question de la forme est toujours posée. Suarès en parle dans son carnet n°20 comme d'une tragédie mais *Lazare* devait être un prélude (poème mi-lyrique, mi-dramatique) et non une tragédie.
48. *Lazare*, I.

> Seul contre tous. C'est moi. Seul je suis. Seul je reste. Qu'ils meurent,
> – eux – et se soumettent. Je ne me soumets pas[49].

Il provoque le scandale et la désapprobation de tous en refusant les rites funéraires pour son père. Il n'accepte pas sa mort et conserve en mémoire son dernier regard implorant :

> Ces yeux n'ont rien trouvé.
> Leur cri muet s'est élevé contre le ciel[50].

Lazare est blessé si profondément par la mort de son père qu'il souhaite mourir à son tour. Il exprime sa douleur dans un long passage (ΛAZ, II, IV) :

> Mourir, mourir, mourir ..
>   Se peut-il que l'on meure ?
> Mourir. Alors que nul n'y croit.
> Et la terre est pleine de morts.
>
> La vie, Hélas, la vie, pas même un sommeil
> pas même un rêve. À peine un cri,
> C'est la prière du soir que fait le petit enfant,
> Comme déjà il dort dans les bras de sa mère.
> Mais qui ouvre les yeux sur le berceau, avant de se coucher,
> Frémit de connaître sa misère. Mourir, mourir.
> Qui voit sa tombe, voit son lit. [...]
>
> Mon père est mort. Mon père, ma chair vive,
>   ma chair première
> Mon père .. Ce que j'étais hier, – mon père est mort,
>   je ne suis plus.
> Et maintenant, c'est à mon tour, c'est à moi de mourir,
> Et lui, le bien aimé, c'est à son tour de mourir en moi.
> Ainsi je mourrai mon père. Et tu mourras.

À l'opposé, son frère accepte la mort comme une chose naturelle. Le carnet n°92 présente Lazare comme une âme noble. Il est « le prince du silence, – et régnant d'autant plus sans contrainte que son empire est idéal[51] ». Il est « une de ces natures uniques qui meurent de faim si elles ne mâchent incessamment l'éternité et la Plénitude ».

Lazare devient une figure de l'artiste épouvanté devant l'horreur du monde et de la mort, en quête d'idéal. Il est aussi l'image de Suarès lui-même devant la mort de son père. La dédicace du feuillet 20 est très

---

49.   *Lazare*, II, III.
50.   II, IV.
51.   Carnet n°92, p. 70.

éclairante. Elle est très difficile à déchiffrer et nous la livrons telle que nous avons pu la lire avec ses manques sans essayer d'en combler les lacunes :

[in Dedic][52]

§

Ô mon bien aimé, seul tu as connu cette œuvre, et tu l'as aimée. Tu as su ce qu'elle était et ce qu'elle devait être. Je ne l'appelle pas [...] mais l'acte [...] de notre jeune vie. Elle était en toi comme en moi-même.

Je te l'avais dédiée, dans le sourire de la peine, comme la douleur de la mère se dédie à l'incalculable joie de la vie naissante. Tu étais la Vie, la Force et l'Ardeur.

Et maintenant, à qui faut-il que je dédie ce poème ? Je ne le dirai pas Ô mon Ami.

C'est à toi, pour autant que je vive encore moi-même. Et tu as voulu que je vécusse, je le sais. Tu t'es sorti de l'ombre même [...] ; et ta volonté est sacrée.

[...]

Que l'Amour triomphe de la Mort, à cause de toi. Il le fait, mon bien aimé, au moins en nous.

Et puis donc que je vis, plein ... si redoutable et que tu travaillais, chaque jour, au brasier de ton cœur que je garde, c'est vraiment que tu dois vivre ainsi.

Et tu es, mon amour, puisque je suis encore.

Cette dédicace est adressée à son père décédé. Le ton est douloureux, plein d'émotion et d'amour. Elle dit la présence au-delà de la mort. Ces quelques mots sont très proches des paroles même de Lazare :

Mon père est mort. Mon père bien-aimé n'est plus ici.
Il est là. Il est couché là sous la terre.

[...]

Ses douces mains ne cherchent plus les miennes
Il est là où je serai – muet, sévère et sourd
Comme je serai. Ha, –
Et ses yeux, ses chers yeux, –

---

52. [Ms. Ms. 42.996[20]].

Me feraient heureux, maintenant, si je les voyais –
Tes yeux, mon père –

[il se cache la face
sanglots profonds, convulsions.]

JÉSUS

Jésus apparaît dans cette pièce comme un *personnage* à la différence des autres textes que nous avons présentés précédemment. Il va ramener Lazare (le père) à la vie par amour pour le fils et il est l'intercesseur entre les deux :

ΛAZ, III.

[scène de Jésus priant
et des Amens !
de la foule.]

———

Jes :	Mon père, toi qui donnes la vie et qui sauves les morts,
	Sauve, Ô Roi de la Pitié, fais Grâce,
	Sauve celui qui meurt d'avoir aimé,
	Et d'avoir vu de trop près la mort –
L'homme de la foule :	Amen ! Sauve les morts et ceux qui meurent !
	Sauve le cœur de l'Homme, Ô Fils de l'Homme !
	Sauve l'Amour, Sauveur !
La foule :	Amen, Amen, Amen !
	Sauve l'Amour, Sauveur
L'homme :	Je veux la vie, Je veux la vie.
	Sauveur, touche la mort du doigt.
	Fais vivre celui qui aime.
Foule :	Amour ! Fais vivre les morts
	Rends la vie aux vivants.

Il engage le jeune Lazare à s'abandonner à l'amour et la tendresse :
« Cherche en ton cœur – C'est le royaume des Cieux[53] ».

La compassion est le chemin pour découvrir Dieu :

> Jésus à Lazare :
>
> Ô vois comme elle est, vois la divine compassion
> Qui est en toi. Elle te parle de Dieu. Qui l'eût faite
> Sinon lui ? Adore-le dans son adoration.
> Il est l'auteur de sa tendresse. Et le seul Créateur
> Pouvait la mettre en toi[54].

Jésus tient sa divinité de cette capacité à ressentir la « divine compassion ».
Un petit dialogue entre Lazare et Jésus montre sa fragilité et son humanité :

> Jésus : Je t'aime et te comprends.
> Lazare : Non, la douleur pour toi, Jésus, n'est qu'une preuve
>   Et tu l'aimes.
> Jésus : Je suis venu à la joie du soleil
>   Et je suis né dans la douleur à la douleur.
>   Je vis. Et je ne suis rien qu'un homme[55].

Les deux personnages sont très proches l'un de l'autre. Lazare est prêt à
donner sa vie pour que son père retrouve la lumière du monde. Mais ils
s'opposent aussi comme on le voit dans ce petit dialogue. Dans le carnet
n°92, Suarès les compare et résume ainsi leur confrontation : Lazare est
le « Moi irréconciliable », Jésus « le cœur où tous sont réconciliés » :

> Lazare est le pendant de Jésus en personne. C'en est la contrepartie
> solitaire. Jésus est un Dieu. Lazare est un roi des Hommes. Lazare est
> une âme princière, seule de son espèce, toute puissante en soi, mais
> sans puissance, – ne daignant pas chercher le pouvoir, mais l'exerçant
> en secret, sur Soi-même, le prince du silence, – et régnant d'autant
> plus sans contrainte que son empire est idéal. Mais nul conquérant
> n'est plus âprement avide d'être seul, et d'une solitude plus tyranni-
> que : nul autre même n'est plus porté à détruire, par un effet de sa
> force, et à se substituer à tout ce qu'il détruit. Une de ces natures uni-
> ques, qui meurent de faim si elles ne mâchent incessamment l'Éternité
> et la plénitude. De là le prix infini de l'Amour pour elles. L'Amour,
> pour un Lazare est la réalité même, et il l'est uniquement : il
> l'embrasse comme il la définit ; il est la Vie, et avec lui disparu, la Vie
> disparaît. C'est pourquoi, perdant l'Amour, il faut qu'il meure. Mais
> pour le rendre sensible au cœur et aux yeux, je fais voir Lazare échan-

---

53. II, IV.
54. II, V, fin.
55. [Ms. Ms. 42.996[49]].

geant pour ainsi dire contre l'Amour, sa propre Vie : mais c'est sous les espèces de la Mort, le noir banquier de l'Univers.

Jésus fait un semblable sacrifice. Seulement, il procède en lui d'une volonté, exactement contraire, également puissante, mais en sens opposé. Son idée de la Vie est divine. Lazare est l'Homme dans sa force pleine, destructrice de la Vie. Et Jésus est la force divine, qui se mue incessamment en Vie. Lazare est le Moi irréconciliable. Jésus, le cœur où tous sont réconciliés. Tous les Dieux sont, d'abord, des réalistes. Lazare est surtout l'Homme de l'Esprit. L'Intelligence qui va au bout de tout, sans pitié.

LA RÉSURRECTION

La résurrection de Lazare est présentée de façon très particulière et originale. Le fils meurt pendant que le père revient à la vie. Suarès insiste sur ce double mouvement :

> Les deux Lazare, sans se voir, sans le savoir, marchent l'un vers l'autre, l'un descend vers la mort, l'autre remonte à la vie. Et le mort veut passionnément vivre[56].
>
> […]
>
> La résurrection œuvre de l'amour = enfin, Vie pour Vie, la substitution suprême, c'est le rêve de la résurrection, que seul peut faire le suprême amour. Et s'il le fait ou non en réalité, c'est mystère.

Enfin, la question est posée de ce que peut devenir Lazare après être revenu de la mort. Il ne peut plus vraiment appartenir au monde des hommes depuis qu'il a traversé la mort. Plus rien dans ce monde n'a de sens pour lui si ce n'est l'Amour :

> Lazare ne peut plus vivre […]. Il faut qu'il meure. Sa grande âme est condamnée. Il ne peut revenir à soi qu'en retrouvant l'Amour : car, sans Amour il sait qu'il n'y a rien. Mais il ne peut ressusciter l'Amour, qu'en mourant à soi-même[57].

L'une des clefs de cet échange de la vie du fils pour sauver celle du père est sans doute à trouver dans son rapport personnel à son père. C'est ce que laisse penser ce passage du carnet n°92 dans lequel Suarès évoque le suicide face à l'horreur de la mort. C'est une extrémité qu'il avait évoquée après la mort de son père :

---

56.   III, I-III.
57.   Carnet n°92, p. 70.

> ΛAZ. §. Ce *Lazare* est le suicide Idéal. La vie seule est la rançon de la vie. Nulle mort n'est sans effet : pour le détruire, il faut le redoubler. La mort paie la dette de la mort. Tout le reste est le rêve, et la douleur de ce rêve, son angoisse de se connaître. La vie paie la vie : il faut qu'un Moi périsse, pour éteindre la perte d'un Amour. Seul remède : celui qui est sans remède, sinon pire que le mal, au-delà du mal. Mourir à soi, pour mourir à la mort. L'excès de la vie est l'excès de la conscience. Qui garde la conscience, doit perdre tout espoir.

L'écho le plus *wagnérien* de ce texte est peut-être à trouver dans ce trio très particulier qui réunit un père mourant ou mort qui s'exprime directement de sa tombe ; un prince révolté qui cherche la rédemption ; et un intercesseur. Ce trio était formé dans *Parsifal* par Titurel (le père), Amfortas (le fils) et Parsifal (l'intercesseur). On le retrouve dans Suarès avec les deux Lazare et le Christ.

Les thèmes essentiels de la création suarésienne sont là : la question de la rédemption ; la révolte face à la mort ; la puissance de la souffrance ; l'enjeu métaphysique de l'acte créateur. La clef de la rédemption est dans la compassion, dans l'amour et le sacrifice de soi.

Pour conclure sur le personnage de Lazare, il faut ajouter un point extrêmement important. Il est, en cette période symboliste, une figure importante de l'artiste. C'est l'idée développée dans un article de Saint-Pol Roux, paru dans le *Mercure de France* en 1892. Pour définir l'art, son auteur utilise les images de la mort et de la résurrection. Le poète donne la vie ou bien redonne la vie à des choses mortes. Prenant l'image platonicienne des idées, Saint-Pol Roux écrit : « les idées sont des enterrées vives que l'Art révélera par évocation ». Dieu est la cause première des choses comme des idées et l'artiste, redonnant la vie aux idées, en est la *cause seconde* :

> Ne sont-elles pas du présent, étant de toujours ? La cause première en est Dieu, le poète en sera la cause seconde ; c'est pourquoi, l'Art, est, à ma sentence, la *seconde création*.

Saint-Pol Roux conclut : « La résurrection de Lazare me semble le parfait symbole de l'Art ». Il définit ainsi l'Art : « L'Art, c'est l'humanité de Dieu ; aussi l'Art une fois s'appela-t-il Jésus ».

La comparaison suivante n'est pas forcément très heureuse mais précise bien le propos :

> Ainsi, Poètes, étendons nos spontanées mains de résurrection, car il est, sous la sépulcrale efflorescence, des trésors dont chacun est un

rayon d'éternité. Réveillons les idées, belles au bois dormant – oh ce réveil couleur de fiançailles[58] !

Suarès rejoint donc une image déjà présente dans « l'air du temps » et finalement déjà existante dans l'imaginaire symboliste. Pour autant, elle apparaît dans son texte d'une façon très personnelle, pleine de la douleur encore très vive de la perte de son père.

> « Ce n'est ni un Dieu ni un homme qui a créé
> le monde ; mais c'est un fol enfant, l'amour,
> pour se jouer d'eux et de nous. »

Texte inédit [Ms. 1373]

REPRÉSENTATIONS

Tous ces textes sur le Christ montrent assez que Suarès ne s'attache pas au dogme chrétien. Il s'intéresse surtout à la personne même de Jésus qu'il présente dans toute son humanité. Son rapport à la religion est très personnel. Il aime les dieux et les héros, et sa véritable religion est celle de l'Art. On trouverait dans ses textes inédits de quoi faire un petit recueil de pensées et réflexions très éclairantes sur ce sujet. Un feuillet isolé[59] du Fonds Doucet résume assez bien sa position :

> Pour moi, si j'ai le temps, je ferai les offices de l'Art et de la dernière religion. J'aime Jésus et j'aime Jupiter qui m'est aussi vivant que César ou Napoléon. Tous les Dieux me plaisent, et même celui de Job, le plus puissant de tous, le plus triste – et je crains, le plus homme. [...]
> Je prends les Dieux pour héros, comme les Grecs faisaient de leurs princes antiques. Et comme ils ont mis en Drames les légendes, je ferai les religions. Mais sans le dire. Le verra qui pourra.

La religion se mêle à ses aspirations artistiques et ses angoisses d'homme et de fils. Il utilise le matériau évangélique et le réécrit selon ses préoccupations d'homme et d'artiste. L'Art et le rapport au divin sont au premier plan. Dans la perspective qui est la sienne, seul l'artiste peut retrouver le vrai chemin de la spiritualité en un temps où le dogme et la puissance de l'église ont remplacé la véritable foi. C'est un des aspects wagnériens de Suarès. Le compositeur écrivait à ce sujet dans *Religion et Art* :

---

58. *Mercure de France*, n°26, février 1892, p. 97, « de l'Art magnifique ».
59. [Ms. 1430]. Manuscrit sans titre. Inédit non répertorié.

On pourrait dire que, lorsque la religion devient artificielle, il est réservé à l'art de sauver l'essence de la religion en s'emparant des symboles mythiques que la religion veut savoir crus vrais, dans le sens qui lui est propre, et compris d'après leur valeur sensible, pour faire connaître par leur représentation idéale la vérité profonde cachée en eux[60].

La reprise de thèmes évangéliques n'est pas propre à Suarès. Nous avons précédemment cité les écrits de Wyzewa. On pourrait aussi mentionner *La Samaritaine* d'Edmond Rostand, « évangile en trois tableaux », créée au théâtre de la Renaissance avec Sarah Bernhardt le mercredi saint 14 avril 1897. Dans cette pièce en vers, Jésus est un personnage à part entière. Il est impossible que Suarès n'ait pas eu connaissance de cette pièce. Il serait intéressant de connaître le jugement qu'il a pu porter sur elle. Le compositeur Max d'Ollone en fit une adaptation musicale entre l'oratorio et l'opéra[61].

La recherche de la fusion des arts entre en résonance avec ce type de tentative scénique. Dans cette perspective, il faut mentionner une expérience heureuse et un peu particulière qui se réalisa tardivement mais sera importante pour Suarès, celle de *Cressida*.

Le 15 Mars 1932, Tony Aubin[62] écrit à André Suarès de la villa Médicis à Rome. Il voudrait « transposer sur le plan symphonique quelques unes des scènes de *Cressida*[63] ». Dans une lettre du 20 mars, il envisage un « poème symphonique, chant et récit alternés ». Dans les lettres qui suivent il est question d'une rencontre. Enfin, le 27 mars 1935, il envoie à Suarès l'affiche d'un concert à la société du conservatoire. On joue un « fragment purement symphonique », sorte de « poème dansé ». Des « parties chorales, soli de sopranos et de ténors » sont prévues pour l'avenir. En 1936, une lettre annonce que l'ensemble s'est enrichi « d'un air et d'un chœur », puis de deux morceaux nouveaux, « la chevelure de Cressida » et la « nature de Cressida ». Finalement, une représentation aura lieu le 13 février 1938, date

---

60. *Religion et Art*, t. XIII, p. 29.
61. La création eut lieu en 1937, à l'opéra de Paris. Le site de l'INA en propose une version dirigée en 1955 par Tony Aubin.
62. Tony Aubin (1907-1981) est né à Paris. Il fit ses études au Conservatoire de Paris entre 1925 et 1930 sous la direction de Samuel Rousseau en harmonie, Noël Gallon en contrepoint, Philippe Gaubert en direction d'orchestre et composition, et Paul Dukas en composition. Il fut grand prix de Rome en 1930 avec sa cantate *Actéon*. Il entre à la RTF en 1938 où il exerce pendant 30 ans le métier de chef d'orchestre. Précisons puisque nous avons cité cette œuvre que Tony Aubin dirigea *La Samaritaine*.
63. [Ms. 1471] à [Ms. 1484] de la Bibliothèque littéraire Jacques Doucet. Correspondance inédite.

anniversaire de la mort de Wagner, aux concerts Colonne. La grande soprano wagnérienne Germaine Lubin chantait accompagnée de Roger Baudin, récitant. Les échanges entre Suarès et Aubin montrent combien l'écrivain était satisfait de cette « mise en musique ».

La forme choisie par André Suarès reste tout à fait originale dans le sens où ces « pièces » n'étaient pas conçues pour être mises en musique. Les indications musicales dans la marge restent tout à fait spécifiques à l'écriture suarésienne. D'autres types de tentatives ont été menés par des auteurs de la même génération mais la recherche de la musicalité dans les œuvres théâtrales trouve alors d'autres manifestations.

Nous ne citerons ici que quelques réflexions de Paul Claudel à la recherche lui aussi d'une œuvre totale mêlant chant, danse et comédie[64]. À propos de l'*Annonce faite à Marie*, qui devait être montée par Lugné-Poe au théâtre de l'Œuvre en 1912, Claudel intervient par quelques remarques sur le jeu des acteurs. En mars 1912, ses conseils à Marie Kalff montrent combien la musique est au centre du travail dramatique :

> Si je me permettais de vous donner des conseils pour l'interprétation de mon théâtre, ce serait pour attirer votre attention sur les principes suivants :
>
> 1 – La *Musique* est plus importante que le *sens* du vers et le domine.
> 2 – Ne pas chercher à la manière des gens du théâtre français à faire comprendre toutes les nuances du texte et à faire un sort à chaque mot, mais se placer dans un tel état d'esprit que le texte ait l'air d'être l'expression obligée de la pensée du personnage, un moment incarné.
> 3 – *Éviter les mouvements et expressions de physionomie inutiles.* Rien de plus beau et de plus tragique qu'une immobilité complète. Toujours *l'attitude* plutôt que le *geste*.
> 4 – Respecter mon vers qui est l'unité respiratoire et émotive, et doit vous guider dans la déclamation.

Dans le même ordre d'idée il préfère que l'on insiste sur les consonnes et non les voyelles considérant qu'on « obtient plus d'effet en portant la voix sur les toutes dernières syllabes. » Par exemple, écrit-il :

---

64. « Pourquoi séparer la danse ou le chant de la pantomime ou de la comédie ? L'art dramatique est un. Une grande œuvre doit fatalement engendrer un éblouissement kaléidoscopique. Le théâtre total a existé en France jadis [...]. Berlioz, dans *Les Troyens*, a tenté de revenir à cette fusion des genres qui seule, je crois, peut tirer le théâtre de l'impasse où il est engagé ». Propos rapportés par Antoine Goléa, cités par Yehuda Moraly *in Claudel metteur en scène, La frontière entre deux mondes*, Presses Universitaires franc-comtoises, 1998, p. 87.

il est bien plus énergique de dire, au lieu de…

… ce petit être qui *criiie*
… ce petit être qui *crrrie*

Et au lieu de…

… l'obscurcissement comme d'un *ombrage* très obscur
… l'obscurcissement comme d'un ombrage très *obscur.*

Il insiste encore sur la musique dans le texte du programme de la représentation :

> Ce qu'il y a de plus important pour moi, après l'émotion, c'est la *musique*. Une voix agréable articulant nettement et le concert intelligible qu'elle forme avec les autres voix, dans le dialogue, sont déjà pour l'esprit un régal presque suffisant indépendamment même du sens abstrait des mots. […]
> En raison de ce principe musical, je me défie de tout ce qui dans le débit serait trop violent, trop saccadé, trop abrupt.

Il préfère dans le même état d'esprit éviter les mouvements de l'acteur :

> Qu'il sache rester tranquille et immobile quand il le faut, fût-ce au prix d'une certaine gaucherie, dont le spectateur au fond lui saura gré.
> À chaque moment du drame correspond une attitude, et les gestes ne doivent être que la composition et la décomposition de cette attitude[65].

Cette recherche de l'attitude plutôt que du geste, l'immobilité revendiquée nous rapproche des « tableaux de piété » des *Pèlerins d'Emmaüs*. Claudel prévoit des chants et insiste précisément sur les effets de lumière dans ses textes sur la mise en scène.

Il existe un autre écho aux indications musicales de Suarès qui pensait à une voix de haute-contre pour la voix du Christ dans *Les Pèlerins d'Emmaüs*. Dans sa correspondance avec Darius Milhaud, Paul Claudel est à la recherche d'une *manière de dire* qui se rapprocherait du chant sans l'atteindre tout à fait. Il écrit au compositeur à propos de *L'Orestie* :

> J'aimerais mieux que Clytemnestre chantât, ou du moins poussât des espèces de longs cris terminés par des cadences abruptes. L'idée de l'orchestre qui se déploie avant l'arrivée d'Égisthe est excellente. Il

---

65. Paul Claudel, *Mes idées sur le théâtre*, Paris, Gallimard, 1966, p. 36-38. Nous remercions ici M. Paul Lécroart pour ses indications précieuses.

me semble qu'il y a bien d'autres formules d'association de la poésie et de la musique que celles de Wagner[66].

La référence à Wagner est, encore une fois, inévitable même s'il s'agit d'y trouver une alternative. L'étude de Yehuda Moraly reproduit des partitions de la tempête de l'*Otage* pour les représentations de la Comédie française en 1934 : « Claudel, mécontent de la tempête qui devait être le point culminant du *Livre de Christophe Colomb* essaie d'en réaliser une lui-même, à l'aide d'un chœur parlé. » Il en subsiste un enregistrement[67]. Comme l'indique Pascal Lécroart, les indications musicales sont très fréquentes chez Claudel mais, par rapport à Suarès, dans ses textes plus tardifs écrits pour des musiciens et, en particulier, pour *Jeanne au bûcher* (1934). André Suarès participe de cette recherche d'un théâtre total, sacré, tentative de toute une génération. Mais ses tentatives sont précoces et extrêmes ce qui explique sans doute en partie la difficulté d'avoir pu les mener à leur pleine et entière réalisation.

---

66. *Correspondance Paul Claudel – Darius Milhaud*, *Cahiers Paul Claudel*, Paris, Gallimard, NRF, 1961, p. 38. Lettre du 6 juin 1937.
67. Yehuda Moraly, *Claudel metteur en scène, La frontière entre deux mondes*, Presses Universitaires franc-comtoises, 1998, p. 140-143.

Quatrième partie

TEXTES NARRATIFS ET PROJETS ROMANESQUES

Les projets de romans sont nombreux mais André Suarès n'est pas satisfait du résultat. Il brûle de nombreux manuscrits ce qui rend très difficile la compréhension des documents restants. Il ne s'agit pas de romans dans le sens classique du terme. Suarès mêle dans *Primavera* des passages poétiques, des lettres et des éléments biographiques. On parlera plutôt de textes narratifs à propos de l'*Homme de Beauté* dans lequel on trouve aussi bien des récits de songes que de méditations.

Citons pour les principaux : *La Vie promise, L'Âme triomphale, Primavera, Atalante, Lise Candal, Andromède*. La correspondance avec Romain Rolland permet de se rendre compte du contenu de certains d'entre eux. Les recherches formelles sont, là encore, tout aussi riches et variées mais le mélange des genres explique sans doute l'abandon de ces projets qui trouvent difficilement leur unité. La forme même du roman permet moins de liberté que la poésie ou le théâtre. La poésie accepte les indications musicales, les variations de style, de formes. De même le théâtre peut intégrer des passages poétiques ou musicaux. Tenter de réaliser le même projet dans un cadre romanesque risque d'égarer le lecteur ou de lui faire perdre le fil de l'intrigue. Des tentatives abouties ont été tentées avant Suarès. On peut citer *Evgenij Onegin* de Pouchkine, ou plus près de lui, *La Doublure* de Raymond Roussel.

Primavera est « un court roman-poème » selon l'expression de son auteur mais ce n'est pas non plus un roman en vers. Suarès brouille les pistes. Il alterne des chapitres d'une facture classique et des textes poétiques, des lettres, des considérations personnelles sur l'amour. Si le projet de *Primavera* n'est finalement pas mené à terme, c'est en partie à cause d'une hésitation sur la forme. Celle-ci finit par se dissoudre et le projet ne parvient pas à prendre corps. Encore faudrait-il le retrouver en son entier pour le juger véritablement, ce qui n'est plus possible aujourd'hui. *Primavera* est un roman de l'amour. La mythologie du printemps évoquée par le titre même nous rapproche de la *Walkyrie*. Le cahier n°5 contient un « Lied du printemps », le chapitre XXXII s'intitule « Mort de l'amour ».

Une autre tentative, *La Vie promise*, fait coïncider le temps du récit et celui de la lecture mais il n'en reste pratiquement rien, Suarès l'ayant brûlé[1] un jour de désespoir. Ce roman était proche du journal intime et de la confession. La recherche sur la forme reste au cœur de son écriture. Il est impossible de savoir si les textes que l'on trouve aujourd'hui sont des brouillons ou des versions définitives. Il faut donc les prendre avec beaucoup de circonspection et se garder de jugements trop hâtifs. *La Vie promise* fut pourtant terminée. Ce roman de 200 pages environ[2] avait un fort caractère autobiographique et sa forme hésitait entre le carnet intime et la confession : « J'en exprimai le désir [l'amitié féminine], et le regret dans un roman que j'ai fait – dont je t'ai parlé : une manière d'autobiographie fort exacte en quelque trente ou cinquante heures […] ». L'intrigue était très simple, il s'agissait d'un « tout jeune homme, qui avait conçu de la passion (ou ce qu'il jugeait telle) pour une femme, qui n'en avait que faire ; ce jeune homme avait sa mère et sa sœur, voilà tout[3] ». Ce projet est abandonné dès 1890. Marcel Dietschy le date de 1888.

On retrouve toujours dans ses romans les thèmes de l'amour idéal, pur et salvateur confronté à la passion et au désir. *Andromède* décrit les différentes saisons de la passion : son printemps, son été, son hiver. Le héros amoureux laisse éclater sa joie face à la découverte de ses sentiments. Il n'en subsiste qu'un long passage.

L'amour sacrificiel est un des thèmes déclinés par Suarès. *La Vie promise* raconte la recherche d'un amour purement spirituel. *Atalante* célèbre le « pur amour » et condamne l'amour charnel.

Lise Candal, petit roman en trois parties et trente-neuf chapitres, est l'histoire d'un amour impossible entre un jeune homme et une très jeune veuve. Il se termine par la mort du héros.

L'Âme triomphale ne sera pas plus terminé que les précédentes tentatives : « j'ai lu mon roman *L'Âme triomphale* qui n'est qu'en moi, mais l'est si bien[4] », écrit-il à Romain Rolland en 1890. Il n'en reste rien.

Suarès envisageait aussi d'écrire un roman avec son frère Jean. Dans une lettre inédite du 7 août 1898 il lui écrit :

> Nous mettrons désormais ce vicomte dans notre herbier humain ; et, s'il en vaut la peine, il aura sa place dans ce fameux roman *La Terre et la Mer* qui s'offre tous les jours avec plus de netteté à mes yeux[5]…

---

1.   *Cf.* Yves-Alain Favre, *La Recherche de la grandeur dans l'œuvre de Suarès, op. cit.*, p. 31.
2.   Lettre inédite à Romain Rolland n°95, 6 sept. 1889.
3.   Lettre inédite à Romain Rolland n°158, 17 Mai 1890.
4.   Lettre inédite à Romain Rolland n°174, 13 Août 1890.
5.   Cité par Christian Liger, *Les Débuts d'André Suarès, op. cit.*, p. 186.

Ils pensaient le publier sous le nom de Villers[6]. Ce projet est sans cesse remis car Jean voyage beaucoup. En 1901, ils y pensent toujours : « Rien ne m'enlèvera de l'idée que nous ferons ensemble un beau roman maritime. Pendant ton séjour ici (en Bretagne), nous en élaborerons les bases et le plan[7]. » On ne trouvera pas ici de références wagnériennes directes si ce n'est le thème de l'amour rédempteur ou des éléments qui entrent en résonance avec le monde wagnérien comme le lied au printemps qui peut renvoyer au chant du printemps de Siegmund au premier acte de la *Walkyrie*.

Dans une tout autre veine, Suarès qualifie de « roman-poème » ou « roman-confession », des projets qui ne sont pas à proprement parler des romans et dans lesquels il s'éloigne beaucoup plus des textes que nous venons de citer.

L'Homme de Beauté est qualifié de « roman-confession » mais de quoi s'agit-il ? De la peinture intérieure de l'artiste tel que Suarès le rêve, tel qu'il aspire à le devenir. Ces textes mêlent les réflexions sur l'art ou la politique à des confessions plus personnelles (voire des épanchements), mais aussi à des passages poétiques, narratifs, quelquefois même à des récits de songes. Il est plus difficile de les ranger dans une catégorie. Ils seraient plus proches de l'essai dans le sens où la méditation, la réflexion sont le fond de l'écriture.

On le voit, il est très difficile de définir de façon absolument satisfaisante le contenu de cette partie. Suarès brouille les cartes et ne se laisse pas facilement cataloguer.

Nous avons retrouvé quelques extraits de *Primavera* et de nombreux textes de *H.M./B.* Nous consacrerons une partie à chacun d'eux. Dans la mesure où *H.M./B.* est annonciateur de *Voici l'homme* (dont il est probablement une ébauche), nous lui consacrerons également une partie d'autant que *Tristan* y apparaît comme la figure centrale de l'artiste. Il s'agit là d'un texte *wagnérien* majeur. Autant dire que le titre choisi pour cette partie est sujet à discussion. Mais il faut bien tenter de classer les documents tels qu'ils nous apparaissent. Nous aurions pu parler de *Voici l'homme* dans une partie consacrée aux essais ou aux textes théoriques mais il nous a semblé que la filiation avec *H.M./B.* était intéressante à mettre en valeur car elle mettait en perspective la genèse de ce texte et l'éclairait.

---

6.   « J'aurais voulu que Villers (quel joli nom, hein ?) publiât son petit roman avant la fin de l'année ». Lettre inédite du 5/10/1899. *Cf.* C. Liger, *ibid.*, p. 186.

7.   *Ibid.*, p. 187. Lettre inédite de février 1901.

Chapitre 1

L'HOMME DE BEAUTÉ
ET HORS DE MOI LES BARBARES

A. Les manuscrits

> *« Je mets l'Homme si Haut, qu'il n'est pas étonnant*
> *de me voir mettre les hommes si bas[1]. »*

> *« Le Temple est bâti. Et je vous l'ouvre. Venite, Ado-*
> *remus. L'Art suprême, et la beauté sont ici[2].. »*

André Suarès travaillait à deux projets très proches et qui se seraient mêlés en un seul : *L'Homme de Beauté* et *Hors de moi les Barbares*. Les abréviations désignant ces textes sont presque similaires. D'une part « H.M. » pour « l'homme » et « B. » pour « Beauté » soit H.M./B. et, d'autre part, « H.M.B. » pour *Hors de moi les Barbares*. Il est donc pratiquement impossible de les distinguer. Selon Yves-Alain Favre, les projets ont fusionné. Nous le suivrons lorsqu'il affirme dans sa thèse : « Ainsi, les pages inédites que l'on trouve dans les carnets et dans le Fonds Doucet et qui portent le signe H.M.B. ou H.M./B. peuvent aussi bien appartenir à *Hors de moi les Barbares* qu'à *l'Homme* (H.M.) *de Beauté*, puisqu'il s'agit des mêmes initiales[3]. »

Hors de Moi devait initialement appartenir à une trilogie comme le montre ce petit plan :

1– *Hors de Moi*, plus de prose que de vers
2– *Vie d'Amour*, plus de vers que de prose

---

1.   Carnet n°94, *H.M./B.*, III/V.
2.   Carnet n°21, p. 108.
3.   Yves-Alain Favre, *La Recherche de la grandeur dans l'œuvre de Suarès, op. cit.*,
     p. 169.

3– *Le Moi*, tout prose, mais prose d'orgue et d'orchestre[4]

La correspondance avec Romain Rolland ainsi que certaines notes des carnets et cahiers, fournissent quelques indications sur ces projets inaboutis. Le 2 août 1899, André Suarès écrit à Romain Rolland : « Mon frère doit me copier ce mois-ci, un ouvrage singulier en trois livres, que j'avais perdu de vue, et qui m'a plu, retrouvé. Il date des 2 dernières années[5]. » Selon Yves-Alain Favre, il s'agirait de *Hors de moi les Barbares*. Plus loin, il parle d'un autre projet presque terminé : « J'ai à peu près fini un autre livre que je ne sais non plus comment nommer, roman ou poème. Titre : *L'Homme de Beauté*. Ce sont de curieux ouvrages, assez effrayants ; inquiétants pour le moins. »

La conclusion d'Yves-Alain Favre est que Suarès a rédigé *Hors de moi les Barbares* et l'a abandonné, puis a commencé sur le même sujet un nouvel ouvrage, *L'Homme de Beauté,* ce qui explique la parenté de titre et de contenu. Cela expliquerait aussi le fait qu'il n'ait pas changé les abréviations de son nouvel ouvrage, les pages du premier pouvant servir au second.

Il semble donc que *L'Homme de Beauté* ait été terminé ou presque. Suarès écrit à Romain Rolland en septembre 1902[6] :

> Si j'avais seulement quatre sous […], je finirais la copie de mon *Homme de Beauté,* que j'ai entreprise dix fois, et que j'ai dû dix fois laisser. Ce livre est, de bien loin, mon œuvre la plus forte. Je n'y touche plus, depuis longtemps. Elle a des lignes d'une telle rigueur, qu'elle est ce qu'elle est, et incorrigible. Rien n'est plus étranger, à mon gré, que le contraste entre la forme de l'œuvre – marbre et bronze – et le rêve effrayant qui y flotte.

Et quelques jours plus tard :

> *L'Homme de Beauté*, c'est l'espèce de confession dont je t'ai parlé à maintes reprises. Un roman-poème si tu veux. Il y a des parties réalistes. Je te donne la clef : « Homme de Beauté », c'est « l'homme de douleur » racheté, renouvelé par l'intelligence du monde. On y va du désespoir à une sorte de souveraineté sereine, mais toujours triste. C'est le lieu où la grande âme, en exil partout et en persécution, finit par atteindre : elle se rend de plus en plus objective[7]…

---

4.   Carnet n°100, p. 1, cité par Yves-Alain Favre. Sur *H.M./B.*, *cf.* p. 166-168.
5.   Lettre inédite à Romain Rolland, n°582 citée par Yves-Alain Favre.
6.   Lettre inédite à Romain Rolland, n°666, sept. 1902.
7.   Lettre inédite à Romain Rolland, n°668, 11 sept. 1902 citée par Yves-Alain Favre.

Ainsi, en août 1899, Suarès lui-même avoue ne pas savoir comment le désigner. D'abord « roman ou poème » avec des « parties réalistes » puis, en septembre 1902, il le désigne par un terme qui réunit les deux genres : « roman-poème ». Il le présente également comme une *confession*, marquant par là le caractère profondément personnel, voire intime, de certains passages. Il remarque lui-même son caractère *effrayant, inquiétant*. La clef qu'il propose à Romain Rolland donne une idée du projet. C'est la peinture intérieure de l'homme de beauté, c'est-à-dire du poète en proie au tragique du monde et à la solitude, en quête de rédemption. À la lecture des extraits qui nous restent, il semble que Suarès, prenant pour matière ses propres essais, notes et recherches, se peigne lui-même à travers cet *Homme de Beauté* et fasse ainsi la peinture de l'âme d'un artiste en quête de sa propre réalisation.

Cet *Homme de Beauté* ne peut pas être séparé de *Hors de moi les Barbares*. Il faudrait aussi le rapprocher de deux autres œuvres : *Spleen* d'une part auquel Yves-Alain Favre a consacré une autre thèse, et *Voici l'homme*, terminé le vendredi saint 1904 et publié ensuite. Nous ne nous intéresserons pas à *Spleen* mais nous mettrons *L'Homme de Beauté* en relation avec *Voici l'homme*. En effet, il semble bien que le premier ait contribué à l'élaboration du second. Nous retiendrons en particulier de *Voici l'homme* la figure importante de Tristan.

LES TEXTES DISPONIBLES

Que reste-t-il de ces projets ? On trouve de très nombreux textes portant dans la marge l'une ou l'autre des abréviations mentionnées plus haut. Yves-Alain Favre cite les documents suivants dans sa thèse :

> *Spleen*
> Un dossier du Fonds Doucet intitulé *H.M./B.*
> Trois carnets (un plan dans le carnet n°100 ; des extraits dans le carnet n°20)
> Quelques cahiers. En particulier les n°3, 6 et 15

Nous avons trouvé beaucoup d'autres références grâce au répertoire élaboré par Cécile Jasinski, particulièrement dans les carnets n°21, 24, 93 et 102.

Pour les documents contenus dans *Spleen*, il faudrait consulter la thèse complémentaire de Favre qui porte ce nom. Le dossier du Fonds Doucet, *H.M./B.*, existe bien. Nous l'avons retrouvé lors de nos différentes recherches mais nous n'avons pas eu le temps d'en retranscrire les textes principaux. En effet, les boîtes que nous avons pu consulter sont parties dans les services du centre technique du livre et ne sont plus disponibles au moment où nous rédigeons. La volonté de la Bibliothèque littéraire Jacques Doucet est de retrouver ces textes et de les intégrer dans le Fonds Suarès. Nous devrons pour le moment nous limiter aux textes épars des carnets et cahiers qui constituent en eux-mêmes un ensemble assez conséquent.

Ces extraits de *H.M./B.*, constituent en effet un matériau très dense et leur rédaction semble remonter assez loin dans le temps, comme le montre cette page extraite du carnet n°24 datée probablement de 1897. Ces carnets de la fin du siècle contiennent de nombreuses pages recopiées de ses premiers projets. Voilà ce qu'écrit Suarès au début de ce carnet :

> Tout ce qui est ici, est extrait des anciens manuscrits que j'ai jetés au feu, en 95 et 96. Quelques uns de ces fragments datent de 10 et 15 ans plus tôt. Je ne sais trop pourquoi, entre 100 et 200 pages que je brûlais, je gardais deux ou trois mots. C'était sans doute l'obscur instinct de sauver quelque chose de moi-même, et de ce passé, qui, à mes yeux n'est rien. Voilà pourquoi je n'y mis aucun choix, en vérité pas le moindre ; mais au contraire, je prenais plaisir à laisser au Hasard d'en décider. Ainsi je me faisais l'illusion de se séparer de ce passé, sans lequel je ne suis point et qui n'est rien sans moi. S'il m'avait fallu y penser, je n'aurais pas prétendu à la survivance. Il faut s'abuser… Puis, cette méthode convenait seule à mon dédain. J'en mettais un non moins immense à me juger, qu'à prendre la mesure des astres. Ce que j'ai voulu faire, m'a toujours seul pu séduire et j'ai toujours dédaigné ce que j'ai fait. La toute puissance m'eût seule contenté. Je sens que ma passion d'Amour n'a été si ardente, si désespérée, si silencieuse, que pour n'avoir pas cessé d'être le soupir de mon cœur sorti, enfin, de sous le joug de cette insatiable faim de la toute puissance. On le voit bien dans H.M./B. !
>
> J'étais si désireux de tout ce que je me devais, et de tout ce que j'avais été, au prix de ce que je veux être, – que je ne prenais même plus la peine de lire les pages, jetées au feu par centaines. Je ne les feuilletais même plus. Je laissais mes yeux s'arrêter sur une ligne, – et parfois, je la retenais, sans regard même à ce qui la pouvait précéder, ou pouvait la suivre. Ainsi, mon dessein s'est trouvé rempli : je laissai au néant mon passé, en me flattant d'y avoir dérobé une lueur de moi-même. Je le regrette aujourd'hui, – et, ce soir, je ferai encore de même, pour avoir demain les même regrets.

———

Quelques-uns de ces mots m'expliquent en partie – à moi-même, s'entend, – car je ne prétends point être moins inexplicable aux autres, que je ne le suis, – et qu'ils ne le sont tous mutuellement. Le cœur est une énigme pour le cœur, à moins que l'un des deux ne soit le veilleur assis sur la route de Thèbes, qui dévore l'autre. Et le cœur est encore plus mystérieux à l'esprit : car, c'est lui le véritable Œdipe, qui s'arrête devant l'énigme, ne pensant pas, d'abord, que le plus souvent elle n'a pas le moindre mot, – et que, s'il lui en trouve une, bien loin d'assouvir le Sphynx, – il le tue.

ΕΙΣ ΕΑΤ./

Celles de ces notes que je vois dans leur fond, et comme elles s'offrirent à moi, dans leur pensée première, – je les marque H.M./B. : et peut-être m'en servirai-je, pour rendre cette confession plus tragique.

DÉDIC.
———

PAGE I.

DU MOI AU MOI

ou.

DE M. A M.

ou.

III.

SI CE LIVRE N'EST PAS LE BRÉVIAIRE
DU PRINCE
PARMI LES HOMMES,
IL N'EST RIEN.

V.

MY WILL
IS MY RIGHT
MY WILL
IS
MY LAW.

———

VII.

JE CHANTE
LA VOLONTÉ
ET LA PUISSANCE.
JE CHANTE
EN L'HOMME
QUI VEUT ÊTRE

L'HOMME
QUI EST
1897-98

Dans la première partie du texte qui apparaît comme un véritable « avertissement », Suarès fait mention, à la fois de *H.M./B.* comme d'un projet à part entière et apparemment bien avancé sinon terminé et, d'autre part, de notes qu'il marque *H.M./B.* pour s'en servir plus tard. Il doit donc exister deux types de textes, certains rédigés, organisés, et d'autres simples notes ou projets en devenir. Il insiste bien sur le caractère de confession et la tentative de se rendre moins obscur sinon aux autres, au moins à lui-même. Étonnamment, ce texte semble s'adresser à un lecteur potentiel qui lirait ces carnets censés présenter des notes et des projets. Cela montre combien, au fond, la forme éclatée des notes et des fragments recopiés l'intéressent autant que la construction réfléchie et organisée. Le hasard a sa part dans la création et la forme elle-même comme il le montre en laissant le hasard faire le choix entre les textes brûlés et ceux qui sont conservés.

La dédicace qui suit montre clairement la tentative de saisir une vie intérieure et désigne le texte comme le projet d'une introspection qui s'adresse d'abord à l'auteur lui-même : « Du Moi au Moi ». L'artiste est désigné comme l'homme en quête de sa réalisation, il est « l'homme qui veut être l'homme qui est ». C'est un chemin artistique mais aussi spirituel, Dieu se définissant lui-même par cette parole : « je suis celui qui suis ». L'artiste décidant de faire de la réalisation de soi le but principal de sa vie en dehors de toutes contingences, suit le chemin de sa réalisation personnelle en même temps qu'il suit une quête essentielle et mystique. L'homme de beauté s'engage sur un chemin de souffrances et de délices, le véritable artiste s'engage par sa quête sur le chemin de la sainteté. Telle est l'idée qui sous-tend l'ensemble de ce texte. C'est aussi ce qui crée l'unité entre des textes aussi différents que ceux que Suarès pense à regrouper. Le hasard en fait aussi le choix comme les événements de la vie se présentent au créateur. La mort de son père, certains épisodes de son voyage en Italie, aussi bien que des songes, des visions ou des pensées sur l'art constituent cet *Homme de Beauté*.

Nous tâcherons de montrer la multiplicité des écrits que nous avons trouvés. D'abord nous nous attacherons aux textes sur l'art et l'artiste, à la question souvent posée par Suarès de la révolution artistique. Ensuite, nous présenterons successivement les pages correspondant au caractère de confession de cet ensemble et nous finirons par les récits de songes.

B. *H.M.B.*

H.M./B. est une immense fresque faite d'éléments disparates, de visions, de réflexions, de confessions. Ce n'est pas un roman au sens classique du terme. C'est la peinture d'une âme, la tentative de saisir un univers intérieur.

L'homme de beauté, c'est l'artiste en devenir. C'est l'artiste tel que le jeune Suarès le rêve, tel qu'il tend lui-même à devenir. C'est aussi *l'homme de l'avenir* au sens wagnérien du terme. Suarès rêve d'une humanité libérée de la servitude du monde moderne et du machinisme. L'homme de beauté c'est l'homme libéré qui retrouve le véritable sens de la vie dans la beauté et dont la morale même se fonde sur l'art. L'artiste en est l'annonciateur et le porte-parole. Il annonce à la fois un nouvel ordre de l'art et un public nouveau. Nous sommes là encore très proches du wagnérisme et particulièrement des textes de Wagner sur l'œuvre d'art de l'avenir et de ses propos sur la révolution.

Tout d'abord, donc, l'homme de beauté est l'artiste en devenir. L'artiste naît de la recherche intérieure poursuivie par l'homme qui crée. Il est le résultat d'un travail sur soi, d'une ascèse. L'œuvre d'art est l'expression de l'homme, elle n'en est pas séparable. On ne peut donc pas être artiste « par métier ». C'est ce qu'exprime ce petit texte du carnet 93[8] qui fait parler l'homme de beauté :

> Je suis. – et je suis l'œuvre d'art, avant de la faire. En moi, l'Homme et l'artiste sont un. Dieu sait si l'artiste, parfois, ne sembla point précéder l'homme. Et Dieu sait à quel amour de l'art cette apparence répond. Et pourtant, au prix de l'art même, je ne voudrais pas que l'artiste suppléât l'Homme, si le divorce se faisait. Homme je suis d'abord, et je veux être tout Homme. Voire femme s'il le faut. Je suis artiste, parce que par le fait de l'Homme, l'œuvre d'art est en moi. Je vis ; et l'œuvre suit. Mes images sortent de mes entrailles. De là ma différence à ces autres. Qu'ai-je à faire d'eux ? Ils se disent artistes : mais les noms sont des signes, et celui-ci ne signifie rien de commun de moi à eux. Ils sont artistes par métier. Et c'est pourquoi on en dit : « que ne font-ils autre chose ? ».

C'est pourquoi cet « homme de beauté » se heurte au monde et à la solitude. Il ne peut faire aucune concession au risque de se perdre :

---

8. [Ms. I256]. – B-V-1. – avril-octobre 1897 et 1910. – 119 ff.

1 – Il pensait : Pourquoi n'ai-je jamais pu me plier à ce qui eût été pour moi d'un si grand avantage ? – Parce qu'il eût fallu en quelque sorte, pour Vaincre consentir à être Vaincu ; et pour s'accroître dans le monde, à se diminuer en soi. – Il y avait là un marché intolérable[9].

2 – Était-ce être vaincu ? – Ce l'était plus qu'on ne peut dire puisque c'était l'être vis-à-vis de soi. Toute la victoire, que comporte le succès, n'est après tout qu'au regard des autres. C'est pourquoi la victoire et le succès diminuent presque tous les hommes.

3 – Ne vainc-t-on que vaincu ? – peut-être : en tout cas, c'est la règle si l'on poursuit la victoire et que la fortune ne vous y aide pas. Car il y a l'étoile qui sans doute, est la maîtresse pièce de la vie d'un homme : celle où il n'est pour rien.

C. La Révolution et l'ordre nouveau

Cette réflexion sur le chemin qui mène de l'homme à l'artiste conduit à une vision politique et à une réflexion sur la place de l'artiste dans la société. Un court texte montre la vision de Suarès sur la société. Ce document n'aurait probablement pas appartenu tel qu'il nous arrive à H.M./B. car il y est question de Romain Rolland. Il s'agit plutôt d'une anecdote, d'une discussion rapportée telle quelle et qui aurait pu ultérieurement servir, une fois réécrite, pour être intégrée au texte. Il appartient à une série de textes marqués H.M./B. mais son titre est « Eux-Révolution ». Il est très intéressant car il exprime la conception suarésienne de la politique et sa vision du monde :

Eux – Révolution

Qui ne la croit prochaine ? Ceux qui ne réfléchissent pas, ou qui espèrent que le monde comme il est durera toujours autant qu'eux-mêmes.

[...]

Je ne suis pas socialiste, encore moins, suis-je du parti communiste. Je les regarde en lutte, je crois à la défaite de la société actuelle : j'en sens la mort à plein nez, jusqu'au dégoût : elle est déchue ; elle est injuste ; elle ne se comprend plus elle-même ; elle n'est qu'une méthode de jouissance pour quelques-uns et de douleurs pour la foule ; qu'elle disparaisse.

Pour moi, sensible d'abord à moi-même, et par là en révolte contre une société qui me blesse de toutes les manières, j'y ai appris que toute autre société serait plus ou moins hostile à l'homme de mon espèce, et par

---

9.   Cahier n°3 [Ms. 1374]. H.M./B. / II, II, 5.

conséquent, je sais considérer l'ordre social indépendamment de moi : car je suis anti-social au premier chef.

Mais vous voyez bien qu'on a tort de nous reprocher de pousser à la révolution. Ce n'est pas par plaisir, par jeu, par calcul. C'est par nécessité. — Et quelle ? — Nécessité de la raison ; nécessité du cœur : je dirai : besoin né du désespoir : personne, au fond, ne souffre plus que nous, de soutenir nos propres opinions. [Je montrais Rolland]. — Pourquoi ? Quelle manière tragique… — Par ce que nous sommes plongés dans la mort et la décomposition. Cet état n'est pas tenable. Mort pour mort, une seule est bonne : celle d'où il doit naître un ordre nouveau. Il est bon, à l'avance, étant ordre. Il est juste, à l'avance, étant riche d'une foi : il a la plénitude du droit, ayant la capacité d'une Vie. [...]

Ce texte se termine sur une réflexion sur les suicides dus à cette société vide de sens.

Nous avons déjà abordé la question de la révolution et le lien entre les idées de Wagner et celles du jeune Suarès. Ici encore, André Suarès est proche du Wagner révolutionnaire des années 1850 ami de Rœckel et de Bakounine. Nous l'avons dit, Wagner se démarque de ses amis et de leurs engagements politiques et idéologiques pour annoncer une révolution artistique. Les derniers passages cités de Suarès sont proches des textes du compositeur. Il décrit une société moribonde : « nous sommes plongés dans la mort et la décomposition ». Rien ne peut plus en venir, il « doit naître un ordre nouveau » écrit-il. Il n'est pas véritablement question de politique ici, la société ne peut plus être réformée, il ne se sent plus concerné par elle et n'envisage que sa destruction. Cet ordre nouveau arrivera par « nécessité ».

Dans ses écrits révolutionnaires, Wagner décrit la société exactement dans les mêmes termes (avec la violence de l'engagement politique du révolutionnaire qu'il était alors) :

Ce n'est ni du bas-fond pourri de votre culture actuelle, ni du résidu répugnant de votre moderne civilisation raffinée, ni des conditions qui prêtent à votre civilisation moderne la seule base d'existence possible, que doit naître l'œuvre d'art de l'avenir.

Elle ne peut naître que de la révolte individuelle puis de la révolution sociale, expression d'un sursaut face à l'utilisation mécanique de l'humanité qui transforme les hommes en esclaves au service de l'industrie :

Nous voulons nous délivrer du joug déshonorant de servage du machinisme universel dont l'âme est blême comme l'argent, et nous élever à la libre humanité artistique dont l'âme rayonnera sur le monde[10].

Cette révolte qui soulève les populations n'est pas la simple volonté d'obtenir de meilleures conditions de vie, elle est plus profonde et plus noble, c'est l'aspiration à la beauté et à la dignité :

L'expression immédiate de la colère de la fraction la plus souffrante de notre société [...] procède d'un sentiment naturel plus profond, plus noble, le désir de jouir dignement de la vie [...] le désir de se dégager du prolétariat pour s'élever à l'humanité artistique, à la libre dignité humaine.

Et justement, cette force qui mène la révolution est la « nécessité », notion centrale dans la pensée de Wagner, qui apparaît dans tous ses textes sur la révolution. Il compare cette *nécessité* à celle qui poussa les *Israélites* hors d'Égypte :

Cette *nécessité* donnera au peuple la souveraineté sur la vie, elle l'élèvera à l'unique puissance de la vie. Cette *nécessité* chassa les *Israélites,* devenus déjà des bêtes de somme abruties, sales, à travers la Mer Rouge, c'est la nécessité qui devra nous chasser, aussi, quand nous voudrons, purifiés aussi, parvenir à la Terre Promise[11].

La société actuelle est à tel point antiartistique, tellement inhumaine, qu'une énergie née d'un besoin réprimé s'exprimera : ce sera la soif de beauté, la nécessité de retrouver l'Art. L'artiste lui-même naîtra de ce besoin exprimé par le peuple dont il sera la voix. Wagner décrit ce mouvement nécessaire dans *L'Art et la Révolution* (1849) :

Dans le progrès, hostile à l'homme, de la culture, nous prévoyons en tout cas cet heureux résultat que son poids et sa contrainte sur la nature s'accroîtront si énormément, qu'elle donnera enfin à l'immortelle nature accablée la force d'élasticité nécessaire pour rejeter loin d'elle, d'une seule secousse, tout le fardeau qui l'écrasait ; et tout cet entassement de culture n'aura fait qu'apprendre à la nature à *reconnaître* sa force immense ; et le mouvement de cette force, c'est – *la révolution*[12].

Cet ordre est celui de la beauté. Dans le même état d'esprit, il s'agit de faire de ce monde « un beau Temple du Beau », écrit Suarès dans un autre texte extrait du carnet n°21, « Pulcherrima verba » dans lequel il pré-

10.   Richard Wagner, *L'Art et la Révolution, op. cit.*, p. 42.
11.   Richard Wagner, *Œuvres en prose*, trad. J. G. Prod'Homme et Dr Phil. F. Holl, Delagrave, Paris, 1910. t. III, *L'Œuvre d'Art de l'Avenir*, p. 250.
12.   *Ibid.*, p. 45.

sente l'artiste conduisant le peuple vers le monde nouveau. Il affirme le caractère universel de l'artiste et sa capacité à faire participer le peuple tout entier à l'œuvre d'art et à la création :

> Le grand Artiste conduit un cœur sacré, où toute la foule entre par le sentiment. De la sorte, le peuple humain, dans le temps et l'espace, accomplit sa part du chef-d'œuvre ; et tout grand poème en est un, où le Poète le convie, et où le peuple, en effet collabore.

Suarès veut accéder à cet art suprême et annoncer par là-même le nouvel ordre. Il en vient alors à donner clairement sa définition de l'Homme de Beauté :

> Admirez donc par là, la Beauté de cet Art Suprême, dont la matière est déjà Vie et Peuple. L'action souveraine, où le Dieu […] se retrouve et se complaît, est l'Art que je veux dire ; et l'Artiste en est l'Homme de Beauté que je vous annonce.

Le texte devient prophétique et l'artiste, l'Homme de Beauté, apparaît comme le poète grec conduisant le peuple vers le temple de l'art :

> Ô Règne, je te ferai Édifice. Souveraineté, tu seras Temple et Poème. Hommes, vous y entrerez, comme dans le Parthénon, pour la fête de la Déesse. Vous y viendrez entendre des chants (qui) doivent vous ravir ; et connaître une beauté, et la révélation vous emplisse l'Âme d'une Vie Éternelle.

L'artiste est le prince, le souverain, l'ordonnateur de l'ordre nouveau :

> Le Temple est bâti. Et je vous l'ouvre ? Venite, Adoremus. L'Art suprême, et la beauté sont ici…

Il fait participer l'humanité tout entière à la création :

> Son Art va faire de Vous les mêmes artistes qu'elle, et qu'un Dieu même : chacun de vous, va prendre sa place dans cette beauté et cette joie, comme chaque brin d'herbe, ou chaque fleur, a la sienne, selon son rang, dans le charme de cette prairie.

Il est intéressant de voir comment l'idée de peuple, si importante dans les écrits de Wagner se retrouve aussi dans ceux de Suarès.

Chez Wagner, le peuple est l'ensemble des hommes animés par une même *nécessité*. Il l'oppose à l'idée de peuple telle qu'elle existe habituellement selon lui et qui désigne des hommes utilisés par la société industrielle comme des esclaves. C'est du peuple véritable que naîtra l'artiste de l'avenir. Il en sera la voix et le peuple sera le véritable créateur. Il s'interroge dans *L'Œuvre d'Art de l'Avenir* :

> Mais qui sera l'*artiste de l'avenir* ? Le poète ? L'acteur ? Le musicien ? Le sculpteur ? – Disons-le d'un mot : *le peuple*.

C'est au fond la même idée qui se retrouve dans ces lignes du carnet 21 :

> Le grand artiste conduit un cœur sacré, où toute la foule entre par le sentiment. De la sorte, le peuple humain, dans le temps et l'espace, accomplit sa part du chef-d'œuvre ; et tout grand poème en est un, où le peuple, en effet collabore.

Les enjeux sont différents, bien entendu, dans les textes des deux hommes. La notion de peuple n'a pas le même statut pour Wagner en 1850 et pour Suarès à la fin du siècle. L'idée même de peuple n'a ni la même valeur ni le même enjeu. Wagner s'exprime dans un contexte révolutionnaire dans lequel il est engagé et il fait aussi allusion, d'une certaine façon, au peuple allemand. Suarès est dans une autre logique et le contexte historique, idéologique, philosophique n'a rien à voir. Mais Suarès se place bien dans la perspective des écrits de Wagner : l'artiste est annonciateur d'un ordre nouveau qui succède à une révolution en préparation. Il prédit la fin d'un monde moribond gouverné par l'argent. Chez les deux hommes, l'artiste annonce un monde nouveau issu d'une révolution non pas politique mais intérieure : un nouvel ordre né du besoin naturel et irrépressible de placer la beauté au centre du monde et de forger à partir d'elle une nouvelle morale. L'artiste est alors le porte-parole du peuple qui atteint grâce à lui la véritable dignité humaine. Loin d'être en opposition avec la société comme c'était le cas auparavant et forcé à la solitude, il en devient, au contraire, le centre même. Enfin, leurs textes se terminent par la référence absolue : celle de la tragédie grecque. Il est évident que les textes de Wagner sur la révolution artistique et ses applications politiques ont une importance centrale pour André Suarès. Cet Art est sacré et le dieu dont ils parlent tous deux n'est pas directement nommé. L'Art et la beauté montrent le chemin qui permet d'en retrouver la trace et la présence.

Pour conclure sur cette question de la révolution, il faut encore citer deux petits textes du carnet n°24[13]. Dans le premier, on trouve clairement l'idée d'une révolution qui se prépare. Il est probable que ces notes correspondent toujours à des échanges avec Romain Rolland à ce sujet. Wagner se retrouvait alors aussi au cœur des discussions politiques des deux jeunes gens. Suarès préfère l'utopie à « l'égalité », et en appelle à « l'équivalence universelle » pour que « nul n'ait des chances inégales au bonheur » :

Une seule raison suffit à rendre compte de la Révolution qui se prépare, et à la montrer légitime : c'est qu'elle est fondée sur le bien de tous, et qu'elle établit son droit sur la raison. Ces trois états de la même pensée se tiennent, trois faces de la même pierre d'angle. Or, l'histoire de l'Humanité tout entière porte le poids de cette pierre, et l'élève de plus en plus haut, pour en faire la clé de voûte du futur édifice : en effet, toute l'histoire des hommes est l'extension du droit de vivre à un groupe d'hommes de plus en plus nombreux. Ici est le terme car, il s'agit du nombre parfait. – Mais n'y aura t-il pas toujours des heureux et des malheureux ? N'est-ce pas une utopie que ce bonheur universel ? – Là n'est pas la question : c'est aussi une utopie le bonheur d'un seul homme : qui est heureux ? Le problème est que nul n'ait des chances inégales au bonheur : il s'agit d'établir non l'égalité mais l'équivalence universelle. […]

Il rêve dans le texte suivant à une société dans laquelle l'Art ne serait pas rétribué et cesserait d'être un métier. C'était aussi le souhait de Wagner de séparer l'argent de l'art. Dans cet ordre d'idée, il imaginait aussi ouvrir les théâtres gratuitement. Là encore, la référence est celle des Grecs :

> […] L'Art lui-même y gagnera. Résultat admirable que l'Art ne soit pas rétribué, mais le travail seul : ainsi l'Art cessera d'être un métier, à la merci de ces multitudes viles. Je le regarde comme une condition digne de donner l'essor aux plus grandes œuvres : c'est l'état antique : on était non pas un auteur, mais un citoyen assez doué de poésie, pour écrire, à l'heure où les astres se promènent ou se divertissent, chacun à sa guise, – *Prométhée* ou *Philoctète*. Cela est vraiment être poète. Et la Cité reconnaissait le génie en lui donnant les moyens de se produire. Des deux côtés, c'est la mesure et la pureté du vrai.

> L'Art n'est vraiment l'Art que s'il est un superflu, un Plaisir Idéal, un Divertissement divin.

WAGNER : DE L'ANCIEN MONDE AU NOUVEAU

Dans le même carnet, on trouve un des textes les plus connus sur Wagner et régulièrement cité dans les écrits sur les relations de Suarès avec le compositeur. Nous le reproduisons dans son intégralité et il est important de parler du contexte dans lequel il apparaît. Il devait appartenir lui aussi à *H.M./B.* Suarès donne une indication plus précise dans la marge (*H.M./B.*, 17/XI) laissant supposer qu'il avait prévu sa place dans l'organisation de son œuvre. Il faut faire deux remarques ici. Il n'est pas fortuit de trouver ce texte sur Wagner parmi d'autres sur la révolution. Cela confirme les éléments de réflexion que nous avons développés précédemment. Wagner apparaît comme une figure de révolutionnaire autant que d'artiste au sens strict du terme. Il n'est pas uniquement un compositeur dans l'esprit de Suarès. D'autre part, les textes sur la révolution prennent du même mouvement une coloration autre que purement politique. Ce texte intitulé *Wagner et Moi*[14] commence par la très fameuse phrase : « Au fond, j'ai été élevé avec Wagner, Beethoven et les Anciens ». Il affirme l'importance du compositeur :

> Quelques-uns à vingt ans, vont faire acte de foi au tombeau de leur héros, ceux-ci à Napoléon, ceux-là à un saint. Pour moi, je le fis d'abord à la beauté et à la puissance, à Léonard et à Wagner.

Il fut, écrit-il, d'abord marqué par la volonté de Wagner :

> Je connus dans Wagner avant tout le héros et le musicien : car la musique est l'expression immédiate du fond de l'âme. Son art me touchait moins que sa volonté. Le jour où je la connus égale à celle de Napoléon, je lui fus tout acquis dans un délire de joie. Enfin, j'avais mon homme.
>
> [...]
>
> Qu'un artiste fût aussi puissant que Napoléon, c'était m'ouvrir un temple. Voilà ce que fut ce musicien incomparable pour moi. C'était son âme, son cœur, sa Puissance Infinie, son Vouloir qui me possédèrent, ses pensées, son art même, ne me retinrent qu'au passage. Et de plus en plus, c'est sa musique qui me semble unique en lui : elle est proprement la conquête d'un univers, et sa création devant nous par un dieu, ordonnateur suprême.

Il regrette le culte qui lui est voué à Bayreuth et les grandes théories qu'on fait à son sujet. Son œuvre n'est pas un parfait exemple de beauté et d'équilibre, il est plutôt en dehors des normes comme l'a pu être Michel-Ange dont les proportions n'appartenaient qu'à lui. La perfection n'est pas ce qu'il recherche mais la puissance. La phrase finale est aussi régulièrement citée dans les thèses et articles :

> Ce fut mon grand maître d'énergie ; et, ayant Léonard pour la Beauté, j'avais d'autant plus besoin de lui : car Wagner est aussi plein de foi qu'un dieu.

Mais le plus original dans la perspective de notre *H.M./B.* est ailleurs. Pour Suarès, Wagner est l'artiste de la transition, il fait le lien entre un monde moribond et un autre naissant. C'est en cela que ce texte a sa place

---

14.   Carnet n°24, [Ms. 1187]. – 1897. – 78 ff. H.M./B., 17/XI, p. 23.

dans cet *Homme de Beauté*, en ce qu'il annonce un monde à venir, une révolution en marche : « Wagner est, à beaucoup d'égard, du temps passé, il forme une époque, il en ouvre une autre : il fait passer d'un monde qui se meurt à un monde en train de naître. » Par son intérêt direct avec notre sujet, nous avons choisi de le reproduire en entier ci-dessous :

Au fond, j'ai été élevé avec Wagner, Beethoven et les Anciens. Je mets les Italiens avec l'antique. Nous ne faisons qu'un, ensemble. Je suis né d'eux, et de là. C'est pourquoi je n'ai jamais eu besoin de personne à vrai dire. Je me suis fait, comme si j'étais né en 1470, et non quatre siècles ensuite. Seulement, la Renaissance a eu son Wagner à la fin, et ce siècle au contraire a commencé par son Michel-Ange. Quelques-uns à vingt ans, vont faire acte de foi au tombeau de leur héros, ceux-ci à Napoléon, ceux-là à un saint. Pour moi, je le fis d'abord à la beauté et à la puissance, à Léonard et à Wagner. Je connus dans Wagner avant tout le héros et le musicien : car la musique est l'expression immédiate du fond de l'âme. Son art me touchait moins que sa volonté. Le jour où je la connus égale à celle de Napoléon, je lui fus tout acquis dans un délire de joie. Enfin, j'avais mon homme. Mes héros étaient alors Alcibiade et César, le Colleone de Verrochio, le maître qui trompe en beauté : le manque de beauté, je le sentis toujours en Bonaparte en dépit d'une force surhumaine : et mes anciens héros sont mes héros encore. Mais qu'un artiste fût aussi puissant que Napoléon, c'était m'ouvrir un temple. Voilà ce que fut ce musicien incomparable pour moi. C'était son âme, son cœur, sa Puissance Infinie, son Vouloir qui me possédèrent, ses pensées, son art même, ne me retinrent qu'au passage. Et de plus en plus, c'est sa musique qui me semble unique en lui : elle est proprement la conquête d'un univers, et sa création devant nous par un dieu, ordonnateur suprême.

En ce temps là, Wagner était admirable, objet de passion et de dénigrement à la fois, vivant à miracle dans l'âme des Hommes, mort de la veille ; c'était en vérité la vie merveilleuse qui suit l'ascension des Hommes éternels. Depuis, sa victoire est trop complète ; le culte se fait idolâtre ; et Bayreuth grandissant, il se pourrait que Wagner descendît. On fait de fades métaphysiques sur ce grand héros, on l'habille en philosophe, en prophète. L'Art qui est ce qu'il a de moins grand, se substitue à l'Artiste dont la grandeur fut sans pareille. À dire vrai, ce n'est pas du tout la beauté que Wagner satisfait pleinement : il est sans mesure, souvent sans proportions, – ou plutôt comme Michel-Ange il a des proportions qui ne sont que de lui : la perfection n'est nullement son affaire : mais oui, la toute puissance, une force infinie, l'œuvre d'un titan, subtil et irrésistible. Wagner est, à beaucoup d'égard, du temps passé, il forme une époque, il en ouvre une autre : il fait passer d'un monde qui se meurt à un monde en train de naître. Ce fut mon grand maître d'énergie ; et, ayant Léonard pour la Beauté, j'avais d'autant plus besoin de lui : car Wagner est aussi plein de foi qu'un dieu[15].

D. Les confessions

À ces textes très éclairants sur l'esthétique suarésienne, s'ajoutent d'autres plus personnels, intimes même, et dont il est difficile de deviner quelle aurait été la place dans l'œuvre aboutie tant ils sont de l'ordre de la confession et de l'intime.

Citons d'abord les textes sur son père. La mort d'Alfred Suarès en 1892 a été dramatique pour son fils et cet événement familial s'est retrouvé au cœur de sa création comme nous l'avons vu précédemment avec *Lazare*. Deux types de textes se rapportent à ce thème. Les premiers expriment l'angoisse de la mort. Ils sont nombreux. Les seconds font apparaître le père comme une figure tutélaire, une image même de Dieu.

Le premier, extrait du carnet n°24, est une adresse à son père. Il commence par ces mots : « Ô mon père, tu m'es cher… ». Il exprime d'abord la douleur de l'absence :

> Je puis ne pas penser à toi : il le faut bien. Mais ne point t'aimer, je ne le peux pas. Je t'ai mis tout vif dans mon cœur. Tu y es tout vif, jusqu'à ce qu'il cesse de battre.

La mort envahit l'univers de ce jeune homme de 24 ans et le menace :

> Et moi-même, puissance superbe, avide, insatiable, espacée en appétits sans fin, – que serais-je demain ? Tout à l'heure ? Je frémis : je sens la mort, là, à mes côtés.. j'ai peur.

Un autre document montre Suarès épouvanté car un locataire de la maison est mort. Là encore, on se trouve face à un matériau brut, indiqué *H.M./B.* Il correspond à des anecdotes, des souvenirs qui n'auraient probablement pas été utilisés directement. Mais ces textes montrent bien que ce projet était une sorte de roman-confession comme il l'avait confié à Romain Rolland.

L'un des plus émouvants et des plus étonnants aussi est celui extrait du carnet n°24 toujours, dans lequel son père apparaît comme une figure de Dieu : « " mon Père ", .. Dieu ne peut avoir d'autre nom ». Dieu, comme le père, est le seul rempart contre l'horreur du monde. Lui seul est

---

15.   Texte complet, p. 23. « Wagner et moi », H.M./B. 17/XI.

capable de comprendre la peur de son fils et de le rassurer. Suarès, désemparé, semble être livré à toutes les angoisses.

> « Mon père » .. comme l'enfant perdu, en détresse, affamé, mourant, dans les ténèbres .. Et la porte s'ouvre : « les bras sont ouverts ».. un regard ineffable, qui nourrit, qui désaltère, qui guérit, qui fait un lis de la nuit, qui fait fondre la glace de l'âme transie, qui restitue à l'immuable lumière. — « Mon Père… » — .. Viens, mon Fils. C'est moi, mon Fils. Ne crains rien. Je sais. Ne dis rien. J'ai tout entendu. Viens, mon Fils .. — « mon Père, mon Père.. Et mon bien Aimé Père selon la chair, mon cher infortuné est là aussi, guéri dans le ravissement, sur le seuil, .. qui me sourit.. Mon père .. Je ne me rassasierai pas de ce nom.. »

> Je l'aime trop pour le craindre, S'il EST. IL sait. Il comprend. Je lui pardonne.
> Il doit donc tout me pardonner.

> — Je lui pardonne, dis-je : Car Je vis. Et Dieu sait..
> — Oui : il sait.
> — « Mon père.. »
> — Je sais mon fils : Je sais[16].

Cette relation tragique qui le lie à son père a renforcé son intérêt pour *Parsifal* et particulièrement pour le personnage d'Amfortas. Claudel a raconté avoir entendu Suarès chanter l'imploration d'Amfortas. Dans ce texte du carnet n°21, on trouve une allusion au sang du Christ. Un personnage crie sa douleur et l'on songe alors au roi pêcheur incapable de dévoiler le Graal et de répondre à la demande de son père qui le supplie depuis son tombeau. Ce texte commence par une adresse au cœur : « Mon cœur, approchons avec respect. Fais taire toute vanité ». Il s'agit de se dégager du monde, de ne plus avoir « un regard, plus un reste de mémoire, pour les misères du marais humain ». Il se présente comme une prière, un appel à être « la lumière d'un extrême amour », à resplendir « comme le sang du Sauveur dans la coupe sacrée ». Alors, « tout se tait. Sa pensée seule plane. L'intelligence est Parfaite. Le parfait Amour, s'espace, comme le Ciel Bleu au-dessus des palmes […] ». Puis, un cri s'élève du cœur déchiré : « Je crie, Je ne puis vivre. Et je ne puis mourir. Je suis le lieu de la souffrance. Et sans doute, c'est l'être de l'Infini, dans le plan de la Vie. Mais cette élection passe toute force ». Voici ce texte :

> Mon cœur, approchons avec respect. Fais taire toute vanité. Plus un regard, plus un reste de mémoire, pour les misères du marais Humain. Faisons silence dans l'infini.

---

16. Carnet n°21, p. 69.

« Parle, toi seul, mon profond silence. Dis l'Amour de ce cœur, dis-en les Holocaustes, que je présente. Profond silence, entretiens-toi avec l'infini. »

« Plus près, plus près encore, Sois Pensée. Sois la lumière d'un regard d'extrême amour. L'insondable Infini attend cette clarté. Ton sacrifice la lui porte. Resplendis enfin, pur silence, comme le sang du Sauveur dans la Coupe Sacrée.

Tout se tait. Sa pensée seule plane. L'intelligence est Parfaite. Le parfait Amour, s'espace, comme le Ciel Bleu au-dessus des palmes. Un murmure de Sources. Un frémissement d'ailes. La Tristesse et la Sérénité volent dans l'air, comme une troupe d'hirondelles.

Et soudain, un grand cri s'élève du cœur.

« Soupirs, ce n'est pas assez. Murmures, vous êtes peu. Je crie, Je crie à toi, infini, au sein du profond silence. Ô mon Âme, je ne consens pas encore. Hélas, que je suis déchiré.. Et à jamais, et dès le premier jour.. .. Je crie, Je ne puis vivre. Et je ne puis mourir. Je suis le lieu de la souffrance. Et sans doute, c'est l'être de l'Infini, dans le plan de la Vie. Mais cette élection passe toute force.

.. Je ne puis vivre ? Je ne puis mourir. Je crie. »

Ce cri face à l'horreur de la mort, la supplique lancée vers le père, seul être capable d'apporter la paix, seul lien avec l'autre père, Dieu, fait écho au monologue d'Amfortas de l'acte III. Amfortas, blessé et incapable de dévoiler le Graal devant les chevaliers, se tourne vers le cadavre de son père Titurel et l'implore ainsi :

Mon père !
Toi, bénis parmi les braves !
Toi, Juste, vers qui les Anges volèrent :
Pour qui je voulais mourir,
J'ai seul fait ta mort !
Oh ! toi qui vois, aux cieux de splendeur
Le Sauveur lui-même en face,
Implore de Lui, que son sang adoré,
S'il épanche en nos frères
La grâce qui ranime
Et donne vie nouvelle,
Me donne l'ombre de mort !
Mort ! Tombe !
Seule grâce !
Affreuse blessure, poison, qu'ils passent :
Qu'enfin rongé se taise ce cœur !
Mon père ! Vers toi je crie :

Toi, vers Lui crie de même :
« Ô Maître, donne à mon fils la paix[17] ! »

La douleur personnelle et intime de Suarès face à la mort de son père prend une dimension métaphysique. Il exprime le déchirement de l'être face à la douleur. Il devient le « lieu même de la souffrance ». La vie et la conscience de la douleur du monde, de sa dimension tragique aboutissent à une position de l'être qui est toute douleur, qui ne peut vivre, ne peut mourir et ne peut s'exprimer que dans un immense cri de désespoir.

Dans ces textes, et particulièrement dans celui-ci, on voit bien comment l'auteur devient lui-même la matière même de son livre.

E. Les récits de songes

Enfin, les textes les plus originaux et les plus surprenants sont sans doute les récits de songes. Il est difficile de savoir ce que Suarès en aurait fait. Les aurait-il présentés comme de véritables songes ou en aurait-il fait des *visions* prophétiques qui auraient ressemblé à certains textes des *Images de la grandeur* ? André Suarès reconnaît aux songes une véritable valeur par leur caractère fantastique, visionnaire voire prophétique. Ils sont à même de contenir une « véritable interprétation de la vie » et permettre, au-delà de leur caractère fantastique, une lucidité impossible à l'état de veille. Pendant le sommeil, la part de la volonté est moindre et « l'intérêt de soi » est mis à l'écart laissant place à la naissance d'images, de scénarios plus sincères. Il développe cette idée en 1897 dans un de ses carnets :

§. Si j'en avais la patience, la collection de mes rêves, pendant cinq ou six mois, ferait un recueil fort étrange d'images fantastiques et de curieuses visions sur l'âme humaine. Je reconnais en moi, comment les songes ont pu donner lieu à toute une interprétation de la vie, et à la science des devins. En effet, dans les rêves les plus vrais, où les caractères se peignent le plus crûment, je ne suis pour rien, tout le temps que dure le songe.

Une vue claire des objets et d'autrui, surtout de leurs sentiments ; une lucidité nue, lavée de cet amour-propre, que les yeux de l'esprit portent, à l'état de veille, comme des verres de couleur, voilà les ovalités singulières de la vision mentale, pendant le rêve. À la réflexion, cette vue semble extraordinaire, de ce qu'elle s'intéresse aux objets et aux gens sans y mêler l'intérêt de soi. Cette absence de soi-même dans ce qui vous concerne, c'est assez pour prêter quelque chose de mira-

---

17. *Parsifal*, Acte III, traduction d'Alfred Ernst, Robert Laffont, coll. Bouquins, 1991.

culeux à des songes bien conduits : on ne se souffre pas impersonnel, sans quelque croyance à un prodige [...].

De là, une sensation de vérité plus sincère, où la volonté n'a pas de part : même si l'on veut, on répond en quelque sorte sans s'être adressé d'appel : et, par suite, le penchant est vif à croire ce qui s'offre à l'esprit sans y avoir été appelé, – et d'un air prophétique[18].

Un autre texte, extrait du carnet n°102 (*H.M./B.*, III, II, 3[19]) mentionne aussi un état proche du songe, le demi rêve, la songerie, en des termes très poétiques et musicaux :

> Il songeait, et la suite des sentiments se déroulait en lui, comme la série des images dans le sommeil. Nul état n'est comparable à celui-ci où l'âme est toute à sa musique intérieure. Tout en elle est alors musical. Elle-même est la grande musicienne, à qui l'univers sert d'instrument, et il s'accorde toujours sur son propre chant. Merveilleuse symphonie, où tout a une voix.

Ces textes sont en effet visionnaires, curieux, fantastiques. Ils pourraient faire l'objet d'une étude psychanalytique tant ils sont puissamment expressifs et profondément symboliques. La figure de la femme est récurrente. Elle apparaît à la fois mystérieuse, menaçante, inquiétante et toujours profondément liée à la mort. Ces textes mêlent érotisme, cruauté et horreur. Dans son article « Un symbolisme ambigu », Christian Liger montre bien combien la mort de la mère de Suarès lorsqu'il avait sept ans a profondément marqué sa vie et son imaginaire :

> Suarès sait qu'il ne retrouvera pas la Femme. Tous ses amours réels et imaginaires – et même, semble t-il sa sexualité – se placeront sous le signe de cette ambiguïté. Sur la femme, règne désormais un interdit proche de celui que Freud met en évidence chez Léonard de Vinci : la mère et la charge affective qu'elle représente, sont sans trêve recherchées, sans trêve rebâties en une édification féminine de blondeur et de caresses ; et sans trêve cependant interdites : car atteindre le réel, choisir une figure féminine et un corps, ce serait la grande transgression. [...] À voir paraître ce fantôme féminin, cette « idée » de femme, ce « elle » absolu et qui, lui, ne doit rien aux modes ni aux influences littéraires, on voit bien comme il va déboucher, aux vingt ans de ce jeune homme, en plein Symbolisme ; et comme il va coïncider avec lui[20].

---

18. Carnet n°93. Texte daté du IX/97. Le premier et le troisième paragraphe ont été retranscrits entièrement, pas le second.
19. p. 34-41.
20. *La Revue des Lettres modernes*, n°346-350, Paris, 1973, p. 170.

Ces textes sont nombreux, nous n'en présentons que quatre, parmi les plus marquants.

Les deux premiers évoquent la mort et le sentiment intense de l'horreur. Dans le songe reproduit dans le carnet n°24 (daté probablement de 1897), un narrateur se trouve dans une « plaine grise et morne », à l'heure du soleil couchant, proche d'une mer « violette ». Il a le sentiment de sa propre mort. L'aspect onirique est marqué par l'étonnement du personnage lui-même qui contemple le soleil couchant. Il cherche la présence d'un arbre et en aperçoit un exactement au même instant : un frêne. Il s'en étonne : « " se peut-il que je ne l'aie pas aperçu jusqu'ici ? " me dis-je plein de doute : mais je me répugnais à croire qu'il ait surgi de terre tout à coup ; ou pour mieux dire, j'avais peur d'en être sûr [...]. » La conscience du rêveur renforce encore le caractère onirique en désignant le caractère improbable de la situation. Il s'étonne également de l'absence d'ombre à ses pieds puis il songe à sa propre mort, explication possible de l'univers hors du temps dans lequel il évolue : « " Ah, je me rappelle ", murmurais-je, pensant à ma mort. » Une voix se fait entendre rappelant la fin inéluctable :

> Et toi aussi tu vas à l'Occident. Tu suis la loi : tout roule à l'Ouest, les Hommes, les peuples et les villes ; tout se porte au couchant.

Puis l'arbre s'anime, une branche basse se dirige vers lui en forme de bras et de main. Il reçoit un coup de poignard en plein cœur et sent le sang dans sa bouche. Puis un flux tiède le couvre peu à peu et, enfin, il est englouti par la mer qui le noie. Ce rêve angoissant et marqué par la présence agressive de l'arbre, se termine pourtant par l'expression de la joie de revoir son père mort, mêlée dans le même moment à la douleur de la blessure :

> Mon cœur me faisait cruellement souffrir : une pensée le traversa soudain, comme une flèche, d'une joie à la pointe si aiguë qu'elle n'était pas soutenable : et je criai : « père chéri, est-il vrai que je doive te voir encore ? » [...] mais les flots m'emplirent la bouche et me noyèrent la gorge.

On trouve déjà dans ce premier rêve le double sentiment de la douleur, de la mort et l'idée du plaisir intense. Ici, ce plaisir est celui de revoir son père ; dans le suivant, l'intensité de l'horreur et de la peur se manifeste de façon plus physique et va causer l'évanouissement du personnage. Ils se terminent tous les deux par un cri, expression à la fois de la peur mais aussi libération symbolique d'une trop grande tension physique et émotive.

Ce second rêve, extrait du carnet n°93, est caractérisé par l'intensité croissante, marqué par des images de plus en plus fortes, par le mouvement, par les voix toujours plus puissantes jusqu'au cri et l'évanouissement du personnage. Il évolue dans un décor indéterminé troublé par la présence menaçante d'oiseaux de proie :

> Comme des flèches, lancées obliquement du haut du ciel, descendit, fendant l'espace, un vol d'aiglons, de faucons, de vautours.

Ce sont des oiseaux extraordinaires, plus menaçants encore qu'ils ne pourraient l'être en réalité : ils ont un bec ferré « d'un métal doré » et leurs ergots sont « bottés d'or ». Ils fondent sur une plaine « comblée de tous ses plis d'hommes étendus sur le dos, nus et de couleur blême. » Ces oiseaux font jaillir les yeux des malheureux hors de leurs orbites qui conservent, après leur expulsion, toute leur expressivité. Cette vision est si puissante et si terrible qu'elle fait perdre connaissance au narrateur. L'intensité est croissante dans ce texte depuis l'apparition brusque des rapaces jusqu'au dernier paragraphe lorsqu'une voix se fait entendre : « une voix grave comme les bas tuyaux de l'orgue, cria : " voilà le griffon " ». Surgit alors une figure plus effrayante encore que celle des oiseaux précédemment :

> Je levais les yeux pour voir la bête : mais le ciel tout entier, parut couvert, au-dessus de moi, par une aile gigantesque et fauve, dont l'aspect m'emplit d'une telle terreur, que je tombai évanoui.

Dans les deux extraits suivants apparaissent deux personnages féminins qui mettent plus en évidence encore le caractère érotique de ces rêves.

Dans le premier, extrait du carnet n°24, le narrateur arrive par un chemin « vert et humide, au haut d'une douce colline ». Il aperçoit une ville qui lui rappelle Florence par ses « dômes d'or » et ses « campaniles roux ». Elle est proche de la mer. Une jeune femme apparaît comme surgie d'un tableau de la Renaissance. Elle est d'une grande beauté et d'une grande sensualité (le texte décrit sa cambrure, son parfum). Elle apparaît comme une princesse orientale avec « sa démarche royale » et ses « cheveux dorés ». Pourtant, petit à petit, cette figure de la séduction se transforme en une figure de l'horreur. Un détail frappait dès sa manifestation : le sang « coulait de ses pieds blancs ». Alors que le personnage se dirige vers elle, elle désigne son ventre d'où sort un serpent monstrueux qui se met à ramper et le glace d'horreur. Elle saisit alors une pierre ensanglantée sur laquelle elle avait marché et la lance au narrateur qui, blessé au front, tombe à terre. Il s'effondre en poussant un cri comme dans les précédents textes mais ce cri qui l'étonne lui-même est différent : « Cri étrange car c'était délices ! ».

Ce songe très libre exprime le délice et le plaisir érotique éprouvé dans la terreur et la cruauté. Il faudrait retrouver le dossier *H.M./B.* du Fonds Doucet, actuellement aux services techniques du livre pour savoir ce que Suarès a conservé pour la version finale de son texte. Pensait-il utiliser ces récits de songes ou les conserver pour d'autres projets ? Avait-il l'intention réelle de les publier ? Il est difficile d'établir un lien avec les textes d'*H.M./B.* précédemment cités car leur inspiration est radicalement différente. On remarquera cependant que certains portent une indication précisant leur place dans *H.M./B.* comme par exemple celui du carnet n°102 marqué III.II ou 3. Ils dévoilent un autre aspect de l'écriture de Suarès dans lequel il laisse parler les rêves et l'inconscient. Ils sont significatifs d'un point de vue plus personnel quant à l'éros et l'imaginaire suarésien.

Le dernier que nous évoquerons résume cet érotisme inquiétant. Dans *Amori Pax et Sacrum* une femme est couchée sur une couette de soie noire. Les éléments symboliques féminins sont forts. La couette est comparée à un lac, la femme à « une fleur d'eau ouverte sur un lac noir ». Le narrateur la désigne comme « la fleur très douce de [son] amour ». Les symboles érotiques sont marqués par la froideur comme cette « eau sombre aux reflets bleuâtres ». L'ensemble du décor est sombre : lac, feuillage. Le narrateur a conscience qu'elle est morte. Il lui donne un dernier baiser puis le drap qui l'enveloppe se soulève et les réunit. Une voix se fait entendre demandant qu'on les couse ensemble. Ils disparaissent sous terre dans une atmosphère de délices.

On ne peut pour le moment appréhender les textes d'*H.M./B.* que de façon parcellaire et forcément limitée. Il faudrait retrouver plus de textes pour comprendre l'ensemble qu'ils devaient constituer. Ceci dit, on trouve ici deux éléments importants en ce qui concerne le wagnérisme de Suarès. D'abord l'influence évidente des textes révolutionnaires. Suarès rêve d'une révolution qui rétablisse un Art suprême et souverain. Ensuite, au-delà du caractère fragmentaire des textes qui nous restent, on voit comment la matière du livre est Suarès lui-même et sa recherche intense et quasi désespérée de trouver un sens au monde et à la souffrance par la création littéraire. La figure wagnérienne qui s'impose alors est celle d'Amfortas, le roi pêcheur incapable de dévoiler le Graal qui ne cesse d'en appeler à la rédemption et qui n'est que souffrance. Dans cette identification à Amfortas, la mort de son propre père renvoie à la figure de

Titurel, le père d'Amfortas. Enfin, dans une perspective plus psychanalytique, il est évident que les récits de songe constituent un matériau unique
à la fois d'un point de vue aussi bien littéraire que biographique.

Chapitre 2

PRIMAVERA

Composition

> *« Qu'on me donne un royaume à conquérir !*
> *Mais non le loyer de ma chambre,*
> *et mon croûton de pain ! »*

André Suarès commence *Primavera* en mai ou juin 1894 et il semble que le roman soit achevé l'année suivante :

> Je veux finir et copier un très court roman poème ; la douleur que j'ai d'écrire – me tire un peu de celle que j'ai à vivre. Le nom en est *Primavera*. Le titre ne vaut rien – et je le sais. Mais le reste ne vaut rien non plus. Aussi je l'aime – avec furie. Et le déteste[1].

Comme pour *H.M./B.*, Suarès utilise le terme de « roman-poème ». En effet, la forme n'est pas celle d'un roman classique. Il en reste peu de choses. S'il en existe une copie complète, nous n'en avons pas retrouvé la trace. Yves-Alain Favre non plus qui cite principalement le Fonds Doucet, les cahiers n°5 et 19. Nous avons retrouvé deux fragments dans les documents en attente d'inventaire : le chapitre XXXII et le chapitre « Mort de l'amour ». Les autres extraits sont dans les cahiers n°5 et n°19. Ils sont tous marqués de l'abréviation suivante, un P et un V mêlés :

Il reste trop peu de textes pour reconstituer l'intrigue dans son intégralité. Nous ne présentons ici que les principaux textes du Cahier n°5

---

1.   Lettre inédite à Romain Rolland citée par Yves-Alain Favre.

[Ms. 1376] qui contient une petite chemise portant le titre *Primavera* constituée de nombreux feuillets.

Yves-Alain Favre propose un découpage en chapitre. Un chapitre d'introduction présente un narrateur désigné par le terme « l'ami ». La première partie, composée de lettres, présenterait le récit d'une querelle avec un rival. La seconde comprendrait deux chapitres du récit de la rupture suivis de l'expression d'une profonde solitude et de la mort racontée par l'ami. Un plan existerait selon Favre dans le cahier n°19 mais nous ne l'avons pas retrouvé. Le cahier n°5 apporte des précisions : deux ou trois chapitres d'introduction forment une première partie ; la seconde est constituée d'un premier ensemble de vingt et un chapitres (récits faits par l'amant à l'héroïne sous forme de lettres) et un second ensemble de vingt-neuf autres lettres. La troisième partie reprendrait la même forme. On le voit, Suarès mêle ici encore les formes. Les passages narratifs alternent avec des lettres, très nombreuses. Il y ajoute encore de nombreux poèmes. Quant à la trame, voilà comment Yves-Alain Favre pense pouvoir la reconstituer :

> Suarès a peint la jeune femme qui aime sans être aimée de retour, qui souffre et dont peu à peu l'amour s'épure. À la fin du roman seulement, l'amour sera partagé, sans toutefois s'accomplir et s'épanouir ; il s'achève ainsi dans la mort. [...] Le roman chante et exalte la grandeur de l'amour. Le héros se refuse à la paix de la médiocrité. Il cherche le sommet ou l'abîme. [...] Le héros aime la Bien-aimée mais désire conserver sa solitude ; à jamais il se garde seul. [...] Le héros meurt à cause de l'amour. Car si l'amour fait rêver d'une vie éternelle et défie la mort, la douleur qu'il engendre est telle qu'il lui faut s'achever dans la mort. [...] Il meurt en prononçant ces deux mots *amour* et *douleur*[2].

Ce résumé permet de se repérer dans les manuscrits subsistants. Il reste également une liste de personnages sans qu'il soit possible de savoir si Suarès l'a conservée ou non, les personnages ne se retrouvant pas cités dans les textes que nous avons retrouvés :

> Noms
> Elle – Andrée
> Lui – Vallier ou Valny ou Valdy
> L'Amie – Camille
> L'Ami – de Barres
> Le père – M. Jordan
> L'oncle – Paul Jordan
> La mère – Me Geneviève Jordan

---

2.   Yves-Alain Favre, *op. cit.*, p. 33.

Les fâcheux – M. Dyle
               M. Me. de Troipon
L'âne Riquet
La vieille Marthe Ferrant

L'aspiration à un amour sublime est au cœur de ce roman et l'on perçoit, ici encore, les espoirs du jeune Suarès. Dans ce passage le personnage masculin parle à l'héroïne :

> Cherche le grand amour. Ou meurs de faim […]. Le grand amour a seul la joie profonde et le calme des hauteurs sereines. […]. Il faut être des dieux et il faut vouloir l'être – ou ne pas se mêler d'être homme, ni d'aimer[3].

Cet amour difficile à réaliser, conduit le héros ou l'héroïne (selon Favre le personnage principal serait une femme, le personnage masculin restant en retrait), à souhaiter la mort comme dans ce chapitre XLV, écrit sous la forme d'une lettre ou d'un écrit intime. Encore une fois, l'aspect personnel est très important. Le personnage exprime directement les préoccupations de l'auteur. L'amour seul peut l'empêcher de se tuer : « Je ne me tue pas parce que mon amour m'a pris à moi-même et qu'il ne me restitue pas ».

Au-delà de l'amour d'un homme et d'une femme, c'est de la création dont il s'agit. Ce qui pourrait amener le personnage à se tuer est l'impossibilité de se réaliser : « Il n'y a qu'un parti : se tuer, puisqu'on ne peut être soi. » Il lui est impossible de se contenter d'une vie qui ne serait pas conforme aux rêves qu'il s'est fixés :

> Être content de ce qu'on a dans le monde, il faut l'être : c'est de cœur noble – Mais, être content de ce qu'on est, quand on a fait le rêve d'être bien plus, et qu'on ne le peut, – il est lâche et bas de l'être : noble est alors de se délivrer de soi.

Deux choses peuvent entraîner l'impossibilité de devenir soi-même. Ce peut être malgré soi ou par manque de force : « Si c'est faute de force qu'on ne peut être soi-même et que pourtant, on ait fait ce beau rêve de vivre et d'être un homme – le mieux est encore de se tuer. » Le suicide est alors la dernière manifestation (et la plus haute) de sa volonté d'être. La faiblesse serait d'accepter une vie qu'on juge trop basse : « Par là on est fort, par là on laisse une trace de sa force. » Le but suprême est « d'être un Homme, voilà le plus grand et le plus noble des destins ». Trop d'hommes n'en ont pas même la conscience et feraient mieux de se supprimer car leur vie est inutile :

---

3.   Cité par Yves-Alain Favre, inédit du Fonds Doucet, p. 33.

Des myriades d'êtres passent sur la terre sans même s'en douter. Quelques-uns seuls s'élèvent à l'Humanité et sont des Hommes. Pour les autres, pour ceux qui en ont connu la soif et ne peuvent l'apaiser, – qu'ils se tuent. – par là, du moins, ils seront dignes d'avoir rêvé le destin superbe dont ils n'eurent pas la dignité.

Voici la première partie de ce passage :

XLV

Réflexions sombres de la nuit de st Jean.

Je ne me tue pas parce que mon amour m'a pris à moi-même et qu'il ne me restitue pas.

Il n'y a qu'un bon parti : se tuer, puisqu'on ne peut être soi.

Être content de ce qu'on a dans le monde, il faut l'être : c'est de cœur noble – Mais, être content de ce qu'on est, quand on a fait le rêve d'être bien plus, et qu'on ne le peut, – il est lâche et bas de l'être : noble est alors de se délivrer de soi =

Ou c'est malgré soi qu'on est empêché d'être soi-même ;

Ou c'est faute de force qu'on ne peut être soi.

Un amour où l'on s'est mis entier, et qui ne vous rend pas vous à vous-même, – est bien fait pour vous tuer. Il faut en mourir, si l'on n'en sort pas. Le ravir, qui le peut ? Ce n'est pas un père qui te défend, Ô ma vie, ce n'est pas les lois qui te gardent de moi ; ce n'est pas même toi : c'est moi : on ne peut prendre ce qui n'a son prix divin que s'il se donne.

On retrouve les préoccupations du jeune écrivain, son intransigeance, sa tentation du suicide, la quête éperdue de la réalisation de soi, la déception de ne pas réussir à se montrer à la hauteur de la haute idée qu'il a de lui-même. Une petite remarque sur la chemise contenant ces feuillets renseigne sur l'état d'esprit dans lequel il a écrit ces textes. Il avait décidé d'écrire une des lettres du roman chaque matin et il insiste sur la douleur qui ne le quitte pas :

Roman – [en lettres]
    En écrire une chaque matin –
    je serai un peu sauvage –
    et continuer tant que cette
    sorte de douleur dure.

Certains passages se nourrissent directement de détails biographiques. Ainsi, dans cette ébauche de scène, le personnage va rencontrer la jeune femme qu'il aime et est très inquiet. Il se demande si elle le tutoiera ou non, il travaille sa mise et ne sait comment placer ses longs cheveux noirs :

> Je vais la voir. Ô divine ! Quel air aura-t-elle ?
> — Me dira-t-elle tu ? Jamais je n'oserai lui dire que vous.

Puis il a honte de ces soins : « Non, il vaut mieux que je sois moi-même et s'il le faut, sans recherche. Et il laissa pendre ses cheveux noirs sur son dos. Il faut lui plaire par ce que je suis. Sans quoi – y renoncer. [...] Du reste, que gagnerais-je à me composer ? Jamais je n'aurai l'air [...] des hommes de ce temps. »

On sait combien la question des cheveux était problématique pour le jeune Suarès qui les portait très longs. Cela lui attirait des quolibets tant de la part des élèves que des professeurs. Ceux qui le décrivaient pour la première fois étaient toujours impressionnés (si ce n'est effrayés) par sa longue chevelure noire et son regard sombre. Malwida Von Meysenburg le comparaît à « une figure du Sodoma[4]. »

Dans le même passage, les deux personnages se retrouvent tous les deux et le jeune homme en vient à souhaiter qu'elle lui demande de les couper. Là encore, on songe aux éternelles discussions avec Romain Rolland sur l'opportunité de se débarrasser de l'embarrassante chevelure. Un jour, Suarès se décida et se fit couper les cheveux très courts. Le contraste fut si surprenant qu'il fut l'objet de moqueries pires encore. Affreusement blessé, il refusa de paraître à la cantine devant tous ses camarades. Romain Rolland décida à son tour de ne plus y manger ce qui fit réagir André Suarès qui ne voulait pas imposer à son ami une grève de la faim. Cet épisode en apparence anecdotique avait véritablement traumatisé Suarès comme le prouve les nombreuses lettres qui en sont le sujet. Cette question se retrouve dans le roman :

> — Quels cheveux, fit-elle. Ah, pensa t-il[5], si seulement elle me faisait signe de les couper, pour lui plaire[6] !

La scène décrit surtout l'inquiétude du personnage. Il a le sentiment qu'elle n'a que de l'amitié pour lui et craint que l'amour qu'il perçoit dans son regard ne soit que le reflet de celui qu'il lui porte :

---

4.   Lettre inédite à Romain Rolland. Le Sodoma, peintre de la renaissance italienne, a laissé quelques unes de ses plus belles réalisations à Sienne, une des villes les plus chères à Suarès.

5.   On trouve la variante « pensai-je ». L'hésitation entre la première et la troisième personne marque encore ce caractère de confession.

6.   Nous reproduisons la rature telle qu'elle apparaît dans le manuscrit.

– Elle me dit « tu ». Et attendit, de l'air calme qui est le sien. Il le fallut (Je sortis).

– Il sentit une main rude et glacée se poser sur son cœur. Et y étouffer la joie. « Que suis-je pour elle ? À peine un frère. Ô Dieu qu'un air de haine, de dédain même, m'eût fait souffrir plus volontiers, que cette simple amitié. »

Mais, je repris espoir bientôt. Nous parlions. Elle était près de moi. Hélas, j'oublie tout près d'elle ; et non qu'elle ne m'aime pas. Alors, parfois, j'aime pour deux, et je me renvoie un rayon d'amour, comme s'il venait d'elle. C'est là que je rêve. Et je cueille dans ses yeux et son sourire la pensée de bien des nuits, le miel de plus d'un jour.

Tout cela montre assez que, même dans un projet romanesque, Suarès n'est jamais très loin de la confession intime. Le personnage masculin ressemble beaucoup au jeune écrivain, il connaît ses difficultés, il partage son aspiration au sublime et à la création. Dans le chapitre XXIII, il exprime sa volonté de consacrer sa vie à la création et non à l'argent :

Gagner sa vie. Qui vous en sait gré ?
Il faut gagner beaucoup, gagner sur les autres
Avoir de la fortune, non du cœur
Voilà ce qu'ils admirent.

S'il faut gagner sa vie, j'ai le dégoût de vivre.
La vie qu'on doit gagner au jour le jour souille la
vie divine, et lui ôte tout son prix.

Et il poursuit par ce cri :

Qu'on me donne un royaume à conquérir !
mais non le loyer de ma chambre, et
mon croûton de pain !

Cette importance de l'argent, le poids de la société se retrouvent dans plusieurs passages. Il existe une petite scène dans laquelle des jeunes filles parlent ensemble de leurs futurs époux. Un nouveau personnage intervient s'étonnant de ce qu'elles aimeraient épouser un diplomate et il leur fait remarquer que pas une n'imagine aimer un poète, un artiste ou un savant. Dans les personnages cités on remarquera le prénom de Betty, seul personnage féminin qui ne rit pas avec Henriette. Il est possible que cette scène ait vraiment eu lieu et que Suarès l'ait retranscrite pour la travailler ensuite et l'intégrer dans son roman, ces prénoms ne figurant pas dans sa liste :

Je suis étonné, mais pas une de vous ne veut donc un poète, un artiste, un savant : voyez, vous les avez oubliés, peut-être, qui veut un artiste ?

— Pas moi. Pas moi. Pas moi. Rires [...] sauf Betty ou Henriette...
Pourquoi, enfin ?
— Sans le sou
— Bohème
— Pas de tenue
— bohème, etc...
(Une) — Mais non. Ils sont plus rangés [...]
— C'est vrai. Vous en voulez donc ?
– Non. Non. Ils sont trop ennuyeux à vivre.
(À Henriette) — Vous seule mademoiselle ?
— Pas moi, je ne me crois pas digne d'un grand savant ou d'un grand
artiste [...] je craindrais trop qu'il m'aimât moins que son art – de ne
pas assez le comprendre, et de ne pas le rendre heureux.
— Voilà des sentiments bien élevés mademoiselle.
Une — Oh, si élevés qu'on n'y respire plus.
Autre — Henriette n'a que des sentiments rares. (Elles se moquent
toutes).
[...]

Un autre passage décrit de façon satirique une scène à laquelle il a
peut-être assisté. On y retrouve une référence à Wagner qu'on n'attendait
pas à cet endroit du projet. Une vieille femme a été victime d'un vol
(« quatre morceaux de plomb, quelques bouteilles ») : ce ne sont que cris,
plaintes, éclats d'indignation. Tout le quartier est en émoi, on pleure. On
pourrait croire que quelqu'un est mort tant l'agitation est forte. Chacun
rapporte des histoires de vol dont il a entendu parler ou a été témoin.
« L'intérêt de tous est de porter plainte », dit quelqu'un. Même une jolie
femme qu'il avait remarquée s'en mêle. Le narrateur s'en désole : « Je ne
serai jamais aimé d'une femme, je le prévois ». Il trouve la comédie co-
casse. D'autant que le garde Martin, supposé garder les bons bourgeois
des voleurs et dont la maison est voisine de la plaignante, n'a rien entendu. Il se défend de pied ferme. Lui présent, ce vol n'a pas pu être
commis de nuit ! Car il ne travaille que la nuit et dort le jour. Il
n'envisage pas qu'un tel acte ait eu lieu alors qu'il veillait. Suarès conclut
par une allusion au final du second acte des *Maîtres Chanteurs*, la fameuse scène de rue : « Hou, Hou – en sol bémol, comme le bon veilleur
des *Meistersinger* ». Il ajoute dans la marge le dessin d'une corne et
quelques indications musicales sur une portée :

Si tu les entendais piailler ! ... C'est inimaginable ; cela dure depuis
ce matin. On a volé, cette nuit ou l'autre, dans la maison en face de
chez nous ; trois ou quatre morceaux de plomb, et quelques bouteilles.
Ce sont des cris ! Des plaintes ! Des éclats d'indignation ! Chacun entre, et s'exclame ; on cause avec la victime, une vieille femme ; on
n'en revient pas ; on s'étonne, et puis on déclare ne plus s'étonner de

rien ; les voix s'apitoient et se mouillent. On va pleurer. – D'abord, j'ai cru qu'on avait trouvé un homme mort, pour le moins une vieille femme étranglée. Hélas ce ne serait rien ; mais trois bouchons à lèvres, une pince, et des tronçons de plomb, cela crève le cœur. Tous, content des grands crimes dont ils ont ouï dire depuis qu'ils sont nés. Un gros homme riche, le lion du chemin n'en démord pas : « ce n'est pas ce que ça vaut, répète t-il cent fois ; mais il faut aller se plaindre ; il le faut absolument ; et nous ? Vous comprenez, c'est dans l'intérêt de tous. » Tant qu'à la fin, la vieille femme lui dit : « Si vous y alliez ? » — Non, non, il faut que ce soit la victime même. Il lui donne tous les renseignements. Ah, voilà un homme qui s'entend à déposer une plainte. Quelle race ! – Que je me sens en colère de reconnaître, parmi […] les plus fausses, les plus vaines, la voix d'une jolie femme, jeune et au gracieux visage, que j'ai vu passer plus d'une fois.

Peu de choses pourraient l'émouvoir, sans doute ; un aimable sourire, un doux regard l'indigneraient, car elle est d'une vertu sèche. Mais les « mon dieu ! Oh ! ha ! vraiment ? est-ce possible » se pressent sur ses jolies lèvres, pour trois boutons. – Je ne serai jamais aimé d'une femme je le prévois…

Le meilleur de la comédie, c'est le calme superbe du grand garde Martin. La baraque volée tient à la sienne ! Ils ont le mur mitoyen. Et on le payait pour être l'épouvante des voleurs ! Il ne se défend même pas. Il est si sûr de son fait. Jamais la nuit ne l'a trouvé en faute ; Cerbère dort, si lui. Il s'en tire admirablement, et affirme : « Croyez-moi, si l'on a volé… — Comment ? si ? — Hé bien, il est impossible que ç'ait été de nuit ! Jamais de la vie ! On vous a volé de jour ! Croyez-moi de jour ! de jour » ! Car, ce grand garde n'est garde que de nuit. – Il faut bien qu'il dorme le jour. – Hou, Hou – en sol bémol, comme le bon veilleur des *Meistersinger*.

Que dire de cette allusion à l'opéra de Wagner, en dehors du fait que, pour un wagnérien, toute scène de rue peut faire songer à celle des *Maîtres chanteurs de Nuremberg* ? Le lien est peut-être dans le personnage de Walter qui ne peut épouser Eva que s'il parvient à se réaliser en tant qu'artiste. Au fond, ce roman exprime la difficulté de vivre sur le plan sublime, particulièrement une histoire d'amour. Dans les petites notes qui suivent, Suarès insiste sur la fatalité qui pèse sur toute l'histoire :

Marquer <u>partout</u> très fortement le caractère de <u>fatalité</u> de leur amour
– de leurs souvenirs
– de leurs rencontres
– de leur réunion
– de leur résistance
– de leur abandon

« Je suis né pour toi »

« Pour toi je suis né »

Dans leurs ennemis mêmes.
      Malat[7].   « Tu n'as pas pu résister
      (ironie sombre)   au charme ? Avoue-le.
                         Ta beauté t'a perdu et toi ton charme »

D'autre part, du point de vue de la forme, des passages en vers marquent les étapes importantes de l'histoire et donnent un caractère plus intime et émotionnel à l'ensemble. Ils correspondent au titre lui-même et chantent la force du printemps, de la jeunesse et de l'amour. Dans une perspective wagnérienne, on ne peut s'empêcher de songer ici au lied du printemps du premier acte de *La Walkyrie* mais Suarès n'y fait pas allusion et il a écrit plusieurs fois à Romain Rolland qu'il ne l'aimait pas. Nous sommes en tout cas dans une même mythologie du printemps. Dans les premiers chapitres, un lied annonce le printemps et l'éveil de l'amour :

      Lied

                  Douceur du printemps
                  Tristesse suprême
                  Charme bleu du temps
                  Ô brise qui sème la vie et l'amour

                  La nuit fuit le jour
                  L'espoir est en fleur
                  Ô tristesse suprême
                  Tout revit, tout aime
                  Hors toi, mon cœur.

                  La charmante Vie
                  Rit et se réveille.
                  Rien qui ne sourit
                  Ni rien qui sommeille
                  Sous le ciel d'amour

                  Ô tristesse suprême
                  Hormis toi seul mon cœur.

Pour mémoire, citons simplement les premiers vers du lied au printemps de Siegmund au premier acte de *La Walkyrie* et la réponse de Sieglinde :

      Siegmund :

      Vois le printemps
      Rit dans la salle !

---

7.   Personnage non identifié dans le roman.

> L'âpre hiver a fui
> Le printemps vainqueur,
> D'un doux éclat
> Rayonne l'Avril.
> [...]
>
> Sieglinde :
>
> Tu es le printemps
> Rêvé par mon âme,
> Aux mois désolés d'hiver[8].
> [...]

Au moment où le héros souhaite mourir, le texte poétique se fait riche de métaphores mythologiques et le personnage paraît comme transfiguré par la mort prochaine. Il retrace l'histoire de sa naissance. Son existence apparaît alors comme un destin réalisé et il devient une figure éternelle :

> Je suis né à la droite du ciel, au plus profond
> Des Vies de lait, abîmes insondables, –
> dans la poussière des étoiles. Dans la poudre de Vie,
> des chemins inéfables de l'Infini,
> ces astres se levaient quand j'ai poussé mes premiers
> cris, et que j'ai fait souffrir ma mère,
> qui toujours, sur la peine du monde chantèrent
> le cygne qui meurt et revit d'Harmonie,
> Andromède enchaînée au bord des mers amères,
> Cassiopée, yeux divins, pleins de mélancolie,
> aux couleurs des douleurs printanières ;
> et sur moi se jetait le ruisselant précipice
> du plus puissant, du plus pensif des abîmes,
> Orion, Orion, Titan qui rêve et qui
> contemple, Orion prunelle sans bornes,
> regards pleins de colère, de trouble,
> ou de grandeur solitaire, Orion,
> Ô noble tête, fleur tremblante où
> palpitent comme les gouttes de la rosée
> des temps et l'odeur éternelle de toutes
> les étoiles les plus belles, les plus jeunes
> et les plus nouvelles
>   c'était le temps des plus longs crépuscules
> le temps des plus beaux jours, et des plus belles nuits.

Dans ces textes poétiques où la femme est idéalisée, les textes les plus amoureux sont dédiés à l'art et, toujours, à la musique comme ce lied :

---

8. *Livrets d'opéra*, Robert Laffont, « Bouquins », 1991, p. 1080.

Lied

> La musique est amour
> L'amour est tout musique
>
> > Ta voix, Ô
> > est la musique d'amour

Chère parole
chère musique
profonde
sonore auréole
baiser mystique
sur les lèvres du cœur

> > Tes gestes sont un son
> > Tes pas sont les accords

Tes yeux, tes yeux divins
sont une mélodie.

Le « lied à Primavera » est dédié à la déesse du printemps : « Tout rit / sous tes pas / Ô pure Vierge / du printemps » :

> Primavera

1/ Tu es le lys
> De la vallée ;
> Tu t'es levée
> pour les délices
> de ma vie ;
> et Tout rit
> sous tes pas
> Ô pure Vierge
> du printemps.

2/ La mort de l'an
> s'en est allée ;
> aux pluies d'hiver
> le vent suave a donné la volée
> Ô lys de la vallée ? Tu es paru
> Tout refleurit Ô fleur des champs
> et mon âme, et mon cœur
> et le monde, et ta joie
> doux printemps.

3/ Le vent est un baiser
> Si doux passe l'air
> sur la joue qu'il semble

> Ta caresse. Il est parfumé
> Ô lys de l'encens divin
> de ton haleine
> Ô primevère. Tout rit
> Vêtu de tes regards charmants.

> 4/ L'Hiver s'en est allé
> Le vert avril revient
> Il rit son cher, son nouveau rire
> Ô lys de la vallée
> Qui fais tout refleurir[9].

Le printemps est une invitation à l'amour et l'annonce d'une grande joie :

> Allons bénir l'amour
> parmi les herbes vertes
> Parmi les fleurs des champs
> la caresse du jour
> et l'ivresse des feuilles nouvelles[10].

Mais le personnage principal n'arrive pas à participer pleinement à cette force de renouveau et d'amour. Dans le lied « Primavera Iᵃ » précédemment cité, il salue la « douceur du printemps », la « brise qui sème la vie et l'amour », mais il reste en dehors de cette vie qui renaît (« Tout revit, tout aime / Hors toi, mon cœur »). Il conserve toujours la conscience du temps qui passe et de la mort. Le lied XLIII exprime la dualité du monde qui mêle rires et souffrances :

> XLIII   Le monde – ce gouffre
> La Vie – Cette bouche dévorante
> qu'importe les rires – à toi
> qu'importe les douleurs à moi ?
> dieu se fait des uns et des autres –
> il y a mes pleurs dans son rire – Tout est pour lui seul –
> Nous ne sommes rien –

Cette conscience de la mort et de la douleur du monde plonge le personnage dans la déception et le désarroi. L'amour lui échappe :

> Grande nuit qui commence

> L'âme est un arc bandé qui lance des actions aussi promptes et
> perçantes que des flèches.

---

9.   Texte complet. André Suarès n'en était pas satisfait. Il indique dans la marge : « tout à refaire ».
10.   Une accolade relie le paragraphe.

> Mais il est trop tendu vers son but suprême, le bel arc
> passionné, l'âme, le bel arc qui vibre, d'un seul coup peut
> se rompre à l'Heure du dernier trait.
>
> ..
>
> J'aurais pu te ravir au monde, à ton père – mais non à toi. Te
> prendre malgré toi, c'est ne vouloir que ton ombre. J'aime
> mieux me laisser.
>
> On meurt quand on veut. On vit quand on veut.

Il regrette et soupire :

> III 0 IV (printemps de l'amour)
>
> Le printemps était venu.
>
> Faste divin d'être jeune, alors, je vous ai connu ! Gloire joyeuse de vi-
> vre, alors vous avez rayonné de moi. Félicité d'aimer, rêve charmant
> de la Tendresse, alors, je vous ai bu à longs traits ! Mais, cependant,
> charme de la jeunesse et de la vie, quel cœur, s'il n'a aimé, a pu vous
> connaître ?

Il semble que l'amour lui ait échappé :

> (XLVI)
> — Tu ne sais pas ce que j'aurais pu
>   faire
> si j'avais seulement pensé à
> T'aimer jusqu'au bout, malgré toi.
> Je t'aurais prise, – enlevée –
> arrachée, gardée jusqu'à ce que
> Tu m'aimes – à genoux –
> mais l'idée que tu ne m'aimes pas
> est une idée de <u>mort</u> –
>   Je <u>ne</u> <u>veux</u> que <u>l'amour</u>.

Ce qui reste de *Primavera* est très épars et rend la reconstitution d'un
ensemble cohérent très hasardeux. On espère retrouver d'autres documents dans les textes en attente. Pour autant, on voit bien chez Suarès la
tentative de mêler les formes et de jouer avec leurs moyens expressifs
respectifs. D'un point de vue biographique, Ces textes sont révélateurs
d'une souffrance profonde, d'une grande difficulté à aimer. Ils mettent à
jour son profond désarroi.

Chapitre 3

VOICI L'HOMME

> « *Désormais, il nous faut créer des dieux[1].* »

> « *Être tel qu'on puisse toujours sans honte rendre*
> *compte de soi à son dieu : le front haut à l'appel,*
> *mais tout de même en baissant les yeux[2].* »

Ce texte, « écrit par un jeune homme, de 1895 à 1903 », comme le précise la préface de l'édition de 1948, annonce la naissance d'un Sauveur, de l'artiste qui permet la rédemption par la beauté. Ce projet suarésien majeur a été mené à bien. *Voici l'homme* parut d'abord en 1906 puis fut réédité en 1948 avec une préface. La seconde édition reprend directement le premier texte. André Suarès l'écrit lui-même : « Les opinions sont extrêmes, les traits cruels, beaucoup sont d'une dureté mortelle, *Voici l'homme* est l'expression d'un " nihiliste absolu ". » Dans la préface, il dit s'en être éloigné : « Il sied de prendre un peu de peine et de recul. Il est juste de se mettre au niveau, dans le temps où il fut écrit, et au ton du poète, écrivant voilà près d'un demi-siècle. » Sans le récuser, il appartient au passé pour son auteur : « Il a été en moi, je ne suis plus en lui ».

Le lecteur est souvent horrifié par l'épouvantable vision du monde qu'il offre, par les images, le ton, le propos d'un nihilisme sombre. Ce texte aujourd'hui vieilli par de nombreux aspects (que dire de la vision de la femme !) est souvent éprouvant à lire par la suite des « formules impérieuses[3] » et la vision pessimiste du monde qu'il présente. Il offre une certaine image de la rédemption malgré tout, comme par un effet de contraste. L'ensemble du texte est un appel désespéré à la rédemption.

---

1. *Voici l'homme,* Paris, Albin Michel, 1948, p. 150.
2. *Ibid.,* p. 271.
3. Jacques Lecarme, « Suarès et Nietzsche », *La Revue des Lettres modernes*, 1976, p. 49.

Face à la condition tragique de l'homme, le héros offre une image du dépassement, il s'élève jusqu'à pouvoir se dresser devant la divinité et affirmer sa présence. L'homme (et surtout l'artiste) accède à la conscience horrifiée du néant et de la souffrance universelle. Il la porte et l'exprime : « Si le néant bafoue à tel point l'amour dans l'homme, il faut que l'homme soit le scandale de la nature[4]. »

Cette vision pessimiste du monde n'exclut pas l'apparition d'un Sauveur :

> Un Sauveur peut naître dans ce désert du vide. La grandeur vitale en lui, ne fait qu'un avec l'amour et la beauté de la nature. Tout le pousse à détruire une sphère de laideur, et une ère de mensonge. Destruction sacrée, printemps d'une genèse dans le chaos. Le néant de l'homme est le crime de la laideur. Créer de la beauté est la seule façon d'en sortir. Un enfant naît alors de l'amour de la nature, pour vaincre le mal, concevoir le salut, rêver la délivrance, chercher le Paraclet, se mettre en quête d'y aller et de le trouver. On le verra un jour aux prises avec Dieu lui-même et plus innocent. La passion offensée de l'enfant a résolu le problème du mystère d'une manière plus pure, plus vaste, plus étendue, à l'infini, où tout est changé par la grâce de l'intuition. Le nihiliste enfant fait place au créateur plus enfant encore. C'est alors qu'il sera bien aux prises avec Dieu lui-même. Car il faut toujours en venir là : le dieu qui crée est un enfant.

Il faut citer également ces lignes du carnet n°63 dans lesquelles Suarès présente son projet : « *Voici l'homme* : c'est l'Ancien Testament du monde catholique. Dans un païen, les deux mondes se faisaient la guerre. Le problème de la Joie et de la Vie, la croisade du Graal éternel. Qui comprendra un tel livre ? Qui en sera le pèlerin ? Qui verra qu'il n'y eut jamais un pareil effort à la vie ? Salus, suprema lex esto[5]. »

Voici l'homme est un essai. André Suarès ne le présente pas comme un « roman confession » à l'instar de son *Homme de Beauté*. Il mêle réflexions, pensées, maximes et des passages narratifs ou descriptifs dont le plus important pour nous est celui consacré à Tristan. Il a sa place ici dans la mesure où l'on peut considérer *L'Homme de Beauté* et *Hors de moi les Barbares* comme des tentatives qui lui donneront naissance. Tristan, nous le verrons, est la figure centrale du livre, l'image absolue de l'artiste autant que du héros. Le livre III « Sur le grabat du soleil » lui est en grande partie consacré. C'est l'un des textes les plus « wagnériens »,

---

4.   p. 380.
5.   Yves-Alain Favre, *op. cit.*, p. 164.

tant par le sujet que par le style et le propos. L'image du héros conservée par Suarès est celle de Tristan mourant au troisième acte de l'œuvre wagnérienne. On remarquera que, blessé sur son grabat, Tristan ressemble beaucoup à Amfortas.

Il faut retracer rapidement la genèse de l'œuvre[6]. Il fut mis au point entre 1903 et 1904 à partir de pages plus anciennes écrites (selon Favre[7]) entre 1895 et 1901. Il ne devait pas être isolé mais appartenir à une trilogie comme le montre cette petite note :

> Voici l'Homme 1905
> Vita Bella 1909
> Parthénon 1915[8]

Hors de moi les Barbares (et donc *L'Homme de Beauté*) était à l'origine de ce texte et devait lui-même appartenir à un ensemble comme nous l'avons précédemment dit (*Hors de Moi / Vie d'Amour / Le moi*). Il faut encore ajouter *Spleen,* qui traite de « l'homme de douleur ». Selon Yves-Alain Favre, « *L'Homme de Beauté, Spleen,* ne voient pas le jour, mais un nombre important de ces pages constituent un premier état de *Voici l'homme* ». Nous nous limiterons ici à cette rapide présentation en citant les conclusions de Favre :

> Ainsi, *Voici l'homme* se situe à l'issue d'une longue série d'œuvres inachevées ou restées inédites, qui reprennent les mêmes thèmes : le premier volet d'une trilogie (*Hors de moi les Barbares*), un roman-poème *L'Homme de Beauté,* un ensemble de cinq parties, *Spleen,* dont les trois premières vont fournir la matière où Suarès puise pour composer *Voici l'homme.*

Le livre est composé de trois parties que Suarès compare aux nefs d'une cathédrale. Chacune représente un monde : celui de la nature, de la cité puis de la solitude du cœur. Elles sont toutes composées de onze

---

6. Pour plus de détails, *cf.* Yves-Alain Favre, *op. cit.*, chapitre X, p. 165-182.
7. Jacques Lecarme n'est pas de cet avis. Dans « Suarès et Nietzsche », il écrit : « Suarès donne des indications contradictoires dans les deux éditions (1906 et 1948) de *Voici l'homme.* Nous pensons que l'essentiel de cette œuvre a été écrit en 1904-1905. » *Cf. André Suarès et l'Allemagne, La Revue des Lettres Modernes,* p. 67. Il est très intéressant de comparer dans la même revue les articles de Jacques Lecarme et d'Yves-Alain Favre. Ils sont sur certains points totalement opposés. Il semble cependant, après la lecture des manuscrits inédits de *H.M.B.*, que ces textes sont très proches de *Voici l'homme.* Il est donc possible de les mettre en relation.
8. Carnet n°63, cité par Yves-Alain Favre.

chapitres. Chacune d'elles comporte un poème lyrique situé entre le sixième et le septième. Ils sont comme les transepts de la cathédrale[9].

Si le texte de Suarès présente des caractères nietzschéens, il faut préciser que le titre ne fait pas référence à *Ecce Homo* qui ne parut que de façon posthume en 1909. De plus, ce titre apparaît déjà bien auparavant dans certains manuscrits de *Spleen*.

Il semble qu'il serait plus facile de parler du dernier chapitre après avoir fait une présentation rapide de l'ensemble. Nous nous aiderons de la présentation d'Yves-Alain Favre en la résumant.

A. « Retraite en Cornouailles » (La Nature)

> *« De l'art, de l'art, encore !*
> *une œuvre d'art pour croire, pour vivre*
> *et pour rêver du salut dans la mort. »*

LE CARACTÈRE NIETZSCHÉEN

Dans la première partie, « La Nature », le solitaire quitte Paris et se retire en Bretagne face à la nature et à l'océan[10]. Sa méditation le conduit à reconnaître la souveraineté de la mort. La force domine le monde. La grandeur elle-même suppose la force. Le héros et le saint triomphent par la force même si celle-ci est utilisée contre soi. C'est elle qui fonde l'ordre. Nietzsche apparaît dans cette idée. Selon Favre, Suarès a pris connaissance de certains ouvrages du philosophe entre 1891 et 1903[11]. Précisons également que la plus grande partie de ses œuvres n'est traduite

---

9.   Yves-Alain Favre détaille cette construction complexe dans un tableau synoptique de sa thèse, p. 170.

10. « L'homme du grand silence, ayant beaucoup erré en Europe, quitta Paris, où il faut être femme pour bien vivre, et rentra dans son manoir de Ker Ernor, en Argol : c'est le pays de Cornouailles, là où l'Occident finit, où le soleil chaque soir meurt dans la mer, et où le Solitaire océan commence », p. 10.

11. La question des dates est discutée entre Jacques Lecarme et Yves-Alain Favre dans *La Revue des Lettres modernes* consacrée à Suarès et l'Allemagne. Favre considère que Suarès connaissait parfaitement l'allemand et qu'il a pu connaître et lire le philosophe facilement alors que pour Jacques Lecarme, Suarès ne connaissait pas la langue. Il aurait dû attendre les traductions pour le lire en entier même s'il en avait eu connaissance par des articles critiques auparavant. Sans qu'on puisse avancer des dates de façon certaine en ce qui concerne les lectures, il apparaît en tout cas clairement que Suarès avait une bonne connaissance de l'allemand. Nous sommes donc plutôt d'accord avec Yves-Alain Favre.

qu'en 1903 comme le rappelle Jacques Lecarme. En ce qui concerne Wagner, on trouve cette note dans le manuscrit de *Spleen* :

> Lire *Le cas Wagner* et *L'origine de la tragédie* par Nietzsche.
> – les expliquer l'un par l'autre
> – les détruire l'un dans l'autre.
> Lire *Wagner à Bayreuth* du même[12].

Spleen a été rédigé entre 1899 et 1901. André Suarès s'intéresse à la pensée de Nietzsche et certains aspects de ce texte renvoient à la figure du surhomme. Citons simplement cet extrait dans lequel on peut voir un écho au surhomme : « L'homme n'est pas sa propre limite. Il est dans sa nature de la chercher au-delà de lui et de penser : pour l'homme, c'est Dieu qui est la limite[13]. »

Jacques Lecarme, dans son article « Suarès et Nietzsche », cite ce jugement de Paul Souday qui s'applique assez bien à *Voici l'homme* :

> Il ne croit pas au surhomme, comme Nietzsche, qui lui ressemble un peu par son mélange de pessimisme négateur et d'énergie vitale quand même. Mais c'est bien un équivalent du surhumain qu'il cherche sur les sommets de la création artistique[14].

Jacques Lecarme précise que « la majeure partie de l'œuvre de Nietzsche n'a été traduite qu'entre 1898 et 1909, alors que Suarès s'était déjà formé dans sa culture et sa vocation d'écrivain ». Pour lui, il aurait commencé à lire Nietzsche en juillet-Août 1905, c'est-à-dire *Zarathoustra* et *Le cas Wagner*. Quoi qu'il en soit, Jacques Lecarme établit de façon très synthétique les éléments communs entre les deux hommes :

> Chez l'un comme l'autre, à l'origine, la primauté donnée à la musique, et la découverte, qui est aussi fascination, de Wagner ; la prédilection constante pour le modèle grec, pour le théâtre et les mythes antiques ; la même rupture, à des âges un peu différents, avec une Université où ils avaient connu des succès éclatants ; un même mépris pour la société des hommes de lettres, et un même goût pour une solitude ombrageuse, indispensable à ce qui se veut un esprit libre ; une passion identique de la grandeur et de la vie héroïque qui permettent à l'homme de se dépasser ; un mépris vigoureux pour leur temps, un penchant presque obsédant aux « réflexions sur la décadence », un refus obstiné de donner à leurs écrits un caractère d'actualité quelconque ; un souci constant de l'ordre et de la hiérarchie, qui s'oppose durement à la montée de l'égalitarisme dé-

---

12. Yves-Alain Favre, *La Recherche de la grandeur dans l'œuvre de Suarès, op. cit.*, p. 171.
13. *Ibid.*, p. 112.
14. Jacques Lecarme, « Suarès et Nietzsche », *op. cit.*, p. 47.

mocratique ; une vision aristocratique de la vie et de l'art, qui s'accorde beaucoup à quelques individus et fort peu aux masses, des admirations curieusement convergentes pour Wagner, bien sûr, mais aussi pour Pascal, les moralistes français, Montaigne, Stendhal, Dostoïevski[15] […]

Ces éléments n'empêcheront pas les jugements violents et parfois injustes de Suarès contre le philosophe. Lecarme emploie cette expression paradoxale de « Suarès, nietzschéen contre Nietzsche ». Nous ne rentrerons pas plus en détail dans cette question des rapports entre les deux hommes. Ajoutons simplement que Suarès fait allusion au philosophe dans son *Wagner* paru en 1899 à propos de ceux qui admirent le compositeur mais ne le comprennent pas :

> Car, au fond, conquis par les œuvres, ils ne le sont pas par l'homme ; ils ne le comprennent point ; et s'ils en soupçonnent la vraie nature, ils le détestent. Wagner est redoutable, et ils le craignent. Un d'eux, non le moindre en est devenu fou[16].

Dans cette première partie, donc, la force est au centre de tout. La foule la connaît sous la forme de la violence :

> Je voudrais voir l'homme rendre un culte public à la force, puisque chacun s'y soumet à son autel domestique, et qu'enfin la force est la religion d'état, partout où il y a des hommes en société et des rebelles en révolution[17].

La nature nous apprend qu'il faut lutter sans cesse et que le salut réside dans ce combat. Seule la science et la raison s'imaginent qu'il existe une limite. Elles sont dans l'erreur car la question, l'enjeu de la vie est ailleurs : dans la conscience de la mort.

> Que me fait une philosophie ? Une logique ? un monde, si je n'y suis pas ? — Tout est nul, où mon cœur ne se sent pas.
> De l'art, de l'art, encore ! une œuvre d'art pour croire, pour vivre et pour rêver du salut dans la mort.

Suarès dénonce les dangers de l'intelligence qui rapporte toutes les choses à des dimensions réduites et humaines alors que tout est infini :

> Tout est infini : infini en ce qui veut être, infini en ce qui doit être et en ce qui tend à être.
>
> […]

---

15. *Ibid.*, p. 48-49.
16. *Wagner*, Revue d'art dramatique, 1899, p. 6.
17. *Voici l'homme*, *op. cit.*, p. 31.

Tout est fini, pour eux, et c'est ce qu'ils appellent la science. Ils considèrent des atomes et des droites, comme si le plus infime élément de la vie n'était pas infini au même titre que le méridien céleste, l'axe du monde[18]…

[…]

Mais toi, homme, ton intelligence a fait la froideur incurable de ton sang. […]. L'homme a la maladie de l'âme : il doit mourir par l'intelligence. Nous pourrissons par la tête.

L'homme a tort de croire en la science. Elle a un trop grand pouvoir alors qu'elle n'est qu'un « à-peu-près puéril[19] ». Elle empêche de voir combien la force est au cœur de la création en rassurant les hommes de façon illusoire. La différence entre Nietzsche et Suarès est résumée ainsi par Yves-Alain Favre :

Nietzsche désire établir une nouvelle morale ; il propose en modèle le surhomme et souhaite l'éclosion de cette nouvelle race. Il vise moins à s'analyser lui-même et à rechercher une perfection personnelle qu'à élaborer une éthique. Ainsi exalte-t-il la vie et les passions qui la favorisent.

Pour Favre, Suarès ne pose pas la force comme valeur suprême :

Il recherche la grandeur, non pas seulement dans un homme à venir ; il essaie de la découvrir déjà dans ses formes passées et présentes. Le saint et l'artiste à cet égard l'ont déjà approchée.

Cette vision violente de la nature et d'une humanité déchirée par une force qui l'entraîne vers la mort est au cœur des images suarésiennes et particulièrement à travers celle de la lance. Il s'agit à la fois de la lance qui a percé le flanc du Christ et de celle qui a blessé Amfortas. Ainsi apparaît-elle dans « le vent sur la dune », texte dans lequel Suarès exprime son indignation et sa révolte. La côte bretonne personnifiée y apparaît comme un corps humain (« la hanche bretonne »). La tempête qui frappe la côte prend l'image de la lance qui blessa Jésus (« la lance de la tempête entre au flanc de la terre et la perce au foie »). La plage, la côte, sont comme un chien retenant son maître (le ciel) avec les dents, par son manteau. L'animalité est l'essence des êtres et des choses. L'homme réagit par sa chair : « Tout ce que touche la mer est du même grain que toi-même, homme fort qui veut croire, et ta chair le sent. » Il participe de cette animalité et ne peut en être que la proie. Sa puissance n'est pas de

18. *Ibid.*, p. 41.
19. *Ibid.*, p. 148.

devenir lui-même prédateur mais plutôt de contempler cette essence du monde et d'en être déchiré. La blessure ontologique est là, dans cette conscience et cette position essentielle. La lance qui le blesse lui apporte la conscience de la souffrance ainsi qu'une réponse à cet état. Ainsi, la beauté ne peut être que tragique, la joie ne peut être que dépassement, l'amour n'existe que dans la participation à l'éternel écartèlement du cœur humain. Face à la mer, l'homme qui a quitté la ville pour contempler la nature observe « la lande que le souffle du Sud écorche ».

La dune apparaît comme une femme violentée, terrorisée, image de la nature elle-même :

> Le vent flagelle la dune ; il lui arrache la peau et le duvet du sable le plus fin vole. La dune a la chair de poule ; elle est ridée par le froid d'une soudaine terreur ; et, dans son angoisse, à plat ventre, la tête cachée, elle se rive à terre, cherchant le granit pour s'y agriffer. Et sur sa nuque, les tresses de sable se tordent éparses, échevelées.

Cette conscience de la nature des choses, de la barbarie de la nature font du poète une sorte de révolté métaphysique : « Je m'indigne à penser que tout est périssable. » Il en vient à souhaiter la fin de ce monde, par pitié pour les êtres qui lui appartiennent et la souffrance qu'ils endurent (« non par amour de moi ; mais à cause de l'amour infini que j'ai porté à la vie. Non par peur de la mort : par pitié de ce qui vit. »)

Mais cette destruction n'est pas une véritable solution. La possible rédemption ne peut venir que de l'amour. Haïr c'est succomber encore à la force et entrer dans le cercle infernal de l'amour et de la haine. Il faut aimer la vie assez pour lui échapper, au moins intérieurement :

> Sur l'autre bord de l'océan, où la vague quitte Léon pour Cornouailles, entre les côtes des grands rocs, je sais au golfe de la hanche bretonne, une belle et triste plage, un espace de sable nu : là, acérée et droite, la lance de la tempête entre au flanc de la terre et la perce au foie. Tout ce que touche la mer est du même grain que toi-même, homme fort qui veut croire, et ta chair le sent. Ici, couché sur la mâchoire des noires roches, moi et ma maison, au joint de l'incisive et des molaires qui mordent le ciel pour le retenir, Ô divin manteau de l'univers en fuite, et qui déchirent les nuées où la lumière du soleil est en prison, ici même couché, fermant les yeux, je revois la lande que le souffle du Sud écorche. Le vent flagelle la dune ; il lui arrache la peau et le duvet du sable le plus fin vole. La dune a la chair de poule ; elle est ridée par le froid d'une soudaine terreur ; et, dans son angoisse, à plat ventre, la tête cachée, elle se rive à terre, cherchant le granit pour s'y agriffer. Et sur sa nuque, les tresses de sable se tordent éparses, échevelées.

Je m'indigne à penser que tout est périssable. Et la plus belle vie, il ne faut qu'un souffle pour la détruire. Rien n'échappe à la destruction : c'est pourquoi je voudrais qu'elle fût universelle et d'un seul coup. Non par amour de moi ; mais à cause de l'amour infini que j'ai porté à la vie. Non par peur de la mort : par pitié de ce qui vit.

Aimer assez ce rêve pour le détruire, au lieu de le poursuivre. Au moins en nous. Ô vent de la dune, emporte aussi les rocs, et les hautes dents avides que tente le goût du ciel[20].

L'INFLUENCE DE SCHOPENHAUER.

Cette vision du monde est au moins aussi proche de celle de Schopenhauer que de celle de Nietzsche. La puissance aveugle de la nature est proche de l'idée de Volonté chez le philosophe, cette force aveugle qui pousse la vie à se reproduire, indéfiniment. Le paragraphe suivant le texte que nous venons de présenter utilise justement ce mot de Volonté, ce qui n'est sans doute pas un hasard. Il concerne l'amour :

> Le dernier terme de la volonté est l'amour ; l'homme qui est tout volonté, vient ruiner la volonté au nom de l'amour. Car il n'est amour que sur des ruines et toujours trahi.

L'amour a un double visage. Il est affirmation de la puissance de la nature y compris dans ce qu'elle a de plus instinctif et primaire. Mais il est aussi le moyen de nier la Volonté. Par l'amour, l'homme se réalise en même temps qu'il se libère de la puissance aveugle de la force vitale. Car le véritable amour est aussi oubli de soi, un sacrifice, une négation de la Volonté aveugle, un dépassement. Cette idée très forte chez André Suarès est très proche de celle de Wagner y compris dans sa lecture de Schopenhauer.

Cette première relation à la nature se double d'une autre peut-être plus nietzschéenne celle-là. L'homme rêve d'une participation heureuse au monde, de régler sa vie sur le soleil. Mais, même si ce sentiment peut exister, la conscience de la mort est toujours présente. Retrouver la nature ne permet pas la véritable rédemption car la conscience est là, qui empêche un bonheur innocent. La conscience, la pensée, est à l'origine du péché originel :

> Les bêtes vivent et subissent la mort. L'homme subit la vie, et connaît la mort. Le vrai Sauveur des hommes, celui qui les rachète du crime originel, qui est de penser[21].

---

20. *Ibid.*, p. 153-154.

Le texte intitulé « Le jour de Jéricho[22] » développe cette idée. Il reprend l'image de Josué interpellant le soleil. La musique exprime alors aussi bien la puissance et la gloire du soleil (« Soleil, rouge sonneur de fanfares, tiens la note d'or et son harmonie… ») que l'exaltation de vivre, la jubilation dans une union avec la nature (« Ô triomphe, Ô joie de Josué. Ô gloire de vivre ! ») qui le font participer à la divinité même (« L'homme est dieu. Les murailles tombent »).

Pourtant, malgré cette émotion divine, le sentiment de la mort ne fuit pas totalement, le soleil connaît une éclipse (« le doigt de l'éclipse qui efface le soleil : – la Mort… ») :

LE JOUR DE JERICHO

> Stetit itaque sol in medio cœli.
> Non fuit antea nec postea tam
> longa dies.
> (Jos., X, 13, 14)

Ô Joie. Ô midi du triomphe. La gloire au méridien visse le monde au service de l'homme, et la terre sur son axe est au cran du bonheur, rivé par la victoire.

Soleil, arrête-toi. Reste à l'écrou.

Soleil, rouge sonneur de fanfares, tiens la note d'or et son harmonie, l'heure pourpre. Soleil, embouche une autre fois les trompettes de la joie : souffle ! Et fais claquer les fouets de ces quartes fulgurantes contre les murailles de l'ombre, la matrice de l'abîme et ses noirs redans de ténèbres.

Ô triomphe, Ô joie de Josué. Ô gloire de vivre ! Sous la coupole balayée de tout nuage, la moisson des hommes élève un accord majeur, les épis mûrs de la jubilation.

Le soleil est fixé. L'homme est dieu. Les murailles tombent. Mais voici !

Le sublime tonnerre du silence, la cataracte d'encre, le doigt de l'éclipse qui efface le soleil : — la Mort.

Où est la joie, Ô Josué ? où ton triomphe ? où le soleil ? où l'homme ?

Dans la participation à la nature, l'homme accède à la véritable connaissance. Celle qui apprend la puissance barbare de la nature, la prédominance de la force et la difficulté de participer de façon heureuse au monde à cause de la conscience de la mort. Cette connaissance apporte aussi la désespérance. En ce sens, l'artiste est à l'image de Josué. Par la puissance de sa création, il lui semble qu'il arrête le cours du soleil, qu'il

---

21. *Ibid.*, p. 145.
22. *Ibid.*, p. 140.

peut fixer cette participation heureuse au monde. Mais de la même façon que la nuit éclipse le soleil, la mort l'emporte aussi sur l'art. Malgré cette conscience, l'homme héroïque se dresse face au monde et, au-delà de la mort, donne un sens à sa vie :

> La joie sublime naît de la douleur parfaite.
> Dans la totale nuit, être la lumière et sa lumière. On vit ! Et tout n'a de vie que celle qu'on lui donne.
> Extase d'une douleur créatrice, qui met tout à sa place et qui pose le doigt au point où la montre du ciel s'arrête : je ferai marcher les constellations, si je lève l'ongle. Victoire !
> Désormais, il nous faut créer des dieux[23].

Dans une telle conception de la condition humaine, la douleur est liée à la création et à la joie. L'artiste fait jaillir la joie au sein du plus profond désespoir :

> Forme suprême de l'action, qu'est-ce enfin que l'art, sinon la recherche d'une joie éternelle et parfaite ? — L'illusion de faire jaillir la joie du plus profond de la douleur ? — Ainsi s'explique l'insondable mélancolie des plus grands artistes[24].

Ce face-à-face avec la nature et la nature des choses fait naître des dieux. Celui de la nature est « sans cœur, sans pitié, sans pensée et sans vue ». Le « dieu-homme » est « cœur, pitié, pensée, profond dessein contre la nature ». Il doit mettre « fin à cette horreur universelle » :

> Voici les dieux que nous sommes.
> Quand on est un dieu, faute de tuer, il faut que l'on se tue.
> Le dieu-nature : sans cœur, sans pitié, sans pensée et sans vue. Le dieu-homme : cœur, pitié, pensée, profond dessein contre la nature.
> Nature, dieu de la première heure, qui crée et qui tue.
> L'Homme, dieu de la dernière heure, venu pour la fin et qui doit mettre fin à cette horreur universelle[25].

Enfin l'amour est au cœur de la lutte et de la création, moyen de devenir le Sauveur en même temps qu'on trouve soi-même la rédemption, idée chère à Wagner que l'on retrouve ici :

> La lutte pour l'Amour : voilà la vie d'un homme. Chercher le salut, en le donnant ; y mettre sa victoire au prix même de son sang, être enfin le Sauveur, que lui-même nul ne sauve.

---

23. *Ibid.*, p. 152.
24. *Ibid.*, p. 140.
25. *Ibid.*, p. 119.

Voilà le sens sublime de l'humanité pour l'homme à son terme : Lutte sans fin pour l'amour : l'amour en tout pour avoir la vie[26].

B. « Retour au désert des hommes » (La ville)

> « L'amour de la beauté va
> jusqu'à me rendre méchant. »

Dans la seconde partie, le héros solitaire et tragique revient vers la ville, lieu de tous les vices. Suarès présente une critique violente et sans concession des hommes de lettres, de science et des critiques. À propos de ces derniers il écrit : « Cette espèce pullule. La langue toute chargée des noires digestions de la mode », « ils enseignent ce qu'ils n'ont jamais su à ce peuple de sots qui n'en peut rien faire ». Quant aux savants, ils sont dans l'illusion de la connaissance. Ils cherchent la vie mais ils n'ont accès qu'à la mort : « il est docteur en Sorbonne. Par métier, il mesure des crânes, il pèse des globules ; le pus surtout lui est familier[27] ». Il fait fausse route et sa science est vaine. André Suarès le renvoie à ses vaines études avec dédain :

> La vie qui est de l'art, n'est justement à peu près faite que de ciels, de regards et de beaux yeux. Toute douleur et toute joie, toute musique enfin vient de ces espaces ; et la pensée ne nous retient que si elle a passée par là. Qu'il aille peser ses globules et jauger ses crânes[28].

Seul l'art a l'accès à la vie. Il l'exprime, y participe pleinement. L'art seul peut en avoir une véritable et pure connaissance : « Il n'y a de génie qu'en art : car il n'y a de vie que là[29]. »

Après la vanité de la science, Suarès s'attaque à l'illusion de l'amour et du désir. Le chapitre sur les femmes est éprouvant à lire aujourd'hui. Pas uniquement parce qu'il est d'une misogynie ahurissante pour un esprit contemporain mais aussi parce qu'il est d'une virulence et d'une agressivité volontairement écœurante. Il est évident que le ton dédaigneux et méprisant de ces textes fait beaucoup pour reléguer Suarès au rang d'épouvantable rétrograde. L'une des clefs de ses propos est peut-être dans cette phrase qui montre aussi sa lucidité : « L'amour de la beauté va jusqu'à me rendre mé-

---

26. *Ibid.*, p. 41.
27. *Ibid.*, p. 223.
28. *Ibid.*, p. 224.
29. *Ibid.*, p. 280. La seule voix de la connaissance est l'art et l'amour car « on ne sait rien que dans l'unité », p. 290.

chant ». Sa quête absolue de la beauté et de la divinité l'amène à se montrer d'une intransigeance et d'une injustice effroyables pour ses contemporains. Ceci étant, sa vision des femmes n'est pas si éloignée du statut de certaines héroïnes wagnériennes, de Kundry en particulier, enchaînée au désir, à la nature, à la séduction et ne pouvant être rédimée que par l'intervention d'un Sauveur qui ne succomberait pas à ses charmes, la sauvant en même temps que lui-même.

Pour résumer sans s'attarder, la femme est donc « un corps jusqu'en son âme », elle est liée à la chair, à l'enfantement. Elle est l'expression de la nature et lui est soumise : « la femme est l'éternelle esclave de l'espèce[30]. » Elle ne peut accéder au génie qui lui est interdit car « le génie est mâle par essence ». La femme qui crée est dans la plus effroyable impudicité et les textes qui décrivent les femmes écrivains sont tous aussi épouvantables les uns que les autres (la pauvre Colette !). Les rapports des hommes et des femmes ne sont faits que de guerres, de rapports de force. L'amour (ou ce qu'on croit tel) est alors un « vain essai à la rédemption » qui n'apporte au contraire qu'asservissement. L'homme ne trouve dans la femme que la mort : « En vérité l'homme est tenté dans la femme par la mort[31]. » L'Amour rédempteur est ailleurs (sans qu'on sache exactement où d'ailleurs). Là encore, on songe à Schopenhauer (plus qu'à Nietzsche) pour qui « l'amour, c'est l'ennemi[32]. » Pour le philosophe, la Volonté ne cherche qu'à reproduire la vie. Dans l'acte de procréation s'exprime l'affirmation du « vouloir-vivre » de la façon la plus brutale et primitive. On trouve aussi chez Wagner des propos de ce type. Dans son projet *Jésus de Nazareth,* on peut lire que la nature de la femme est « l'égoïsme » et Kundry est l'image type de la femme telle que la décrit Suarès, tout comme les filles-fleurs. Ceci étant dit, il ne faut pas généraliser. Les personnages de Wagner ne ressemblent pas tous à Kundry et Isolde, pour ne prendre qu'elle, est un personnage magnifique qui ne présente pas du tout cette image de la femme telle qu'une vision caricaturale pourrait nous la faire considérer. L'amour rédempteur et absolu, le sacrifice et le dépassement de soi existent aussi bien dans les personnages masculins que féminins chez Wagner. En dehors de ses propres histoires d'amour, il a connu de grandes amitiés féminines et il a su reconnaître la qualité de femmes de génie.

Au fond ce mépris affiché est assez suspect chez Suarès car il est trop violent et la question de sa relation aux femmes ainsi que son agressivité vis-à-vis d'elles relève plus d'une dimension personnelle (qu'il serait

30. *Ibid.*, p. 275.
31. *Ibid.*, p. 233.
32. *Cf.* Édouard Sans, *Richard Wagner et la pensée schopenhauerienne, op. cit.*, p. 335.

intéressant d'explorer plus avant) que de questions purement philosophiques, religieuses ou esthétiques.

Mais revenons à l'image de la femme dans *Voici l'homme*. Elle empêche donc l'homme de créer en l'enchaînant à la nature. Comme chez Schopenhauer, l'amour est l'expression aveugle de la force vitale qui ne cherche qu'à se reproduire. La Vie personnifiée apparaît comme la Volonté chez le philosophe :

> Qui vous mène ? La Vie, la vieille aveugle, dans sa cape noire, avec son chien infatigable, Désir ? – Elle ne rit même pas.

Suarès va jusqu'à écrire cette phrase définitive : « la femme est l'ennemie », ou encore, « la femme est la grande ennemie de Dieu[33]. » Ainsi le grand cœur ne peut-il vivre que dans la solitude :

> Solitude : respect de soi-même.
> Il me faut être moine et saint au milieu de Suburre[34].

La cité est à l'image de la nature qui écrase par la force. Face à une telle vision du monde, la pensée ne peut que prendre conscience de cet état de fait mais ne peut pas aider l'Être à lui échapper. La vie aboutit à la pensée mais la pensée elle-même détruit la vie. Elle ne peut l'appréhender complètement : il lui manque le cœur. Il faut éprouver la plus grande compassion à l'égard de la vie et de toute son horreur. C'est une compassion qui ne sombre pas dans la complaisance, elle est « charité par la force, pardon des puissants[35]. » La mort est au cœur de toute la création et le plus vivant de tous en a d'autant plus conscience : « Je n'appelle vivant que celui qui peut mourir, hélas[36]. »

La véritable solution est dans la recherche de Dieu. « Sequere Deum » disait Marguerite Yourcenar dans un entretien avec Matthieu Galey, en ajoutant : « même si je ne sais pas trop lequel ». Si Suarès considère la religion catholique comme la seule universelle (les autres dieux dépendant trop des climats et des races) il n'appartient en réalité à aucune. Il ne se reconnaît en aucune et ne se sent reconnu ni par les croyants ni par les athées :

> Je suis athée pour les gens d'église, et clérical pour les athées. Trop libre pour les gens d'ordre ; trop d'ordre pour les gens de chaos. Blanc

---

33. *Voici l'homme, op. cit.*, p. 471.
34. *Ibid.*, p. 271.
35. *Ibid.*, p. 176.
36. *Ibid.*, p. 308.

pour les noirs, noir pour les blancs, parce que j'ai plus d'une couleur, et qu'ils sont, blancs ou noirs, gris de poussière.

Et pourtant il lui est impossible de vivre sans dieu : « Dix dieux, tous les dieux plutôt que pas un : voilà l'athée que je suis[37]. » Son dieu est à créer, il est celui de l'art, de la beauté et demande le dépassement de soi pour échapper à la condition humaine. C'est cet appel désespéré et héroïque qui s'exprime ici :

Dire, dire que désormais, il nous faut créer des Dieux[38].

Ces dieux naissent de l'amour mais de l'amour pur, chaste, idéal ou, s'il n'est pas atteint, de l'aspiration noble à l'amour ou, s'il reste inaccessible, de *l'amour de l'amour* :

Sans cesse, l'amour se fait des dieux[39].

Le moi de l'artiste est au cœur même du combat de Dieu avec le destin :

Le moi est au cœur du combat entre le dieu et le destin :
Le moi est le dieu même qui veut se soustraire au destin. Par force, il cède ; mais il ne se soumet pas. Céder, pour lui, c'est mourir[40].

La morale dépend elle-même de ce dieu et fixe la conduite à suivre :

Être tel qu'on puisse toujours sans honte rendre compte de soi à son dieu : le front haut à l'appel, mais tout de même répondre en baissant les yeux[41].

Cette seconde partie contient une réflexion très intéressante sur le final du *Crépuscule des Dieux* à travers le personnage de Brünnhilde dans son rapport au destin. L'admiration de Suarès pour le tragique grec n'est pas si simple. Comme pour Wagner, le théâtre grec est la référence en tant qu'œuvre totale, sur un plan à la fois esthétique, social, politique, religieux. Pour autant, le tragique tel qu'il apparaît à travers le personnage de Kassandre lui semble moins puissant que dans celui de Brünnhilde. Kassandre subit le destin, elle est, écrit Suarès, « folle ». À l'inverse, Brünnhilde, face au destin et à sa douleur devient sage. Au final du *Crépuscule des Dieux*, elle comprend tout : « Alles, alles, alles weiss ich ».

En écrivant cela, Suarès interprète les dernières paroles de Brünnhilde. De la même façon, il place *Voici l'homme* dans la continuité du tragique

---

37. *Ibid.*, p. 265.
38. *Ibid.*, p. 292.
39. *Ibid.*, p. 290.
40. *Ibid.*, p. 337.
41. *Ibid.*, p. 271.

wagnérien, plus proche selon Suarès du tragique chrétien que du tragique grec. La différence est dans la vie intérieure, dans la conscience, dans la place du cœur, moyen de connaissance :

> Je ne crois pas au tragique des Grecs.
> Il y a aussi loin du Théâtre grec au drame moderne que de Kassandre à Brunnhilde de Wagner. Kassandre est folle ; Brunnhilde est toute sage dans la douleur. Kassandre est la proie du destin ; Brunnhilde en est la conscience il me semble. Tout le drame de la vie est du dehors, dans Kassandre ; du dedans, en Brunnhilde. Entre les deux, l'immense espace du cœur. Ce n'est pas seulement le génie de Wagner qui sépare les deux âges de l'homme : c'est le génie des siècles[42].

Il semble que, dans *Voici l'homme,* Suarès soit encore proche de la sensibilité des deux grands aspects de la *Tétralogie* qui ne trouvent, au fond, pas de réelle solution. D'un côté le caractère solaire, lumineux, naturel de Siegfried, la jubilation de l'amour, l'absence de conscience et de peur et de l'autre côté, le tragique et la conscience de Brünnhilde, influences respectives de Feuerbach et de Schopenhauer. Comme dans le final du *Crépuscule des Dieux,* la conscience du tragique ne laisse pas place à une réelle rédemption. Ou alors elle ne peut arriver qu'en un deuxième temps. Au-delà de la conscience qui apporte la véritable connaissance de la nature du monde, le constat est désespéré et la rédemption éloignée :

> L'amour riait, soleil de l'Atlantide. La marée ne doit plus descendre. L'île de l'innocence est couverte, submergée pour toujours[43].

Elle apparaît dans la *Tétralogie* dans le retour possible d'un ordre plus ancien, annoncé par le retour de l'anneau d'or au Rhin grâce aux filles du Rhin qui reviennent à la fin du *Crépuscule des Dieux.* Cette rédemption passerait par la fin d'un nouvel ordre du monde. Suarès aboutit au sentiment de la folie du monde :

> Parfois, le rêve aidant, et me disant l'ordre infaillible qui règle l'immuable désordre, la norme inflexible qui détermine le chaos fatal de la vie, le sens enfin qui semble inné à cette sphère absurde, parfois je me prends à penser qu'il y a peut-être un réveil a tout ceci.
> Rien ne peut être plus affreux ni plus déraisonnable que ce qui est ; cette terre est bien au centre de l'Univers et la folie de l'homme au centre du monde[44].

---

42. *Ibid.*, p. 301.
43. *Ibid.*, p. 358.
44. *Ibid.*, p. 353.

C. « Sur le grabat du soleil » (Tristan)

> *« Je suis le fou de la vie.*
> *Je suis ivre de la nature*[45]. *»*

Enfin, le livre III, « Sur le Grabat du Soleil », est principalement construit autour de la figure de Tristan. Il s'ouvre par une partie intitulée « Tristan sur le grabat » et se termine par « Sur le grabat du soleil », dernière et onzième partie.

Tristan est une figure héroïque, solaire, mais il se réalise dans la mort. Celle-ci apparaît comme l'affirmation de soi face à la nature, la mer, le soleil, elle est un tête-à-tête avec les forces de la nature et les grandes passions qui emplissent et hantent les grandes âmes et dont elles seules sont capables. En même temps, Tristan est aussi une figure de l'isolement, de l'artiste incompris, de l'amour impossible et du renoncement. Il pourrait être une figure de l'échec comme Amfortas avec lequel, nous l'avons déjà remarqué chez Suarès, il a de nombreux points communs, ne serait-ce que par cette position d'homme blessé[46]. Mais contrairement au roi pêcheur, sa force intérieure, sa grandeur d'âme lui permettent d'affronter sa position, de l'assumer et d'accéder à un renoncement de soi qui, loin de l'abaisser, lui donne sa véritable dimension héroïque. Son adieu au monde n'est pas une preuve d'échec mais au contraire une affirmation de soi et de sa volonté. En ce sens, il est un héros du renoncement, seule position qui permette la rédemption. Il meurt en même temps que le soleil et face à la mer, s'affirmant par la puissance de l'amour et de la passion, se dressant face à la toute puissance de la nature, mais mourant face à elle, en la contemplant, sans l'affronter, ni s'y soumettre.

Tristan est une figure du héros, de l'artiste, mais aussi de l'amoureux. Cette troisième partie est aussi consacrée à la passion amoureuse. Suarès insiste sur le caractère tragique de l'amour dans sa dimension la plus grande et la plus noble. Il est en ce sens proche du caractère de l'œuvre de Wagner mais aussi des écrits futurs de Denis de Rougemont soulignant le lien indissociable entre l'amour et la mort, en particulier dans le chapitre « des passions ». Il renforce encore le caractère sacré et religieux de l'art. C'est un des textes les plus importants dans sa reprise d'une figure wagnérienne en ce qu'elle est comprise dans un ensemble beaucoup plus vaste et dont elle devient la figure emblématique.

---

45. *Ibid.*, p. 489.
46. Le lien entre Tristan et Amfortas était déjà mis en valeur par Wagner dans une lettre à Mathilde Wesendonck du 30 mai 1859. *Cf.* Carl Dahlhaus, *Les Drames musicaux de Wagner*, Mardaga, 1971.

La situation principale qu'il conserve est donc la mort de Tristan. Dans l'opéra, le héros se trouve à Kareol, dans son manoir. Il dort sur un lit de repos à l'ombre d'un tilleul veillé par Kurwenal. Il est important de signaler que c'est l'image que Suarès retient de cet opéra dans le reste de son œuvre littéraire, hormis des petits textes plutôt moqueurs sur le couple lui-même. Tristan est appelé le « grand solitaire de la passion ». La première très grande différence avec l'œuvre de Wagner est qu'il meurt après Isolde :

> Le même jour, à l'aurore, la seule femme qu'il eût aimée, était morte, flamme d'amour en sa fleur tranchée.
> Il la tenait couchée en travers sur son corps. Et lui-même mit tout le jour à finir de vivre.

On vient le voir sans qu'on sache exactement qui (« plusieurs » ; « ils »). Ses visiteurs ne le comprennent pas, eux qui « sont abondants en sagesse comme une vaine source au pied d'un roc ». Ils l'accusent d'être orgueilleux et de désespérer : « Ils s'écoutaient parler ; et tous, en leur âme ils haïrent celui qu'ils nommaient leur ami de ne pas leur prêter l'oreille ; ils le détestaient [...] ». Le grand héros est non seulement incompris mais pis encore, il est rejeté. La nature et les éléments semblent convoqués pour cette heure solennelle : « Sur la mer glorieuse, témoin du ciel et du soleil, une dalle de plomb pourpre glisse sur les gonds de l'heure : c'est le pavillon de Tristan qui tombe ». Le regard du héros est d'une grande intensité : « La douleur contenue, les larmes condensées luisaient dans ses prunelles, comme un tison miré dans le mercure ». Il est la proie d'une grande révolte et n'est pas vaincu par la douleur :

> Je ne suis pas le captif de la douleur, repu de résignation, sur la paille pourrie qui dort. J'écume et je gronde dans les chaînes. J'use mes dents sur les maillons. Des canines supérieures je ronge le collier de fer, qui me tient au carcan, et je me mange en même temps le menton. Je ne cède pas.

Il se parle à lui-même :

> — Lutter, lutter, lutter. Ne jamais céder. Ne jamais dire : je me rends. Crier : Je suis là, jusqu'à la dernière pelletée de terre dans la gorge. Je suis là ! et soulever la pierre du front, jusqu'à ce qu'elle soit scellée.

Mais la mort l'appelle : « l'antique paysanne, qui n'a point de chair sur le visage et que perce, sous le front, un trèfle de trois trous, murmure un ordre, dans le chemin creux, sous le couvert des houx roides », « l'aïeule m'appelle. Je l'entends qui monte le sentier. » Tristan évoque Isolde, et, étonnement, André Suarès lui-même s'identifie à Tristan dans cette phrase qui ne peut s'expliquer autrement quand on connaît son histoire familiale :

> Et moi, vous me coucherez entre mon père et mon frère ; car je me te-
> nais debout entre eux comme le corps entre les deux mains qui don-
> nent, pleines d'action et de bonté. [...]
> Ô mes héros, l'un de douleur, l'autre de joie, l'un d'obéissance et
> l'autre de volonté, je veux enfin dormir avec vous ; ma terrible insom-
> nie n'a que trop duré[47] [...].

La seconde partie « Folie de Tristan » reprend directement l'image du délire de Tristan au troisième acte de l'œuvre de Wagner, en particulier à la scène II :

Tristan in höchster Aufregung auf dem Lager sich mühend	Tristan au comble de l'exaltation, s'agite sur sa couche.
O diese Sonne !	Oh ! ce soleil !
Ha ! dieser Tag !	Jour éclatant !
Ha, dieser Wonne	Ah ! ces délices
Sonnigster Tag !	Dans la clarté !
Jagendes Blut,	Sang qui bouillonne,
jauchzender Mut !	Cœur qui s'exalte,
Lust ohne Massen,	Joie sans mesure,
freudiges Rasen !	Fièvre éperdue,
Auf des Lagers Bann	Sur ce lit gisant.
Wie sie ertragen !	Oh ! N'en mourrai-je !
Wohlauf und daran,	Debout ! Vers l'endroit
wo die Herzen schlagen !	Où les cœurs palpitent !
Tristan der Held	Tristan le preux
In jubelnder Kraft,	À force de bonheur
hat sich vom Tod	S'est à la mort
emporgerafft.	Soudain ravi !
(*Er richtet sich hoch auf.*)	(*Il se dresse.*)
Mit blutender Wunde	Tout rouge de plaies,
Bekämpft'ich einst Morolden :	J'ai pu frapper Morold.
Mit blutender Wunde	Tout rouge de plaies,
Erjag'ich mir heut' Isolden !	Je cours ici vers Isolde.
(*Er reisst sich den Verband der Wunde auf.*)	(*Il arrache les bandages de sa blessure*)
Heia, mein blut !	Heia, mon sang,
Lustig nun fliesse !	Joyeux t'épanches !
(*Er springt vom Lager herab und schwankt vorwärts.*)	(*Il s'élance de sa couche en chancelant*)

47. *Voici l'homme, op. cit.*, p. 369.

Die mir die Wunde	Qui doit ma plaie
Ewig schliesse, –	Pour jamais clore
Sie nacht wie ein Held,	Accourt fièrement
sie nacht mir zum Heil !	Portant mon salut.
Vergeh die Welt	S'efface le monde
meiner jauchzenden Eil !	À l'ardeur de mon vœu.
(*Er taumelt nach der Mitte der*	(*Il s'élance à l'avant de la scène*).
Bühne)	

Comme dans l'œuvre de Wagner, il est pris d'une fièvre, et il s'adresse au soleil :

Folie de Tristan

Ô j'aime trop la lumière ! Je suis le péché de la lumière.

Que le feu du soleil ôte toute ombre de moi. Ô je veux la mort dans la lumière, à fin d'être pur. Que je brûle s'il le faut, pour être pur. Pour être purifié, s'il faut que je sois de feu.

Pureté, pureté, Ô première née du jour ! Prunelle de la Joie !

Cœur du feu, premier rayon de la flamme solaire, et le cercle entier. Soleil, fais-moi le plus pur dans les parfaites ténèbres.

Dévore-moi en toute la noirceur, dévore-moi.

Je veux être pur, pur pour mon salut, pur pour mon amour : pur pour la mort qui vient, à fin de duper la mort. Je sais trop ce que c'est que la chair. L'impur est la proie de la mort. Pur pour sauver ce que j'aime, et pur pour être sauvé moi-même.

Pur comme l'air du suprême espace, où le ver ne hante pas. Pur comme la haute mer, au troisième jour, où il est dit : *Congregentur aquae quae sub caelo sunt*. Pur comme l'astre, Ô soleil, pur comme la turbine d'or qui baratte les éléments sans tache et le virginal éther dans le vertige de l'acte pur.

Plus loin, le texte se veut explicatif et reprend de façon explicite la philosophie wagnérienne, toujours plus proche de celle de *Parsifal* que de *Tristan* en l'occurrence. On retrouve l'idée de la fonte de l'individu dans l'univers (expérience qui se vit aussi dans l'écoute de la musique) et la communion mystique avec les éléments. Ce thème est au cœur de la mort d'Isolde. L'idée de la compassion et l'oubli de soi est plus particulière au monde de *Parsifal* :

[…] Délire de feu, délire d'inanition : je couche, je vis, je rêve sur la pomme d'or du soleil : Ha, comment s'en nourrir ? — Comment manger le soleil ? Comment boire à sa soif le soleil ?

Je suis le fou de la vie. Je suis ivre de la nature. Un tel amour est en moi qu'une nappe de feu total, une force incandescente qui fait craquer la pellicule du moi, qui va faire éclater la vaine croûte de toute vie particulière. Plus je souffre et, fou de la nature, plus je la possède. Une éternelle compassion du monde est au fond de mon amour. Je suis le cœur de la possession, et la pulsation centrale de tout ce qui fut la connaissance. À force de me perdre je me retrouve.

L'idée de la connaissance par une communion mystique avec la nature plutôt que par l'analyse intellectuelle est aussi un élément très important dans les œuvres de Wagner aussi bien que dans ses textes en prose. Ce sont aussi des points essentiels de la philosophie de Schopenhauer.

Au moment de sa mort, au tout dernier chapitre de *Voici l'homme*, « Sur le Grabat du soleil », Tristan semble se fondre avec le soleil et s'abîmer comme lui dans l'océan : ce sont les derniers paragraphes de *Voici l'homme*. Tristan apparaît comme fils, frère, amant du soleil, il se fond dans la nature et les éléments dans une transe amoureuse. La sensualité, le mysticisme et la mort sont liés. Tristan s'éteint en même temps que le soleil s'abîme dans l'océan :

> Ô soleil, Ô mon père, mon frère, et l'amant de ma chair, te ravir, te voler, t'emporter avec moi, orange du verger, fleur du parterre, fanal des ombrages, œil de mon tourbillon.
>
> Je prends mesure du lit qui ne se quitte plus.
>
> Je me couche sur l'épaule de la mer et je tiens ma joue contre la joue du jour.
>
> Je dois finir, encore un souffle, avec ce soleil roue qui vous fait baisser les yeux. Pavois de juin, fleur sur la bouche, cerise entre les lèvres de l'étendue, qui, dans les jardins de l'ombre, ne rirait pas de cueillir la gerbe du monde et de manger ce fruit ?
>
> Ne me touchez plus. Le soleil est en moi, qui brûle. Je me fais cendres. Je porte ma statue déjà plus vieille que les siècles des siècles, mon corps de sel, qui a vu l'incendie sur les rivages de la Mer Morte.
>
> Je suis la vie qui charge son grand cadavre.
>
> Tout de cendres, je me consume : car je suis tout de feu.
>
> Ô soleil, meurs en moi avec moi. Cœur de mon cœur, noyau de l'âme, noyau du ciel, mon unique pensée, ne dure pas plus que moi !
>
> Que le destin de la flamme s'accomplisse : la nuit ! Que toute la clameur du volcan s'épanouisse en rose de silence.
>
> Le flot a fini de monter ; j'ai fini de descendre. Le cri s'apaise, et le chant unique remplit les profondeurs. L'heure qui ferme la courbe sonne le dernier coup qui efface les plis de l'espace et du temps. L'unité seule est harmonieuse : un seul cœur, un seul feu ! Tel que je descends, debout comme le sceptre, je fais la croix inscrite au cercle de toute la nature. Axe aux abîmes, je tâte du pied la paume de la ma-

> tière éternelle et je prends des deux bras l'empan du double vide, tan-
> dis que je m'enfonce dans la mer, en me brûlant encore les yeux,
> comme à la vie, à la mort du soleil.

Ce texte est un pendant à la mort d'Isolde. Le propos est sensiblement le même (fonte dans le grand tout, unité avec le souffle divin…) mais la grande différence est que nous avons ici un Tristan sans Isolde. L'amour est directement mystique, héroïque, sans présence médiatrice de l'autre. Isolde parlait de son amant et mourait pour lui. Ici, Tristan est seul face au monde.

Nous retrouvons les éléments de l'univers wagnérien. Dans la mort d'Isolde, Tristan est aussi présenté comme le soleil (« feu qui monte / comme il rayonne ! / astre d'or, / Il plane aux cieux »). Isolde se fond dans un univers marin (« enivrée / Submergée / Dois-je aux purs parfums / Me fondre ? / Dans ces vagues pressées / Dans ces chants infinis / Dans la vie / Souffle immense du Tout / me perdre / M'éteindre »…) pour ne faire plus qu'un avec l'univers entier. Nous avons la même image dans le texte de Suarès (« Le flot a fini de monter ; j'ai fini de descendre »). Il faut encore ajouter les images nocturnes de la flamme qu'Isolde éteint au second acte de l'opéra pour donner le signal de l'amour à son amant : « Que le destin de la flamme s'accomplisse : la nuit ! ». Les mêmes éléments du final de l'opéra sont repris ici avec un caractère légèrement didactique :

> L'heure qui ferme la courbe sonne le dernier coup qui efface les plis
> de l'espace et du temps. L'unité seule est harmonieuse.

L'expression est même parfois un peu appuyée et maladroite dans l'insistance : « Je tâte du pied la paume de la matière éternelle » !

Il s'agit tout de même d'un des plus beaux textes écrits sur *Tristan* dans cette période de wagnérisme et sa place dans *Voici l'homme* montre combien ce wagnérisme est essentiel dans la vision du monde de Suarès.

Entre ces deux chapitres du livre III (« Tristan sur le Grabat » et « Sur le grabat du soleil »), les autres chapitres sont consacrés à diverses considérations dont les relations entre l'art et la religion. Nous avons déjà abordé cet aspect dans les précédents chapitres et soulevé les parallèles avec les textes de Wagner dont *Religion et Art*.

Suarès affirme à nouveau que l'artiste est comparable au saint et que l'art prend le relais d'une religion chancelante :

> L'art n'est jamais si beau qu'aux temps où la religion chancelle : à son
> plus haut point, il tente de se substituer à elle dans le trône ; c'est un
> jeune roi qui chasse sa mère et lui succède. La plus belle église, il

l'élève pour des fils qui n'y vont plus prier. […] Le maître de l'art est un homme que Dieu cherche et qui cherche Dieu : selon ses voies propres le plus souvent, et par erreur peut-être. S'il faut des garants, j'atteste Dante et Michel-Ange, Shakespeare et Tolstoï, Beethoven et Wagner. Ils nous valent bien, rimeurs de journaux, spectres de laboratoire, philosophes à la ligne[48].

Cette position conduit le véritable artiste à s'isoler du monde qui ne le comprend pas : « Comme les saints fuient le monde pour prier, nous sommes fuis du monde pour créer. L'œuvre embrasse la prière. » L'œuvre suppose une ascèse : « L'art n'exige pas un moins long sacrifice ni une moins rigoureuse clôture que l'amour, la louange et la face de Dieu[49] », « tout art est une cellule où médite un saint proscrit. »

Mais si « le véritable artiste est un saint[50] » il est pourtant en quête d'un bonheur impossible : « les saints sont sauvés ; les vrais artistes sont perdus » car ils n'ont que l'art là où les saints ont la vision de Dieu :

> Le néant des saints se fond en attention à l'éternelle vie. L'intense vie des artistes s'abîme à féconder d'une vaine étreinte la matrice du néant.
> Le véritable artiste est un saint, mais un saint sans espérance[51].

Cette idée de l'art créateur de dieux, fondateur de religion ou plutôt porteur de la religion est une idée forte qui dépasse la seule recherche intérieure personnelle. Au fond, un nouvel ordre, une nouvelle société ne peut naître que par une nouvelle religion, avec un nouveau dieu. On ne peut construire que dans l'ordre, écrit Suarès, c'est-à-dire en religion. L'art permet de retrouver l'essence même de la religion en retrouvant l'essence tragique du monde.

Dans une telle conception de l'art, André Suarès revient sur la puissance de la musique. Elle peut réconcilier les deux grands pôles autour desquels se construit tout le texte : l'esprit et le cœur. La poésie alors liée à la musique peut les réconcilier même si dans la musique la sensation est plus importante :

> Une grand œuvre de la poésie peut s'enrichir du cœur qu'il y a dans la musique. Mais la musique ne peut se fortifier de toute la pensée qu'il y a dans l'œuvre de l'esprit.

---

48. *Ibid.*, p. 448.
49. *Ibid.*, p. 416.
50. *Ibid.*, p. 447.
51. *Ibid.*, p. 448.

> Quoi qu'on en dise, la sensation plus que le cœur règne dans la musique. La musique est la poésie des femmes, moins deux ou trois musiciens[52].

On retrouve là encore l'image de l'androgyne qui lie le masculin et le féminin, la pensée et le cœur, l'intelligence et la sensation, la poésie et la musique. Cette vision binaire des choses explique en partie (mais en partie seulement) la séparation déjà exprimée entre homme et femme. La recherche de la fusion en amour, dans l'art, est la recherche de cette androgynie :

> Le poëte est le maître de l'art. Il fait le plan de toutes les cathédrales. Qu'il ait son transept de musique : car l'âme la plus mâle est femelle aussi. Jusqu'ici, le poète n'a guère régné que par la splendeur de l'intelligence. Il faut maintenant incarner le cœur à la poésie, et au soleil de la pensée donner la chaleur du sentiment[53].

La passion amoureuse est aussi un sujet de méditation. Suarès lui consacre le chapitre III, « La passion ». Elle est présentée dans son aspect le plus négatif et destructeur :

> La passion amoureuse prend le moi par le cou, la gorge et les entrailles ; elle en fait un esclave, dans les ceps de feu souple, prêt à tout. Et pour peu qu'il se satisfasse, toujours elle avilit.

La passion charnelle (que Wagner accepte et décrit aussi dans *Tristan*) n'est pas le grand Amour auquel il aspire. Elle est « un sacrilège sans fin contre le dieu qu'elle prétend servir : l'amour ». La différence avec Wagner est là. Au moins dans *Tristan*, Wagner ne voue pas ainsi le désir à l'enfer. Suarès est ici encore très proche de *Parsifal*. Ce qu'il retient de l'œuvre de Wagner est le lien intime et même essentiel qu'il reconnaît entre l'amour et la mort : « C'est dans l'amour seul », écrit-il, « que se révèle tout le tragique de la vie[54]. » C'est un aspect fort de son wagnérisme. Il annonce par là le texte si important de Denis de Rougemont sur l'amour et la mort en Occident.

Il faut aussi dire combien cet écrit est riche y compris dans ses contradictions. Le chapitre « Charnel » et « Cœur et chair » sont des hymnes à la beauté des corps (« nous ne pouvons rien concevoir de plus beau que la beauté des formes vivantes[55] »).

---

52. *Ibid.*, p. 452.
53. *Ibid.*, p. 452.
54. *Ibid.*, p. 392.
55. *Ibid.*, p. 419.

Mais, pour Suarès le véritable amour ne se trouve que dans et par l'art, il est la seule conquête possible de l'Amour[56].

---

56. *Ibid.*, p. 453.

Cinquième partie

TEXTES THÉORIQUES ET PROJETS MÉTAPHYSIQUES

Au-delà du polymorphisme, de la recherche d'une œuvre totale, uni-fiée, André Suarès concevait son œuvre comme un ensemble complet dans lequel chaque texte aurait eu sa place. Il mêle les genres mais il sou-haitait aussi traiter de toutes les grandes parties de la création et de la pensée. Ses grands ensembles poétiques, dramatiques, romanesques, ses essais, devaient prendre place dans un vaste ensemble qui les aurait tous englobés. Il avait également envisagé d'écrire des études d'ordres mathé-matiques, politiques, philosophiques. Il avait commencé entre autres pro-jets un texte sur la marine avec son frère Jean.

Nous avons soulevé cette question à propos de la thèse d'Yves-Alain Favre qui insiste fortement sur cet aspect de l'œuvre de Suarès. S'il re-connaît à Suarès des connaissances dans de nombreux domaines y com-pris scientifique, il n'occulte pas l'impasse dans laquelle il s'est engagé, ébauchant de nombreux et vastes projets qu'il ne parvient pas à terminer. Favre écrit dans la conclusion de sa thèse : « Une frénésie de création entraîne Suarès à s'éparpiller. Il rêve plus qu'il ne crée véritablement, il ébauche plus qu'il n'achève, il esquisse sans approfondir. »

C'est pourquoi nous ne nous lancerons pas dans une recherche com-plète des textes qu'il a classés sous le titre général de « Métaphysique ». Favre lui-même ne parvient pas à se repérer totalement dans les textes épars qui nous sont parvenus :

> Dans les œuvres classées sous la rubrique « Métaphysique », Suarès manifeste un désir d'universalité : aucun domaine du savoir ou de l'art ne lui reste étranger […]. On se trouve devant un ensemble hétéroclite dont on saisit mal l'inspiration générale[1].

Dans le second chapitre de sa thèse, Favre reproduit un plan dans lequel Suarès organise ses œuvres sous les titres de « Poésie et Métaphysique » (regroupant en particulier les *Offices de L'Idéal, les Messes poétiques*, les « cantates idéalistes » de *Jésus*, entre autres projets et « Sciences » (partie dans laquelle il place les textes présentés précédemment de *Musique, Les Étoiles, La Déesse* et bien d'autres encore).

Suarès était conscient de la difficulté d'organiser tous ses projets dans un plus vaste ensemble. Dans le carnet n°152, il tente de les réunir en trois

---

1.   Yves-Alain Favre, *La Recherche de la grandeur dans l'œuvre de Suarès, op. cit.*, p. 60.

livres de dialogues qui regroupent tous ses sujets antérieurs, auxquels il en ajoute toujours de nouveaux. Nous citons ici les titres en mentionnant les textes qui devaient les constituer pour prendre la mesure de l'ensemble :

– Les dialogues ombriens

> *Charmide*, tueur de serpents
> *Fra Bell'Arte*
> *Tolstoï*
> *Bonaventure des Grâces*

– Les dialogues du Nord

> *Lucrèce*
> *Le Nihiliste*
> *Mort de Bonaventure*
> *Le Barrès*
> *Le Rebelle*
> *Histrio*
> *Judas de Montmorency*
> *Montmoy* ou *la Métaphysique*
> *Thomson* ou *la Science*
> *L'Antisémite*

– Les Dialogues de l'Île

> *Atlanta* (Île des Rêves ; vision du monde grec. Sicile. Ionie)
> *Léonard* ou *l'Artiste* (surtout la plastique)
> *Prince Mécoene* ou la Musique
> *Hypérion*

Ce carnet serait daté de 1895. La correspondance avec Romain Rolland montre que certains projets ont été terminés. L'univers des carnets et cahiers étant un monde à la fois fascinant et inépuisable, l'organisation des textes étant pour Suarès lui-même très mouvant, nous nous limiterons à deux projets.

Le premier est l'esquisse d'un traité sur l'art dont le titre *P.F.* est mystérieux. Il n'apparaît pas dans les listes des textes des dialogues mais il a l'avantage de présenter des éléments de réflexion de façon synthétique et très claire. Il est aussi directement lié au wagnérisme, ce qui n'est pas forcément le cas d'autres textes, au moins de façon aussi marquée.

Le second est un projet inabouti auquel nous aurions aimé nous consacrer plus avant. Il s'agit de *Léonard*. La figure de l'artiste est très importante pour Suarès dans ces années de formation. Il insiste d'ailleurs lui-même sur l'importance de ce projet. Il serait intéressant de faire un parallèle avec le texte de Valéry qui suit celui de Suarès de quelques années seulement. Hélas, les manuscrits ne sont pas actuellement disponibles à la Bibliothèque Doucet car ils font partie des documents envoyés au centre technique du livre. Notre travail ne s'appuie que sur des éléments parcellaires et nous sommes liés aux textes que nous parvenons à retrouver. Nous lui consacrons une partie malgré tout en nous appuyant sur les travaux de Favre. Nous présentons en particulier un texte important signalé par lui dans sa thèse et que nous avons réussi à retrouver.

Enfin, nous profitons du thème de cette partie pour reprendre quelques aspects de la philosophie de Schopenhauer qui a profondément marqué Suarès. Il fait aussi allusion au philosophe dans *P.F.*

Mais pour commencer et replacer ces textes dans un contexte biographique, il nous faut aussi parler d'un événement personnel que les critiques suarésiens ont l'habitude de désigner sous le terme de la « nuit mystique » de Marseille.

Chapitre 1

L'ART ET LA VIE – « LA NUIT MYSTIQUE DE MARSEILLE »

> *« Ô NATURE SOIS PLUS HUMBLE.*
> *N'EST-CE PAS ASSEZ DE NOUS AVOIR FAIT NAITRE*
> *POUR NOUS TUER LAISSE-NOUS TE DONNER LA BEAUTÉ*
> *QUE TU NE SAURAIS PAS AVOIR SANS NOUS[1]. »*

La réflexion métaphysique de Suarès et le cheminement de sa pensée se manifestent à cœur ouvert dans sa correspondance avec Romain Rolland et se construisent autour des deux pôles de l'art et de la vie. Les lettres publiées sous le titre très expressif de *Cette Âme ardente* en sont une vibrante expression bien que très incomplète. Les principaux éléments de sa pensée se mettent en place dans les écrits disponibles (entre 1887 et 1888) pour aboutir à une fameuse lettre du 7 septembre 1888 dans laquelle Suarès raconte à son ami ce qu'Yves-Alain Favre et d'autres critiques comme Christian Liger qualifient *d'expérience mystique*. Il ne s'agit pas à proprement parler d'une « révélation », mais plutôt d'un moment particulier et essentiel dans la formulation et la façon d'envisager les éléments d'un questionnement intérieur très profond et très intime déjà ancien.

André Suarès exprime alors un immense dégoût pour la vie et un effroyable sentiment d'impuissance. Dans son esprit, l'Art s'oppose à la vie. L'Art est la recherche idéale d'une beauté qui est à l'opposé même du monde tel que le jeune Suarès l'envisage et le perçoit. Le 4 avril 1887 il écrit à Rolland cette phrase désespérée :

> Sculpteur d'idéal, je m'épuise à tailler dans le rêve et je meurs de tâter de l'ordure.

---

1. *Musiciens*, « Beethoven », Granit, 1984, p. 21.

Ce dégoût de l'existence trouve son origine dans la conscience de la mort qui le ronge. La nature elle-même ne peut exister que dans la mesure où, justement, elle n'a pas conscience de la mort :

> Nulle guérison et nul espoir qui console. Être plante, connaître que la croissance est une fable à endormir les enfants, et à se sentir croître : grand Dieu, si par malheur le rosier pensait cette torture horrible, la sève, je crois, ne monterait plus dans sa tige, et il flétrirait, la source de vie étant tarie jusqu'à la dernière goutte. Le rosier est heureux qui meurt sans s'imaginer la mort : et je suis inférieur encore, puisque la fin me préoccupe et m'épouvante. Penser, c'est là tout le mal. Oh ! si l'on pouvait crever cet œil maudit de l'esprit, qui n'est jamais myope que chez les sots, si l'on pouvait l'empêcher de tout décomposer fibre par fibre, de voir le génie de Shakespeare, la divinité de Jésus, la saleté et l'impuissance de soi-même[2].

Cette soif de beauté et d'absolu le conduit à une impression d'étouffement : « C'est ça soi : – une outre à rêves divins qui s'enfle à vous étouffer au fond de l'être. » Cette angoisse de la mort, la conscience du néant conduisent le jeune homme à l'impossibilité même de créer :

> Qu'a-t-on châtré en moi que le fond de mon âme chante si divinement et que ma gorge ne laisse entendre qu'un râle ?
>
> [...]
>
> Corde et non plus archet, voilà ce que je suis, mais par malheur la corde vibre toute seule, écho de je ne sais quelle chanson sublime, de je ne sais quel hymne infini, et elle tremble si fort à entendre cette musique divine, elle se tend avec une si poignante douleur pour rendre les sons adorables qu'elle écoute, que bientôt elle va se rompre.

La question est personnelle mais elle devient essentielle. Il se sent enfermé dans le carcan de l'être et de la conscience qui l'empêche de vivre. Il écrit le 10 avril 1887 :

> Être ou n'être point, là n'est plus la question. Être Dieu ou n'être pas, voilà la véritable alternative. Parcelle du Tout, être le Tout : s'élever grain de poussière à renfermer tous les grains de poussière, être monde ainsi ; monde de sensations, devenir enfin univers, l'infini et l'un, l'être et le non être.

Dans cette lettre, l'aspiration à Dieu est infinie :

---

2.   Lettre d'André Suarès à Romain Rolland du 4 avril 1887.

> Je ne rencontre dans mon être que la passion d'être Dieu : seulement j'ignore le moyen de cette fin ; je ne sais où commence la route divine qui mène à ce but de délices. Rien ne m'arrêterait pourtant, que le chemin fût fait de ronces ou de roses, que j'y dusse boire tout parfum ou vider toute amertume, je hâterais ma marche, et épuiserais la coupe, car mon être est désespérément souffrant d'errer dans les traverses de la réalité, car ma poitrine est terriblement brûlée de la soif d'être, et que rien, ni mort, ni vie, ne compterait pour moi auprès de cette palme à cueillir, à laquelle ma créature tout entière tend les bras et dont pour cette heure elle n'aperçoit même pas une feuille.

Face à une telle aspiration l'art tient une place importante mais tout de même limitée :

> Dévotion à Jésus, à Wagner, à Shakespeare, voilà les articles de la foi : foi sombre et cruelle, car elle est prodigieusement incomplète, sorte de Vénus de Milo qui n'aurait qu'un sein, ni tête, ni tronc, ni jambes, image fidèle par là-même du vide et du néant où nous nous flétrissons, fleurs fanées dès l'éclosion que nous sommes, puisque ni Wagner, ni Jésus ne réussissent à redresser notre tige, et que pour exprimer au-dehors l'infini de beauté et de tendresse dont nous mourrons, nous n'avons que parfums sans charme et que couleurs sans éclats[3].

Ce dieu tant recherché apparaît à ce moment-là comme celui de l'amour et de la nature. Suarès se sent alors proche de Spinoza : « Je suis tout acquis au Spinozisme de la sensation » écrit-il à Romain Rolland le 15 avril 1887, « je sens que la réunion de toutes les sensations possibles, c'est ce *moi* divin ». Sentir, c'est sentir la présence de Dieu : « Je sens, donc *Il* est » résume-t-il, transformant la maxime de Descartes, « le *Moi* incomparable, *Dieu, Tout* ».

L'art ne peut pas rivaliser avec ce sentiment extrême et sublime. Il ne peut réaliser ce besoin de fusion avec la nature. L'Art ne peut pas remplacer la nature dont il n'est qu'un pâle reflet. Dieu, dans cette lettre du 6 août 1887 est « le nom masculin de la Nature » :

> Non vraiment, le prélude de Rheingold ne vaut pas le bruit de la mer, pas même celui d'un petit ruisselet ; et Manfred peut être très beau, – je suis sûr pourtant que Schumann est un balbutiement informe auprès de ce que je sentirais dans les montagnes, – si j'y allais.[…]
> La Nature, source de toute tendresse ; la tendresse est tout, triste et gaie, agissante et passive.
> […] Dieu, le nom masculin pour ainsi dire de la Nature, est plutôt bienveillance, quelque chose d'un peu moins doux et d'un peu plus

---

3.   Lettre du 7 avril 1887.

> fort [...] J'aime, j'aime infiniment, et je me sens aimé. Je ne suis pas seul, et vis-à-vis de moi *Rien* n'est seul. J'entends un son où je découvre tous les sons et tous les harmoniques de tous les sons ; j'ai ma vie, où je sens battre toutes les vies. Je suis très-très heureux[4].

Il trouve dans la nature le sentiment de l'universel en même temps que la véritable sensation d'être :

> Et tout de même, en levant la tête, je vois les rares étoiles pâles ; et tout d'un coup le souvenir de ce que j'ai lu me remplit : notre monde dans un système solaire ; notre soleil, si terrible et si intense, à peine une médiocre étoile dans la voie lactée ; les milliers d'astres, resplendissant à des distances qui font tourner la tête, un rien insignifiant dans cette voie lactée, infinie de mondes non vus ; et la voie lactée elle-même, une partie unique de l'univers. Je me sens écrasé de bonheur : oh ! moi, sans doute, que suis-je ? Atome d'atome d'un atome. Je perçois pourtant quelque chose qui n'est en rien inférieur à cette immensité, et sans quoi elle n'aurait aucun sens, – peut-être même aucune réalité.

Dans cette lettre rapportant une simple promenade en barque il conclut ainsi le récit de cette intense méditation : « Qu'aurais-je senti davantage et quoi ? Je ne saurais le dire : J'ÉTAIS[5]. » Durant toute cette période, l'aspiration de Suarès oscille entre deux positions. Parfois il pense que Dieu et la nature ne font qu'un. L'union avec elle est alors le chemin du divin et de l'Être. D'autres fois la nature lui apparaît dans toute son horreur et le chemin du divin est ailleurs : dans l'Art. Dans ce cas, lui seul peut nourrir l'Être, le sauver du Néant et de la mort. L'Art est alors la seule voie du Salut et la seule manifestation du divin. Dans ses premières lettres, il semble que le triomphe de l'art ne soit jamais total ce qui fait écrire à Yves-Alain Favre qu'en 1887 le panthéisme de Suarès l'emportait, alors qu'en 1888, Suarès distingue dieu de la nature[6].

Telles sont les contradictions dans lesquelles se trouve Suarès. Pour Favre, comme pour Liger, un basculement s'opère donc dans la nuit du 6 au 7 septembre 1888. C'est un moment que Favre qualifie de « nuit mystique ». Les circonstances sont particulières. Suarès retrouve son frère Jean qu'il aimait passionnément, avec un immense bonheur. Ils sont sur le port de Marseille, dans un univers obscur, sordide même, dans l'agitation du port, des terrasses de cafés, au milieu des promeneurs. Suarès se cache dans un endroit isolé. Il raconte cette soirée, dès le lende-

---

4.   Lettre du 6 août 1888.
5.   Lettre du 17 août 1888.
6.   Yves-Alain Favre, *La Recherche de la grandeur dans l'œuvre de Suarès, op. cit.*, p. 23.

main, à Romain Rolland. La lettre du 7 septembre 1888 est fondamentale car Suarès cesse de séparer l'art de la vie. L'Art seul peut donner du sens à sa vie. S'il ne peut créer, il meurt. Mais cet art n'est pas une fuite hors du monde et de la vie, il en révèle le véritable sens. Cette « révélation » est la clef de sa vie, elle est aussi à ses yeux plus forte que toute religion ou toute métaphysique :

> Le vrai, le seul rébus de ta vie misérable est définitivement, inéluctablement celui-ci : si tu ne constitue pas l'ART pour ton propre compte, tu es incapable de VIVRE. […] Quelque Métaphysique ou Religion qui intervienne, j'ai une base sûre, inébranlable pour mon moi : l'infinité des apparences n'est rien, mais c'est le cadre de l'ART ; l'ART est la seule réalité, la seule Création Vraie, mais a besoin du monde des apparences (perçu jusque dans ses plus infimes détails, et débarrassé des inutilités jusqu'à la plus infime imagination), pour être Réalité. Si je peux l'ART je VIS, si je ne le peux pas, je suis NÉANT. Et quant à mon ART, il EST réaliste, dans son âme chrétien, il EST ainsi, si je peux ; mais pour le moment il n'EST pas, car je ne peux pas.
>
> Voilà ce que j'ai tout à fait compris ce soir. […] Je ne crois plus à d'autre RÉALITÉ qu'à celle de l'ART ; chrétien et métaphysicien je sens, je sais l'absolu NÉANT de la prétendue vie, pure collection d'apparences ; chrétien, je comprends ainsi le *renoncement*[7].

C'est un credo qu'il ne peut encore mettre en application car il n'est pas prêt pour cette création. C'est pourquoi le sentiment d'impuissance est au cœur de cette lettre ainsi que l'idée lancinante du suicide :

> Le NÉANT, condition des êtres, vérité voilée par l'hallucination ininterrompue du monde, me fait épouvante à moi qui aime tant encore, aspire tant encore à la VIE, vérité infinie révélée par l'ART à l'artiste.

Dans cette lettre qui marque une étape fondamentale dans l'évolution de la conscience artistique de Suarès, Wagner tient une place centrale. L'écrivain formule directement et clairement l'idée d'une succession à assumer :

> L'ART n'est l'ART que complet […]. Wagner seul, l'éternel et l'unique, est complet dans son complet : mais il est musicien. – Alors, je me demande si l'Art complet est possible en littérature ; il faudrait Wagner plus fort et vivant deux vies.

Il prend une résolution qui le mènera à la création véritable et à la vie ou à la mort :

---

7.   *Cette Âme ardente, op. cit.*, p. 119.

Je prends une résolution formelle : si je ne peux VIVRE, c'est-à-dire réaliser mon ART, je Meurs ; c'est logique et net comme une règle d'arithmétique : si je ne peux pas VIVRE, je MEURS ; si je ne peux créer la VIE, je n'ai pas de VIE.

Cette situation extrême ne lui laisse guère de liberté au fond. Si elle définit une règle de vie et de création, elle ne le libère pas de ses angoisses. Il s'impose au contraire une responsabilité écrasante. Il se décrit à la fin de la lettre à Rolland comme un personnage de Dostoïevski :

> Dans mes interminables journées, continuées dans de lassantes nuits, recroquevillé sur mon canapé (je ne me couche pas souvent), je rêve comme Raskolnikov [...]. Je ne médite pas un crime, je médite une œuvre, voilà : lui tue dans un accès de fièvre ; moi, je suis à peu près sûr de ne pas trouver le port de repos, où je pourrais trouver l'existence tolérable... [...] Enfin, comme tout homme possédé par la vérité, je m'en fais une idée fixe, et c'est à Kiriloff que je ressemble le plus actuellement : j'ai l'idée nette du suicide nécessaire comme manifestation triomphante de la nullité d'Être en apparence, et du désespoir de ne pouvoir ÊTRE en réalité[8].

Gabriel Bounoure replace ce questionnement personnel et intime, cette conscience douloureuse de l'être dans un contexte historique et philosophique plus large. Dans un petit article paru en 1968 dans la *Revue des Belles Lettres*, « Brèves remarques sur le wagnérisme et le spinozisme de Suarès[9] », il s'intéresse à ses premiers écrits[10] :

> Suarès a vécu profondément, dès ses premières œuvres, le malaise de son siècle, moment historique où l'ordre ancien de la pensée, de la croyance et de la culture en Europe se sentait menacé, sans que rien encore, dans la crise ouverte, annonçât par des condensations initiales, qu'un ordre nouveau était à espérer. En 1906, l'auteur des *Réflexions sur la décadence* croit à l'imminence d'un déclin fatal : *L'aveugle tyrannie de la mécanique, c'est la république où règne la science. L'Art s'y sent mourir.* C'était le temps où l'absence de Dieu commençait à être ressentie partout et où l'homme lui-même se demandait s'il pouvait continuer à croire en sa propre présence.

---

8.   *Ibid.*, p. 123. L'image n'est pas exagérée. C'est ainsi que ses amis le présentent, passant des journées recroquevillé dans un canapé ou un lit, entouré de livres, lisant et écrivant. Les visiteurs lui apparaissaient le plus souvent comme des intrus qu'il ne tardait pas à chasser, parfois en les menaçant d'un bâton qu'il gardait près de lui.
9.   *Revue des Belles Lettres*, 1968, n°4, p. 19-23.
10.   Gabriel Bounoure a publié sa première étude sur Suarès, dans « Pensée bretonne ». C'est le début d'une amitié de 35 ans. *Cf.* les pages consacrées à Gabriel Bounoure par Marcel Dietschy, *op. cit.*, p. 171.

Bounoure cite les paroles de Suarès à propos de ses premières années :

> Tel était le destin de l'*essence moderne*, à l'œuvre derrière tant de rui-
> nes, *celle du monde antique, de la cité des princes et des héros, du*
> *destin régi par les dieux, de la vie chrétienne, de la profonde paix de*
> *la certitude et de la foi...* C'est ainsi que Suarès en 1929 résume les
> souvenirs de ses jeunes années, quand son ardeur passionnée rêvait de
> triomphes au milieu de tous ces décombres.

Bounoure, ami proche de Suarès, résume avec beaucoup de clairvoyance
la question fondamentale et intime de l'écrivain, celle du sens de la vie,
de la légitimité de sa propre existence : « Comment trouver », écrit-il,
« un spectacle, un langage qui permettent d'habiter l'univers avec un titre
sinon de propriétaire, au moins de locataire légitime ? ». Les savants
n'apportent pas de solution à Suarès, pas plus que les philosophes :

> Restent l'artiste, l'écrivain, le poète, affamés d'une plénitude à attein-
> dre en déchirant le voile de Maya. Mais partout ce jeu décevant, où
> une réciprocité de négations entre la pensée objective et la route idéa-
> liste laisse l'homme en proie aux mirages du désert, sous le fatum de
> la mortalité.

Dans ce questionnement, Richard Wagner apporte une forme de réponse. *Tristan* apprend à Suarès le dépassement de ce sentiment d'enfer-
mement :

> L'individuation qui nous rend prisonniers de nos limites est contredite
> alors par cette puissance qui nous jette au-delà. Dans la solitude et
> l'ennui, la musique apparaît comme une faveur du ciel, une interven-
> tion divine. Elle apporte le secret de guérir l'appropriation égoïste, le
> narcissisme du moi artiste. Le cri d'amour des amants ouvre toute la
> nature à l'opération créatrice : *Moi-même alors, je serai le monde.*
> Suarès n'oubliera jamais ce que le prélude et le troisième acte de *Tris-*
> *tan* lui ont révélé, le pouvoir du grand mythe d'Éros. Éros réalise la
> seconde naissance du Moi et de la Nature unis. Serait-il possible que
> le moi en vînt à oublier l'amour ?

La seconde leçon wagnérienne est celle de *Parsifal* et celle de la compassion :

> Si la nature toute entière aspire à l'homme pour se perdre en lui et y
> trouver son salut, nous comprenons que l'amour *intellectuel de Dieu*
> (formule critiquée par Nietzsche et par le Suarès de la période pasca-
> lienne), n'est autre que la pitié universelle, la connaissance du *cœur*
> (comme disent les mystiques de l'Orient), le soleil de la poésie qui se
> lève derrière les nuages noirs de la mort. À midi le royaume du Paraclet
> apporte la preuve *qu'il faut mourir d'amour afin que l'amour vive.* Ain-

si parle Félix Bangor[11] [...] en accord avec tous les poètes mystiques du
Levant et de l'Hespérie. En accord aussi avec Benoît Spinoza qui sait
bien que cet amour est celui de Dieu s'aimant lui-même jusque dans les
plus chétives de *réalités singulières*. Deus sive natura.

Cette « nuit de Marseille » révèle des éléments qui sont au cœur de ses
écrits métaphysiques. Tout d'abord le lien de l'art et de la vie, idée importante du wagnérisme à laquelle la *Revue wagnérienne* consacre de
nombreuses pages. André Suarès trouve un écho à son questionnement et
son parcours très personnels dans les écrits des wagnéristes. La correspondance avec Romain Rolland révèle combien cette aspiration est au
cœur de la pensée de Suarès. Ensuite, l'union avec la nature, la fusion
dans « le grand Tout ». Suarès reconnaît cette aspiration dans les accords
grandioses de *Tristan*. Enfin, la quête du salut, la nécessité de la compassion sont autant de thèmes wagnériens avec lesquels Suarès se sent en
accord au plus profond de lui-même et qui vont nourrir son œuvre.

---

11. *Amour*, poème de Félix Bangor, poète en Irlande. Félix Bangor est le pseudonyme
de Suarès qui a choisi de naître en Irlande pour reconnaître l'Orient et l'Occident, le
Paganisme et le Christianisme, la Grèce et Ouessant [...] Note de Bounoure. Poème
publié en 1917.

Chapitre 2

LÉONARD

Selon Yves-Alain Favre, *Léonard* était l'œuvre la plus importante de la section « Métaphysique[1] ». Le sujet en était l'union de la métaphysique et de l'art. Selon Favre, il en subsisterait de nombreux fragments dont une longue préface dans laquelle Suarès écrit :

> De toutes mes compositions de métaphysique celle-ci doit être la plus noble, la plus belle, la plus sereine : la clé[2].

Il refuse la forme du dialogue comme la forme dramatique, « l'une lui semble n'aller jamais sans quelque fausseté », l'autre ressemble trop à un « tournoi généreux et dévoué ». Il recherche « le récit dramatique ». Il souhaite retrouver « la langue même qui lui est propre, pleine de passion apaisée et d'espoirs obtenus, de tendre pitié pour l'éphémère du monde et d'amour pour son éternité, de complaisance à l'universelle illusion et de vérité de soi, de triomphe et de simplicité[3] ». Il rêve d'écrire un « Évangile musical ». Selon Favre, il s'agirait d'une « longue méditation de Léonard sur l'Art ». Voilà le résumé qu'il en propose dans sa thèse :

> Ayant aperçu la perfection, Léonard ne touche plus à ses pinceaux, de peur de trahir en essayant de l'atteindre. L'artiste, épris de la beauté, est semblable au saint qui cherche passionnément Dieu. Passer de la contemplation de l'objet idéal à son œuvre propre ne va pas sans effroi ni sans crainte, car l'idéal rêvé est très élevé. L'artiste contemple la nature et la vie ; lorsque son cœur devient « le miroir fidèle de Dieu », la lumière jaillit et l'œuvre naît. Léonard ajoute que le cœur et l'esprit

---

1. *La Recherche de la grandeur dans l'œuvre de Suarès, op. cit.*, p. 67-69. Suarès a commencé à travailler à son projet sur Léonard en 1891. Valéry a publié son *Introduction à la méthode de Léonard* en 1894.

2. Cité par Yves-Alain Favre, *op. cit.*, p. 67. Cette citation appartient selon lui au cahier n°34.

3. Citation de Favre, *ibid.*

doivent mutuellement s'aider et se conforter ; l'exercice de l'esprit fait grandir le cœur.

Favre cite alors cette phrase extraite d'un texte du Fonds Doucet :

Fais effort pour Savoir : c'est là l'étude, le travail, l'enfantement dans la douleur. Et ton cœur se forme, et ce qu'il a de vaste se fait profond et large jusqu'au ciel.

Il reprend ainsi son résumé :

L'étude des sciences permet de ne rien négliger qui soit susceptible d'être beau. Suarès affirme même que rien n'est dépourvu d'intérêt dans l'univers. Chaque homme a un rôle à jouer et ne peut pas en tenir un autre. L'artiste doit ainsi chercher la perfection en lui-même : « l'âme grande se traite sans cesse, et ne traite les autres qu'après soi. Car sa grandeur est en elle et n'est pas dans les autres ». L'Art n'a pas à refléter le monde ; au contraire, le monde doit refléter l'image intérieure, rayonnante de grâce que s'en fait l'artiste. Ainsi, l'essentiel reste la beauté et la science n'est qu'accessoire. Léonard l'avoue : il n'a pas étudié pour savoir et pour apprendre aux autres ; mais « j'ai voulu », dit-il, « que tout passât par moi, pour que tout ait sa forme en moi, et prît la beauté qui fait vivre. […] J'ai su pour embellir. » Le beau devient alors l'objet d'un véritable culte. Il s'identifie même à Dieu qui n'est plus défini comme le Tout-Puissant, ou le Tout-Amour, mais comme le « Tout-Beau. »

Il nous a semblé important de citer directement ces passages de la thèse de Favre, car, hélas, nous n'avons presque rien retrouvé des textes de *Léonard,* et c'est d'autant plus ennuyeux que Suarès lui accordait une place très importante. Au fond, dans ce résumé, rien ne surprend en regard de *P.F.* qui contient les mêmes idées. La nouveauté est tout de même dans la définition de Dieu, clairement défini par la Beauté.

Que sont devenus ces textes ? Yves-Alain Favre mentionne un dossier dans les documents en attente d'inventaire. Là encore la même question se pose. A-t-il rejoint le Fonds Suarès et, dans ce cas, sous quel titre a-t-il été classé ? D'autre part, Favre tire ses citations de deux cahiers de jeunesse, les cahiers n°2 et 34[4]. Nous avons retrouvé quelques textes dans le cahier n°2 mais ils sont dans un très mauvais état. Les feuillets sont jaunis et, avec le temps, sont devenus cassants. Ils sont pliés et les déplier provoquerait des coupures. Les bords eux-mêmes sont tombés en poussière. À cela s'ajoute une écriture souvent difficilement déchiffrable. Autant

---

4.   [Ms. 1373] et [Ms. 1405].

dire qu'on ose à peine consulter les rares documents disponibles. D'autre part, nous n'avons pas retrouvé de textes dans le cahier n°34. Peut-être ont-ils rejoint le dossier plus complet du Fonds Doucet ? Étonnamment, nous avons retrouvé 21 feuillets portant le titre de *Léonard ou l'artiste* dans le cahier n°35 qui n'est pas cité par Favre. Peut-être ces feuillets ont-ils changé de cahier ? Ces quelques remarques permettent tout de même de donner ces trois références de façon certaine : un dossier du Fonds Doucet et deux cahiers, le n°2 et le n°35. Les quelques pages que nous avons réussi à lire laissent effectivement penser qu'il s'agit là d'un projet d'une grande richesse qui mériterait ultérieurement de faire l'objet d'un autre travail de recherche. D'un point de vue wagnérien, nous sommes là encore très proches des écrits révolutionnaires de Wagner et en particulier de *L'Œuvre d'Art de l'Avenir*.

Suarès se rapproche dans de nombreux passages d'une pensée présocratique décrivant l'univers dans un rapport dynamique entre les deux forces masculine et féminine, entre l'amour et la haine… On remarquera l'insistance sur le lien entre la morale (dans le sens le plus large de la question du bien) et la création.

La question centrale de l'ensemble est de savoir d'où viennent les choses, comment elles naissent, quel est le mystère de l'Être et de sa manifestation. Ce devenir n'est pas le fruit du hasard. Il est à la fois spontané, et le fruit d'une « nécessité », à la fois inhérent à chaque être et l'expression de l'essence de l'univers. C'est en cela que sa pensée n'est pas éloignée d'un philosophe comme Héraclite dont on trouve ici et là quelques références dans les notes des carnets et cahiers. La notion de destin n'est pas très loin ou pour reprendre un terme héraclitéen, celle de *moira* qui désigne, selon la définition de Pierre Aubenque : « la part, le lot, qui est certes imparti à chaque chose par une puissance supérieure, mais qui devient dès ce moment la loi interne de son existence ou, comme on dit, sa destinée[5]. »

C'est dans cette perspective que nous avons lu les extraits des textes retrouvés dans le cahier n°2. On y découvre trois feuillets sur l'amour, force de création chez l'homme et puissance unificatrice dans l'univers. Ces feuillets font le lien entre l'infiniment grand et l'infiniment petit. Chaque action humaine est le reflet de l'action universelle de la vie. La réalisation de soi est présentée comme la manifestation d'une force cosmique qui cherche à se matérialiser. C'est une « potentialité » que l'artiste véritable cherche à accomplir. Se réaliser individuellement n'est pas

---

5.   *Encyclopædia Universalis*, version cédérom, n°9, article *Physis*.

une action isolée et égoïste mais au contraire, c'est participer à la richesse de la vie universelle. Là est la véritable action morale.

C'est dans ce cadre plus large que se présente le texte auquel faisait allusion Yves-Alain Favre sur la place de chacun dans l'univers. Ce texte est intitulé « L'homme et l'art » :

> Chaque créature joue son rôle dans l'univers, il n'en est pas d'indifférent. Rien n'est sans intérêt dans le monde : car tout est vie. L'œuvre de l'univers est la vie : tout y concourt ; et rien ainsi n'en peut être rejeté. Ce qui semble nouveau est pour soi.

La beauté est liée à cette conception du monde et de l'univers. C'est aussi dans ce cadre que la science prend sa place :

> L'univers est l'ensemble des faits : chaos à qui n'en connaît pas les lois, série invariable de beaux effets à qui les sait.

Ce passage est suivi de deux paragraphes très difficiles à déchiffrer car la bordure droite de la feuille est tombée en poussière. Suarès conclut par cette phrase :

> L'essentiel est que l'homme s'accomplisse : accomplir est la seule façon d'acquitter.

Au-delà des questions personnelles, individuelles, et des ambitions dans le monde, chacun a une place dans le monde, sinon une « nature » à réaliser. Cette réalisation de soi, la manifestation de son être, sont la source du bonheur authentique et le fondement de la morale véritable :

> Par-delà l'homme, et dans tous les ordres d'autorité, accomplir le travail de la force déposée en soi, est pour chaque créature la fin unique : et je suis sûr que c'en est le bien propre et le bien général, le plaisir personnel et la moralité : l'un ne peut pas différer de l'autre : ou la moralité est sans fondement, et le plaisir personnel sans égard à la loi universelle de l'utilité. L'utile est une expression concrète de l'équilibre. Et l'ensemble de l'univers ou de la vie n'étant que mouvements, n'est que l'ensemble des relations d'équilibre.

Après une phrase illisible[6], Suarès insiste sur le fait que la réalisation de soi n'est pas une action égoïste : elle s'inscrit dans un ensemble plus vaste dans lequel chacun trouve sa place réalisant ainsi la totalité de l'existence dans un plan universel. Il utilise alors l'image d'un tissu vivant, d'un corps dans lequel chaque membre a son importance. De là, la

---

6.   Nous n'avons volontairement pas ouvert totalement toutes les pages de peur de les abîmer définitivement, un véritable travail de restauration étant nécessaire.

nécessité vitale pour chacun de trouver son véritable rôle : « être ce qu'on est créé pour être et faire ce qu'on est pour faire : faire ce qu'on doit est l'expression concrète d'être ce qu'on est » :

> Le plus large spectacle de l'univers est formé par la trame cellulaire d'un tissu vivant. Pour lui trouver sa grandeur infinie, il faut imaginer sous chaque maille de la trame le canevas primordial des atomes, et les lignes vitales du plan moléculaire autour des pôles conjugués des attractions.
>
> Là est la forme même et l'origine des rôles dont l'univers est à la fois constitué et rempli. Chaque mouvement est le symbole de la vie. Chaque force, dans son travail infiniment petit signifie l'accomplissement de la tâche universelle et donne [...][7] signe du monde et intelligible pour lui : être ce qu'on est créé pour être et faire ce qu'on est fait pour faire : faire ce qu'on doit est l'expression concrète d'être ce qu'on est.

L'art participe pleinement de cette conception du monde. L'artiste, plus qu'un autre est à la recherche de lui-même et ne peut pas exister autrement qu'en se réalisant. Il est la manifestation la plus évidente de cette *nécessité* qui est aussi celle de chaque créature. En cela, loin d'être éloigné de la vie, de lui être extérieur ou de vouloir lui échapper, il est la manifestation de l'essence même de la vie. Par cela également il est lié à la science. Mais, là où la science permet d'avancer dans l'ordre du savoir, l'art est le chemin de la véritable connaissance. L'artiste, en exprimant ce qu'il est au plus profond de son être et dans sa singularité, exprime bien autre chose que lui-même :

> L'art n'est pas différent du fond de la vie : il est à la science ce que la science est au chaos. Il crée l'univers idéal comme la science établit l'univers des faits. Et dans l'art, l'homme transporte tous ses rôles. Demander à l'artiste de n'être pas lui-même c'est lui faire une proposition qui n'a pas de sens. Son œuvre est toujours lui plus que lui-même.

L'universel ne se trouve que dans l'expression du particulier :

> D'ailleurs, si cette esthétique avait un sens ailleurs que dans la simple abstraction, il ne serait même pas à l'épreuve du raisonnement abstrait. En effet, s'effacer de son œuvre n'est utile qu'au mauvais artiste.
>
> Nous avons bien le droit d'être nos propres et premiers héros. L'âme grande se traite sans cesse, et ne traite les autres qu'après soi car sa grandeur est en elle et n'est pas dans les autres.

---

7.   7 mots manquent ici.

Une grande place est faite à l'amour dans ces textes qu'il faudrait déchiffrer (Cahier n°2, § 4).

Il critique dans le même temps ceux qu'il appelle les « idéalistes » qui, au fond, s'éloignent trop de la nature. La musique s'abîme dans la recherche du plaisir sensuel et oublie l'universel. Il s'attaque également aux successeurs de Wagner. On trouve en particulier une critique de Franck dont, écrit-il, « on veut faire une espèce nouvelle de Bach ». Mais les textes sont trop lacunaires pour en dire plus :

> Dans peu de temps, quand les musiciens auront lassé la musique de leurs recherches sensuelles, on verra une école revenir à l'harmonie simple et au timbre banal. Ils […] imiteront Bach et l'art de la fugue, comme en Angleterre les peintres ont voulu ramener dans leurs brumes et leur honnête province la beauté de Florence. Mais tous se diront idéalistes. L'idéal fera naître de la fort mauvaise musique comme il a fait en littérature. Sous prétexte de sentiment et par mépris de la matière, ils écriront sans savoir écrire et seront les artistes sans art. Car, pour le métier de l'Art, il ne faut jamais oublier la nature. En musique, c'est à l'oreille qu'il faut avoir la science de plaire. En littérature, c'est à l'esprit, en peinture aux yeux, […] partout par l'étude et l'observation.
>
> Depuis Wagner, la musique n'a paru propre qu'au plaisir des sens. Mais, du moins y était-on devenu habile, menteur et assez souvent déshonnête. Si les soi-disant idéalistes l'emportent, il n'y aura même plus de plaisir et sous prétexte d'idéalisme, beaucoup de pédantisme ou de faux génie[8].

Cette idée que chacun doit trouver sa place dans la création est à rapprocher de certains textes de Wagner. Nous ne citerons ici que quelques passages de *L'Œuvre d'Art de l'Avenir*.

Dans ses « principes fondamentaux de l'œuvre de l'avenir », Wagner développe l'idée que l'art s'est séparé de la vie. Il est devenu un « pur produit de la culture » et n'appartient qu'à une « classe d'artistes » dont il est la propriété. Il ne peut être compris que par eux-mêmes ou par une classe de gens qui en détiennent les clefs. Ceux-là seuls qui l'ont étudié en connaissent les codes. Cette forme d'art, séparé de la vie, fonctionne dans un monde clos :

> L'art, pur produit de la culture, n'est pas né véritablement de la vie même, et […] plante de serre chaude aujourd'hui, il ne peut en aucune façon prendre racine dans le sol naturel et sous le climat naturel du temps présent. L'art est devenu la propriété particulière d'une classe

---

8.   Les crochets indiquent des groupes de mots illisibles.

d'artistes ; il ne procure de jouissance qu'à ceux qui le *comprennent*, et pour être compris, il présuppose une étude particulière, étrangère à la vie réelle, l'étude de la *théorie de l'art*[9].

Dans le meilleur des cas, « notre art civilisé ressemble à un homme qui veut s'adresser dans une langue étrangère à un peuple qui l'ignore. » C'est que l'artiste a suivi l'évolution de chaque branche de l'Art, et s'est éloigné de la source véritable de la création. L'artiste de l'avenir doit au contraire retrouver en lui-même la source de la vie et de la création. Il retrouvera alors l'universalité de l'art :

> La nature de l'homme comme [celle] de tout genre d'art, est en soi, exubérante et diverse ; mais *l'âme* de chaque individu n'est qu'*une* ; [elle est] son impulsion la plus nécessaire, son désir le plus impérieux. Si cette unité est reconnue par lui comme son élément fondamental, il peut, en faveur de la conquête indispensable de cet *un*, réprimer tout désir plus faible accessoire, toute aspiration sans force, qui pourrait, s'il voulait lui donner satisfaction, l'empêcher d'atteindre à cet *un*. […] Si l'individu reconnaît en lui un désir puissant, un instinct qui réprime en lui tout autre désir, c'est-à-dire le désir intérieur, nécessaire, qui constitue son âme, son être ; s'il fait tous ses efforts pour leur donner satisfaction, il élève alors même sa force, comme sa faculté la plus particulière, à toute l'intensité et à toute la hauteur qui lui soit accessible[10].

Il en appelle à la diversité des êtres et leur capacité de créer face à une société qui vise à l'uniformité :

> La modification des individualités les plus diverses donnera un charme inépuisablement riche, tandis que la vie actuelle représente dans son uniformité policée à la mode, l'image malheureusement trop fidèle de l'*État* moderne avec ses *situations, ses emplois, ses justices sommaires,* ses armées *permanentes,* – et tout ce qui peut être stable en lui[11].

C'est alors, selon Wagner, que se formera une véritable communauté, un véritable peuple, constitué d'êtres véritables et non pas d'esclaves ou de « fourmis » pour reprendre une image chère à Suarès. Chacun peut trouver sa place et réaliser ce qu'il est véritablement « dès qu'il sent et qu'il nourrit en soi un désir qui le jette hors des lâches jouissances de l'engrenage de nos situations sociales et officielles […] dès qu'il sent un désir qui lui fasse éprouver du dégoût […] pour un utilitarisme qui ne profite qu'à l'homme sans besoin […], ou de la colère contre l'insulteur qui viole la nature humaine ».

---

9. Richard Wagner, *L'Œuvre d'Art de l'avenir, op. cit.*, p. 214.
10. *Ibid.*, p. 227.
11. *Ibid.*, p. 242, V – « L'artiste de l'avenir ».

Seul le retour à cette nécessité intérieure peut permettre de retrouver la terre promise :

> Cette *nécessité* donnera au peuple la souveraineté sur la vie, elle l'élèvera à l'unique puissance de la vie[12].

---

12. *Ibid.*, p. 250.

Chapitre 3

P.F.

Suarès a laissé l'esquisse d'un ouvrage sur l'art qu'il désigne uniquement par une abréviation : *P.F.* Yves-Alain Favre s'interroge sur le sens de ce titre : « Faut-il entendre *Préface*[1] ? » Il subsiste un dossier comportant une ébauche de plan et une vingtaine de pages rédigées. Il est classé à la Bibliothèque littéraire Jacques Doucet sous la cote [Ms. Ms. 43.007] et porte le nom de *Poésie Française* proposant, par son titre, une autre interprétation de l'ensemble. On trouvera également quelques pages dans le cahier n°53 [Ms. 1425].

Nous ne possédons aucune indication de date mais l'état du document, son contenu ne laissent pas de place au doute. Il s'agit d'un texte de jeunesse lié au grand projet suarésien des années 1890/1895. Selon Yves-Alain Favre, ce texte devait appartenir à la partie « Métaphysique » dont il faudrait peut-être voir ici justement la préface. Cette interprétation assez simple correspondrait alors mieux que celle choisie par la Bibliothèque littéraire Jacques Doucet. La question reste cependant posée et on ne pourrait y répondre complètement qu'en découvrant d'autres éléments inédits dans les carnets, cahiers ou la correspondance. Pour éviter de prendre une orientation trop marquée dans la lecture du texte en raison de son titre, nous le désignerons tout simplement par l'abréviation laissée par André Suarès.

P.F. est un texte central pour la compréhension de la pensée du jeune Suarès. C'est un traité d'esthétique qui ne se limite pas à la poésie mais présente une métaphysique de l'art. C'est un document capital pour saisir le lien très fort qu'il entretenait avec Wagner. Le propos est dans la ligne directe des textes wagnériens sur l'art des années 1850. Le plan reprend les grands thèmes d'*Opéra et Drame* ou de *L'Œuvre d'Art de l'Avenir* : le

---

1. Yves-Alain Favre, *La Recherche de la grandeur dans l'œuvre de Suarès, op. cit.*, p. 65-66.

lien entre la musique et la poésie, les rapports de la science et l'art, la recherche de l'homme complet, le caractère religieux de l'art…

Suarès développe sa conception de l'art mais va au-delà des questions strictement littéraires. Son propos se veut universel, il aborde des éléments philosophiques, religieux, esthétiques. *P.F.* est à la fois un texte théorique, un programme, un but à atteindre, un credo, une profession de foi. Cette dernière expression pourrait à son tour constituer un titre tout à fait acceptable. Suarès y exprime avec force ce que sera sa place en tant qu'artiste (telle qu'il la souhaite en tout cas) et il la revendique avec orgueil : « Les grandes âmes ont un droit et je le réclame[2] », déclare-t-il dans la cinquième partie.

La première page est une ébauche de plan en neuf parties qui présente les thèmes chers aux wagnéristes de la *Revue wagnérienne*, les relations entre l'art et la science, l'importance de l'héritage grec, le caractère sacré de l'œuvre d'Art :

Appendice

I.   L'œuvre d'art suprême
II.   Foi-Art
III.   Science et Art
        La critique / le Talent

V. Schopenhauer (symboles) Wagner
   Métaphysique et poésie (Kant, Schopenhauer)

VII.
        1 Tendance à l'extraordinaire
        2 //   //   lyrique

        Shakespeare et Mallarmé
        L'Idéal / France Art et Poésie
        [...]   ordre intérieur

        Héritage de la Grèce
        La Rime
        Science et Art
        Langue

VIII.   L'art est une contemplation

        La voix
Art et P.F. aussi. Des gros artistes.

---

2.   *P.F.*, V, Science et Art.

IX   But de l'Art
        Innocence de l'Art
        Grandeur et sainteté de l'Art

Cette ébauche de plan montre que Suarès avait prévu de consacrer une partie entière à Schopenhauer et Wagner dont on trouve quelques citations en allemand. Hélas, il ne reste qu'une ébauche de ce grand projet même si certaines pages sont rédigées de façon relativement complète. Il faut le lire comme tel et nous tenterons de présenter de façon synthétique son propos avant de reprendre les différents points du texte.

Suarès dénonce la vanité de la littérature et des *littérateurs* qui suivent (ou créent) la mode ainsi que les critiques, pour élever l'Art au plus haut : au rang d'une religion. L'Art pose la question du rapport de l'être à l'Être, la question de l'existence, donc de Dieu. L'Art est au centre de la question métaphysique. Plus encore, il est, par essence, métaphysique.

Le cœur de *P.F.* tel qu'il nous est parvenu est le rapport de l'Art à la science (mais peut-être est-ce dû à son caractère inachevé) et, par delà, la question de la connaissance. Suarès les oppose dans leur mouvement même. L'Art est synthétique, il perçoit le monde dans une participation directe, intuitive et le restitue dans un seul mouvement. Il le rend accessible par l'émotion. La science au contraire dissèque son objet d'étude pour le comprendre, le divise en ses différentes parties pour mieux l'analyser. Pour Suarès, la véritable connaissance est celle du cœur. L'Art est le seul moyen d'atteindre à l'Esprit, au cœur de l'Être et à son mystère par l'intuition. Le véritable « savant » est l'artiste. Le poète est le seul vrai métaphysicien car il s'intéresse directement à l'Être, à la Vie. André Suarès met l'Art au sommet de la pyramide du savoir. La science n'est qu'un moyen. Elle enrichit l'artiste qui, pour être « complet » doit faire la synthèse de ces deux rapports à la connaissance, en liant intuition et rationnel, cœur et esprit.

Dans cette réflexion, Suarès fait référence à Schopenhauer et à Wagner qui, l'un comme l'autre, placent au plus haut l'intuition comme mode de connaissance par la participation directe au monde qu'elle suppose. Mais pour autant, il n'adhère pas à la théorie de la Volonté. D'autre part, Schopenhauer place la musique au sommet de l'Art alors que pour Suarès, c'est l'émotion qui est le plus important et la poésie doit reprendre cet aspect à son compte.

D'un point de vue littéraire, il s'attaque aux symbolistes qui font de l'Idéal une sorte de mode. Il défend donc une poésie qui mette le lecteur au cœur des choses par l'émotion. À ce propos il fait référence aux textes de Wagner sur la rime, qu'il cite en allemand.

Dans une telle perspective, il revient vers les Grecs et retourne au drame, forme d'art total, reliant un peuple et son Dieu. L'artiste est à la recherche d'un homme complet, au-delà des oppositions entre l'émotionnel et le rationnel, ayant redécouvert la force la plus importante : l'amour. Il imagine alors l'œuvre de l'avenir comme le drame grec retrouvé dans la poésie (c'est la grande différence avec Wagner) et le public de l'avenir comme un peuple de beauté.

Seul un tel art peut sauver l'humanité du monde de misère dans lequel il se trouve. Il en appelle à une rédemption par l'art et par l'amour.

On voit dans ce rapide résumé combien nous sommes proches des textes de Zurich, *Opéra et Drame* et *L'Œuvre d'Art de l'Avenir* que nous avons déjà souvent cités. Les idées développées par Wagner dans ces textes et repris, commentés largement dans la *Revue wagnérienne* ont marqué profondément ces années de formation pendant lesquelles le jeune Suarès envisage toutes sortes de projets pour son avenir littéraire. *P.F.* précise les idées sur l'Art de Suarès à ce moment-là et permet de mieux comprendre son évolution ultérieure.

LE DRAME, ŒUVRE D'ART SUPRÊME

Dès le premier chapitre dont il ne reste que le titre, « L'Œuvre d'art suprême », et six lignes, Suarès annonce une idée très proche de celle de Wagner : l'œuvre d'art suprême est le *Drame*. Il est « à l'Art ce que le culte est à la religion ». Il est « l'acte essentiel de l'émotion et de la prière ». Par le drame, le peuple « entre en communication avec lui-même » et avec Dieu.

> L'œuvre d'art suprême
>
> En musique ou en poésie, le plus grand œuvre de l'art est un Drame.
> Quel que soit l'art, son chef-d'œuvre est là où cet Art est Drame.
> Le Drame en effet, est à l'Art ce que le culte est à la religion. Il est l'acte essentiel de l'émotion – et de la prière.
> Il est communion. Le peuple entre en communication avec lui-même – et par l'âme d'Art – avec Dieu. =

Il reste trop peu de choses pour définir complètement ce que Suarès désigne par ce mot *Drame*. Mais on peut préciser plusieurs points.

Il est sacré, il permet l'union, « la communion », la « communication du peuple avec lui-même » et avec son dieu[3]. De plus, il ne s'agit pas d'une forme artistique particulière, en tout cas pas d'un spectacle théâtral. Il faut plutôt le comprendre dans le sens wagnérien : il désignerait alors l'œuvre supérieure qui reste à inventer et dont la dernière manifestation était la tragédie grecque. Si cette définition nous renvoie bien au wagnérisme, elle ne correspond cependant pas au *Drame* tel que Wagner envisage de le retrouver, nous le verrons.

Suarès insiste sur ce point : le drame n'est pas une forme d'art mais l'Art retrouvé. Il insiste d'ailleurs par les majuscules et en soulignant le mot :

> En musique ou en poésie, le plus grand œuvre de l'art est un Drame [...] Quel que soit l'art, son chef-d'œuvre est là où cet Art est Drame.

On retrouve plus loin les grands points de la pensée de Wagner : l'Art véritable s'adresse à *l'homme complet*. Suarès reprend cette expression et se concentre sur les deux éléments « sens » et « intelligence » :

> II – L'Art s'adresse à l'Homme complet et le cherche :
> §§ a) il est plaisir des sens. – b) Il est plénitude de l'intelligence.
> et par ces deux voies, il est Comble de l'Âme Volupté Innocente et Intuition[4].

Il présente lui aussi l'Art véritable comme le fruit d'une humanité libre et heureuse, vivant par amour. L'image qu'en donnait Wagner était celle des anciens Grecs ou celle, future, de l'humanité libérée par la grande Révolution. L'image utilisée par Suarès est celle d'une humanité sauvée du péché, libérée par l'amour, retournée au jardin d'Eden. Nous sommes dans une logique et dans une imagerie chrétienne que Wagner n'employait pas dans ses textes de jeunesse :

> L'Art est une contemplation.

> Mais l'Œuvre d'art doit être une création de la vie heureuse, offerte au peuple humain, et où, les portes de l'Amour étant ouvertes, il puisse entrer dans le jardin d'Eden, et vivre de beauté.

> Le public idéal est le public humain, sage enfin, qui connaît l'amour et le monde.
> Le peuple humain est le peuple de beauté[5].

3.   *P.F.*, « L'œuvre d'Art suprême ».
4.   *P.F.*, « Art et Lettres », II.
5.   *P.F.*, VIII.

Les références à Wagner sont si présentes qu'on pourrait mettre côte à côte certains passages. Wagner dans *L'Art et la Révolution* compare l'œuvre d'art à une fleur qui puise sa force et sa beauté dans la communauté idéale des grecs. Il décrit alors l'homme grec :

> lui dans sa communauté, la communauté en lui, comme une de ces mille fibres qui, dans la vie d'une seule plante, sortent du sol, s'élèvent dans les airs d'un mouvement élancé, pour porter une fleur superbe qui jette à l'éternité son enivrant parfum[6].

On retrouve la même image dans cette phrase dont nous n'avons pu déchiffrer que la fin :

> afin que la fleur divine de l'art soit plus haute, plus parfaite, que son parfum dure plus, que sa racine tienne mieux dans l'homme, et que sa tige plus forte porte sans plier le poids de cette intuition embrassement de dieu, qu'est la fleur immortelle[7].

La manière dont il décrit le public idéal fait penser à la description des Grecs allant assister à la Tragédie ou le public de l'avenir allant assister au drame réinventé. Wagner décrit ainsi le public idéal :

> Le public idéal est le public humain, sage enfin, qui connaît l'amour et le monde.
> Le peuple humain est le peuple de beauté.

et :

> Le public idéal est le public Humain qui veut l'homme vrai, qui l'aime, qui beau cherche le beau, le pressant – qui d'un mot, voit la Vie, qui Vive dans l'Idée, et Voyant l'Art y croit[8].

Voilà comment le « public idéal » selon Suarès va assister à une œuvre religieuse et doit s'y préparer :

> – comment ils doivent aller écouter l'Œuvre d'art. Et s'y préparer.

> Se laver l'âme – Et les vierges, l'orner de gravité. Les vieux la parer du désir d'amour. (etc…)
> L'Art met l'Homme à l'origine des causes
>   à l'origine du cœur
>   et au sein de l'âme –

> Ainsi, l'Art est religion : car il fait sentir dieu,

---

6. Richard Wagner, *L'Art et la Révolution*, op. cit., p. 14.
7. *P.F.*, « Philosophie – Science et Art ».
8. Richard Wagner, *L'Art et la Révolution*, op. cit., p. 20.

> il le prie, et le fait prier
> il le mène et le confond
> dans le cœur.

Le cœur pur, où fleurit la beauté, est digne de dieu. Et dieu aime à y venir, Hôte divin de ce divin palais.

On retrouve les mêmes mots et les mêmes expressions que dans les textes de Wagner : « peuple de beauté », « l'homme vrai », la même idée que l'Art ne peut naître que d'une nouvelle humanité. Cette idée n'était pas du seul fait de Suarès, pas plus que cette expression de « public idéal ». La *Revue wagnérienne* la développait largement. Par exemple, Édouard Dujardin fait le compte-rendu du livre de M. de Wolzogen, *Le Public Idéal*, dans la *Revue wagnérienne* du 8 avril 1885. Il s'agit d'une brochure en allemand reprenant une leçon faite à la société munichoise wagnérienne, le 12 février 1885. Dujardin en fait ainsi le résumé :

> Le public du théâtre idéal, écoutant l'œuvre d'art idéale, – le public sera, comme le Rédempteur, pur de cœur et d'esprit… Il sera idéal, intellectuellement, et pratiquement. Intellectuellement, il comprendra, en l'œuvre d'art, l'œuvre religieuse symbolisée. Pratiquement, il agira conformément, selon la compassion.
> Faire le public idéal : que ce soit l'œuvre, aujourd'hui, de l'union wagnérienne : qu'ainsi, soit accomplie, toute, la pensée du maître. Soyons contemplatifs, et, aussi, agissants[9] !

Le programme wagnérien repris par la *Revue wagnérienne* tenait en ces trois propositions :

> – *un art* (l'art complet proposé par Wagner, à la recherche de l'ancienne tragédie telle qu'il l'a retrouvée dans ses œuvres).
> – *un théâtre* (Bayreuth où l'on se rend comme à un pèlerinage, lieu sacré de l'Art où le public se retrouve comme les anciens grecs allaient assister à la tragédie antique).
> – *un public* (les wagnériens qui, instruits profondément par les émotions ressenties par les œuvres du maître accèdent à la compassion, à l'amour universel, la valeur suprême qui doit fonder le monde à venir).

La création d'un théâtre, comme l'éducation humaine et spirituelle du public, faisait partie de la révolution artistique au même titre que la création d'une nouvelle forme d'art. L'art doit changer le monde et d'abord le public.

Suarès apparaît bien dans *P.F.* comme un « parfait wagnérien » ou mieux encore, un parfait wagnériste. Il décrit l'art actuel comme un art

---

9.   Édouard Dujardin, « Le Public Idéal », *Revue wagnérienne*, 8 avril 1885, p. 89.

décadent, dans un monde fait de mode, et de fausses valeurs quand l'art véritable doit annoncer un monde nouveau et aider à la rédemption de l'humanité. Il doit aider à quitter ce « monde de misère et de douleur dans lequel nous vivons » et amener un monde d'amour, de compassion et de beauté. Suarès invite le lecteur à contempler le monde dans lequel il vit : « regarde autour de toi ». Il n'y verra que « misère infinie », « bassesse infinie », « méchanceté infinie » : « C'est au fond de la Mort que l'œil plonge sans cesse quand il regarde le monde ». Il l'invite alors à entrer dans le monde nouveau :

> C'est le Rêve, créé par le cœur de l'Art[10],
> où il faut entrer de plain-pied dans l'autre monde – le seul vrai, le seul humain, le seul, où l'un près de l'autre embrassés, père et enfant, dieu soit dieu, l'Homme soit l'Homme.

L'Art n'est pas un moyen de s'évader du monde mais bien de créer « la vie joyeuse », « le monde Saint de la vie pure et de la Vie heureuse », l'art peut « en créer l'âme, en créer le Rêve[11] ». Voici la page dans son intégralité :

> IX But de l'Art
>
> * Créer la Vie Joyeuse
> * Créer le monde Saint de la vie pure et de la Vie Heureuse
> >   Créer ce monde
> >   En créer l'Âme
> >   En créer le Rêve
>
> * C'est le monde de misère et de douleur où nous sommes qu'il faut faire rentrer dans l'ombre du songe. –
> Triste songe. –
> C'est le Rêve, créé par le cœur de l'Art,
> où il faut entrer, de plain-pied dans l'autre monde – le seul <u>vrai</u>, le seul <u>Humain</u>, le seul où, l'un près de l'autre embrassés, père et enfant, dieu soit dieu, l'Homme soit l'Homme.
>
> * Regarde autour de toi = misère infinie
> >   bassesse infinie
> >   méchanceté infinie
>
> Toutes choses qui d'un seul mot, sont l'Ombre infinie, le non-Savoir l'être imparfait, – la nuit –

---

10. *P.F.*, IX, « But de l'Art ».
11. *P.F.*, « But de l'Art ».

C'est au fond de la Mort que l'œil plonge sans cesse quand il regarde le monde.

✱ Le public idéal est le public Humain qui veut l'Homme vrai, qui l'aime, qui beau cherche le beau, le pressant – qui, d'un mot, voit l'Idéal, voit la Vie, qui Vive dans l'Idée, et Voyant l'Art y croit.

Tout grand wagnérien qu'il soit, Suarès n'envisage pas l'œuvre du compositeur comme l'œuvre suprême et il ne fait pas davantage l'apologie du compositeur ce qui ne manque pas de surprendre tant son propos en est proche. Son nom n'apparaît même pas dans ces textes qui font si précisément écho à ses écrits. Si l'on retrouve bien toutes les idées wagnériennes, elles servent à définir l'art et son but mais Suarès les reprend à son compte. Il ne se place pas ici en héritier de Wagner pas plus qu'il ne déclare vouloir lui succéder. Au fond, il ne lui accorde pas d'avoir totalement réussi. Le drame, l'œuvre d'art suprême reste à inventer et il s'agit pour Suarès, non pas du *drame lyrique* tel que Wagner l'a mis en scène, mais de la poésie. Nous y reviendrons mais voyons d'abord comment Suarès envisage la littérature de son temps.

LA LITTÉRATURE

Le chapitre « Art et Lettres » est développé en quatre points.

– La littérature n'est qu'un jeu
– L'Art est tout sentiment
– La littérature n'est devenue « qu'un agréable genre de science »
– Shakespeare, Goethe, Wagner, Tolstoï sont des artistes, non des « littérateurs ».

Suarès fait la différence entre la littérature et l'art. La littérature est un jeu, un métier alors que l'art est la vie même. Il n'y a pas de grand artiste sans une vie intense et véritable. L'art engage l'homme tout entier. Dans les pays où il existe une grande littérature, écrit-il, il n'y a pas d'art. Par exemple, la « littérature allemande n'est rien » mais « il y a Goethe, il y a Wagner[12] ». Il oppose les « littérateurs » aux artistes. « Shakespeare, Goethe, Wagner, Tolstoï – qui font vivre dans le cœur les plus grandes pensées sont des artistes, – non des littérateurs ». Les littérateurs séparent l'art de la vie. Ce sont « des gens de métier ». Les pires sont ceux qui ont du talent :

---

12.   *P.F.*, Art et Lettres.

> Que ceux qui sont doués de cette ombre décevante de la lumière, qui a
> nom talent, ce ne sont que des voleurs de jour, qui se parent de leur
> rapine…

Il avait prévu un chapitre contre certains écrivains intitulé « du temps ».
Il critique les décadents dont le nom « dit tout » sur un ton polémique et
acerbe : « Ils voudraient faire croire qu'ils ont créé un art, mais ils n'en ont
pas la force. » Le responsable en est Flaubert, « ruine », « fausseté »,
« style », et « puits d'ennui ». La remarque suivante est intéressante :

> C'est de Flaubert encore que les français raffinés ont le plus tiré
> leur goût de l'opéra. – La France n'est qu'un Opéra. Tout ce que font
> les décadents, est de l'opéra. Je parle de ceux qui tâchent à n'être pas
> seulement infâmes de niaiserie, et de prétention : pour ceux-là, il n'y a
> que le fouet, et la chemise de force. Mais, le fouet suffit à les guérir.
> Car, ils mentent plus qu'ils ne sont malades. Il est vrai qu'il y a des
> maladies qui font mentir.

L'opéra est présenté ici comme la forme artistique la plus décadente.
En effet, elle est un mélange de toutes les formes d'art sans justement
créer d'unité entre elles. Elle est l'image même de la décadence et de
l'incapacité à retrouver l'œuvre d'art dans sa plus haute manifestation.
Wagner présente de la même façon l'opéra et il se refuse à considérer que
ses œuvres sont des opéras[13] :

> Nous ne reconnaissons en aucune manière, dans notre théâtre public,
> le véritable drame, cette œuvre d'art unique, indivisible, la plus grande
> de l'esprit humain : notre théâtre offre simplement le lieu adapté au
> spectacle séduisant de productions isolées, à peine reliées superficiel-
> lement, artistiques, ou plutôt : artificieuses.

Nous nous sommes éloignés de l'Art véritable : « la littérature, prise
comme on la voit dans les pays de lettres, n'est dans son plus bel état
qu'un genre agréable de science. Elle est la psychologie, la philosophie,
l'histoire, des femmes et des âmes de petite attention. »

C'est à cause, pense-t-il, de la séparation entre l'art et la vie : « Les pays
de littérature […] séparent toujours l'art de la vie – et n'en font qu'un jeu
raffiné d'esprit ». Au contraire pour Suarès : « L'Art est la pleine Vie ».
C'est la Vie qui fait le grand artiste : « Il n'y a pas de grand artiste sans
grande âme », écrit-il dans le chapitre « Des grands artistes ». « Comme
l'Art est la fleur de l'Esprit humain, le plus grand artiste est celui dont
l'âme porte sans peine tout le travail de l'humanité, et qui l'offre dans son

---

13.   Richard Wagner, *L'Art et la Révolution*, *op. cit.*, p. 26.

œuvre à l'amour du peuple entier », une grande âme c'est une âme qui vit. Elle est, quelle qu'elle soit, en dehors de la morale sociale ou religieuse.

Il prend l'exemple de Verlaine qu'il présente comme « un artiste infâme ». Son art est un art de « malade et de dément dans la fange », mais il est beaucoup plus artiste que Burne-Jones ou que Saint-Saëns. Sa supériorité est dans la vie : « il vit du moins, et il fait sentir la misère de la boue qui chante en lui ». Le compliment est pour le moins ambigu, mais Suarès se montre aussi provocateur ici, séparant l'Art de la morale (en tout cas de la morale dite bourgeoise, la dimension « morale » de l'Art étant dans la beauté qui n'obéit pas elle-même à la morale commune).

L'art est le monde de l'émotion et de la vie, pas celui des hommes de métier qui sont « sans foi ». Or, l'Art justement est affaire de foi et Suarès affirme dans *P.F.* une véritable religion de l'art :

> Il n'y a pas plus de religion sans foi que sans foi, il n'est d'art […] la mission de l'Art est de tenir l'âme dans la foi ; l'Art assure l'Homme dans l'Être[14].

Encore faut-il comprendre ce qu'est la religion pour Suarès. Il ne s'agit surtout pas de créer un théâtre voué à une religion particulière. Le passage sur Verlaine le montre assez, sa religion est libre de tout dogme ou morale établie. L'art pose la question du rapport à l'Être, à Dieu. Plus : il est religion lui-même. La religion, pour Suarès, c'est l'Art : « L'Art est la religion de l'avenir[15] », « L'Art est le culte et la prière ». La conclusion du chapitre VIII, *P.F.* est une profession de foi :

> L'Art est religion : car il fait sentir Dieu,
>   il le prie, et le fait prier
>   il le mène et le confond
>   dans le cœur.
> Le cœur pur, où fleurit la beauté, est digne de dieu. Et dieu aime à y venir, Hôte divin de ce
>   divin palais.

Le véritable artiste est un être plein de foi : « Une foi ardente, pure et vive comme le feu, claire comme la lumière, brûlante comme le vrai, est la chair même du vrai artiste. » *P.F.*, devait se terminer en affirmant fortement ce caractère religieux de l'Art et l'affirmation de l'Art comme moyen de la Rédemption :

---

14.   *P.F.*, IV.
15.   *P.F.*, « Grandeur et Sainteté de l'Art tel que je le vois ».

Grandeur et Sainteté de l'Art tel que je le vois :

– l'Art est la Religion de l'avenir
– l'Art est le culte et la prière
– L'Artiste est le prophète de Dieu ; précurseur d'Idéal.
– Il force le cœur de l'Homme, et le mène à Dieu, à l'insu de l'homme même, sans que l'homme le veuille, sans qu'il y pense : il est la purification même et le (lieu) pur.
– l'Art est la Rédemption. Il sauve de la basse vie. Il est la vie bonne. Il est la Vie belle. Il est la vie de vérité et ainsi la vie heureuse et parfaite.
– Il est divin. Il fait des Dieux. Il déterre la terre ; il débrutise l'Homme et tout le peuple.
– Rien n'est plus saint, plus noble, plus grand. L'Art a la mission du divin – et la garde de l'Idéal humain.

ART ET SCIENCE – LA PLACE DU POÈTE – LA QUESTION DE LA CONNAISSANCE

Le cœur de *P.F.* tel qu'il nous apparaît aujourd'hui est la question du rapport de l'art et de la science. Du moins les pages les plus développées traitent-elles de ce sujet. Peut-être faut-il y voir la question centrale d'un ensemble plus vaste dont la science, la connaissance et l'art seraient les thèmes et dont *P.F.* serait la préface justement. La métaphysique posant la question de la véritable connaissance, celle de l'Être, il ne serait pas étonnant que la question de la science et du savoir soit en bonne place dans un texte sur l'Art.

Quoi qu'il en soit, cette question est fondamentale pour nous car c'est un sujet très souvent traité dans les textes de Wagner et on peut y voir un rapport important entre Suarès et le compositeur.

Pour Wagner, la science, procédant par analyse, s'oppose à l'art, à l'intuition qui perçoit l'objet dans un seul mouvement et le donne à connaître par l'émotion. L'art, monde de l'émotion, de l'intuition, est aussi le véritable lieu de la connaissance. Il développe cette idée à plusieurs reprises. Les textes de références sur ce sujet sont extraits d'*Opéra et Drame* et de *L'Œuvre d'Art de l'Avenir*.

Dans *Opéra et Drame* [16], il oppose l'attitude d'un poète face à la nature, à celle du savant. Le premier est saisi par la contemplation de la nature alors que le second l'observe derrière son microscope. Le premier

16.   Richard Wagner, *Opéra et Drame*, t. II, *op. cit.*, p. 54.

est envahi par un sentiment d'unité avec la nature, de sympathie qui la lui fait percevoir dans sa totalité, quand le second l'analyse. Wagner oppose « l'entendement qui la décompose *en ses parties les plus isolées* » et l'intuition, qui fait participer directement à la nature de l'objet observé :

> Le premier s'entretient avec la nature, et elle lui répond. – Dans ce dialogue, ne comprend-il pas mieux la nature que celui qui l'observe au microscope ? Que comprend celui-ci à la nature, sinon ce qu'il n'a pas besoin de comprendre ? L'autre au contraire, perçoit d'elle ce dont il a besoin au moment de la plus grande exaltation de son être et il embrasse ainsi la nature sur une étendue infiniment plus grande et de telle façon que l'intelligence la plus vaste serait incapable de la représenter.

Plus loin, il prend l'exemple de l'anatomie. L'homme, dans sa recherche du mystère de la vie en arrive à ouvrir les corps. Mais il ne trouve pas le secret de la vie, seulement une connaissance mécanique des éléments anatomiques :

> Il ouvrit et découpa le corps et mit à nu tout l'organisme intérieur amorphe qui dégoûta notre regard précisément parce qu'il n'est fait ni ne doit être fait pour être vu. Dans cette recherche de l'âme, nous avons tué le corps ; en voulant découvrir la source de la vie, nous n'y trouvâmes que des viscères inertes qui ne pouvaient être des conditions de vie qu'en ayant la faculté de se manifester complètement et sans solution de continuité. Mais l'âme recherchée n'était pas autre chose, à la vérité que la vie : l'anatomie chrétienne n'eut plus à considérer que la mort. Le Christianisme avait détruit de son scalpel dualiste l'organisme de la vie[17].

On reconnaît dans cet aspect de la pensée de Wagner un des nombreux liens avec la philosophie de Schopenhauer qui donne à l'intuition la première place dans le domaine de la connaissance car elle ne concerne pas uniquement la compréhension intellectuelle des choses mais elle saisit l'être en son entier. Schopenhauer écrit dans *Le Monde comme volonté et représentation* :

> L'intuition n'est pas seulement la source de toute connaissance, elle est la connaissance même χατ εξοχην ; c'est la seule qui soit inconditionnellement vraie, la seule que l'homme s'assimile réellement, qui le pénètre tout entier, et qu'il puisse appeler vraiment sienne. Les

---

17. *Ibid.*, p. 182, 183.

> concepts au contraire se développent artificiellement ; ce sont des piè-
> ces de rapport[18].

C'est un point très important de la pensée de Wagner à laquelle les wagnéristes sont attachés et auquel ils font souvent référence dans la *Revue
wagnérienne*. Suarès s'engage dans le même courant de pensée lorsqu'il
écrit dans *P.F.* :

> Afin que l'art soit révélation d'un monde non pas médiocre mais du
> monde entier, du monde de Dieu, qui tout amour est aussi tout savoir.
> [...]
>
> Le but de l'art est de toucher ce fond d'éternité, et de nous y mettre
> d'un seul jet comme au sein du vrai.

À propos de l'intuition, on trouve une petite phrase écrite en travers d'une
feuille :

> L'intuition est l'entendement à la fois du plus haut point de la Science
> et du plus haut point de l'Art : car c'est là que l'Art prend la science à
> lui et se l'attache.

Ces quelques références aux textes de Wagner sont nécessaires pour
comprendre les passages de Suarès sur la science car nous sommes dans
la même logique. Il oppose de la même façon les deux rapports à la
connaissance et affirme la vanité de la science et de l'analyse auprès de
l'Art qui perçoit le monde dans un processus de création :

> Tout ce qui se déduit, tout ce qui se sait, n'est qu'un néant auprès de
> l'Art qui le crée. – La Vie ne daigne même pas avoir d'yeux pour tout
> ce qui l'explique[19].

L'analyse divise un objet en ces différentes parties pour le connaître et le
comprendre. L'art le saisit dans son intégrité, d'un seul mouvement :
« L'Art suprême rejoint la science suprême dans la connaissance de
l'univers. Mais ce que la science fait par fragments et par analyse, l'art le
fait d'un seul coup[20] ». L'Art est supérieur à la science en ce qu'il fait
participer à l'Être et à la vie : « L'Art suprême fait entrer dans l'Être »
écrit-il. Il accède au mystère de la vie et restitue cette connaissance directement par l'émotion :

---

18.   Arthur Schopenhauer, *Le Monde comme volonté et représentation*, trad. A. Burdeau,
      Paris, PUF, 1966.
19.   *P.F.*, Chapitre « Philosophie – Science et Art ».
20.   *P.F.*, VII, 5.

> Sans aucune étude, de la façon la plus générale, la plus humaine,
> [comme toute belle forme de religion, lui qui est aussi la Religion] fait
> sentir par le cœur humain ce qui est le prix – pour les esprits – de la
> longue recherche, de la toute science et des parfaites études. – Il est
> donc le savoir essentiel fait cœur et partie de lui-même[21].

Le but de la science est alors d'enrichir le cœur, de rendre plus profonde la connaissance de la Vie, de l'Être. Elle fait fausse route lorsqu'elle devient connaissance pure et s'éloigne de la vie, c'est-à-dire pour
Suarès de l'amour donc du cœur. L'Art donne vie à cette connaissance
par l'émotion :

> Toute science n'est faite que pour donner une force dernière et un ali-
> ment total au cœur. L'Art porte cette nourriture, et la rend sang et
> chair[22].

La science est donc un moyen, elle ne doit pas être un but et l'Art lui est
supérieur :

> Que la science est le moyen total de l'Esprit : mais que le tout esprit
> n'est qu'un moyen <u>du</u>
>   et <u>pour</u>[23] le tout cœur. L'Art est ce tout-cœur, en foi.

Aussi, dans le domaine de la connaissance, la science est-elle au service
de l'Art qui est au-dessus d'elle :

> Le grand cœur de l'artiste doit se rendre plus profond de tout ce que la
> science y peut mettre, de tout ce qu'elle ajoute au mystère en le rédui-
> sant de proche en proche à cette unité formidable, où tout semble se
> condenser.

Il ne faut pas refuser la science au profit de l'art, il ne faut pas les opposer. L'artiste doit s'enrichir de la science pour accéder à une création plus
riche :

> Science, savoir, servent à l'Art comme de nourriture. Ils sont la terre
> et la pluie de la moisson de l'âme.
> Et il faut que l'artiste les ait en soi pour en user[24].

Il faut se souvenir ici du projet de Suarès à ce moment-là. Il cherche à
ce que sa création couvre tous les domaines du savoir et l'une des images
centrales du créateur pour lui est Léonard de Vinci. Il songe lui-même à

---

21. *Ibid.*
22. *P.F.*, VII, 5.
23. Souligné par Suarès.
24. *P.F.*, V, 10.

inclure dans son œuvre des écrits scientifiques. On trouve dans ses manuscrits de jeunesse des croquis, des calculs, des plans de bateaux… Un
feuillet intitulé « Des grands Artistes » développe cette idée :

> On voit bien aux époques où la science ne prétend point, que le grand
> artiste est, dans son œuvre, le premier des savants : qui est plus savant
> que l'Odyssée ? qui plus que Dante ? Qui plus que Vinci ? Qui plus
> que Goethe ? – Ils ont la vraie science. Leur seul tort, aux deux der-
> niers, est d'avoir voulu toucher aux métiers de la science : le grand ar-
> tiste doit avoir assez de posséder l'Âme de la science. –

L'important pour l'artiste est de rendre accessible par l'émotion le savoir
et les grandes questions humaines :

> Comme l'Art est la fleur de l'Esprit humain, le plus grand artiste est
> celui dont l'âme porte sans peine tout le travail de l'humanité, et qui
> l'offre dans son œuvre à l'amour du peuple entier. L'Artiste fait com-
> prendre aux autres par le cœur, et comprend lui-même ce que la
> science a découvert, et ce que tout le siècle soit, cherche à savoir, veut
> faire et fait.

On retrouve à travers ces différents textes, la recherche de l'homme
complet dont parle Wagner, et Suarès utilise directement cette expression.
À travers cette image s'exprime la volonté d'unir intuition et pensée rationnelle, cœur et esprit, musique et poésie dans la recherche d'une participation plus complète à la vie et, par là-même, l'accession à un savoir
véritable :

> Il s'agit que la science fasse l'homme complet. – que les notions ac-
> crues en nombre infini soient la terre plus riche des émotions. Afin que
> l'Art soit la révélation d'un monde non pas médiocre – mais du monde
> entier, du monde de Dieu, qui tout amour est aussi tout savoir[25].

Il se moque au passage du matérialisme de ses contemporains. Ils pensent, écrit-il, que lier science et art consiste à « faire un poème des mouvements planétaires, ou de la synthèse des sucres ». Ce ne serait « en rien
de l'Art, sans être plus de la science ».

Pour finir sur cette question du rapport de la poésie avec la science, il
faut revenir sur la manière dont Wagner l'aborde d'un point de vue historique. On l'a vu, à travers l'homme, la nature prend conscience d'elle-
même. Dans un premier temps l'homme est un être instinctif, il participe
directement à la vie, il est uni à la nature et comprend le monde par l'in-

---

25. *P.F.*, V.

tuition. Dans un second temps, il devient un être raisonnable, il se dégage de la nature, il observe la vie de façon extérieure, de façon analytique. Alors, le savoir se coupe de l'émotion et de l'intuition.

À présent, la science doit revenir aux intuitions premières : « la fin de la science est l'inconscient justifié, la vie consciente d'elle-même ». Le troisième moment de l'évolution de la conscience humaine est le retour à la nature avec cet esprit scientifique. Le poète, alors, a un rôle central : ramener le savoir à la vie. Le poète doit être le trait d'union entre ces deux aspects de l'homme, entre l'idée et l'émotion. Il ne s'agit pas de refuser la science, second temps de l'évolution pas plus que de revenir à la seule intuition, premier rapport de l'homme à la nature, mais de passer à ce troisième état qui lie les deux et dont l'œuvre d'art est le moyen d'expression[26]. Il faut citer ici Henri Lichtenberger qui écrit dans *Richard Wagner, Poète et Penseur* :

> Wagner ne conteste pas du tout les progrès immenses accomplis par l'intelligence humaine ; il n'est nullement un ennemi de la science et de l'histoire, et il ne voit pas du tout son idéal dans la brute primitive et inculte chez qui la raison ne s'est pas encore dégagée de l'instinct, dans le « bon sauvage » cher à Rousseau. Seulement, il veut que toutes les acquisitions nouvelles de l'intelligence soient mises à la portée de la sensibilité. [...]. Le poète doit être en quelque sorte le trait d'union entre l'instinct et la raison : il doit s'assimiler les résultats derniers de la science et de la sagesse humaines et transfigurer ces résultats de manière à les rendre accessibles à l'instinct ; c'est ce que Wagner exprime en disant que le but de toute poésie c'est « l'incarnation complète de l'*intention* dans l'*œuvre d'art*, la transposition de l'*idée* en *émotion, die Gefühlswerdung des Verstandes.* »

La position de Wagner explique cette définition de l'art qui peut surprendre : l'œuvre d'art, écrit-il, « est la réconciliation parfaite de la science avec la vie[27]. »

Le poète a accès au savoir mais il doit le rendre à la vie et ne pas le laisser dans l'abstrait et l'intellect[28]. Suarès est proche de cette pensée lorsqu'il écrit :

> La poésie prend tout au sein de l'Idée, et l'en tire, pour le mettre dans le cœur de l'émotion.

26. *Cf.* Lichtenberger, 1931, *op. cit.*, p. 192.
27. *L'Œuvre d'Art de l'Avenir, op. cit.*, p. 64-65.
28. Wagner emploie une expression très mal rendue dans la traduction de Prod'Homme, « le poète est le *sachant de l'inconscient* », *Opéra et Drame*, t. II, *op. cit.*, p. 121.

Au fond la science accède elle aussi à une part de la connaissance mais celle-ci n'est rien si elle n'est pas rendue à la vie et à l'émotion. C'est pourquoi le poète est le seul vrai métaphysicien car il replace la pensée au cœur de la vie. Chez Wagner, on trouve le couple musique-poésie dans ce contexte :

> La science décompose tout l'univers pour trouver le fond de l'être dans chaque partie. La Philosophie prend les résultats de toute la science, et veut comprendre cet Être total ce qui est vain. – L'Art seul le peut. Il est la seule métaphysique possible. – Et de l'Art l'émotion pure est la sagesse parfaite. C'est pourquoi tout se ramène à la Musique et à la Poésie. – Le musicien donne la main au poète et à l'ancien philosophe. Le philosophe au musicien et au mathématicien[29].

De la même façon, Suarès écrit dans *P.F.*[30] :

> C'est par suite des même raisons que le vrai poète se trouve être, désormais le vrai philosophe à l'ancienne manière des grecs dans leur fleur.
> Car lui seul peut être métaphysicien, lui seul peut faire sentir l'inaccessible, et mettre par-là dans le cœur ce qui n'est pas fait pour l'esprit.
> Plaisante erreur qu'un savant croie pouvoir être métaphysicien.

On ne s'étonnera pas alors que Suarès fasse allusion aux Grecs dans le même passage, dans un petit texte écrit sur une feuille au recto et au verso :

> Comme le beau héros qui avait le prix de la grâce aux fêtes sacrées, allait chaque matin, s'exercer péniblement dans la poussière du stade, – ainsi le grand cœur de l'Artiste doit se rendre plus profond de tout ce que la science y peut mettre, de tout ce qu'elle ajoute au mystère en le réduisant de proche en proche à cette unité formidable, où tout semble se condenser[31]…

Il est important de noter qu'André Suarès conserve cette réflexion dans des textes ultérieurs. Il confronte toujours l'art à la science dans le carnet n°183 daté selon Cécile Jasinski de 1929 :

> L'œuvre de la Science est et doit être totalement impersonnelle. L'œuvre de l'art et de la poésie est toujours de l'individu. Elle fait vivre un homme qui crée, et d'autres hommes, ses créatures. L'œuvre de la science est toute à tous. L'œuvre d'art est à un seul. Sans Kepler, les trois lois eurent été découvertes par un autre. Rien n'eût jamais fait

---

29. *Ibid.*
30. *P.F.*, V, § 10.
31. *P.F.*, V, 10.

> *La Tempête* que Shakespeare. Pourquoi ? Nous touchons ici au fond
> de la différence. Dans l'art et la poésie, il y a tout l'homme. Dans la
> science, il n'y a que la part éternelle de l'homme : la pensée,
> l'intellect. L'art et la poésie enferment la Vie, c'est-à-dire l'homme
> sensible avec tout le cœur, comme dit Pascal, et c'est le cœur qui fait
> la réalité de la pensée[32].

L'ART DE L'AVENIR SELON SUARÈS

Il faut revenir à présent à la question principale : que sera pour Suarès
l'art de l'avenir ? Dans *P.F.* toujours, il cite une phrase en allemand de
Schopenhauer à propos de la musique, qu'il traduit ensuite ainsi : « Les
autres arts ne parlent que de l'ombre des choses ». Il réagit à cette asser-
tion par cette remarque :

> Cela n'est pas. Il faut dire : « l'émotion est le seul sens qui nous livre
> l'essence des choses ». Et cela est de très loin vrai de la musique. – Je
> veux que ce le soit aussi de la poésie.

Suarès opte pour la poésie à ce moment-là, une poésie qui retrouve
l'émotion et donc la musique. Wagner cherche un art qui mêle musique et
poésie et ainsi, émotion et idée. La poésie est l'égale de la musique où
plus exactement, elle l'intègre. Cette idée renvoie directement à la recherche des symbolistes de reprendre à la musique son bien et de le rendre à la poésie même si Suarès ne se reconnaît pas comme un des leurs et
les critique beaucoup.

Il s'intéresse d'abord à la valeur du symbole. Il est nécessaire, écrit-il,
en ce qu'« il faut des images de tout » pour connaître le monde. Mais il
n'aide pas l'art, pire, « il en est la tare » car il rend plus épais « cet écran
fatal qui ôte à l'âme la vue du fond de l'être, et l'être lui-même[33] ».

L'Art au contraire tend à « la contemplation directe de l'Éternel ». Il
cite à ce propos Schopenhauer en allemand. Pour le philosophe, écrit-il,
les symboles sont utiles dans la vie mais pas dans l'art, « ils ne sont pour
lui que des hiéroglyphes ». Il cite également Wagner (en allemand toujours) et le traduit :

---

32. Carnet n°183, p. 44.
33. *P.F.*, p. 7.

L'art cesse au fond d'être de l'art, dès qu'à la réflexion il nous faut le voir comme tel[34].

Il s'attaque également à ceux qui ont fait de l'Idéal une mode[35] : Rémy de Gourmont « parle pour l'Idéal, qui pense l'avoir inventé », Péladan « ne sait rien du tout et en fait une encyclopédie » et encore Saint-Pol Roux dont il critique la faiblesse de pensée. S'il rêve d'une poésie qui reprenne à la musique sa valeur émotionnelle ce n'est donc pas celle des symbolistes. Elle doit être liée à la métaphysique devenue impossible depuis Kant, rendue « impuissante et inutile » par Hegel[36]. Schopenhauer lui-même ne trouve pas grâce à ses yeux car il fait de la musique « sans le vouloir », pas de la philosophie. Ces idées, « fines sur l'homme, l'Art et la vie », sont des idées littéraires, la *Volonté* n'explique rien, écrit-il.

La seule question importante reste :

« Qu'est-ce moi ? Qu'est-ce être ? » Il s'agit de connaître pour quoi, comment, et quoi – c'est-à-dire dieu, or dieu ne peut ni se prouver ni même se chercher.

Ainsi, l'art est la seule réponse, par la poésie, par l'émotion. Dieu se saisit « au fond de Tout, de l'Âme, c'est-à-dire dans l'Amour », « l'Art est la seule foi de l'Avenir ».

POÉSIE

Là encore, on aurait aimé que les textes consacrés à la poésie soient plus complets et rédigés. On trouve principalement l'ébauche d'une partie consacrée à la poésie et particulièrement à la rime, le chapitre VII. 5. Il commence par une citation de Wagner sur la rime :

« La rime est un dre-lin – dre-lin pour endormir les sauvages et les enfants ». (R. Wagner)

Elle est suivie d'un commentaire en cinq points. Le premier concerne Wagner lui-même qui, malgré ses critiques sur la rime, l'employait cependant. Les second et troisième concernent l'aspect musical de la rime et les deux derniers ses rapports avec le sens.

---

34. *P.F.*, VI. Hélas, on ne trouvera dans cette page que quelques citations et notes mais pas d'ensemble complètement rédigé. Les citations en allemand laissent à penser qu'il n'usait pas de traduction.
35. *Cf.* Yves-Alain Favre, *op. cit.*, p. 64-65. Il cite un appendice à *P.F.* que nous n'avons pas retrouvé.
36. *P.F.*, p. 11.

Dans les deux premiers Suarès présente les éléments musicaux de la poésie :
- La rime est l'élément harmonique du langage et de la poésie.
- Rime, allitération, rythme sont la musique de la poésie.

Les deux suivants affirment le caractère purement musical de la rime qui « n'a rien à voir avec le sens » et qui, même, « est en rapport inverse du sens ». Un vers « plein de sens et de notion » ne doit pas utiliser de rimes, ou peu, alors que la recherche de l'émotion va de pair avec une utilisation variée de rimes « riches », « abondantes », « répétées dans le cours du vers, et liées à leur diverses consonances ». Cette opposition du sens et de la musicalité est juste ébauchée ici et on aimerait trouver d'autres éléments plus développés sur cette question. On ne peut que retenir le peu d'intérêt de Suarès pour la rime et sa préférence pour les éléments plus « intérieurs », moins mécaniques, moins systématiques. La citation de Wagner est très proche de l'*Art Poétique* de Verlaine et de son « joujou d'un sou ». Elle est extraite d'*Opéra et Drame*. Dans un texte provocateur et assez peu subtil, Wagner attaque violemment la rime qu'il présente comme le « postérieur » de la poésie, « aride », « flasque » et « blafard ». Il l'oppose au « beau visage du *verbe* » :

> Approchez-vous, Ô poètes, de ce sens splendide ! Mais approchez-vous-en, comme des hommes complets, en toute confiance ! Donnez-lui l'étendue la plus grande que vous puissiez embrasser, et ce que votre intelligence ne peut unir, ce sens le pourra pour vous, et il s'ouvrira devant vous comme un tout infini.
>
> Allez donc à lui de tout cœur, les yeux dans les yeux, présentez-lui votre visage, le visage du verbe, – mais non pas la partie postérieure, aride, que vous remorquez, flasque et blafarde, dans la rime finale de votre discours prosaïque, et que vous traînez en l'amenant à l'oreille, – comme si, en expiation de ce tintement puéril par lequel on fait taire les sauvages et les innocents, vos mots devaient entrer, par sa grande porte, dans le cerveau qui recommence à l'analyser. L'oreille n'est pas un enfant ; c'est une femme bonne et aimante, qui peut, par son amour, porter au comble du bonheur celui qui lui apportera *en soi* l'élément le plus complet qui puisse la ravir[37].

Ce passage appartient à la seconde partie d'*Opéra et Drame* qui étudie le rapport entre la poésie et la musique dans le Drame de l'avenir. Pour résumer très rapidement son propos, Wagner retrace l'évolution de la

---

37. *Opéra et Drame, op. cit.*, T.V, p. 128.

poésie qui « se transforme d'une activité du sentiment en une fonction de l'entendement[38] ».

Le premier langage de l'homme était émotionnel, les voyelles étaient dégagées des consonnes et donnaient une impression de mélodie. Cette mélodie fut ensuite accompagnée de gestes et s'est trouvée rythmée par eux. Cette « mélodie rythmique » est à l'origine du langage et a été très importante pour la constitution des vers. Les voyelles se sont ensuite trouvées « recouvertes par les consonnes » comme un arbre par son écorce : « ces voyelles ainsi revêtues et distinguées par ce revêtement constituent *les racines de la langue*. Apparaît alors la propriété primordiale de tout langage poétique : le *stabreim, l'allitération*[39]. »

Dans toute cette partie, Wagner insiste sur l'importance de l'allitération et de la dimension émotionnelle de la poésie. Dans *Une communication à mes amis*[40], il cherche un type de vers adapté à l'expression de Siegfried. Il exprime alors son refus de la rime qui fait partie d'une poésie trop « intellectuelle » ou réfléchie. Il lui préfère le vers allitéré, plus émotionnel et vivant, instrument poétique dont le peuple se servait jadis lorsqu'il était encore poète et créateur de mythes :

> À ce geste, devait nécessairement correspondre une manière de parler, pour cela, le vers moderne qui n'est plus qu'un produit *pensé* avec sa structure flottante, désincarnée, ne suffisait plus ; le fantôme de la rime qui le revêt apparemment de chair ne pouvait plus tromper sur l'absence d'os vivants, dont tient lieu en lui une manière cartilagineuse extensible à volonté, ballottée de-ci de-là.

On ne peut pas tirer de conclusion très précise à la lecture de ces quelques notes de Suarès, sinon la méfiance vis-à-vis de la rime, la recherche de la musicalité au-delà de règles poétiques fixes, la recherche des allitérations, du rythme, tout ce qui fait la musique « interne » du texte poétique. Quant à la rime, loin de la rejeter, Suarès la rêve plus forte, plus libre, tout entière vouée à la musique et dégagée entièrement du sens :

> Plus les vers doivent être pleins de sens et de notions, plus la rime y doit être rare – et même évitée tout à fait, de même que les assonances. Plus les vers veulent être émouvants par la suggestion des sons des mots, plus les rimes doivent être abondantes, riches, fortes, répétées même dans le cours du vers, et liées à leurs diverses consonances.

---

38. *Ibid.*, p. 67.
39. *Ibid.*, p. 59-66.
40. *Une communication à mes amis*, Mercure de France, 1976, p. 144.

On peut supposer par cette petite citation de Wagner, que la lecture des textes de Zurich ont été marquants pour André Suarès, et principalement ceux sur la rime et l'allitération. Là encore, on regrette qu'il n'en reste qu'une ébauche et on espère trouver dans les documents en attente d'inventaire d'autres inédits qui viendraient compléter ce document incomplet. Il semble bien pourtant que les textes de Lylian ou ceux de Psyché correspondent assez à ces quelques idées présentées ici sur la rime et la musicalité.

P.F. est un document très riche. Il donne de nombreuses indications sur la conception de l'art chez le jeune Suarès. Il est incomplet mais les idées principales sont clairement exprimées même si ce n'est parfois que sous la forme de titres ou de simples remarques. Au-delà de l'influence manifeste des écrits en prose de Richard Wagner, un autre élément apparaît de façon très claire : l'influence du philosophe Arthur Schopenhauer. En complément de cette étude de *P.F.*, il faut nous arrêter un moment sur sa pensée.

Chapitre 4

SCHOPENHAUER

Yves-Alain Favre présente Schopenhauer comme « le maître secret de Suarès » dans un article de la *Revue des Lettres modernes* consacrée à Suarès et l'Allemagne. Pour lui, son influence est diffuse. Suarès ne lui a, en effet, jamais consacré de portrait ou d'étude. Pourtant sa pensée l'a imprégné profondément. Une lettre du 24 septembre 1887 à Romain Rolland précise qu'il vient de le lire :

> Aussi, de plus en plus, écrit-il, je rends mienne la maxime de Schopenhauer que j'ai lue hier : si tôt qu'on n'a point la force de créer, mais qu'on a le cœur large assez pour recevoir dans leur plénitude les créations d'autrui, pour un pareil homme il n'est qu'un seul refuge, qu'une seule joie sans mélange, la solitude. Il n'est pas de doute qu'un artiste solitaire, à moins qu'il ne soit musicien ou philosophe, est un contresens inconcevable : l'observation est la nourrice nécessaire de l'Art, et la vie est la matière immanente de l'observation[1]…

Cette lettre ne permet pas de savoir quelle était véritablement sa connaissance du philosophe au moment de son écriture. Son œuvre était traduite en 1887 pour l'essentiel. Favre en donne la liste complète dans son article, rappelons simplement que *Le Monde comme volonté et représentation* était traduit en 1886 et que Suarès possédait le livre de Louis Ducrot : *Schopenhauer,* paru en 1883 dans lequel Favre a trouvé quelques notes qu'il cite dans sa thèse.

Dans une autre lettre à Rolland du 28 mars 1890, il déclare « l'avoir bien lu », et lui trouve beaucoup de faiblesses :

> Il est en décor, à peu près supportable – au fond, vide et sans courage – par-dessus tout, sans « intuition » ; une sorte de faiblesse d'esprit presque amusante quand elle n'irrite pas […].

---

1.   *Cette Âme ardente, op. cit.,* p. 72.

Il lui reproche les même travers dans *P.F.*, dans la partie « Métaphysique et Morale » :

> Pourtant Schopenhauer abonde en idées fines sur l'homme, l'art et la vie. Mais idées littéraires, paraphrases et tableaux des faits. C'est un romancier analyste, qui peint les idées d'une âme assez belle, la sienne. Pour tout le reste, c'est l'abus d'une Abstraction puérile : la Volonté n'explique rien ; elle n'est qu'une intégrale des éléments d'action et de vie.

Suarès n'adhère pas à sa théorie de la Volonté et il ne le suit pas à propos du suicide (malgré les nombreuses tentations qu'il a pu connaître) comme le montre le texte d'un carnet de 1892. Contrairement à ce qu'en écrit Schopenhauer, pour Suarès le suicide marque une haine de la vie alors que la vie demande un sacrifice durable et constamment renouvelé. On trouve des références au philosophe dans des carnets inédits depuis les premiers jusqu'à ceux datant de la seconde guerre mondiale. Il le trouve « méchant, plein de mépris, d'outrage et de fiel » mais le considère pourtant comme un grand sage de l'humanité. Dans un inédit cité par Favre, il apparaît aux côtés de Jésus, Bouddha et Sophocle[2].

La lecture des textes de Suarès nous renvoie pourtant souvent à la pensée de Schopenhauer. Les rapports de Wagner avec le philosophe ont été longuement étudiés, en particulier par Édouard Sans que nous avons déjà cité. Le wagnérisme et la pensée de Schopenhauer sont profondément liés dans l'esprit du jeune écrivain. Les éléments les plus proches sont d'ordre esthétique.

Par l'Art, selon le philosophe, la connaissance parvient à saisir l'essence même des choses et des êtres. Favre résume ainsi sa pensée :

> Alors que la science étudie le phénomène, ses lois et les rapports qui en résultent, l'art vise à saisir l'essence du monde, et la connaissance artistique est indépendante de toute relation.

D'autre part, pour Schopenhauer, la souffrance est le fond de la vie. L'homme oscille entre la souffrance et l'ennui parce qu'il est la proie de multiples désirs et besoins. L'Art permet de sortir de ce cercle infernal en contemplant directement l'essence même du monde. Au sommet des arts la musique tient la place suprême car elle est libre du monde des phénomènes : « Elle exprime l'essence intime de toute vie et de toute exis-

---

2.   Yves-Alain Favre, « Schopenhauer, maître secret de Suarès », *Suarès et l'Allemagne*, *La Revue des Lettres modernes*, Paris, 1976, p. 71.

tence[3]. » Par elle, l'homme entre en contact avec l'essence des choses. Au-delà de son individualité, il quitte la source même de la souffrance. Schopenhauer donne à la musique une place qu'elle n'avait pas jusqu'à présent. Il écrit dans *Le Monde comme volonté et représentation* :

> La musique, qui va au-delà des Idées, est complètement indépendante du monde phénoménal ; elle l'ignore absolument, et pourrait en quelque sorte continuer à exister, alors même que l'univers n'existerait pas ; on ne peut en dire autant des autres arts. La musique, en effet, est une objectivité, une copie aussi immédiate de toute la volonté que l'est le monde, que le sont les Idées elles-mêmes dont le phénomène multiple constitue le monde des objets individuels. Elle n'est donc pas comme les autres arts, une reproduction des Idées, mais une reproduction de la volonté au même titre que les Idées elles-mêmes. C'est pourquoi l'influence de la musique est plus puissante et plus pénétrante que celle des autres arts ; ceux-ci n'expriment que l'ombre, tandis qu'elle parle de l'être[4].

Ces idées ne peuvent que séduire Suarès. Elles sont très proches de certains de ses textes sur la musique. Il écrit par exemple à Romain Rolland en janvier 1889 :

> La musique exprime précisément ce que rien n'exprime, sinon elle : la totalité de notre vie, âme et chair unis, – la misère des autres arts me semble justement de séparer ces éléments inséparables, de l'Unité Divine – En tout cas, l'âme (ou ce qui s'appelle aussi faussement pensée, etc…) ne peut être réduite en musique.

Nous l'avons vu à propos de la fameuse « nuit de Marseille », Suarès a aussi conscience de l'aspect fugace de ce salut. Schopenhauer, là encore, est une source de réflexion pour lui. Pour le philosophe, le véritable salut réside dans la « négation du vouloir-vivre ». Cette voie est celle de la pitié, de la connaissance et de la participation à la souffrance des êtres en la faisant sienne.

Nous retrouvons dans le parcours de Suarès les grands éléments de la pensée de Schopenhauer et les rapports entre leurs deux pensées s'imposent d'eux-mêmes, en considérant également que cette connaissance passe par le filtre wagnérien. Yves-Alain Favre cite un texte inédit trouvé dans le livre que possédait Suarès sur Schopenhauer. Nous le reproduisons ici :

---

3.   Arthur Schopenhauer, *Le Monde comme volonté et représentation, op. cit.*, p. 216.
4.   *Ibid.*, p. 329. Suarès cite ce passage en allemand dans *P.F.*

> L'amour de la musique est une des portes ou secrète ou royale qui mène à Dieu.
> Aimez profondément la musique et vous serez sauvé.
> Les moins sauvés des hommes, ceux qui sont sans musique. On est sur le seuil ; la musique est la clef. Tous les saints ne sont pas des anges ; mais tous les anges sont musiciens. [...]
> Schopenhauer est musicien. Nietzsche ne l'est pas. Schopenhauer est tout ce que Nietzsche ne peut pas être.

Dans sa conclusion, Favre considère que les deux grandes idées de l'Art salvateur et de la Douleur Universelle viennent de sa connaissance de Schopenhauer. On pourrait aussi bien penser qu'elles viennent directement de Wagner, ces deux idées sont aussi celles que Suarès retient des deux grandes œuvres selon son cœur, *Tristan* et *Parsifal*.

Dans la perspective qui nous intéresse, il nous semble surtout que la connaissance des grandes idées de Schopenhauer fait partie intégrante du wagnérisme. Les réflexions et études sur les deux hommes apparaissent très tôt dans la *Revue wagnérienne*. D'autre part, Wagner cite le philosophe dans ses œuvres en prose et analyse directement sa pensée dans *Religion et Art* (l'un de ses tout derniers textes) par exemple, ou bien dans les *Lettres à Mathilde Wesendonck* ou à Franz Liszt que Suarès connaissait, ou encore dans *Beethoven*, ouvrage auquel Suarès fait largement référence dans son *Wagner*. Schopenhauer est bien plus facilement cité dans les articles et par Wagner lui-même que Nietzsche par exemple qui arrive plus tard dans sa vie. La philosophie de Schopenhauer, son influence, la question du pessimisme est au cœur de la composition de *Tristan* comme de la *Tétralogie*. Wagner en est pleinement conscient, il s'interroge sur l'impact de cette philosophie sur sa propre création et écrit abondamment sur ce sujet.

Il serait beaucoup trop compliqué d'entrer dans les relations qui ont existé entre l'œuvre de Wagner et celle du philosophe. Il faut se référer directement sur cette question à l'immense travail d'Édouard Sans mais on peut tout de même relever quelques éléments importants qui pourraient éclairer la connaissance que Suarès pouvait en avoir.

Richard Wagner et Schopenhauer

Rappelons simplement à ce propos les articles de Teodor de Wyzewa (précédemment cités dans notre partie sur la *Revue wagnérienne*) et en particulier celui de juillet 1885 intitulé : *Le Pessimisme de Wagner*.

Wyzewa remarque la place grandissante de ce qu'il appelle le « pessimisme » dans la littérature, notion philosophique et attitude intérieure dont la connaissance vient en grande partie de la lecture de Schopenhauer « donné[e] aux Français », écrit-il, « en des recueils bizarres de morceaux choisis ». Il met en évidence, au-delà des lectures du philosophe, l'influence de Richard Wagner. Même si l'on n'a pas ou peu lu ses œuvres théoriques (« combien connaissent un drame entier du maître ; où est l'écrivain qui a lu ses écrits théoriques ? » s'interroge t-il), Wagner a dressé le « gigantesque autel de ses œuvres à l'Idole du Cesser-Vivre » :

> Renoncer à la Volonté de Vivre était la conclusion de Schopenhauer ; c'est encore le sens philosophique de *Parsifal. Tristan* signifie l'appel de l'Amour à la Mort. Wotan, la béatitude de l'Être Divin parvenant à l'ataraxie.

Wyzewa insiste sur la présence du philosophe dans les écrits théoriques cette fois de Wagner :

> Dans les écrits théoriques, le pessimisme du Maître apparaît davantage. Schopenhauer est l'auteur toujours invoqué, et les formules de ce penseur, ses termes incorrects, ses théories métaphysiques, sont admirées et citées. L'œuvre de Wagner est une scolie de Schopenhauer, méditent les Allemands.

Pourtant, dès cet article de 1885, Wyzewa (et c'est important du point de vue suarésien) remarque les grandes différences qui existent entre Schopenhauer et Wagner. Il cite en particulier le célèbre article de Wagner, *Religion et Art*, qui, selon Wyzewa, « dit le mal de l'existence individuelle, morcelant et opposant nos intérêts ; mais […] exalte le retour à l'unité universelle, pleinement bonne, pleinement sainte, – et naturelle, – et bien heureuse ».

Il va jusqu'à affirmer que leurs deux conceptions du monde sont radicalement opposées puisque, écrit-il pour conclure sur ce texte : « La méchante Volonté première de Schopenhauer, cette âme essentielle des réalités est ici le Bien suprême. »

Pour appuyer cette opinion, Wyzewa cite encore le *Beethoven* de Wagner, texte dans lequel la force créatrice vient définitivement balayer le pessimisme :

> Le Mage Divin est sourd, niais, méprisé ; alors il Voit, sous les apparences, l'Être, et cette Vision, qui désolerait un pessimiste, lui est tellement radieuse et prestigieuse qu'il évoque, en lui-même, désormais, une extraordinaire Joie.

Il en arrive à cette question : « Quel est donc ce pessimisme où la Nature véritable s'élargit ? ainsi glorieuse ? Quelle est pour Wagner, cette Nature, cette Réalité, cette Volonté première, cet Être immanent, si prodigieusement bienheureux ? » La réponse marque la différence avec Schopenhauer : « Cet Être n'est pas la ridicule Volonté, absolue et inveuillante de Schopenhauer : cet Être est l'Homme, c'est moi, c'est la Volonté individuelle, créant le Monde des phénomènes. [...] Seul vit le Moi, et seule est sa tâche éternelle : créer. »

Il décrit ensuite de façon grandiloquente *le Mage, l'artiste* qui sort de la caverne et se libère des chaînes de l'illusion :

> Il renonce à l'égoïsme, comme à une limite cruelle : il va maintenant mettre en ses œuvres l'Unité, ayant acquis le charme de la vraie Science. Il va purifier son âme, la mêler à ce non-Moi, qui est son âme encore. Il laissera vivre les Cygnes dans les grands lacs[5] ; se blesser, n'est-ce point souffrir ? Et, par la Compassion sur le Monde, – sur lui-même, – il donnera pleinement, à sa Création, l'harmonie qui finira la Souffrance volontaire. Et le Mage sera Parsifal ; et le Graal divin, par lui regagné, sera la bienheureuse joie de l'Orgueil, l'Apparence enfin recréée.

Il conclut ainsi sur la pensée de Wagner, insistant sur la différence avec Schopenhauer :

> Il nous incite à refaire, sans cesse, activement, notre création intérieure ; à compatir, à mettre en ce monde l'unité, et notre vie dans un monde nouveau ; et il nous incite, le Maître Vénéré, à souffrir, à constater de cruelles énigmes, à courir vers la mort, puisqu'en ces tourments est, plus intense et plus divine, notre joie[6].

La *Revue wagnérienne* remarque la différence de fond entre la pensée de Wagner et celle de Schopenhauer dès les premiers textes consacrés à l'influence du philosophe sur le compositeur. Dans son article du 8 octobre 1885, « La religion de Richard Wagner et du comte Léon Tolstoï », Teodor de Wyzewa écrit : « L'unité du monde (selon Richard Wagner) est bonne, sainte, non funeste, comme pour Schopenhauer ; le but de notre vie est, précisément, réaliser cette unité bienheureuse ; la réaliser, – la reconstruire plutôt : car le Mal [...] [est] un état anormal que nous pouvons finir. » C'est probablement la grande divergence entre les deux hommes. Le monde pour Wagner n'est pas mauvais par nature. L'humanité connaît une

---

5.   Allusion au premier acte de *Parsifal*, lorsque le jeune héros tue un cygne.
6.   Teodor de Wyzewa, « Le Pessimisme de Richard Wagner », *Revue wagnérienne*, juillet 1885, p. 167-170.

période de décadence dont il s'agit de sortir ce qui est très différent. D'autre part, Wagner ne perçoit pas l'amour comme une force négative. Pour Schopenhauer, l'amour est une ruse de la Volonté pour perpétuer la Vie. Au contraire, elle est pour Wagner la force de rédemption.

Il est vrai cependant que Wagner a été tenté par une vision pessimiste du monde. Une lettre à Franz Liszt de 1854 le montre désespéré[7] :

> Ne considérons pas le monde autrement que pour le mépriser […], il est mauvais, foncièrement mauvais ; seuls le cœur d'un ami ou les larmes d'une femme peuvent le sauver de la malédiction qui pèse sur lui… il appartient à Albérich et à personne d'autre […]. Je hais d'une haine mortelle toute apparence trompeuse : je ne veux pas d'espoir car tout espoir est une tromperie.

Mais cette position est à relativiser. Dans *Religion et Art*, Wagner écrit à propos de la « conception pessimiste du monde » :

> L'hypothèse d'une régénération de l'espèce humaine – si contraire semble-t-elle au progrès continu – pourrait cependant être la seule capable de nous mener vers un espoir fondé. La conception pessimiste du monde ne nous paraîtrait justifiée que si on la basait sur la critique de l'homme historique ; cette conception serait pourtant grandement modifiée si nous connaissions assez l'homme préhistorique pour que, de ses dispositions naturelles, nous puissions inférer une décadence ultérieure qui n'a pas nécessairement sa cause dans ces dispositions naturelles[8].

Le pessimisme de Wagner est donc historique et non pas essentiel. C'est ainsi que se posent les deux autres grandes questions qui sont aussi celles de Suarès : celle de la décadence et celle de la Rédemption. Wagner, dans ses derniers textes emploie le terme de « régénération ». Nous ne nous lancerons pas dans une analyse trop approfondie de sa pensée et de son évolution. L'essentiel est que cette décadence est pour lui un accident, un moment de l'histoire, que la souffrance spirituelle dans laquelle est plongé le monde moderne n'est pas inhérente à la nature du monde mais que le bonheur est possible. Pour Wagner, comme pour Suarès (nous l'avons vu dans ses textes sur Jésus ou sur l'Atlantide), le retour au paradis perdu est possible. Wagner en fait même la question centrale de son existence au-delà de la seule question esthétique. Il écrit dans *À quoi sert cette Connaissance ?* cette phrase définitive qui est un engagement personnel et spirituel avant même toute dimension artistique :

---

7.   Henri Lichtenberger, *Richard Wagner, poète et penseur*, Paris, PUF, 1931, p. 261.
8.   Richard Wagner, *Religion et Art*, *Œuvres en prose*, t. XIII, *op. cit.*, p. 65.

Nous reconnaissons la cause de la dégénération de l'humanité histori-que, ainsi que la nécessité de sa régénération ; nous croyons à la pos-sibilité de cette régénération et nous nous dévouons à la réaliser de toute façon[9].

Et la cause de la décadence est pour Wagner, le « manque d'amour » : « Quelle est la cause de décadence de toute notre civilisation, sinon le manque d'amour ? »

C'est à ce moment précis que Wagner rejoint Schopenhauer dans l'idée de la compassion, de l'amour universel : « l'amour, né de la compassion, se prouvant jusqu'à la complète destruction de la volonté propre[10] ».

Nous avons déjà insisté sur la *pitié* et la reconnaissance de l'unité des Êtres[11], idée chère à Suarès et aussi importante pour le philosophe que pour le compositeur. La pitié (*Mitleid*) est la participation fondamentale à la souffrance d'autrui. Pour reprendre l'expression de Milan Kundera dans *L'Insoutenable Légèreté de l'Être,* elle est « la plus haute manifes-tation de la communion affective ». Wagner explique dans la lettre à Ma-thilde Wesendonck du 1er octobre 1858 qu'il existe aussi une *Mitfreude* dans l'amour c'est-à-dire une communion de joie avec l'être aimé. La pitié ne va pas à l'individu qui souffre mais à la souffrance elle-même. C'est la prise de conscience sensible de la douleur universelle[12]. Wagner, dans sa *Lettre ouverte à Ernst Von Weber* compare ce concept de pitié au « Tu es cela » (Tat twam asi) des Hindous qui exprime le sentiment de l'unité des êtres et de la création. La reconnaissance de la douleur du monde est alors le chemin de la Rédemption. C'est là aussi un point de rencontre entre le monde de Wagner et la philosophie de Schopenhauer.

Sur cette question particulière, Wagner oppose deux mots allemands différents : *Mitleid* (participation dans la souffrance) et *Mitfreude* (com-munion dans la joie). L'ancien français connaissait de la même façon les termes de *compassion* et de *conjouissance*. Nous avons perdu à présent ces nuances de sens. Comment rendre compte de ces deux notions au-jourd'hui ? Cette question est au cœur de la réflexion de Suarès qui pro-pose un mot nouveau dans son *Achille* : « la synédonie ». Mais il ne croit pas en la valeur de ce sentiment, la conscience de la douleur est plus im-portante et elle seule mène à la grandeur :

---

9.   *À quoi sert cette Connaissance ?*, appendice à *Religion et Art, op. cit.*, p. 103.
10. *Ibid.,* p. 99.
11. *Cf.* Édouard Sans, « La leçon de Parsifal ou de la Rédemption à la Régénération », in *Parsifal, Avant-Scène Opéra*, n°38-39, 1982.
12. *Cf. Richard Wagner à Mathilde Wesendonck*, traduction de G. Khnopff, préface d'Henry Louis de la Grange, Parution, 1986.

Il est une sympathie universelle : il ne peut pas y avoir une universelle synédonie ; et le mot même n'existe pas. Plus il déteste la souffrance en lui-même, et plus cet homme divin en a conscience en soi et dans tout l'univers. Voilà donc la route de son ascension. Et telle est sa grandeur.

Enfin, il faut aborder un autre thème schopenhauerien, directement lié aux précédents et aussi important pour Suarès : l'individuation.

Le monde, résume Édouard Sans, est une force qui se révèle dans l'intuition et qui s'objective dans l'innombrable multiplicité des organismes, pierre, plante, animal, homme. Ce monde objectivité, n'est qu'un rêve sans substance véritable, car toute détermination est négation. Seule est réelle, l'autre existence, seul est réel cet univers infini qui, derrière le phénomène, constitue l'Être, unique, indivisible et tout-puissant. La moindre détermination amène le péché, la nostalgie et la souffrance. Ce drame de l'individuation, c'est le drame qui, à travers l'esprit romantique, relie Wagner à Schopenhauer. [...]

Édouard Sans a cette phrase synthétique qui montre l'importance métaphysique de la mort d'Isolde : « Qui dira jamais assez l'importance pour l'âme allemande du " Unbewusst / Höchste Lust[13] " ? ».

Il est difficile de savoir ce que Suarès à lu de Schopenhauer et dans quel ordre. Mais cela n'a pas une grande importance. Il connaissait la *Revue wagnérienne*, les *Œuvres en prose* de Wagner, la correspondance du compositeur avec Franz Liszt et certains écrits du philosophe. Il est impossible de tracer le chemin, de préciser les moments où l'écrivain a rencontré ces textes. Mais il est évident qu'il les a connus et qu'ils l'ont enrichi. L'influence de Schopenhauer est aussi passée par le filtre wagnérien. Le chemin intérieur de Suarès trouve à se nourrir des écrits du philosophe et de l'œuvre du compositeur. On retrouve les étapes de sa propre histoire. D'abord, le sentiment de rejet d'un monde voué à la malédiction, au malheur, plongé dans le cercle infernal du désir à jamais inassouvi. Ensuite, le dépassement de ce sentiment par l'Art, la recherche de l'essence des choses, de l'Être au-delà des apparences, l'importance de l'Art et principalement de la musique. Et, enfin, au-delà même de la création artistique, la recherche de l'amour universel, de la pitié, de la compassion. Cela ne va pas sans critiques, nous l'avons vu, et Suarès semble plus proche de la lecture qu'en fait Wagner que des textes de Schopenhauer eux-mêmes.

---

13. Édouard Sans, *Richard Wagner et la pensée schopenhauerienne, op. cit.*, p. 278. (Ce sont les dernières paroles d'Isolde).

Sixième partie

WAGNER

WAGNER

« Délivrez-le de vous. Délivrez-vous de lui. »

André Suarès a consacré un ouvrage au compositeur. Selon Marcel Dietschy[1], il en a commencé la rédaction à la villa « Graziella », aux Roucas Blancs, à Marseille, au retour de son premier voyage en Italie, c'est-à-dire en 1895, et l'ouvrage a été achevé d'imprimer le 31 octobre 1899. Selon Yves-Alain Favre[2], il a été écrit et terminé en mai 1896. Suarès donne lui-même une indication à la fin de son texte : « À la villa G..., en Provence, mai 1896 ». Il écrit à Romain Rolland le 8 septembre 1899 :

> Cet opuscule date de 1896. Par malheur, et selon ma funeste habitude, j'y ai rajouté en le recopiant [...]. La copie est de cette année, comme tu le sais.

L'œuvre paraît d'abord dans la *Revue d'art dramatique* en quatre parties :

1. « Du Culte de Wagner », 4ᵉ trimestre 1898
2. « La Vie de Wagner », 1ᵉʳ trimestre 1899
3. « L'Adieu à Bayreuth », 2ᵉ trimestre 1899
4. « Wagner et le Drame », 3ᵉ trimestre 1899

Ensuite, l'ensemble est édité en 1899 aux éditions de la même *Revue d'art dramatique*. Il y ajoute une partie d'introduction intitulée « La rencontre » sans qu'il soit possible de dire si elle a été écrite en même temps que la première série d'articles publiés ou ultérieurement.

L'édition se présente finalement en trois parties :

1. Du Culte de Wagner

---

1. Marcel Dietschy, *Le Cas André Suarès*, Neuchâtel, À la Baconnière, 1967, p. 270.
2. Yves-Alain Favre, *La Recherche de la grandeur dans l'œuvre de Suarès*, Paris, Klincksieck, 1978, p. 71.

2. Vues sur la vie de Wagner
3. Wagner et le Drame

Elles sont encadrées par un chapitre d'introduction, « la rencontre » et une partie finale, « L'adieu à Bayreuth ».

On remarquera que chacune des parties s'organise selon le chiffre trois. « La rencontre » est composée de trois sections ainsi que la première et la dernière partie. La seconde comporte neuf sections et la troisième est composée de trois sections encore divisées en trois sous-sections. Ce chiffre est volontairement inscrit dans la composition, selon la règle de Wagner qui divisait toujours ses drames en trois parties[3].

Suarès avait publié auparavant, en 1898, son Tolstoï. Mais Wagner avait été écrit en premier. Tolstoï est daté d'août 1898, Wagner de mai 1896[4]. Il est donc le premier des grands portraits qu'écrivit Suarès sur les génies qu'il admirait le plus.

La réception de l'ouvrage

Comme le rappelle Mario Maurin dans son article « Le *Wagner* de Suarès[5] », cet ouvrage n'a pas été particulièrement bien reçu. Il a été classé rapidement parmi les nombreux textes que les wagnériens ont consacré à la gloire du compositeur sans qu'on remarque une originalité particulière. Henri Lichtenberger, dans son ouvrage de référence, *Wagner, Poète et Penseur[6]*, présente simplement André Suarès comme l'un des nombreux admirateurs français du musicien. Beaucoup plus tard, André Cœuroy, dans son *Wagner et l'esprit romantique*, avec son esprit sarcastique habituel, parle d'un « Suarès, muré dans sa superbe de wagnérien béat[7]. » Marcel Dietschy lui-même, malgré sa profonde connaissance de l'œuvre de Suarès et sa subtilité de jugement, ne semble pas trouver beaucoup de qualités à ce texte :

> Suarès ne manque pas de se prosterner devant ce titan. Son Wagner n'est donc pas un portrait, au sens suarésien du mot, car Suarès ne domine pas encore son modèle, et il se domine assez mal lui-même.

---

3.   Cette division du *Wagner* n'étant pas « sans artifice » pour reprendre l'expression de M. Maurin. *Cf.* « Le *Wagner* de Suarès », *Suarès et l'Allemagne, La Revue des Lettres modernes*, n°484-490, 1976, p. 133.
4.   *Ibid.*
5.   *Ibid.*
6.   Henri Lichtenberger, *Wagner, Poète et Penseur*, Paris, Alcan, 1898.
7.   André Cœuroy, *Wagner et l'esprit romantique*, Paris, Gallimard, « Idées », 1965, p. 322.

Son livre est un hommage romantique à l'un de ses deux grands hommes[8].

Jean Astier, dans *La Passion musicale d'André Suarès* n'est pas plus tendre :

> Le livre consacré à Wagner, publié en 1899, et salué par Paul Dukas, n'est pas aussi réussi que la plupart des ouvrages ultérieurs. Trop souvent, Suarès se grise d'érudition, cédant au snobisme du dogmatisme. Il abandonne souvent son sujet pour nous faire part de ses conceptions sur la critique créatrice et la critique savante, sur le théâtre lyrique[9].

Que Suarès s'essaie à un genre dans lequel il excellera plus tard est une chose, le présenter comme un wagnérien idolâtre est surprenant à plus d'un titre.

D'abord parce que Suarès, justement, ne supporte pas le wagnérisme ambiant et l'adulation béate des wagnériens. Toute la première partie de son ouvrage est consacrée à la critique de ce mouvement et au culte rendu au maître de Bayreuth. À propos des wagnériens, il écrit :

> Wagner est en proie avec tout ce qu'il a combattu avec le plus d'énergie. Et c'est pourquoi, vainqueur qui a pour fidèle ses pires ennemis, plus que la défaite, la victoire lui est funeste.

Ses admirateurs se retrouvent en face d'une idole mais ils ne comprennent rien à l'homme, pas plus qu'à l'artiste :

> Wagner est leur idole. Ce n'est pas leur homme. À le bien prendre, en effet, Wagner n'est pas du tout fait pour eux. Toute idole est un Moloch qui veut des victimes. Elle se repaît de sacrifices ; elle dévore ses pauvres enfants qui la servent, la chantent, l'ornent de fleurs, – et sans y comprendre rien, succombent entre ses bras terribles.

Après de tels propos en introduction ce serait faire offense à Suarès que de le ranger simplement parmi les « wagnériens béats ».

En réalité, Suarès détruit consciencieusement l'idole pour retrouver l'homme et l'artiste. Pas uniquement par souci de vérité mais parce qu'il trouve en Wagner plusieurs aspects très importants pour lui, décidé qu'il est de vivre en créateur. D'abord la puissance de la création et surtout la volonté, la détermination, qui ont permis au compositeur de construire petit à petit une œuvre gigantesque, suivant en cela l'image véhiculée par Gabriel Monod. À ce titre Wagner est un modèle pour le jeune écrivain.

---

8. *Le Cas André Suarès, op. cit.*, p. 270.
9. Jean Astier, *La Passion musicale d'André Suarès*, Privas, Lucien Volle, 1975, p. 59.

Cela ne signifie pas qu'il est parfait, qu'il faut l'imiter, bien au contraire, mais il est un exemple à méditer ou à étudier.

Wagner suscite notamment une réflexion sur la vie intérieure de l'artiste. D'autant plus qu'il a laissé onze volumes d'œuvres en prose dans lesquels il s'interroge lui-même sur le rôle de l'art et du créateur. Il est probablement le seul qui ait accompagné ses œuvres musicales d'autant de textes divers qui expliquent son parcours[10] et le cheminement qui l'a amené à les créer. Wagner s'explique et s'analyse lui-même. Suarès consacre la troisième partie à cet aspect de sa création.

Au-delà de la figure du compositeur, Suarès définit son propre but littéraire : il affirme le rôle d'« intercesseur » de Richard Wagner et veut poursuivre son but artistique dans l'écriture. En écrivant sur Wagner, Suarès définit plus précisément sa propre place d'artiste. Il faut se souvenir de cette phrase écrite à Romain Rolland :

> Si Wagner, somme toute, (j'en conviens avec plaisir) n'est pas allé jusqu'au bout, c'est moi qui suis Wagner plus que lui[11].

Cet ouvrage sur Wagner est donc loin d'être anecdotique dans ces années de formation. S'il éclaire la réflexion de Suarès sur son projet littéraire, il est aussi très important pour comprendre la place que les portraits prendront dans son œuvre et, s'il fait ici un premier essai inégal, il définit les règles de ses prochains textes. Le *Beethoven* de Wagner auquel il fait référence est de ce point de vue un modèle. Suarès s'interroge sur la critique littéraire et artistique qu'il conçoit comme un genre d'introspection, d'exploration de la vie intérieure d'un grand homme. En ce sens, et au-delà de sa réflexion sur le compositeur, *Wagner* est un texte fondateur. Enfin, sa réflexion sur les écrits en prose de Wagner permet de mieux comprendre ses projets de jeunesse et les formes littéraires originales qu'il a explorées alors.

Pour mieux comprendre l'évolution de sa pensée, nous conserverons l'organisation du livre de Suarès.

« La Rencontre » est un chapitre d'introduction très original et même assez curieux qui lie Wagner à l'Italie de la Renaissance. Il faut penser que Suarès revient d'Italie lorsqu'il écrit son ouvrage et que Wagner est mort à Venise. C'est un texte très intéressant qui montre combien Suarès

---

10.   Et cela d'une façon constante puisque les premiers textes des *Gesammelte Schriften und Dichtungen* datent des années 1841 et 1842 et les derniers de la fin de sa vie.

11.   28 mars 1890. *Cette Âme ardente*, Paris, Albin Michel, 1954, p. 217.

est, dès le début de sa passion pour Wagner, attiré par la dimension « celtique » de son œuvre. Nous verrons que, contrairement à ce qu'on peut penser dans un premier temps en regardant l'évolution de son rapport au compositeur, Suarès ne « dégermanise » pas Wagner au moment de la première guerre mondiale en prenant du recul avec la culture allemande. Cet aspect est déjà largement présent et établi dans l'introduction de son *Wagner*. Il ne fait que se renforcer en suivant les événements historiques. D'autre part, il donne une image tout à fait originale de l'esthétique wagnérienne qu'il « latinise » de façon très explicite.

La première partie, « Du culte de Wagner », montre assez quel recul il avait vis-à-vis de l'engouement pour Bayreuth et les « wagnériens béats ».

La seconde partie présente des images du compositeur, des instants de sa vie. Ce sont des portraits, des dialogues qui permettent de définir quelques éléments importants pour Suarès dans sa vision de Wagner, et d'une façon plus générale, de l'artiste.

La troisième partie est une analyse de ses théories sur l'art. Suarès s'attaque alors aux théories wagnériennes. Là encore, il va à l'encontre des images habituelles véhiculées par les wagnériens et montre à la fois une grande connaissance de ce qu'on appelait alors la « doctrine wagnérienne » (c'est-à-dire simplement ses théories sur l'art) et un grand esprit critique.

Enfin, l'« Adieu à Bayreuth » est peut-être la partie la plus convenue de l'ensemble et la moins originale. Elle est moins critique et tombe effectivement dans l'expression d'une admiration moins intéressante.

Dans l'ensemble, si Suarès se montre un fervent admirateur du compositeur, il critique son idole et semble vouloir déconstruire le système wagnérien par la critique de sa théorie de l'art et en s'attaquant à Bayreuth. Comme le dit très bien Mario Maurin, Richard Wagner est à André Suarès ce que Léonard de Vinci est à Paul Valéry. Il joue le même rôle d'intercesseur. Pourtant il est une figure à la fois trop envahissante et trop contemporaine. Au lieu d'inspirer la création, il pourrait la rendre impossible. D'une certaine façon, l'écrivain en fait l'éloge mais tâche dans le même temps de s'en débarrasser pour accéder à sa propre création. Mario Maurin parle de *remerciement* dans les deux sens du terme, salut et reconnaissance d'une part, et, d'autre part, tentative de prendre de la distance.

Ces différents éléments font la richesse et l'originalité de ce texte en même temps, peut-être, que l'ambiguïté en raison de ce double regard porté.

Chapitre 1

« LA RENCONTRE »

Le chapitre d'introduction est assez surprenant. Il est constitué comme les autres de trois sous-parties : « Ave », « Rencontre de Vesper » et « ordre ». Ce premier ensemble présente d'emblée une ambiguïté et pose une question souvent débattue. En effet, une lecture rapide peut laisser croire que Suarès a fait le voyage à Bayreuth. En réalité, il semble qu'il n'y soit jamais allé, et effectivement, une lecture attentive montre qu'il rêve ce voyage. « Ave » débute par cette phrase :

> Un homme étant venu à Bayreuth, vit cette foule ; et il prit en pitié Wagner d'y être livré.

La troisième personne crée une distance et donne à l'ensemble le statut de parabole en même temps qu'il marque le caractère d'exemplarité de son texte. Cette simple phrase présente le programme de l'ensemble, son mouvement général. Cet homme pourrait être Suarès mais il ne l'est pas, il est un Suarès fantasmé, ce qui se manifestera plus encore dans « Rencontre de Vesper », écrit à la première personne, mais qui présente une sorte de vision imaginaire de Bayreuth à laquelle Suarès mêle son amour de la Renaissance italienne. Si cette « Rencontre de Vesper » est écrite à la première personne, Suarès laisse l'équivoque. La première phrase est :

> Je me vis à Bayreuth.

Elle peut être comprise de deux façons différentes : « enfin, j'arrivai à Bayreuth » ou bien, « je me vis en songe à Bayreuth », mais l'ambiguïté de la formule suffit à ne pas considérer Suarès comme un complet affabulateur comme on a pu l'entendre.

« Ave »

« Ave » est un court texte d'une vingtaine de lignes à peine qui commence ce vaste portrait et situe le programme de l'ensemble. Il en est d'une certaine façon l'introduction. La première image est celle d'un Wagner trahi par ses propres amis et proches. Bayreuth est la perte de Wagner et est contraire au véritable esprit wagnérien. Wagner y est livré à la foule et le narrateur le prend en pitié :

> Un homme étant venu à Bayreuth, vit cette foule ; et il prit en pitié Wagner d'y être livré. Il vit la maison où ce grand homme a laissé sa trace, mais d'où son esprit se retire. Il entendit les querelles et les railleries, que les épigones de ce nouvel Alexandre se prodiguent, dans le palais même où le conquérant a bâti un monument de ses conquêtes.

Le personnage s'interroge sur la raison de ces « parodies », et pourquoi « Wagner se meurt peu à peu dans son triomphe ». Ce n'est pas uniquement parce que tout connaît une fin, une décadence. Non : Wagner a bien été trahi. Ceux qui l'idolâtrent aujourd'hui sont ses ennemis. Bayreuth et les wagnériens sont rendus responsables de la fin de Wagner. Ce court chapitre lance le débat autour de deux pôles. D'une part, Wagner, l'homme, le créateur et, d'autre part, Bayreuth, les wagnériens, le monde des adorateurs qui méconnaissent le véritable Wagner et pire, le dénaturent. Suarès met en place les deux grandes lignes de force de son ensemble.

« Rencontre de Vesper »

« Rencontre de Vesper » est un texte très original. La citation mise en exergue donne le ton de ces quelques pages : « *Traüme, Traüme…* ». Il s'agit du titre d'un des *Wesendonck Lieder*, celui qui se rapproche le plus du thème musical de *Tristan*. Ces deux mots placent le chapitre sous le signe du rêve et de l'érotisme de *Tristan*. Le passage à la première personne marque le texte d'un caractère plus intime. Le narrateur se trouve donc à Bayreuth et est saisi d'une profonde émotion. Il plonge le lecteur dans un univers onirique empreint d'une sensualité diffuse proche des tableaux symbolistes d'un Jean Delville par exemple[1] :

> J'étais là, par un soir d'été, où les étoiles glissent dans le ciel clair à la rencontre des paupières lasses et de l'amour muet de ceux qui savent les aimer. L'air était brûlant sans être lourd. J'avais avec moi le plus charmant des jeunes hommes, et le plus beau que j'aie vu, pareil en sa forme

---

1.   Songeons à son *Parsifal*, ou au *Jardin de Platon*.

singulière aux jeunes victorieux de Léonard, à la fois trop purs pour la cohue de ce monde et trop gracieux pour continuer le combat. Je l'avais rencontré à Venise, et nous nous liâmes du regard le jour où nous nous vîmes silencieux, à cause de la joie que donne l'extrême beauté, devant le divin Giorgione du Palais Giovanelli alla Fosca.

Par la présence de ce séduisant jeune homme venu tout droit de la Renaissance italienne, Suarès relie le compositeur à son amour de l'Italie et de la Renaissance et nous plonge dans un imaginaire wagnérien auquel nous ne sommes plus habitués mais qui n'est pas forcément iconoclaste. Les brumes germaniques ne s'opposent pas forcément à la lumière de l'Italie dans l'esprit du compositeur. Wagner, lors d'un séjour à Sienne en 1880, a demandé au peintre Joukowski de s'inspirer de la cathédrale pour le décor de *Parsifal*. Suarès rend hommage à la beauté des personnages de Léonard et de Venise. Les deux personnages sont à Bayreuth mais parlent en italien ! Son Wagner est celui qui est mort à Venise, celui de *Parsifal* dont on conserve ici l'image du chaste fol, de l'érotisme diffus des filles-fleurs et du rejet de l'amour féminin. Son Wagner est androgyne : « Wagner est étrangement femme », écrit-il plus loin, « comme elle, la puissance du désir, – il veut exercer toute la séduction de la musique[2] ».

Il est évident ici que Wagner est « dégermanisé » dès les premiers écrits de Suarès qui n'attend pas la première guerre mondiale pour prendre ses distances avec le monde des mythes germains. De la même façon, il place d'emblée *Parsifal* au sommet de l'art wagnérien contre le *Ring* sans attendre la seconde guerre, moment où il en dénoncerait la barbarie.

C'est donc tout naturellement *Parsifal* que les deux hommes vont écouter et dont ils parlent en italien. On ne sait pas bien pourquoi Bonaventure (c'est le nom du jeune homme) est venu à Bayreuth. Il n'est pas présenté comme un wagnérien : « Il vint à Bayreuth, peut-être pour m'y trouver », commente simplement le narrateur. Son statut est mystérieux, il accompagne le narrateur, double de Suarès, et lui sert d'interlocuteur pour le dialogue qui va suivre. C'est un dialogue de l'écrivain (ou de son double) avec lui-même, avec la beauté qui apparaît ici sous la forme du jeune homme.

Il n'a pas d'autre existence, Suarès lui fait d'ailleurs un sort rapidement qui le fixe dans l'immédiateté de la rencontre en excluant tout avenir :

> Il est mort depuis, belle plante qui n'a point survécu à sa fleur, aimée des dieux, en ce qu'elle a paru belle et n'a pas eu d'autre vie. Si ce

---

2. *Wagner*, p. 9.

monde est jamais un Olympe, il faudra que chaque vie y meure avec le jour, avant d'avoir été flétrie.

Suarès transforme ce Bonaventure en « garçon-fleur ». Il représente la véritable beauté, la beauté italienne qui s'oppose à celle du Nord. Le jeune homme s'étonne « que la beauté pût fleurir au-delà des Alpes ». Commence ainsi un dialogue laissant la parole à André Suarès qui peut parler de lui directement :

> Combien j'ai désiré cet instant, lui dis-je. Quand Wagner a quitté ce monde, je naissais à la vie ; et de tous les héros, où mon désir se tournait sans cesse, il était le plus proche. Il me semblait que je dusse trouver l'art même dans cette Mecque de Bayreuth. Rien ne répond tout à fait à ce que nous en attendons.

Il commence alors sa critique de Bayreuth qui est devenu « une station à la mode ». Pourtant, « _Parsifal_ est à Bayreuth et il n'est que là », écrit-il. Car c'est son œuvre majeure. Bonaventure l'interroge :

> Nous avons vu _Parsifal_ deux fois, s'écria le beau jeune homme avec une joie naïve ; et nous le verrons sept fois encore. Cependant, n'est-ce rien, à vos yeux que le _Ring_ ?

La réponse permet de juger la façon dont Suarès juge alors l'œuvre de Wagner et l'on voit bien comme ses jugements étaient déjà fixés dès la fin du dix-neuvième siècle :

> _Parsifal_ est unique, lui dis-je. Toutes les autres œuvres de Wagner ont des vertus magnifiques : mais elles les partagent avec les ouvrages des plus grands poètes. Si l'on veut, le _Ring_ est l'effort le plus puissant de ce siècle à la grandeur ; et les _Maîtres,_ le plus heureux. Mais _Parsifal_ est le seul de son espèce. Je ne parle que de l'art : le reste me touche peu. Wagner n'est jamais d'une beauté parfaite, et sa force n'est jamais parfaitement belle ni pure. Dans _Parsifal_, la pensée de Wagner, son art, sa nature et sa volonté ont trouvé la perfection. Il ne s'y tient point du premier moment au dernier : _Parsifal_ est aussi une œuvre humaine ; mais tout ce qu'il y a d'impur est intermédiaire entre une première vue et une vue suprême, qui sont toutes les deux d'une beauté parfaite. C'est la seule œuvre de Wagner, et peut-être de ce siècle, qui ait le calme divin et qui donne la paix. Pour notre cœur avide, l'art, ici, a le même bienfait que pour notre imagination : et son triomphe est de les confondre dans la même douceur sereine.

Ensuite, il revient sur l'homme qu'il place au premier plan :

> J'aimai l'homme avant la doctrine, et j'admirai sa doctrine avant de céder à l'admiration de ses œuvres. Ainsi, sans le savoir, je fus pour

lui ce qu'il avait été pour lui-même, et le contraire de ceux qui l'idolâtrent maintenant et qui ne diffèrent en rien, par l'âme, de ceux qui longtemps le désespérèrent. Car, au fond, conquis par les œuvres, ils ne le sont pas par l'homme ; ils ne le comprennent point ; et s'ils en soupçonnent la vraie nature, ils le détestent. Wagner est redoutable, et ils le craignent. Un d'eux, non le moindre en est devenu fou[3].

Ce passage est caractéristique d'un wagnérien qui connaît très bien les textes de Wagner. Wagner a souvent insisté sur le besoin d'être compris en tant qu'homme avant son œuvre même. Il consacre de nombreuses pages de ses œuvres en prose à décrire l'évolution de sa pensée, son parcours d'homme et d'artiste. Il réclame d'être aimé en tant qu'homme avant d'être reconnu comme artiste. C'est ce qui explique le titre d'*Une communication à mes amis,* texte écrit durant l'été 1851. Il déclare dans la première page s'adresser à « ses amis » parce que, écrit-il :

> Je ne puis espérer être compris que par ceux qui ont envie et besoin de me comprendre ; il ne peut donc s'agir que de mes amis.
> Mais je ne puis tenir pour tels ceux qui prétendent m'aimer comme *artiste* tout en croyant devoir me refuser leur sympathie en tant qu'*homme*. Séparer l'artiste de l'homme est aussi vide de sens que couper l'âme du corps ; jamais un artiste n'a pu être aimé, ni son art compris, sans qu'à tout le moins inconsciemment l'homme ait été également aimé et sa vie comprise. La source de cette « amitié » est à trouver « dans la sympathie », c'est-à-dire la compassion que sa vie, au sens le plus humain de ce mot, suscite[4].

Suarès reprend alors le mouvement de sa connaissance du compositeur. Il découvrit d'abord *Lohengrin* et *Parsifal*[5], deux œuvres, écrit-il, « les plus libres de tout système[6] », ainsi fut-il « tout à l'homme, et toute critique de l'art (lui) fut épargnée ». Au fond, affirme-t-il, s'il s'est plus tard défié du compositeur, cela n'a jamais touché ni l'homme ni ses œuvres mais seulement sa « doctrine » :

> La grandeur m'en retint, comme une maîtresse trop cruelle qui tourmente ce qu'elle séduit. J'y discernai aussitôt l'artiste qui osait prétendre à être l'unique Artiste. Cet orgueil immense me ravissait et me blessait délicieusement. J'étais jaloux de ma maîtresse ; et, dans mon

3. Il s'agit d'une allusion à Nietzsche.
4. *Une communication à mes amis,* Paris, Mercure de France, 1976, trad. Jean Launay, 1976, p. 20.
5. Il faut noter ici que ce sont deux œuvres de source celtique. Si *Parsifal* est resté la référence avec *Tristan, Lohengrin* fut vite relégué au second rang.
6. Cette liberté de « tout système » resterait à définir et préciser. Ce jugement est assez vague. Système de pensée ? Système musical ?

ardeur, comme il arrive à la jalousie passionnée, j'aurais plutôt voulu la perdre en moi que me perdre en elle. C'est pourquoi, par la suite, n'ôtant jamais rien à la beauté de mon héros ni de ses œuvres, je ne me défis que de sa doctrine[7].

Cette connaissance des textes en prose de Wagner est un point important du wagnérisme de cette génération. Nous avons déjà soulevé ce point à plusieurs reprises. L'élément le plus frappant pour le jeune Suarès est le parcours humain de Wagner, la volonté de l'homme qui se hisse au niveau le plus haut de la création. Là encore, il semble que la distance vis-à-vis des œuvres en prose soit aussi en place dès ce grand portrait du compositeur, et qu'il n'attende pas les événements politiques qui bouleversèrent l'Europe au cours du vingtième siècle.

À cet univers de beauté et d'admiration s'oppose un autre monde : celui de l'Amérique, du commerce et de l'argent.

Bonaventure est irrité par les voix d'Américains qui passent près d'eux. Suarès oppose alors le culte de Wagner à celui de Mammon[8]. Au contraire d'eux, Wagner « n'est pas un marchand ». Suarès oppose l'Europe à deux *barbaries* : « barbarie du vide et du sommeil à l'Orient ; barbarie du négoce à l'Occident ». Wagner apparaît ici comme l'une des grandes figures de l'Europe qui s'élève contre les barbaries du monde et particulièrement celle de l'argent. Suarès se montre alors arrogant et blessant pour les Américains qu'il présente comme des animaux :

> Wagner, il est vrai, comme Goethe ou Léonard, entre tous, est l'homme de l'Europe, cette Europe si petite en espace, si grande en esprit. Il a le sens de l'ordre et des degrés. Il est fermement fidèle au point de vue de l'univers. Il porte les faits dans le rêve et il vivifie le rêve par les faits. Ce n'est pas un marchand. Rien ne compte en ce monde que l'Europe : barbarie du vide et du sommeil à l'orient ; barbarie du négoce à l'occident. Ma douleur est qu'il n'y ait plus d'Europe ; et par là encore, Wagner est l'homme du passé. Qu'ils

---

7. *Wagner*, p. 16.
8. Mot appartenant à la langue juive et judéo-chrétienne, *Mammon* est la transcription européenne, hébraïque ou araméenne du mot grec *Mamônas*, probablement dérivé de la racine hébraïque *amên* (ce qui est fidèle, sûr). Dans *l'Ancien Testament*, on ne le rencontre que dans l'*Ecclésiastique* (XXXI, 8). On trouve Mammon à Qumrân, en hébreu, dans la *Règle de la communauté* (VI, 2) et dans l'*Écrit de Damas* (XIV, 20), où il désigne l'argent. Dans le *Nouveau Testament*, il apparaît en *Matthieu* (VI, 24) et en *Luc* (XVI, 9, 11 et 13). Dans le judaïsme tardif, en hébreu mishnaïque ou en araméen targumique, Mammon désigne la richesse ou le gain, souvent mal acquis (EU., p. 99).

s'évanouissent ensemble, en laissant du moins, comme le soleil couché, l'illusion éclatante de la victoire. C'est pourquoi laissons les Américains venir à Bayreuth y faire ce qu'ils peuvent. Leur effort est touchant. On ne peut voir le palais des singes sans un dégoût plein d'attendrissement. Ces pauvres bêtes gambadent désespérément, tandis que l'on ne s'arrête point. Que de peine pour faire l'homme !…

La fin du chapitre est une allusion au duo de *Tristan* en ce qu'il est un appel à la nuit. C'est un hymne à la gloire de Wagner, chanté par les deux voix mêlées des deux personnages, qui reprend les poncifs des textes wagnériens, il faut bien le dire :

> Paix sainte de la nuit, –
> Toutes les grandes pensées sont du soir et naissent de lui. Le calme de la nuit est l'œuf des beaux poèmes, que couve le silence, –
> Que Wagner soit un pour nous : par là, sa vérité est vivante. Nous le verrons alors au plus haut point du Moi, pour fonder un culte de la beauté.
> Celui qui accomplit une œuvre d'art non commune aime en elle son héros. Et de même, puisque nous sommes des artistes, de notre héros et de son œuvre, faisons une œuvre d'art.

Dans les derniers paragraphes, Suarès affirme à nouveau la suprématie de Parsifal, image, là encore, de l'androgyne :

> Auguste et suave tristesse de ce qui s'achève par la perfection et non par le désastre. C'est, dans Wagner, la plus belle de toutes ces morts illustres, qui ouvrent le secret d'une vie nouvelle. Car le grand cœur de ces héros fait le rêve de la vie, jusqu'au fond de la mort ; et tous de la même famille, sont femmes en ce que sur toutes choses, – ils aiment. Voilà Senta, Brünnhilde et Isolde, bravant la mort sur le seuil : mais *Parsifal* seul le passe, parce qu'il est plus pur que toutes, homme par la force, et quoique sans souillures, tout de même femme.

Ce petit chapitre donne un éclairage particulier à l'univers wagnérien de Suarès. Il est dominé par *Parsifal,* par l'image de l'androgyne à travers la beauté masculine du jeune Bonaventure. Suarès nous renvoie ici à un imaginaire proche des symbolistes bien éloigné des « brumes nordiques » et peu attaché à la mythologie scandinave telle qu'elle apparaît dans le *Ring*.

Cette première partie d'introduction se termine par un chapitre intitulé « ordre », notion importante dans l'œuvre de Suarès. L'art est du domaine de l'ordre et s'oppose à l'anarchie face à laquelle il se dresse et dont il se protège. L'art et l'ordre sont une réponse et un rempart face à l'anarchie du monde contemporain.

Chapitre 2

« DU CULTE DE WAGNER »

La première partie s'intéresse au culte de Wagner, en trois sous-parties, « L'idole », « Beethoven et Wagner » et « Si l'on peut juger Wagner, ou s'il lui faut rendre un culte ».

« L'Idole »

« L'idole » présente Wagner comme un Moloch assoiffé de sacrifices et de victimes. Wagner empêche la création, il en avait lui-même conscience à la fin de sa vie. Les musiciens qui l'admirent sont détruits par leur idole :

> Toute idole est un Moloch qui veut des victimes. Elle se repaît de sacrifices ; elle dévore ses pauvres enfants qui la servent, la chantent, l'ornent de fleurs, et sans y comprendre rien, succombent entre ses bras terribles. La dernière année de sa vie, Wagner au plus haut point de sa grandeur d'âme, ne voulait plus qu'on l'entretînt de musique ; et il préférait la société de toute sorte d'hommes à celle des musiciens. C'était pressentiment du mal qu'il allait faire, sinon remords du mal qu'il avait fait[1].

Tous ces musiciens ne peuvent que produire de pâles imitations. Leur tort est de vouloir suivre la « doctrine wagnérienne », et non d'exister par eux-mêmes et trouver au fond de leur être la source de leur création originale :

> Le mal de ces musiciens est de ne se connaître jamais soi-même. Tout ce qu'ils écrivent le prouve. Ils ne vivent que pour une idole. Ils s'y consacrent comme par un entier sacrifice, et s'y dévouent sans pres-

---

1. *Ibid.*, p. 16.

que savoir pourquoi. C'est le modèle de ce que le musicien de nature ne doit pas être[2].

Cette recherche d'une forme wagnérienne leur ferme le chemin d'une création véritable : « L'idole leur cache le vrai dieu et la vie ». Ils réduisent Wagner à des recettes, aux « ficelles » de sa création :

> Il est admirable que Wagner ne montre jamais comment il combine ses rythmes et ses timbres ; il n'explique jamais un de ses préludes, ou l'une de ses scènes par les dehors ; il n'indique même pas les thèmes qui portent toute son œuvre. Un si grand artiste dédaigne de produire lui-même ses ressorts, et de démonter sa mécanique. Et voilà pourtant à quoi toute la musique est réduite par ses idolâtres, et la sienne d'abord.

C'est que l'œuvre d'art est « une œuvre de la pensée humaine, avant de l'être du métier. Raphaël et Léonard parlent de leurs tableaux comme un florentin bien né, et non en marchands de couleurs ». Le défaut de ces adorateurs est d'être des faiseurs de musique et non des artistes véritables qui tirent du fond de leur personnalité leur œuvre originale. Leur trop grande admiration tue toute création véritable, « les idoles sont ruineuses aux idolâtres ». De plus, ils ne connaissent pas « l'ancienne musique » et sont fascinés au sens premier du mot par Wagner : « Voilà pourquoi Wagner les a perdus ; ils s'en sont tous rendus esclaves, et ils ne sont pas quatre à l'avoir compris ». Wagner lui-même qui détestait la mode et l'idolâtrie est pris à son propre piège[3].

« Beethoven et Wagner »

La comparaison de Wagner avec Beethoven surprend d'abord car Suarès se montre très critique envers les œuvres de jeunesse de Wagner. Il commence par juger durement l'ouverture des *Fées* « qui n'a pas le moindre mérite, – hors celui de la curiosité ». Suarès fait également une allusion à une œuvre presque totalement oubliée aujourd'hui, *La Cène des Apôtres,* (ce qui montre au passage la grande connaissance qu'il avait des partitions de Wagner au moment de l'écriture de son livre car cette pièce n'est jamais jouée) :

---

2.   *Ibid.*, p. 19.
3.   Les passages contre la mode sont nombreux dans *Une communication à mes amis.*

Si on n'a pas lu la *Cène des Apôtres*, on ne peut avoir l'idée de la froideur morne et de l'ennui glacé que Wagner a répandus dans cette musique pour la Pentecôte[4].

C'est par ce biais qu'il en arrive à Beethoven. Beethoven n'est pour rien dans l'écriture de telles partitions, Wagner est ici « à l'école de Weber ». Les deux compositeurs sont aux antipodes l'un de l'autre et rien n'est si opposé que leur sentiment face à la nature. La remarque de Suarès, qui n'est pas totalement dénuée d'intérêt, est pourtant très injuste envers Weber, autant qu'envers les romantiques :

> Tandis que Beethoven y trouve l'âme du monde, et l'Église, en quelque sorte, d'une religion universelle, Weber, en romantique qu'il est, n'y voit que lui-même, un écho à ses rêveries, un décor, enfin, à ses aventures sentimentales.

Beethoven apparaît alors comme le musicien absolu et comme le fait remarquer Mario Maurin, « son enthousiasme est tel [...] qu'on se demande s'il va lui en rester pour Wagner ». Beethoven est :

> L'homme unique dans l'histoire de l'Art, qui a vécu dans le sublime, comme les autres dans l'air tempéré où ils respirent. Il est le divin héros, qui n'a, pour ainsi dire, pas cessé d'être héroïque, – alors que l'héroïsme de tous les autres hommes, et même des plus grands, ne va que par soubresauts[5].

Il poursuit dans la même veine sa description de la musique de Beethoven qu'il qualifie de « pur dialogue de l'infini avec le cœur ».

Wagner n'a pas imité Beethoven, un grand homme n'étant pas imitable. On ne pourrait qu'en singer les manières, ce serait extérieur et superficiel : « Le style », écrit-il, « c'est ce que la main combine, dans la plupart des artistes, – et ce que l'âme même, trouve, dicte et écrit dans un grand homme ». Suarès compare les deux compositeurs : « Wagner est à Beethoven ce que Shakespeare est, à peu près, aux Grecs ». Dans l'œuvre de Beethoven, l'esprit prédomine alors que chez Wagner, la place première est à la sensation. Il n'y eut jamais de musique plus « ardemment sensible » que celle de Wagner, pas de musique plus « pure, de plus in-

---

4. Plus loin, il affirmera à nouveau la faiblesse des premiers essais du compositeur, en particulier des *Fées* et de *La Défense d'Aimer* et critique à nouveau la *Cène des Apôtres* : « Le jour où l'on chantera au concert, ou à l'église, sa *Cène des Apôtres*, je veux être libre d'y bâiller, et non pas même de ne point m'y plaire, mais de trouver dans cette scène religieuse, ce vide et cet ennui, qui sont plus tristes que les pires défauts. »

5. *Wagner*, p. 24.

tellectuelle, de plus idéalement sentimentale que celle de Beethoven ». Beethoven s'est « enfermé dans la sphère de l'âme », Wagner s'est conduit en conquérant. Suarès compare sa volonté à celle de Napoléon. Cette volonté lui a permis de construire des œuvres qui ont l'organisation du vivant, « où tout s'agence et se développe selon les lois de la vie ».

« Si l'on peut juger Wagner, ou s'il lui faut rendre un culte »

L'intérêt du chapitre suivant et son originalité résident dans la construction autant que dans le propos. Pour parler du jugement que l'on peut porter sur Wagner et la question de son culte, Suarès procède par digressions et commence par la question de la critique, de son fonctionnement, de son rôle. Il en profite pour fixer les règles de sa conception de la critique et de l'écriture de son portrait qui s'inspire très grandement du *Beethoven* de Wagner. Il prend l'exemple des écrits de Chamberlain et accessoirement de Wolzogen pour revenir toujours à la question du culte rendu à Wagner. Il l'explique par la faiblesse de la critique. La critique véritable ne peut se faire que par un artiste car seul un génie peut comprendre le génie et elle doit oser le jugement. Wagner est dangereux car il fascine les êtres faibles et prend possession d'eux. Il empêche alors le jugement d'autant qu'il a écrit des textes théoriques. Les critiques ont tendance à vouloir reconnaître dans ses œuvres des illustrations de sa théorie alors qu'au fond seules les lois internes des œuvres et sa personnalité dictent à l'artiste les règles de la création. Cette conception de la critique est très proche de la pensée du compositeur et les références implicites aux œuvres en prose s'imposent encore dans ce chapitre.

Pour Suarès le véritable lieu de la critique devrait idéalement se trouver où « l'apologie, l'analyse de son art, celle de ses œuvres, et le récit de sa vie se rencontrent ». La « critique littéraire » y parvient tant bien que mal. Il prend l'exemple des études de Sainte-Beuve qui tiennent à la fois de l'histoire, de la biologie, de l'histoire littéraire et de la recherche esthétique. Ce type de critique peut saisir le créateur tant qu'il reste de dimension modeste :

> L'homme y apparaît enfin, – pourvu qu'il ne soit pas d'une trop haute taille, ni qu'il ait l'âme trop haut placée, pour ne pas échapper à Sainte-Beuve. Ce grand anatomiste des esprits ne se soucie que des espèces connues.

Ce qu'il appelle la critique « rhétorique » ne trouve pas grâce à ses yeux :

Qu'un sot préfère ceci à cela, et qu'un demi-nigaud promulgue les arrêts de son propre goût, – il n'importe, en vérité, à personne.

Le modèle de critique auquel il songe et qui a valeur à ses yeux est le *Beethoven* de Wagner, car de « cette main, la critique est aussi un poème ». Il s'agit du jugement d'un grand artiste par un autre grand artiste :

> Les raisons d'aimer d'un grand homme, voilà le plus haut effort de la critique.

Comme le fait remarquer Mario Maurin, « ces raisons d'aimer, il le sait, nous renseignent davantage sur le grand homme que sur l'objet de son amour[6] », mais seul le génie ou le créateur peut parler de l'art et de la création. Seul Wagner en 1869 était capable de comprendre Beethoven et de parler de lui. Les « critiques savants » étudient l'œuvre de façon extérieure, scientifique, en font l'histoire. Qu'on déchiffre sa correspondance, qu'on cherche à ne rien laisser d'obscur dans sa vie ni dans son œuvre : « c'est à merveille », convient-il, mais seul Wagner peut ressusciter Beethoven car « la critique est une science qui a une œuvre d'art pour fin ».

En ce domaine, encore, il regrette la toute puissance de la science. On retrouve sa position vis-à-vis des musicologues telle qu'elle s'exprimait dans sa correspondance avec Romain Rolland à propos de *Parsifal*[7]. Cette critique apporte des éléments mais elle n'atteint pas l'essence de la création, pas plus que l'âme du créateur. Ce sont des « mécaniciens de l'art », non de véritables « critiques » :

> Ce temps-ci, où l'esprit de la science règne en tyran, a la conception la plus grossière de la critique d'art. En musique, elle se réduit au bavardage mondain, à la biographie, ou à un misérable étalage des éléments techniques. Tout le monde peut se procurer cette fausse science. Elle tient dans trois ou quatre livres. Une année d'études y met l'écolier dans un haut rang. Rien n'est si contraire à l'âme de la musique, que cette vue matérielle de l'art. Et, comme il arrive toujours, – les pédants de matière étant les plus pédants de tous, – cette critique matérialiste est d'une extrême pédanterie. Avec trois mots de métier, – du canonique ici, de l'enharmonique là, le contre-sol d'un côté, et de l'autre le fa grave du contre-tuba, – plus d'un qui semble musicien accompli, n'en a pas même les qualités élémentaires […].

Là encore, Suarès se montre tout à fait *wagnérien*, dans la lignée des textes en prose. Le compositeur a la même position vis-à-vis des critiques.

6. *Ibid.*, p. 136.
7. *Cf.* Lettre inédite d'août 1888, sur la tradition en musique.

En effet, Suarès reprend l'exemple donné par Wagner à propos de la connaissance factuelle des œuvres de Beethoven : celui de la question de la connaissance de la correspondance de Beethoven et des détails que les critiques ont mis à jour. Par exemple, la fameuse dédicace à Napoléon de la symphonie héroïque que Beethoven retire lorsqu'il apprend que le général est devenu empereur. Cela, écrit Wagner, présente un réel intérêt mais n'apprend au fond rien du tout sur une seule mesure de toute la partition :

> Que pouvons-nous pourtant tirer d'une indication aussi précise pour juger une des œuvres musicales les plus admirables qui soient ? Pouvons-nous y trouver l'explication d'une seule mesure de la partition ? Et n'apparaîtra-t-il pas comme pure folie de tenter sérieusement une explication[8] ?

D'autre part, Suarès utilise la même forme que le compositeur. Wagner, pour parler de Beethoven, fait de nombreuses digressions sur la philosophie (en particulier celle de Schopenhauer), des comparaisons avec d'autres musiciens ou poètes, pour revenir à son sujet central. C'est ce que fait Suarès avec son portrait de Wagner.

Cette réflexion sur la critique le renvoie à un autre wagnérien, Houston-Stewart Chamberlain. Ce dernier est admirable dans sa connaissance du compositeur, il sait tout de lui, il l'aime et l'admire par-dessus tout mais il ne parvient pas à atteindre l'âme de son œuvre qui est Wagner même. « L'intérêt humain » est trop absent, il lui manque *l'imagination*, qui donne « la véritable intelligence ». Il se garde bien de juger ses œuvres. Chacune était le meilleur de ce que « le Wagner du moment » pouvait faire. Ainsi il n'y a pas à comparer *Les Fées* à *Parsifal*. Il se refuse de juger mais l'adoration va souvent avec l'incompréhension car on adore ce qu'on ne peut pas connaître. Il en va ainsi de sa théorie. Suarès l'affirme à nouveau, un grand créateur ne suit pas de théorie préétablie. Wagner a souffert d'avoir dû se faire théoricien. C'était pour mieux faire comprendre ses œuvres. Mais les œuvres précèdent la théorie. Wagner aurait répugné à ce qu'on lui voue un culte.

On voit ici comment Suarès mêle les thèmes. De digressions en digressions, il revient toujours à son sujet, le jugement de Wagner et le culte qu'on lui rend. Après avoir fixé les lois de la critique à laquelle il aspire, il prend le parti de juger Wagner.

---

8. *Beethoven*, Paris, Gallimard, 1937, trad. Jean-Louis Crémieux, p. 100.

Suit alors un texte dans lequel il développe l'image dangereuse de Wagner, son aspect fascinant. « La puissance de Wagner est un peu terrifiante », écrit-il. Sa musique écrase une société affaiblie, rejoignant Nietzsche dans *Le cas Wagner*[9], qui présentait le compositeur « comme une névrose » qui « n'attire que les êtres faibles et épuisés ». Wagner détruit autant qu'il apporte une terrible énergie :

> Il se dégage un charme étrange, et sûr de ses effets, de ces pages où Wagner a mis assez de passion, pour galvaniser les cœurs d'une société débile. Il verse des liqueurs fortes à ces pauvres enfants : c'est bien l'eau ardente qui ranime des êtres épuisés, – en les achevant.

Il apparaît comme un magicien dangereux :

> Tout le siècle a bu le philtre d'Isolde comme Tristan. L'enchanteur Wagner est le Merlin d'un âge avide de jouir, et qui consent à y perdre ses forces. Sa musique est la grande Circé, qui change les hommes quelquefois en pourceaux, en ânes aussi, et en brebis bêlantes : mais toujours elle les fait rêver.

Il joue sur la sensibilité et agit sur les nerfs :

> Wagner joue sur la sensibilité de notre temps, plus qu'il ne fut jamais donné à aucun artiste. Or, il est fatal, quand la sensibilité est conquise, que la raison des hommes se laisse conquérir. Non seulement elle s'y prête : elle s'y offre.

Plus tard, dans ses *Lettrines*, Julien Gracq remarquera lui aussi que « Wagner attire tout particulièrement les convulsionnaires[10] » et reprendra l'image de Circé que Nietzsche avait été le premier à utiliser.

Cette admiration donne lieu à toutes les erreurs de jugement. Suarès se propose de partir à la recherche du véritable Wagner, débarrassé des images véhiculées par ce culte qu'on lui voue et en partie établies par lui-même. C'est le projet de la partie suivante qui présente des « figures » du compositeur sous forme de courts chapitres composés de réflexions sur sa vie ou de confrontations avec d'autres grands créateurs.

---

9.   « Wagner est une névrose », il « attire les êtres faibles et épuisés ». *Cf. Le cas Wagner*, Paris, Gallimard, « Idées », 1974, p. 33-34.

10. « Wagner attire tout particulièrement les convulsionnaires : songeons au regretté Adolf », Julien Gracq, *Lettrines, op. cit.*, p. 202.

Chapitre 3

« VUES SUR LA VIE DE WAGNER »

La seconde partie de *Wagner*, « Vues sur la vie de Wagner », est constituée de neuf chapitres qui reprennent des moments importants de sa vie, établissent des comparaisons avec d'autres artistes ou proposent des réflexions sur les sources de son énergie créatrice. Suarès surprend par ses choix comme les titres de chapitres le montrent. Il ne présente pas les moments de sa vie les plus attendus :

1. Bonheur de sa naissance
2. Sensualité de Wagner
3. L'amitié de Wagner et de Liszt
4. Tentation de Wagner
5. Michel-Ange et Wagner
6. Wagner et le roi Louis
7. Entretien de Wagner avec Bakounine
8. Le matin de Venise
9. Sur la route de Wahnfried

Il conserve un certain ordre chronologique dans la construction générale, le premier chapitre et les deux derniers encadrant les autres textes de la naissance à la mort. Entre ces trois chapitres, quatre autres sont consacrés à ses relations avec d'autres créateurs. Trois sont des amis proches. Liszt, le musicien et l'ami de toujours qui sauve Wagner du désespoir et du suicide, le mystique et le catholique fervent ; le roi Louis II, mécène et tendre ami puis enfin Bakounine, le révolutionnaire qui voulait détruire la société quand Wagner en appelait à reconstruire la vie intérieure et spirituelle. Le lien avec Michel-Ange est plus original. Il est à trouver dans la puissance et la volonté, dans la capacité à imposer un monde de création à une société mercantile.

Il reste deux textes sur lesquels nous nous attarderons intitulés successivement « Sensualité de Wagner » et « Tentation de Wagner ». Ils sont provocateurs, assez violents, et présentent, à travers la figure de Wagner, la vision de l'artiste tel que le conçoit Suarès. Cela est d'autant plus important qu'il décide à ce moment-là de se consacrer entièrement à la littérature, *corps et âme* pourrait-on dire. Suarès propose un Wagner très éloigné de l'imagerie habituelle et prend le parti de la provocation pour répondre aux wagnériens et se démarquer d'eux.

Dans le premier chapitre « Bonheur de sa Naissance », Suarès rend Wagner à la musique et à l'Allemagne. Il est l'héritier d'une tradition musicale allemande, né dans une ville musicienne et dans une famille attirée par la musique. Il insiste sur sa carrière de chef d'orchestre et sur le rôle que ce métier a eu sur sa grande connaissance des instruments. Il le présente comme un homme volontaire, autoritaire même, qui a la force de se battre contre l'adversité et les coups du sort. Suarès recherche de façon organisée à démontrer les erreurs de ses biographes (ce dont Wagner était parfois responsable) qui voudraient faire de lui un « musicien poète ». Pour Suarès, tout amène Wagner à la musique et le forme dans ce sens. Ce parti pris s'explique dans la mesure où Suarès prend le contre-pied des images et théories wagnériennes en vogue. Loin de tomber dans l'apologie du grand homme, il déconstruit l'image qu'on s'en fait d'ordinaire pour la reconstruire autrement.

D'abord, donc, Wagner est purement allemand et l'homme de son temps. Nous sommes loin ici du musicien de l'avenir :

> Il fallait que Wagner naquît en 1813 pour être l'homme de son siècle.

Il insiste sur l'importance pour le génie « d'arriver au bon moment ». Les exemples qu'il donne correspondent à ses héros favoris : Alcibiade, Napoléon, Marc-Aurèle, Pascal…

> Le don du génie mis à part, le plus grand bonheur est de venir à son heure. S'il ne fait pas le génie, il le multiplie de tout ce qu'on en attend. […] Il ne faut pas naître trop tôt ; il ne faut pas naître trop tard. Dix ans de plus ou de moins eussent suffi à ne jamais laisser Napoléon sortir de Bonaparte. […] Il n'est donc pas superflu de voir ce que son siècle fait, même pour le plus beau des génies. Nul autre homme, peut-être, si ce n'est Goethe entre les artistes, et Bonaparte entre les conquérants, n'est venu plus à propos que Wagner[1].

---

1.   *Ibid.*, p. 46.

« Le voici donc qui aura vingt ans, le lendemain de la mort de Beethoven, et le même âge à la mort de Goethe » remarque t-il, Wagner naît au moment où apparaît « la personne et la grandeur » de l'Allemagne. Il est « le frère de Bismarck et son aîné de deux ans ». Suarès rapproche encore les deux hommes par les dates. La victoire de Sadowa (1866) correspond sensiblement à la création de *Tristan* à Munich (1865) :

> Wagner, Bismarck et l'Allemagne ont eu, dans le même temps, leurs combats et leur victoire. Un demi-siècle d'efforts, et les mêmes années ont vu le triomphe de Wagner à Munich, et Sadowa.

De la même façon, il arrive après Kant, Fichte, Schopenhauer et Schiller ; « ses théories sur l'art étaient passées dans la pratique », et l'art antique avait été retrouvé. Tout cela préparait l'arrivée d'un génie tel que lui.

Ainsi, tout en France appelait un grand poète, tout en Allemagne, un grand musicien. Beethoven comme Vinci était universel, Wagner est « aussi purement allemand » que Michel-Ange est « italien de Florence ».

Après l'avoir ancré dans son temps, il le rend à la musique. Wagner est avant tout un grand musicien. Suarès réfute les affirmations de ses admirateurs et de ses biographes. Il ne les cite pas mais reprend les affirmations les plus courantes qu'il présente par l'indéfini « on » :

> Quoi que l'on veuille dire, Wagner est musicien avant d'être poète.

D'abord, ses combats et ses victoires sont celles d'un musicien, pas d'un poète. Il conçoit sa vie en musicien. Cela ne sert à rien de prétendre qu'il est un grand poète dans *Parsifal* et un médiocre poète dans *Rienzi*. Dire qu'il écrivait des tragédies lorsqu'il était enfant (et donc qu'il était d'abord poète avant d'être musicien) ne prouve rien et cet argument est faible. On voudrait qu'il soit poète et musicien, qu'il ne soit pas l'un sans l'autre, c'est une autre erreur pour Suarès :

> Bien loin de me rendre à cet avis, fût-il de Wagner lui-même, je veux faire voir que Wagner n'est tragique qu'à la condition qu'il est musicien et qu'en lui la musique domine toujours le drame. Je pense même que l'erreur de notre temps est de prendre ces chefs-d'œuvre pour des drames, – et que ce n'en sont point.

S'il est poète c'est qu'il y a un poète en chaque grand artiste. Suarès insiste en affirmant que toute sa vie est un modèle pour les musiciens.

Tout d'abord, il est né à Leipzig, une ville tout entière dédiée à la musique :

La ville la plus fidèle à la musique de ce pays saxon, où le peuple fut plus musicien que n'importe où ailleurs, au-delà des Alpes. Il a étudié la musique à l'Université. Il a connu de bonne heure, le grand, le bon Sébastien Bach, ce Luther de la musique allemande. Les concerts de Leipzig, le théâtre et la chapelle de Dresde, étaient illustres dans toute l'Allemagne, depuis longtemps. Beethoven, sur ses vieux jours, n'a jamais eu l'érudition musicale de Wagner dès l'âge de vingt ans. Toute la musique du temps se gravait à Leipzig, et se vendait à la célèbre foire. C'était là que Mozart, Haydn et Beethoven avaient leur éditeur. Là, toute la dynastie des Bach s'était succédé dans les chapelles, et à l'orgue. C'était aussi le pays du contrepoint, de l'harmonie savante, et des luthiers d'instruments.

Ensuite, sa famille était attachée à la musique, particulièrement son père et son oncle Wagner, ce qui n'est pas une mince affirmation en ce qui concerne son père ! En effet cela peut laisser penser que Ludwig Geyer était le véritable père de Richard Wagner. Il existe une polémique à ce sujet. Le père « officiel » du compositeur, Friedrich Wagner, était officier de police et est mort un mois après la naissance de son fils. Sa mère se remaria très rapidement, (un peu plus d'un an après la mort de son époux) avec Ludwig Geyer, un ami de la famille, peintre et acteur. Certains ont affirmé que ce dernier était le véritable père de Richard Wagner. Wagner lui-même a pu le croire puisqu'il s'appela Richard Geyer jusqu'à l'âge de 14 ans ! Acteur et dessinateur de costumes de l'opéra de Dresde, Geyer fréquentait le compositeur Carl Maria von Weber et Ferdinand Heine. Le lien avec la musique, le théâtre et l'opéra s'est donc fait très tôt pour Richard Wagner grâce à Geyer qu'il aimait profondément et qui mourut, hélas, alors que Richard n'avait que huit ans. Qu'il soit ou non le véritable père du compositeur, c'est lui qui encouragea sa passion du théâtre, du chant, de l'art enfin. Il est aussi le seul « père » que le compositeur connut.

Cette question de la paternité pourrait apparaître très personnelle et presque anecdotique. Et pourtant l'enjeu est de taille. On a dit en effet que Ludwig Geyer était juif. Cette idée joue un rôle très important dans les polémiques sur l'antisémitisme du compositeur. Toujours est-il que ce père « musicien » auquel Suarès fait référence ne peut être que Geyer. Si Friedrich Wagner s'intéressait au théâtre (et plus spécifiquement aux actrices), il n'apparaît pas comme un artiste, au contraire de Geyer et, de toute façon, il n'a pas suffisamment connu son fils pour lui transmettre son intérêt pour l'art ou la musique.

Cette question de la paternité est reprise dans *Vues sur l'Europe* dans un texte intitulé « la plus belle des vengeances », titre qui laisse facilement imaginer son contenu dans ce contexte particulier[2]. Suarès y affirme que Wagner est le « fils et l'élève du comédien juif Geyer, amant de sa mère et, de très bonne heure, soutien de la famille ». Un tel propos est une prise de position importante et finalement extrêmement polémique. Cela soulève également la question du rapport de Suarès à ses propres origines juives. Il est étonnant de voir qu'il ne fait qu'évoquer la question au détour d'une phrase dans *Wagner*. Mais on le voit dans *Vues sur l'Europe*, la réponse est sans ambiguïté dans l'esprit de Suarès et il saura l'utiliser dans ses textes sur le troisième Reich.

André Suarès rappelle un autre argument en faveur de l'importance de la musique dans cette famille : un des frères de Wagner est devenu chanteur, sa nièce était cantatrice. Enfin, il eut une véritable carrière de chef qu'il commença à vingt et un ans à Magdebourg, puis pendant vingt ans à travers le monde, à Königsberg, Riga et Dresde, Paris, Londres et Munich, Vienne. Il fut selon Suarès un très bon chef d'orchestre et rien ne vaut son texte sur la direction d'orchestre. Il remarque son attention aux détails, le « souci profond de la pensée générale, du noble ensemble[3] ». À la description d'un chef autoritaire, et au parfait contrôle de soi, il oppose la figure de Berlioz, « tombant en pâmoison à l'issue d'un concert qu'il dirige » et qui « ne saurait bien conduire que par hasard ». Ce n'est pas la première fois qu'il utilise la figure de Berlioz comme antinomique de Wagner. Le rôle de chef d'orchestre demande un grand contrôle de soi. Mieux que le musicien français trop esclave de ses sentiments, plus que Beethoven, « trop rêveur » et « emporté », Wagner est le premier musicien qui ait excellé dans la direction d'orchestre si l'on excepte Mozart au siècle précédent. En lui opposant Berlioz et Beethoven il combat l'image romantique du compositeur *habité* et sentimental :

> Peu d'emplois mettent davantage la patience, la maîtrise de soi, et l'esprit à l'épreuve. Berlioz tombant en pâmoison à l'issue d'un concert qu'il dirige, ne saurait guère bien conduire que par hasard. Il convient à l'artiste de garder ses larmes, et son rire en soi. Qu'il les déchaîne en autrui : qu'il les cache, s'ils veulent paraître en lui, malgré lui. Beethoven, sans parler de l'oreille dure, était trop rêveur et trop emporté en ses sentiments, pour faire un bon chef d'orchestre. Wagner est le premier des grands musiciens qui ait excellé dans la direction d'orchestre.

Cette position va bien à son caractère « toujours prêt à dominer ». Ses colères, ses luttes avec les musiciens (de Dresde en particulier) ont pu lui

---

2. Voir plus bas : « Épilogue, III – Les années Trente ».
3. On trouve dans ses carnets de nombreuses références aux textes de Wagner sur la direction d'orchestre.

laisser un mauvais souvenir de ces années mais il n'en reste pas moins que sa connaissance des instruments lui a permis de mieux composer. Il en a joué comme personne. Ces vingt années de misère, durant lesquelles il a exercé ce métier, ont forgé son caractère et l'ont amené à une connaissance profonde de l'orchestre. Suarès s'exprime ici en musicien, il décrit la qualité des cors et des clarinettes dans un texte aux indications musicales très précises. Wagner connaissait l'orchestre alors que les anciens musiciens étaient plus volontiers clavecinistes ou maîtres de chapelle, ce qui se sent dans leur écriture.

Ce premier chapitre est loin d'être anecdotique. Suarès présente un Wagner essentiellement musicien très ancré dans la culture musicale allemande, héritier du romantisme allemand, connaisseur de la philosophie et homme érudit. Il prend le contre-pied de l'image habituelle du poète musicien, du créateur complet tel qu'il est véhiculé par les wagnéristes et créé de toutes pièces par Wagner lui-même. L'allusion à l'origine juive du compositeur, au détour d'une phrase, annonce les textes polémiques de *Vues sur l'Europe*.

On voit surtout comment, petit à petit, Suarès déconstruit l'image habituelle du compositeur en le liant à l'Italie de la Renaissance d'abord, en le ramenant à la musique et au romantisme allemand ensuite.

Deux autres textes présentent une image très personnelle de Wagner : « Sensualité de Wagner » et « Tentation de Wagner » respectivement les second et quatrième chapitres de cette partie.

Dans le premier, Suarès développe une idée toute personnelle, qu'il défend à plusieurs reprises dans ses textes et principalement à propos de Rimbaud : les grands hommes sont soumis à des passions puissantes et principalement à une grande sensualité. Ce qui est un défaut chez le commun des hommes, une faiblesse d'âme, peut devenir la force du grand créateur, une source d'énergie et de création à condition qu'il domine ses sentiments, qu'il les contrôle et les dépasse dans son art. Cela correspond à une certaine conception de l'Artiste qui n'est pas un ange, un saint dégagé du monde, mais participe au contraire à l'humanité de façon exacerbée. Il dépasse cette caractéristique dans l'art et sa création. Suarès décrit alors un Wagner hors normes, sans proportions, scandaleux.

Il commence ainsi son chapitre :

> Comme dans la plupart des plus grands hommes, il y avait l'étoffe
> d'un grand criminel dans Wagner. Et jusqu'à un certain point, il a été

l'auteur d'une foule de crimes, et continue de les commettre en effet. C'est le destin de la volonté puissante [...].

Cela est dû à sa grande sensualité :

> Wagner ardent, passionné, irrésistible était le plus sensuel des hommes. Sa sensibilité n'était pas si exquise que violente, ou plutôt terrible et générale, d'une violence raffinée[4].

Le génie, pour Suarès, ressent la vie de façon beaucoup plus variée que la plupart des hommes. Ainsi, il n'est pas toujours très loin du criminel car il est facilement hors-la-loi, en vivant « hors des sentiers battus ». Sa vie est souvent critiquée et considérée comme immorale :

> Ses émotions étaient de feu, aiguës, perçant le fonds. S'il n'avait pas eu la pensée éprise d'un objet éternel, ni le cœur toujours ouvert au Pur Amour, quel hors-la-loi n'aurait-il pas pu faire ?

Ainsi, on ne peut pas juger le génie avec le regard habituel. Suarès tire plusieurs exemples de la vie de Wagner. On lui reprochait de s'habiller en femme, de porter de la soie. Certains ont supposé une relation amoureuse avec Louis II de Bavière :

> Les ennemis de Wagner allaient, disant de lui qu'il se vêtait en femme ; ils l'accusaient en ses goûts ; celui qu'ils trouvaient trop mâle, barbare même, dans sa pensée, son art et sa violence prodiguée en tout, ils le moquaient d'aimer les chiffons, les parfums, et d'avoir les gestes délicats, l'allure vive, menue et coquette d'une femme. Ils faisaient une calomnie odieuse de ses mœurs[5].

Cette question est importante pour André Suarès qui reviendra sur ce sujet dans le chapitre consacré aux deux hommes. Peu importe que ce soit vrai, dit Suarès, même s'il n'y croit pas. Mais quant à ceux qui critiquent le compositeur, ils ne sont pas à même de le juger :

> S'ils avaient fait comme Wagner, nul doute qu'ils en eussent les raisons misérables qu'ils lui trouvaient, en le voyant faire.

Il reprend également les accusations d'adultère qui ont poursuivi Wagner au moment de la composition de *Tristan* :

> Une si fiévreuse fièvre d'amour, une telle convulsion de la volupté, ne sont point possibles, (dit-on), à moins d'une anecdote tragique et d'un scandale.

---

4. *Wagner*, p. 54.
5. *Ibid.*, p. 55.

Suarès insiste en faisant parler les critiques :

> Il faut que le lac de Lucerne ait vu Wagner trahir un ami, et sucer tous les poisons du plaisir coupable, pour que *Tristan* se perde dans l'amour d'Isolde, au fond des jardins du bon roi Marke.

Suarès trouve toutes ces critiques mesquines. Il ne cherche pas à défendre Wagner en niant les accusations. Il prend la position inverse disant que Wagner est probablement pire qu'ils ne le pensent avec leur système de valeur. Mais à l'inverse, il est aussi capable de plus de bien qu'ils ne peuvent le penser avec leur petit esprit. L'échelle de valeur n'est pas la même. L'artiste vit dans les extrêmes :

> Les pauvres gens ! Il y a bien plus de mal dans un grand homme qu'ils ne croient. Mais il y a plus de bien aussi qu'ils ne savent.

Ces remarques sur Wagner sont très importantes car Suarès exprime ici une position sur le génie qu'il conservera toute sa vie. La seule valeur est la grandeur, ce qui définit la morale de façon toute particulière :

> Il n'y a d'impur que ce qui est petit.

Mais, si Wagner « éprouve les passions dans tout leur feu » et surtout la passion d'amour, il n'en est pas esclave car, écrit-il, les grandes passions se transforment en amour dans les grands caractères. C'est cette première caractéristique qui fait les grands créateurs. Il y en a une autre. C'est l'alliance de l'amour et de l'intelligence, de la passion et de la réflexion :

> Amour et intelligence ne font qu'un dans la royale créature, qui est digne du règne et capable de créer.

Autant d'éléments qui sont des contraires inconciliables et source de déséquilibre chez les personnes communes mais sont conciliés par la puissance de la création :

> La grandeur de l'imagination concilie tout ce que le commun des esprits sépare : la violence du désir, et l'attrait du sacrifice.

Ainsi, il y a chez l'artiste un double mouvement qui allie affirmation de soi et dépassement de soi. C'est la fameuse phrase de Suarès :

> Ce moi n'est si grand, et ne veut l'être si fort au-dessus de tous, que pour se haïr.

Nous sommes là au cœur de sa pensée et à un point de rencontre entre les deux artistes, car cette idée est très proche de celle de Wagner lorsqu'il décrit les relations entre « l'égoïsme » et « l'altruisme ». Henri Lichtenberger résume ainsi la position wagnérienne :

> Entre ces deux instincts que d'ordinaire les moralistes se plaisent à opposer l'un à l'autre, Wagner ne voit pas d'antagonisme irréductible. Il n'admet pas que l'un puisse être regardé comme principe du bien et l'autre comme principe du mal. Il les regarde tous deux comme également naturels et, partant, également légitimes[6].

L'affirmation de l'individu est essentielle : pour l'individu lui-même dans un sens égoïste, et pour les autres, dans un sens altruiste. Dans un toast prononcé lors du trois-centième anniversaire de la fondation de la chapelle musicale du roi, à Dresde en 1848, Wagner déclare :

> Ce n'est qu'en agissant selon sa faculté la plus haute que l'individu devient utile selon sa destination et plus ses aptitudes sont d'une nature supérieure, moins elles lui ont été accordées pour lui seul, mais pour tous ceux auxquels il peut les transmettre[7].

Dans une telle pensée, on ne peut se tourner vers les autres si on ne s'est pas déjà réalisé soi-même. Autrement dit, la réalisation de soi est nécessaire mais n'est pas un but, elle est un passage obligé. L'individu n'est jamais si fort que pour se dépasser. De son côté, Suarès compare l'amour-propre à une plante :

> La commune intelligence est sèche ; l'amour-propre, comme l'ivraie et l'ortie dans un sol médiocre, épuise et tire à soi les sucs de la terre. Mais le grand cœur est à la racine de la Grande Imagination ; et l'amour de soi n'est point une plante parasite.

Ainsi l'amour-propre, la sensualité, le désir, l'affirmation de soi ne sont pas condamnés par Suarès. C'est un point très important qui sera un élément de discussion avec Romain Rolland et Paul Claudel dans leurs correspondances[8]. Il entraîne des positions importantes d'un point de vue

6.   Henri Lichtenberger, *Wagner, Poète et Penseur*, Paris, Alcan, 1898.
7.   *Œuvres en prose*, t. II, p. 127.
8.   Cette question des rapports de l'art et de la morale est aussi posée dans son *Tolstoï* (Éditions de l'Union pour l'action morale, 1898). Tolstoï juge l'art selon des principes moraux alors que Suarès définit la beauté comme « la perfection vivante du moi ». Tolstoï renonce à l'art qu'il considère comme immoral car il excite les passions. Suarès s'oppose à cette conception. Ce sera un sujet de débat avec Paul Claudel dans sa correspondance. L'art pour Suarès ne vise ni le bien ni le mal, il est « le monde de l'émotion. Il met le Cœur dans l'éternel. Il fait une intuition de la connaissance. Ici, l'intensité est la vertu. Par là, il est une force toujours bienfaisante ».

moral et religieux. Il accepte le désir comme source de création. Le désir peut être asservissant mais il peut être aussi au service de l'homme :

> Le désir, – maître terrible où il gouverne. Et, là où il sert, le plus merveilleux des esclaves[9].

Suarès utilise l'histoire d'Ulysse et de Circé pour illustrer son propos :

> Persuadez-vous qu'Ulysse a mieux connu les charmes de Circé, et en nombre infini, que tous ses compagnons, mués en pourceaux : sensible à toutes les voluptés, jusques à en faire la bête, mais jusque-là seulement, non à se laisser changer en une. [...] Voilà comment ce Wagner, le plus ingénieux des artistes, le plus fécond en ressources, put jouir de toutes les voluptés, et les a toutes ressenties, à condition de ne céder entièrement à aucune, et de les vaincre toutes.

À l'inverse, il compare ses imitateurs aux compagnons d'Ulysse qui n'ont pas su résister aux charmes de Circé :

> Voilà pourquoi le suivant dans cette voie du désir passionné, où un torrent de feu brûle ceux qu'il porte, où ils n'ont pas la force de résister, ni même de se tenir debout, Wagner n'a laissé derrière lui, en guise de disciples, que des compagnons d'Ulysse, à quatre pattes, grognant en réponse aux chants de Circé, accroupis dans le vice. Bien loin de mouiller jamais dans la rade d'Ithaque, il ne leur souvient même plus d'y avoir passé.

Ce rapport au désir est aussi ce qui rend Wagner dangereux. Car il a exploré profondément les désirs humains et les a révélés dans toute leur intensité au risque de les réveiller chez des auditeurs qui ne sont pas prêts à les ressentir et surtout à les affronter :

> Il n'a pu se défendre d'écrire ce second acte de *Parsifal,* qui trouble d'une émotion si impure, si malsaine, un poème céleste. Il a sondé dans leur sang ce qui se dissimule d'étrange et de pervers dans l'amour des frères avec les sœurs. Les parfums ; les convulsions ; la présence de la Mort dans les caresses ; l'odeur du sang sur les lèvres jointes ; le sel des larmes dans les baisers de miel, il en a connu les mystères et il les a révélés.
>
> Cependant, il n'est pas bon de découvrir ces abîmes à tout le monde. Il ne l'est même pas de se les mettre trop souvent sous les yeux. Wagner en a été, quelques fois, victime : peut-être est-ce pourquoi il n'a pas laissé une œuvre parfaitement belle. Dans les profondeurs dorment les puissances de la Vie, qui ne sont ni pures ni impures, mais vivantes seulement. Où la vie ne triomphe pas dans sa puis-

---

9.   *Wagner*, p. 57.

sance aveugle, elle est un composé terrible d'horreur et de corruption. L'impureté de l'homme fermente dans les abîmes comme dans les fossés. Souvent Wagner l'a fait jaillir ; et presque tous ont joui d'en être éclaboussés.

D'autre part, Suarès n'oppose pas systématiquement la sensualité et la spiritualité qui participe aussi du rapport au divin. Il exprime cette idée dans une lettre à Romain Rolland du 24 septembre 1887. La sensualité, l'exaltation de l'humanité, la vie intense, la jouissance enfin sont une des formes de communion avec le divin :

> La folie furieuse d'amour et de baisers qui pétrit deux corps en un unique et pénètre si avant deux personnalités que le double masque et la double apparence se crèvent de part en part pour ne laisser que l'Être Infini en présence de lui-même, cette exaspération des individus dont le terme est leur propre anéantissement et leur résurrection dans l'unité, comment rien en réaliser sans la beauté de la femme ? La splendeur du corps avec tous les organes bandés pour le spasme et rendus fins par l'effort comme ces cordes d'arc qui sont transparentes tant elles sont tendues, est l'une des espèces de la Communion dans le Divin[10].

Dans la continuité de ce texte, le quatrième chapitre de cette seconde partie « Tentation de Wagner » présente justement Wagner face à la question de sa propre réalisation. Suarès utilise directement des passages de la correspondance du compositeur avec Franz Liszt et probablement avec Teodor Uhlig. Il ne donne pourtant pas ses références et il faudrait faire une recherche précise des textes qu'ils a lus et utilisés ici et dans l'ensemble de son *Wagner*.

Wagner est alors en Suisse. Il s'y était réfugié après son implication dans les événements révolutionnaires de Dresde où il était recherché comme un dangereux anarchiste à cause de ses amitiés pour Rœckel et Bakounine :

> En Suisse, Wagner sauva sa vie, peut-être ; mais au prix d'un ennui qui le dévorait.

Suarès compare l'artiste au « César ». Le césar a soif de conquêtes et de victoires, l'artiste a soif d'amour :

> Le César se ronge le cœur de n'avoir point d'action sur la folie du peuple ; et l'idée le torture qu'il ne peut pas agir. L'artiste a le cœur percé de vivre sans les biens de la vie commune, et d'aller vers la mort sans avoir connu l'amour, où tous les biens se résument.

---

10. *Cette Âme ardente, op. cit.*, p. 71.

Ils souffrent l'un et l'autre de ne pouvoir se réaliser :

> L'un et l'autre, quand le monde met leur œuvre en doute, se prennent à souffrir amèrement de ce qu'ils sont, dont jusque-là ils sentaient l'orgueil, et attendaient la gloire. Le regret d'un règne médiocre consume le César ; et l'artiste succombe au regret de l'amour. Tous les deux s'en font honte.

Ils doivent accepter d'être différents des autres hommes et supporter de ne pas réussir à établir leur vie « au-dessus de la félicité même ». On retrouve alors ce thème du crime qui n'est pas tant la volonté de détruire que le besoin de créer un nouvel ordre des choses[11] :

> La pensée du crime s'offre bientôt à ces esprits, et leur devient familière. Le crime n'est qu'une affirmation violente. Il crie violemment : « Oui » à un monde qui s'oppose lâchement de toute sa masse, non pas même pour dire, mais pour murmurer : « non », de ce même grondement sourd qui s'élève au tumulte des villes.

La pensée du crime naît de l'impossibilité à un moment précis de créer :

> Le désir du crime séduit par la violence qu'il fait à tout. Et le crime enfin plaît à l'imagination de ces grands violents, qui s'indignent de n'avoir pas les moyens d'un autre triomphe. Il leur faut si nécessairement triompher qu'à défaut de tout autre, ils se rangent à la pensée de ce triomphe-là. C'est leur monstre ; et dans leur solitude sans amour ils le caressent. Le crime c'est encore la vie ; et même c'en est un sommet, peut-être[12].

La question de la morale de l'artiste est alors reposée. Le bien est dans la création, la nouveauté, la vie, non dans une morale « bourgeoise » qui fixe des habitudes et dit non à la vie :

> Une grande âme a sa morale, qu'elle refuse aux moindres. Refus inébranlable. Elle sait pourquoi. Sa raison d'être est son droit : et, du reste, tant de douleur y entre, qu'elle en acquitte sa dette et n'a pas besoin d'excuse.

Cette violence, qui en l'occurrence se serait tournée vers Wagner luimême, ne s'accomplit pas :

> Enfin, elle caresse le crime mais ne l'accomplit pas. Elle conçoit ce bâtard de la force et l'étouffe. Voilà qui est admirable : car la profonde

---

11. *Wagner*, p. 63.
12. *Ibid.*, p. 64.

vérité qui est en elle, empêche de croire que la volonté du crime n'y soit qu'un jeu pervers de l'esprit.

Ce texte est assez curieux et très intéressant par l'image qu'il donne de Wagner (du créateur de façon générale) et dans une certaine mesure de Suarès lui-même. La force créatrice chez Suarès est faite de violence, d'affirmation douloureuse de soi dans la solitude et l'incompréhension. Elle a sa propre logique et sa morale incompréhensibles aux autres, et se trouve facilement condamnée. Cette douleur de la création s'exprime déjà largement dans la correspondance avec Romain Rolland. L'artiste qu'il tend à devenir est doublement tenté par la destruction. Il voudrait s'attaquer à ceux qui sont un obstacle à la création, détruire l'esprit antiartistique et marchand du monde moderne. Mais il est aussi bien tenté de renoncer à sa propre création, pour, au fond, redevenir « comme tout le monde » et retrouver la compagnie des hommes. La violence se retourne alors contre lui-même et le crime est celui de renoncer à soi. C'est ainsi que Suarès décrit Wagner dans sa tentation. Tentation de céder à la violence, envie de tuer, de détruire ou de s'autodétruire.

Suarès revient à la position de réfugié de Wagner. D'abord, il était « las d'humiliations ». Il n'a pas le succès qu'il espère. Suarès le compare à Bonaparte à quarante ans, garnisaire « dans un trou sans gloire ». Il est un grand homme qui ne triomphe pas et c'est très embarrassant pour lui comme pour ses amis. On lui reproche de ne pas exercer de métier et de dépendre d'eux. Ceux-ci commencent à douter de lui, le conjurent de faire connaître ses œuvres par fragments. Suarès cite les réponses de Wagner à ces reproches et le fait parler sans en donner les références exactes. Elles sont extraites de ses correspondances. Wagner est tenté de vivre simplement :

> Pour être heureux, murmurait-il un jour, – que je donnerais volontiers toutes les chimères…

Et une autre fois, près de trahir son illustre destin, il soupire :

> Ah, si je pouvais vivre ! Je donnerais bien tout l'art du monde, pour un seul jour de belle vie…

Il est tout à fait possible que Suarès se soit inspiré de ce que Wagner écrit à Teodor Uhlig le 12 janvier 1852 :

> Mon cher ami, il me vient d'étranges idées sur « *l'art* » et je ne puis parfois me défendre de trouver que si nous avions *la vie* nous n'aurions pas besoin de *l'art*. L'art commence tout juste au point ou finit la vie ; quand le présent ne nous offre plus rien nous crions par

l'œuvre d'art : « je voudrais » ! Je ne comprends pas comment un homme *vraiment heureux* peut avoir l'idée de faire *de l'art*. Pour ravoir ma jeunesse, ma santé, pour jouir de la nature, pour une femme qui m'aimerait sans réserve, pour de beaux enfants – vois ! – je donne *tout mon art*[13].

Ces réflexions de Wagner ont souvent été commentées. On peut y voir l'affirmation de la suprématie de la vie sur l'art. Suarès y voit la tentation d'abandonner son destin et de laisser la création pour une vie plus « normale ». Il se reconnaît en ce Wagner-là, violent, plein de contradictions, de tentations. Cette figure exprime la volonté et la violence nécessaires pour accomplir son œuvre face à un monde qui cherche à détourner l'artiste de son véritable chemin et à le ramener à une plus rassurante normalité.

Il cite également cette phrase du compositeur à Liszt qu'il faudrait retrouver dans sa correspondance et qu'il écrit « comme s'il se fût parlé à lui-même » :

> Au point où j'en suis, pour en venir à mes fins, s'il le fallait, je commettrais un crime…

Il pourrait s'agir de la lettre du 30 mars 1853 dans laquelle Wagner écrit :

> Cela ne peut pas durer ! Je ne puis pas supporter plus longtemps cette vie … Je me donnerais la mort plutôt que de continuer à vivre ainsi[14].

Mais les lettres de ces années-là sont toutes désespérées ainsi celle du 15 janvier 1854. Il lui confie à nouveau son profond désespoir :

> Aucune de ces dernières années ne s'est écoulée sans qu'une fois au moins je n'aie vu face-à-face l'idée de la solution extrême et songé à mettre fin à ma vie. Toute mon existence est perdue, gâchée ! Ô mon ami, l'art, n'est au fond, pour moi, qu'un expédient pour oublier ma détresse et rien de plus[15]…

Il est évident que Suarès s'identifie aux angoisses de Wagner et sa tentation du suicide. Selon Suarès, Liszt lui aurait répondu dans un langage

---

13. Cité par Henry Lichtenberger, *Wagner, Poète et Penseur, op. cit.*, p. 260.
14. Cette lettre est citée par Lichtenberger juste après celle adressée à Uhlig. Elles sont souvent citées pour illustrer la période profondément pessimiste que Wagner traverse en 1852-1853. Il est difficile de savoir quelles sont les sources de Suarès, s'il a lu directement les correspondances. Il semble qu'il les cite ici de mémoire.
15. Lichtenberger, *op. cit.*, p. 261.

religieux, moralisateur, sans comprendre (aux yeux de Wagner et tel que le ressent Suarès) l'angoisse qui l'étreignait. Wagner aurait reçu la réponse de Liszt un vendredi saint.

Suarès enchaîne alors sur un épisode très connu et qui fait partie de la légende. Comme il ne donne pas de références aux lettres précédemment citées, il est difficile de savoir si elles s'articulent aussi clairement qu'il le présente. Le vendredi saint auquel il fait allusion est celui qui inspira *Parsifal*. En 1857, Wagner est à Zurich, chez ses amis les Wesendonck qui ont mis à sa disposition une maison, *L'Asile*. Wagner, raconte Suarès, a été frappé par la beauté de la nature alors qu'il était en proie au désespoir et le thème de *l'Enchantement du Vendredi Saint* (au troisième acte de *Parsifal*) est né dans son esprit ce jour-là[16].

Suarès en fait un épisode central et un tableau très visuel. Il exprime la douleur et la joie de la création qui prend forme par l'image des fleurs qui cherchent à percer la neige. L'artiste fait corps avec la nature :

> La campagne avait l'aspect de sa propre tragédie : un printemps qui veut naître, et qu'emprisonnent encore la neige et les larmes ; des fleurs douloureuses d'être nées ; une haleine inclémente d'hiver, qui porte encore le souffle des glaciers et l'ombre de la nuit sur les solitudes.

On remarquera que les images des futurs textes sur *Parsifal* sont déjà présentes : l'hiver, les glaciers qui se retrouveront dans « Amfortas et L'oiseau » et « Dans la Crypte » pour exprimer la douleur et la difficulté de créer. On retrouve aussi le lien entre la nature et la vie intérieure de l'artiste. Le dialogue entre les deux se révèle plus loin dans ce texte :

> La pluie reprit pour quelques instants encore ; puis les nuages se dissipèrent. Une eau plus tiède tomba sur les feuilles nouvelles et la verdure tendre. La lumière du soleil parut enfin dans le ciel lavé frais comme l'herbe. La prairie souriait.

Ce dialogue entre la nature et l'artiste, l'image de la nature souriante seront développés largement plus tard dans son texte « Sourire de la prairie ». Wagner apparaît d'abord désespéré et proche du suicide. Mais la présence très forte de la nature s'impose :

> Wagner se rappela que c'était le jour du vendredi saint. Et la divine mélodie de *Parsifal* naquit alors, dans le cœur passionné de l'artiste. Il s'arrêta, non pas moins ferme en ses pensers, mais plus joyeux, et la vue plus sereine. Il se pencha pour voir s'ouvrir, comme l'œil d'un en-

---

16. Il raconte cet épisode dans sa correspondance avec le roi Louis II et celle avec Mathilde Wesendonck.

fant rieur qui s'éveille, la première primevère ; et le cœur apaisé, il murmura :

« Liszt, vieil ami, tu ne te promènes pas dans ma prairie : et tu n'y peux compter mes pas. Crois-m'en : je ne voudrais point froisser du pied un seul de ces brins d'herbe.

Mais certes, hommes, pour vous plier à la grandeur de ce que je rêve, c'est sans remords que je tuerais l'un de vous, s'il le fallait. Il n'y a de crimes que dans les âmes criminelles ; et ce sont crimes, peut-être, que leurs bonnes pensées. Dans le crime d'un être assez beau, il ne peut y avoir que de la beauté ».

Suarès fait parler directement Wagner et il faudrait rechercher dans sa correspondance si l'on trouve vraiment de tels propos. Ils sont là pour deux raisons.

D'abord affirmer une morale de l'art et de l'artiste : seule la grandeur et la beauté sont morales et doivent être la mesure même de la morale. Il ne s'agit pas d'affirmer qu'un artiste ne serait pas coupable de tuer. Il s'agit de dire que l'artiste ne se juge pas selon les lois des hommes qui ne sont là que pour maintenir la stabilité de la société et non accéder à la grandeur. En ce sens l'image du crime est provocatrice un peu comme celle de l'inceste chez Wagner dans *La Walkyrie*. Dans ce dernier cas, il s'agit pour Wagner d'affirmer comme seule valable la loi de l'amour au-delà de celle du mariage. Il ne s'agit pas pour le compositeur de faire l'apologie de l'inceste cela va de soi. C'est le même procédé qu'utilise Wagner dans sa lecture de la légende d'Œdipe. Il renverse les jugements de valeur : Laïos est le seul coupable car il a volontairement choisi de tuer son fils. Par contre, Œdipe n'est pas coupable d'avoir tué son père.

La deuxième raison est de choquer les wagnériens qui ne sont pas habitués à lire un tel discours. Surtout à propos du jour du vendredi saint !

Suarès définit ici l'aspect sacré de l'artiste. Il se trouve dans une double attitude : l'incapacité de froisser les brins d'herbes et en même temps l'envie de crime et le refus du remords. L'artiste ici est proche de la nature du monde et non des lois humaines. Le mal et le bien n'existent pas pour la nature mais ils sont dépassés dans l'immense mouvement de création et dans la puissance de vie du printemps qui renaît. En ce sens, *L'Enchantement du Vendredi Saint* chez Wagner est proche du chant du printemps de *La Walkyrie*, moment où frère et sœur reconnaissent leur amour. Wagner finit son monologue ainsi :

Louée soit la nature, d'être si crûment réelle. Elle est la vie, impudemment ; elle ignore la mort : même quand elle la reçoit ; même quand elle la donne. Elle ne pense pas au mal. Elle laisse l'univers penser en elle. Qu'il en soit ainsi de nous.

Je suis prêt à tout, pour être ce que je suis.

Il revient à Liszt à qui il avait confié cette aspiration à la mort et qui n'avait pas compris cette violence :

> Elle l'entend, elle, cette éternelle nature qui, en ce jour, sourit à son rachat, sans avoir arrêté d'un seul frisson le sacrifice qui la rachetait.

L'artiste participe de la nature originelle. Il dialogue avec Erda. Suarès, en faisant parler Wagner termine en utilisant une image violente particulièrement pour l'abbé Liszt et au moment du vendredi saint :

> La palme glorieuse et le pur olivier ont peut-être poussé des rameaux incomparables sur le tertre, où ils ont nourri leurs racines du cadavre même de Judas.

La tentation la plus grave est celle de ne pas réaliser son œuvre jusqu'au bout. La dernière phrase est le programme de Suarès autant que celui de Wagner : « Il faut s'accomplir. »

Ces deux chapitres sont les plus originaux sans doute de ce *Wagner* par l'image de l'artiste tel que Suarès le perçoit et tel qu'il conçoit son propre rôle. Il permet de comprendre combien la création ne peut se vivre pour Suarès autrement que dans la douleur et dans une grande violence. Comme Wagner dans *L'Œuvre d'Art de l'Avenir* et *Opéra et Drame*, Suarès présente l'image d'un artiste révolutionnaire qui remet en cause les lois humaines, la « bonne moralité », et laisse s'exprimer la force de création de la nature. Nous ne sommes pas non plus très éloignés de la pensée de Nietzsche.

Suarès confronte ensuite Wagner à plusieurs personnages importants de sa vie dans les chapitres III, V, VI et VII. Ces rapprochements éclairent certains points de la vie du compositeur et forment la figure de Wagner.

« L'Amitié de Wagner et de Liszt » donne une place centrale à l'ami de toujours. Suarès insiste sur l'amitié et la fidélité de Liszt, sorte de protecteur, financièrement et moralement. Suarès insiste sur son rôle lors de la période « pessimiste » du compositeur décrite dans « Tentation de Wagner » :

> Il crut au génie de son ami, quand Wagner pensait n'en plus être sûr lui-même, dans l'ennui de vivre, et le tourment d'une lutte sans gloire. Liszt a peut-être sauvé Wagner de la mort, et il vit à jamais pour ce service : voilà sa meilleure messe.

Au-delà de l'image de l'ami, Suarès se positionne vis-à-vis de la religion. L'amitié qu'il a portée à Wagner est « la meilleure messe » de

Liszt, sa meilleure façon de servir Dieu. Il faut y voir aussi une prise de position religieuse. C'est une réponse à ceux qui défendaient la religion et l'exhortaient à la rejoindre :

> Le bon Liszt, catholique fervent, mystique à l'ordinaire des passionnés en amour, quand ils sont en religion, fit constamment figure de fidèle à Dieu, près de son ami. Wagner, sans cesse en souci du divin, même quand il crut le découvrir dans la matière, même quand il inclinait à le nier, n'avait besoin ni de Liszt, ni d'aucun autre, pour finir sa vie au Montsalvat, dans l'Église du Graal. Il en eût bâti une plutôt que de n'en pas avoir.

*

Le chapitre V, « Michel-Ange et Wagner », présente un rapprochement tout à fait original[17]. En dépit des Alpes et de trois siècles qui les séparent, ce sont « les deux artistes qui se ressemblent le plus » selon Suarès qui remarque leur volonté et la puissance de leur création : « La même volonté implacable d'élever un monde de géants, au-dessus de ce monde vulgaire, et de la lui imposer. » Ils ont eu tous les deux un triomphe complet et leur exemple « a dominé le destin de leur art ».

Pourtant, l'un comme l'autre seront trahis par leurs successeurs qui ne font que les imiter avec un génie moindre ou pas de génie du tout. On retrouve ici la force des formules de Suarès et le contraste des images :

> Tel musicien, qui a sa chanson à dire, déchaîne l'orchestre des Nibelungen pour un refrain, comme Benvenuto Cellini mettait les Titans de la Sixtine sur une salière[18].

Ils n'ont su les imiter que de façon très extérieure au lieu de retrouver le souffle grandiose qui les animait et justifiait les excès auxquels ils ont pu se livrer autant dans leur vie que dans leur œuvre. En ce sens ils ont été trahis :

> Michel-Ange avait créé une armée de Titans, pour fouler aux pieds le monde odieux du mensonge et des apparences. Les artistes qui l'ont

---

17. Suarès rapproche encore Michel-Ange et Wagner dans son *Tolstoï* à propos du Christ. La question est celle du rapport au divin. Tolstoï y parvient par la connaissance rationnelle et la pratique des *Évangiles*. Suarès lui oppose la position de Wagner qui aime Jésus comme une personne sans chercher en lui un modèle absolu qu'il faudrait imiter : « Il a aimé Jésus comme Michel-Ange a pu le faire : tout ce qu'il avait de divin lui-même est allé à la Personne incomparable, où s'est épanouie la forme la plus pure et la plus complète de la Divinité ».

18. *Wagner*, p. 69.

suivi, fascinés par une puissance, dont ils n'avaient pas le moindre moyen, et qui rapetissaient tout près d'elle, n'en ont saisi que les dehors.

L'un et l'autre ont changé les règles de leur art. La musique n'est plus la même après Wagner, pas plus que la peinture après Michel-Ange. L'un et l'autre n'ont pas été reconnus pour ce qu'ils étaient vraiment. Michel-Ange était sculpteur et s'est trouvé « le maître souverain dans l'art de peindre et de bâtir ». Wagner, d'abord musicien, s'est trouvé « le maître absolu du drame en musique ».

L'un et l'autre ont changé les mesures de l'art et recherché la vérité de l'expression mais ils n'ont engendré que des conventions plus extérieures encore. Wagner « avait la haine de l'anecdote en art. Sur le théâtre de la musique, il avait résolu de mettre le vrai fonds des passions, et tout ce que le cœur a d'inexprimable, si la musique ne l'exprime. » Hélas, il semble que les fausses apparences, chassées, aient été remplacées par d'autres pires encore et que l'emphase, l'affectation aient pris la place après lui. Alors que Wagner voulait libérer l'opéra, il a contribué à l'alourdir et le rendre plus affecté encore. On retrouve alors le Suarès sarcastique, capable de croquer de quelques traits assassins son modèle :

> Au lieu de passions toutes pures, – ce n'est que fausse psychologie. À la place de la nature, – l'affectation continue. À la place de la grandeur, – l'emphase du langage. À la place de la force, – la violence inutile. Pour dire : « Bonsoir ma mie », ils empruntent la voix de Wotan, faisant ses adieux à la divinité anéantie. Et le moindre galant qui chante son madrigal, se prend pour Tristan, le possédé du mortel Amour. Ainsi, Wagner ne semble avoir purgé la vieille scène, que pour substituer un opéra immense, accablant, sans mesure, à l'ancien opéra, léger du moins, satisfait de plaire, voire d'endormir, sans prétendre à la réforme du monde. L'outil d'un Titan tue les ouvriers qui s'en emparent.

On retrouve ce même ton plus loin lorsqu'il se moque des « disciples » de Wagner. Dans la troisième partie, il écrit aussi avec beaucoup d'humour[19] :

> Aujourd'hui, il leur faut à tous une forêt saxonne ; un fleuve avec des antres et des burgs ; un nain et des prêtresses, ou quelque manière de naïades ; des guerrières casquées ; des cors rhénans et des fourrures de bêtes ; une cosmogonie d'occasion ; un être sacré, ou un chêne, un glaive, un trésor, ou un objet mystique quelconque ; enfin un mélange de philosophie chrétienne et de spectacle barbare. Que si l'on se moque de cette piquette des Nibelungen, ils en paraissent étonnés, tant l'ivresse de cette liqueur puissante leur ôte la liberté de se connaître.

---

19.   « Wagner et le Drame », p. 149.

Michel Ange a connu un parcours similaire. L'amour mystique de la fin de leur vie est le seul espace qu'il leur reste pour exprimer leur recherche au-delà des engagements qu'ils ont eus toute leur vie :

> En ces deux âmes, l'amour mystique ne fut si fort, que pour avoir été l'unique espace offert à leur plénitude. Car il permet à l'espérance humaine, ayant fini amèrement de sonder sa vanité, de jouir enfin d'une vérité directe[20].

Suarès fait la critique des successeurs de Wagner mais aussi aboutit à un certain constat d'échec. Au fond, Wagner a échoué dans sa volonté d'instaurer un art nouveau. Sa tentative a été isolée et n'ouvre pas la voie à un nouvel art. Sa principale réussite est d'ordre musical, il ne connaîtra pas de postérité et ses défenseurs sont aussi ceux qui le trahissent le plus. Le génie est toujours trahi.

*

Le chapitre « Wagner et le roi Louis » soulève directement la question de l'homosexualité après « Sensualité de Wagner ». S'il n'éclaire pas vraiment l'aspect biographique du compositeur, ce texte est l'occasion pour Suarès de s'exprimer sur un thème qui revient souvent dans ses écrits.

Il replace la rencontre des deux hommes dans son contexte historique. Wagner avait plus de cinquante ans lorsqu'il fut appelé par le jeune souverain qui n'avait pas la moitié de son âge. Suarès rappelle les échecs du compositeur, rejeté à Paris, en Allemagne, ainsi que la suspicion qui reposait sur l'ancien agitateur qui faisait toujours dépendre la politique de l'Art. Les proscrits de 1849 eux-mêmes lui reprochaient son isolement et sa distance avec leurs idées philosophiques optimistes. Wagner avait découvert depuis le pessimisme de Schopenhauer et le « désespoir philosophique ».

Suarès fait une parenthèse sur le pessimisme de Wagner et une remarque très juste. On fait habituellement une différence entre l'optimisme de la période révolutionnaire de Wagner placée sous le signe de Feuerbach et le pessimisme qui suit, sous le signe de Schopenhauer. On note alors la transformation qui s'opère dans ses projets, en particulier dans le final du *Crépuscule des Dieux*. Suarès relativise cette idée, faisant remarquer que la conscience de la douleur, le sentiment du désespoir, outre qu'ils ouvrent les portes du sentiment religieux, poussent à « osciller entre le goût

---

20. *Wagner*, p 73.

et le dégoût de la vie » et entraînent vers plus de passion et d'engagement que la position de l'optimiste :

> Beaucoup d'optimistes sont moroses, car leur vie est sèche. Au contraire, beaucoup de pessimistes passent continuellement et toujours avec passion, du goût au dégoût d'une vie qui les désespère. Wagner était de ceux-là, et suspect à ses anciens amis. Du reste, en tout pessimiste profond, couve un cœur religieux, que les athées soupçonnent. Dans les âmes du premier rang, la Religion est la dernière née de la Douleur. Et quel que soit le culte où elle s'arrête, il faut que cette Religion naisse. À la vérité, elle est bien dédaigneuse de toutes les Églises : car elle en a une à fonder.

Wagner vieillissait et n'avait pas encore terminé sa création, il était couvert de dettes, et n'avait pas encore entendu ses œuvres dans un théâtre. Il songe même à partir pour l'Amérique, précise Suarès qui voit là le comble de la misère et du désespoir, alors que Wagner n'avait pas le même regard sur le nouveau monde, loin s'en faut. Louis II lui apporte tout ce qui lui manque : jeunesse, argent, public :

> Quand on y réfléchit, les projets de Wagner ne pouvaient réussir à moins d'un Prince absolu. Il lui fallait un protecteur puissant, libre de faire ses volontés et de les imposer aux autres.

Suarès enchaîne rapidement sur les relations qui existaient entre les deux hommes, ce que les journalistes et les médecins ont pu en dire, et défend Wagner avec virulence contre ces attaques. Mario Maurin y voit une façon détournée de se défendre lui-même d'éventuelles accusations qui auraient pu être portées contre lui à cause du ton enflammé qu'il utilisait dans sa correspondance, particulièrement avec Romain Rolland. Cela est d'autant plus juste que Michel-Ange, Jules César, Léonard de Vinci, Shakespeare auxquels il se réfère souvent ont fait l'objet des mêmes accusations :

> La protection que Louis II de Bavière accorda à Wagner est l'occasion pour Suarès de les défendre rageusement contre les accusations d'homosexualité qui furent portées contre eux. Il ne voit que pureté, élan du cœur, où d'autres sont prompts à soupçonner le pire. Sa fureur s'explique peut-être en partie par le ton passionné que lui-même avait employé, pendant toute sa jeunesse, avec ses correspondants les plus proches. Il se sent déjà tomber sous le coup de la même inculpation. Et il est d'autant plus irrité que plusieurs de ses idoles n'en sont pas indemnes ; Michel-Ange, Shakespeare, Socrate, César. Tout se passe comme si Suarès cherchait sans s'en apercevoir, des exemples qui démentissent lui-même. Sa tendance à trouver des éléments féminins

chez beaucoup de ces grands hommes marque par ailleurs, que nous avons affaire à un point sensible.

Nous avons déjà abordé cette question dans la partie consacrée à l'amitié avec Romain Rolland et dans une autre sur l'androgynie. Nous rappellerons simplement ici que Romain Rolland avait ressenti de la même façon (mais plus directement) le besoin de nier par avance qu'il ait jamais existé ce type de relation entre Suarès et lui dans ses *Mémoires*[21]. Il affirme leur mépris d'alors pour les « disciples de Platon » (qu'il soit juste ou non précise-t-il ! comme pour relativiser sa prise de position) et les « Corydon » qui « ne jouissaient pas d'une grande faveur, auprès des jeunes scholards du Quartier latin ».

Ce genre de défense trop souvent affirmée est ambigu et marque une sensibilité accrue à cette question. Le ton scandalisé qu'il emploie pour défendre Wagner et Louis II s'accorde mal avec la défense qu'il fait ailleurs de Verlaine et de Rimbaud, d'autant qu'il utilise ce même argument que le génie n'obéit pas aux lois bourgeoises de la société, aussi bien pour Rimbaud que pour Wagner. D'autre part, cette position contraste encore avec l'image du beau et jeune garçon rencontré à Bayreuth, qui ouvre l'ensemble consacré au compositeur !

Selon lui, ce genre d'affirmation concernant Wagner et Louis II est l'œuvre de gens « pauvres de cœur » qui trouvent ici « un prétexte à perdre de réputation un roi avec un grand homme ». L'occasion est belle, écrit-il, pour un médecin ou un journaliste de se faire de la publicité. Leur échange de lettres est enflammé, mais le ton de Louis II est celui d'un « enfant passionné à son premier ami ». C'est un sentiment « chaste et tendre ».

Pour autant, Suarès n'évite pas les écueils dans une défense qui prend des détours inattendus. Il présente l'image idéale et juvénile d'un Louis II encore presque au berceau, le lait de sa mère aux lèvres ce qui est assez outrancier il faut bien le dire :

> L'admiration juvénile ne se sépare pas de la tendresse. Le lait de leurs mères est encore sur leurs lèvres et ils le mêlent aux paroles qu'ils échangent avec leurs héros. Le roi Louis appelle Wagner « mon bien-aimé ; mon tout ; mon héros ; mon unique ; mon âme ». Il lui parle sur ce ton de tendresse, que les cœurs avides de grands sentiments, sensibles par-dessus tout à l'amitié, ont toujours pris, au début de la vie quand le mal, ne les a pas déveloutés de leur innocence.

---

21.   Romain Rolland, *Mémoires, op. cit.*, p. 40.

Il oppose cette image puérile à celle d'un terrifiant médecin armé d'un scalpel dans une image totalement caricaturale et un peu phantasmatique :

> Il fallait bien, là-dessus, qu'un médecin surgît, son scalpel grossier au doigt, et vînt dépouiller la vie de son charme virginal, comme on ouvre un mort à l'amphithéâtre.

Le thème de la virginité et les symboles qui s'y rapportent feraient un thème d'étude assez riche car il revient souvent y compris dans des images qui semblent largement échapper à leur auteur. Et sa façon de se défendre est plus que jamais ambiguë et maladroite. Suarès donne une vision des médecins effrayante et les allusions à la relation des deux hommes passent par la référence à d'autres grands génies :

> Ces médecins ne savent point dire si un immonde meurtrier, si quelque animal atroce, un hideux composé de singe, de chacal et de bête chaude, déguisé en homme, diffère au fond d'eux ; et ils trouvent, en effet, qu'à tout prendre, il ne diffère pas. Mais ils n'hésitent pas à faire d'un César, d'un Michel-Ange, d'un Wagner, ils ne savent quoi de moins qu'un homme, qu'un assassin absurde, et même qu'eux. [...] Ils voient un malade en tout homme, qui n'est point fait sur le modèle des autres[22].

Finalement, il défend ses héros en faisant une violente satire de leurs détracteurs :

> Lacassagne eût bien prouvé que Jésus-Christ n'était pas raisonnable ; mais il défend de douter que Vacher le soit.

Pour autant, ce qui est paradoxal (mais habituel sur ce sujet), il insiste sur le caractère féminin du roi, sur sa pureté virginale et entretient l'image mythique du *Roi Vierge*. Il a « eu pour Wagner cet amour jaloux et docile des femmes pures [...], elles sont fières de leur héros. Elles se glorifient de sa gloire », écrit-il !

Il semble même qu'il abandonne la défense du roi pour « sauver » Wagner d'on ne sait quelle opprobre. Il accepte en particulier l'idée de sa folie, mais, insiste-t-il, cela n'a pas d'incidence sur la conduite de Wagner :

> Convenir de la démence n'est pas accorder la turpitude. Surtout s'il s'agit de Wagner ; et qu'on prétende déduire sa honte du fait qu'un autre n'avait pas sa raison.

Bref, les médecins et les journalistes n'entendent rien à la passion des grandes âmes et Suarès trouve une sorte de vengeance (« j'admirai la

---

22. *Wagner*, p. 81.

vengeance des Dieux » écrit-il) en constatant le malheur du premier journaliste qui avait calomnié les deux hommes : Suarès ne le nomme pas
mais se réjouit qu'il soit mort en prison ce qui ne donne pas, ceci soit dit
en passant, un bel exemple de grandeur d'âme. Ces phrases montrent
assez le malaise de Suarès face à cette question et renvoient du même
coup à sa vision des femmes, très stéréotypée.

À ce sujet, il faut rappeler la clarté de la position de Schopenhauer
lorsqu'il comparait la beauté d'un garçon à celle d'une fille et écrivait :
« La beauté d'une fille est à la beauté d'un garçon ce que le pastel est à la
peinture à l'huile[23] ». Il n'hésitait pas à défendre l'homosexualité dans
son *Annexe à la Métaphysique de l'Amour* et particulièrement « l'amour
grec ». Wagner lui-même dans *L'Œuvre d'Art de l'Avenir* défend l'amour
spartiate, « amour généreux et désintéressé qui répond au besoin naturel
de beauté éprouvé par l'homme, alors que les rapports homme-femme
procèdent de l'égoïsme le plus forcené[24] ».

Suarès connaissait au moins le passage de *L'Œuvre d'Art de l'Avenir*
mais il n'en parle pas. S'il aborde de front la question des relations entre
les deux hommes, il ne réussit pas à le faire en toute sérénité pas plus
qu'il ne parvient à dépasser ses propres ambiguïtés ou les préjugés que ne
manqueraient pas d'avoir ses lecteurs. Son agressivité et sa maladresse le
montrent assez.

*

Le texte suivant se présente en partie sous la forme d'un dialogue.
« Entretien de Wagner avec Bakounine » met en scène la confrontation
des deux hommes. Suarès utilise une anecdote célèbre rapportée par Wagner. Un jour, Bakounine assistait à une interprétation donnée par Wagner à Dresde de la neuvième symphonie de Beethoven. Le révolutionnaire fut ému aux larmes :

> — Tout sera anéanti, dit-il. Mais nous sauverons la symphonie avec
> chœurs. Il faut lui faire grâce.

Suarès oppose à leur propos le rêve et la réalité. Bakounine ne songe qu'à
détruire, Richard Wagner à construire :

23. *Neue Paralipomena* cité par É. Sans, *in Richard Wagner et la pensée schopenhauerienne*, Paris, Klincksieck, 1964, p. 337.
24. *Ibid.*

Bakounine. — Heureux ton fruit de n'avoir pas vu le jour : il me faudrait le détruire. Si tu portes un monde, j'en ai la négation dans mes lourdes entrailles. […] Pauvre songeur !… Entasse les actes sur tes songes, et fais naître un magnifique édifice de ta rêverie : je suis là : il sera détruit. Je suis la réalité. […]

Wagner. — Tu ne parles que de détruire… Et moi je ne songe qu'à édifier. Il n'est rien que je ne veuille renverser, sans vouloir le relever dans sa beauté parfaite[25].

Ce dialogue oppose la révolution artistique à la révolution sociale. La révolution artistique crée un nouvel ordre, cherche à restaurer l'ordre divin alors que la révolution sociale détruit l'ordre établi. Leur amitié est impossible. Il n'y a entre eux qu'une rencontre ponctuelle face à la symphonie de Beethoven. L'émotion de Bakounine est fugace, elle ne peut pas l'empêcher de détruire, alors qu'elle est le point de départ de la construction pour Wagner. Wagner se trompe en croyant que « de cette frénésie devait jaillir, tôt ou tard, une étincelle créatrice ». Ses arguments ne changeront rien à la détermination de Bakounine. Wagner est le gagnant de cette confrontation car l'art est supérieur à l'esprit révolutionnaire : « Tu n'es pas un artiste », conclut Wagner, « tu ne peux me comprendre. Tu ne m'aimeras pas longtemps. Et tel que tu es, je peux t'aimer, voilà la différence. Car je suis sûr de te prendre en moi, sans dommage ; d'en faire une pierre de mon temple, et de te vaincre enfin ».

Suarès en termine ici avec l'image du révolutionnaire. S'il l'a été, Wagner est avant tout un artiste et agit en tant que tel.

*

Les deux derniers textes, « Le Matin de Venise » et « Sur la route de Wahnfried », présentent deux images de la fin de la vie de Wagner.

Le premier est une évocation joyeuse et poétique d'un Wagner « pétillant de vie, d'action et de joie », à l'écoute de la nature, vivant pleinement et sereinement les derniers moments de sa vie :

Quand les hirondelles et les mésanges, dans leur exquise sagesse, prenaient leur vol vers le Sud, il passait les Alpes avec elles. Il gagnait la merveilleuse Italie. Il vivait dans l'air bleu, qui sourit à travers les portiques de marbre, regard des dieux. Il était l'hôte des orangers et des roses, dans les villes où la pierre est dorée, comme une joue de jeune fille, par le soleil. Son âme harmonieuse en ses grandeurs diverses, respirait l'indulgence, la force, la foi et le sourire. Sa jeunesse immor-

25. *Ibid.*, p. 89.

telle s'éveillait de plus en plus à l'éternité. Le printemps de cette terre délicieuse était en lui comme en elle.
Ainsi s'en alla-t-il, au lendemain de *Parsifal*, finir joyeusement sa saison admirable, dans Venise, la plus amoureuse des villes […].

On remarquera ici la légèreté du propos, l'absence de référence au monde mythologique et encore la présence solaire de l'Italie.

Le second est le plus original. Il s'agit d'une scène qui s'est passée le 20 février 1883. Suarès décrit le retour du corps de Wagner dans sa maison de Bayreuth. Il le fait parler une fois encore au-delà de la mort. Wagner affirme son amour de la vie :

Ô vie, que je t'aimai… Comme j'ai cru en toi, Ô monde…

L'image dominante est celle du printemps : « Adieu, vie admirable. Printemps, je te vois poindre sous les neiges, qui fondent, de l'hiver ; et je salue ta verte jeunesse ». Plus loin il affirme : « à tout, j'ai toujours préféré le printemps ». On retrouve l'image du vendredi saint, promesse d'une renaissance :

Les fleurs vont renaître, et dans leurs yeux r'ouverts, le parfum et la gaieté de leurs frêles âmes riront demain à la lumière, comme elles la bénissent écloses, sous les pas du Sauveur.

L'image des fleurs qui sortent de terre évoque la création nouvelle qui apparaît et pousse les anciennes formes vieillies :

La bouche rouge, avide de vie, et la tête verte des bourgeons naissants poussent et dispersent ce trésor vieilli, dont ils n'ont que faire.

La création, encore une fois, est liée à la nature et à la puissance de vie :

Seul enfin, enfin avec moi-même, Seul avec toi, Erda. Seul avec tout. Une joie inexprimable me pénètre. Elle me porte comme un vaisseau, construit pour l'éternité, par la main des dieux […].

Wagner, ici, est touchant. Il quitte la vie avec le sentiment d'avoir réalisé son destin. Il rejoint les anciens dieux, sans que Suarès les nomme :

Ô joie : J'ai été ce que j'ai voulu. Et j'ai voulu, à l'image de ce que j'étais.
J'ai osé. J'ai osé être ! je l'ai pu. Voilà l'œuvre sans pareille, voilà la merveille, où la vie se reconnaît et rend hommage à la vie. […] J'ai bien mérité ma place au sein de la divinité.

*

Dans ces deux derniers textes, Wagner apparaît finalement plus simple et plus humain. Suarès va à l'encontre des images habituelles des admirateurs du compositeur et brise l'idole. Il le rend plus humain par ses sentiments, ses défauts. Il met surtout en valeur l'évolution d'un homme et d'un artiste. C'est en cela qu'il lui apparaît comme un modèle, par sa volonté d'aller jusqu'au bout de sa création. Suarès affirme du même coup son propre désir et sa volonté à travers l'image du compositeur.

D'un point de vue littéraire, l'image de Wagner se cristallise autour du printemps et du thème du vendredi saint, images centrales des textes de la maturité.

Suarès défend Wagner et fait preuve dans les derniers chapitres d'une infinie tendresse, mais pour autant il est surprenant que les lecteurs n'aient pas insisté sur le caractère scandaleux du personnage particulièrement dans « Sensualité de Wagner » et « Tentation de Wagner », dans lesquels il montre toute sa faiblesse et son humanité.

D'autre part, il commence à détruire l'image de musicien poète pour le rendre à la musique, ce qu'il fera plus précisément encore dans la partie suivante dans laquelle il déconstruit point par point sa théorie de l'Art.

Chapitre 4

WAGNER THÉORICIEN

La réflexion de Suarès au sujet des théories wagnériennes sur l'art est très importante, car elle apporte de riches précisions pour mieux comprendre ses écrits de jeunesse et sa recherche de nouvelles formes. On voit dans cette partie qu'il connaissait bien les textes en prose ainsi que la correspondance du compositeur. Sa connaissance de Wagner est profonde et se situe à un niveau intellectuel et critique. Il ne se contente pas de baigner dans l'atmosphère wagnérienne qui, il faut bien le dire, restait souvent assez superficielle dans la connaissance réelle du compositeur et de ses idées.

Chose étonnante, Suarès démonte systématiquement la logique wagnérienne. Non seulement il critique tous les aspects du wagnérisme à la mode mais il remet en cause les théories de Wagner sur le drame. Il prend en effet le contre-pied des idées habituellement reconnues et en montre la vanité : pour lui Wagner n'a pas réussi la synthèse des arts, il n'a pas non plus ressuscité la tragédie grecque ! Il s'est d'ailleurs gravement trompé sur cette dernière qu'il n'a pas comprise. Il n'a pas non plus créé l'œuvre d'art de l'avenir, qui reste à inventer.

Que reste-t-il alors au compositeur ? Il le rend à la musique et montre qu'il s'est trompé sur ses rapports avec le drame. Il affirme par contre deux idées très importantes pour Wagner et sur lesquelles il fonde sa recherche artistique : il est temps que l'art donne une religion, et l'amour doit être au cœur de la création.

Il faut remarquer également que, de façon surprenante, le style de Suarès, ses références, sont souvent très proches de celles de Wagner. Il suffit de donner comme exemple cette façon de parler de la musique comme d'une femme. Il a la même façon de vouloir à tout prix démontrer ses idées et revient sans cesse sur les mêmes questions, ce qui rend l'ensemble assez difficile à lire en raison de son caractère répétitif et redondant. Certains y verront justement une caractéristique wagnérienne au-delà de la remise en cause des idées du compositeur.

À travers la pensée théorique de Wagner, Suarès ici encore, expose son propre projet créateur. C'est le point le plus important pour lui finalement : Wagner n'a pas écrit ses textes théoriques sur l'art pour établir des règles à partir desquelles il pourrait composer. C'est le contraire qui s'est passé. Il a écrit ses textes parce qu'il avait besoin d'analyser les mouvements de la création. En quelque sorte pour formaliser ce qu'il était en train de réaliser car la forme qu'il créait était originale. C'est ce retour sur soi-même, cette introspection qui intéresse Suarès dans les textes de Wagner.

A. Les textes théoriques de Wagner

Suarès connaît bien les textes en prose de Wagner et y fait souvent référence. La troisième partie de son *Wagner* est consacrée à une réflexion sur la théorie wagnérienne de l'art. Il cite dans la première note du chapitre II, « Si le drame de Wagner est une action », « 1. Idées de Wagner[1] », plusieurs textes de Wagner. La voici reproduite telle qu'elle apparaît dans l'édition de 1899 :

Textes significatifs :
Gesam. Schrift.,   III : 75, 78, 79 à 82 ; 96, 100 à 120
IV : 10 à 30 ; 45 à 50 ; 78, 80 à 89 ; 100
IV : 140, 142, 143, 185, 190, 322, 325
IV : 388 (capital).
VII : 120 à 127 ; 128, 130, 149, 150
IX : 105 à 107 ; 306

Les Opuscules où sont les opinions décisives sont :

1. *L'Art et la Révolution*, 1849
2. *L'Œuvre d'Art de l'Avenir*, 1849
3. *Opéra et Drame*, 1851
4. *Une communication à mes amis*, 1851
5. *Lettre à Villot*, 1860
6. *Beethoven*, 1869
7. *Religion et Art*, 1880

---

1.   *Wagner, op. cit.,* p. 122-123.

Suarès analyse parfois d'autres textes comme *Ueber die Benennung Drama*[2] qu'il signale simplement en note. Il cite dans les carnets sa biographie (*Ma Vie*) ou ses textes sur la direction d'orchestre. Nous les avons précédemment cités dans la partie consacrée à sa carrière de chef d'orchestre. Il n'indique pas toujours très précisément les passages des textes utilisés. Parfois, il donne simplement le titre de l'ouvrage et la page. Les références ne sont donc pas toujours faciles à retrouver. Tout dépend de l'édition qu'il utilisait. Lorsqu'il parle de l'édition allemande, il est possible de retrouver les textes dans leur traduction française grâce aux tables de correspondance établies dans l'édition des *Œuvres en prose* de Richard Wagner chez Delagrave en 1923.

LES INFLUENCES PHILOSOPHIQUES

Selon lui, ces textes sont issus d'un mélange d'influences diverses placées sous le signe du romantisme. Il les qualifie de « rêveries » et s'étonne de leur importance pour l'Allemagne impériale :

> Les théories de Wagner sur l'art se sentent de Hegel comme celles de Schiller font de Kant. Et, grâce à la musique, Wagner n'est pas loin d'unir Hegel à Schopenhauer. De quoi Schopenhauer ne lui eût pas su trop de gré sans doute. Les idées de Wagner sur la légende et l'histoire ; son ardeur à la révolution ; son dégoût du siècle ; et ce rêve d'une société meilleure, où la perfection du temps passé contribue beaucoup plus que le pressentiment de l'ordre futur : tout est à l'empreinte du philosophe romantique, du poète idéaliste, comme Goethe les vit naître, sans grande sympathie ; épris à la fois de la révolution sociale et du Moyen-Âge ; du peuple et de la chevalerie chrétienne ; du saint empire germanique et de l'avenir. Il est curieux que ces rêveries aient aidé à la création de l'Allemagne impériale ; Bismarck lui-même n'en a peut-être pas toujours été indemne ; et beaucoup d'allemands voient encore dans les Hohenzollern les héritiers de Barberousse[3].

Suarès fait déjà preuve d'une bonne connaissance de l'influence de Schopenhauer. Replacer Wagner dans un courant philosophique permet de le restituer dans l'histoire de la pensée mais relativise aussi une partie de son originalité d'autant que Suarès s'étonne que ses textes aient eu une influence politique.

---

2. *À propos de l'expression Musik Drama*, 1872. Delagrave, 1923, t. XI, p 120-128. Cf. *Wagner*, p 181.
3. *Wagner*, p. 122.

WAGNER THÉORICIEN MALGRÉ LUI ?

Malgré toutes ces remarques, Suarès reconnaît la puissance des écrits de Wagner (« comme je l'ai déjà dit », ajoute-t-il comme pour renforcer cette opinion) : « Wagner est un redoutable théoricien[4] ».

Cependant, le compositeur s'est souvent plaint d'être contraint par les circonstances de devoir expliquer ses projets, sa conception de l'art, et donc, d'avoir été obligé de s'exprimer dans des écrits théoriques. Suarès ne croit pas à cette image du « théoricien malgré lui[5] ». D'abord, remarque-t-il, il n'a jamais cessé d'écrire :

> S'il faut l'en croire, il s'ennuyait à l'excès de faire ses théories. Il les faisait toutefois, et n'a pas cessé un jour d'en faire. C'est donc que, tout en les ayant à charge, il s'y plaisait aussi[6].

En réalité, il s'est essayé dans ses œuvres théoriques. Elles lui ont servi pour mieux comprendre lui-même ce qu'il voulait réaliser. Il en avait besoin :

> Elles répondent à un besoin de sa nature. Elles lui ont servi d'avant-garde ; et il a essayé sa force en elles. Depuis l'âge de 25 ans, quand il était chef d'orchestre à Riga jusqu'à sa mort, il a bâti des systèmes. Il s'est expliqué son œuvre et sa mission, à lui-même et aux autres. L'orgueil ou le besoin de construire un système d'art a compensé l'ennui de la besogne. Tous les dix ans il ajoutait un étage.

Les écrits de Wagner sont donc un moyen d'introspection, un témoignage précieux de la vie intérieure d'un artiste, des mouvements de sa pensée, de la mise en place de sa création et de son projet. Comme Suarès l'écrit plus loin, dans « Wagner et le Drame », « Wagner ne fait rien par système : mais rien de ce qu'il fait ne lui échappe ; et il fait système de tout[7] ».

Suarès fait de cette idée un leitmotiv qui revient régulièrement dans l'ensemble de son texte. Dans « Wagner et le Drame », il insiste sur cette idée que Wagner n'a pas d'abord mis en place un système, qu'il n'obéit à aucune loi établie à l'avance. L'œuvre d'art porte en elle sa théorie mais

---

4.   *Ibid.*, p. 123.
5.   Wagner écrit dans sa préface des *Œuvres Complètes*, en 1871 : « Il me fut souvent pénible jusqu'à l'amertume de devoir écrire sur mon art, quand j'aurais si volontiers laissé ce soin à d'autres », *Œuvres Complètes*, t. I, p. 11. On remarquera que dans ce cas, Suarès ne donne pas les références des textes dans lesquels Wagner se serait plaint. Il se contente d'un « s'il faut l'en croire ». C'est un procédé habituel.
6.   *Wagner*, p. 123.
7.   *Ibid.*, p. 173.

elle n'obéit à aucune à l'origine. De plus la théorie ne vaut que pour cette œuvre particulière et ne peut s'appliquer à aucune autre, encore moins en inspirer de nouvelles :

> Toute œuvre admirable de l'art porte en elle sa théorie ; mais qui ne justifie qu'elle. Et la théorie où donne lieu une œuvre admirable, n'est jamais que la justification d'un système. Il n'y a point de système en art. L'individu fait en tout le fondement de l'art ; le général n'est pas de ce domaine. Plus l'œuvre est belle, plus elle est unique ; et plus elle trompe là-dessus : c'est proprement séduire.

Les véritables raisons qui l'ont poussé à écrire

Cette volonté d'écrire demande un effort. Wagner élabore un système car il a besoin d'analyser son propre parcours d'artiste, mieux comprendre son œuvre et l'expliquer au public :

> On élève un système par désir d'être parfait, de ne point négliger ce qui importe, même si l'on y incline peu ; et pour donner cette perfection à connaître ; car on ne se flatte guère de la créer vivante pour tous les hommes[8].

Suarès met en avant le goût de l'architecture chez Wagner, « passion très vive », moyen d'exprimer sa « puissante logique ». C'est une caractéristique qu'il lui attribue plusieurs fois dans ses *Carnets*, en particulier dans un texte inédit qui compare l'architecture de l'église Saint Paul à celle de *Parsifal*[9]. En suivant cette comparaison, Wagner a laissé ses *Œuvres en Prose* comme un architecte laisserait les plans de sa construction :

> Il a voulu laisser le guide, les calculs, la description point par point de l'édifice qu'il a bâti.

Suarès poursuit la comparaison :

> La merveilleuse église étant édifiée, il en a lui-même dégagé les abords ; il en a tracé les avenues qui y mènent et toutes les perspectives qui en dépendent.

---

8.   *Ibid.*, p. 124.
9.   *Cf.* carnet n°207.

Ce besoin est renforcé par la nécessité de faire comprendre sa création aux autres, et, tout simplement d'être compris, même s'il avait conscience de la « vanité » de ce désir[10].

Le « moi » est le plus solide des systèmes

Ainsi, ses textes sont-ils toujours très personnels. Si ses théories sont « des vues abstraites sur toute l'étendue de l'art », elles sont surtout révélatrices de sa personnalité et de sa création. L'analyse des formes artistiques correspond à sa recherche intérieure ainsi, écrit Suarès, on admire là comment le « moi » est le plus solide des systèmes. Il est nécessaire de le savoir clairement pour comprendre sa théorie. Wagner dira du drame que l'activité créatrice s'y montre comme organique, tandis qu'elle est mécanique dans le roman ; il le prouve fort bien, accorde Suarès, mais Wagner aurait affirmé le contraire s'il avait écrit des romans :

> s'il avait été Tolstoï, en s'appuyant sur *Anna Karenine*, il eût prouvé le contraire.

Wagner pose encore le principe selon lequel l'œuvre d'art doit être *communiste*[11] :

> Selon lui, Beethoven a élevé la musique à l'art communiste dans la IXᵉ symphonie ; et toute la doctrine vient à conclure qu'il reste une seule œuvre à faire : l'œuvre d'art parfaite de l'avenir, le drame communiste : c'est que Wagner se destine cet ouvrage. Au fond de tout, comme il le déclare, « la question capitale fut, pour moi, de voir de plus en plus clair dans mon dessein. »

« Et surtout, peut-on ajouter, de l'accomplir. La question unique est celle du "moi". Capitale en effet : car le "moi est toujours seul" », comme Suarès.

On voit bien combien cette dimension est la plus importante pour Suarès qui entre ici au cœur de la question de la création. Sous des dehors de

---

10.   Ce besoin est le mouvement même de son texte *Une communication à mes amis*, dont le titre est très évocateur. Wagner dit dans sa préface s'adresser à ses amis et non aux critiques, il souhaite qu'on apprécie autant l'homme que l'œuvre et qu'il n'y ait pas de séparation entre les deux.

11.   Ce terme est à comprendre dans un sens wagnérien et non politique. « Communiste », pour Wagner, s'oppose à « égoïste ». Il désigne sous le terme de « communiste » ce qui dépasse « l'égoïsme ». L'art doit être un dépassement de soi et de l'égoïsme individuel.

théorie générale, l'intérêt de ces textes est la connaissance du compositeur dont le seul but est de justifier sa création :

> La pensée de Wagner est qu'il n'y a qu'un seul drame véritable : le sien.

LE RAPPORT DE SA THÉORIE ET DE SA CRÉATION

Cela prouve bien, encore une fois, que Wagner ne crée pas à partir de ses théories mais qu'elles sont écrites, après coup, pour expliquer et justifier sa création. Les meilleures pages de Wagner expliquent le processus de création, dévoilent l'homme en déroulant les méandres de sa pensée, ses différentes évolutions, les diverses étapes de la création. Elles mettent à jour le créateur qui se décrit dans ses mouvements les plus intimes et les plus profonds, comme pour mieux se comprendre soi-même et s'exposer aux autres. Il existe un lien entre les deux, un va-et-vient entre l'œuvre et la théorie et c'est ainsi qu'il faut le lire sans chercher l'expression de lois universelles :

> Le système, il est vrai, ne domine nullement l'art, et il ne faut pas se lasser de le dire. Il est bon d'avoir un système avant de se mettre à l'œuvre. C'est un système de dire sa prière, comme le bon frère Angélique. Et il est encore meilleur de l'oublier, quand l'œuvre se crée. Il faut laisser faire au génie. Cependant la théorie de Wagner est admirable par l'idée qu'elle donne de son caractère[12].

Sa théorie de la poésie et du langage : donner un art dramatique à son pays

S'il admire cette introspection, Suarès ne croit absolument pas à la théorie générale de Wagner sur l'art, on l'aura compris :

> Wagner fait un tableau singulier des genres ; et sa critique universelle est sujette à caution[13].

D'abord parce qu'elle cantonne les différents domaines de l'art dans des rôles trop restreints :

> Sa théorie de la poésie et du langage tend à confondre la poésie dans la musique, et le langage avec le simple cri de l'émotion. Le rôle capital

---

12. *Wagner*, p. 150. III (« Que le drame de Wagner est une symphonie » / I), « Organisme et Leitmotiv ».

13. Suarès s'appuie principalement ici sur *Opéra et Drame*.

qu'il prête à l'émotion est évident mais, il n'y a pas qu'une seule manière d'aborder ce haut fait de la nature sensible. Rien de plus vrai, en général, que d'assigner pour fin à l'œuvre d'art la nécessité de transposer l'idée en émotion[14]. Le problème est de savoir par quel moyen cette transposition se fait dans le drame ; et comment elle peut le mieux le faire, étant donné la condition du théâtre et de l'art dramatique.

La raison principale est que l'intérêt de Wagner n'est pas historique. Il envisage l'histoire dans sa perspective personnelle faussée qui est de donner un théâtre à l'Allemagne. Telle qu'il la reconstitue, elle doit donc aboutir à lui-même et à sa propre création. Il sait fort bien, rappelle Suarès, que l'Allemagne n'a pas de théâtre. Ni Schiller ni Goethe n'ont réussi à donner un drame au peuple allemand : « Nous n'avons pas de drame », fait-il dire à Wagner, « et nous ne pouvons pas en avoir ». « Il pense faire ce don à son peuple. Son fameux mot, à l'issu de la première du *Ring* : " et maintenant nous avons un art ", n'a pas d'autre sens[15] », commente Suarès.

Cette remarque, apparemment anecdotique, répond en réalité à une grande polémique qui a secoué le milieu wagnérien et que Suarès balaie d'un revers de main. Wagner avait prononcé ces paroles à l'issue du premier festival de Bayreuth. Elles avaient été rapportées par la *Gazette Musicale* du 20 août 1876. Élémir Bourges y fait allusion dans *Le Crépuscule des Dieux*. Cette phrase fut mal perçue. Vincent d'Indy y voyait l'expression d'un triomphalisme déplacé[16]. Debussy interprétait ainsi cette phrase dans le numéro du 19 janvier 1903 de *Gil Blas* : « Et maintenant je vous laisse le néant, à vous d'en sortir ». Ces interprétations laissent à penser qu'il existe un défi presque surhumain à relever. Suarès ramène la phrase de Wagner à plus de retenue et à une dimension uniquement nationale.

Suarès reconnaît ce besoin chez Wagner d'apporter un art dramatique à son peuple, et il est d'accord avec sa critique de l'opéra qu'il juge très durement, comme un art bâtard, superficiel et trop plein de conventions pour être crédible :

> Partant de là, et de ce qu'il connaît le mieux, d'expérience et non de système, sa critique de l'opéra est sans reproche, si l'on admet que l'art n'est pas un passe-temps frivole.

---

14. Suarès cite ici ses sources : *Die Gefülsverdung des Verstandes*, IV, 78 ; VII, 120.
15. *Wagner*, p. 126.
16. *Cf.* Cécile Leblanc-Guicharrousse, *Wagnérisme et création en France, 1883-1889*, *op. cit.*

Cette critique de l'opéra correspond à la question centrale chez Wagner, de l'union des arts et de sa recherche d'une œuvre qui pourrait s'apparenter à la tragédie grecque. Le problème selon Suarès (et ce jugement contraste fortement avec les idées habituellement véhiculées par les wagnériens) est que Wagner se trompe « cruellement sur les Grecs. »

B. Ses erreurs sur le théâtre grec et la théorie de l'union des arts

En effet, écrit-il, Wagner a cru faire renaître la Tragédie grecque et Nietzsche a interprété son œuvre en ce sens dans *La Naissance de la Tragédie*. Tous deux y voient l'union d'un artiste et d'un peuple et surtout la fameuse fusion des différentes formes artistiques en un seul drame. Suarès n'y croit pas parce que Wagner envisage tout à partir de sa propre création et de son propre idéal artistique :

> Il croit décidément que le drame grec est pareil au sien en son essence, et communiste[17]. Sans parler d'une foule d'erreurs sur le théâtre grec, Wagner joue sur les mots, quand il dit de cet art qu'il n'est pas la création du génie, mais l'œuvre commune du peuple et de l'artiste. Il est évident que toute grande œuvre d'art en est là ; et celle qui semble en être le plus loin, comme celle qui en est le plus près. Le germe est commun à tous ; non pas du tout la force de la plante, et le fruit qu'elle porte. La lumière luit pour tout le monde ; très peu la possèdent. L'œuvre d'art la plus populaire ne doit au peuple que l'occasion et cette part de soi, qui, étant à tous, n'est à personne.
> L'art est le premier des aristocrates.
> Quant à l'union des arts, comme il la voit sur la scène grecque, elle est fort arbitraire dans l'hypothèse de Wagner. Lorsqu'il croit, par exemple, trouver le terme de la plastique dans la pantomime, il confond les époques ; et quand il observe que l'architecture elle-même concourt à la tragédie, il renverse les proportions de cet art : en effet, l'architecture en est la base bien plus que la musique.

Plus loin, dans « Wagner et le Drame », il reprend cette idée et affirme que le drame de Wagner « ne se fonde pas sur le théâtre grec ». De plus, cette affirmation de la part de Wagner ne le sert pas : « Wagner ne gagne rien à persuader que dans le drame grec tous les arts sont unis comme dans le sien ». Au contraire, cette illusion d'érudition lui retire plutôt de la crédibilité. L'archéologie et la création n'ont pas grand-chose à voir ensemble et ce qui a été a les meilleures raisons du monde de ne plus être. Comparer *Tristan* à un drame grec à cause de la sobriété de ses propor-

---

17. « Communiste », c'est-à-dire l'expression d'un peuple, de son unité.

tions, son petit nombre de personnages, la symétrie rigoureuse de sa construction est très factice. *Tristan* n'est pas un drame.

D'autre part, l'autre erreur est de dire que l'orchestre de Wagner joue le rôle du Chœur à la façon de la tragédie grecque. Wagner lui-même considère qu'il exprime « l'acteur essentiel de l'action intérieure, du monde invisible, des sentiments secrets[18]… ». Le chœur antique n'a jamais joué ce rôle, au contraire, il représente la voix de la cité face aux passions individuelles.

Cette critique est surprenante pour un wagnérien comme Suarès et sa position est rare. Il remet en cause les points essentiels de la démonstration wagnérienne, position tout de même assez extrême. Mario Maurin s'interroge. Ne serait-ce pas une réponse à Nietzsche, une façon de s'opposer à lui plus qu'à Wagner lui-même ?

> À mesure qu'on avance et qu'on revient, page après page, à ses idées
> maîtresses, on découvre mieux la portée de sa polémique. Il s'agit
> d'abord de corriger les théories enthousiastes mises en circulation par
> des admirateurs qu'aveugle leur ferveur, en démontrant que Wagner
> est avant tout musicien et que sa dramaturgie est factice. On est tenté
> de se demander s'il n'y a pas là quelque dessein de s'opposer particu-
> lièrement à Nietzsche, que Suarès n'a prétendu connaître que plus
> tard, mais auquel il a fait allusion à deux reprises, sans le nommer, au
> début de son essai.

Bien sûr, il semble que Suarès ait connu Nietzsche plus tard (la majeure partie de ses œuvres n'a été traduite qu'entre 1898 et 1909) mais il a pu lire des critiques dans ses lectures wagnériennes[19].

Il revient toujours à cette idée que Wagner justifie après coup sa création. Ainsi, Wagner reconnaît le génie de Shakespeare mais il en fait une telle critique, écrit Suarès, que seul l'un des deux a vraiment pu écrire des drames. Ainsi conclut-il, « La pensée de Wagner est qu'il n'y a qu'un seul drame véritable : le sien[20] ».

Suarès analyse ensuite la théorie wagnérienne des « trois arts purement humains » soit « la danse, la musique et la poésie ». Pour le compo-

---

18. « Wagner et le Drame », *Wagner, op. cit.*, p. 127,
19. *Cf.* Jacques Lecarme, « Suarès et Nietzsche » *in André Suarès et le symbolisme, La Revue des Lettres modernes*, 1973.
20. *Wagner*, p. 127. C'est ainsi que l'on peut comprendre cette phrase de Wagner, dans *Opéra et Drame*, qui considère « que le drame de l'avenir naîtra de la satisfaction des besoins que le drame shakespearien a suscités mais non encore apaisés ». *Opéra et Drame*, t. I, *op. cit.*, p. 210.

siteur, (au risque de simplifier à outrance), la danse est l'expression du corps, la musique l'expression de l'émotion et de *l'intuition* et la poésie l'expression de *l'entendement*, de la pensée rationnelle. L'œuvre d'art la plus complète, celle de l'avenir contient ces trois formes d'expression prenant en compte les différents aspects de l'individu :

> La véritable œuvre d'art ne peut se produire que par le concours des trois arts. Car elle doit être complète. C'est l'œuvre d'art de l'avenir. Cette œuvre est un drame, où la raison et l'intuition, les idées et les sentiments sont unis au geste, qui est fait pour les traduire.

Suarès critique cette délimitation des sphères d'expression surtout en ce qui concerne la poésie :

> Wagner suppose que le langage, et par conséquent la poésie, ne touche pas le sens de l'ouïe, par là encore, la poésie ne pénètre pas l'homme intérieur, ne rencontre pas l'intuition, cette vue unique de l'âme. La musique seule le peut, dit Wagner. Là, sa puissance incomparable.

La conséquence de cette théorie des arts est que le *poète musicien* est seul en possession de faire un drame, qui intéresse tout l'homme et le prenne tout entier, « cœur, pensée et entendement » :

> Le poète pénètre l'entendement par le verbe. Le spectacle s'empare des sens et de l'homme charnel. La musique va par l'ouïe à l'intuition même, et elle suscite dans le cœur la présence de tout le monde intérieur de l'homme, visible au cœur seulement, et qui, sans la musique, est inconnu ; car, sans elle, il est inexprimable. […] Wagner prétend que le *poète musicien* peut produire l'unité du poème, de la musique et du spectacle. Une telle unité est nécessaire à toute œuvre d'art : combien plus à celle qui unifie l'art en elle ? – les éléments divers de cette œuvre ne peuvent jamais être ajoutés les uns aux autres, ni rapprochés par un travail d'ouvrier, si parfait qu'on le suppose. Il leur faut naître tous ensemble, en quelque sorte, de l'intuition. Ils ne peuvent sortir, divers entre eux et pourtant intimes, que du sein de la musique. La musique est la mère de cet art.

Cette théorie est très « allemande » dit-il. Plus qu'une théorie artistique il s'agit d'une conception de l'homme et d'une théorie de la connaissance :

> Wagner établit donc sa théorie du drame sur une théorie générale de l'art. En quoi, il procède tout à fait en philosophe. Et même sa théorie de l'art implique une théorie de la connaissance. […] L'entendement et l'émotion ne communiquent que par l'imagination, selon une psychologie fort métaphysique, et chère aux Allemands. La musique révèle le monde invisible de l'intuition. La poésie est la reine de l'imagination. La musique est la reine de l'émotion. Tous les objets

d'imagination que l'émotion suscite, la poésie les définit à la musique, qui les lui offre. Il faut donc que le poème sorte de la musique. Il faut même qu'il y soit conçu. L'objet, qui est la figure de l'imagination, doit naître de l'émotion du sujet, – qui est la musique[21].

Ce système admirable, reconnaît Suarès, ne correspond pourtant pas du tout à la nature du drame et nous en éloigne ! Ces textes ne sont pas l'œuvre d'un dramaturge mais d'un musicien et sa théorie asservit le drame à la musique. Mais, ajoute-t-il après cette longue démonstration, cela n'a guère d'importance, et il serait vain de discuter point par point sa théorie. On pourrait lui objecter qu'il vient justement de le faire et il reviendra encore sur ces points dans les pages suivantes !

Au-delà de ses théories, la valeur de Wagner se mesure donc à la qualité des œuvres :

Elle n'est pas faite pour lui, mais pour qu'il soit fait pour elle. Tout y est conçu à l'état statique, où le musicien se trouve naturellement placé, je l'ai déjà dit. Rien ne diffère plus de l'action, et de la puissance objective qui crée les héros. C'est le héros qui fait tout le drame. La volonté est l'essence du héros. Et la volonté du héros, dans le drame, est une action. Il serait sans fin de prendre une à une toutes les parties du système, dont pas une, peut-être, n'est à l'abri d'une analyse exacte. Le seul résultat serait d'élever un système contre un système. Quoi de plus vain puisque seules les œuvres comptent, et que c'est d'elles que le système emprunte tout son prix, – quand il en a un ?

Suarès tire alors une première série de conséquences à partir des théories wagnériennes. On trouve ici trois points essentiels de la rencontre de Suarès avec Wagner au-delà des divergences sur les jugements artistiques et les théories de l'art.

La première conséquence, est qu'on ne peut pas imiter Wagner à moins d'être soi-même à la fois poète et musicien. Sa théorie ne vaut que pour lui. Ceux qui l'imitent le trahissent en même temps qu'ils se trahissent eux-mêmes. Ils sont au fond très loin de simplement le comprendre.

Ensuite, en accord avec Wagner cette fois, Suarès lie le cœur à la musique. Le « cœur est le tout du musicien » écrit-il, « l'ordre de la charité » est celui de la musique s'il ne l'est pas de l'artiste. La musique, contrairement à la littérature ne passe pas. Suarès emploie ici des images très wagnériennes, en particulier dans sa conclusion :

---

21.   p. 129.

Ce qui vient de l'âme va à l'âme et demeure. La musique, cette femme, veut un cœur qui aime. L'imagination seule ne suffit pas. Il n'est point de musique sans amour.

La comparaison de la musique à une femme est récurrente dans les textes wagnériens, nous l'avons déjà montré. Le compositeur compare la poésie à un homme et la musique à une femme. Le drame wagnérien allie alors les deux aspects masculin et féminin de l'humanité. Wagner emploie facilement des métaphores amoureuses pour décrire la fusion des arts dans son « drame ». L'un des aspects du *wagnérisme* de Suarès est la reprise de ces images.

Enfin, il affirme la toute-puissance de l'imagination, « reine des esprits ». Mais, dit-il :

> Il ne faut pas s'attendre à ce qu'elle les émeuve [les musiciens]. Elle n'y réussit que par des rencontres peu ordinaires, dont le cœur prépare mystérieusement la voie, même quand il y efface ses traces. Il est prudent de ne point demander aux musiciens les démarches secrètes, où se retrouvent seuls les plus rares poètes. Pour eux, le plus sûr est qu'ils aient du cœur. Le monde de l'émotion est celui de l'amour. Depuis les fureurs de la haine et de la colère, jusqu'aux éclats de rire et jusqu'aux rythmes de la joie, l'ordre du cœur est celui de toutes les émotions. C'est là qu'elles se renouvellent. Et toute musique, comme toute émotion, y reconnaît sa source, et qu'au fond elle est amoureuse[22].

Là encore, ces affirmations sont assez proches de celles de Wagner. La musique vient du cœur, elle est femme, amoureuse, le monde de l'émotion est celui de l'amour. Il ne faut donc pas demander de discours aux musiciens, au contraire des poètes qui se retrouvent plus facilement dans les méandres de l'esprit.

Ces considérations sur la pensée de Wagner sont très ambiguës. Suarès critique point par point la théorie wagnérienne de l'union des arts, sa conception de la tragédie, du drame, il ramène Wagner à la musique. Et dans le même moment, il retient pourtant des éléments fondateurs de la pensée wagnérienne : l'union du masculin et du féminin, l'idée que la musique s'adresse au cœur et est du domaine de l'émotion. Le lecteur se perd dans la multiplication des références aux textes en prose, et l'on se demande où Suarès veut réellement aboutir. On comprend cependant que la musique peut aussi se trouver dans la poésie et que telle est la recherche de Suarès lui-même.

---

22. p. 130.

Comment alors comprendre le drame wagnérien ? Suarès définit le drame chez Wagner dans le chapitre « Extrémités[23] » par deux caractères principaux. D'abord le goût des spectacles (ce qui va selon lui à l'encontre de la vraie qualité du drame), et ensuite la connaissance des caractères et des sentiments.

Le sens des beaux spectacles

Le génie dramatique peut se concevoir de plusieurs façons. À la manière de Shakespeare qui « n'accorde aux yeux que la moindre partie de lui-même », resserre l'action et laisse peu de place au spectacle, ou bien à la façon de Corneille, « inventeur passionné de spectacles frappants ». Wagner est de la seconde espèce :

> Personne n'a eu l'imagination plus féconde en spectacles que Wagner, [...] il aime les tableaux immenses, où l'homme et la nature, les faits et les rêves se présentent à la fois.

Suarès insiste particulièrement sur les « cortèges et les assemblées » comme il le fait souvent dans ses carnets. Wagner construit ses œuvres de la même façon : tout le drame se concentre dans la scène finale : « presque tous ses drames finissent sur une réunion générale de tous les personnages ». Cette réunion finale correspond le plus souvent à celle d'un acte précédent et est attendue par le public :

> Lohengrin quitte la scène, dans le même concours populaire et la même attente qu'il y arrive. *Tannhäuser, Les Maîtres Chanteurs*, voire le *Ring*, s'achèvent sur un spectacle longtemps attendu et qui ne laisse pas de s'adresser aux yeux autant qu'à l'âme du public. Le modèle incomparable de cette méthode dramatique : c'est le spectacle du premier acte qui s'accomplit dans le dernier sous forme de miracle. On est d'autant plus sensible à cette ordonnance, que le troisième acte se divise en deux parties, comme le premier, où les faits, les sentiments, les gestes mêmes se reproduisent exactement, à la différence près du ton, qui est de deux ou trois degrés plus intense[24].

Pourtant, dit-il, si l'on parle de « sens » dramatique, c'est de la même façon qu'on en parle d'une fresque. Une fresque peut avoir un caractère dramatique mais n'en être pas moins avant tout une fresque :

---

23.   Le second chapitre de la troisième partie de son *Wagner*.
24.   *Wagner*, p. 132.

On ne vante ici l'aspect dramatique que comme s'il y était une qualité étrangère au genre.

Le manque de mouvement. Siegfried et Tristan

Ce goût du spectacle est une des faiblesses de Wagner. Le véritable dramaturge ne cherche pas les grands spectacles mais les beaux « mouvements[25] ». La scène des *Murmures de la forêt* est admirable en ce qu'elle fait ressentir l'émotion « de la jeunesse, de la force, de la nature mêmes dans le cœur humain ». Mais ce n'est pas « une scène de drame, elle ne vaut que par soi, et non dans ses relations au reste. Le caractère de Siegfried s'y montre à miracle : mais, sous la forme du portrait, non en action. »

Au contraire, le propre du drame, dit Suarès, est l'évolution des caractères. On ne sait pas comment évolueront Hamlet ou Solness[26]. Dans Wagner, les caractères sont figés :

> Le doute n'est point possible. [...] Le doute c'est-à-dire *la recherche de l'équilibre dans le mouvement*. [...] Chez Wagner les personnages ne se meuvent point. Qu'a-t-on de plus à apprendre de Tristan et d'Isolde, quand ils ont bu le philtre ? On va les voir dans les bras l'un de l'autre ; et de là, enlacés dans le sein de la mort : ce sont deux spectacles, qui ne font pas une action[27].

L'exemple le plus frappant est le second acte de *Parsifal*. C'est une représentation statique ; il n'y a pas d'enjeu véritable :

> Au second acte, l'action est nette. Il s'agit de savoir si Parsifal sera vaincu par la tentation. Ou plutôt il s'agirait de savoir si Kundry tentatrice s'humiliera, avec le péché même, dans le repentir et l'innocence achetée par les larmes éternelles : voilà de quoi il pourrait s'agir ; et ce serait un drame. Car on ne doute pas un seul instant que Parsifal ne soit invincible. [...] Ce second acte de *Parsifal* est la symphonie de la volupté, depuis l'orage âcre et fumeux de l'impur désir, jusqu'à la mélancolie voluptueuse, qui se dégoûte de l'ivresse qu'elle se promettait[28].

Ce sens du spectacle est surtout nécessaire au peintre en tout cas beaucoup plus qu'au poète tragique. Il prend ici l'exemple italien. Leur pein-

---

25. « Le poète tragique, comme Shakespeare, a d'autres objets que de peindre et de décrire : son sens dramatique ne s'applique pas à produire de beaux spectacles, mais de beaux mouvements ».

26. Personnage de la pièce d'Ibsen, *Solness le constructeur*, paru en 1892. (*Bygmester Solness*).

27. *Wagner*, p. 133.

28. *Ibid.*, p. 134.

ture est la première du monde mais ils n'ont pas de théâtre. Pour Suarès les deux s'excluent. Justement, ils ont inventé l'opéra, la forme du drame qui plaît à ceux qui aiment la musique et les grands spectacles. Chez Wagner, le génie dramatique est subordonné à celui de la musique même s'il refuse lui-même cette idée.

La connaissance des sentiments

Pourtant, Wagner n'est pas tout entier dans ce caractère extérieur. Il excelle dans la connaissance de certains sentiments : « Nul n'est allé plus loin dans quelques passions, – les siennes ». Mais l'analyse des passions ne fait pas non plus le drame si elles sont statiques :

> Les passions ne sont pas expliquées dans le drame, par le discours : elles s'expliquent elles-mêmes par le fait. [...] Les angoisses de la passion amoureuse et l'ardent désir d'y trouver la mort s'expriment dans *Tristan* avec une force incomparable. Shakespeare n'a pas pénétré si avant dans le mystère d'amour : mais il a pressenti ce qu'il ne connaissait peut-être pas ; à tout le moins, permet-il qu'on le suppose : dans Roméo, la langueur des amants ; leur douce crainte l'un pour l'autre, et tour à tour leur retard à se quitter ; leur mélancolie ; l'espèce de terreur et de hâte que Juliette met à jouer la comédie de la mort ; le désespoir avide, dont Roméo l'embrasse : voilà autant de traits ineffaçables, par où Shakespeare associe, dans nos cœurs, l'Amour à la Mort : plus admirable encore s'il le fait, comme la vie, sans l'avoir voulu[29]...

Ces deux qualités ne suffisent pas pour créer un véritable drame tel que Wagner le rêve. Il manque encore une dimension :

> Au grand poète tragique, il ne doit manquer ni le sens des beaux spectacles ni l'analyse profonde des caractères. Ce sont les deux extrémités de son art : mais il lui faut encore plus tenir l'entre-deux[30].

Cet « entre-deux », Shakespeare et Ibsen le connaissent bien, ils « ont une expérience des riens du cœur, dont les cœurs de rien ne se doutent pas. »

Le drame présente une puissante synthèse qui s'exerce sur les éléments d'une analyse poussée à l'extrême[31] :

---

29. *Ibid.*, p. 135.
30. *Ibid.*, p. 136.
31. *Ibid.*, p. 137.

> Le plus beau des drames est celui où chaque mot est un fait, pour la vie et pour le sentiment : de telle sorte que chaque mot, sans y prétendre, est le raccourci d'une expérience profonde des passions, et une vue nouvelle sur le caractère...

Sa conclusion est que Wagner connaît les deux extrémités de cet art mais qu'il n'est pas maître de cet « entre-deux » qui est « l'espace même du vrai drame ». Il est avant tout musicien, car la musique exprime les états extrêmes de la vie et des passions. D'ailleurs les préludes et les conclusions sont des œuvres symphoniques parfaites qui contiennent l'œuvre en entier. C'est pourquoi il est si facile de les jouer comme morceaux isolés de concerts. « Tout le Vaisseau tient dans l'ouverture » et cela est vrai également pour *Tannhäuser* et *Lohengrin*. Ce sont des chefs-d'œuvre de l'art mais, décidément, et c'est le leitmotiv de Suarès, ce ne sont pas des drames.

Un « spectacle métaphysique offert à un public de rêveurs »

Certains critiques (qu'il ne nomme pas) considèrent que Wagner a créé le drame psychologique[32]. Suarès n'est pas d'accord. On l'a dit parce qu'il peint les sentiments plutôt que les gestes et les passions plutôt que les événements. Mais c'était le cas des grands poètes de tous temps. Dans *Prométhée*, dans *Philoctète*, les sentiments passent avant le spectacle. *Hamlet* est un chef-d'œuvre de l'esprit humain et « un caractère aussi riche qu'Hamlet ne saurait être présenté au public sans un nombre d'événements assez considérable : c'est eux qui sont chargés de traduire aux yeux tant de sentiments divers. [...] Il ne suffit pas d'énoncer les faits, ni de spéculer sur eux. Il faut les montrer en vie ; il faut les produire en actes ».

Suarès trouve alors une autre définition, ou appellation, pour les œuvres de Wagner : « le drame de Wagner est un spectacle métaphysique, offert à un public de rêveurs ». La musique exprime le drame que le poète seul ne parvient pas à rendre vivant.

LE DRAME ET LA TRAGÉDIE

Il reprend alors la question de la tragédie et rapproche l'erreur de Wagner de celle du dix-septième siècle en France, en comparant les deux esprits allemand et français.

---

32. III – « Le Drame psychologique », p. 139.

Le Français se plaît dans le rationnel et la géométrie. L'Allemand cherche les rapports de la vie avec l'univers et pense les trouver dans les sentiments. L'esprit allemand se plaît dans la métaphysique. Suarès décrit la musique comme une « métaphysique qui s'adresse au sentiment, au lieu de s'adresser à l'entendement » et l'architecture comme une « musique pétrifiée » qui veut émouvoir la raison. La tragédie est un drame de salon au dix-septième siècle, une « conversation rationnelle sur les passions de l'âme[33] », une « suite d'analyses et d'exercices oratoires ». Elle est faite pour les gens de cour. Les Allemands trouvent ce genre factice. Pour eux, le fond de l'âme ne se touche pas dans « une analyse d'idées mais dans une synthèse d'émotions. »

Ni les uns ni les autres ne donnent pourtant un drame selon le peuple, véritable « juge du drame » : « la véritable tragédie doit avoir de quoi *plaire à l'élite des esprits*, et de quoi émouvoir le grand nombre ». Shakespeare, les Grecs, et parfois Ibsen, savent que l'action et la pensée, loin de se combattre, peuvent se donner une aide mutuelle dans le drame ; et que la tragédie intéresse à la fois « l'entendement et les émotions de l'homme. » Les Allemands ont vu les limites de la tragédie française mais ils n'ont pas reconnu les limites de leur propre tragédie : « ils ne sentent pas combien l'*Iphigénie* de Goethe, toute grande qu'elle soit, n'est pas antique ».

Le drame, en effet, doit refléter la vie, faite d'action et de force. La vraie vie est passionnée et violente. La foule des beaux esprits ne soupçonne même pas l'existence d'une telle vie ou bien ils la craignent, affirme Suarès. Il est admirable, écrit-il, que ce soit ces gens-là qui jugent de la tragédie ! Dans une société comme celle de Louis XIV, l'étiquette est la figure maîtresse de la mode. Il est bien fâcheux que la mode ait toujours régné sur la tragédie française. Il le dit très bien dans cette formule : « Le tyran de la tragédie française, ce n'est pas Aristote, c'est l'étiquette[34] ». Polyeucte est un parfait martyr mais « il va au supplice, ou dire bonjour à sa femme du même pas mesuré. Il sait comme on sort d'un salon ; et c'est ainsi qu'il sort de la vie […] Jamais l'étiquette de cour ne laisse la vie se produire dans sa passion et sa violence. – Mais pourquoi faut-il que la vie soit passionnée et violente ? – Parce qu'elle est ainsi ; ou si elle ne l'est pas, ce n'est point la vie tragique. La vie tragique est la vie de l'univers. »

Suarès revient à la tentative wagnérienne de lier idée et sentiment et l'on voit bien l'influence du wagnérisme sur sa démonstration. Outre qu'il utilise le même type de construction que Wagner avec ses nombreu-

---

33.   *Ibid.*, p. 141.
34.   *L'Art et la Révolution*, p. 22-23.

ses allusions aux créations, son goût pour l'histoire littéraire, sa façon un peu épuisante pour le lecteur, il faut bien le dire, de revenir toujours sur les mêmes idées, il définit, en bon wagnériste, le drame comme l'expression même de la vie, hors de l'État et des modes, en ce qu'il a de direct, universel, violent, et forcément proche du peuple. Encore faut-il définir ce qu'est le peuple, Wagner y consacre de nombreuses pages, nous n'y reviendrons pas[35]. Suarès est très proche de cette pensée-là. Pour autant, il n'accorde pas à Wagner d'être parvenu à recréer cette tragédie, modèle absolu, perdu à jamais, malgré les nombreuses tentatives de le retrouver :

> À tous les âges, la tragédie française n'a donc été qu'un divertissement de beaux esprits.

Le drame d'Hugo n'aura rien changé. Si Racine peignait les passions à la mode d'une cour, les poètes de 1830 font le tableau à la mode d'un cénacle :

> La cour, du moins, était-elle, quelque part, quelque chose. Versailles est un palais de solides pierres, au milieu d'arbres qui ont connu le soleil et les pluies, l'hiver et l'été ; là des hommes ont vécu, ont aimé, sont morts et ont haï, la mode a pu les séduire, elle ne les a pas empêchés d'être. La mode de 1830 a créé, au contraire, des hommes et des drames hors de lieux, hors du temps, hors de sens. Où était le cénacle ? Partout où trois petits bourgeois, réunis à la brune, buvaient dans un crâne de porcelaine, soigneusement lavé par la servante, et se regardaient en augures. D'où est venue l'extrême sottise de ces vieux enfants, et leurs monstres héroïques, épouvantails à moineaux ?

Il n'est pas plus tendre avec Dumas. Le premier fait rire de niaiserie et de ridicule et le second fera rire de pitié avant cent ans. Du moins au XVIIe siècle, parlait-on « une langue exquise ».

La conclusion de cette critique des reprises de la Tragédie n'est pas si favorable à Wagner : « la fausseté de la tragédie française ne fait point un mérite à Wagner de la sienne ». En réalité, insiste-t-il, il doit tout à la musique. S'il a un avantage sur Racine, c'est grâce à la musique car il fait une analyse sentimentale et non intellectuelle des passions[36]. Pour retrouver une émotion tragique, les mots avaient besoin de la musique et toute la vertu du drame wagnérien lui revient. *Hamlet* est un drame, le *Ring* n'en n'est pas un. Il n'est pas tendre avec le texte de la *Götterdämmerung* dont l'action sans la musique ne vaut rien. Sans la musique, les tableaux de Wagner sont plus proches du Goethe du second *Faust* ou des poèmes hindous que de Shakespeare.

---

35. *Cf.* I-2) : « La théorie wagnérienne ».
36. *Ibid.*, p. 146.

Le modèle wagnérien est admirable et unique mais l'art de Wagner lui est propre, il est « religieux et métaphysicien ». Mais « d'une loi propre à Wagner, il n'est pas raisonnable de faire une loi de l'art ».

Wagner ne compose pas de Drame

Pour conclure, Suarès revient sur sa démonstration selon laquelle Wagner n'écrit pas de drame :

1) Il ne situe pas l'histoire dans un temps précis ce qui est très important dans un drame historique. Il est nécessaire de situer les faits, d'ancrer les sentiments dans une action précise. Si l'auteur « anime des idées pures, il les situe dans les faits. Qu'on s'y refuse, soit. Alors, du moins qu'il ne soit plus question de drame ». Au contraire, les sentiments purs n'exigent pas d'être situés dans le temps. Aussi est-il « le fond de la musique ».

2) La légende est peu favorable à la « résurrection des actes, et à la création des caractères ». Or, action et caractère, sont « les deux mamelles de la Melpomène[37] ».

3) Wagner a laissé des tableaux incomparables de la passion élémentaire ; « du désir noyé encore dans le flux de la nature, de l'amour humain et de la tendresse mystique » mais ses caractères se réduisent à deux ou trois qui sont « les types de quelques émotions fondamentales de l'âme[38] ».

C. L'union du drame et de la musique : l'erreur de Wagner

Dans la troisième partie, « Que le drame de Wagner est une symphonie », (chapitre I) « Organisme et Leitmotiv », Suarès remarque que si Wagner avait eu raison, ses « drames » auraient évincé tous les autres. Mais c'est en vain qu'il veut que « Beethoven, grâce à la tragédie prenne l'esprit, et que Shakespeare prenne le cœur grâce à la musique ». Il se trompe dans son texte sur la symphonie avec chœur[39].

---

37. *Ibid.*, p. 149.
38. C'est ainsi également que Wagner parle de ses personnages comme dans cette présentation du Hollandais Volant. *Cf. Une communication à mes amis*, p. 57 : « La figure du Hollandais volant est une création poétique et mythique du peuple. Dans sa signification la plus générale, elle exprime avec une saisissante énergie le désir primordial de repos de l'être humain. Ce trait est, dans sa signification la plus générale, l'aspiration au repos après les tempêtes de la vie ».
39. Suarès fait allusion aux textes suivants : *Compte rendu de l'exécution de la IXe symphonie à Dresde en 1846, Gesammelte Schriften und Dichtungen*, t. II, p. 67 et *La IXe symphonie, programme, 1846*, t. II, p. 75.

Quant à Shakespeare, il a aussi sa musique et son chant dans sa prose même, qui est un chant avec « ses rythmes, sa mesure, ses harmonies et ses timbres ». Chaque poète a sa musique, et, citant Carlyle, Suarès rappelle que c'est justement par ce chant que nous les reconnaissons[40]. Par la puissance de leurs « méditations », Beethoven est un grand poète et Shakespeare un grand musicien.

En voulant absolument créer un drame unique par l'union des deux formes d'art, il menace l'une et l'autre des deux formes. Son « drame » est « une symphonie géante, où l'âme de la musique prend corps et où son être intérieur veut s'incarner dans l'objet ». On ne peut juger l'œuvre de Wagner que dans son ensemble et sa cohérence vient de la musique.

Il en fait alors une description dans laquelle elle apparaît comme organique[41]. Cette idée d'une œuvre organique se manifeste par une image originale : celle d'un arbre qui fait songer à Yggdrasil. Cette image affirme le lien entre la création et la nature envisagée comme une force de vie et un tout :

> L'espèce d'arbre mélodique que forme une partition de Wagner, plante d'une rare et magnifique essence ; merveille de vigueur intime et de large développement. On en voit le tronc, fiché dans la masse sonore, plongé dans le sol de l'orchestre, où il tient par un petit nombre de puissantes racines. Elles sont simples, et simples les éléments dont elles tirent leur nourriture : mais la solidité en est inimitable ; et la sève qui s'en forme, d'un seul jet, d'une richesse unique en densité et en mouvement, va couler dans la tige, et faire naître la vie de toutes parts, féconde en toutes sortes de développements et de métamorphoses. Du tronc qui s'élève, et de la sève qui monte, sortent des branches fortes comme d'autres arbres ; et leurs mille rameaux se couvrent de frondaisons. Quel triomphe de feuillages : ici, d'une grâce déliée, heureuse, faites de feuilles innombrables, qui se mêlent, qui jouent enfantinement, et font un réseau rieur, où le gai soleil passe à travers toutes les mailles. Là, au contraire, la tige se dresse comme une colonne nue dans le ciel, sévère et pure : les branches se rangent dans un ordre

---

40. Wagner cite cet auteur dans la préface de son *Œuvre d'Art de l'Avenir*.
41. Cette idée n'est pas nouvelle et la recherche de l'unité organique est un héritage du romantisme allemand. Elle se manifeste chez Suarès par l'image de la nature et particulièrement d'un arbre. On pourra comparer ce texte avec un autre texte inédit des carnets, *Yggdrasil*. D'autre part, Wagner utilise cette image de l'arbre dans *Opéra et Drame* comme dans cette phrase : « L'action dramatique est donc la *branche de l'arbre de la vie*, qui, poussée inconsciemment et involontairement sur cet arbre, a fleuri et s'est fanée selon les lois de la vie, puis, détachée de lui, a été *transplantée dans le sol de l'art*, pour y pousser une vie nouvelle, plus belle, impérissable, et devenir l'arbre luxuriant, fécond, qui ressemble parfaitement à l'arbre de la vie réelle selon sa force et vérité intérieure [...]. », t. I, p. 233.

plein de calme et de symétrie et la lumière tombe de haut, comme d'une coupole. Ou bien, c'est un chêne millénaire, qui a poussé d'autres chênes, en guise de rameaux : ce géant à l'écorce rugueuse est creusé en antres ; parmi ses monstrueuse racines, surgies de terre, un fleuve passe, des sources coulent ; il fait une ombre immense sur le sol ; le soleil pénètre sous cet arbre comme un orage ; et les pas du jour y vont par arcs-en-ciel, que chassent les nuées ; et le crépuscule s'y répand en ténèbres profondes : à lui seul, cet arbre est une forêt. Et c'est bien à son ombre que les Nornes filent le Destin et que Wotan, dépris de tout, se tait[42].

Par contraste, suit un texte dans lequel Suarès critique l'analyse scientifique qui sépare les éléments de son objet d'étude, éloignant toute possibilité d'en saisir le secret de la vie :

L'analyse des sciences est toujours [...] une anatomie. Elle sépare les éléments et elle détruit la vie, pour en révéler la machine. La science tue ce qu'elle touche. Elle réduit à des figures ce qui est forces. Elle montre des mouvements là où la vie n'est due qu'à un ensemble dynamique. Elle ne peut faire autrement ; et ce n'est pas sa faute. À des degrés divers, la vie et l'art sont en puissances. Le fond du prodige échappe toujours, et ne se peut définir. [...] La liste complète de tous les éléments, qui forment une plante, fût-elle possible, ne fera jamais l'objet vivant[43].

Nous retrouvons les mêmes expressions que Wagner utilisait dans *Opéra et Drame* à propos de la science et que nous avons déjà citées dans la partie consacrée à l'androgynie (« science et poésie : analyse et synthèse ») ainsi que dans la partie sur *P.F.* (« la question de la connaissance »). Suarès reprend les mêmes termes de sa réflexion sur l'art et la science, l'analyse et la synthèse, tels que nous les avons déjà présentés. À nouveau il critique les conceptions wagnériennes mais conserve les grands axes de la pensée de Wagner à tel point qu'on pourrait comparer des passages entiers de leurs écrits.

LES LEITMOTIVE

Cette vision « scientifique » des choses fait qu'on n'a pas compris le fonctionnement des « motifs caractéristiques » (il faut remarquer que

---

42. *Wagner*, p. 155.
43. *Ibid.*, p. 156.

Suarès emploie le terme utilisé par Wagner[44]), les fameux leitmotive. On en fait souvent des éléments isolés, représentant tel ou tel personnage, idée ou sentiment. Ils seraient des sortes de « poteaux indicateurs » pour reprendre l'expression de Debussy. Les séparer ainsi, c'est « entendre les forces de l'esprit en matérialiste » :

> Jamais, Wagner n'a eu la pensée grossière de figurer un homme par un motif ; encore moins un objet, une épée, une lance ou quoi que ce soit de ce qui se peint beaucoup plus précisément aux yeux par la vue même.

Il redéfinit alors le leitmotiv :

> [Il] n'est pas même une image sentimentale du caractère : c'est le signe de l'émotion qui lui est le plus intime. Il est le thème fondamental de l'œuvre, – ou d'une partie essentielle à l'œuvre, – comme le sentiment d'où il est sorti. Il est le caractère : il ne le peint pas.

C'est une erreur de le traiter en élément descriptif, c'est un élément musical, « la cellule vivante de la symphonie ». Il est porteur de l'émotion. C'est ce que n'ont pas compris tous ses imitateurs. Leur musique semble vouloir appliquer des théories. La musique de Wagner vient tout entière du cœur. Ils emploient mécaniquement un élément qui n'a de sens que dans un « système de forces ». Il reprend ici l'image du corps disséqué :

> Tous ces membres ensemble, toute cette poussière d'harmonies et de pensées, combinés de toutes les plus savantes manières qu'on pourra, et qui ne sont du reste, point tant savantes, – ne seront jamais qu'une masse informe, qui jamais ne fera un corps : manque d'âme.

Suarès explique comment Wagner a conçu ses leitmotive en s'appuyant sur un texte bien connu du compositeur à propos du *Vaisseau Fantôme* (il en donne la référence en note : IV, 322, ce qui correspond à *Une communication à mes amis*). Le compositeur explique comment le thème de la ballade de Senta s'est imposé à lui et comment l'ensemble de l'œuvre s'est développé ensuite à partir de ce noyau[45]. Pour lui, le leitmotiv n'est pas un « procédé d'écriture » mais un « accident de sa sensibilité » qu'il compare dans sa singularité à l'utilisation des mélodies populaires chez Beethoven :

> Wagner n'a pas fait usage des thèmes par principe. Cette forme a répondu d'instinct à ce que cette âme, puissante en unité, demandait à l'expression pour se traduire. Elle est née d'une émotion propre à l'artiste, non d'une idée fixe, d'un préjugé de l'esprit. Un jour elle lui

---

44. Wagner n'utilise pas le terme de leitmotive mais lui préfère l'expression de « motifs caractéristiques ».

45. *Une communication à mes amis, op. cit.*, p. 137.

est apparue, comme poussée devant lui par le fini de sa nature. Wagner raconte comment il s'y est vu presque contraint, dans le temps où il méditait *Le Vaisseau Fantôme*[46].

Wagner l'utilise pour exprimer la vie du sentiment, il révèle le monde intérieur ; ailleurs, il n'est que procédé :

Wagner fait du leitmotiv le plus étonnant moyen d'analyse psychologique. Le motif se réduit souvent à une, deux ou trois mesures, d'un dessin caractéristique, mais assez général pour pouvoir, à la fois, toujours se reconnaître, et varier à l'infini[47].

D. Le poète épique

En conclusion, Wagner[48] tient plus du poète épique que du dramaturge, et ce pour plusieurs raisons que Suarès énonce en tirant au passage d'autres conclusions sur la tragédie grecque :

1. D'abord à cause de son goût pour la légende, la portée religieuse de ses œuvres, le lien entre « l'instinct du peuple » et le « sentiment propre de l'artiste », le sublime, la longueur du récit au risque de l'ennui.

2. Suarès considère que « la tête musicienne n'est pas la tête dramatique » : les nations qui ont un théâtre ne sont pas musiciennes. Les Français n'ont pas « la tête musicale » parce qu'ils n'ont pas la pensée épique. Ils ont des chansons de geste et ont nourri toute l'Europe d'épopées mais cela ne signifie pas que la France ait une vraie épopée. Les chansons de geste s'apparentent plutôt au roman. L'Allemagne « qui commence par

---

46. Suarès précise ici les références du texte de Wagner, ce qu'il fait rarement de façon aussi précise : IV, 322. Il s'agit d'*Une communication à mes amis*. Le compositeur raconte en particulier comment la musique tout entière de son opéra découle de la ballade de Senta : « j'avais d'abord conçu la ballade de Senta au deuxième acte, et j'en avais aussitôt composé les vers et la mélodie. Inconsciemment, je déposais dans ce morceau le germe thématique de toute la musique de l'opéra : c'était l'image concentrée de tout le drame [...]. Lorsque je me mis enfin à composer la musique, l'image thématique que j'avais trouvée là s'étendit spontanément comme une trame tout à fait cohérente à l'ensemble du drame ; je n'avais plus, sans même le vouloir, qu'à développer les différents germes contenus dans la ballade en suivant jusqu'au bout les directions qu'ils indiquaient d'eux-mêmes devant moi des formes thématiques bien précises », p. 137.

47. *Wagner*, p. 161.

48. II – « Le Poète Épique », p. 163.

les *Eddas* et les *Nibelungen* pour finir avec Goethe et Wagner est une nation à qui l'épopée est naturelle ».

3. Il en conclut que les Grecs ne devaient pas faire une si grande place à la musique dans leur Tragédie :

> Les Anglais et les Espagnols qui sont les peuples les mieux faits pour le drame, après la France, n'ont point de musique. Et les Italiens comme les Allemands, qui n'ont pas eu de drame, ont donné les plus belles épopées au monde.

Ce sont les deux nations qui ont vu triompher la musique. Selon cette logique, la prédominance du théâtre en Grèce, lui laisse penser que la musique n'avait pas l'importance que Wagner lui donne :

> Sans doute au théâtre ne fut-elle qu'un soutien de la voix, la très humble servante de l'expression[49].

4. Si la musique avait été si importante pour les Grecs, ils l'auraient poussée aussi loin qu'ils l'ont fait pour tous les autres domaines où ils ont créé :

> Ils l'eussent poussée à ce point, où ils élevèrent le drame comme la géométrie et l'astronomie comme l'architecture, la philosophie ou la statuaire.

5. Athènes et la France sont préoccupées par l'homme et la vie sociale, c'est pourquoi l'architecture et le drame sont leurs formes préférées. Au contraire, dans l'Épopée, ce sont les Dieux qui sont concernés :

> Il semble que les dieux soient le propre de l'épopée. Il ne s'agit, sans doute, pas des Dieux en tant que machine poétique ; mais du divin, qu'on le trouve dans la nature, dans le rêve ou ailleurs. Le drame a affaire aux hommes, non aux dieux
>
> [...]
>
> On ne croit pas à leurs maux ; ils sont moins en lutte que sûrs de vaincre et de l'issue. Une telle certitude est ruineuse du drame.

6. Les dieux sont immobiles, ils ont le mépris de l'homme. Ils n'agissent pas.

7. Ainsi en est-il de Tristan et d'Isolde :

---

49. *Wagner*, p. 164.

Quand Tristan reçoit des mains d'Isolde la coupe de mort et d'amour, c'en est fait des sentiments humains. Voilà des Dieux. Et, quand, ayant vidé le philtre, les deux amants tombent aux bras l'un de l'autre, c'en est fait du drame. Quoi de plus ? Tout est fini. La symphonie épique, le récit de ces émotions surhumaines commence. Tristan et Isolde analysent leurs embrassements, comme il convient à des Dieux dans leur Olympe d'amour.

Et Suarès de conclure : « dans l'épopée symphonique de Wagner, le vrai drame est religion. »

LE DRAME ET LA MUSIQUE – LE RÔLE SOCIAL –
LA CONSTITUTION D'UN PEUPLE.

Dans le dernier chapitre (III – « Le Drame et l'orchestre »), Suarès conclut une dernière fois sur la musique, « seul acteur tragique dans le drame de Wagner ». Selon lui, le drame et la musique ne vont pas ensemble car la musique, c'est le chant, et le drame, le dialogue. La musique seule exprime la dimension religieuse que recherche tant Wagner. Elle seule peut sauver les hommes du matérialisme et de l'utilitarisme qui les transforme en insectes dans une société standardisée :

> C'est à la musique d'assurer le salut de l'âme humaine, en y sauvant l'émotion religieuse, en y réservant au divin, un bel asile. Les hommes sont dans le danger terrible de ne plus éprouver que par hasard la présence du divin parmi eux. Et ces malheureux s'imaginent que les pratiques pharisiennes, les locomotives, le téléphone, le lard salé et les dix autres plaies de l'Amérique pourront prendre en eux la place du sentiment divin.

Suarès en appelle à la constitution d'un peuple par l'art. Cette idée est évidemment wagnérienne et l'on est surpris d'une telle proximité de pensée après les nombreuses lignes destinées à critiquer point par point la théorie de Wagner sur l'art. Le paragraphe suivant pourrait être extrait de *L'Œuvre d'Art de l'Avenir* :

> Ce n'est pas le lieu de montrer quel rôle sacré la vraie poésie et la vraie musique doivent jouer dans la vie du peuple : si le peuple veut vivre, et si l'on veut que l'art compte enfin de vrais musiciens et de vrais poètes. Car il est vrai qu'aujourd'hui, il n'y en a point. Mais il n'y a peut-être point d'avantage de véritable peuple ? Formons-en donc un : travaillons à nous faire un peuple : c'est le principe de l'art.

Il affirme ici le rôle de l'art destiné à constituer un peuple par la communion de tous dans une même émotion mystique. L'artiste tient une place centrale dans la société par sa dimension sacrée qu'il définit très précisément dans la seconde partie du livre. Suarès rejoint Wagner sur cette notion de peuple. Le peuple n'existe plus. Pour Suarès, le peuple s'est confondu avec ce qu'il appelle « la racaille ». Le véritable peuple est un ensemble cohérent, pas un rassemblement de gens qui n'ont rien de particulier à partager entre eux ou qui luttent pour le pouvoir, mais une véritable réunion d'individus qui vivent dans une communion d'esprit. Il faut lier ici l'idée de communauté et de communauté artistique :

> Il faut que l'artiste connaisse ceux à qui il s'adresse, et qu'il puisse aimer en eux, sinon ce qu'ils sont, – ce qu'ils devront être.

L'artiste doit faire surgir ce qu'il y a de meilleur en eux, les amener eux-mêmes, et par son exemple, à devenir aussi créateurs. Suarès reconnaît ce but supérieur à Wagner d'avoir « saturé le drame d'émotion religieuse » en jetant le drame dans la musique au risque de les corrompre l'un et l'autre. Mais, il a réussi uniquement par la musique et ce ne peut être qu'une expérience isolée.

Quelle est alors la forme d'art idéale ? La tentative de Wagner n'est pas renouvelable. Si le drame joue bien un rôle social, il lui manque définitivement une dimension spirituelle. Il « recèle une force illimitée pour placer l'individu en face de la société, et pour l'introduire au sein de la vie sociale » mais il ne le rachète pas de son humanité. Au contraire même, il élève plutôt l'homme au plus haut degré de l'action humaine. Seule la musique en est capable :

> Jamais il ne l'enveloppe de cette âme religieuse, qui est le propre de la musique ; et le souffle même de l'amour.

Pour résumer, le drame mène l'homme au triomphe du moi, et la musique l'en délivre[50]. La poésie est en ce sens une « musique intellectuelle », c'est « la musique de ceux qui sont plus sensibles à l'infini par la pensée que par le sentiment ». Elles forment l'Église à deux nefs de la Religion, que l'art doit donner au peuple. Tout comme la musique, la poésie doit à son tour être « tout animée de la présence divine » mais cette poésie est encore à créer. « Nous n'avons pas encore de poésie » affirme-t-il de la même façon que Wagner affirmait que l'Allemagne n'avait pas d'art.

Suarès reprend à son compte la quête wagnérienne. Dans sa volonté d'« être Wagner plus que lui » il réaffirme le rôle de la musique et l'im-

---

50. *Ibid.*, p. 172.

portance du drame. Ses affirmations éclairent les recherches formelles de ses textes de jeunesse qui mêlent musique et poésie. Mais il reste à la recherche d'une forme nouvelle, originale et libre car le *drame wagnérien* ne saurait à ses yeux être l'œuvre d'art de l'avenir tant espérée. La quête wagnérienne est encore à réaliser. Ce sera par la création d'une nouvelle poésie qui retrouvera la dimension religieuse, mystique qui était jusqu'à présent l'apanage de la musique.

Il est étonnant de constater avec quelle constance Suarès détruit toute la démonstration wagnérienne non pas tant pour détruire son projet que pour se l'approprier. Même lorsqu'il s'inscrit en faux, il utilise encore des images typiquement wagnériennes[51]. Il reprend à nouveau la comparaison de la « musique femme » pour s'attaquer au drame :

> La musique, malgré tout est femme. Le drame de Wagner me semble une femme divine qui veut faire l'homme. Et, sans doute, pas un homme ne pourrait faire de bien loin, faire la femme, comme cette femme-là fait l'homme. Mais il vaudrait mieux que femme divine et véritablement déesse, elle restât femme, et que non pas elle fît l'homme.

Elle ne peut « faire l'homme » c'est-à-dire exprimer ce que peut, seul, le drame, le discours car la musique est trop pleine d'émotions, de sentiments. Non seulement, Suarès reprend ici la métaphore amoureuse de Wagner mais il la pousse au plus loin :

> L'union du drame et de la musique nuit à tous les deux. En Wagner, ils ont fait l'essai de noces amoureuses, et du plus noble mariage d'amour. Il n'est pas sûr que l'union soit la plus heureuse de toutes. On ne vit point de plus ardents ni de plus beaux fiancés ; le couple n'est pas si admirable qu'eux. Peut-être est-ce la fatalité de tous les ménages. Qu'on laisse donc leur liberté aux dieux[52].

Jamais un musicien n'a été autant poète, bien sûr, mais c'est le musicien qui est véritablement hors norme. Peut-être viendra-t-il un poète qui aura une âme musicienne, « sa poésie fera alors passer sa musique ». Suarès annonce son propre projet ici.

En conclusion on pourrait dire que l'œuvre de l'avenir, pour Suarès, est encore à réaliser, ce qu'il compte faire en retrouvant la musique dans

---

51. Citons simplement cette phrase *d'Opéra et Drame* : « La Musique est femme. La nature de la femme est l'amour ». La musique [d'opéra] italienne est une fille de joie, la française, une coquette et l'allemande, une prude. Éditions d'Aujourd'hui, t. I, p. 192.

52. *Wagner*, p. 182.

la poésie. Le ton de cette partie est étonnant par le mélange de plusieurs styles. Celui de la critique d'abord qui est ardu et parfois rébarbatif, mêlé à des passages plus poétiques d'une réelle beauté, ensuite le mélange de critique systématique et de références directes aux textes de Wagner. On y trouve, de façon encore mélangée, les images importantes des textes de la maturité sur le compositeur ou ses œuvres.

Il semble qu'il veuille débarrasser Wagner de trop de théories et en même temps des wagnériens qui se gargarisent de la musique de l'avenir, du musicien-poète et de la mélodie continue. Il se démarque alors de tout un courant de pensée et affirme sa différence. Il affirme une connaissance de Wagner plus précise et plus profonde que beaucoup de ses contemporains wagnériens, et prend comme but principal à sa propre création deux éléments : l'affirmation du caractère sacré de l'artiste et le rôle de l'amour dans la création artistique.

Quant à son rapport à Wagner, il le précise une dernière fois en citant le compositeur :

Wagner avait l'habitude de dire : « Aimez-moi mais ne me suivez point. Que je vous serve à être vous-mêmes, et non à vous empêcher de l'être [...] Surtout ne m'imitez pas[53] ». Cet ouvrage tend aussi à rendre compte de la fascination pour le compositeur et à s'en libérer.

Les deux règles qu'il énonce pour la réalisation de l'œuvre d'art de l'avenir tiennent en ces deux phrases :

> Qu'on n'oublie pas pourtant que ni la vérité humaine, ni le grand amour ne peuvent être, désormais, plus absents de la belle tragédie, que le divin ne peut l'être de la musique.

et :

> Il est temps que l'art vous donne une religion.

Enfin, Suarès termine cet essai par une conclusion en trois sous-parties : « Sur la colline », « Remarques », « Paroles à l'auditoire de *Parsifal* ».

Le premier est consacré à Bayreuth. Suarès quitte l'imagerie habituelle pour revenir à une image plus simple, celle du Wagner défenseur des animaux, violent opposant à la vivisection, celle d'un génie qui se fait enterrer simplement avec son chien. Il termine par une belle évocation des trompettes d'or de *Parsifal*.

Dans la partie « Remarques », comme si le lecteur n'avait pas compris le message pourtant si souvent répété déjà, Suarès résume son propos en une série de remarques prétextant que les musiciens « ont la tête dure » :

---

53. *Ibid.*, p. 195.

« j'ai pris quelques clous d'or encore à la forge de Loge, pour les enfoncer avec la masse de Donner » écrit-il.

Le tort de Suarès est de s'attaquer aux musiciens et de les traiter de très haut :

> Les musiciens sont de si petit esprit, en général, qu'ils n'ont conscience que de leur vanité et de leurs rancunes : presque jamais ils ne parviennent à celle de leur véritable intérêt, qui est de dompter l'amour-propre. Ils se rompent, se disloquent et se déguisent pour se plier à ce qui n'est pas fait pour eux. Et comme il leur est bien impossible d'être Wagner, ils finissent par y perdre même l'humble ressource de pouvoir être le peu qu'ils sont.

Ces attaques renouvelées contre ses contemporains, très injustes et assez gratuites lui ont fait beaucoup d'ennemis et rendent ses textes difficiles à lire aujourd'hui.

Il conclut sur la nécessité pour la musique de se libérer de la mode, de l'« unique souci de plaire ». Il faut porter à Bayreuth « cette passion sans intérêt, où l'âme vraiment religieuse se retrouve, et se donne une religion, après les avoir toutes perdues[54] » et par affirmer le caractère religieux et sacré de Bayreuth :

> Voici une église, et la première ouverte sur la terre à tous les hommes et dédiée à l'Art.
> Amour et prière sont les sources de la musique[55].

Il termine donc sur la succession de Wagner, sur l'avenir de Bayreuth et la nécessité de créer un art sacré.

Le *Wagner* de Suarès est un texte original et par certains aspects assez surprenant voire ambigu.

Suarès critique point par point la doctrine wagnérienne : Wagner n'est pas un artiste complet, il n'est pas ce musicien-poète que tout le monde acclame. Il n'a pas créé l'œuvre de l'avenir. Son œuvre appartient au passé, elle est l'aboutissement du romantisme allemand. Loin d'être l'artiste de l'avenir, il est un musicien très ancré dans son temps, il est issu de son temps. Toute son œuvre théorique a été construite après coup pour justifier sa propre création, pour expliquer son œuvre. On ne crée

---

54.   p. 203.
55.   p. 201.

pas une œuvre à partir d'une théorie, la théorie vient après coup et tente de rendre plus claire une œuvre, contrairement à ce que voulaient bien dire certains wagnéristes dont Romain Rolland lui-même.

C'est pourquoi, il n'est aucune succession possible à l'œuvre de Wagner, au mieux des imitations superficielles.

Wagner s'est aussi trompé sur la tragédie grecque qu'il connaît mal. Elle intégrait très peu la musique, contrairement à ce qu'il pensait et à ce que Nietzsche avait écrit dans sa *Naissance de la Tragédie*. D'autre part, toute la force tragique de ses œuvres vient de la musique et très peu du texte.

Cette lecture très critique et parfois très lucide de la théorie wagnérienne n'a pas été bien remarquée, sans doute à cause de la lourdeur de la démonstration et probablement aussi à cause de la méconnaissance des lecteurs. L'analyse des œuvres en prose est très détaillée mais Suarès prend les défauts de Wagner. Il s'enferre dans la critique détaillée des idées du compositeur, il se répète et perd son lecteur dans les détails d'autant plus que, parallèlement, il reprend à son compte des idées très importantes de la théorie wagnérienne. Parfois même, Suarès se trouve pris au piège car il se lance lui-même dans un texte très théorique alors qu'il critique justement les théories dans le domaine artistique.

Pour autant, et c'est toute l'ambiguïté du texte, il conserve les grandes idées fondamentales du compositeur : la recherche d'une œuvre organique, la nécessité pour notre monde d'une œuvre religieuse, la conception androgyne de l'œuvre (la musique étant femme, amoureuse, intuitive, sentimentale et le texte, masculin, intellectuel) et affirme l'amour comme valeur fondamentale de l'art et de la création. Il adhère à la conception wagnérienne de la connaissance qui oppose l'art à la science, l'analyse à la synthèse, la pensée intuitive à la pensée analytique. Dans une telle vision, l'art et l'intuition peuvent faire accéder au secret de la vie en communion avec elle, alors que la science tue la vie en voulant la disséquer.

Ajoutons encore l'affirmation du moi, le besoin de cultiver la différence et l'art contre le matérialisme et le scientisme de nos sociétés matérialistes, dont l'Amérique est la représentante.

Par la reprise de ces idées qui sont le fond même de la pensée de Wagner, Suarès défend un wagnérisme des idées qui va au-delà de la reprise des thèmes ou motifs wagnériens. Il se rapproche du même coup des romantiques allemands et de la philosophie de Schopenhauer, au moins par l'importance de la connaissance intuitive, de la mystique de la musique ainsi que de la misogynie.

Cette confrontation est importante pour Suarès qui a besoin d'en terminer avec Wagner pour mieux assurer sa propre création. L'œuvre de
l'avenir est encore à réaliser. Il n'est pas nécessaire de créer un drame
lyrique ou musical. La musique peut s'intégrer à une autre forme d'art, la
poésie peut intégrer la musique si l'on est poète. Suarès a aussi besoin de
s'en persuader. Il se dresse contre la figure tutélaire. Il tâche de briser
l'idole, de casser le mythe. Il est assez étonnant qu'il ait été reçu comme
un « wagnérien béat », étant donné la destruction systématique à laquelle
il se livre. Il semble même qu'il ait décidé de se démarquer coûte que
coûte des wagnéristes et par certains aspects du Nietzsche de la *Naissance de la Tragédie*.

Cela lui permet de définir le style des grands portraits qu'il rédigera
plus tard et de réfléchir au rôle du critique.

Avec Suarès, Wagner prend une dimension européenne. Il le rend à la
musique, à l'Allemagne mais il étend son influence à l'Europe proche de
l'Italie de la Renaissance. Il construit un autre mythe : celui du grand
homme qui atteint la grandeur par sa volonté. Wagner devient une de ces
figures suarésiennes de la grandeur, de la volonté.

ÉPILOGUE

La parution de *Wagner* marque la fin d'une première période du wagnérisme de Suarès. Avant de conclure cette étude, il nous semble important de dresser un rapide tableau de l'évolution du rapport de Suarès au compositeur. D'une part, cela est nécessaire pour mettre notre étude dans le contexte plus vaste de l'ensemble de sa création. D'autre part, cela nous permettra d'envisager de nouvelles perspectives de travail. Nous avons choisi de construire cette rapide synthèse autour des grands mouvements de l'histoire qui vont bouleverser l'Europe.

Chapitre 1

1914/1918
LE TOURNANT DE LA GRANDE GUERRE

La première guerre mondiale est un tournant important. André Suarès publie une série d'articles dans la revue *L'Opinion* et les réunit ensuite dans *La Nation contre la Race* en 1916 et 1917. L'homme doit s'affranchir de l'instinct, la force doit être dominée par l'esprit et la raison. Au début du premier tome André Suarès résume son propos ainsi : « la nation est un esprit », « la race est la forme charnelle de la nation ». Il compare l'histoire d'un peuple à celle d'un être humain :

> Une nation est une personne qui a grandement triomphé de la vie, qui s'est mesurée avec elle, qui n'a jamais reculé devant ses destins, et qui les a résolument affrontés plutôt que subis. Pour mériter de vivre, il faut d'abord triompher de la vie. Car, la vie, dans sa forme la plus simple est un esclavage, une servitude sans grandeur et sans noblesse[1].

Suarès change alors sa vision de l'Allemagne et dénonce ce qu'il appelle « la négation germanique[2] » et son matérialisme : « Wotan, les géants, les nains, la dispute de l'anneau, c'est la guerre éternelle pour la puissance brute, pour l'empire et le sceptre. Tout est matière là-dedans ; tout est force égoïste. » Wagner apparaît comme le défenseur de la suprématie de l'Allemagne aussi bien dans ses textes que dans sa musique :

> Toutes les théories de Wagner sont fixées à la race. Bayreuth est devenu très tôt la cour suprême, où l'on instruit le procès des races : le code de Wolzogen, de Chamberlain et de Gobineau ne connaît que des condamnations à mort ou au servage. Quand Wagner distribue les rôles aux peuples de l'Europe, il réserve toujours à son Allemagne la part du peuple élu. Les fous et les bouffons qui rendent aujourd'hui de sanglants oracles sur la mort fatale ou la servitude nécessaire des la-

---

1. *La Nation contre la Race*, Paris, Émile Paul, 1916, p. 29.
2. *Ibid.*, p. 205.

tins, des slaves et des Celtes, n'ont ajouté que la fureur et l'écume aux préceptes de Wagner. Pour Wagner le peuple allemand porte le destin du monde : car il a la charge de l'art et de la religion future. La France n'est pour lui que le peuple de la morale, qui est tout ce qu'il déteste, qui corrompt l'art et la religion, et qui doit être vaincu. La mission du peuple allemand est de vaincre la mode : bref, le peuple allemand est le peuple de Wagner ; et tout est dit[3].

Heureusement, Wagner va se débarrasser de la « germanie » en découvrant la veine celtique et en se tournant vers *Parsifal*. Le ton de Suarès est polémique et sarcastique. Ce « germanisme » est l'illusion wagnérienne. Suarès compare le compositeur à Klingsor et la culture allemande au monde enchanté et illusoire du magicien :

Je vois dans Klingsor, Wagner repentant. Moins le drame, la musique de Wagner n'a pas plus de danger que toute autre musique : ôté le décor, elle est purgée de la Germanie et de toute la friperie barbare : la légende des Huns, les héros de la forêt, les dieux de la violence, l'Olympe en peaux de bêtes et en armure de fer blanc, tous fumeux et si fiers d'une perpétuelle insolence, cette vaine philosophie et cette image romantique du monde, le château de Klingsor tombe en poussière.

L'évolution de l'homme dépasse l'histoire personnelle et revêt une dimension plus large : « À son insu même, toute la vie et tout l'art de Wagner sont un combat entre le païen barbare et le chrétien de la rédemption, entre l'orgueil jusque dans l'amour, et l'amour poussé jusqu'au parfait sacrifice. Le païen meurt peu à peu ; et, malgré l'allemand, enivré de vaincre, le chrétien naît de l'esprit celte. » Dans une telle conception, *Parsifal* est toujours l'œuvre absolue :

Toute la profondeur du sentiment et de la musique, dans Wagner est chrétienne. Voilà qui met entre ses œuvres barbares et les poèmes de son amour : *Tristan* et *Parsifal*. Il les doit au cœur des celtes. Wagner a quitté les Allemands pour s'accomplir en Bretagne. […] C'en est fait de l'esprit allemand et de tout système. La négation est vaincue. Toute violence est négation[4].

Sa conception de Wagner s'en ressent. Wagner, dans le même texte est décrit comme un être violent. Son texte regorge de procédés d'exagération qui en montrent tous les travers :

---

3. *Ibid.*, chap. XVII, p. 209.
4. *La Nation contre la Race, op. cit.*, p. 220-222.

Il est avide, il est plein de rancune. Il est terrible dans l'insulte et le reproche. Il se venge du moindre tort. Jamais il ne pardonne. Plus il est fort, moins il a l'usage de la force, puisqu'il ne pense toujours qu'à lui. Il trompe ceux qui l'aimèrent le plus, et peut-être même ceux qu'il a le plus aimés. Il leur tourne le dos. Un seul retard à le servir, ou un simple refus unique lui font oublier vingt services rendus. On ne fait jamais assez pour lui, s'il reste quoi que ce soit à faire. Il n'a point tant de passion, qu'il n'ait plus de politique encore ; ou plutôt, sa politique se sert de sa passion ; et il plie à le pousser dans le monde toute la passion que les autres ont pour lui[5]. Même en Wagner, même en Beethoven, il faut qu'Attila s'échappe parfois et parle, quand la race d'Attila prend la parole. Faute de quoi, on ne peut comprendre les mémoires de Wagner, livre odieux et souvent admirable.

Les deux textes du second tome[6] affirment la leçon de *Parsifal.* « Nietzsche et l'Empire » se termine sur la compassion et la pitié, seule voie vers la connaissance :

Compassion et pitié sont la clé des caractères et de toute connaissance. Ni la science, ni la force, ne donnent aucune lumière sur le monde intérieur de chaque être vivant, dans sa sphère de passion. Il faut aimer et compatir pour sortir de soi. Point d'autre voie, point d'autre conquête, ni d'autre possession : du cœur au cœur, et de la conscience à la conscience.

La rédemption est encore possible pour Wagner lui-même. Suarès reste fidèle à la leçon de *Parsifal.*

La mort de Debussy, en 1918, détermine Suarès à lui dédier un portrait[7]. Une dizaine de chapitres sont consacrés à Wagner. Debussy apparaît comme l'égal de Wagner et de Bach dans le caractère poétique de la musique[8] et l'aboutissement de la forme[9]. Suarès compare *La Cathédrale Engloutie* au prélude de *Lohengrin.* Si l'opéra demeure une « forme bâtarde[10] », si l'union du texte et de la musique alourdit l'œuvre sans trou-

---

5. *Ibid.*, p. 227.
6. *Cf.* les chapitres « Orgues et Musique » et « Nietzsche et l'Empire ».
7. Publié d'abord dans *La Revue Musicale* du Iᵉʳ Novembre 1920 puis en 1922 chez Émile Paul.
8. « Il est poète en musique autant qu'on puisse l'être. »
9. « Debussy est un monde achevé, d'une perfection presque unique. Je ne vois ce caractère qu'aux deux chefs-d'œuvre de Wagner et aux innombrables effusions de Bach, source intarissable de la beauté sonore. »
10. L'opéra est une « forme bâtarde, entre la musique et la poésie, qui redouble l'expression et la décuple, qui insiste surtout avec indiscrétion, qui alourdit tout, qui

ver d'équilibre, *Parsifal* et *Pelléas* sont pourtant de véritables réussites car la musique, loin d'illustrer simplement le texte, « le prend à l'intelligence pour l'élever à la connaissance amoureuse de l'émotion[11]. » Si *Pelléas* ne supplante pas *Parsifal*[12], Suarès établit une filiation spirituelle entre les deux œuvres :

> Ainsi *Pelléas* est une des quatre ou cinq œuvres durables que la musique ait produite au théâtre avec *Parsifal*, *Tristan* et les *Noces de Figaro*, *Boris Godounov* y touche sans être d'une beauté assez égale. Entre toutes ces grandes perles, *Pelléas* est la plus une, avec *Tristan*. Pas une note de trop et pas une ne manque. *Parsifal* est de bien loin la plus haute et la plus belle[13].

Debussy est plus proche de l'esprit de la musique tel que le recherchait Wagner. Beaucoup plus que tous ses successeurs qui n'ont réussi qu'à l'imiter de façon extérieure : « De Wagner, il ne pouvait sortir que des copies, aussi pesantes qu'inutiles : des formules selon des formules. Tout peut sortir de Pelléas : le monde nouveau est celui d'une recherche originale et d'une sensibilité sans limites[14] ». Debussy permet de retrouver une légèreté du propos et de l'orchestre après Wagner :

> Tout est génie dans l'orchestre de *Pelléas*, tout y est fait pour l'oreille. Quand on a goûté de ce philtre, toute l'ancienne musique, hormis Wagner, semble un peu fade, lourde et terne[15]. [...] Debussy a rendu sa qualité originale à chaque instrument, il les a délivrés de l'énorme, de l'admirable contrainte où Wagner les avait tous asservis pour n'en faire qu'une lyre immense : tous les timbres dans Wagner, sont comme Kundry à genoux devant son maître, absorbée dans la seule volonté de servir : « dienen, dienen ». Pourquoi l'orchestre ne serait-il qu'un orgue gigantesque ? Avec Debussy, les familles d'instruments sont libres et vivantes.

---

nourrit le texte tragique d'une pâte épaisse, où la rhétorique sentimentale a bien plus de place que le pur sentiment ».
11. Chap. VIII sur Golaud et le petit Yniold. *Debussy*, Paris, Émile Paul, 1922, p. 75.
12. « Seul *Parsifal* a cette profondeur de musique et ce sens du mystère ; il faut toujours juger d'une musique sur le philtre qu'elle nous verse et sur le génie qu'elle a d'exprimer l'inexprimable. »
13. *Debussy*, chap. II, *op. cit.*, p. 26-27.
14. *Ibid.*, p. 45.
15. Chap. X : « Debussy, Rimbaud de la musique », p. 95.

Cela n'empêche pas la puissance de l'expression. Il compare la scène entre Golaud et le petit Yniold « aux conflits les plus formidables de la *Goetterdaemmerung*[16]. »

---

16. Chap. VIII : « Je compare de tels moments aux conflits les plus formidables de la *Goetterdaemmerung*, cette catastrophe musicale, et l'avantage n'est pas toujours aux géants : le comble de la puissance est dans le caractère et l'émotion, non dans la masse, le tonnerre et les orages ; – la massue d'Hercule me touche moins sur les petites mains de Cornelia. »

Chapitre 2

1922-1926 :
LA REVUE MUSICALE, « MUSIQUE ET POÉSIE »

Entre 1922 et 1926, Suarès publie quatre articles publiés ultérieurement sous le titre de *Musique et Poésie* : « La première lettre de Baudelaire à Wagner » (1er novembre 1922), « Sur Wagner » (octobre 1923), « Musique et Poésie » (1er novembre 1924) et « Wagner et le poème » (1er Juin 1926).

Ces articles montrent combien la relation à Wagner est toujours primordiale pour Suarès malgré les polémiques issues de la guerre. Il ne remet pas en cause son admiration pour le compositeur et, au fond, les critiques exprimées dans *La Nation contre la Race* étaient déjà contenues dans *Wagner*. Ses rapports avec Jacques Doucet, son mécène et ami, l'ont conduit à mettre en place la Bibliothèque littéraire Jacques Doucet. L'article « La Première Lettre de Baudelaire à Wagner » est un hommage au couturier qui avait acheté (sur les conseils de l'écrivain) ce document daté du 1er février 1860. Wagner était alors à Paris pour présenter son *Tannhäuser*. Suarès met en valeur les qualités de critique de Baudelaire et l'inégalité entre les deux hommes. Baudelaire a compris Wagner, l'inverse n'est pas vrai.

Dans « Sur Wagner », le compositeur est toujours la référence absolue, « le plus grand artiste de son temps, en France comme en Europe » venu « en Prométhée porter la musique aux hommes ». Il a conquis le « premier rang parmi les poètes ». Il a permis la renaissance musicale en France[1] qui l'a le mieux compris. Pour autant, Suarès n'a pas changé d'avis sur la place du compositeur dans l'histoire de la création : Wagner n'est pas le porte-

---

1. « Qui peut s'imaginer de bonne foi notre Claude Achille créant la musique nouvelle dans le fumier de *La Juive*, de *Semiramide*, de *La Favorite*, de *la Nonne Sanglante*, de toutes ses héroïnes bouffonnes et lugubres, les plus stupides assurément qui soient jamais venues miauler leurs roucoulements aux oreilles d'une assemblée : folle à Lamermoor, la *Lucie* fait la flûte sur la scène ; et celle qui était *Muette* à Portici, se gargarise de roulades à Paris. »

parole de l'œuvre de l'avenir. Il est plutôt « l'accomplissement de la musique classique et du sentiment propre à la philosophie chrétienne. »

Le troisième article, « Musique et Poésie », permet à Suarès de développer sa conception de la poésie et de ses rapports à la musique. Il reprend le lien entre Apollon et Dionysos développé par Nietzsche dans sa *Naissance de la Tragédie* :

> Il faut être dionysiaque avant d'écrire, et apollinien quand on écrit. Le grand artiste est à ce prix. Tout l'un ne sert de rien, comme tout de l'autre.

Il décrit le lien entre poésie et musique à travers cette conception nietzschéenne :

> La part de la poésie dans la musique est celle d'Apollon. La musique est la part de Bacchus dans la poésie. La polyphonie est d'Apollon, et aussi nécessaire dans la musique que la belle architecture dans l'art d'écrire. Mais l'harmonie est dionysiaque. Et sans Bacchus, ni le musicien ni le poète ni même l'architecte n'ont rien à chanter, eussent-ils beaucoup à dire.

La différence entre Wagner et Debussy tient à ce que Wagner est « né dans le théâtre » et, suivant Beethoven, il compose une musique qui est aussi « une poésie sonore, une morale sonore, une action sonore, enfin une religion. » Wagner veut faire au théâtre ce que Beethoven a fait dans la symphonie : « La volonté de Wagner est d'unir, dans un seul homme, Beethoven à Shakespeare ; et lui-même, lui seul est cet homme-là. » Il le compare à Debussy : « l'opposition totale de Wagner et de Claude Achille au théâtre, vient de ce que les deux grands musiciens ont une idée totalement contraire du rôle que doit jouer la musique. Wagner musicien n'écrit son poème qu'en vue de la musique, et proprement de la symphonie accrue des voix. La musique est pour lui la poésie au cube, multipliée par l'orchestre, que multiplie la voix humaine. […] Il croit que la musique peut donner au drame un Shakespeare trois fois plus tragique, trois fois plus intense ». Debussy traduit, « comme on prendrait un poème écrit dans une langue commune, pour le faire passer dans une langue de choix, celle de l'expression, telle que l'esprit de finesse la rêve et l'exige. »

Suarès est toujours aussi proche des textes en prose de Wagner auxquels il fait directement allusion dans « la Nature et l'instinct. » Dans ce texte, il affirme la toute-puissance de la conscience et de l'intuition face à la raison et au pur intellect[2] suivant le Wagner de *L'Œuvre d'Art de l'Avenir.* En 1926, dans *Wagner et le poème,* il n'a pas changé les positions affirmées dans son *Wagner* de 1899. Le compositeur s'est trompé sur le drame musical, il est essentiellement musicien. Suarès pose la question de la pensée en art[3], et affirme à nouveau l'essence métaphysique de la musique, restant proche de la pensée de Schopenhauer :

> Plus qu'un autre art, la poésie exceptée, la musique est une relation directe de la plénitude et du désir de vivre avec le divin, sentiment ou pensée. [...] Je dirai même que la musique est une métaphysique naturelle, qui s'exprime par la qualité sonore.

Comme pour Wagner et Schopenhauer, la connaissance passe d'abord par l'intuition et la musique permet d'avoir accès à une connaissance supérieure, d'un ordre métaphysique :

> La pensée métaphysique, en art, est précisément cette intuition qui serait sans objet, si la qualité n'en était une espèce non définie, mais toujours si sensible. La musique est un ordre de la connaissance. L'œuvre d'art est la réponse de la vie au philosophe, la vérité qu'il cherche et qu'il dépouille de son prestige, en la touchant.

Il affirme à nouveau la supériorité de *Tristan* et de *Parsifal* face à « la ferblanterie chevaleresque des Nibelungen et la quincaillerie héroïque » et abandonne tout le reste de son œuvre, « la masse du *Ring* aussi bien que *Lohengrin,* et même les *Maîtres.* » Cette position se renforcera d'autant plus qu'interviendra la seconde guerre et l'utilisation par le national-socialisme de l'imagerie héroïque de la *Tétralogie.*

---

2. « La nature, à la fin, se délivrera d'elle-même dans une sublime conscience. C'est là que la pensée ne fera plus qu'un avec l'instinct ; car là, il n'y aura plus d'autre instinct que l'instinct de connaissance. Tout ce que l'homme aura souffert de la nature, et qu'il lui fallait souffrir pour se séparer de l'instinct et prendre conscience, trouvera dans la connaissance parfaite une égale récompense ». « Voilà où l'on peut mesurer la distance infinie qui sépare la connaissance de la simple raison ou du pur intellect. L'intellect est de l'automate ou du mécanique à l'égard de la conscience, qui est la connaissance toujours vivante, toujours en train de se faire. La raison est du tout fait, et comme la matière de l'esprit. [...] La poésie, la musique, la forme artistique sont à la fois les revanches du tout puissant instinct enchaîné dans l'homme, et les vols d'essai, les essors tout-puissants de la conscience humaine vers le ciel de la connaissance. »

3. « Au bout du compte, il ne s'agit, dans Wagner, ni d'art romantique, ni de trilogie renouvelée des Grecs, ni de tout ce que les critiques tripotent et dépenaillent dans ces grandes œuvres : toute la question est de la pensée : faut-il de la pensée dans la musique ? ou, mieux encore, faut-il penser en art ? » Ensuite il oppose la pensée de grands artistes à la recherche du plaisir, des autres : « Toutes les grandes œuvres ne durent que par la pensée : comme elle en fait la vie, la pensée en fait la certitude. Plaire est du moment, la profondeur de la pensée fait les grandes œuvres y compris musicales. »

Chapitre 3

LES ANNÉES TRENTE

En 1930, lorsque Suarès entend à nouveau le *Crépuscule des Dieux*, il réagit différemment qu'en 1908 et précise ses sentiments dans la *Revue Musicale* :

> Wagner veut trop peindre, écrit-il, trop penser, trop prouver par les sons [...]. Le dernier acte [...] m'a déçu plus que tout le reste : j'en attendais une émotion continuelle, et elle ne vint pas : parce que tout m'avait été dit et répété d'avance [...] tout était prévu. L'art est plus enfin qu'un spectacle [...]. Où le spectacle l'emporte, la longue beauté fuit. Nous demandons mieux qu'être terrassé à la poésie et à la musique[1].

Il ne change pas d'avis sur le fond : le parcours wagnérien est celui de la rédemption par l'amour, à commencer par celle du musicien lui-même. En 1932 il compare Richard Wagner à Jean-Sébastien Bach qui vont, tous les deux, à leur façon, « par des chemins opposés, [...] du néant de ce monde à la délivrance du parfait amour[2]. » Dans ces articles de la *Revue Musicale*, on perçoit la conception suarésienne de l'art : l'Art véritable correspond à l'évolution spirituelle de l'artiste vers la rédemption.

Cette aspiration ultime est au cœur de l'admiration de Baudelaire pour Wagner selon Suarès. Dans « Baudelaire et les Fleurs du Mal[3] » en 1933, Suarès lie le parcours spirituel et artistique des deux artistes :

> Ainsi le tourment de Baudelaire est celui de son siècle au plus haut de la courbe : le tourment de Wagner, le tourment de Nietzsche, et le

---

1. « Pensées sur la musique », XXX, (janvier 1930, n°100).
2. « Vues sur Jean-Sébastien Bach » (décembre 1932, n°131).
3. Ce texte d'environ 25 pages fut publié, en guise de préface, dans *Les Fleurs du Mal* (L'Artisan du Livre, 1933). Il est ensuite repris dans *Trois Grands Vivants*, chez Grasset, en 1937, augmenté de pages publiées dans *Valeurs* et pour finir dans *Portraits et préférences* en 1991.

tourment de Dostoïevski. Quoi qu'il semble, la solution que chacun y donne est voisine des autres. Mais, de tous, Wagner est le plus près de Baudelaire, si bien fait pour le comprendre. Wagner plonge l'homme et le monde dans le néant de la passion et de la puissance. Et, quand tout s'écroule au *Crépuscule des Dieux*, il s'adresse au Sauveur, il crie vers lui, il embrasse l'amour divin dans l'immolation de soi-même ; il y croit moins qu'il n'y veut croire. Si Baudelaire eût vécu, comme il eût été fraternel à la profonde mort de *Tristan*, et à l'ivresse de la résurrection de Parsifal. Comme il se fût abandonné avec transport au flux et au reflux de ce double océan, qui va de la négation au rêve de la vie éternelle, par les voies du rachat sanglant et du parfait sacrifice. Le héros doit être dépassé.

Après 1933, André Suarès est d'autant plus enclin à insister sur les défauts de Richard Wagner que le troisième Reich l'a érigé en artiste absolu. Dans un texte inédit[4], extrait de ses cahiers et écrit vraisemblablement entre 1935 et 1940[5], il insiste sur son « excès d'orgueil », « son intempérance » et, à propos de Mendelssohn, prend « en mépris le dédain haineux et affecté de Wagner » pour le compositeur juif.

Dans *Vues Sur l'Europe*[6], dont il termine l'écriture en 1936, Suarès dénonce l'utilisation de la mythologie wagnérienne par le nazisme et présente Hitler comme « un chien enragé qui se dit fils de Wotan[7] ». « Wotan-Hitler » est à battre et le vrai Wotan est insulté. Il forge également des noms à partir des personnages de la *Tétralogie* comme « Hagen Goering[8] », ou des expressions comme « L'immonde Julius Streicher, le porte-clefs du Walhalla[9] ». Suarès caricature les nazis et la dimension mythologique qu'ils se donnent eux-mêmes en se servant en particulier de l'univers wagnérien. Comme dans *La Nation contre la Race*, André Suarès voit dans l'histoire de l'Allemagne, celle du genre humain et de la conscience. Il la résume ainsi dans le chapitre IV :

---

4.   Carnet n°13, p. 40 et 60.
5.   Cité par T. Doherty dans son article « Suarès, Wagner et Debussy », *La Revue des Lettres modernes*, n°346-350, Paris, 1973.
6.   Les chapitres faisant allusion à Wagner sont les suivants : XI – (Sur la grandeur de l'Allemagne) / XIX – (Sur la vulgarité des Allemands. Référence à Bayreuth) / XXVI – Sur l'utilisation que le nazisme a fait de Nietzsche et de Wagner / XXXVII – Sur l'antisémitisme de certains wagnériens / LIV – (Suarès utilise des éléments wagnériens pour des portraits caricaturaux) / C – « Rédemption ». (Suarès fait référence au salut par la musique) / I-IV – XIII – Utilisation parodique du nom de Wotan en particulier à propos d'Hitler / XXXII – Chapitre intitulé « Wotan giflé ».
7.   Chapitre IV.
8.   Chapitre XXXII.
9.   Chapitre LIV.

Toute l'histoire du genre humain, dans sa partie la plus noble, se ramène à l'évolution de la brute au saint, de la violence à la justice et de la politique à la morale.

Wagner est un modèle de cette noble évolution lorsqu'il passe de la *Tétralogie* à *Parsifal*. Au contraire, avec le national-socialisme, on assiste à un « retour à la bête » pour reprendre une expression qu'il utilise à propos de l'État selon Machiavel. Il s'en prend à l'image que les nazis donnent de Wagner et pousse encore plus avant la parodie de la *Tétralogie* commencée dans *La Nation contre la Race*. Il en est profondément meurtri et rappelle la grandeur des génies allemands qu'il place au plus haut. Les dernières lignes du chapitre XVII sont très émouvantes de ce point de vue :

> Je pense au lied de Lyncée sur la tour ; le troisième acte de *Tristan* me hante et le dernier de *Parsifal*. Je me rappelle un Quatuor ravissant de Mozart. Et une profonde tristesse m'envahit. Tant de génie et de force, essentiels à la grandeur humaine, et dont je ne puis me passer ! Quoi ? Et que la brute cruelle soit la plus forte ? Quelle douleur, quelle mélancolie.
>
> Ô viens Antigone, viens leur parler, fille si pure : Dis-leur encore : *Je suis née pour l'amour et non pas pour la haine.*

Suarès déconstruit l'image de Wagner mais il n'existe pas chez lui de « destruction de l'idole » à la manière de Nietzsche. Il montre l'utilisation qui a été faite du compositeur. L'ensemble de l'ouvrage est très polémique. Il comporte en particulier un petit chapitre intitulé « La plus belle vengeance » dans lequel il est question de l'origine juive de Richard Wagner. Il serait sans nul doute, écrit Suarès, « le fils et l'élève du comédien juif Geyer ». Ce texte est cruel et assez violent. Wagner aurait fait allusion à cette possibilité dans la première édition de son autobiographie, *Ma Vie*. Suarès souligne cette référence par ces deux allusions : « de son propre aveu » et « il l'a révélé lui-même dans *Ma Vie* ». Cette édition était confidentielle, n'a pas été commercialisée et était destinée à ses seuls amis. La nouvelle est rapportée comme un ragot : « si l'on en doit croire les plus anciens confidents de sa jeunesse », « Il paraît ». Elle est présentée comme infamante et qualifiée de « confession abominable ». Abominable pour qui ? Principalement pour les descendants de Wagner. Suarès est ironique et sarcastique :

> À Bayreuth, qui est une capitale du mensonge, la glorieuse famille a usé de tous les moyens pour détruire les quelques exemplaires, pièces à conviction de l'exécrable crime. Mais on dit qu'il en reste deux ou trois encore à Londres et en Amérique.

Cette information pourrait servir la cause des Juifs, écrit-il, car le secret de la naissance de Wagner est un réel enjeu politique et idéologique.
C'est un coup porté à l'utilisation de la culture allemande par les nazis.
Un peu à la manière de Jesse Owens, l'athlète noir américain remportant
quatre médailles d'or aux jeux olympiques de Berlin en 1936. C'est le
détail inconcevable qui détruit la belle image de la supériorité aryenne :

> Le père de Siegfried et de Brunehilde, le père de Hans Sachs, le dé-
> miurge qui a ressuscité Wotan, le Walhall et les dieux germaniques,
> l'idole de l'Allemagne, le fétiche que les ogres de l'Hitlérie osent ado-
> rer sans d'ailleurs y rien comprendre, Wagner demi-juif ! Quelle ven-
> geance divine[10] !

Suarès décline le thème de la honte de l'Allemagne et de la famille de
Wagner jusqu'à l'écœurement à propos de Siegfried, le fils de Cosima
Liszt et de Richard Wagner dont il fait un portrait qui parodie les carica-
tures de juifs comme on les faisait à l'époque :

> Il y avait d'ailleurs une preuve éclatante de cette scandaleuse et ven-
> geresse juiverie : le fils de Wagner en personne était l'image vivante
> de ce Geyer et du marchand de lorgnettes, dans la Iudengasse. Par
> malheur, il est mort, le bel enfant des Aryas au nez graisseux, à la
> lippe punique, aux joues de carpe (à la juive s'entend) ; et pour que la
> parodie fût complète, il avait nom Siegfried, lui aussi.

Le but de ce texte est de ramener le discours mythique nazi au rang de
plus infâme ragot. Son aversion pour le monde de Bayreuth se renforce
encore. Cette famille ironiquement qualifiée de « glorieuse » est affai-
riste. Suarès est horrifié par son soutien à Hitler trahissant honteusement
la pensée de Wagner. Dans les sarcasmes de Suarès on perçoit une profonde déception et une amertume certaine. Il ne faut pas oublier l'origine
juive de Suarès lui-même. Quel est au fond son sentiment envers Wagner ? Il le précise dans son chapitre XXVI au sujet de Nietzsche :

> Je ne suis pas contre Nietzsche. Je l'admire et je le plains. Je lui en
> veux comme à Wagner, et dans un sens opposé, de tout ce qu'on tire
> de ses œuvres pour faire valoir des idées viles et des doctrines qui lui
> furent étrangères. Ils y prêtent tous les deux : en quoi ils n'ont pas
> d'excuses, à raison de leur génie même. Toute la quincaillerie guer-
> rière de Wagner retentit sauvagement désormais dans les assemblées
> de l'Hitlérie. Ils vont à l'assassinat des vieilles femmes et au massacre
> des livres en chantant Siegfried.

---

10.   *Vues Sur l'Europe*, Grasset, Les « cahiers rouges », n°136, 1991, p. 281-2.

On comprend après un tel tableau qu'il tire Wagner hors de la philosophie et des textes théoriques : c'est la musique qui le sauve. Il le déclare dans son chapitre C « Rédemption » :

> Bach, Mozart et le Wagner de la fin sont des chrétiens, les uns de toute éternité, les autres par la grâce de la musique. Tous, ils aspirent à la rédemption : les uns la cherchent, les autres la portent, comme le vase entre les mains de Joseph d'Arimathie. La plus belle musique est toujours une suprême compassion. Celui qui chante et qui élève la plus haute harmonie n'enchante pas seulement sa peine : il charme aussi la douleur des autres. La courbe du chant est un enchantement qui lie tous les cœurs, une magie qui force enfin les esprits à se connaître dans leur grandeur prochaine et leur néant présent ; qui les dispose à ce que le divin réclame de nous et qu'il nous faut au moins désirer de tout notre être, si nous ne voulons pas vivre et mourir à jamais insolvables : Amour, amour, amour.

Il restera dans cette perspective jusqu'à la fin de sa vie. La musique est la plus grande expression de l'amour en art. Même si l'on trouve aussi des textes très critiques sur la musique de Wagner comme cette note non publiée qu'il écrit à 72 ans en 1940 :

> L'initiative de Richard Wagner est la ruine de toute musique originale. [...] Richard Wagner s'imite et subit sa propre tyrannie. Le leitmotiv tourne à la rengaine et au tout fait. Pour ma part, je ne puis souffrir le 500e retour du motif dans *Les Maîtres Chanteurs*, et surtout l'obsession de ce thème en ut majeur, d'une carrure et d'une tonalité accablantes... Le système de Wagner organise le chant et la trame orchestrale en armée d'État[11].

---

11. *Ibid.*, p. 64.

Chapitre 4

LES DERNIERS TEXTES

Dans ses derniers textes, Suarès se libère des terribles réflexions sur l'Allemagne, loin des résonances politiques et de la guerre. Il dialogue librement, avec sérieux parfois, légèreté, humour aussi avec Wagner et ses héros. Libéré des polémiques, il prend des libertés de ton et de forme, écrit des textes poétiques (« Dans la Crypte[1] », « Rossignol blanc[2] ») et des textes pleins d'humour caustique sans quitter tout à fait la veine polémique (« O ! Pray, Love[3] »). D'autres sont simplement plus sereins dans le ton. On trouve alors un véritable dialogue entre l'écrivain et le compositeur. Son propos est plus profond, plus mystique. À la fin de sa vie, Suarès interroge Wagner, aussi bien l'homme que l'artiste, sur le chemin à prendre : celui du Paraclet.

Parsifal est toujours l'œuvre majeure et Amfortas la figure centrale. Dans la nouvelle édition de *Musiciens* en 1945, il présente trois chapitres

---

1. *Caprices*, Paris, Lettres modernes, Minard, 1977, 143 pages. Texte établi par Yves-Alain Favre. Introduction d'Yves-Alain Favre.

2. *Ce Monde Doux-Amer*, Le Temps Singulier, Nantes, 1980. Recueil de pages écrites entre 1940 et 1947. Les textes furent publiés pour la première fois dans *La Nef* en octobre et novembre 1945. Le chapitre VIII, « Sensible », reprend les idées de Suarès sur Wagner. On retrouve cette méfiance vis-à-vis de sa pensée : « Enharmonie faite homme. Et non pas dans la musique seulement. »

3. « O ! Pray, Love » est le chapitre VII d'*Avec Maïa*, recueil de textes publiés dans la Table ronde en 1945. Il donne une vision caustique de Wagner préférant Isolde à Mathilde, son opéra à un bonheur bourgeois. Il s'adresse aux femmes en attaquant le romantisme non sans une certaine cruauté : « Vous le savez, chères ennemies, et cette préférence vous dépite. Pour passionné qu'il soit, Wagner laisse son idole en Suisse et il s'en va faire l'amour avec Isolde à Venise. Que Mathilde se console au sein de la glace à Zurich ; la neige tombe sur les Quatre-Cantons : libre à une âme aimante d'admirer le lac en frissonnant. Wagner, lui, passe toutes les heures du jour et de la nuit sur le Grand Canal, en gondole, avec une rame de papier réglé en trente portées d'orchestre. Ha, quelle volupté au clair de lune ou au soleil dans la féerie irisée de la perle des eaux ! Est-il encore une Suisse au monde ? Grâce à Dieu, non. Convenez-en, amies charmantes. »

complémentaires[4] concernant Wagner[5]. La forme originale de « Wagner-Amfortas[6] » (texte de quatorze pages découpé en vingt paragraphes numérotés présentant de courts textes qui sont des pensées, des réflexions) correspond à une certaine conception de la pensée et de l'écriture : l'unité d'une pensée se manifeste et se saisit par les éclats que jettent ses diverses facettes. Elle se constitue en un moment par la fusion d'éléments disparates dont on saisit d'un coup la profonde unité. Ainsi, ces paragraphes se présentent-ils au lecteur comme autant d'éléments à saisir à la fois dans leur unité et leur diversité. Le paragraphe XV sur l'intuition peut éclairer cette façon d'écrire :

> Mystique, philosophie de l'intuition. Intuition, philosophie de la connaissance et du secret, possession du mystère et du miracle. [...] L'intuition est la conquête soudaine d'un monde créé par l'Esprit. Ne le perdez plus de vue, comme ces clair-voyants frappés dans la nuit d'amaurose : ils entrent dans le giron des aveugles nés, sans être capables de s'en douter. L'homme ne veut pas voir : tout son passé le destine à la cécité.

Suarès place le lecteur dans la position de quelqu'un qui recouvre la vue et se trouve brusquement devant une multiplicité d'éléments constituant un monde et unis par un sens qui va s'imposer de lui-même et se révéler au cours de la lecture. L'unité de ces textes est à trouver dans la mystique, la question centrale est celle du salut et du chemin qui y mène. Suarès établit le lien entre sa propre recherche du Paraclet et l'évolution spirituelle de Wagner. Il relit l'œuvre de Wagner dans ce sens. Le chemin de la vie mène à un dépouillement et il voit en *Parsifal* ce chemin de salut :

> Il n'est pas aisé d'entrer au Paraclet. Il n'est pas facile de se mettre en route ; mais il faut vivre et mourir pour faire le voyage. Il n'y a pas d'autre chemin[7].

La vie apprend à se débarrasser de toute la vanité du monde : il faut se dépouiller de « toutes les habitudes où se meut la nature humaine[8] ».

---

4. *Musiciens* est un recueil de textes publié pour la première fois en 1931. Il rassemble plusieurs études anciennes sur Beethoven, la musique et le musicien. Le chapitre « Liszt le magnanime » avait été publié dans la *Revue Musicale* le Ier Mai 1928, « L'homme qui improvise » est repris dans *Musique et poésie* (1928), lui-même emprunté à la revue *SIM* de Novembre 1912.
5. « Digression sur le génie oratoire » et « l'Ode héroïque », « Wagner-Amfortas » et « Amfortas et l'oiseau ».
6. *Cf.* aussi « Amfortas et l'oiseau ».
7. (XVII).
8. (XVII).

Ses derniers textes sont une méditation qui mène à un adieu serein au monde. Le personnage d'Amfortas est une figure emblématique de ce besoin de se délivrer de la nature :

> Celui qui connaît Amfortas embrasse la nature. Elle est en lui pour le perdre et l'enivrer en deçà de la vie et au-delà, toujours présente et toujours inassouvie. La nature est l'inassouvissement, l'infini désir de la satiété et l'infini dégoût de rassasiement. (XI)

Les œuvres de Wagner lui apparaissent comme autant d'étapes dans sa quête du salut, son parcours spirituel[9]. L'« heure capitale » est celle où il a fixé la mort dans *Tristan* car il s'agit de la mort par amour et non plus de la mort pour l'amour. Sa quête du salut, « presque heureuse dans sa jeunesse » a évolué dans une « volonté expresse du néant » dans le *Ring* pour en avoir raison une fois pour toutes. Le moyen en est le sacrifice, « un dieu en a donné le modèle ». *Parsifal* couronne cette recherche, il est « en ce sens la plus haute, la plus belle des messes : celle du salut[10] ». Wagner atteint le stade de la sérénité : « la sérénité est le plus haut degré, le palier suprême de la tristesse, pour l'errant de naissance, le voyageur qui a traversé l'enfer et le mensonge de la vie » (VI). Il a eu le courage d'aller jusqu'au bout de sa quête du salut, la mesure de son œuvre correspond à l'acharnement qu'il a mis dans sa vie à poursuivre son but[11].

Pour autant, Suarès ne quitte pas l'image qu'il donnait du compositeur dans son *Wagner*. Wagner est aussi bien Klingsor qu'Amfortas, il est toujours le « sorcier irrésistible[12] ».

Suarès en donne une image *exemplaire* ce qui ne signifie pas *sans défaut*. Au contraire, celui qui réussira à atteindre le Paraclet est aussi celui qui est le plus à même d'échouer. Il ne fait pas d'angélisme et présente un homme qui va au bout de son humanité. Ce faisant, il exalte aussi bien sa divinité que son démonisme. C'est dans le dépassement qu'il trouve le vrai chemin.

Avec « Achille », dans le même *Musiciens*, Suarès s'interroge sur la compassion dans un texte essentiel. S'il a toujours écrit sur cette notion

---

9. « En avançant en âge et dans la vie, la conscience du grand artiste s'est faite de plus en plus profonde. » (III).

10. (VI).

11. « Telle est la mesure de sa puissance : quel invincible embrassement de la mort est le sien. Quel désaveu de la vie universelle dans la plus farouche passion de vivre. Et quelle promesse de la couronne enfin obtenue, la sérénité d'une éternelle harmonie. La sérénité est la récompense. » (XVIII).

12. « Klingsor, son nom, gong, sang noir et pourpre, sonne l'enfer et la corruption de Danaé par l'orage de l'or. [...] Qui est magicien comme le musicien dans l'œuvre de chair à travers les caresses de l'esprit ? Elles sont l'archet sur les ondes du désir. »

fondamentale dans la pensée de Wagner, Suarès s'interroge ici sur la possibilité d'une communion, non plus cette fois dans la souffrance mais dans le bonheur. Wagner posait déjà cette question dans une longue lettre à son ami August Rœckel en 1855. Celui-ci était emprisonné pour sa participation aux journées révolutionnaires de Dresde en 1849. Dans sa lettre, Wagner regrette que nous ayons un mot pour désigner la sympathie dans la souffrance mais pas pour exprimer la sympathie dans la joie, ce qui caractérise notre misère. En allemand, il oppose *Mitleiden* (de mit, *avec* et leid, *souffrance*) à *Mitfreude* (de mit et freude, joie, allégresse). Maurice Kufferath traduit ce dernier mot par « conjouissance », terme d'ancien français qui fait le pendant à « compassion[13] ». Suarès invente un nouveau mot, la « synédonie » :

> Il est une sympathie universelle : il ne peut pas y avoir une universelle synédonie ; et le mot même n'existe pas. Plus il déteste la souffrance en lui-même, et plus cet homme divin en a conscience en soi et dans tout l'univers. Voilà donc la route de son ascension. Et telle est sa grandeur.

Les dieux, c'est-à-dire la nature, sont aveugles. La nature aspire à un homme par lequel elle prend conscience d'elle-même et se nie. L'homme est la nature prenant conscience d'elle-même. C'est de là que naît la douleur. Voilà la grande leçon que Suarès exprime dans « Achille ». En cela, il est en total accord avec le Wagner de *L'Œuvre d'Art de l'Avenir*.

Ainsi, Suarès revient à ses premières amours, *Tristan* et *Parsifal*. L'évolution de son rapport au compositeur qui aura suivi les grandes questions du wagnérisme au cours de l'histoire ne défait pas sa vision de l'œuvre de Wagner. Il reste fidèle à la conception mystique de la musique, à la philosophie de la rédemption par l'amour.

L'art reste le chemin qui mène le plus sûrement au Paraclet et l'écriture est pour lui un chemin spirituel. Il confirme également son amour pour la « veine celtique[14] » du compositeur. Wagner est sauvé par ce chemin qui le mène de la barbarie au pur amour.

---

13. *Lettres de Richard Wagner à August Rœckel*, traduites par Maurice Kufferath, Paris, Libraire Fischerbacher, 1894.

14. « Avant trente ou quarante ans, on ne pourra plus souffrir le *Ring*. Cette romanticaille barbare sera proscrite de notre goût et de notre esprit, comme toute sa défroque, tout son vacarme d'armures, de casques, d'estoc, de " Haï-ho-to-ho ", de Walkures hurlant : car toutes ces panoplies sont de carton peint et de théâtre : ni acier ni or vrai, ni vertu ni beauté humaines. Il sera sauvé par Tristan et Parsifal, les Celtes. » *Ce Monde Doux-Amer*, Le Temps Singulier, 1980, p. 167.

CONCLUSION

Il reste encore à la recherche suarésienne un travail important sur les textes malgré les nombreux travaux déjà consacrés à ce domaine. Il existe encore de nombreux textes inédits, des manuscrits à découvrir. Les projets de jeunesse, en particulier, sont d'une grande richesse. Ils nécessitent un travail d'inventaire, d'établissement des textes, de datation. Ils correspondent principalement à la période de formation du jeune Suarès, à la fin du siècle, mais on pourrait encore faire un travail très important sur les carnets et cahiers, mines inépuisables de textes sur de nombreux sujets tout au long de sa vie. De même, il serait intéressant de reprendre la correspondance entre André Suarès et Romain Rolland. Les lettres choisies et publiées dans *Cette Âme ardente* ont été établies à partir de textes recopiés et tapés à la machine. L'intégralité des lettres manuscrites est aujourd'hui disponible à la Bibliothèque nationale et on peut trouver également certaines des lettres de Romain Rolland.

Malgré leur caractère inachevé, les projets de jeunesse éclairent la conception de l'écriture de Suarès telle qu'il la défend toute sa vie. La période de publication de la *Revue wagnérienne* a permis de découvrir non seulement les « drames lyriques » de Wagner mais aussi et surtout (tel était le but avoué de la revue) la « doctrine wagnérienne » c'est-à-dire sa conception de l'art. Cela est d'autant plus facile que Wagner a laissé de nombreux textes théoriques sur l'art, la religion, la politique et pas uniquement sur la musique. De nombreux articles lui sont consacrés et André Suarès est en particulier marqué par les analyses de Teodor de Wyzewa qui s'interroge sur un « nouvel art wagnérien ». En ce sens l'impact de la *Revue wagnérienne* n'est pas uniquement musical, loin de là. Wagner bouleverse aussi le monde littéraire. Édouard Dujardin, fondateur de la revue, lie le wagnérisme au symbolisme qui, selon lui, en est issu. Son insistance pour obtenir la participation de Mallarmé à la revue le montre assez. Il écrit dans ses *Souvenirs sur la Revue wagnérienne*[1] :

---

1.   Cité par André Cœuroy, *Wagner et l'esprit romantique*, *op. cit.*, p. 269.

Sa conception de l'art, sa philosophie, sa formule même étaient à l'origine du symbolisme. Il était impossible d'aller au fond du wagnérisme sans rencontrer le symbolisme, c'est-à-dire qu'il était impossible d'exposer la conception wagnérienne sans y reconnaître la doctrine ou tout au moins l'un des éléments primordiaux de la nouvelle doctrine poétique.

La question est alors de savoir si la tentative wagnérienne peut être reprise dans l'écriture et réinventée dans la culture française. André Suarès écrit à Romain Rolland le 7 septembre 1888[2] :

> Wagner seul, l'éternel et l'unique, est complet dans son complet : mais il est musicien. – Alors je me demande si l'Art complet est possible en littérature ; il faudrait Wagner plus fort et vivant deux vies (développement des rythmes, des allitérations, des strophes, des leitmotivs littéraires) sans doute, il y a impossibilité […].

La *Revue wagnérienne* nourrit la réflexion du jeune écrivain qui s'interroge sur la forme de son art, sa portée, son essence. Elle lui permet d'approfondir la connaissance qu'il avait déjà de la pensée du compositeur. Il est un des rares écrivains avec Romain Rolland qui lisent Wagner. Il déchiffre les partitions et connaît principalement les œuvres de Wagner par ce biais. Même s'il assiste aux représentations et concerts wagnériens à Paris, cela ne pouvait pas suffire à former une culture wagnérienne musicale. Il connaît bien les œuvres en prose de Wagner, qu'il les ait lues en traduction, en allemand, ou qu'il les connaisse indirectement par la *Revue wagnérienne*. Il fait surtout référence aux textes dits de Zurich (*L'Œuvre d'Art de l'Avenir, Opéra et Drame*), les textes connus depuis la création de *Tannhäuser* à Paris (*Une communication à mes amis, La Lettre sur la Musique*) ainsi que les derniers textes comme *Religion et Art*. Il faut encore ajouter *Beethoven* qui lui servira de modèle pour l'écriture de ses futurs grands portraits. Ces textes marquent profondément et durablement sa conception de l'art. En ce sens, le wagnérisme de Suarès est double. Il est issu d'une émotion musicale mais aussi d'une connaissance profonde de ses « drames lyriques » ainsi que de ses textes en prose. C'est plus qu'un engouement pour le compositeur. Sa philosophie de l'art, en grande partie héritée du romantisme allemand et de la philosophie de Schopenhauer[3], trouve un écho profond et durable chez André Suarès qui construit sa propre vision de l'art dans ses années de formation.

---

2.   *Cette Âme ardente*, op. cit., p. 122.
3.   Il ne faudrait pas faire une place trop grande à Schopenhauer dans l'œuvre de Wagner. Il s'instaure un dialogue entre leurs œuvres et Wagner répond aussi à certains aspects de la pensée du philosophe.

Suarès place l'art au plus haut. On retrouve chez lui la quête du salut présente dans tous les opéras wagnériens. L'enjeu de l'Art est la rédemption. Il est le moyen de restaurer l'âme divisée du monde moderne dans son unité et son intégrité. En ce sens, la religion de Suarès est une religion de l'art, de la beauté. L'art amène l'être sur le chemin de la rédemption, ou pour prendre une expression moins wagnérienne et plus suarésienne, sur le chemin du Paraclet.

De plus, Suarès se sent autant musicien qu'écrivain. Après quelques tentatives de composition et une hésitation entre les deux formes de création, il choisit la littérature tout en conservant pour la musique un amour profond. Proche de la philosophie de Schopenhauer qu'il a lu mais aussi connu à travers les textes de Wagner, il perçoit la musique dans sa dimension mystique. Elle permet la contemplation de l'Être au-delà des apparences, elle atteint l'essence des choses. Suarès attend de l'Art une véritable renaissance intérieure de l'être, voire une résurrection. Sa réflexion politique est proche des écrits de Wagner qui espère en une révolution intérieure et artistique.

La fusion des différentes formes d'art correspond à cette recherche de l'unité. Selon Wagner, la peinture, la sculpture, la littérature, la musique, s'adressent aux différents domaines d'expression et de sensibilité : la peinture au regard, la musique à l'ouïe, la danse au corps, la littérature à l'esprit… Réunir toutes les formes d'art, c'est s'adresser à l'être tout entier. Dans cette perspective, la musique s'adresse à l'émotion, à la sensation quand la poésie, le texte, parlent à l'intellect, au monde des idées. C'est ainsi qu'il faut envisager la recherche d'une œuvre totale chez Wagner. De plus, la musique pour Wagner est féminine et la poésie, masculine. Lier les deux, c'est réunir les deux parties masculine et féminine de l'individu. Cette recherche est aussi présente chez Suarès que chez Wagner.

D'autre part, Wagner perçoit l'histoire en trois grands moments. Le premier correspond à l'union des formes d'art que nous connaissons aujourd'hui, en une seule. La dernière trace de cet âge d'or à laquelle nous ayons accès est la tragédie grecque, moment où l'Art était lié à la politique et à la religion. L'amour était alors, selon Wagner, la valeur suprême car il n'y a pas d'unité sans amour.

Le second moment est au contraire le temps de la dispersion et de l'égoïsme. L'Art se trouve démembré en ses diverses branches que nous connaissons aujourd'hui. L'enjeu de l'œuvre totale est la restauration de l'Art dans son unité. On trouve ici un thème important des écrits de jeunesse d'André Suarès, celui du retour au jardin d'Eden, du nouvel Adam, de la résurrection du Christ, comme c'est le cas dans les projets dramatiques comme *Lazare*. La conception de l'Art chez André Suarès est profondément religieuse, en dehors de toute religion particulière ou de dogme.

Ensuite, cette recherche de « l'un », de l'unité perdue, correspond aussi à la communion profonde avec les êtres, la nature. La *compassion* permet de sentir l'unité de tous les êtres et de participer à la douleur du monde. Cette conscience de la douleur universelle est le fondement de la religion de Wagner comme celle de Suarès. Seule la beauté et l'amour apportent une réponse à cette éternelle disharmonie, source de toute souffrance. Ce thème est d'autant plus important chez Suarès qu'il est frappé douloureusement par la mort de sa mère, encore enfant, puis de son père. André Suarès est un esprit profondément angoissé, douloureux. L'amour est la clef de sa recherche spirituelle autant que littéraire. L'amour est à la fois expression de l'individu par l'exaltation qu'il provoque et dépassement de soi dans son caractère universel.

C'est pour cela que *Parsifal* (et son pendant théorique *Religion et Art*) avec sa théorie de la compassion, et *Tristan* (expression d'un amour humain transcendant) sont les deux « poèmes » les plus chers à son cœur. En ce sens Suarès est, dès les premières années, beaucoup plus proche de la « veine celtique » de Wagner que des reprises de la mythologie scandinave ou germanique. Même s'il est profondément marqué par le *Crépuscule des Dieux*, il perçoit chez le compositeur, et ce dès son *Wagner* écrit en 1895, une évolution des poèmes « barbares » vers ceux du « pur amour ».

Enfin, la conception de l'art est liée chez Wagner à une théorie de la connaissance. La conscience de la douleur du monde, la *pitié*, est la source de la véritable connaissance, celle de l'essence du monde. Suarès, dans la lignée des textes théoriques wagnériens oppose alors la poésie à la science. La science analyse un objet en séparant ses différents éléments constitutifs. Elle ne peut saisir l'objet dans son être, sa vie, elle ne peut que le disséquer. L'intuition, au contraire, est le véritable moyen de la connaissance car elle saisit l'objet d'un coup en s'assimilant à lui en un seul moment. Cette pensée, là encore, rejoint directement les textes de Schopenhauer et de Wagner. Suarès ne changera pas d'avis. Il ne condamne pas la science, il souhaite écrire de grands traités scientifiques. Mais il perçoit trois grands moments : le moment mythique où l'homme saisit les choses intuitivement, le moment scientifique tout à l'opposé, et le dernier moment qui reste à créer et qui doit réconcilier ces deux modes de la connaissance. En ce sens le poète est le vrai métaphysicien. Nourri de la connaissance scientifique, il replace la pensée au cœur de la vie.

Ces idées essentielles sont directement issues de Wagner et de Schopenhauer et, au-delà, du romantisme allemand. André Suarès y restera fidèle malgré les évolutions de sa pensée vis-à-vis du compositeur, qui suivent principalement les questions wagnériennes habituelles liées au rapport de la France à l'Allemagne et aux convulsions de l'Histoire. Wagner en 1870 était déjà perçu comme le représentant de la culture allemande, donc l'ennemi de la France. Être wagnérien c'était être antipatriote. Cette question se posera de façon plus accrue encore avec les deux guerres mondiales. Le rapport à Wagner est très intime et profond pour Suarès. Il retient des conceptions profondes de l'art, de l'homme, de la religion, qui dépassent les autres problématiques wagnériennes.

Cette philosophie de l'art explique en partie son hermétisme face à d'autres formes de création qu'il ne comprend pas ou qu'il n'accepte pas et le rendent injuste voire cruel envers ses contemporains. Cela explique en partie son isolement[4].

Son chemin d'écrivain l'engage dans un parcours solitaire et ascétique à la recherche d'un art essentiellement religieux : « Il faut toujours de l'art : car l'art est la forme même de l'idéal », écrit-il dans un texte inédit du Fonds Doucet (*Art et Théâtre* ou *Art et Drame*). Il voit dans cette conception, l'avenir même de l'art et envisage la religion par le prisme de l'art. Il continue ainsi : « L'œuvre belle est le culte de l'avenir. La poésie est la religion même et c'est un temple qu'une scène ».

Son œuvre apparaît bien en effet comme un chemin spirituel et parfois même comme un chemin de croix. Au fond, Suarès ne recherche pas de public ou de lecteur particulier. Son public est idéal, rêvé. Il ne peut s'adresser qu'à quelques *happy few*, ou pour paraphraser le titre du célèbre texte en prose de Wagner, son œuvre ne peut être qu'une « communication à ses amis ». Son écriture s'assimile parfois à un prêche. Peu importe qu'il crie dans le désert. Dans un texte inédit du Fonds Doucet, il écrit : « Ère nouvelle, art nouveau. J'annonce ici cette aurore. Je n'écris pas pour les hommes. Je n'ai pas écrit un mot pour le pays ou je suis né ». L'essentiel est dans le chemin lui-même : « Si j'échoue », conclut-il, « j'aurai toutefois monté au plus heureux. »

Les projets de jeunesse sont donc les premiers essais dans cette conception profondément wagnérienne de l'art. Le rapport au compositeur explique le caractère polymorphe de sa création en même temps que

---

4. Que dire de ses pamphlets contre Colette ou Jean Cocteau ? Du point de vue musical, comment expliquer autrement sa hargne contre le jazz ?

l'impasse dans laquelle il s'engage alors. Impasse dans le sens où Wagner est à la fois un éveilleur et « le magicien noir », « l'ombre mortelle du mancenillier » dont parle Julien Gracq[5] et qui conduit à l'impossibilité de créer. En effet, comment écrire après une référence placée aussi haut ?

Ayant choisi l'écriture, la question est bien de savoir si une telle création est possible en littérature, après qu'elle a été instaurée sur scène en liant musique et poésie. Édouard Dujardin envisageait l'œuvre de Wagner non pas seulement dans la dimension scénique d'une représentation théâtrale, mais comme un livre, un nouvel Évangile, une nouvelle Bible. Une telle lecture de Wagner demanderait au lecteur d'être capable de lire aussi bien la musique que le texte, ce qui permettrait d'en retirer véritablement le caractère religieux :

> Peut-être quelques-uns, lisant, lisant les partitions d'orchestre, peuvent voir et entendre le Drame musical, ainsi que tous, nous voyons et entendons, le lisant seulement, le drame littéraire, ainsi que, tous, par la seule lecture, nous suscitons, en notre esprit, les tableaux que le roman décrit ; or, ces quelques-uns aussi, lisant, jouiront dans le Livre, sans obstacle et sans divertissement, des splendeurs, magiquement évoquées, du théâtre Wagnérien idéal ; et, pure vision non troublée par les étrangères matérialités, impudentes ou hypocrites, des salles de théâtres, – en la complète vérité d'un monde imaginatif, le Sens Religieux leur apparaîtra… le livre serait le lieu de représentation, au Drame métaphysique et naturaliste[6].

Il semble bien qu'André Suarès lisait Wagner dans le texte, musique et poème, et qu'il rêvait ensuite sa représentation idéale en dehors de tout théâtre, lui qui considérait que *Parsifal* ne serait jamais aussi beau que dans son esprit.

Après s'être essayé à la musique par la composition d'un prélude, hésité (comme Romain Rolland) à composer des « drames lyriques », il choisit la littérature. Il cherche alors la forme idéale qui mêle toutes les autres formes d'expression. Ce ne serait plus dans le mélange de la musique et du texte. Dans le cahier n°20, il exprime ce besoin de « mettre dans l'art de la poésie les autres arts, non pas à la façon ordinaire qui accumule sur la scène les œuvres des différents arts qui par-là se mêlent les uns aux autres, mais par un moyen bien plus sûr et bien plus propre à la beauté, qui est de tirer du fond d'un seul art, s'il est assez riche, tout ce

---

5.   *Cf.* les préfaces du *Château d'Argol* et du *Roi Pêcheur*.
6.   *Revue wagnérienne*, n°VII, 8 Août 1885, p. 207-209. À propos de cet article, *cf.* Bertrand Marchal, *La Religion de Mallarmé, op. cit.*, p. 195.

qu'il a de commun avec les autres arts, et tout ce qu'il a de moyens assez différents des siens pour suppléer les œuvres des autres ».

Les premières tentatives sont encore pleines de cette volonté de lier musique et texte. Les textes poétiques explorent deux voies différentes. La première est proche des textes de la *Revue wagnérienne*. Les figures de style accumulées renchérissent encore sur l'énormité de l'orchestre wagnérien. Julien Gracq décrit très bien cet aspect de Wagner.

La description que fait Julien Gracq de la musique de Wagner dans *Lettrines*[7] (« technique instinctive du spasme », « reprise monotone, fiévreuse, intolérable […] d'une passe acharnée », « gaspillage nerveux ») pourrait s'appliquer à ce premier geste suarésien. Certains textes d'*Airs* ou d'*Images de la grandeur* rivalisent effectivement avec l'écriture musicale wagnérienne. Cette esthétique est probablement la plus vieillie, la plus difficile à appréhender aujourd'hui, tant elle peut parfois devenir lourde et effrayante.

Les textes de *Lylian* ou de *Psyché Martyre* explorent une voie totalement opposée. L'écriture de ces « poèmes-partitions », accompagnés d'indications musicales dans la marge, ressemble plus au poème symphonique qu'au drame musical. Cette épuration du style aboutira à d'autres textes comme *Poèmes de la Brume* ou *Lais et Sônes*, textes d'une grande sobriété et simplicité. Le mot est alors considéré comme une note, le vers se limitant à des mots d'une ou deux syllabes. Déjà, les poèmes des *Jardins d'Amour,* ne comportaient plus qu'une seule indication de tempo par poème et les notations d'intensité avaient disparu.

Ces deux veines opposées sont pourtant issues l'une comme l'autre de Wagner. La seconde, jouant sur les sonorités dans une langue aérienne et élégante, est plus proche de l'écriture poétique de *Tristan* lorsque la première s'est nourrie des grands effets orchestraux de la *Tétralogie*.

Suarès ne reprend pas les éléments de la mythologie germanique malgré son grand amour de la culture allemande. Il ne s'agit pas tant d'imiter Wagner que de réussir à faire dans la littérature et la culture latine, sinon française, l'équivalent de l'œuvre wagnérienne. Il n'utilise donc pas directement les images wagnériennes même si, dans les échanges de Psyché et d'Éros, on perçoit des références évidentes à Siegfried et Brünnhilde. Il

---

7. *Lettrines*, José Corti, 1986, p. 204. (Première édition, 1967).

mêle les panthéons dans *Images de la grandeur* , et convoque Tristan et Parsifal parmi Zeus et Prométhée.

Ces essais formels donnent lieu plus tard à d'autres tentatives comme la « basse continue » de la *Chanson de Psyché* (en 1922) dans laquelle un poème en vers répond à un texte en prose. Dans ce recueil, la référence au roi Marke est un aveu de filiation plus profond qu'uniquement formel ou thématique.

La question théâtrale renvoie plus sûrement encore au projet wagnérien par le caractère scénique. Suarès rêve un moment de créer une « féerie mystique » avec Romain Rolland, prêt à réaliser la collaboration artistique annoncée par Wagner dans la conclusion de *L'Œuvre d'Art de l'Avenir*. Il leur aurait encore manqué un musicien. Le dédain affiché pour le monde théâtral tel qu'il l'exprime dans *L'Amour et la Volupté au Théâtre* publié en 1901, risquait de le brouiller avec tout le monde de la scène. Ses projets se concentrent sur les grands personnages de l'histoire, artistes, empereurs, et surtout le personnage absolu : le Christ, réalisant par là-même le grand rêve d'un théâtre religieux comme l'avait un moment imaginé Wagner avec son projet sur Jésus. Le sujet lui avait paru trop délicat à traiter mais la *Revue wagnérienne* s'en était fait l'écho. Comme dans ses projets poétiques, Suarès donne des indications musicales en même temps que celles de mise en scène. Il se place lui-même dans la lignée d'*Axel* et de *Parsifal* dans la perspective de fonder un culte, un nouvel Évangile. Il reprend alors directement *Parsifal* dans un document aujourd'hui disparu, *Le Drame du Taurus*.

Là encore on trouve deux veines différentes : d'une part les « féeries musicales », d'autre part, les drames sur le Christ.

Les projets sur le thème de l'Île (*Thulé, L'Atlantide*), annoncent le salut, la découverte d'une île perdue, le paradis retrouvé, le retour à l'Art véritable, moyen de Rédemption. Ce thème se retrouve plus tard jusque dans les textes du Paraclet. Suarès n'écrit pas vraiment pour le théâtre. Le texte est émaillé de textes poétiques, de lieder comme cet hymne à l'art qui commence par ces mots :

> Art est salut
> Art est Renaissance
> Art est rachat
> C'est la vie de Dieu[8]

---

8. *Thulé*, cahier n°5, acte III.

Comment ces textes doivent-ils être dits ? Ces « pièces » sont-elles véritablement prévues pour être représentées ? Quelle musique devait les accompagner ? Il semble que le théâtre de Suarès soit fait pour être lu et que la scène soit intégrée au livre. Son théâtre est tout intérieur. Son Jésus est proche de Parsifal :

> Je ne sais si c'est le vrai Jésus ; celui que j'aime c'est le fils de la Vierge de Fra Beato, le Pur de Wagner, le Jésus dont l'Évangile donne les traits dans un lointain bien vague. [...]. Mon Jésus est vraiment celui qui a une voix très douce. Il pleure sur sa croix et ne triomphe pas[9].

C'est un homme qui refait le chemin divin. Suarès est proche alors de Wagner et de Renan, de *Religion et Art* et de la lecture qu'en fait Wyzewa dans La *Revue wagnérienne*. La religion est tout amour et compassion, elle n'est pas dans les rites ou le dogme. Suarès présente le parcours d'un homme qui peut être aussi bien celui du saint ou de l'artiste et le conduit à vaincre le monde de l'illusion. Dans le plan d'un projet sur le Christ (cahier 20), Suarès reprend la conclusion de *Parsifal* (« Rédemption au Rédempteur ») qu'il présente comme une vocation, comme l'article de la foi pour briser le sacrifice divin sans cesse renouvelé. Parsifal sauve le Christ en même temps qu'il se sauve lui-même. Suarès donne une image douloureuse voire doloriste du Christ. Le savoir suprême est la participation à la douleur du monde et on atteint au savoir par la pitié : « Savoir c'est entendre la plainte de Dieu, dont les lamentations retentissent dans notre âme. [...] On atteint au savoir par la pitié. On connaît la vie par le renoncement et on en remplit le but par le sacrifice ». Là encore, la leçon de Schopenhauer est très présente.

Il est dommage que la proposition de Lugné-Poe de représenter *Les Pèlerins d'Emmaüs* en 1893 ait échoué malgré l'insistance de Romain Rolland. Elle aurait confronté Suarès aux conditions matérielles de la représentation, et peut-être engagé vers d'autres voies d'écriture. Lugné-Poe s'inquiétait, par exemple, de la musique ou encore de la façon dont matérialiser la présence du Christ. Dans le texte, Suarès fait entendre sa « voix » mais ne le fait pas parler directement : « Il entrouvre ses lèvres sacrées mais ce n'est point Sa voix divine qui se laisse entendre », écrit-il à Romain Rolland, « c'en est l'écho grave, paisible et souverain ». Que devait-il en être sur scène, concrètement ? Les conditions matérielles ne convenaient pas à Suarès qui annula le projet. Toutes ces questions restent posées.

---

9.   Lettre à Romain Rolland n°14, 30 mars 1888, *Cette Âme ardente*, Paris, Albin Michel, 1954, p. 84-85.

Quant à son *Jésus*, il en reste peu de choses, si ce n'est un texte plus poétique que théâtral : « la Voix de la Robe du Sauveur qui passe en murmurant à la terre ». Des projets sur le Christ, il ne reste que des plans et quelques parties plus importantes de son *Lazare*. Ce dernier projet est touchant en ce qu'il présente deux Lazare (le père et le fils), l'un mourant pendant que l'autre ressuscite. On voit bien alors comment les douleurs profondes et personnelles de Suarès s'expriment à travers ce thème biblique. Félix aurait volontiers donné sa vie pour sauver celle de son père. Sa douleur se retrouve bien dans l'image d'Amfortas impuissant à sauver son père Titurel de la mort. André Suarès est alors très proche de Lazare, image de l'artiste. Le poète ressuscite grâce à l'amour du Christ. Comme l'écrivait Saint Pol Roux dans le *Mercure de France* en 1892, « la résurrection de Lazare [...] semble le parfait symbole de l'art ».

C'est dans la forme romanesque qu'il se reconnaît le moins malgré une liste importante de tentatives. André Suarès mêle poésie, textes narratifs, confessions personnelles, récits de rêves sans, qu'au fond, une trame romanesque puisse véritablement les lier. Il essaie de nombreuses voies originales comme dans *La Vie Promise*, roman dans lequel le temps de la lecture correspond au temps de l'action. Mais il accumule des textes qui finalement trouveraient peut-être une unité dans le caractère éclaté et inachevé de la forme. C'est ainsi qu'il aboutit au projet de l'*Homme de Beauté*, « roman-confession » ou « roman-poème », dont l'organisation est encore très mystérieuse. Les textes sont éparpillés dans différentes chemises ou dossiers et dans les carnets. Ce projet multiforme est un état préparatoire de *Voici l'homme* dans lequel Suarès fait de Tristan une image centrale. Pourtant, avec ce texte qui mêle pensées, poésie, textes narratifs, il ne saurait être question de roman et il trouve une forme qui lui convient assez. Il cherche à peindre, à travers des figures héroïques ou mythologiques, l'homme de beauté, le poète, la vie intérieure de l'artiste, qui est au fond son sujet principal. Il affirme d'ailleurs s'y peindre lui-même et les textes les plus originaux de *H.M.B.* sont sans doute les récits de songes. Il se dirige vers une forme plus éclatée. Finalement, les carnets eux-mêmes pourraient aboutir à une forme de création à part entière dans une esthétique du fragment.

Enfin, de la partie « métaphysique », il reste peu de choses du projet initial. Comme l'écrit Yves-Alain Favre, dans les œuvres classées sous la rubrique « Métaphysique », « Suarès manifeste un désir d'universalité : aucun domaine du savoir ou de l'art ne lui reste étranger [...]. On se trouve devant un ensemble hétéroclite dont on saisit mal l'inspiration générale[10]. » Il en explique très bien la cause : « Une frénésie de création entraîne Suarès à s'éparpiller. Il rêve plus qu'il ne crée véritablement, il ébauche plus qu'il n'achève, il esquisse sans approfondir. »

Sa réflexion se cristallise autour de la question du lien entre l'Art et la vie. Il faudrait retrouver le projet qui lui tenait le plus à cœur, *Léonard*, et qui est actuellement au centre technique du livre.

Il nous est tout de même parvenu un texte important, au titre mystérieux, *P.F.*, dont il ne reste qu'un plan très détaillé et quelques textes. Suarès y dénonce la vanité des littérateurs, élève l'art au rang d'une religion et affirme le caractère métaphysique de l'art, moyen d'accéder à l'Esprit, au cœur de l'Être et à son mystère par l'intuition. « Le véritable savant » est l'artiste. L'Art est au sommet de la pyramide du savoir. L'artiste doit réaliser la synthèse de l'art et de la science, de l'intuition et du rationnel, du cœur et de l'esprit. Suarès place au cœur de son texte la théorie schopenhauerienne de l'intuition, participation directe au monde. Pour autant, Suarès rejette sa théorie de la Volonté qu'il perçoit comme une négation du monde et de la vie. Selon lui, la grande différence entre Wagner et le philosophe est là : pour Wagner, l'essence du monde n'est pas mauvaise. Le mal est le manque d'amour. Le monde est pris dans un mouvement de décadence dont il faut sortir. Pour Schopenhauer, au contraire, le monde est mauvais par essence. Pour Wagner, la régénérescence est possible et il se donne pour but d'y œuvrer par tous les moyens comme il l'écrit dans *À quoi sert cette Connaissance* :

> Nous reconnaissons la cause de la dégénération de l'humanité historique, ainsi que la nécessité de sa régénération ; nous croyons à la possibilité de cette régénération et nous nous dévouons à la réaliser de toute façon[11].

Suarès s'attaque aux symbolistes qui font de l'Idéal une mode. L'artiste apparaît comme un être complet au-delà des oppositions entre l'émotionnel et le rationnel, ayant redécouvert la force la plus importante : l'amour. Suarès est ici plus que jamais proche des textes révolutionnaires de Wagner en revenant sur le modèle absolu des Grecs et du drame. L'œuvre d'art de l'avenir est le drame grec réinventé dans la poésie et le public de l'avenir est le peuple de beauté. Le drame n'est pas alors scénique ou théâtral mais « l'art retrouvé », c'est-à-dire qu'il s'adresse à l'homme complet, à l'humanité libérée, heureuse et vivant par amour. À ce moment la ressemblance

---

10. Yves-Alain Favre, *La Recherche de la grandeur dans l'Œuvre de Suarès, op. cit.*, p. 60.

11. « À quoi sert cette Connaissance ? », *Œuvres en Prose*, trad. J. G. Prod'homme, F. Holl. Paris : 1907-1923, p. 103.

avec les textes de Wagner est si évidente qu'il serait possible de les comparer en les mettant l'un à côté de l'autre.

Édouard Dujardin présentait déjà ainsi l'art et le public de l'avenir dans son compte-rendu du livre de M. de Wolzogen, *Le Public Idéal*, dans la *Revue wagnérienne* du 8 avril 1885 :

> Le public du théâtre idéal, écoutant l'œuvre d'art idéale, – le public sera, comme le Rédempteur, pur de cœur et d'esprit... Il sera idéal, intellectuellement, et pratiquement. Intellectuellement, il comprendra, en l'œuvre d'art, l'œuvre religieuse symbolisée. Pratiquement, il agira conformément, selon la compassion.
> Faire le public idéal : que ce soit l'œuvre, aujourd'hui, de l'union wagnérienne : qu'ainsi, soit accomplie, toute, la pensée du maître. Soyons contemplatifs, et, aussi, agissants !

Ce texte montre assez l'utopie wagnérienne telle qu'elle est comprise alors. Comment peut-on imaginer d'écrire pour un public « pur de cœur et d'esprit », « comme le Rédempteur » ? Cette image de l'art est tellement idéale qu'elle en dit plus sur celui qui la décrit que sur les réelles possibilités qui s'ouvrent à la création artistique. Dans *P.F.*, André Suarès apparaît comme le *parfait wagnérien* pour reprendre le titre d'un écrit de George Bernard Shaw. Proche de l'article de Dujardin, l'art n'est pas pour lui un moyen de s'évader de la vie mais de créer « la vie joyeuse », « le monde saint de la vie pure ». Il est sans merci avec les écrivains du temps (Péladan, Saint-Pol Roux, Gourmont...) et avec l'opéra, tout à sa recherche de « l'œuvre unique, indivisible, la plus grande de l'esprit humain » considérant que les écrivains ont séparé l'art de la vie alors qu'il est « la pleine vie au contraire ».

Dans *P.F.*, André Suarès reprend à son compte les idées de Wagner. De la même façon qu'il cherche à réinventer l'art wagnérien dans la poésie, il cherche aussi à élaborer une théorie de l'art issue de Wagner mais adaptée à la pensée française.

La publication en 1899 d'un ouvrage entièrement consacré au compositeur vient clore cette période riche de projets. Le *Wagner* de Suarès n'a pas été particulièrement bien reçu. Henri Lichtenberger ne voit en Suarès qu'un admirateur de plus, André Cœuroy le décrit comme un « wagnérien béat » et Jean Astier lui reproche son dogmatisme. C'est d'autant plus réducteur que Suarès critique le wagnérisme, le monde de Bayreuth et le « culte wagnérien ». D'autre part, par une série de portraits, de situations et dialogues, il présente son image du compositeur. Et enfin, il consacre une partie importante aux écrits en prose de Wagner qu'il présente et critique en profondeur. Cette analyse lui permet aussi de préciser son propre but littéraire et nous éclaire sur l'esthétique de ses premiers écrits. Suarès se démarque alors clairement des wagnéristes idolâtres de la *Revue wagnérienne*. Enfin, ce portrait est le premier de la série qu'il consacrera ensuite aux grandes figures universelles. Au-delà de son intérêt pour Wagner, il définit sa conception de la critique et du portrait. Il se réfère alors au texte que Wagner avait lui-même consacré à Beethoven.

En s'attaquant au « culte wagnérien » et au monde de Bayreuth, André Suarès suit l'exemple nietzschéen. Le chapitre « L'idole » montre un Wagner-Moloch avide de sacrifices, figure castratrice et stérilisante. Ses admirateurs, consumés par leur idolâtrie, confrontés à sa « puissance terrifiante », ne produisent que de pâles imitations. Plutôt que de s'affranchir de leur modèle et de puiser au fond d'eux-mêmes une nouvelle œuvre, ils suivent la « doctrine » du maître et copient la forme extérieure de sa création. L'idole leur cache « le vrai dieu et la vie ». Au sujet de l'influence de Wagner sur son auditoire et de la fascination qu'il provoque, Suarès rejoint Nietzsche qui écrivait dix ans auparavant dans *Le cas Wagner*[12] : « Wagner est une névrose. [...] (Il) attire les êtres faibles et épuisés ». De son côté, Suarès affirme :

> Il se dégage un charme étrange, et sûr de ses effets, de ces pages où Wagner a mis assez de passion pour galvaniser les cœurs d'une société débile. Il verse des liqueurs fortes à ces pauvres enfants : c'est bien l'eau ardente qui ranime des êtres épuisés, – en les achevant.

Quelle connaissance Suarès avait-il des écrits de Nietzsche lors de l'écriture de son *Wagner* ? S'il n'est pas établi que Suarès avait lu les textes du philosophe en 1895, il est évident qu'il les connaissait du moins par des articles ou des discussions avec Romain Rolland. Les points communs sont nombreux dans la critique du compositeur. On trouve également des références au *Cas Wagner* comme la comparaison de la musique avec la magicienne Circé transformant les compagnons d'Ulysse en pourceaux. Nietzsche écrit dans le *Post-scriptum* de son pamphlet :

> Wagner est trop intelligent pour s'exprimer en formules, – mais en s'adressant à la sensualité, qui, à son tour, épuise et brise l'esprit. La musique, nouvelle Circé.

---

12. *Le cas Wagner, op. cit.*, p. 33-34.

Suarès utilise la même image (« sa musique est la grande Circé, qui change les hommes quelquefois en pourceaux, en ânes aussi, et en brebis bêlantes : mais toujours elle les fait rêver ») et poursuit la comparaison en présentant les wagnériens comme les compagnons d'Ulysse :

> Wagner n'a laissé derrière lui, en guise de disciples, que des compagnons d'Ulysse, à quatre pattes, grognant en réponse aux chants de Circé, accroupis dans le vice. Bien loin de mouiller jamais dans la rade d'Ithaque, il ne leur souvient même plus d'y avoir passé.

Ce n'est pas tant la faute de Wagner que de ses successeurs qui ont galvaudé son projet initial. À travers « la Mecque de Bayreuth », devenue « une station à la mode », la famille Wagner a organisé le culte en trahissant la volonté de Wagner. Suarès en appelle à un renouveau loin des « adeptes de Mammon ».

Cette consciencieuse destruction de l'idole lui permet de se concentrer sur l'homme qu'il place au premier plan :

> J'aimais l'homme avant la doctrine et j'admirais sa doctrine avant de céder à l'admiration de ses œuvres. Ainsi, sans le savoir, je fus pour lui ce qu'il avait été pour lui-même, et le contraire de ceux qui l'idolâtrent maintenant et qui ne diffèrent en rien, par l'âme, de ceux qui longtemps le désespérèrent. Car, au fond, conquis pas les œuvres, ils ne le sont pas par l'homme ; ils ne le comprennent point ; et s'ils en soupçonnent la vraie nature, ils le détestent. Wagner est redoutable, et ils le craignent. Un d'eux, non le moindre en est devenu fou[13].

Ainsi, Suarès se concentre sur l'homme et sur l'artiste en excluant l'univers de Bayreuth et l'idolâtrie habituelle des wagnéristes. Mais ce n'est pas le seul but. Suarès définit du même coup le rôle de la critique littéraire et présente sa « méthode » :

> Les raisons d'aimer d'un grand homme, voilà le plus haut effort de la critique.

La critique suarésienne se situe à l'endroit où l'apologie, l'analyse de l'art, celle des œuvres, et le récit de la vie se rencontrent. La critique littéraire de Sainte-Beuve y parvient pourvu que le créateur « ne soit pas d'une trop haute taille, ni qu'il ait l'âme trop haut placée […] ». La critique « rhétorique » est trop personnelle et subjective. Finalement, seul le génie peut véritablement parler du génie, même si « ces raisons d'aimer

---

13.   Cette nouvelle allusion au philosophe laisse penser qu'il avait lu *Le cas Wagner*.

[...] nous renseignent davantage sur le grand homme que sur l'objet de son amour » comme le fait justement remarquer Mario Maurin.

Pour Suarès en tout cas, seul Wagner en 1869 était à même de comprendre Beethoven et parler de son génie. Le *Beethoven* de Wagner apparaît alors comme un modèle pour les portraits que Suarès envisage d'écrire.

D'autre part, comme dans le *Beethoven* de Wagner, le portrait suarésien est fait de digressions sur l'art, sa place dans la société et, toujours, sa dimension spirituelle. Le portrait se doit de retracer le parcours de l'homme autant que de l'artiste. Cet itinéraire intérieur montre à la fois l'exaltation du moi (nécessaire pour la naissance d'une œuvre) et le dépassement de l'égo (dans la réalisation d'une œuvre qui dépasse le moi par son universalité). Seul l'art permet ce mouvement et cette évolution spirituelle. C'est ce qu'il exprime dans cette phrase clef de *Wagner* : « Ce moi n'est si grand, et ne veut l'être si fort au-dessus de tous, que pour se haïr ».

C'est un point de rencontre important entre la pensée de Suarès et celle de Wagner. Henri Lichtenberger résume ainsi la position wagnérienne entre les deux notions d'*égoïsme* et d'*altruisme* :

> Entre ces deux instincts que d'ordinaire les moralistes se plaisent à opposer l'un à l'autre, Wagner ne voit pas d'antagonisme irréductible. Il n'admet pas que l'un puisse être regardé comme principe du bien et l'autre comme principe du mal. Il les regarde tous deux comme également naturels et, partant, également légitimes[14].

Wagner débarrassé du wagnérisme, la seconde partie se concentre sur la vie du compositeur en présentant des moments importants (Wagner à Bayreuth), des rencontres (avec Louis II ou Bakounine), des rapprochements avec d'autres artistes (Michel-Ange). Si l'on retrouve des situations classiques et les contemporains habituellement cités à propos de Wagner (comme Franz Liszt ou Bakounine), d'autres comme Michel-Ange sont plus surprenants. Wagner apparaît dans toute son humanité, plein de violence, de contradictions et de tentations. Sa volonté surtout lui est nécessaire pour accomplir son œuvre dans un monde antiartistique et voué à l'argent. Suarès se reconnaît en ce Wagner-là.

Mais l'une des plus grandes originalités de son *Wagner* réside dans la critique des théories wagnériennes. En plus de la lecture qu'en faisait Suarès, cet aspect apporte de riches précisions sur la conception suarésienne de l'art et permet de mieux appréhender ses premiers essais eux-mêmes.

---

14. Henry Lichtenberger, *Wagner poète et penseur*, PUF, 1931.

Chose étonnante, Suarès déconstruit systématiquement la logique wagnérienne. Après avoir dénoncé le wagnérisme à la mode, il remet en cause les théories même de Wagner sur le drame.

Ainsi, Wagner n'a pas réussi la synthèse des arts, pas plus qu'il n'a ressuscité la tragédie grecque sur laquelle il s'est profondément trompé et qu'il n'a pas comprise. Il n'a pas plus créé l'œuvre d'art de l'avenir qui reste tout entière à réaliser. Il est surprenant que cette critique du wagnérisme n'ait pas été relevée et qu'on n'ait généralement perçu que « l'hommage rendu au grand homme ». Selon Suarès, les textes de Wagner sont avant tout très personnels et ses théories sont principalement révélatrices de sa personnalité. À travers les écrits du compositeur, on perçoit bien combien « le moi » est le plus solide des systèmes.

Wagner affirme que l'activité créatrice se révèle de façon organique dans le drame alors qu'elle est, selon lui, mécanique dans le roman. Avec force exemples, Wagner le montre très bien, reconnaît Suarès, mais, ajoute-t-il, il aurait affirmé le contraire s'il avait été romancier : « s'il avait été Tolstoï, en s'appuyant sur *Anna Karenine,* il eût prouvé le contraire ». De la même façon, le compositeur s'applique à démontrer « qu'il n'y a qu'un seul drame véritable : le sien ». Mais sa théorie vient après la création. Son œuvre n'est pas le résultat d'une théorie de l'art. Aucune œuvre originale, novatrice, véritable ne saurait être le fruit de l'application d'une théorie. Son système décrit son œuvre et l'explique après coup mais elle ne s'applique qu'à lui :

> Le système, il est vrai, ne domine nullement l'art, et il ne faut pas se lasser de le dire. Il est bon d'avoir un système avant de se mettre à l'œuvre. C'est un système de dire sa prière, comme le bon frère Angélique. Et il est encore meilleur de l'oublier, quand l'œuvre se crée. Il faut laisser faire au génie. Cependant la théorie de Wagner est admirable par l'idée qu'elle donne de son caractère[15].

Dans sa lecture critique de la théorie wagnérienne, il va jusqu'à remettre en cause le drame et la fusion des arts. Wagner fait selon lui « une foule d'erreurs sur le théâtre grec », croyant qu'il est « pareil au sien en son essence, et communiste[16]. » Il est dans l'erreur lorsqu'il présente la tragédie comme l'œuvre « commune du peuple et de l'artiste » et il « joue sur les mots ». C'est le propre de toute grande œuvre d'art, pas la particularité de la tragédie grecque. Enfin, il se trompe sur l'union des arts dans la

---

15. *Wagner*, p. 150. III, « Que le drame de Wagner est une symphonie » / I, « Organisme et Leitmotiv ».

16. Le mot, toujours, est à prendre dans le sens wagnérien et non pas dans l'acception politique.

tragédie grecque « lorsqu'il croit, par exemple, trouver le terme de la plastique dans la pantomime. Il confond alors les époques ». Suarès affirme même dans le chapitre *Wagner et le Drame* que le drame wagnérien « ne se fonde pas sur le théâtre grec ».

Cette insistance chez Wagner de relier son drame lyrique à la tragédie grecque le dessert (« Wagner ne gagne rien à persuader que dans le drame grec tous les arts sont unis comme dans le sien ») et cette érudition de surface retire plutôt de la crédibilité à son auteur et à son œuvre. La tragédie est l'œuvre d'un temps totalement disparu et il serait vain de chercher à prouver que *Tristan* la fait renaître par l'étude de sa construction. De même, l'orchestre wagnérien ne joue pas le rôle du chœur antique. Wagner le croit à tort.

On le voit, Suarès prend le contre-pied des écrits wagnéristes. Sa volonté de déconstruire les thèses wagnériennes interroge. Il s'agirait selon Mario Maurin d'une réponse aux écrits de Nietzsche :

> il s'agit d'abord de corriger les théories enthousiastes mises en circulation par des admirateurs qu'aveugle leur ferveur, en démontrant que Wagner est avant tout musicien et que sa dramaturgie est factice. On est tenté de se demander s'il n'y a pas là quelque dessein de s'opposer particulièrement à Nietzsche, que Suarès n'a prétendu connaître que plus tard, mais auquel il a fait allusion à deux reprises, sans le nommer, au début de son essai[17].

Il faut ajouter aux deux références relevées par Mario Maurin la reprise de l'image de Circé que nous avons précédemment mise en valeur, et qui est en elle-même la preuve que Suarès avait une certaine connaissance du texte de Nietzsche et de ses thèses sur l'œuvre wagnérienne, même si elle était incomplète ou de seconde main.

De la même façon, Suarès analyse la théorie wagnérienne des « trois arts purement humains » soit « la danse, la musique et la poésie ». Pour le compositeur, la danse est l'expression du corps, la musique est l'expression de l'émotion et de *l'intuition* donc du cœur, et enfin, la poésie participe de *l'entendement*, de la pensée rationnelle, donc de l'esprit. L'œuvre d'art la plus complète, celle de l'avenir, contient ces trois formes d'expression prenant en compte les différents aspects de l'individu :

> La véritable œuvre d'art ne peut se produire que par le concours des trois arts. Car elle doit être complète. C'est l'œuvre d'art de l'avenir.

---

17. « Le *Wagner* de Suarès. », *Suarès et l'Allemagne*, *La Revue des Lettres modernes*, 484-490, 1976.

> Cette œuvre est un drame, où la raison et l'intuition, les idées et les sentiments sont unis au geste, qui est fait pour les traduire.

Suarès critique cette délimitation des sphères d'expression surtout en ce qui concerne la poésie :

> Wagner suppose que le langage, et par conséquent la poésie, ne touche pas le sens de l'ouïe, par là encore, la poésie ne pénètre pas l'homme intérieur, ne rencontre pas l'intuition, cette vue unique de l'âme. La musique seule le peut, dit Wagner. Là, sa puissance incomparable.

La conséquence de cette théorie des arts est que le *poète musicien* est seul en possession de faire un drame, qui intéresse tout l'homme et le prenne tout entier, « cœur, pensée et entendement » :

> Le poète pénètre l'entendement par le verbe. Le spectacle s'empare des sens et de l'homme charnel. La musique va par l'ouïe à l'intuition même, et elle suscite dans le cœur la présence de tout le monde intérieur de l'homme, visible au cœur seulement, et qui, sans la musique, est inconnu ; car, sans elle, il est inexprimable. [...] Wagner prétend que le *poète musicien* peut produire l'unité du poème, de la musique et du spectacle. Une telle unité est nécessaire à toute œuvre d'art : combien plus à celle qui unifie l'art en elle ? – les éléments divers de cette œuvre ne peuvent jamais être ajoutés les uns aux autres, ni rapprochés par un travail d'ouvrier, si parfait qu'on le suppose. Il leur faut naître tous ensemble, en quelque sorte, de l'intuition. Ils ne peuvent sortir, divers entre eux et pourtant intimes, que du sein de la musique. La musique est la mère de cet art.

Ainsi, en voulant absolument créer un drame unique par l'union des deux formes d'art, il menace l'une et l'autre des deux formes. Son « drame » est « une symphonie géante où l'âme de la musique prend corps et où son être intérieur veut s'incarner dans l'objet ». On ne peut juger l'œuvre de Wagner que dans son ensemble, et sa cohérence vient de la musique :

> L'union du drame et de la musique nuit à tous les deux. En Wagner, ils ont fait l'essai de noces amoureuses, et du plus noble mariage d'amour. Il n'est pas sûr que l'union soit la plus heureuse de toutes. On ne vit point de plus ardents ni de plus beaux fiancés ; le couple n'est pas si admirable qu'eux. Peut-être est-ce la fatalité de tous les ménages. Qu'on laisse donc leur liberté aux dieux[18].

Suarès, en critiquant point par point la théorie wagnérienne de l'art rend Wagner à la musique. Il insiste sur cet aspect dans sa biographie. Né dans

---

18. *Wagner*, p. 182.

une ville musicienne et une famille musicienne, il a suivi des études musicales et est devenu chef d'orchestre. D'ailleurs, son traité sur la direction d'orchestre est un des textes les plus importants de ses écrits en prose.

Cette critique systématique est très surprenante. Ce ne sont pas là des propos de thuriféraire et il est surprenant que les grands wagnériens que sont Cœuroy ou Lichtenberger n'aient pas relevé cette volonté de Suarès. Contrairement à Nietzsche, l'écrivain ne se livre pas à la destruction de l'idole. Son amour de l'artiste est puissant et sa critique ne va qu'aux idées. L'enjeu n'est pas le même. Il s'agit de le rendre à la musique et d'établir que la fusion des arts peut se réaliser dans la poésie. Si un musicien a réussi à intégrer la poésie dans la musique, un poète saura assimiler la musique à la poésie. L'œuvre de l'avenir est toujours à inventer.

En faisant une lecture minutieuse de la théorie wagnérienne, Suarès se place dans un wagnérisme des idées qui dépasse la simple reprise de thèmes ou l'imitation. Mais le texte se fait très démonstratif et théorique. Il est probable que les nombreuses références aux textes en prose et la discussion de points de détails de la théorie ont rebuté les lecteurs qui ont retenu l'érudition et l'admiration sous-jacente à la critique même.

Car, c'est toute l'ambiguïté du texte, André Suarès conserve les idées fondamentales du compositeur : la recherche d'une œuvre organique, la nécessité pour notre monde d'une œuvre religieuse, la conception androgyne de l'œuvre (la musique étant féminine, et le texte masculin), il affirme l'amour comme valeur fondamentale de l'art et de la création. Il adhère également à la conception wagnérienne de la connaissance qui oppose l'art à la science, l'analyse à la synthèse, la pensée intuitive à la pensée analytique. Il s'accorde avec certains aspects de la pensée schopenhauerienne comme la dimension mystique de la musique ou la prépondérance de l'intuition, véritable moyen d'accéder au secret de la vie alors que la science la détruit en la disséquant.

Ajoutons à cela l'affirmation du moi, le besoin de cultiver la différence et l'art contre le matérialisme et le scientisme de nos sociétés matérialistes dont l'Amérique est la représentante[19].

Quant à son rapport à Wagner, Suarès le précise en citant le compositeur lui-même. Wagner avait l'habitude de dire : « Aimez-moi mais ne me suivez point. Que je vous serve à être vous-mêmes, et non à vous empêcher de l'être [...] Surtout ne m'imitez pas[20] ». Par ce portrait, Suarès tend aussi à se libérer de la fascination de « l'homme de bronze » pour

---

19. Wagner n'avait pas la même vision critique de l'Amérique.
20. p. 195.

reprendre une expression d'Emmanuel Chabrier. Cette position marque une distance au regard des textes de *P.F.* Il semble que Suarès ressente la nécessité de se dégager de la pensée de Wagner, d'une théorie très fermée sur elle-même qui risque de l'empêcher de créer.

Le *Wagner* de Suarès et son analyse du wagnérisme éclaire en profondeur ses premiers essais littéraires. On voit bien aussi comment ses grands choix esthétiques apparaissent déjà affirmés y compris dans sa façon d'envisager la création wagnérienne. La quête wagnérienne d'une œuvre totale est encore à réaliser, ce sera par la création d'une nouvelle poésie.

Dans cette tentative de lier musique et littérature et d'être « Wagner plus que lui », il est possible que la collaboration avec Tony Aubin, qui souhaitait « transposer sur le plan symphonique quelques-unes des scènes de *Cressida*[21] », ait été un moment important. Suarès n'avait jamais souhaité la mise en musique de ses textes. Un *avertissement* l'interdisait même au sujet des sonates de *Psyché Martyre*. Comme l'écrivait Paul Dukas à son élève, obtenir l'autorisation de Suarès de mettre en musique ses vers était sans doute plus difficile que s'il eût fallu la demander à Shakespeare lui-même. Suarès a pourtant participé de près aux concerts et les échanges de lettres entre les deux hommes montrent combien il était satisfait de cette « mise en musique ». La participation d'interprètes aussi prestigieux que Germaine Lubin et de l'orchestre des concerts Colonne ont favorisé la réussite de cette création. Peut-être a-t-il eu, à ce moment-là, le sentiment d'avoir atteint une certaine forme de réalisation en trouvant le musicien qui lui manquait, ainsi qu'à Romain Rolland, lors de leurs premiers essais.

---

21. [Ms. 1471] à [Ms. 1484] de la Bibliothèque littéraire Jacques Doucet. Correspondance inédite d'André Suarès et Tony Aubin.

BIBLIOGRAPHIE

Cette bibliographie n'est pas exhaustive. Les œuvres d'André Suarès sont très nombreuses et souvent publiées sous forme d'articles. L'inventaire a été établi en détail par Marcel Dietschy puis Yves-Alain Favre. Ils ont aussi dressé la liste des nombreux articles consacrés à Suarès. Il faut signaler le travail ponctuel et précis publié dans les *Carnets bibliographiques de la Revue des Lettres modernes* : « André Suarès, Œuvre-Critique » en 1983 sous la direction de Peter Hoy.

Plus récemment, le travail de M. Robert Parienté, qui a publié des textes inédits d'André Suarès dans la collection Bouquins des éditions Laffont, contribue à mettre à jour une bibliographie complète.

Nous nous limitons ici aux documents qui ont servi à notre étude particulière. Nous mentionnons les dernières parutions concernant André Suarès.

Textes d'André Suarès

MANUSCRITS DE LA BIBLIOTHÈQUE
LITTÉRAIRE JACQUES DOUCET ET COTES[1]

Achylle Vengeur [Ms. Ms. 42.967], 1907, 27 ff.
Attiques [Ms. Ms. 43.025]
Attiques, En vue de Sunium [Ms. Ms. 42.959]
Brumaire, s.l.n.d, 10 ff. [Ms. Ms. 42.955]
Brumaire et Anti-brumaire [Ms. Ms. 42.956], s.l., 2 déc. 1898, 19 ff. XIX sonnets.
Brumaire et Anti-brumaire [Ms. Ms. 42.954], s.l., 1889, 32 ff.
Cadence à la dominante [Ms. Ms. 42.963]
Chanson de Psyché [Ms. Ms. 42.960]
Douleur de Psyché [Ms. Ms. 43.006]
Éros le repenti [Ms. Ms. 42.971], s.l.n.d., 36 ff. et [Ms. Ms. 43.006]

---

1. La liste suivante a été établie à partir des fichiers et catalogues de la Bibliothèque Doucet puis complétée avec le livre d'inventaire pour les documents n'apparaissant pas dans les catalogues et fichiers.

Gounod [Ms. Ms. 43.001]
Île d'Amour [Ms. Ms. 42.023]
Jésus [Ms. Ms. 43.039]
Judas [Ms. Ms. 43.002]
La Mort d'Amour [Ms. Ms. 43.015]
La Déesse [Ms. Ms. 43.016]
Lazare [Ms. Ms. 42.996]
Le Triomphe de la Tristesse [Ms. Ms. 43.009]
Le Réveil [Ms. Ms. 42.977]
Les Flots de Nada [Ms. Ms. 42.979] formats divers.
L'Innocente passionnée [Ms. Ms. 43.006]
Lylian – Les Jardins d'Amour [Ms. Ms. 42.973], 64 ff.
Musique [Ms. Ms. 43.001]
Poésie Française [Ms. Ms. 43.007]
Péguy [Ms. Ms. 43.026]
Poèmes de la Brume [Ms. Ms. 42.992]
Politique [Ms. Ms. 43.013]
Littérature [Ms. Ms. 43.003]
Rêve de l'Ombre [Ms. Ms. 42.965]

Il faut ajouter les textes suivants dont on trouve des passages dans les carnets, les cahiers et les documents en attente de classement :

Alcibiade
Alexandre le Grand
Andocide
Atlantide
Caligula
Béatrice
Ego Rex
Érostrate
Haël
Hélène
H.M./B.
Jardin des Hespérides
Job
L'Atlantide
Léonard
Les Vaincus
Lieder
Lise Candal
Minos et Pasiphaé
Musique
Napoléon
Nero
Offices de Pénitence
Orphée
Pentheo et Dedia
Poèmes divers (dont *l'Oiseleur de Vendôme, Hérodiade*)
Primavera

Principes
Principes II
Récitatifs
Spleen
Thésée
Thulé
Tindoro
Thersite Roi
Treter
Troïlus et Cressida
A/Σ (*Antisémites*)
ΔcΔ (*Décadence*)
Vie d'Amour

55 cahiers de jeunesse [Ms. 1372 à 1425] et [Ms. 1470] (cahier n°55).
219 Carnets numérotés.

TEXTES PUBLIÉS

Airs, Paris, Mercure de France, 1900.
Antiennes du Paraclet, Paris, Rougerie, 1976.
Bouclier du Zodiaque, Paris, Bibliothèque de l'Occident, 1907.
Caprices, Texte établi par Yves-Alain Favre, Lettres modernes, Minard, Paris, 1977.
Ce Monde Doux-Amer, (*La Nef*, 1945), Le Temps Singulier, 1980, préface d'Yves-Alain Favre.
Cressida, Revue de Paris, 1ᵉʳ Juin 1913, Paris, Émile Paul, 1924.
Debussy, Paris, Émile Paul, 1922.
Dostoïevski, Paris, Cahiers de la quinzaine, 1911.
Essais, Paris, NRF, 1913.
Goethe, Paris, Émile Paul, 1932.
Idées et Visions, Paris, Émile Paul, 1913.
Images de la grandeur, Paris, Jouaust-Cerf, 1901.
La Nation contre la Race, Paris, Émile Paul, 1916.
Les Pèlerins d'Emmaüs, Paris, Léon Vanier, 1893.
Musiciens, Paris, Louis Jou, 1931.
Musique et Poésie, Paris, Claude Aveline, 1928.
Poétique, texte établi par Yves-Alain Favre, Rougerie, 1980.
Portraits et Préférences, Paris, Gallimard, 1991.
Portraits sans Modèles, Paris, Grasset, 1935.
Présences, Paris, Mornay, 1925.
Remarques, Paris, NRF, 1917-1918.
Sur la Vie, Paris, Émile Paul, 1925.
Sur l'amour et la volupté au théâtre, Revue d'art dramatique, 1901.
Tolstoï, Paris, Union pour l'action morale, 1899.
Valeurs, Paris, Grasset, 1936.
Variables, Paris, Émile Paul, 1929.
Voici l'homme, Paris, Albin Michel, 1948.
Vues sur Napoléon, Paris, Grasset, 1933.
Le Voyage du Condottiere, « la Grande Revue », 1910.

Wagner, Paris, *Revue d'Art Dramatique,* 1899.
Xénies, Paris, Émile Paul, 1923.

Dernières éditions

André Suarès, Georges Rouault : *Passion,* Paris, Cerf, 2005. (Avant-propos de M. François Chapon).
Idées et Visions, et autres écrits polémiques, philosophiques et critiques, 1897-1923, Robert Laffont, (Coll. Bouquins) 2002 – (édition établie par Robert Parienté).
Valeurs et autres écrits historiques, politiques et critiques, 1923-1948, Robert Laffont, (Coll. Bouquins) 2002 – (édition établie par Robert Parienté).

ARTICLES DE REVUES

La Revue Musicale

La première lettre de Baudelaire à Wagner (1er novembre 1922).
Sur Wagner (1er octobre 1923).
Musique et Poésie (1er novembre 1924).
Wagner et le Poème (1er juin 1926).
Pensées sur la Musique, XXX, (janvier 1930, n°100).
Vues sur Jean-Sébastien Bach (décembre 1932, n°131).

Correspondances :

André Suarès – Jacques Doucet, Le Condottiere et le Magicien, Correspondance choisie, établie et préfacée par François Chapon, Juillard, 1994.
L'Art et la Vie, (choix de lettres avec Romain Rolland, F. Jammes, Unamuno, Bergson…), Paris, Rougerie, 1984.
André Suarès – Jacques Copeau (choix de lettres, 1912-1913), Australian Journal of French Studies, 1982.
Ignorées du destinataire, Lettres inédites, Paris, Gallimard, 1955.
Cette Âme ardente, Choix de lettres à Romain Rolland, 1887-1891, Paris, Albin-Michel, 1954, préface de Maurice Pottecher, avant-propos et notes de Pierre Sipriot.
André Suarès – Paul Claudel, Paris, Gallimard, 1951.

CORRESPONDANCES INÉDITES

André Suarès – Tony Aubin (Bibliothèque littéraire Jacques Doucet), [Ms. 1471] à [Ms. 1484].
André Suarès – Romain Rolland, (Fonds Romain Rolland de la Bibliothèque nationale de France).

Lettres de Malvida Von Meysenburg (Bibliothèque littéraire Jacques Doucet – [Ms. 14.434 Alpha] à [Ms. 14.438 Alpha].
Lettres à Guy de Pourtales (Bibliothèque littéraire Jacques Doucet) – [Ms. 10.695 Alpha] à [Ms. 10.705 Alpha].

Thèses consacrées à André Suarès

Astier, Jean : *La passion musicale d'un écrivain indépendant* : *André Suarès*, thèse de doctorat de 3e cycle. Université de Lyon II, 1975.
Barnaud, Jean-Marie : *L'Esthétisme d'André Suarès*, thèse de troisième cycle, Nice, 1970.
Busi, Frédéric : *L'Esthétique d'André Suarès*. Wetteren, Cultura, 1969.
Doherty, Thomas : *André Suarès et la Musique*, thèse de doctorat, Middlebury College, 1959.
Durlin, Georges : *André Gide dans sa correspondance avec les écrivains de son temps* : *Paul Claudel, Henry Ghéon, Francis Jammes, Roger Martin du Gard, François Mauriac, André Suarès et Paul Valéry*. Doctorat de troisième cycle ancien régime. Littérature française (dir. : Garguilo, René), Paris 3, 1977.
Favre, Yves-Alain : *La Recherche de la grandeur dans l'Œuvre de Suarès*. Doctorat d'état. Littérature française (dir. : Dedayan, Charles). Paris 4, 1975.
Favre, Yves-Alain : *Édition critique, commentée et annotée de « Spleen » d'André Suarès*, Doctorat de troisième cycle ancien régime. Littérature française (dir. : Robichez, Jacques). Paris 4, 1975.
Liger, Christian : *Les débuts d'André Suarès*. Thèse de troisième cycle, Montpellier, 1968.
Maurin, Mario : *À la recherche d'André Suarès*, Université de Yale, 1951.
Mc Gough, William : *Le Religieux chez André Suarès*. Thèse, université d'Ottawa, 1975.
Rambert, Georges : *André Suarès, lecteur de Pascal*. Doctorat de troisième cycle ancien régime. Littérature française (dir. Bady, René). Lyon 2, 1973.
Rechnievski, Élisabeth : *Suarès, Malraux, Sartre, antécédents littéraires de l'existentialisme*, Thèse de doctorat, Sidney, 1996.
Sampeubon, Alfredo, *André Suarès*, thèse de doctorat, Congliano Veneto, 1937.
Zucchelli, Anne-Marie : *Les écrits de Georges Rouault et la critique d'art de son temps* : *quelle parole possible sur la création ?* Littérature française : littérature du 20e siècle, (dir. : Bouillier, Heny), Paris 4, 1990.

Ouvrages sur André Suarès

Astier, Jean : *La Passion musicale d'André Suarès*, Lucien Volle, 1975.
Bounoure, Gabriel : *Marelles sur le parvis, André Suarès et sa génération*, Paris, Plon, 1954.
Busi, Frédérick : *L'Esthétique d'André Suarès, étude thématique sur une vision de l'art* Wetteren, ed. Culture, 1969.
Chapon, François : *Mystères et splendeurs de Jacques Doucet*, Paris, Lattès, 1984.
Daumartin, Henry : *Suarès*, Paris, Bibliothèque de l'Occident, 1908.
Dietschy, Marcel : *Le Cas André Suarès*, Neuchâtel, À la Baconnière, 1967.
Favre, Yves-Alain : *La Recherche de la grandeur dans l'Œuvre de Suarès*. Klincksieck, Paris : 1978.

Favre, Yves-Alain : *Rêverie et grandeur dans la poésie d'André Suarès*, Paris, Lettres modernes, 1977.
Hoy, Peter : *Bibles d'André Suarès*, 1968.
Martin du Gard, Maurice : *Harmonies critiques*, Paris, 1936.
Parienté, Robert : *André Suarès, l'insurgé*, biographie, Françoise Bourin, 1990.
Parienté, Robert : *Bonjour Suarès, Marseille*, Autres temps, 1998.
Rechniewski, Élisabeth : *Suarès, Malraux, Sartre, antécédents littéraires de l'existentialisme*, Paris, Lettres modernes, 1996.
Savet, Gabrielle : *André Suarès critique*, Paris, Didier, 1959.

Colloques et revues

REVUES CONSACRÉES À ANDRÉ SUARÈS

Malraux et les essayistes des années 1920, Présences d'André Malraux, n°3, printemps 2003, p. 47-56.
André Suarès entre Mer et Terre, Marseille, *La Pensée de Midi*, n°1, Actes Sud – 2000.
André Suarès, numéro spécial, Marseille, *Autre Sud*, n°1, 1998.
André Suarès, *Œuvre – Critique, Les Carnets bibliographiques de la Revue des Lettres modernes*, 1983, sous la direction de Peter Hoy.
L'univers mythique d'André Suarès, Y.-A. Favre, P. Brunel, J.M. Barnaud, D. Girard, A. Freadman, C. Dépêche, C. Liger, Paris, *La Revue des lettres modernes*, 1983.
Suarès et le symbolisme, F. Busi, L. Cellier, R. George, M. Pinget, J. Robichez, Paris, *La Revue des Lettres modernes*, 1973.
Suarès et l'Allemagne, T.W. Doherty, Y.-A. Favre, A.F. Freadman, J. Lecarme, C. Liger, M. Maurin, L. Richard, Paris, *La Revue des Lettres modernes*, 1973.

COLLOQUES

Signalons le récent colloque de février 2004 en Sorbonne : *La Bibliothèque littéraire Jacques Doucet, archive de la modernité*. Intervention de M. Jacques Lecarme : « Suarès et Malraux ». Il n'a pas encore donné lieu à une publication.

Un grand écrivain méconnu : André Suarès, Cahiers de Malagar, automne 2001. (Communications données à Malagar en octobre 1999 lors d'un colloque consacré à André Suarès).
Le XIXᵉ siècle au miroir du XXᵉ, 2ᵉ colloque international consacré à « l'invention du XIXᵉ siècle » par la société des études romantiques et dix-neuvièmistes et les universités de Paris I, III et IV. Intervention de M. Michel Drouin : « Le dix-neuvième siècle d'André Suarès ».
Colloque de Cerisy-la-Salle, Sept. 1983. *Larbaud/Suarès*, textes recueillis par Yves-Alain Favre et Monique Kuntz, Paris, Aux Amateurs de Livres, 1987.
Le Colloque André Suarès, J. Cassou, C. Ligier, Y.-A. Favre, C. Mavet, M. Pinget, C. Debon Tournadre, M. Drouin, *Cahiers du 20ᵉ siècle*, présentation de Yves-Alain Favre, Klincksieck, 1977.

Articles

Astier, Jean : « André Suarès : un wagnérien oublié », *la Nouvelle Revue des deux Mondes*, n.s., Août 1977, p. 333-338.

Barnaud, Jean-Marie : « Trois remarques sur l'écriture de Suarès », *Larbaud/Suarès, colloque de Cerisy-la-Salle*, 1983, Paris, Aux Amateurs de Livres, 1987.

Barnaud, Jean-Marie : « Apollon et Dionysos : André Suarès lecteur de Nietzsche », *Revue d'histoire littéraire de la France*, Mars-Avril, 1971.

Besnier, Patrick : « Le désir et la poursuite du Tout », *Larbaud/Suarès, colloque de Cerisy-la-Salle*, 1983, Paris, Aux Amateurs de Livres, 1987.

Besnier, Patrick : « Le Condottiere en Chine », *Europe*, Mai 1988.

Boschère, Jean de : « André Suarès, propositions pour un portrait de l'homme douloureux », *L'Âge Nouveau*, n°43, novembre 1949.

Bounoure, Gabriel : « Brèves remarques sur le wagnérisme et le spinozisme de Suarès », *Revue de Belles Lettres*, n°4, Genève.

Braun, Sidney : « Suarès'early Notebooks », *Romanic Review*, 58, 4 (1967), p. 254-270.

Brunel, Pierre : « Suarès et Debussy », *Un grand écrivain méconnu : André Suarès, Cahiers de Malagar*, automne 2001, p. 171-198.

Busi, Frédérick : « Suarès et Villiers de l'Isle-Adam », *La Revue des Lettres modernes* n°346-350, 1973, p. 85-94.

Busi, Frédérick : « André Suarès et le Paraclet », *The Romantic Review*, mars 1973.

Cellier, Léon : « André Suarès et Mallarmé », *La Revue des Lettres modernes* n°346-350, 1973, p. 61-84.

Chapon, François, « La Collection Suarès de la Bibliothèque littéraire Jacques Doucet », *La Revue des Lettres modernes*, n°346-350, 1973, p. 188-191.

Entretien avec François Chapon, *Histoires Littéraires*, Janvier-Février-Mars 2003, p. 49-65.

Debon-Tournadre : « Suarès et la modernité », *Cahiers du 20ᵉ siècle*, n°8, Klincksieck, 1977.

Doherty, Thomas : « André Suarès et deux musiciens de son temps : Wagner et Debussy », *Revue des lettres modernes*, 346-350, 1973 (3), p. 105-124.

Drouin, Michel : « André Suarès ou l'esprit prophétique », *Cahiers du 20ᵉ siècle*, n°8, Klincksieck, 1977, p. 105.

Drouin, Michel : « André Suarès, un écrivain d'avenir », *Europe*, Mai 1988.

Drouin, Michel : « André Suarès, exégète et défenseur d'Henry Bergson », *Un grand écrivain méconnu : André Suarès, Cahiers de Malagar*, automne 2001.

Duchatelet, Jacqueline : « Naissance et début d'une amitié : André Suarès et Romain Rolland, rue d'Ulm », *Un grand écrivain méconnu : André Suarès, Cahiers de Malagar*, automne 2001, p. 27-52.

Favre, Yves-Alain : « Les Noces de la nature et de l'esprit », *Europe, Revue Littéraire*, 66ᵉ année, n°709, mai 1988.

Favre, Yves-Alain : « Schopenhauer, maître secret de Suarès ». Voir : *Suarès et l'Allemagne, La Revue des Lettres modernes*, Paris, 1976.

Favre, Yves-Alain : « Musique du mot chez Suarès : *Lais et Sônes* », *La Revue des Lettres modernes* n°346-350, 1973, p. 183-200.

Favre, Yves-Alain, « Les variations de Suarès sur Beethoven », *La Revue des Lettres modernes*, n°484-489, 1976, p. 111-132.

Favre, Yves-Alain : « Suarès, un itinéraire de la ferveur », *Larbaud, Suarès, colloque de Cerisy-la-Salle*, 1983, Paris, Aux Amateurs de Livres, 1987.

Favre, Yves-Alain : « Suarès et la création poétique », *Cahiers du 20ᵉ siècle*, n°8, Klincksieck, 1977.

Favre, Yves-Alain : « André Suarès et la Musique », *L'Éducation Musicale*, Juin 1968 et Juillet 1968.

Favre, Yves-Alain : « Les variations de Suarès sur Beethoven », *Suarès et l'Allemagne*, Paris, *La Revue des Lettres modernes*, 1973. p. 111-133.

Francis, M. : « Suarès, un Adam en mal de Paradis », *Journal de Genève*, 6 Juillet 1968.

Guichard, Léon : « André Suarès et le symbolisme », *Revue d'histoire littéraire de la France*, 76e année, n°1, janvier-février, 1976, p. 130-4.

Lalou, É. : « *Notes sur Voici l'homme* », *Les Nouvelles Littéraires*, n°1116, 1949.

Lecarme, Jacques : « Suarès et Nietzsche » : *Suarès et l'Allemagne*, Paris, *La Revue des Lettres modernes*, 1973. p. 47-68

Lecarme, Jacques : « Visites à Suarès », *Malraux et les essayistes des années 1920, Présences d'André Malraux*, n°3, printemps 2003, p. 48-56

Leroux, Yves : « André Suarès et l'intuition des vraies valeurs », *Larbaud, Suarès, Colloque de Cerisy-la-Salle*, 1983, Paris, Aux Amateurs de Livres, 1987.

Liger, Christian : « Le symbolisme ambigu d'André Suarès », *La Revue des Lettres modernes* n°346-350, 1973, p. 127-182.

Liger, Christian : « Suarès politique » *in Cahiers du 20e siècle*, n°8, Klincksieck, 1977.

Liger, Christian : « Suarès dans la République des Lettres », *Europe*, Mai 1988.

Llado, Astrid : « La poésie d'André Suarès », *Un grand écrivain méconnu : André Suarès*, Cahiers de Malagar, automne 2001, p. 53-70.

Maurin, Mario, « le Wagner de Suarès » voir *Suarès et l'Allemagne*, *La Revue des Lettres modernes*, Paris 1976, p. 133-147.

Mavet, Christian : « Suarès et le problème religieux », *Cahiers du 20e siècle*, n°8, Klincksieck, 1977, p. 49.

Mercier, Alain : « Suarès, Baudelaire et la poétique du héros », *Larbaud, Suarès, Colloque de Cerisy-la-Salle*, 1983, Paris, Aux Amateurs de Livres, 1987.

Ollivier, Sophie : *Suarès et Tolstoï*, *Un grand écrivain méconnu : André Suarès*, *Cahiers de Malagar*, automne 2001, p. 115-136.

Parienté, Robert : « Les Lettres de jeunesse de Suarès », *Un grand écrivain méconnu : André Suarès*, Cahiers de Malagar, automne 2001, p. 9-26.

Picard, Timothée : « Pourquoi récrire la Tétralogie », *La Walkyrie, L'avant-scène Opéra* n°228, septembre-octobre 2005, p. 106-110.

Picard, Timothée : « Peintures wagnériennes en littérature », *Richard Wagner, Visions d'artistes*, Catalogue de l'exposition de Genève, Paris, Somogy, 2005, p. 252-259.

Pinguet, Maurice : « Suarès, Gide et Dostoïevski », *Cahiers du 20e siècle* n°8, Klincksieck, 1977, p. 63-88.

Rambert, Georges, « André Suarès et Verlaine », *La Revue des Lettres modernes* n°346-350, 1973, p. 41-60.

Richard, Lionel : « André Suarès face au nazisme », *La Revue des Lettres modernes* n°346-350, 1973, p. 151-174.

Robichez, Jacques : « *Ou tout moi ou pas moi…*, à propos d'une représentation des *Pèlerins d'Emmaüs* », *La Revue des Lettres modernes* n°346-350, 1973, 95-104.

Turrettes, Cécile : « L'attachement d'André Suarès au monde grec », *Connaissance Hellénique*, n°85, octobre 2000.

Textes de Wagner

Gesammelte Schriften und Dichtungen, 10 vol. Leipzig : 1871-1883.

Œuvres en Prose, 13 vol., trad. J.G. Prod'homme, F. Holl. Paris : 1907-1923. Réimpression aux Éditions d'aujourd'hui, (Les introuvables), 1976.

Lettres à Rœckel, traduction de Maurice Kufferath. Paris : Fischbacher, 1894.

Richard Wagner à Mathilde Wesendonck, Journal et lettres (1853-1871), Paris : Parution, 1986, 388 p.

Lettres à Otto Wesendonck, (1852-1870). Paris : Calmann-Lévy, 1924, 257 p.

Correspondance Franz Liszt – Richard Wagner 1841-1882, Traduction de L. Schmidt, Lacant, Paris : Gallimard, 1943.

Une communication à mes amis, suivie de *Lettre sur la Musique*, trad. Jean Launay, Mercure de France, 1976. (Première traduction de Challemel-Lacour en 1860).

Les Opéras imaginaires, traduction et analyses de Philippe Godefroid, Paris : Séguier, 1989.

Ma Vie, Paris, Buchet / Chastel, 1983.

Paris, Alain : *Livrets d'Opéras*, tome II, Laffont (Bouquins), 1991.

Tristan et Isolde, texte présenté, traduit et annoté par André Miquel, Gallimard, (folio) 1996.

PREMIÈRES TRADUCTIONS DISPONIBLES DES TEXTES DE WAGNER :

Les références reproduites ici sont celles qui apparaissent dans l'ouvrage d'Albert Lavignac : *Le Voyage Artistique*, Delagrave, 1897. Il faut les ajouter à la *Communication à mes amis* et *La Lettre sur la Musique* parus en 1860, premières sources de connaissance de la pensée de Wagner.

Wagner, *Art et Politique*, Bruxelles, J. Sannes, 1868.

Wagner, *Le Judaïsme dans la Musique*, Bruxelles, J. Sannes, 1869.

Wagner, *L'Œuvre et la Mission de ma Vie*, trad. Hippeau.

Wagner, *Quatre poèmes d'opéras, précédés d'une Lettre sur la Musique* avec une notice de Charles Nuitter, Calmann – Levy. Première édition de 1860. Trad. : Challemel-Lacour.

Richard Wagner, *Souvenirs*, traduits de l'allemand pour la première fois par Camille Benoît, Charpentier, 1884. (Contient des extraits de *Souvenirs sur Spontini, Sur la Défense d'Aimer, Sur Schnorr, Lettres, L'Œuvre et la mission de ma vie...*).

OUVRAGES GÉNÉRAUX SUR WAGNER ET ARTICLES

Charles Baudelaire : *Richard Wagner et Tannhäuser à Paris*, 1861. *Œuvres Complètes*, Gallimard (Pléiade), 1976.

Jullien, Adolphe : *Richard Wagner, sa vie, ses œuvres*, 1886.

Lavignac, Albert : *Le Voyage Artistique à Bayreuth*, Paris, Delagrave, 1897 (l'édition que nous avons utilisée est celle de 1925).

Lichtenberger, Henri : *Richard Wagner, poète et penseur*, Paris, PUF, 1898, (édition consultée, 1931).

Nietzsche, Friedrich : *Le cas Wagner*, Gallimard, 1974 (*Der Fall Wagner – Nietzsche contra Wagner* 1888-1889).

Nietzsche, Friedrich : *La Naissance de la Tragédie,* Gallimard, 1977 (publication en 1872).
Beaufils, Marcel : *Comment l'Allemagne est devenue musicienne,* Laffont, 1983.
Dahlhaus, Carl : *Les drames musicaux de Richard Wagner,* Liège : Mardaga, 1971.
Gregor-Dellin, Martin : *Richard Wagner,* Paris, Fayard, 1980.
Katz, Jacob : *Wagner et la question juive,* Hachette, 1984.
Matter, Jean : *Wagner et Hitler,* Lausanne, L'âge d'homme, 1977.
Millington, Barry : *Wagner, guide raisonné,* (ouvrage collectif), Fayard, 1992.
Cf. : « la pensée de Wagner », p. 119-153 ; « Les Sources », p. 213-260.
Nattiez, Jean-Jacques : *Wagner androgyne,* Paris, Christian Bourgeois, 1990.
Pourtales, Guy de : *Wagner, histoire d'un artiste,* Paris, Gallimard, 1932.
Sans, Édouard : *Richard Wagner et la pensée schopenhauerienne,* Paris, Klincksieck, 1964.
Shaw, Bernard, *Ecrits sur la musique,* Lafont (Bouquins), 1994.
Schuré, Édouard : *Richard Wagner, son œuvre et son idée,* Perrin, 1923.
Tubeuf, André : *Wagner, L'Opéra des images,* Chêne, 1993.
Angelloz, J.F : *Le Romantisme allemand,* PUF, 1980.
Gautier, Judith : *Visites à Richard Wagner,* Le Castor Astral, 1992. (Première édition : 1909).

REVUES / CATALOGUES D'EXPOSITIONS CONSACRÉS À WAGNER

Revue wagnérienne, (1885-1888), Slatkine Reprints, Genève, 1968, Trois volumes.
Obliques, numéro spécial dirigé par Yvonne Caroutch, 4e trimestre 1979.
Les Cahiers wagnériens, revue des associations wagnériennes de langue française, 24 numéros de 1996 à 2002.
Gagneux, Frédéric, articles sur les écrits en prose de Wagner :
« Du Bataclan au Venusberg », n°8, été 1998, p. 37-41.
« Richard Wagner, un grand écrivain méconnu », n°9, Automne 1998, p. 29-32.
« Richard Wagner et la Presse », n°10, Hiver 1999, p. 35-39.
« Wagner et la révolution artistique », n°11, printemps 1999, p. 28-36.
« Richard Wagner, peintre satirique du Paris mondain », Hiver 2000, n°18, p. 34-37.
« Richard Wagner et la religion », printemps 2001, n°19, p. 7-16.
« Victor Hugo et Richard Wagner », printemps 2002, n°23, p. 7-20.
« Amour et sexualité dans les œuvres en prose de Richard Wagner », été 2002, n°24, p. 7-16.
Wagner et la France, Catalogue de l'exposition organisée au Palais Garnier à l'occasion du centenaire de la mort du compositeur en 1983. Martine Kahane et Nicole Wild, Herscher, 1983.
Richard Wagner, visions d'artistes, Catalogue de l'exposition à Genève au musée Rath du 23 septembre 2005 au 29 janvier 2006, Somogy, Paris, 2005.

Wagnérisme et littérature

Les récents travaux de Timothée Picard ont renouvelé les recherches sur le wagné-risme en littérature. Sa thèse, *La littérature européenne face au défi wagnérie*n (Université Marc Bloch-Strasbourg II) a donné lieu à deux publications : *Wagner, une question européenne* et *L'art total : grandeur et misère d'une utopie (autour de Wagner)* parus en 2006 aux Presses Universitaires de Rennes (Æsthetica). D'autre part, une encyclopédie de

Wagner et du wagnérisme est en voie de publication aux éditions Actes Sud sous sa direction. Nul doute qu'elle apportera de nouveaux éclairages sur la question de l'art total en particulier et des relations entre la musique et la littérature. Nous y avons participé pour plusieurs articles dont celui consacré au wagnérisme d'André Suarès.

SUR LA QUESTION DE L'ART TOTAL

L'Œuvre d'art totale, Art et Artistes, Gallimard, Musée du Louvre, 2003 (articles de J. Galard, K. Zugazagoitia, A. Compagnon...).

Glenn W. Most : « Nietzsche, Wagner et la nostalgie de l'Œuvre d'art totale », *L'Œuvre d'art totale*, Art et Artistes, Gallimard, Musée du Louvre, 2003, p. 11-34.

Julian Zugazagoitia : « Archéologie d'une notion, persistance d'une passion », *L'Œuvre d'art totale*, Art et Artistes, Gallimard, Musée du Louvre, 2003, p. 67-88.

Julian Zugazagoitia : *L'Œuvre d'art totale comme horizon de la modernité. Aspirations à l'œuvre d'art total et tentatives dans la seconde moitié du XIXe siècle : Wagner, Mallarmé, Rodin, Monet*, Paris IV, 1999, (dir. Podgorny, Michel).

GÉNÉRALITÉS

Beaufils, Marcel : *Wagner et le Wagnérisme*, Paris : Aubier Musique, 1947.

Cœuroy, André : *Wagner et l'esprit romantique, Wagner et la France, le wagnérisme littéraire*, Paris : Gallimard, 1965.

Cymborska-Leboda, Maria : *Le Drame, la Musique et le Théâtre : la conception symboliste de l'homme*. Cahiers du monde russe, Chilly Mazarin, France (CMRS), 1994.

Fix-Bouillot, Florence : *Paul Claudel, wagnérien malgré lui ?* Paris IV, 1996, (sous la dir. de Pierre Brunel).

Frank, Manfred : *Le Dieu à venir*, Actes Sud, 1990, 5 volumes (leçons de philosophie sur le romantisme allemand).

Guichard, Léon : *La Musique et les Lettres au temps du wagnérisme*, Presses Universitaires de Grenoble, 1963.

Krebs, Pierre : *Valéry et la mesure de la proximité*, Paris 12, 1992.

Liebray, Gilbert : *La Réception des Œuvres de Wagner dans la critique de langue française : un essai de périodisation* ; Annales littéraires de l'Université de Besançon. Paris, Belles-Lettres, 1985.

Alfred Mortier : *Une nouvelle définition de l'œuvre d'art*, Mercure de France, Avril 1895.

Renauld, Pierre : *L'Influence de Wagner sur la poétique de Valéry, Revue de Littérature Comparée*, Tours, 1977, n°1, 249-56.

Jenny, Laurent : *La fin de l'intériorité*, PUF, 2002.

Leblanc – Guicharrousse, Cécile : *Wagnérisme et création en France, 1883-1889*, Université de la Sorbonne nouvelle, Paris III, 2003, 620 p. / Rey, Pierre Louis, Directeur de Thèse. Honoré Champion, 2004.

Schopenhauer, Arthur : *Le Monde comme volonté et représentation*, PUF, 1966.

Rougemont, Denis de : *L'Amour et l'Occident*, Plon, 1939.

Teodor de Wyzewa

« Les disciples d'Emmaüs ou les étapes d'une conversion » *in Contes Chrétiens*, Paris, librairie académique Didier, Perrin et Cie, 1893.

Romain Rolland

Mémoires, Paris, Albin Michel, 1956.
Le Cloître de la rue d'Ulm, Paris, Cahiers Romain Rolland, Albin Michel, 1952.
Sur Berlioz, Paris, Éditions Complexe, 2003.

Voir aussi la partie « correspondance ».

Paul Claudel

Mes Idées sur le Théâtre, Paris, Gallimard, 1966.
Richard Wagner, rêverie d'un poète français, Les Belles Lettres, 1970. Préface et présentation de Michel Malicet.

Moraly, Yehuda, *Claudel metteur en scène*, Presses Universitaires franc-comtoises, 1998.
Moscovici, Jacques : *Paul Claudel et Richard Wagner*. (À propos de la reprise du *Soulier de Satin*), *Nouvelle Revue Française*, Août 1964 12, 323-334.
Lécroart, Pascal : *Paul Claudel, rénovateur du drame musical*, Paris, Mardaga, 2004.
Correspondance Paul Claudel – Darius Milhaud, *Cahiers Paul Claudel*, Gallimard, 1961.

Mallarmé

Nectoux, Jean-Michel : *Mallarmé, peinture, musique, poésie*, Paris, Biro, 1998.
Amiot, Anne-Marie : *Hommage ou contre-hommage à Richard Wagner ? : une poétique mallarméenne de l'ambiguïté*. Études et recherches de littérature générale et comparée. (Paris). Belles Lettres, 1974.
Marchal, Bertrand : *La Religion de Mallarmé*, Paris, José Corti, 1988.
Mallarmé, Stéphane : *Œuvres Complètes*, Paris, Gallimard, 2003.
Murat, Michel : *Le coup de dés de Mallarmé, un recommencement de la poésie*, Paris, Belin, 2005.

Julien Gracq

Gracq, Julien : *Lettrines*, Paris, José Corti, 1967.

INDEX NOMINUM

TABLE DES MATIÈRES

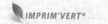

Achevé d'imprimer par Corlet,
Condé-en-Normandie (Calvados),
en octobre 2021
N° d'impression : 173369 - dépôt légal : octobre 2021
Imprimé en France